中国古钱谱丛书之三

燕明刀钱谱

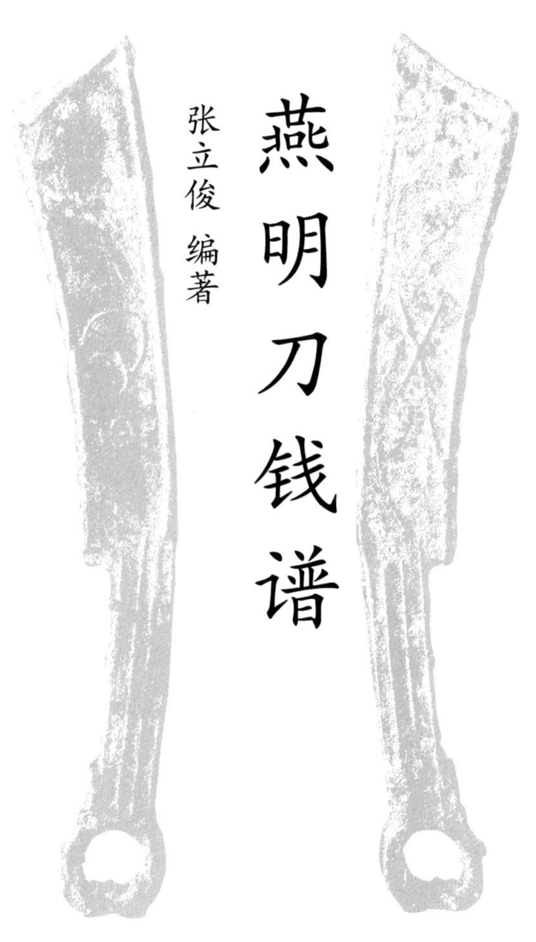

张立俊 编著

中华书局

图书在版编目(CIP)数据

燕明刀钱谱/张立俊编著. —北京:中华书局,2021.2
(中国古钱谱丛书)
ISBN 978-7-101-14902-9

Ⅰ.燕… Ⅱ.张… Ⅲ.古钱(考古)-中国-先秦时代-图谱
Ⅳ.K875.62

中国版本图书馆 CIP 数据核字(2020)第 224752 号

书　　名	燕明刀钱谱
编 著 者	张立俊
丛 书 名	中国古钱谱丛书
责任编辑	陈　乔
出版发行	中华书局 (北京市丰台区太平桥西里 38 号　100073) http://www.zhbc.com.cn E-mail:zhbc@zhbc.com.cn
印　　刷	北京市白帆印务有限公司
版　　次	2021 年 2 月北京第 1 版 2021 年 2 月北京第 1 次印刷
规　　格	开本/787×1092 毫米　1/16 印张 44¾　插页 2　字数 680 千字
印　　数	1-1500 册
国际书号	ISBN 978-7-101-14902-9
定　　价	520.00 元

《中国古钱谱丛书》编辑委员会

主　编：戴志强

副主编：佟　昱

目　录

《中国古钱谱丛书》总序

从上世纪八十年代以来，我国民间收藏的热度逐步升温，其中自然也包括了对于钱币的收藏和研究。经过三十多年的积累，造就了一批卓有成就的古钱收藏家。尤其是八零后、九零后新生代的加入，使之后劲十足，充满活力。

对于收藏者而言，他们花了几年、几十年，甚至是毕生的心血和精力，需要对自己的藏品做一个汇总和梳理。梳理的过程，是自我回味、自我欣赏的过程，是对收藏成就的一种肯定，既是一种精神的享受，更是对藏品认识的再提高过程。对于世人而言，有了这么丰富的实物资料，则是进一步开展古钱学研究的宝贵财富。所以，把它们整理成书，公布于众，是一件对己、对人、对事业都大有利的事情，是一件功德无量的事情。

春节之前，佟昱来说，有几位泉友正在整理有关专题的资料，希望能够成书，能够出版发行，并先后送来了几本书稿。这些书稿具有明显的特征，即专题性很强，实物资料极为丰富，着力于古钱版别的分类研究，可以看出作者的古钱学功底，也大致反映了当代古钱学研究的水平和趋势。我高兴地和他们分别见面详谈，提出我的读后感想和意见，请他们再作提炼和修改，并希望能早日见书。节后，中华书局的编辑陈乔女士也来电话说起此事，希望我能帮助出些主意，做些审核工作。这件事若能兑现，既可以保护民间收藏，鼓励民间收藏的积极性，又可以把一己之私产变成社会的资源，让大家共享，共同推进古钱学的研究，我自然应该给予支持，尽力扶持这项工程的实施，促其成功。于是和佟昱商定，可以考虑编纂一套古钱谱丛书，作为这一类书籍出版的一个平台，它们以图谱为主，适当辅以画龙点睛的文字，使资料性更强、实用价值更高。这个意见得到了陈乔同志和中华书局的支持。

从古钱收藏的历史来看，往往是先由民间收藏起步，随着时间的推移，民间收藏家的藏品又会通过各种渠道转化为博物馆的收藏，转化为国家的收藏。对于古钱的研究，多数也是先由私人起步，由民间收藏者、爱好者提出个人的心得体会；再相互切磋，交换意见，逐步形成比较一致的认识；也会请相关的研究人员一起来鉴定验证，得出定论。因此，就钱币收藏和钱币学的成长而言，我们决不可以小觑民间的收藏。

对于每一个收藏者来说，他们各有所长。有的长于版别鉴定，对名誉品、珍稀品有高度的敏感；有的占尽地域之优，对某一地区的古钱了如指掌，如数家珍；有的专攻某一时期、某一类别的古钱，形成独到的见解。近年来，钱币界对版别、品相的重视程度大大提高，对拓本（特别是原拓本）的关注程度大大提高，这是极好的现象，说明钱币收藏的整体水平在提高，收藏者的文化素养在提高，古钱学的研究在深入。在这样的大好时机，更催促我们要赶紧把当代的古钱学研究心得及时总结，汇总起来，通过著书立说的形式，保存下来，传播出去，这不仅可以扩大其影响，更可以作为我们时代的成就流传给后世。

每一个收藏者都有一技之长，通过系列丛书的形式，把它们集结到一起，犹如分散的小溪小渠注入长江大河，逐步形成浩瀚之势，于是，便有了出版这套《中国古钱谱丛书》的宗旨。

戴志强

丁酉岁尾字于续斋

《燕明刀钱谱》序

2013年6月，我应张立俊之邀赴烟台参加他组织的一次泉友座谈会，期间，立俊和我聊起他收藏的明刀，想编纂一部明刀谱。现在，他的愿望终于要实现，我为他高兴，更为明刀集藏、研究有了新成果而庆幸。

明刀正面都铸有一个“[illegible]”字，此字在青铜器铭文中曾多次见到，释为“明”，从字形到字义都可以说通，所以在当代古文字学界把它释读为“明”字，应是已成定说。

但此字作为燕国铸币的主要标志，其确凿含义是什么？钱币界始终存在一些不同的说法。较有影响的，主要有两说：一是以罗伯昭、郑家相、汪庆正、张弛为代表的，把它释读为“易”字，意指燕下都之“易”地。二是以古文字学家、考古学家出身，后来攻研先秦货币的朱活、石永士等学者，把它释读为“匽”；同样是古文字学家的钱币学者黄锡全则把它释读为“眼”。释“匽”、释“眼”，其意实为释“燕”，标明是在“燕”地所铸之货币。

钱币界之所以会有这样的见解，追其原因，是因为战国货币的铭文多记地，如：齐刀之“齐”，節墨刀之“節墨”，安阳刀之“安阳”，莒刀之“莒”，都是记地。但中山复国后，曾铸有“成白”刀，刀的正面都铸有“成白”两字，古文字学家裘锡圭把它释读为“成伯（霸）”，系吉语，意为成就霸业。其实，“明”字亦是吉祥之词，日月相推而明生，光明而能视远。中山刀和燕明刀又同族北方货币体系，它们都由早期尖首刀派生演变而来，有异曲同工之处，亦在情理之中。

在先秦钱币的铭文中，经常会有吉祥之词，刀币有之，布币亦有之，所以不必一定要拘泥于地名的局限，自己挖坑，自己钻，把本来简单的事情搞复杂了。所以，我同意立俊的意见，把它释读为“明”字，由此，也就可以把这一类刀币正式定名为“明刀”。

随着考古发掘工作的开展，明刀出土资料越来越丰富，它们的出土区域和范围越来越清楚。再经过考古学的研究、钱币学的研究，或对明刀出土的地层关系作系统的分析，或对明刀的器型、铭文书法的特征和制作的演变轨迹等等作深入的分析，于是，对于明刀的铸行区域、铸行时代，及其归属性质等等，也就逐渐清晰。

明刀的出土数量众多，版别变化非常多，有的是有意为之，有的则是因为工艺技术的局限，无意而为。经过钱币收藏家的对比和总结，对它们的历史价值、文物价值等等也有了一个比较清晰的认识，哪些是珍贵的品种，哪些是常见的版式，心中自然有了一杆秤。

我非常赞同收藏与研究本为一体的说法，因为收藏的需要，开展研究，而且是有针对性的研究，是有的放矢；反之，因为研究成果的取得，又会大大提升收藏的兴趣，推进收藏的进度。因此，收藏和研究应该是相辅相成的共同体，是相得益彰的互助组，成功的收藏家一定是他所收藏门类的专家。

谨以此与立俊共勉。

戴志强

己亥正月初八于续斋

自　序

中国是世界文明发源地之一，有着五千多年的文明史，与古埃及、古巴比伦、古印度并称为“四大文明古国”。在这四大文明古国当中，古埃及、古巴比伦、古印度由于受到外族的入侵而失去了独立，中断了古代文明。如公元前525年古埃及被波斯帝国所灭；古巴比伦被赫梯人、喀西特人入侵，于公元前729年被亚述帝国吞并；古印度长期处于四分五裂的状态，后来遭到雅利安人的侵入，文明遭到破坏，13世纪又受到信奉伊斯兰教的外族入侵，近代又长期沦为英国的殖民地。而我国是世界上唯一文明传统未曾中断的古国，早在国家形成前部落首领黄帝、尧、舜、禹就先后活动于黄河长江流域。禹的儿子启于公元前21世纪建立了我国第一个奴隶制国家“夏”，经商、周两个时期，一千余年的独立延续发展，这是别的文明古国所根本无法比拟的。

我国古代货币在形成和发展的过程中，先后历经几次重大变革，一是自然货币向人工货币的演变；二是由杂乱形状向统一形状的演变；三是由私铸货币向中央集权铸币的演变。我国最早的流通货币是贝币，即天然海贝。它萌发于原始社会晚期，通行于夏，兴盛于商，衰败于周。这期间随着生产力的发展，商品交换的范围和地域不断扩大，天然海贝变得越来越稀缺，已经严重阻碍了生产的发展，于是人们就采用仿制品来代替天然海贝，先后出现了蚌贝、骨贝、石贝、玉贝等。在商朝晚期又出现了用青铜浇铸的铜贝，铜贝的出现标志着我国货币体系开始迈向金属铸币的新阶段。春秋战国时期，由于各诸侯国重商政策的实行，商品经济和货币经济发展较为迅速，许多私商往来频繁，贸易范围早已突破国界的限制，为了交换的方便，各诸侯国开始大量铸造金属货币，各国铸行货币的形状种类繁多，并逐渐形成四大铸币体系，分别是贝币体系、布币体系、刀币体系、圜钱体系。这些货币的铸造具有强烈的地域色彩，周、晋及三家分晋的韩、赵，魏，郑、卫等国用布币，燕、齐、中山、鲜虞等国用刀币，鲁、楚两国用贝币，秦用圜钱，齐、燕、赵、卫、周少量用圜钱，魏部分地区用圜钱，但即使是同一类型的货币，国别的不同，形制和设计均有不小的差异。战国晚期随着诸侯国纠纷的加剧，民族融合呈现出大的趋势，体现在货币上是形制迅速变小变圆，利于携带和贸易。这样原先的布币流通区和刀币流通区先后出现铸造圜钱的情况，这种形势的变化极大地推动了社会的发展，也为秦国最终统一天下创造了条件。

燕国是周朝初年分封于中原以北的一个诸侯国，远离中原，长期面对戎狄侵扰，《史记》载“燕外迫蛮貉，内措齐、晋”，“崎岖强国之间，最为弱小，几灭者数矣”。燕昭王即位后，面对国内岌岌可危的形势，在老师郭隗的指点下筑黄金台，建招贤馆，吸纳各国人才；并亲自吊慰死者，慰问孤儿，和臣子们同甘共苦，给人才以优厚待遇。这一措施很快见效，武将乐毅来自魏国，谋士邹衍来自齐国，武将剧辛来自赵国，名士屈庸来自卫国。唐代诗人陈子昂有诗云：“南登碣石馆，遥望黄金台，丘陵尽乔木，昭王安在哉。霸图怅已矣，驱马复归来。”即形容燕昭王重用人才。《战国策》记载燕昭王千金市马一事，一时燕国聚集一大批各个阶层的人才，成为人才高地。燕昭王二十八年（公元前287年）燕国联合赵、楚、韩、魏等诸侯国攻打齐国，燕上将乐毅破齐七十余城，占领达六年之久，开创了燕国最辉煌的时代。燕国世袭王侯近五十代，社稷八百余年，于姬姓诸侯国中最后一个灭亡。由于燕国地理位置独特，其经济和文化都体现着中原和北方交融的特色，是先秦地域文化的重要典型。综合以上因素，我们认为我国古代货币文化最能体现中华文化传承，而先秦货币文化又是在“百花齐放，百家争鸣”的环境下产生的，承载钱币的文化内涵，实非先秦钱币莫属。

作者经过多年的刀币实物分析和相关资料的收集，积累了一定数量的燕明刀钱币实物，为我们的研究工作提供了充足的资源。我们的目的是反映学术研究成果，为广大古币爱好者提供准确可靠、内容权威的资料性参考书。同时也是抛砖引玉，引起钱币界学者关注，大家多提宝贵意见，多提供相关彩图资料和拓片，以便本书再版时修订增补。另外，长期以来，燕明刀无论从收藏价值、历史地位，还是研究价值都被严重低估。它作为有2000多年历史的文物，又是先秦异形货币，背文有大量的文字或符号没有被释读，大量的信息没有被解惑，应该是集学术研究、投资收藏于一体的有潜力品种，但在收藏市场上甚至不及宋钱清钱的价值，这是极不正常的现象，本书的出版也想为燕明刀的正本溯源尽一点微薄之力。本书刀币实物未特殊标注的都是本人藏品。东北邓惠立、天津冯括、北京崔淳、山西太原唐晋源老师提供部分拓片或钱币实物。烟台王真在本书整理出版方面，冯括在文字部分，付出很多。还有石家庄的赵梓凯、李玉霞等为明刀的拍摄鼎力相助。在此深表感谢。由于我们的水平所限，书中难免有不足之处，请全国的专家学者指正。

凡　例

本书是了解燕国货币燕明刀的一部资料性参考书，我们通过历史文献记载，结合当今考古新发现为支撑，力图再现燕国货币燕明刀的悠久历史和灿烂文化。虽然时过千载，但燕明刀铸币当今仍有遗存。先人们为我们留下丰富的文化遗产，值得我们好好保护开发，并使它发扬光大，光照千秋。

一、本书在编撰过程中，首先查阅了大量的相关历史文献记载，找出相关的文化典故，结合现代考古发现所取得的地层分析资料和同出陶器分析，确定其基本年代。同时对照学者先贤的研究成果，使之成为我们可以引用的可靠证据，并留意分析河北燕地的出土情况，掌握一手资料。

二、在研究燕明刀的过程中，为尽快掌握其中的要领，我们煞费苦心，帮助外地泉友作燕明刀海量筛选。经过十万多枚的过手量，我们锻炼了思维辨别能力，提高了眼力，获取了相关的文化信息。

三、本书的主要内容是介绍燕国的历史、刀币的起源和演化、明刀的国别认定、燕明刀面文分析、燕明刀背文含义及若干解释、燕明刀形制划分、燕明刀年代辨解、燕明刀金属成份分析、铅质燕明刀产生的原因初探、燕明刀铸范工艺、燕明刀的收藏标准和存放方法、燕明刀评级标准等方面。

四、早期燕明刀面文的书写方式包括“三角形明字”、“拉长形明字”、“弯月形明字”等各类版式。

五、燕明刀图谱排序，我们依据铸造年代把燕明刀分为早期、中期、晚期三大版块。中期燕明刀可分为“中单字”、“中中”、“中左”、“中右”、“中铅质”等系列，晚期燕明刀可分为“晚单字”、“晚中”、“晚左”、“晚右”、“外炉”、“晚[illegible]”、“晚[illegible]”、“晚行”、“晚铅质”等系列，共计1100余幅彩色图片和拓片，燕明刀彩色图片尺寸与燕明刀钱币实物尺寸相符。

六、对于燕明刀刀身形制出现的“窄体型”、“宽体型”、“厚脊型”，我们根据面文、背文相结合的分类方法综合考量，没有单独设立专区系列，而是把它们放到相对应的首字系列。

七、本书所列燕明刀彩图均为本人藏品，仅有1枚中期铅质燕明刀拓图出自《中国钱币》，业已标明出处。

八、对于燕明刀的等级认定，我们划分为“八级”，这仅代表编者个人的统计结果，并不是实际存世量。

燕明刀的评级标准

一、品相

1. 完整程度评分（满分5分）

5分：完整

4分：完整，边缘有细裂

3分：整体完整，边缘有个别细裂，刀环或刀尖略有缺损

2分：整体完整，刀体有明显裂纹，有较多缺损

1分：整体完整或折断，刀体裂纹多，缺损多

2. 铸造程度评分（满分5分）

5分：极精

4分：精整

3分：较好

2分：一般

1分：较差

3. 锈蚀程度评分（满分5分）

5分：很轻，无起皮

4分：较轻，薄锈，局部微起皮

3分：一般，局部有起皮

2分：较重，局部严重起皮或通体明显起皮

1分：严重，通体严重起皮

4. 铭文程度评分（满分5分）

5分：高挺

4分：明显

3分：可辨

2分：仔细可辨

1分：不辨

5. 磨损程度评分（满分5分）

5分：无磨损

4分：轻微磨损

3分：磨损

2分：磨损较严重

1分：磨损极严重

	完整程度	铸造程度	锈蚀程度	铭文程度	磨损程度	积分
极美品	5	5	4	5	4	23分以上
美品	4	4	4	4	4	20～23分
上品	3	3	3	3	3	15～20分
中品	3	2	3	2	2	12～15分
差品	—	—	—	—	—	12分以下

二、级别

传世数量	级别
1—100	一级
100—300	二级
300—1000	三级
1000—3000	四级
3000—6000	五级
6000—15000	六级
15000—30000	七级
30000枚以上	八级

燕国史话及铸币总论

冯括　张立俊

第一章　燕国的历史

中国历史上曾出现多个以“燕”为国号的国家，这里所说的燕国是战国七雄之一，曾经控制着我国河北北部远至辽东一带的广阔土地，因此这片区域也被称作“燕地”。燕国之“燕”甲骨文作“妟”，金文作“匽”或“郾”。考古学家通过对夏家店下层文化的研究，基本确定早在夏商之际，燕地便出现了先进的青铜文化。加之史书及甲骨卜辞中有“燕亳”之称，故人们推测西周之前幽燕地区很可能曾经存在过一个燕国，但这个燕国至迟于周初便灭亡了。而七雄之燕，是周初封国，源自周代开国名臣召公奭。据《史记》记载：“召公奭与周同姓，姓姬氏。周武王之灭纣，封召公于北燕。”另有一姞姓燕国，其故城位于今河南省延津县东北，为了与召公之燕区分，故谓之南燕，而召公之燕又称北燕。

召公奭为周文王庶子，与周武王、周公旦等是同父异母的兄弟。周成王时，召公位列三公，主政陕西以西地区。他曾在棠树下处理事务，由于非常公正且得当，深受百姓爱戴。由于召公位高权重，且史籍中有不少关于他辅佐周王的记述，故后世推测召公并未就封于燕，同周公以长子伯禽封鲁一样，燕的第一位国君很可能是召公的元子。此外还有人觉得周室将召公这样的辅国重臣封到偏远的燕地是难以理解的，故其始封地可能在别处，如河南郾城，后来才迁移至北方。甚至还有观点认为，北燕或许是为了给自己找一个优秀的“出身”而冒充召公后裔。这些说法曾在史学界占有一定优势，直至北京房山琉璃河董家林古城的发现，特别是M1193号大墓出土了记载第一代燕侯封燕之事的青铜罍与青铜盉，证明燕的始封地确在北方燕地。但是学界对铭文的细节理解尚有分歧，集中在两个“克”字之上。陈平等认为“克”是人名，即召公长子，故称二器为“克罍”、“克盉”，合曰“克器”①。殷玮璋等则主张，第一个“克”为“能够”之意，第二个则为族名，二器主人应是召公本人，所以命名“太保器”②。另有他解，如张亚初等③，暂不一一列举。但无论何释，周代北燕属召公一脉，且始封地在北

① 陈平《克罍、克盉铭文及其有关问题》，《考古》，1991年9期。

② 殷玮璋《新出的太保铜器及其相关问题》，《考古》，1990年1期。

③ 张亚初《太保罍、盉铭文的再探讨》，《考古》，1993年1期。

京附近已基本达成共识。

按照《史记》的说法，召公传九世至惠侯，惠侯在位时期，西周首都镐京发生了以平民为主的国人暴动。对于失载的九世燕侯，学者们多将目光集中于金文上。目前发现的疑似失载燕侯名讳除“克”之外，尚有旨、舞、宪、和、圣等。其中陈平认为“燕侯旨”为“克”之昆仲；“燕侯舞”铭文出自董家林M1193号墓之戈及铜泡，由于上文已述人们对同出罍、盉铭文的解释未达成一致，故“舞”的释义亦有差别。赞同“克器”者认为“燕侯舞”作为一个人是不存在的，“舞”的含义与“武舞”类似；而部分赞同“太保器”者则主张“燕侯舞”才是墓主；至于宪、和、圣究竟是第几代燕君，目前各种猜测的成分较多，故应存疑。不管召公是否是第一代燕侯，自西周初年直至战国，燕国的事迹在史书中很少见到，但也不是没有。比较著名的是公元前664年齐桓公助燕庄公攻破山戎，解除长久困扰燕国的北患，以及由此衍生的“老马识途”的典故。此外，公元前539年，燕惠公（《左传》称燕简公）因宠爱小臣宋（一说为姬宋），引起因惧怕被废黜的大夫们的不满，他们联合诛杀宋并将惠公赶到了齐国。四年后，齐联晋攻燕，将流亡燕君护送回国，这也是春秋燕国为数不多的记录之一。而助王子颓攻打周惠王的燕国，则有人认为应是南燕。至于这一时期燕缘何鲜见于史，比较流行的观点是，燕远离中原，面对戎狄的侵扰早已自顾不暇，没有精力更没有办法参与诸侯交流，正如《史记》评述的那样“燕外迫蛮貉，内措齐、晋”，“崎岖强国之间，最为弱小，几灭者数矣”。进入战国后，燕国逐渐活跃起来，尤其是从公元前四世纪初开始，燕与中原列国间的交往愈发频繁。如公元前380年齐国攻占燕国桑丘；公元前373年燕国征伐林营并打败齐军；公元前356年燕文公三年，燕国与赵成侯会于安邑、阿城；次年，燕国在泃水（今北京平谷区境）击败齐国；公元前348年，燕文公十一年，魏国赵国联合夺取燕国的夏屋；公元前338年，燕文公二十一年，阴司马在武垣击败燕公子翌等。而此期间，燕国世袭再度出现混乱，多部史书记载矛盾，后人著作亦见解不一。公元前334年，燕文公二十五年，苏秦至燕合纵。公元前332年齐宣王趁燕国国丧期间侵夺燕城十座，后经苏秦游说，齐国才将占领的城池归还。这两件事出自《史记》和《战国策》，但是部分学者据《说苑》、《战国纵横家书》提出苏秦至燕应在昭王初年的观点，究竟孰是孰非，姑且存疑。公元前323年，在位十年的燕君称王，史称燕易王。陈平认为“这个‘易王’不是西周、春秋、战国诸侯王文、武、成、康之类的谥号，而是一个以其都邑名为王号的‘绰号’。这个绰号大约在这位燕君开始称王之时就在列国传开叫响了。”①易王十二年，薨，其子燕王哙即位。燕王哙在位期间发生了骇人听闻的“子之受禅”事件。陈平说燕王哙是一个做梦都想让燕国强大而又不知如何使之强大的人。正是这种有病乱投医的心态，被国相子之利用。他通过苏代和鹿毛寿等人不断向国君灌输自己的能力有多么出众，同时鼓动燕王哙效仿尧舜。而燕王真的面北称臣，并把俸禄超三百石的大夫之印玺收回交由“新君”。这样，子之成了完全意义的国君。郭沫若在《中国史稿》中谈到，子之很有才干又很得人心，其“代立”具有地主阶级改革的积极意义。但郭氏之论受特定历史背景的局限，今天赞同的人已不多。一般认为，子之是个阴谋家，并没有多少德行，“禅让”更像是一场政治闹剧而非革命。子之统治三年，燕国大乱，太子平和将军市被迫造反但没有成功，后者又因倒戈被杀。公元前315年，齐宣王听从孟子等人的意见趁虚而入，在燕人没有抵抗的情况下一举攻占燕国全境。中山国也趁火打劫，连克数城。燕王哙死，子之亦被剁成肉酱。幸有诸侯斡旋，燕之社稷才得以保存。两年后，燕国历史上最著名的君主——燕昭王即位。关于昭王的私名，《史记》记载是有矛盾的，《燕召公世家》称“太子平”，而《赵世家》则说是“公子职”。《资治通鉴》从公子职说，但后世仍有不同意见。直到“郾（燕）王职戈”的出土，才基本消除争论，各方公认昭王名“职”。

昭王即位之初，国内形势及其严峻，可谓一片废墟，有人推测此时燕国的土地可能仅局限在易县燕下都附近。昭王立志复仇，并振兴燕国，但是谈何容易！后受老师郭隗指点，昭王“吊死问孤”，并筑黄金台、建招贤馆，吸纳各国人才，一时间乐毅、邹衍、剧辛等名士“争凑燕”，燕国开始了漫长的恢复之路。大约在此期间，曾“为质于（东）胡”并深受信任的“贤将”秦开归国后率军反攻胡人，将整个辽东至朝鲜北部一带的广阔土地纳入燕国版图，后世遂有“全燕”之谓。

公元前286年，齐湣王灭宋。宋是当时仅次于七雄的大国之一，齐国兼并宋国引起诸侯恐慌。而燕经过多年积聚，国力明显提升，昭王认为报仇时机已到，决意伐齐。但乐毅分析燕虽殷富，却还不是齐国的对手，需要借助外部力量才能实现目标。燕国随即往各国遣使，诸侯一拍即合。终于在公元前284年，燕王命乐毅为上将军，联合秦与三晋在济西击溃齐军主力。随后乐毅相继辞掉他国军队，独率燕军深入齐境，未几

---

① 陈平《燕国风云八百年》，北京出版社，2000年1月，68页。

攻克齐都临淄，将珍宝掳掠一空，并趁势连拔七十余城，齐国城邑“唯莒、即墨不下”（一说聊、莒、即墨三城不下）。齐湣王则在出逃后被楚将淖齿所杀，这是燕国历史最荣耀的时刻。而此时齐仅存的两城防守非常顽强，燕师久战不克，也使乐毅认识到灭齐之计，攻心重于攻城。所以他放弃强攻转而分化瓦解敌人。在这期间有人进谗言，言乐毅谋齐自立，但昭王用人不疑，诛小人、赐车杖，而乐毅惶恐不受、誓死尽忠，亦为后人称颂。可惜好景不长，公元前281年昭王去世，惠王即位。惠王做太子时便同乐毅不合，这一弱点正好被困守即墨的田单利用，他施反间计使燕王改用骑劫为帅，乐毅奔赵。骑劫就任后采取掘坟、虐俘等手段试图刺激守将开城迎战，却激发了齐人的斗志。田单一边松懈燕军警惕，一边暗中准备。待时机成熟，用火牛阵突袭对手，燕军大败，不久便悉数撤出齐国，也成就了田单两城复国的奇迹。此后的一段时间，燕国无力外战，公元前265年更是被齐国夺取中阳，但其内部较为稳定，再无内乱的记载。与此同时，赵国因受秦国的压迫，开始将重心转往太行山以东地区，加上秦国“远交近攻”战略，燕赵两国矛盾开始显现。公元前256年，燕国攻占赵国昌壮。公元前251年，燕王喜四年，燕国相栗腹出使赵国签订盟约，并献金为赵王祝寿，回国后居然报告说赵国青壮年都死在长平，剩下皆为老弱病残，可以征伐。而群臣中除乐闲与将渠先后提出反对外竟也是一片赞同之声，燕王遂“起二军，车两千乘”，分南、西两路攻入赵国，但相继在鄗、代被赵将廉颇同乐乘击溃，廉颇更是深入燕地并包围燕都。次年，燕国被迫接受赵国的条件，燕王命将渠为相主持议和，赵国在得到五座城后解围而去。

公元前247年，燕赵交换土地，史称“燕赵易土”，燕国将葛、武阳、平舒让给赵国，自己则获得了龙兑、汾门、临乐三城。之后几年，燕国仍有战事，如公元前243年，赵国李牧攻下燕国的武遂、方城；公元前242年燕使剧辛攻打赵国，被庞煖击败；公元前241年燕与韩、赵、魏、楚一起攻打秦国的蕞，无功而返；公元前236年赵国夺取燕国狸、阳二地。公元前228年，赵国主体灭亡，赵公子嘉逃往代郡称代王，秦国的劲弩锬戈已抵达易水河畔。此时曾在秦国做人质的太子燕丹不甘心国家覆灭，安排荆轲、秦武阳以献秦叛将樊於期之首级和都亢地图为名，刺杀秦王政未遂，这便是著名的“荆轲刺秦王”。秦王政逃过一劫后大怒，下令进攻燕国，于公元前227年攻破燕都蓟，燕王喜退保辽东。秦国李信率军追击至衍水（今太子河），此时燕国可能只保有襄平一城。燕王听从代王之言杀太子丹谢罪，秦因忙于灭楚抑或适逢辽东寒冬而暂停攻势，使燕国得以苟延。五年后，秦将王贲攻辽东，俘虏燕王喜，并有可能追击其残部远达朝鲜半岛北部一带。至此，燕国灭亡。

纵观燕国历史，从立国起一直默默无闻，战国中后期突然活跃起来，却又快速消沉，亦印证了《左传》里“其兴也勃焉，其衰也忽焉”的感叹。张正明在评论吴越兴衰时认为，这种短时间内消沉的国家，其根源在于“它没有丰厚的文化基础”[①]，但这似乎并不适用于燕国。燕文化源远流长，社稷800余年，是周初姬姓封国中最后覆灭的，而河北易县燕下都遗址中灿烂的文化若形成于一朝一夕实在难以理解。也许周代燕国留下了非常丰富的史料，但因多次战乱使得大量珍贵的典籍化为乌有，只留下“风萧萧兮易水寒，壮士一去兮不复还”的苍凉背景。

附：燕君世系（本表主要依据《史记·燕召公世家》，问号为后人考证但意见不一）。

谥号	私名	在位时间	在位年数
召公	奭		
以下九世不详，疑有克、旨、舞、宪、和、圣等			
惠侯		前864年～前827年	38
釐侯	庄	前826年～前791年	36
顷侯		前790年～前767年	24
哀侯		前766年～前765年	2
郑侯	郑?	前764年～前729年	36
穆侯		前728年～前711年	18
宣侯		前710年～前698年	13
桓侯		前697年～前691年	7
庄公		前690年～前658年	33
襄公		前657年～前618年	40
（前）桓公		前617年～前602年	16
宣公		前601年～前587年	15
昭公		前586年～前574年	13
武公		前573年～前555年	19
（前）文公		前554年～前549年	6
懿公		前548年～前545年	4
惠公	款	前544年～前536年	9
悼公		前535年～前529年	7
共公		前528年～前524年	5
平公		前523年～前505年	19
（前）简公		前504年～前493年	12

① 张正明《楚史》，中国人民大学出版社，2010年7月，205页。

续表

谥号	私名	在位时间	在位年数
孝公	桓	前492年～前455年	38
成公	载	前454年～前439年	16
闵公		前438年～前415年	24
（后）简公		前414年～前370年	45
（后）桓公		前369年～前359年	11
（后）文公	腏?	前358年～前330年	29
易王	腏?	前329年～前321年	9
燕王	哙（詈？）	前320年～前318年	3
子之	子之	前317年～前315年	3
昭王	职	前314年～前281年	34
惠王	戎人	前280年～前270年	11
武成王		前269年～前258年	12
孝王		前257年～前255年	3
王喜	喜	前254年～前222年	33

第二章　刀币的演化过程及铭文含义

第一节　刀币的起源和演化

一、刀币的起源

关于刀币起源问题，其分歧由来已久，大体上有戎狄、燕、齐三说，亦可进一步概括为“尖首刀起源说”与“齐刀起源说”两类。相较言之，从“尖首刀起源说”者略多，如郑家相认为：“刀化之最古者为古刀（指削刀），次为尖首刀，又次为齐刀、明刀、赵刀……”[①]彭信威也认为：“……尖首刀在前，齐刀在后。”[②]张弛认为：“早期尖首刀的刃部往往无廓，刀脊背宽厚，与削刀相似，刀面多无铭文，有铭文者亦较简单古拙，这都表明尖首刀是一种原始的刀币。而早期齐大型刀币刀刃处已有很高的外廓，而且铭文成熟，组合有序，距离实用刀削甚远，所以尖首刀是产生最早的刀币。”[③]

从今天的出土发现以及原始钱币形制应接近于其雏形，如空首布、贝等的演变规律来看，“齐刀起源说”缺乏直接证据，故不可信。而在“尖首刀起源说”中，目前又有较多的人认为，尖首刀起源于游牧民族日常生活常用的实用工具凹刃削刀。但事实上刀削并非游牧民族的专利，拙文《刀币起源国别问题的探讨》中提出，最原始的刀币形制不止一种，有些与所谓“刀形上锐”的尖首刀相差较大，因此笔者参照河北易县与涞水交界处、涞水、怀来、宽城、山西盂县、辽宁西部与河北交界的山区等地发现的早期刀币形态，将这类刀币与尖首刀区分出来，并提出“原始刀币”的概念。进而指出，刀币产生于河北省中北部（含北京及天津部分地区）、燕山以南、太行山以东的区域，即以地域说代替所谓国（族）别说。至于究竟是地域之内的哪个国家或部族所为，目前尚难明确，不排除“多点开花”的可能，只是其中相当一部分形制并没有继续发展罢了[④]，而紧承原始刀币者则当属尖首刀。

---

① 郑家相《明刀之研究》，《泉币》，1940年第1期，第34页。

② 彭信威《中国货币史》，上海人民出版社1988年，第52页。

③ 张弛《尖首刀若干问题初探》，《中国钱币》，1993年第2期。

④ 冯括《刀币起源国别问题的探讨》，《中国钱币》，2013年第3期。

二、尖首刀币的演变

尖首刀一词最早出现在清同治三年（1864年）李佐贤刊行的《古泉汇》中："刀型上锐，故以尖首刀名之。"同时他还根据出土地点，认定尖首刀是燕、赵之物。此后人们发现尖首刀的形制呈多样化，并且对其进行分类细化。早期的人们只将针首刀与尖首刀分离，如朱活、彭信威等。随着认识的深刻，尖首刀分型越来越多，越来越复杂。一般认为，尖首刀在刀币形制的发展过程中扮演了极为重要的角色，许多刀币形制如直刀、明刀等均与尖首刀有着或多或少的关联。故研究者甚多，但分析问题的角度和见解尚有一定差异。如石永士、王素芳根据尖首刀新的出土资料和发现，将尖首刀划分为五式[①]。张弛认为，燕国最有可能首先铸行尖首刀币，并把尖首刀划分为五型十三式，主张针首刀形制演变是由长尖变短尖，并逐渐向燕尖首刀三式过度，同时还指出明刀是由燕三式尖首刀演化而来[②]。黄锡全把尖首刀划分为五型十一式，但其并未专门开辟章节对其中的演变关系进行讨论[③]。我们认为，黄锡全的分型更加科学，尽管碍于当时所发现的材料限制，一些问题未及展开，然其观点颇具启发意义。而分析尖首刀演变的关键点在于对黄氏乙型尖首刀的深入研究，该形制对于尖首刀乃至整个刀币体系均有着承上启下的作用。2016年左右，钱币市场出现一批尖首刀，据云为河北保定地区所出。就笔者所见，其大多属乙型尖首刀，尤为值得注意的是，这批刀币制作工艺相同且呈现出一定的分化趋势，如首刃的曲直、刀身的宽窄等。故笔者推测，尖首刀发展至乙型时期或分化出至少三种亚型，这些亚型通过进一步演变，形成了后世的丙型尖首刀、原平式尖首刀、针首刀等。不过，这仅是笔者基于目前所见的推测，难免有以管窥豹之嫌，正确与否尚需更加系统、科学的归类与分析。

三、明刀的起源

关于明刀的起源，诸家意见大体一致，即认为明刀源于尖首刀，但究竟源于尖首刀中的哪一小类，诸家观点实际上亦是大同小异。如石永士、张弛等将各自定义的燕尖

---

① 石永士、王素芳《试论"ꝺ"字刀化的几个问题》，《中国钱币论文集》，1985年6月30日。

② 张弛《中国刀币汇考》，河北人民出版社，1997年12月，第86页。

③ 黄锡全《先秦货币通论》，紫禁城出版社，2001年6月，第204页。

首刀视为燕明刀的源头，其中石永士认为明刀直接承自Ⅴ式尖首刀[①]，张弛认为明刀来自于乙型尖首刀Ⅲ式[②]。从形制分类来看，张氏乙型尖首刀Ⅲ式包含石氏Ⅴ式尖首刀，故二者的基本方向是接近的。黄锡全则将石氏Ⅴ式尖首刀从尖首刀中单独列出，定义为“类明刀”，推断其“是燕国铸行‘明’刀前的一种刀币”[③]。另外，黄锡全虽不完全否认但倾向于燕国没有铸造过任何形制的尖首刀。他根据“鄁”、“鼓”等尖首刀面文的释读及梳理的两种铭文刀币演变趋势，将其所定义的丙型Ⅰ式尖首刀（即张氏乙型尖首刀Ⅲ式，以下皆称丙型Ⅰ式）暂定为狄刀，并认为该式与类明刀间有影响关系[④]。我们分析上述不难看出，无论所谓“Ⅴ式尖首刀”、“乙型尖首刀Ⅲ式”，还是“类明刀”，其实仅是名称的差异，此型与燕明刀形制最为接近，故被广泛接受，这也是目前“类明刀派”从者较多的原因之一。

在此基础上，拙文《由燕明刀形制划分兼谈燕明刀起源假说》提出了“狭义类明刀”概念，即狭义类明刀“是除面文非‘明’字外，具备一切早期明刀标准型特征的刀币。换言之，类明刀为不铸有‘明’字的‘早期明刀’”。我们通过对比早期明刀、类明刀及早期类明刀等的形制特别关键部位的尺寸，及其首刃坡度与弧度等典型特征认为（见图1-5及表），这几种刀币之间存在明显的演变关系，且脉络非常清晰，当为一种“渐进式”演变，不存在所谓“跳跃”。而早期类明刀与丙型Ⅰ式间亦存在明显的传承关系，主要也表现在首刃的坡度与弧度上。可见明刀形制出自丙型Ⅰ式是没有疑问的，且在演进过程中首刃坡度与弧度越来越小。故我们认为燕至少是从“丙型Ⅰ式尖首刀→早期类明刀→类明刀”序列的某一环节引进刀币形制并开始铸造的。至于丙型Ⅰ式的归属目前只能认为其铸行于燕地，无法进一步讨论。此外，笔者亦在该文中通过早期明刀背文与狭义类明刀文字系联发现，认为有一种“明”字为左右结构，且“月”部外笔短、内笔长者，可能是明刀最早期的形制[⑤]。

---

① 石永士、王素芳《试论“☉”字刀化的几个问题》，《中国钱币论文集》，1985年6月30日。

② 张弛《中国刀币汇考》，河北人民出版社，1997年12月，第59页。

③ 黄锡全《先秦货币通论》，紫金城出版社，2001年6月，第237页。

④ 黄锡全《先秦货币通论》，紫金城出版社，2001年6月，第214页。

⑤ 冯括《由燕明刀形制划分兼谈燕明刀起源假说》，《中国钱币》，2016年第5期。

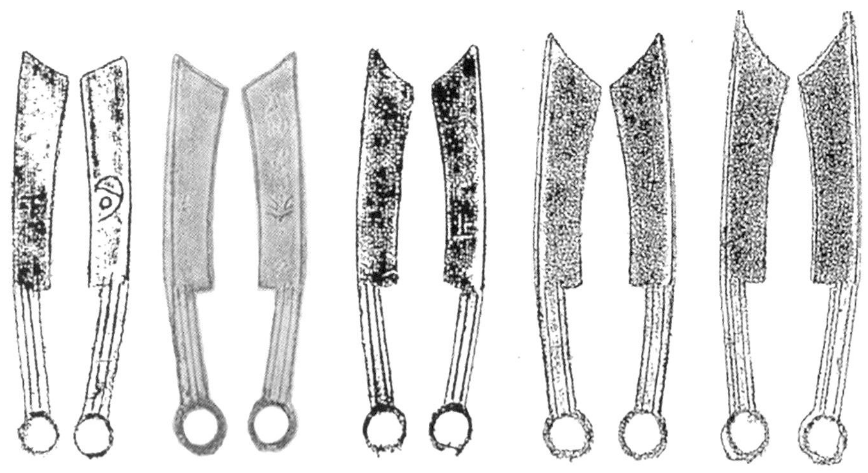

图1.早期明刀　图2.晚期类明刀　图3.类明刀　图4.早期类明刀　图5.早期类明刀之前刀

注：图2为狭义类明刀，图2及图3为黄锡全定义的类明刀。

名称	通长（cm）	重量（g）	上身宽（cm）	下身宽（cm）	刀柄宽度（cm）	刀环直径（cm）
晚期类明刀	14.5	14.8	2.15	1.7	1.0	1.9
类明刀	14–15	12.8–16.1	1.8–2.1	1.5–1.6	0.8–1.0	1.6
早期类明刀	14.5–16.7	11–16	2.1–2.2	1.5–1.7	0.8–0.9	1.5–1.7
早期类明刀之前刀	16.4	16.4	2.3	1.8	1.0	1.9

第二节　明刀的国别认定

中国钱币学历史悠久，但清朝以前的书籍要么失传，要么谬误颇多，真正系统地研究钱币还是清代金石学、考据学兴起以后的事情。由于史料的缺失或当时不录或后世失传，或尚未发现，使得后人在先秦货币的认识上绕了很大的圈子。从清代开始，人们逐渐参照形制、铭文等将各类刀币区别开来，对明刀的认识也逐渐深刻。其中，面文浑圆型或扁目型的明刀，因发现众多，很早即引起了人们的注意，而我们的梳理也是围绕着这种明刀展开的。最早提到明刀的是清嘉庆年间莱阳人初尚龄所著《吉金所见录》，张弛说："其最大的贡献就是把刀布币的铸造年代定为春秋战国时期，扫除了《路史》、《泉志》等书把明刀归于'太昊神农之币、葛天轩辕之币'的附会之说。"近代学者陈铁卿云："在晚期尖首刀中，已知有用'明'字为面文的情形。"[①]此说曾被以后的许多学者所引用，但我们认为，无论刀币的形制如何，既然面文带有'明'字，那么都应算作广义上的明刀。目前从考古学上已经证实铸造过明刀的国家有燕国、齐国和中山国。此外，近年还发现一种异型明刀，但因数量较少，铸主暂不可定。而我们所关注的燕国明刀其实只是明刀家族中的一类而已，现对各类明刀做一简要介绍。

一、齐明刀

即齐国铸造的明刀，关于齐明刀的铸主学界曾有较大分歧，部分学者认为齐明刀是乐毅伐齐时燕人在齐国铸造的。直到2000年临淄故城发现了燕明刀的陶范[②]，才使人们的意见趋于一致，即齐明刀确为齐国本国铸造。另有一种观点认为齐明刀虽为齐铸，但亦为燕占时期齐在莒等固守之地铸造，目的是同燕国进行贸易，非是。我们从沧县肖家楼的出土情况可知[③]，与齐明刀同出者仅有甲型燕明刀（下文详细介绍），而甲型燕明刀是公认的明刀早期形态，故齐明刀应在很早的时候便与燕明刀系统分离并独立发展。

"齐明刀"概念最早是由郑家相提出来的，亦有狭义和广义之分。狭义的齐明刀仅指博山刀，即面文"明"字外笔呈方折、背文有"莒冶某"等复杂文字刀体较直，刀

① 陈铁卿《一种常见的古代货币——明刀》，《文物》，1959年第1期。

② 陈旭《山东临淄出土燕明刀刀范》，《中国钱币》，2001年第2期。

③ 天津市文物管理处《河北沧县肖家楼出土的刀币》，《考古》，1973年第1期。

首较刀身宽且刀身内束，刀环呈竖椭圆形的明刀；而广义的齐明刀则不单纯是博山刀，还包括其他面文书写方式与博山刀接近但背文与形制不同的品种。由此我们可以看出，齐明刀最突出的特征是面文外笔呈方折，这也是许多人识别齐明刀与燕明刀的主要方式，而且这种方法在大部分情况下是适用的。但严格来讲，广义的齐明刀从面文、背文及形制等任何单一层面都不能作为识别的依据，因为这三个环节都存在反例。如文献中有面文与齐明刀写法截然不同即扁圆型，背面带有“莒冶”字样者（图1[①]），周祥、吴良宝等曾对其真实性产生过怀疑[②]。但退一步讲，即假设该币是真，由于背文为齐明刀特有文字，故此时不应参考面文的书写方式。又如河北沧县肖家楼、河北保定满城、辽宁凌源等地曾出土面文作方折的明刀（图2、图3[③]）。但这种写法与典型齐明刀明字“竖笔末尾向左曳得较长”[④]不同，且在齐国腹地从未发现过，所以有一种观点认为“‘明’字作方折形的确是早期燕明刀的一种书体，所谓‘齐明刀’的明字应是受到燕国方折明刀的影响”[⑤]。但也有部分齐明刀面文与之类似（图4[⑥]），不过燕明刀罕有图4的刀刃弧度与刀首形状，可见这时形制成为归集的依据。再如肖家楼出土的齐明

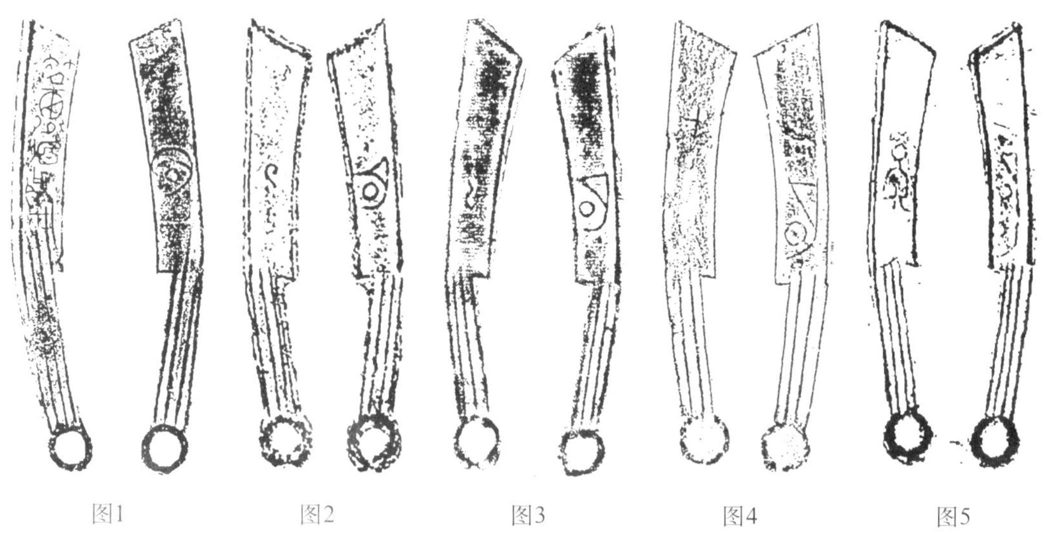

图1　图2　图3　图4　图5

① 资料来源：《中国钱币大辞典》编纂委员会编《中国钱币大辞典·先秦编》，中华书局，1995年12月，第575页。

② 吴良宝《中国东周时期金属货币研究》，社会科学文献出版社，2005年10月，第120页。

③ 资料来源：田光、周卫荣、赵仁久《满城、迁西出土的明刀、尖首刀》，《中国钱币》，2000年第2期。

④ 吴良宝《中国东周时期金属货币研究》，社会科学文献出版社，2005年10月，第117页。

⑤ 黄锡全、赵仁久《近年出土的早期明刀尖首刀》，《中国钱币》，2001年第2期。

⑥ 资料来源：张弛《中国刀币汇考》，河北人民出版社，1997年12月，第370页。

刀中有一种形制与博山刀相差较大，而该形在燕明刀中却很常见（图5[①]）。此刻单纯的形制辨别又失效了，但这类刀币的面文属于典型的齐明刀面文，以此识别还是比较容易的。由此可知，齐明刀间虽然有一些特例存在，却并不意味着我们无法区分。上述特例中的齐明刀多多少少会带有狭义齐明刀即博山刀的一些特征，所以在甄别时需要对面文、背文及形制进行综合考虑。

二、中山明刀

目前可以识别的中山明刀仅有河北平山灵寿故城九号遗址附近出土的明刀陶范以及四枚残刀（图6[②]、图7[③]）。一般认为，这种刀币的形制与燕明刀的形制一致，仅在文字书写及其位置上有别，但审细节，特别是从刀背刀面来看，刀首与刀身下部的效果对比，这种明刀与燕明刀还是有差异的。此外，中山明刀由于发现数量有限，不排除其没有大规模铸造的可能。

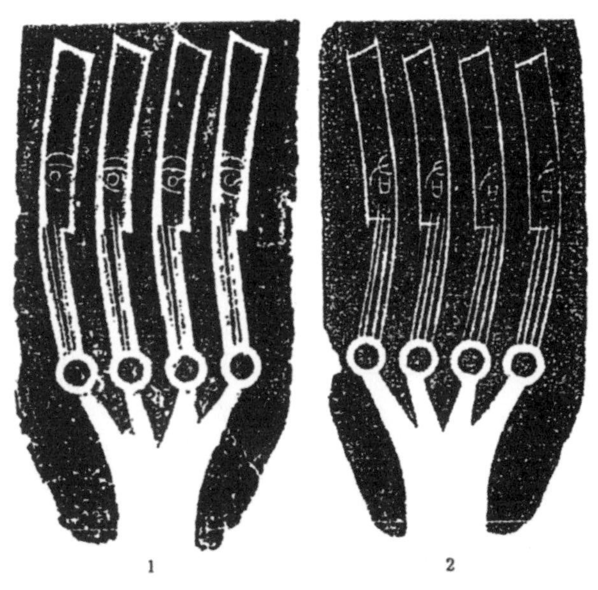

图6　明刀陶范　尺寸277mm×110mm

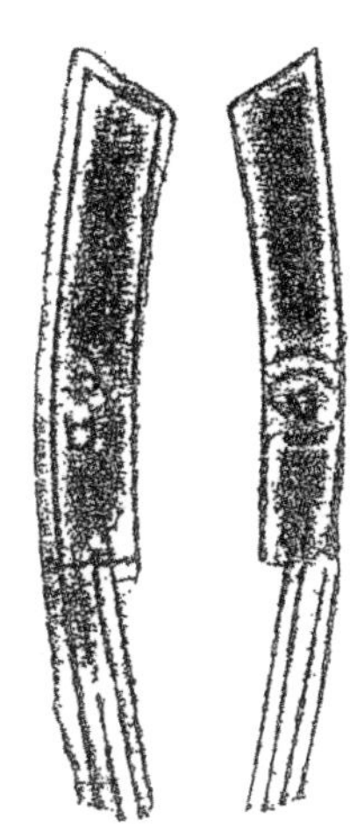

图7

① 资料来源：天津市文物管理处《河北沧县肖家楼出土的刀币》，《考古》，1973年第1期。

② 资料来源：黄锡全《先秦货币通论》，紫禁城出版社，2011年6月，第236页。

③ 资料来源：张弛《中国刀币汇考》，河北人民出版社，1997年12月，第66页。

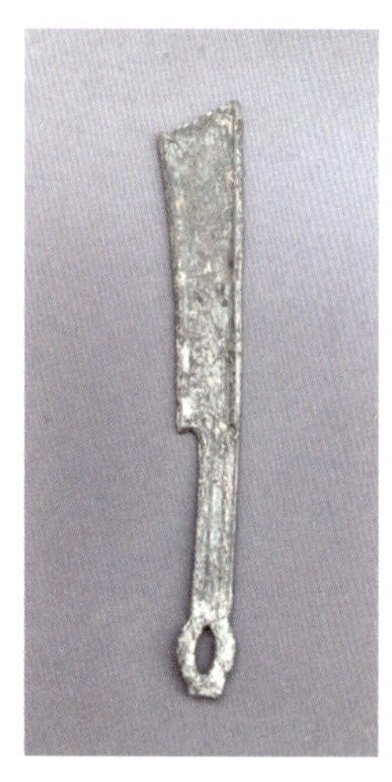
图8

三、异型明刀

近年发现过一种明刀，其形制与之前所见的各类明刀均有不同，刀身与齐明刀接近，刀面铭文明字末笔细长、刀环却与直刀币类似。此类明刀据传出于山西文水等地，又因在燕国以外发现仿铸现象，所以疑似赵国仿铸燕国明刀，现将我们采集到的标本附上（图8），待时机成熟再做探讨。

四、燕明刀

燕明刀是明刀系列中占比最大、品种最多、形制最复杂的一类。以至于我们很难用一句通俗易懂的话介绍清楚，笔者在《由燕明刀形制划分兼谈燕明刀起源假说》一文中曾对燕明刀的范畴作过界定，但较为繁琐，不利于普及。为了给读者特别是初学者一个直观的认识，我们基于前文齐明刀及中山明刀的描述，依今日所见，凡此二种（异型明刀暂不计入）之外的面文铸有“明”字的刀币，均属燕明刀。这里我们还需要说明一种可能性，即他国完全按照燕明刀样式铸造，虽然它们实质上不是燕明刀，但由于我们无法识别，所以只能仍以燕明刀论之。此外，为了便于行文，我们还对燕明刀各部位名称做一简单标注，如图9。

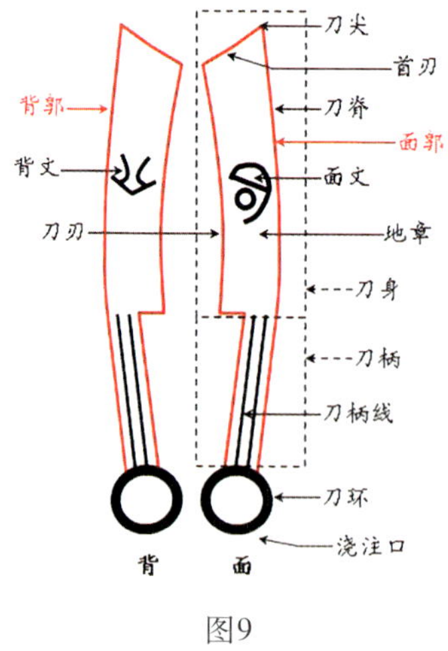

图9

这种刀币的归属于今日看来似无异议，但在历史上，人们的认识过程却较为波折，在较长的一段时间内，其国属还存在着一定的争议。民国之前，人们多基于“面文即铸造地名”的假设，试图通过释读面文而对其归属做出判断，由此形成了一系列观点（有关明刀面文的内容详见下节“明刀面文分析”），这些观点大致可分为齐、赵、燕三个派别。

齐派认为明刀为齐国货币，他们释面文为“莒”，而莒国虽被楚所灭，但在后来却成为齐国的大都市，所以明刀应属齐铸。如《古今待问录》、《金石志》等，其中《金石志》明确主张明刀是齐国莒城所铸。此说曾影响较大，以至《吉金所见录》称：“近今鉴赏家俱云莒刀。”而蔡云的《癖谈》虽然对面文的解释持不同意见，但他认为该字是太公初制的回文，所以也属于齐派。

赵派则认为明刀的面文为“明”字，并按《史记·秦本纪》载：“秦昭襄王二十五年，拔赵二城，与韩王会新城，与魏王会新明邑。”以及保定府附近多有明刀出土的现象，故将明刀视为赵币。如《古泉汇》引用《吉金所见录》对明刀出土地的记述，称：“近于道光间直隶境内新出无数。”而《货币文字考》云：“此货（即明刀）之出土属河间易州为多，考北直地志，河间属燕赵齐犬牙交错之地，易州所属，亦属赵居多，因定此为赵国货币。”

燕派同样多释面文为“明”字也一样注意到保定周边有集中出土，但他们根据《汉书·地理志》认为其代表的是燕地平明，而非赵国的新明，故定明刀为燕国货币。如《吉金所见录》便记载：“此刀尽出燕地，迩来河间易州于败井颓垣中，每有所获，动辄数千，吾乡莒地曾无一见。”这也是关于明刀出土情况的最早记录①。同治年间的《泉货汇考》也通过出土地分析曾为此派的主力之一。

进入民国后，明刀的出土地日渐增多，而这些地点大都集中在河北北部至辽宁一带，并不在赵国和齐国境内。正如郑家相所言：“圆折明刀出土在京师、易州与辽阳，为战国时燕地，当属燕铸。”②而随着二十世纪初燕下都遗址的发现，证实了河北易县是燕国属地，更为燕派增加了厚重的砝码。1949年以后，得助于考古学的进一步发现，使得明刀国属分歧愈来愈小。虽然在远离燕国中心区的河南、山西，甚至朝鲜日本等也有明刀出土，但这些地区的出土量远不及河北（含北京）至辽宁一带。这个特点也引起了学者们的重视，如陈梦家便通过详细列举出土地点，明确了明刀流通重心在燕国范围之内③。亦使学术界的意见基本实现统一，即明刀是燕国货币。二十世纪六七十年代，燕下都遗址中的郎井、高陌等处先后出土多块燕明刀的陶范，尤其是郎井村10

① 陈铁卿《一种常见的古代货币——明刀》，《文物》，1959年1期。

② 郑家相《明刀之研究》，《泉币》，1940年1期。

③ 陈梦家《西周铜器断代（二）》，《考古学报》，1955年2期。

号遗址，不仅发现刀范，还有大量高等级建筑构件，发掘者推测这可能是官府手工业作坊[①]。此外，河北承德亦出土燕明刀滑石范，伴随着这一决定性的发现，燕明刀的国别归属问题终于完全解决。

① 郭大顺、张星德《东北文化与幽燕文明》，江苏教育出版社2005年4月，第559页。

第三节 明刀面文分析

自清朝开始至今，关于明刀面文的释读争议始终不断，虽然新说层出不穷，但数百年来始终未能破解。甚至有的学者为此而感叹，认为是一个奇人所创造的一个奇字。纵观各家说辞，概括起来大致可分为十三种解释。

一、释为“明”字

清华亭人马昂在其所撰《货币文字考》中将此字释为“明”字，并指出“明”为地名，即赵国的新明邑。清莱阳人初尚龄在其《吉金所见录》释此字为“明”，并说明指的是燕国的平明邑。清李佐贤在其《古泉汇》中也将此字释为“明”字。今人如王毓铨、彭信威、陈铁卿、唐石父、高桂云等均从此说。

二、释为“莒”字

清朱枫在《吉金待问录》中将此字释为“莒”，为地名，即齐国的莒邑，在今山东莒县附近。

三、释为“泉”字

清李佐贤《续泉说》记载，有人视为“泉”字，“像水之汇也”。

四、释为“召”字

民国丁福保在《古泉学纲要》中释为“召”字，并说“明刀”归属于召公属地。

五、释为“回文”

清元和人蔡云“往往独抒己见，发前人所未发”。他在《癖谈》中释为“回文”，云：“盖像泉水之回旋，寓流布四方之义，必是太公初制，名之曰回文刀，以别于篆文小刀。”

六、释为“盟”字

清末民初，关百益在《义州盟刀谱序》中称：“此物为古代盟会之用。”案，明古盟字也，明本读若盟，或读若孟，《史记》历书曰，明者孟也，古者孟津亦曰盟津，故孟盟与明声并相通，而明与盟有时同为一字，《诗·小雅》“不可与明”，笺云：明当作盟，可以为证。

七、释为“易”字

清光绪年间胡石查在《跋王廉生藏易刀拓本》中称：“此物旧称‘明’字刀，吾师释是‘易’字，据日月为易，断之为地名，此种尽出北地易水一带，其为‘易’字无疑，真千古定论也。”此后罗伯昭、郑家相亦主此说。罗伯昭认为：“《说文》易下秘书说‘日月为易，象阴阳也’。此字当为易字，‘易’是易州地名，这种刀多从那里出土。”郑家相在此基础上又进一步解释，以证此说[①]。汪庆正主编《中国历代货币大系·先秦货币·总论》和张弛《中国刀币汇考》亦从此说。

八、释为“匽”字

杨宽在《战国史》一书中提到是为“匽”字之省，前人误释为“明”字。陈梦家在《西周铜器断代（二）》一文中认为“所谓‘明’字可能是‘匽’字简写。”朱活从此说，又从字形上看，直接释为‘妟’即‘匽’字，为燕字之古字[②]。后来学者石永士、王素芳的《试论“ᘐ”字刀化的几个问题》和王海航的《非为明刀应为燕刀》都释此字为“匽”字。

九、释为“邑”字

郭若愚持此说，他用金文字形排比后指出：“燕铸币以‘邑’指燕，是可以理解的，再‘邑’音於汲切，‘燕’音伊甸切，双声可以通假，故称‘邑’也就是称‘燕’。”[③]

十、释“明”读“眼”

此说为黄锡全在《燕刀“ᘐ”字新解》中提出，他认为：“燕刀的‘ᘐ’，应读为从日、从月声的‘眼’。”并通过论证后进一步指出：“燕、匽、眼读音接近，故‘ᘐ’（眼）可读燕国之匽。”[④]

十一、释“日月”合文

陈隆文在《春秋战国货币地理研究》一书中提出明刀面文当释为“日月”合文，与游牧民族日月崇拜的习俗有关[⑤]。

十二、疑释“实”

王宁认为，明刀面文从“日”从“刀”，该字“当是‘〇刀’的合文，‘〇’或作‘⊙’，即‘日’字，在刀币文中应当也是个假借字，具体何意不详。若必定要揣测一下的话，《说文》、《释名》等书均曰：‘日，实也’，是以‘实’声训‘日’，因为在古音中‘日’、‘实’日船旁纽双声、同质部叠韵，读音最为相近。‘实’古训充、训满，则‘日刀’疑

① 郑家相《明刀之研究》，《泉币》，1940年第1期。

② 朱活《古钱新探》，齐鲁书社，1984年，第157-158页。

③ 郭若愚《钱币学纲要》，上海古籍出版社，1995年。

④ 黄锡全《燕刀“ᘐ”字新解》，《安徽钱币》，1996年第1期。

⑤ 陈隆文《春秋战国货币地理研究》，人民出版社，2006年1月，第267页。

即‘实刀’，谓分量充足之刀币也。无论如何，它们都是用为刀币之专用字符可无疑义”①。

十三、释“明”读“衡”

章水根认为，明刀面文释“明”有古文字字形依据，他进而通过音理分析提出“明”可读为“衡”，与掌管山林之“衡官”有关②。

以上是各家的解释，大部分没有字形依据或字形依据单薄，如“莒”、“泉”、“回文”、“召”、“匽”、“易”等。其中“匽”之成说所引用的面文为“[illegible]”，释者据此认为此字从“女”，但这种写法非常罕见，近乎孤例，是否可用作证据值得商榷。而绝大部分明刀面文均不从“女”，亦无形体讹变之例，故不可信。释“易”亦曾有许多从者，然其虽在含义上可解释一些问题，但终究字形依据不足，特别是甲型明刀中一些常见、典型的面文写法与所见各种“易”字形体差异甚大，相关说解也颇为牵强，亦不可信。其余诸说，“邑”虽有字形依据，但其结论与出土发现相左，故不确。“盟”虽有“明”的字形依据，且根据段玉裁“同声必同部”原则，“明”、“盟”可相通假，但也缺乏出土材料的支撑。释“明”读“眼”说有形、音之依据，且黄锡全先生作为成绩斐然的古文字学家，其论证较之前列诸说严谨得多，不过其说过于迂曲，亦难令人完全信服。疑释“实”说，王宁的评述较为中肯，“实”字说从形、音、义均有一定的证据支撑，但其忽略了燕布“右明司镪”（俗称“右明新冶”）的作用，“实”在该布面文上难以训通，故有待进一步探讨。释“明”读“衡”说，虽其“衡官”铸钱的观点有一定道理，但作者在推测“明”、“衡”音近可通的过程中采用了多重间接推理，于省吾学派对这种论证方法持保留态度，而何琳仪先生更是在著作中对此提出过批评③，故该说值得商榷。

综上，我们认为，明刀面文释“明”从字形来看是没有问题的。含义方面，李学勤、何琳仪等根据燕布“右明司镪”推测“右明”可能是燕国的货币管理机构，斯论目前看最为可信。他们虽未直接对“明”做出解释，但“右明”与“明”之间不会毫无联系④。但是我们也相信，在决定性证据发现之前，关于明刀面文的争议还会持续下去。

---

① 王宁《莫将臆说当史实——〈东周钱币起源“契券”考〉驳议》，《中国社会经济史研究》，2016年第1期。

② 章水根《明刀面文“明”字新解》，《中国钱币》，2016年第1期。

③ 冯括《燕明刀币背文体系研究》，《中国钱币》，2018年第4期。

④ 何琳仪《战国文字通论》，中华书局，1989年4月，第270-271页。

第四节 燕明刀背文含义及若干解释

燕明刀品种繁多，背文极其丰富，其中有些背文的含义还没有达成共识。如王毓铨认为：“不论是数字、单字或是单字加字组成的词组，推断起来，统统是记铸造地炉次的号字或号字组。”①李学勤认为：“明刀的背文左、右可能是‘左易、右易’的简称，均为燕国的地方区划。”②后来又认为背文“左某、右某、外炉”等性质也是铸造批次的标识③。石永士、王素芳认为：“以左右二字为背文的皆是‘左匋、右匋’的之省或简称。左右二字下面的数字或符号，很可能是制范者的记号或是统治者给制范者规定的数额”，又认为：“‘外炉’很可能是燕国新设管理货币铸造的机构，因它在都城的外边，故加‘外’字名之。”④朱活认为：“背文所冠的左、右、匽、外是代表铸造场所，当时可能称为‘炉’，所以背文有‘外炉’字样，并认为燕国铸造匽刀时开始设厂称匽，后来需求量增加，又增设左、右、外三个场，而这些场也可能分属政府不同的有关部门，这种看法是否近情，还有待进一步研究。”⑤张弛主张：“把它看作是燕国冶铸作坊或铸币机构所在方位的名称。”⑥黄锡全则“倾向左、中、右是燕国主管货币铸造的主要管理机构，其后紧跟数字、干支等，应是记范的炉次，或有不明其意者，可能是陶范工匠的私名或标记。从中期明刀至晚期明刀，因铸币量增大，每个机构中又增设有‘左、右、内、外、中’等的分支机构，便于统领。外虘、竅有可能就是在外地增设的铸币管理机构，以主管外地铸币的炉座”⑦。近期笔者在实物统计的基础上提出，早期明刀时期背文不足以成为体系，其含义以“物勒工名”为主，即代表制作工匠身份的标记。中期和晚期明刀背文呈现一定的规律，绝大部分字组的起首文字相对固定，有的以单字起首，有的以双字起首，加之还有部分固定单字及字组，由此可梳理出“左、右、中、□左、□右、外炉、□、行”等八种背文系列，可称为“首字（组）系列”，其下接

① 王毓铨《中国古代货币的起源和发展》，第87页。

② 李学勤《战国题铭概述（上）》，《文物》，1959年第7期 。

③ 李学勤《东周与秦代文明》，文物出版社，1984年版，第316页。

④ 石永士、王素芳《试论“□”字刀化的几个问题》，《中国钱币论文集》第一辑。

⑤ 朱活《古钱新探》，齐鲁书社，1984年，第148页。

⑥ 张弛《中国刀币汇考》，河北人民出版社，1997年12月，第39页。

⑦ 黄锡全《先秦货币通论》，紫禁城出版社，2001年6月，第251页。

的文字亦均与“物勒工名”有关，现将部分结论择要摘抄于此[1]：

一、左与右

明刀之“左”、“右”或是“左明”与“右明”之省，其中“明”很可能至少包括机构含义。而“左明”与“右明”似乎与地域也有着一定的关联，或以燕下都为中线，及其以西地区的铸币作坊属“右明”管理，东部则属“左明”管理。

二、中

“□”系列始见于乙型，常见于丙型……是为了适应扩大生产才设立的。“□”有多释，以“易”、“中”从者最多……我们认为，燕官玺（含陶器印文）在地名后多接“都”字，“□”无此用例……故此字释“中”更有说服力……“中”或亦为机构简称，即“中明”之省……其管辖范围应至少包含燕下都。

三、□左和□右

“左”、“右”、“中”下接“左”、“右”、“中”、“外”者均有可疑，仅“左□”、“右□”正常设立并生产，在一个机构下只设置一个“分支”是否有必要，值得商榷……因此在“分支机构”不存在的情况下，凡围绕“内”所做的解释，恐均难成立……如上文释“大”不误，加之对“下设机构”说的质疑，故此“大”或为敬辞，亦有突出、强调之意……所以“□左”、“□右”……或为“左”、“右”系列的特殊品种。

四、外炉

明刀“外”下必有“䖍”，“外”系列当称“外䖍”系列为宜……现在一般以为“外炉”代表外地炉座……但因证据有限，我们目前还无法就铸地等问题进行深入讨论……一些基于“方位对应”而将“□”或“□”释作“内”的观点，亦无说服力。足见，明刀背文体系中不存在“大一统”式的方位对应。

五、行

“行”亦不排除是机构名……我们暂倾向“行”系列之“行”不同于首字（组）之下的“行”，前者似代表燕之“衡官”。

六、□

“□”作为机构名的可能性似更大……“梁十九年亡智鼎”……有“亡智求□啬夫庶魔择吉金”句。“□”，何琳仪释“戟”，“□啬夫”即后世警卫或仪仗之“戟吏”；

① 冯括《燕明刀币背文体系研究》，《中国钱币》，2018年第4期。

李学勤释“泌”，“□ 啬夫”为某一级督造者。因证据匮乏，我们结合两家观点暂作推测，即“□”虽释“戟”，但其有收集金属并监造的职能，而“□”或与此有关。至于是否是……外地机构，阙疑。

七、叠文

明刀中有部分背文由两个或多个文字相互叠加而成，它们之间不存在任何笔画或偏旁的借用及删减，一些文献中称作“合文”。但参考何琳仪列举的合文方式，均与此不同，故谓其“叠文”……其可能是改范的产物，即出于某种原因在已经制备好的范上重新刻字，将新标识覆盖在原标识之上。

八、其他

中期和晚期明刀中还有一些无法归集的单字或字组背文，其首字属于……“出现频率较低且多数情况下并不出现在字组之首者”……它们不宜算作新的首字（组）系列，疑有“物勒工名”层级的减省，只是其省略的是机构标识而已。当然，这里也不排除首字（组）漏刻的可能

至于各型明刀均有素背无文者，殆均为“工匠失误漏刻的结果”。

第三章　燕明刀的区分方式及工艺标准

第一节　燕明刀形制划分

较早研究燕明刀形制划分的有王毓铨，他按刀面铭文的书写方式，将燕明刀划分为三种类型[①]。可是人们很快注意到面文分型的局限，并开始综合形制重新进行划分。朱活曾提出“四型法”，即根据燕明刀的出土地和形制划分类型[②]，但影响不大。石永士随后提出的Ⅵ式法，曾在一个时期内占主导地位，不过鉴于其相对繁琐，学者们开始寻找新的分型方法。其中以张弛、黄锡全等的“三型法”最为出名，“三型法”是在燕明刀刀身与刀柄间有圆折（也称弧折）和方折（也称磬折）之分，且圆折年代早于方折的基础上发展而来的。

一、早期明刀

刀身与刀柄间呈圆折，刀柄线不伸入刀身或仅伸入一点（图1）。

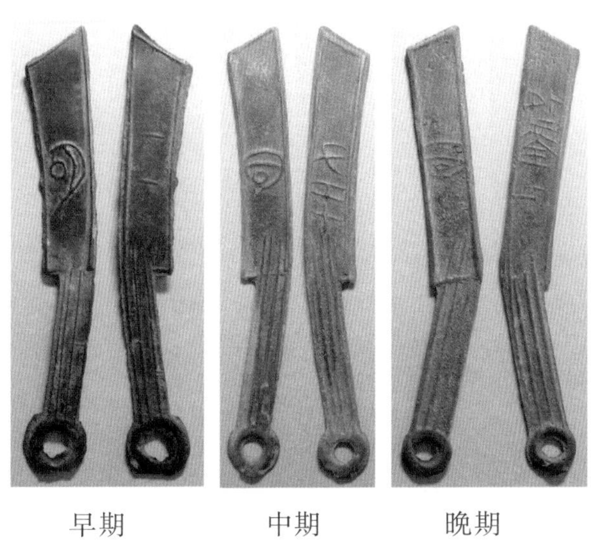

早期　　中期　　晚期

图1

① 王毓铨《我国古代货币的起源和发展》，科学出版社，1957年版，第52-54页。

② 朱活《古钱新探·匽币管窥》，齐鲁书社，1984年版，第142-148页。

二、中期明刀

刀身与刀柄间呈圆折，刀柄线伸入刀身。

三、晚期明刀

刀身与刀柄间呈方折，也有一部分方折不明显，刀刃与刀脊呈两条平行直线，刀柄线伸入刀身较多。

这种分型法虽尚欠精细，但确是当今主流，亦为我们所采用。另有其它的分型法，多是对“三型法”框架的进一步细化。如笔者在建立抽象的“标准型”的基础上，认为中期明刀从宏观上看是早期明刀和晚期明刀的过渡类型，而中期明刀和晚期明刀之间没有明显的界限，其中有些难以按照传统“三型法”归集，它们从形态上看应是中期明刀和晚期明刀之间形成的过渡环节，是逐渐形成的演化过程。

第二节　燕明刀年代辨解

燕明刀产生的年代，由于早年没有实证，所以多停留在猜想层面，仅是在“春秋战国”这一大的时间范畴内达成一致。如彭信威认为明刀流通于公元前四世纪末至公元前三世纪，朱活推测明刀开始铸行的时间在战国中期或稍早等。

石永士等将与明刀范同出的陶器残片进行排比，并对照燕下都陶器的分期，判定该范所在灰坑的年代为“战国中期，或稍早一些”[①]。这成为了燕明刀科学断代的突破口。由于出土的刀范属Ⅳ式，石永士进一步推测，Ⅵ式法之Ⅰ式铸行于春秋晚期，Ⅲ式铸行与战国早期等。此结论若“翻译”成三型法则大致相当于早期明刀，铸于春秋晚期至战国早期，中期明刀铸于战国中期前段。

张弛基于石氏的研究，结合张氏乙型尖首刀Ⅱ式与燕侯载铜戈同出的事例，以及其它史料推断，早期明刀始铸于战国早期末年与战国中期初年之际，即公元前390年前后；中期明刀铸行上限为战国中期上段即公元前361～前333年；晚期明刀的铸行上限不超过战国晚期上段，即田单复国的公元前278年之后[②]。

黄锡全同样依据石氏的研究，并综合沧县肖家楼、灵寿故城等不含晚期明刀的出土实例，以及其对丙型Ⅰ式尖首刀的年代估计，推算类明刀铸于战国早期后段或中期前段，即公元前433～前373年；早期明刀铸于战国中期前段即公元前372～前333年；中期明刀铸于战国中期后段即公元前332年～前379年；晚期明刀铸于战国晚期直至燕国灭亡即公元前278年～前222年[③]。上述诸说特别是张、黄二说虽不完全一致，但这些都是在实证资料非常匮乏的基础上推算得出的，能近似到如此程度已非常不易。另需说明的是，前文提及的临淄故城出土燕明刀范为Ⅵ式法之Ⅴ式，约等于三型法的中期明刀至晚期明刀过渡类型，其文发表晚于张、黄专著的成书时间，却验证了二人对晚期明刀铸行上限的推测，足以体现二说之高见。

---

① 石永士、王素芳《试论“[illegible]”字刀化的几个问题》，《中国钱币论文集》，1985年6月30日。

② 张弛《中国刀币汇考》，河北人民出版社，1997年12月，第125～126页。

③ 黄锡全《先秦货币通论》，紫禁城出版社，2001年6月，第244页。

第三节 燕明刀金属成份分析

燕明刀传世数量巨大，但多数铸造粗糙，品质低劣，虽有精美品，但比例不高。笔者在探究其成因上亦花费很多精力并取得较大进展。最初人们凭借铜色及经验已确定明刀为青铜即铜、铅、锡合金铸币，但因技术条件不够成熟，故很少有具体组成分析。较早进行理化测定的是沧县肖家楼出土的明刀，经光谱定量发现除一种燕明刀外，其余燕、齐明刀含铜量均在40%左右至以下，含铅量为50%以上，含锡量在2.5%以下[①]。需指出，“肖家楼”原文参照面文分式，若按三型法应皆属早期明刀，此结果或可为早期明刀进一步细分提供依据。

赵匡华等[②]依Ⅵ式法对40枚燕明刀（原文称“匽”字刀币）样本进行检验，其均值为含铜46.94%、含铅47.54%、含锡2.32%，铅锡比为21.32。文章推测先秦货币高铅低锡的原因是“钱币不需要很高的机械强度和坚韧性，而只需要铸造容易，质硬耐磨，所以那个时期人们便找到了铅的合适用途，大量投入铸币”。此外，文章亦认为部分燕明刀为铅基铜合金，与燕“被田单击败后国力较齐更加孱弱，货币贬值更加剧烈”有关。

樊祥熹等[③]通过当时已公布的140枚燕国货币（皆为燕明刀）定量分析数据，结合Ⅵ式法，认为燕国货币的合金特点是高铅低铜，锡含量普遍低且波动性差，合金组成不随时代而变，铁含量较低。作者还认为“每一场战争后……报废的兵器，以及其它损坏的礼器、工具等，很可能即充作铜原料用于铸币”，其配比方式有两种：“第一种，铜料（铜+青铜）∶铅料=1∶1……第二种，用新料铸造……铜、铅、锡的配比大约可定为55.5∶40∶5。”文章进一步分析明刀普遍质劣的原因为高铅、低锡以及浇铸技术低下。

张晓梅等[④]亦对20枚具有代表性的明刀样本的合金成份与金相组织进行过研究，认为燕明刀“大部分为铅青铜”，“较高的杂质铁说明当时使用了较为先进的熔炼技术”，“合金分层现象是由于缓慢冷却造成的”，“燕明刀币的锈蚀主要是由于铅的优先腐蚀造成的”。

---

① 天津市文物管理处《河北沧县肖家楼出土的刀币》，《考古》，1973年第1期。

② 赵匡华等《战国时期古币金属组成试析》，《自然科学史研究》，第11卷，第1期（1992年）。

③ 樊祥熹、戴志强、周卫荣《燕国货币合金成分研究》，《中国钱币》，1997年第2期。

④ 张晓梅、王纪洁、原思训《燕国明刀币的合金成分与金相组织的分析》，《考古》，2005年第9期。

第四节　铅质燕明刀产生的原因初探

在燕国货币体系中，除青铜材质外，还有铅质的，目前发现较少，兹就相关资料做一简要介绍。

较早记录燕国铅质铸币的是丁福保的《古钱大词典》，其中收录了铅质“怳昌”方足布和铅质一刀背吉圜钱各一枚，并在该书下编引用了著名钱币学家李佐贤、鲍康《续泉汇》文：“益昌（按：此即怳昌，下同）同前品，而铅质较异，王廉生藏，审非伪作。”又引鲍康《观古阁泉说》文：“小布有作益昌者，旧释恭昌，《泉汇》释作益昌。廉生有一品，非铜非铁，似铅质而沉重，具浑古之致。审非伪作，亦布中异品。” 1975年春，赤峰市喀喇沁旗上瓦房乡大西沟门村曾出土一刀圜钱铅母范[①]。1983年夏，赤峰市有色金属熔炼厂在赤峰市西郊纸坊第二肉联厂收购来的废杂铜当中，筛选出一枚铅质“平阴”燕方足布。其后不久，赤峰附近又有铅质燕明刀出土，据发现者观察，此枚燕明刀材质偏软，稍加外力，即可变形，应属高铅材质（图1）[②]。1983年，《沈阳青年钱币通讯》自第四期始，陆续发表了介绍近年发现的铅质“一刀”圜钱，铅质“襄平”、“平阴”布币及铅质燕明刀的文章[③]。2012年11月，在张家港举办的“中国历代珍稀钱币展览”上，展出了由14枚“铅质燕明刀”、“铅质方足布币”及铅一刀圜钱组成的燕国铅质货币专题[④]。此外，我们也征集到了一块一刀圜钱铅母范实物图片（图2）。至今，几乎所有的燕国钱币品种都发现了铅质者。东北地区有的钱币收藏者将铅质燕明刀分为“软铅”和“硬铅”两种，有人针对这两种做过理化测定，“软铅”含铅量在95%以上，接近纯铅，而“硬铅”的含铅量也超过85%。近来又有人将自藏的铅质燕明刀送到北京做金属分析，一枚铅质燕明刀重20.95克，铅含量为99.0%，铜含量为0.6%，锡含量为零。另一枚铅质燕明刀重27.4克，铅含量为94.9%，铜含量为4.0%，铁含量为0.4%，锡含量为零[⑤]。

基于上述材料，我们对铅质燕币的成因提出一些不成熟的意见，供读者参考，并乞教于方家。

一、有人认为是“试模”，非是。铅质燕币是否为试模需要对同模铜币、早期形制

---

① 郑瑞峰《喀喇沁旗发现战国铅母范》，《中国钱币》，1987年第4期。

② 嵩山《以铅铸钱始于燕》，《中国钱币》，1990年第1期。

③④⑤ 姜力华《燕国铅质货币考》，《中国钱币》，2017年第5期。

铅币情况及当时技术水平作全面考量。仅凭存世量小而得出所谓的“结论”，不可信。且在铸造水平已相对成熟的战国后期，用铅“试模”颇有画蛇添足之嫌。

二、笔者一度认为，青铜合金熔液，铅含量超过36%，即会液相分层，由于铅的比重高，所以会在熔液底部，浇铸时越到后面铅含量越高，铅质燕币是所谓“炉底钱”。后经多方咨询，该观点在原理上虽无问题，但在实际操作中，青铜熔液如形成有效分层，需要较大的坩埚，而目前考古发现的坩埚尺寸均达不到满足液相明显分层的要求，故此观点缺乏考古学依据。

三、目前所发现的铅质燕币均没有同版铜币发现，且存世量很少，其成因缺乏文献、出土资料等直接证据，仅从目前所见的一些现象出发，或存在两种可能：一是，1997年《中国钱币》刊登的《燕国货币合金成份研究》曾分析过燕币原料大约是废铜料与铅料1:1配比，故可能是作坊铜料用尽而将剩余铅料融化铸铅钱。二是，特殊地点、特殊时代的产物，但具体铸于何时何地目前尚难考定。至于两者哪个可能性更大一些，还应本着“宁阙疑、勿强解”的原则，继续等待新材料的发现。

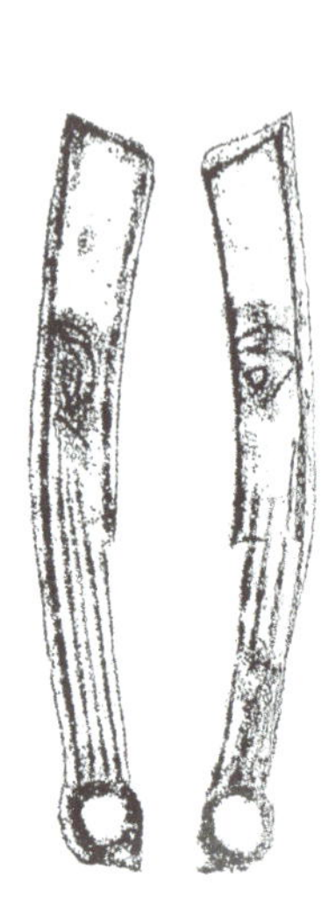

图1

图2　一刀圜钱铅母范　尺寸：104mm×81.4mm×80mm

第五节　燕明刀的铸范工艺

燕明刀是范铸，进一步讲属于范铸法中的“平板范式”。该方法虽较之叠铸法简单，但也不是一两句话可以说清的。简言之，如周卫荣所说，先秦刀布的制作工艺是“模–范–熔液–浇铸”[①]，燕明刀也不例外。其中，明刀在制范阶段工艺非常灵活，模印法与范面做纹法交错运用，并无统一且标准的手段。先前人们认为明刀范完全是手工刻制，此种认知比较片面。我们通过分析大量实物可以看出，许多明刀地章上有不规则的流铜，这是因压模力度不够或脱模剂不均匀而产生的“粘范”现象（图1）。还有一些明刀地章呈波纹状（图2），显然是硬物刮泥造成的。然上述两种现象常出现于同一枚标本上，可见有的在模印后会进行修范，这与周卫荣“用刀修范”[②]的判断一致。此外，明刀面文、背文首字系列、背文首字之下的文字三者呈现很大随意性，部分文字笔画两侧带有毛茬（图3），故这些文字中至少有一部分是直接在硬质范上刻划的（可能是陶也可能是阴干的泥），即范面做纹。另有部分明刀在面、背郭的内侧也呈类似效果（图4），很可能也是修范或直接范面做纹造成的。而笔者通过仔细观察中国钱币博物馆馆藏燕明刀范发现其地章平整，显系模印，其文字则是在晾干泥上刻制而成的。所以，明刀虽在广义上属于模印法，但某种程度讲仍是“一钱一范”，出现多枚一模一样者的可能性很小，而我们通过对明刀的大样本分析也发现同模者虽有，但非常少见，这种现象用“范的重复使用”作为解释似更合理。

这里还需要对“一钱一范”做一说明。传统观点认为先秦铸币时需把陶范敲碎后方能取出钱币，即陶范一般使用一次后即报废。加之上文所述明刀制范时存在范面做纹，故一个铸币型腔最终只能对应一个钱币成品，而这个铸币型腔存在唯一性，也因此造成了明刀成品的唯一性。但有人以山西、河北等地出土的数块经浇铸后依然完好的陶范为证，将之前“毁范取钱”的认知全盘否定，这不免有些“非黑即白”。毕竟我们现在还无法确定先秦陶范的平均使用寿命。如果大多数陶范仍然是“一次性”的，那么使用一次以上者就属于特例，并不能推翻旧有的认知。反之，如果可以证明战国时期相当比例的钱币陶范浇铸一次后依旧保留完好，即“范的重复使用”是普遍现

① 周卫荣《中国古代铸钱工艺及其成就》，《中国钱币论文集》第五辑。

② 周卫荣《中国古代铸钱工艺及其成就》，《中国钱币论文集》第五辑。

象——至少不是偶然出现的，则可对旧有观念形成一个巨大冲击。此外，人们在燕下都考古发掘中发现，“出土的铸币范不少，但多为碎小使用过的残范”[①]。这些残范究竟是使用多次后破碎还是一次即碎抑或兼而有之，我们无法做出准确结论，所以明刀范的使用寿命问题还需要今后有更多的出土发现来支撑，以及人们的进一步研究。仅就目前发现的明刀样品而言，我们略持保守态度，即明刀的“一钱一范”还是很普遍的，或者近似于“一钱一范”。

至于印范的模到底是什么样子、什么材质，目前无法确定。另有观点，明刀生产类似五铢的模式，其由模到范之间经历多次阴–阳型转换，但由于我们至今未发现阳文母范，亦未大规模发现完全同模的成品，所以该说不可信。而燕下都出土的明刀范半成品（图5），过去常作为“整体刻范说”的有力证据，不过我们上文已经分析，明刀实物上广泛存在模印的痕迹，可见刻范至少不是明刀生产的唯一工艺甚至不一定是主流工艺。

此外，我们征集到两块燕明刀陶范（图6），现将照片公布，供读者参考、研究。

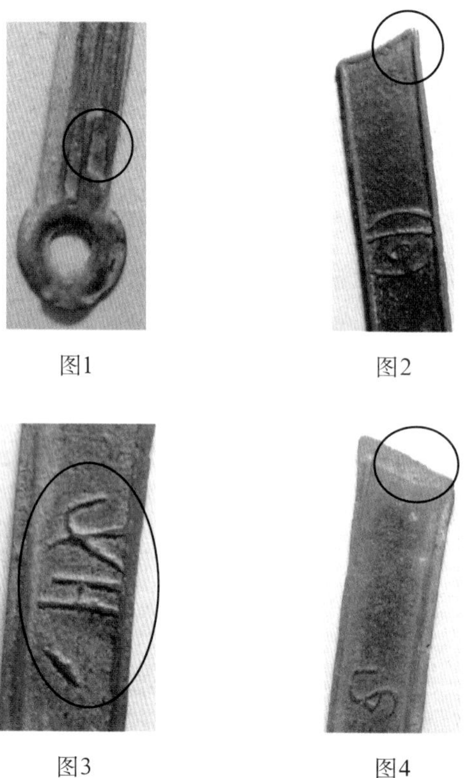

图1　图2　图3　图4

① 石永士、石磊《燕下都东周货币聚珍》，文物出版社，1996年8月第1版，第301页。

图5　明刀范半成品　尺寸：170mm×142mm×25mm

背范　尺寸：222mm×128mm　面范　尺寸：212mm×127mm

图6　燕明刀陶范

第六节　燕明刀的收藏标准和存放方法

收藏与研究本为一体，但近年由于参与的人群不同，以至于二者差异越来越大。但为了顾及全面，兹对收藏做一简单介绍，并提出一些不成熟的见解，供读者参考。

燕明刀的收藏，自古有之，但现今它给人的印象似乎一直不是钱币收藏的主流。2000年之前，由于它的传世量巨大，人们多不屑收藏；到2005年前后，其价格曾出现飞跃式上涨，这使原来就不大接受的人更加“敬而远之”；2008～2010年左右，钱币价格又普遍猛涨，燕明刀也随行就市，身价暴增；但随着2011年市场遇冷，燕明刀又很快陷入有价无市的尴尬境地。而新出的钱谱类书籍亦对燕明刀不甚重视，有的竟还采用最原始的二折法分类，并且不分青红皂白地将它们的价格或等级“统一”起来。我们所要谈的燕明刀收藏，是指什么样的燕明刀值得收而藏之，总的来说，燕明刀的收藏同其它钱币一样，需要从品种和品相两个方面考量。

一、品种

燕明刀的品种的参考标准包括形制、材质和铭文，从科学的角度来讲，也可分为稀少品种与补史品种两级。

（一）形制

形制参照三型法，也可进一步细化，如中期燕明刀中有两种较为特殊的形制同一化程度较高，即宽体式和厚脊式。事实上宽体式的刀身未必比其它品种宽很多，主要因素是宽体式刀脊较窄，因而显得刀身宽大。厚脊式则是另一个极端，其刀脊比其它品种宽厚，占压刀身面积，所以使人觉得刀体较窄、较长。此外，还有很多品种归集起来非常困难，如前文所说，一些品种介于中期明刀和晚期明刀类型之间，称为过渡型。对于此类燕明刀我们很难用统一的语言描述，有的中期特征多一些，有的晚期特征多一些，且程度不一（图1－图3）。另就传世量而言，三型中以早期燕明刀最少，按石永士、石磊所著《燕下都东周货币聚珍》统计，并将VI式法折算成三型法可知，早期燕明刀共有275枚，占样本空间24620枚的1.02%，其它的燕明刀出土实例中，早期明刀亦少，甚至还有许多“纯中期或纯晚期燕明刀”的窖藏。

（二）材质

材质方面，燕明刀为铜铅锡合金，从平均值来看，铅的比例大于铜。从总体分析，燕明刀金属成份波动非常大，其含铜量范围在20%—60%之间。若从收藏角度来看，若有金银等贵金属材质的话，那自然属收藏上品。可惜目前尚未发现，在已发现非青铜质地的燕明刀当中，只发现有前文提及的铅质者明刀（图4）。

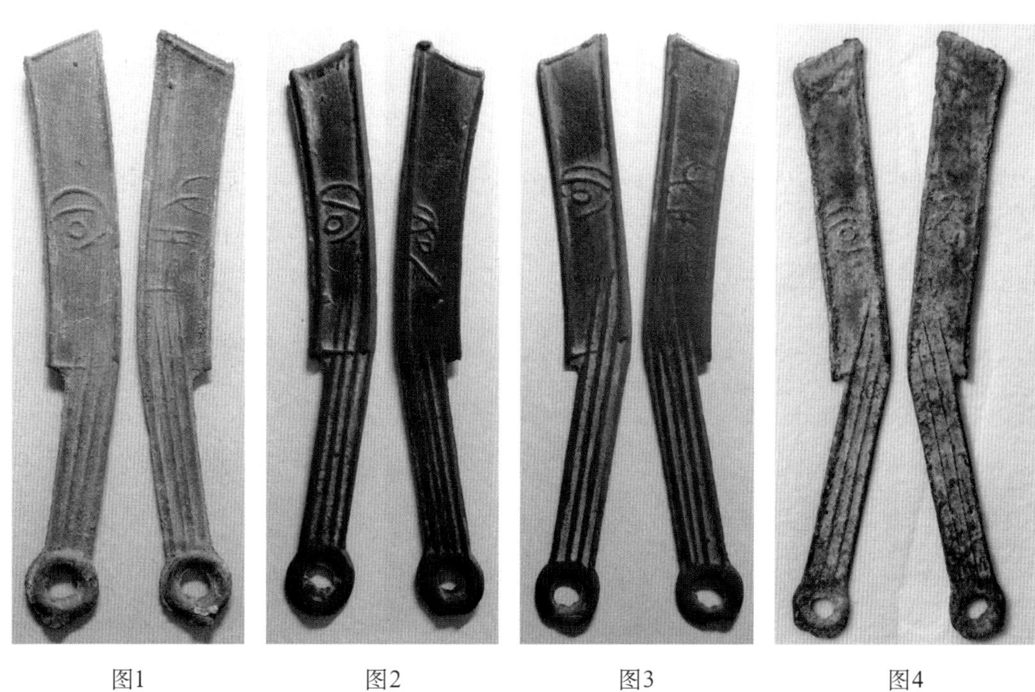

图1　图2　图3　图4

（三）铭文

铭文是燕明刀收藏者对品种辨别最主要的依据，包括面文及背文。面文差异体现在早期燕明刀上，部分中期或晚期燕明刀的面文也有一些与众不同的地方，如"明"字之"日"微呈方形，"日"或"刀"中间带点，这都属于粗放型生产的结果。早期燕明刀面文有几种较为独特且相对固定的写法，如明字刀部外笔较短，内笔较长（左右结构）；明字刀部外笔细长（上下结构）都是可以收藏的品种（图5）。

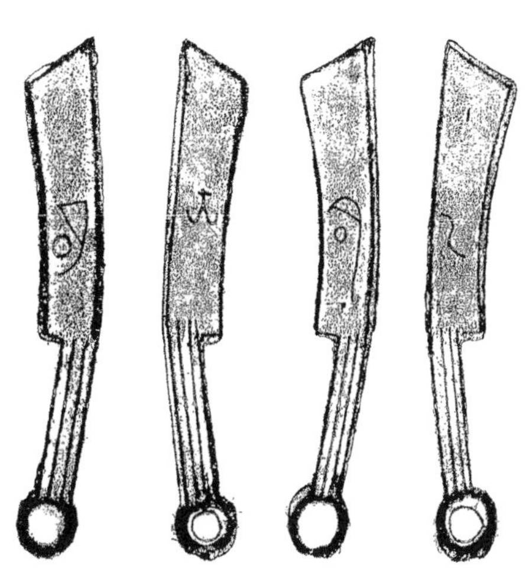

图5

背文则贯穿早期至晚期所有燕明刀，由于背文多为范工手工刻画，所以存在大量变体以及反书，如不有效识别，会给收藏或研究带来一定困难。

1.变体

变体是同一个字出现不同的写法，如增笔、减笔文字结构等变化都属于广义上的变体。变体与范工书写差异化关联最大，以“中”字为例，其变体非常之多（图6）。若不有效识别，甚至可能会被错当成其它文字。

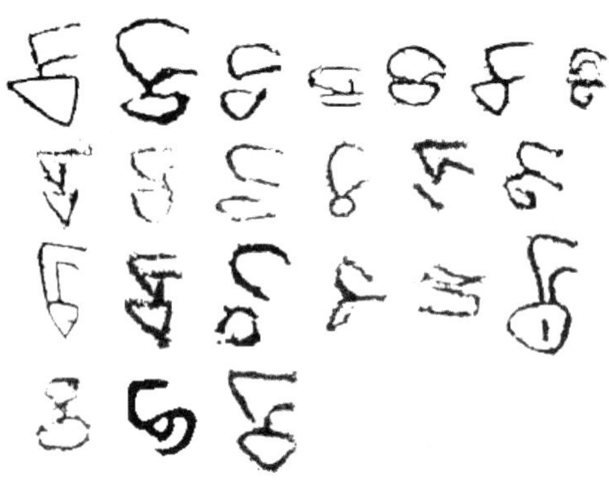

图6

2.反书

反书是文字书写与正常写法的颠倒，一般由范工刻范时误作正书所致。如“外炉”（图7）左为反书，右为正书。 而对于文字本身即是对称图形者，反书与否无法识别。

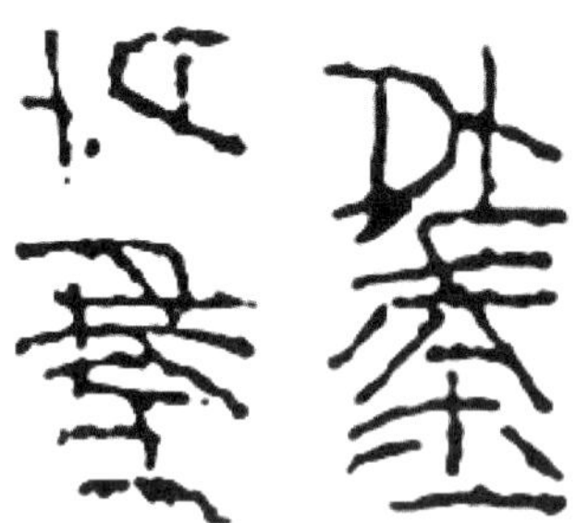

图7

3.叠文

前文提及的叠文是背文中两个及以上的文字重叠在一起，形成一个不易识别的新字，如“中行”（图8）等。叠文现象多见于晚期燕明刀时期，而早期和中期燕明刀相对少见。

图8

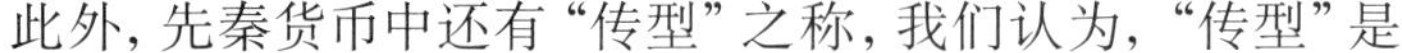

此外，先秦货币中还有“传型”之称，我们认为，“传型”是

两个文字的位置出现左右颠倒，但由于燕明刀的背文均为上下排列，所以“传型”一词并不适用于此。当然，若今后发现背文有左右排列者，堪称奇品。

二、品相

古钱币的品相历来没有统一的标准，主要由个人的审美观点决定，一般来说，好品相的燕明刀至少应该是完整的，即没有断、裂、漏、补。燕明刀的缺损，相当一部分出现在刀尖和刀环浇铸口处。不过这两处并不一定是人为或埋藏造成的，刀尖或因背范没有对齐，造成成品出现两个刀尖，加之本身细小，故很容易掉落。浇铸口与刀环相连，铸成后需要掰开才能使用，在处理过程中常使刀环破损。

腐蚀程度尽管不是好品与否的主要参照，可燕明刀普遍质劣，由于铅含量高，合金溶液分成两相，导致铸件成品多有纯铅颗粒，在锈蚀过程中，铅首先氧化，更使得钱体表面斑驳不堪，民间俗称“起皮”。从某种程度讲，微微的起皮反而彰显古朴，但对严重起皮者，有的连铭文都难以识别，这样的品相不具有收藏价值。

燕明刀经常出现刀体弯曲不平的现象，有人认为是埋藏时受到挤压造成的，但也有人根据其弯曲多“走向”一致，认为此种弯曲可能与铸造有关。这些观点因没有经过实验验证，故存疑。而弯曲并不意味着品相差，是否值得收藏，全凭个人兴趣。

对于燕明刀的保存，并不像机制币或铁钱那样对环境有着较为特殊甚至苛刻的要求，采用传统纸板镶嵌、专业钱币收藏盒均可。但切忌挤压，尤其是腐蚀严重者，有的从残品断面看已完全变为“锈质刀”，其质地极脆，稍加外力即断。所以我们建议不要把玩，因为把玩是它断裂的另一个重要原因。

燕明刀钱谱

第四章　早期燕明刀系列

早期燕明刀系列刀面铭文明字主要有三种版式，分别是“三角形明字”、“拉长形明字”和“弯月形明字”组成。

（一）三角形明字面文在字形上呈左右结构或类似左右结构，明字的刀部呈三角形，并且有的版式在日、刀两字内部中间伴有星纹，另有一种版式刀面铭文明字铸在刀身最下方，此版较少。

（二）拉长形明字面文在字形上呈上下结构，面文明字刀部末笔一撇或一竖细长。

（三）弯月形明字面文在字形上呈上下结构或左右结构，面文明字的刀部呈抱球形状。与此类似的版式中，有一种特殊版式，即面文明字刀部末笔细长外翘弯曲，似虎尾，此版较罕见。

早期燕明刀从刀身形制来看，刀柄线不入刀身或深入刀身少许。刀柄线由两条组成，但有个别版式刀背柄线由一条组成。有的版式在刀背铭文下方出现封线条纹，具体含义有待考证。早期燕明刀的刀环多数铸造粗糙，但有个别若干版式刀环异常圆润精美，呈圆柱形，明显是进行了磨边修整。早期燕明刀的背文除沿用部分燕尖首刀铭文外，兼有记数、记物、方位、天干、地支和一些待解的特殊符号等构成。

早期001

面文：明
背文：（无）

级别：2级
重量：17克
尺寸：143mm

早期002	早期003
面文：明 背文：（无）	面文：明 背文：（无）

早期002	早期003
级别：2级 重量：13.7克 尺寸：143mm	级别：2级 重量：15.7克 尺寸：147mm

早期004	早期005
面文：明 背文：（无）	面文：明 背文：（无）

早期004	早期005
级别：2级 重量：16.6克 尺寸：145mm	级别：2级 重量：17.6克 尺寸：144mm

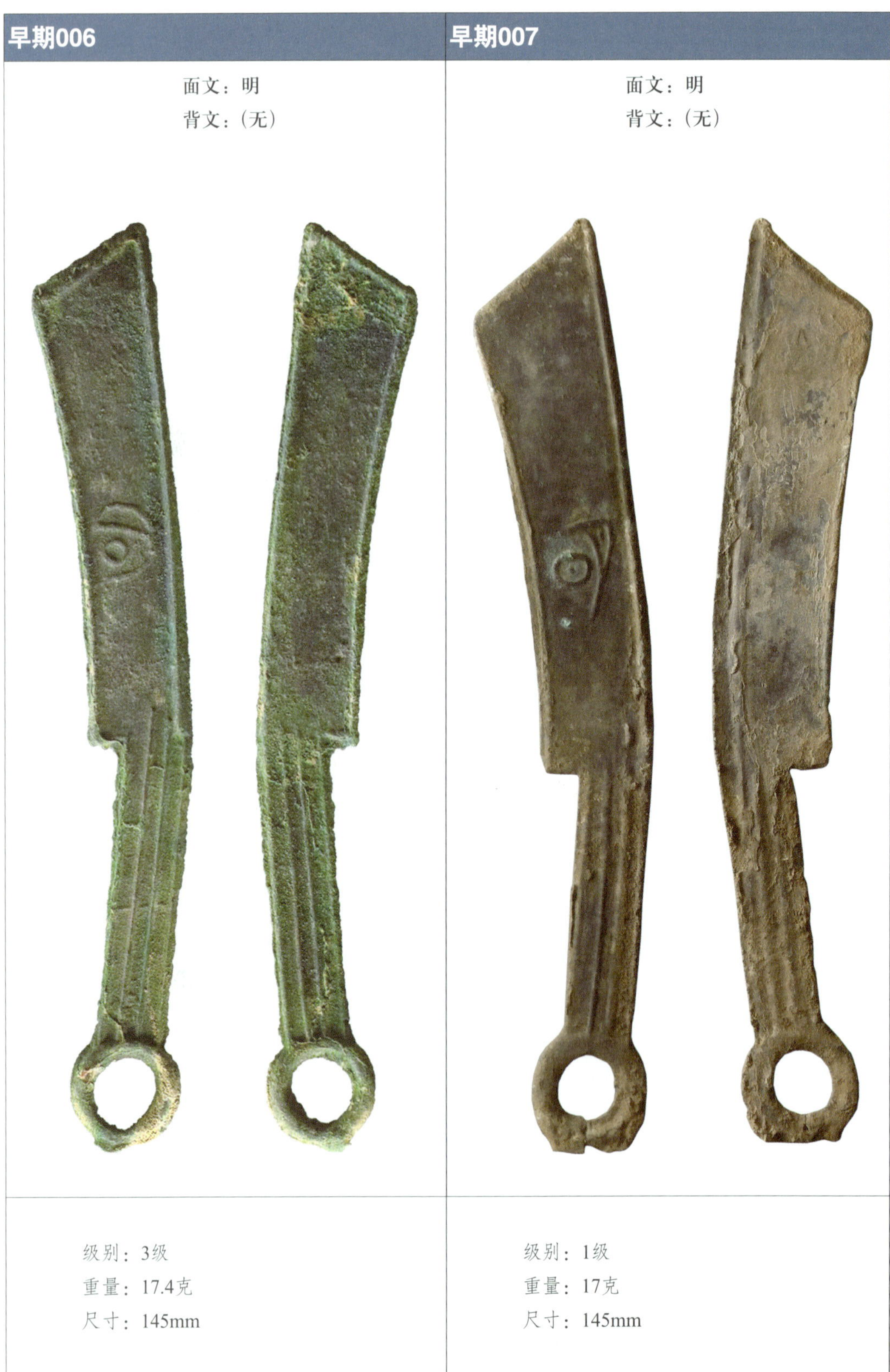

早期006	早期007
面文：明 背文：（无）	面文：明 背文：（无）
级别：3级 重量：17.4克 尺寸：145mm	级别：1级 重量：17克 尺寸：145mm

早期008	早期009
面文：明 背文：丿	面文：明 背文：丿

早期008	早期009
级别：2级 重量：13.5克 尺寸：141mm	级别：2级 重量：15.4克 尺寸：140mm

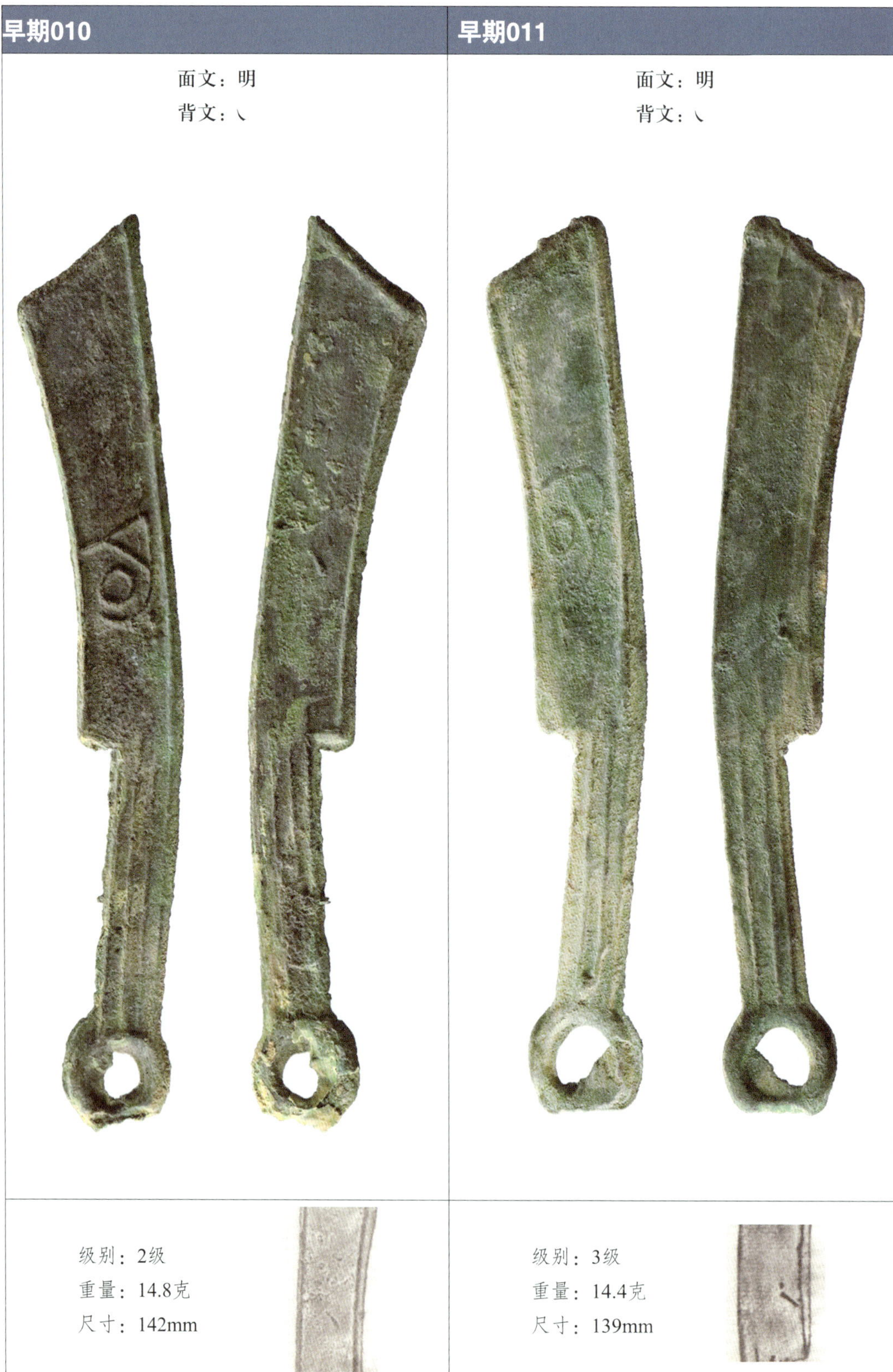

早期010

面文：明
背文：㇏

级别：2级
重量：14.8克
尺寸：142mm

早期011

面文：明
背文：㇏

级别：3级
重量：14.4克
尺寸：139mm

早期012

面文：明

背文：二

级别：2级

重量：16.3克

尺寸：142mm

早期013

面文：明

背文：二

级别：2级

重量：16.1克

尺寸：142mm

早期014	早期015
面文：明 背文：二	面文：明 背文：二
级别：2级 重量：17.1克 尺寸：142mm	级别：2级 重量：172克 尺寸：144mm

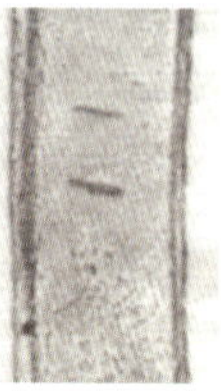

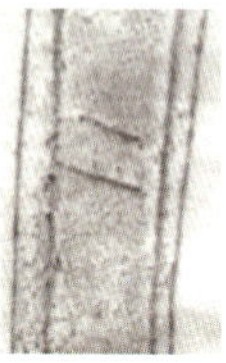

早期016

面文：明

背文：三

级别：2级

重量：16.3克

尺寸：148mm

早期017

面文：明

背文：五

级别：2级

重量：17.3克

尺寸：142mm

早期018	早期019
面文：明 背文：五	面文：明 背文：五

早期018	早期019
级别：3级 重量：14.7克 尺寸：141mm	级别：2级 重量：16.8克 尺寸：144mm

早期020

面文：明
背文：五

级别：2级
重量：22.4克
尺寸：141mm

早期021

面文：明
背文：五

级别：1级
重量：18.8克
尺寸：141mm

早期022	早期023
面文：明 背文：六	面文：明 背文：六

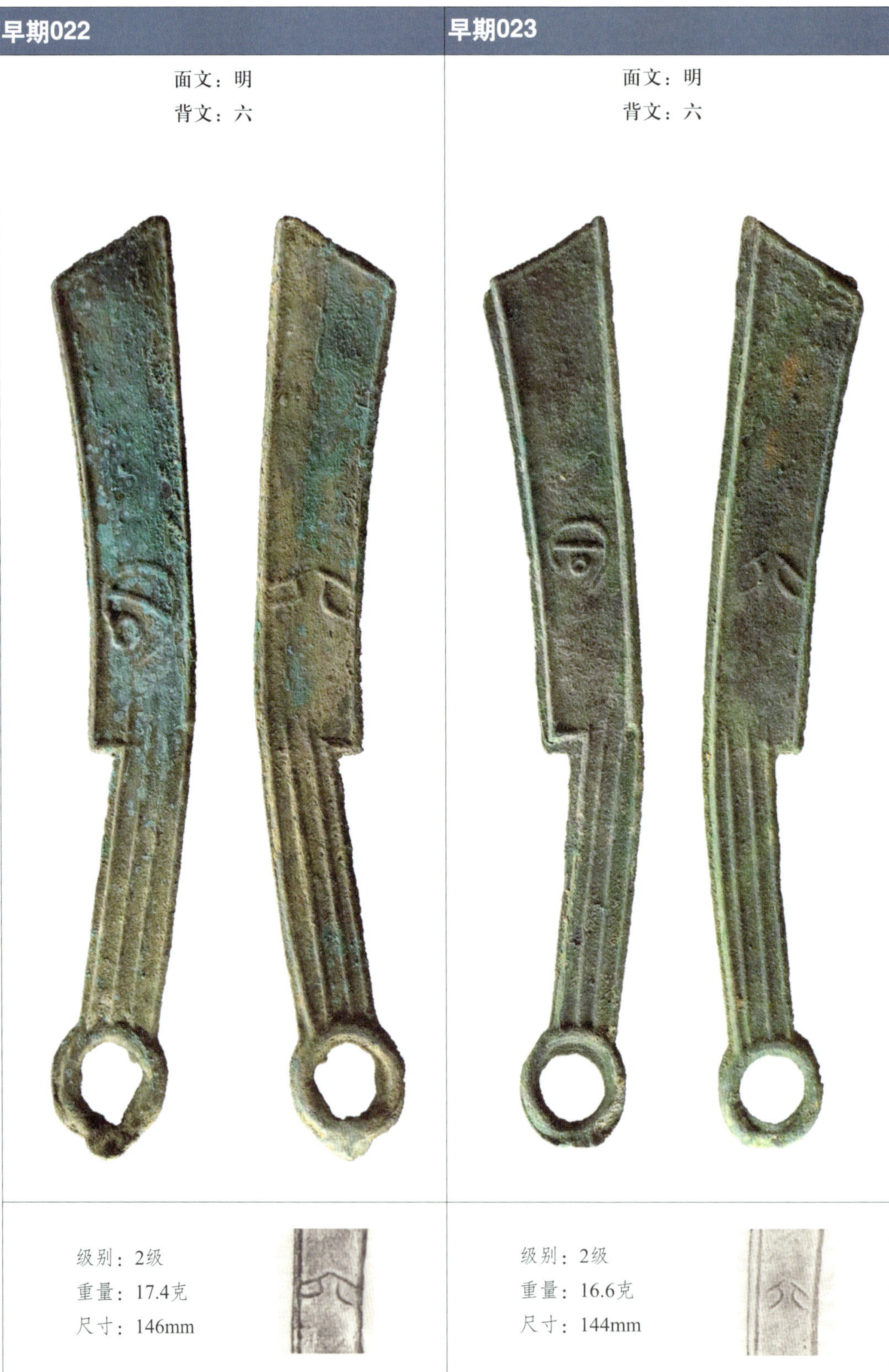

级别：2级 重量：17.4克 尺寸：146mm	级别：2级 重量：16.6克 尺寸：144mm

早期024	早期025
面文：明 背文：六	面文：明 背文：六

早期024	早期025
级别：2级 重量：19.6克 尺寸：145mm	级别：2级 重量：16.9克 尺寸：144mm

早期026	早期027
面文：明 背文：六	面文：明 背文：六
级别：1级 重量：17.3克 尺寸：144mm	级别：1级 重量：15.4克 尺寸：146mm

早期028

面文：明
背文：六

级别：2级
重量：16.5克
尺寸：144mm

早期029

面文：明
背文：六

级别：2级
重量：16.3克
尺寸：140mm

早期030	早期031
面文：明 背文：七	面文：明 背文：七
级别：2级 重量：18.3克 尺寸：145mm	级别：2级 重量：16.5克 尺寸：143mm

早期032

面文：明

背文：八

早期033

面文：明

背文：八

早期032

级别：2级

重量：17.1克

尺寸：146mm

早期033

级别：1级

重量：17.7克

尺寸：145mm

早期034

面文：明
背文：八

级别：2级
重量：18.5克
尺寸：145mm

早期035

面文：明
背文：八

级别：2级
重量：15.6克
尺寸：143mm

早期036	早期037
面文：明	面文：明
背文：八	背文：八
级别：2级	级别：2级
重量：17.1克	重量：18.3克
尺寸：143mm	尺寸：143mm

早期038	早期039
面文：明 背文：九	面文：明 背文：十
级别：1级 重量：16克 尺寸：143mm	级别：2级 重量：18.5克 尺寸：143mm

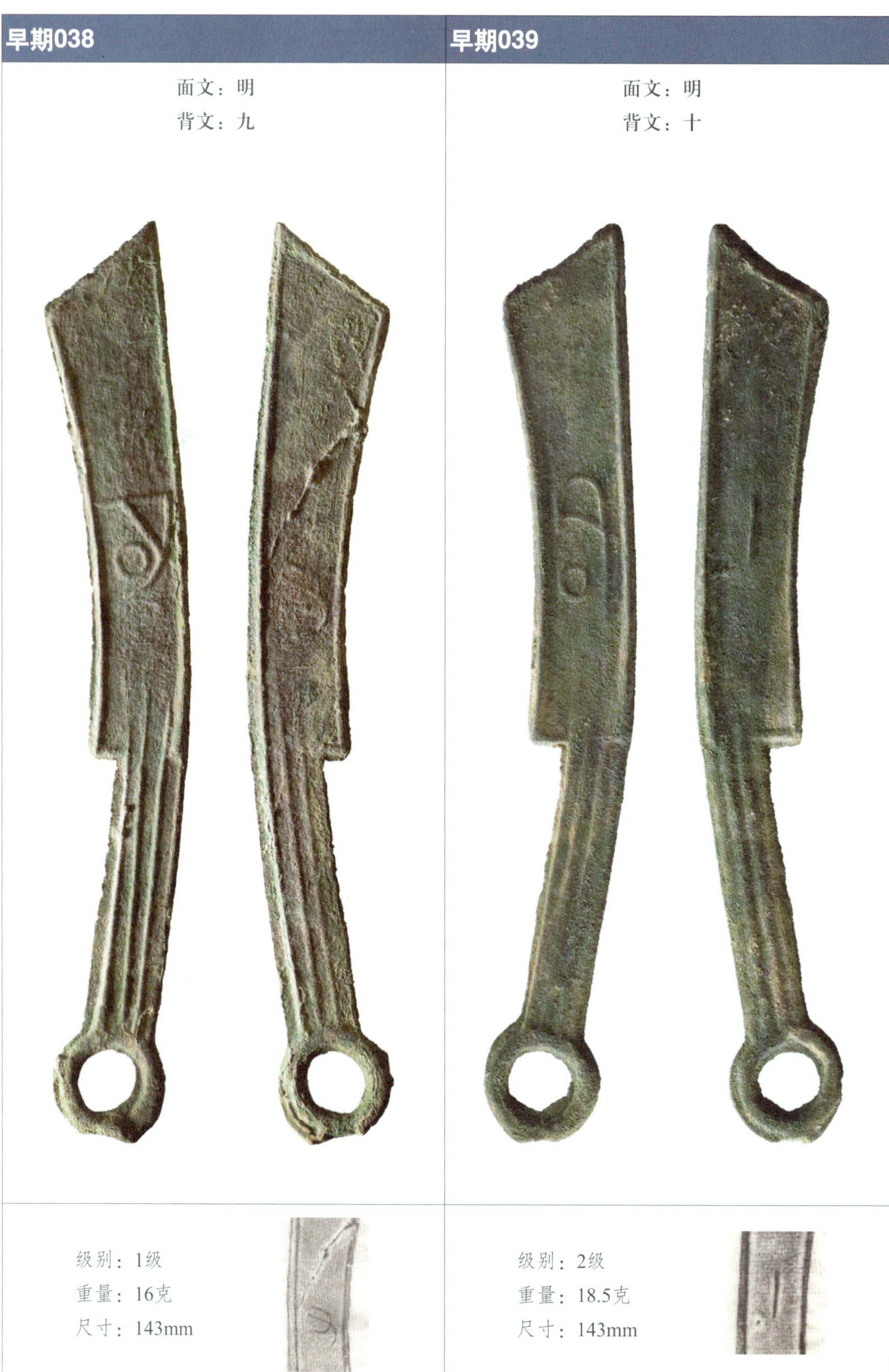

早期040	早期041
面文：明 背文：十	面文：明 背文：十
级别：2级 重量：16.3克 尺寸：145mm	级别：2级 重量：18.2克 尺寸：143mm

早期042

面文：明
背文：十

级别：2级
重量：15.2克
尺寸：141mm

早期043

面文：明
背文：十

级别：2级
重量：16.4克
尺寸：144mm

早期044	早期045
面文：明 背文：一十	面文：明 背文：十一

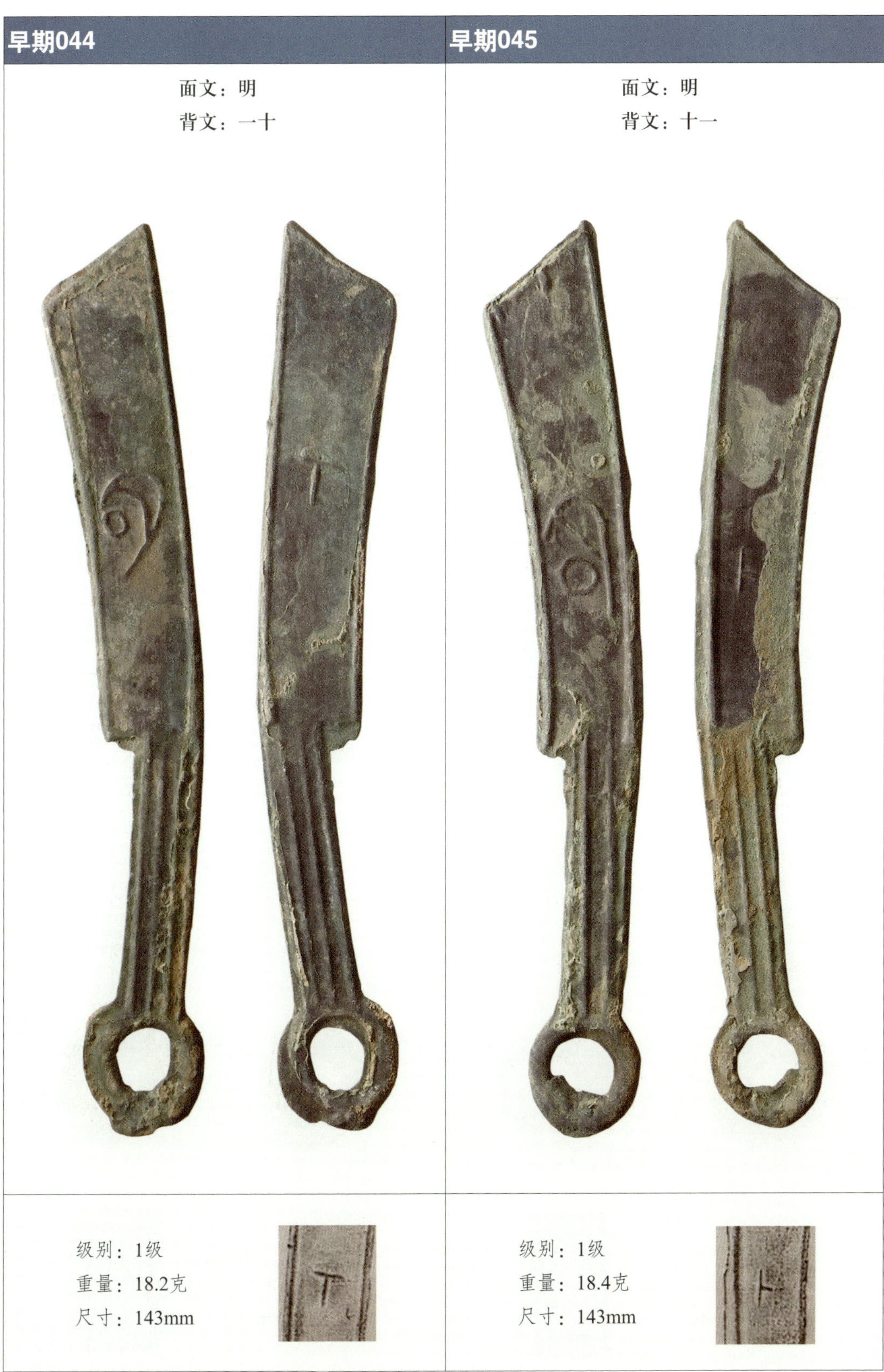

早期044	早期045
级别：1级 重量：18.2克 尺寸：143mm	级别：1级 重量：18.4克 尺寸：143mm

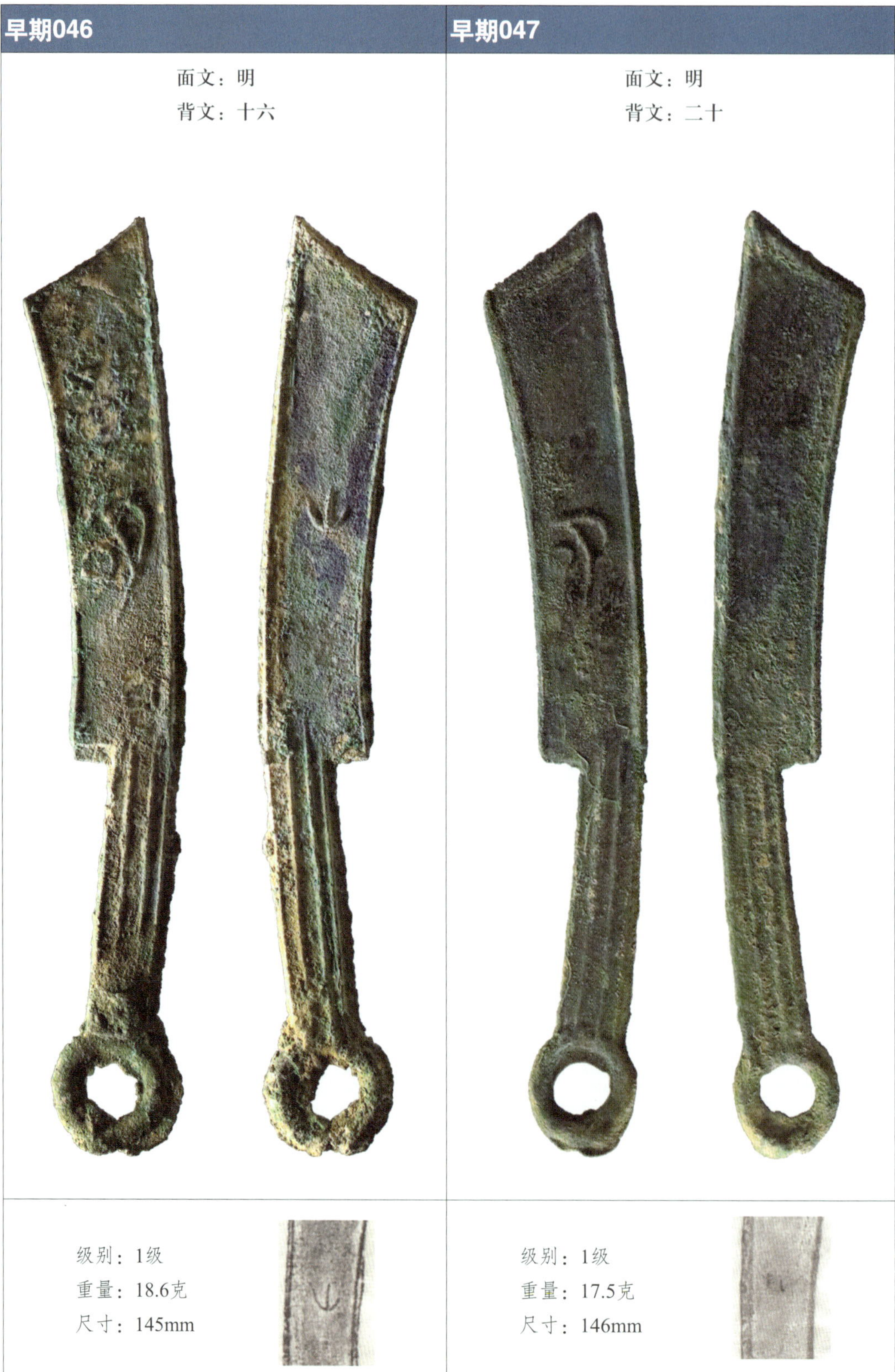

早期046	早期047
面文：明 背文：十六	面文：明 背文：二十
级别：1级 重量：18.6克 尺寸：145mm	级别：1级 重量：17.5克 尺寸：146mm

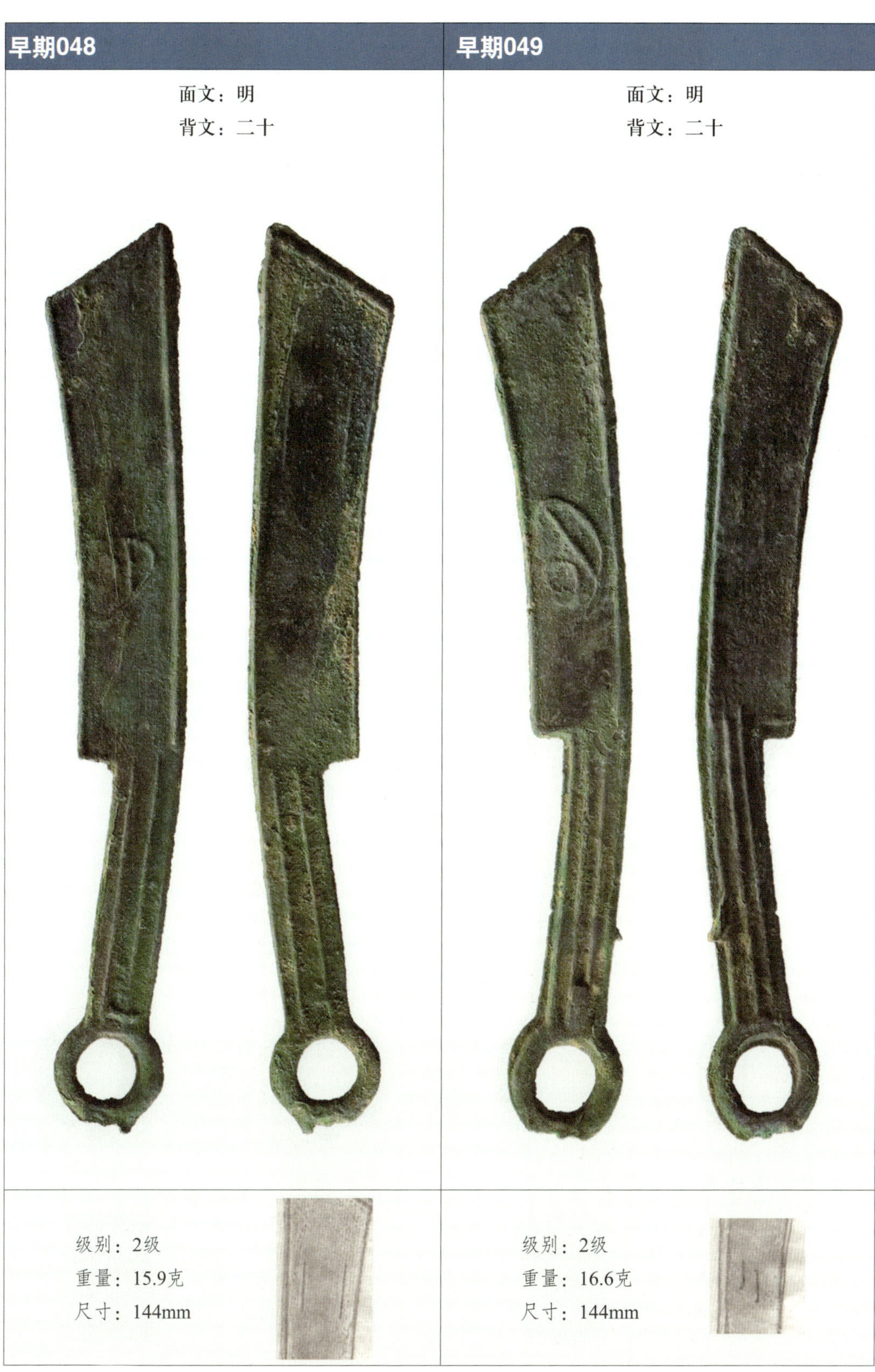

早期048

面文：明
背文：二十

级别：2级
重量：15.9克
尺寸：144mm

早期049

面文：明
背文：二十

级别：2级
重量：16.6克
尺寸：144mm

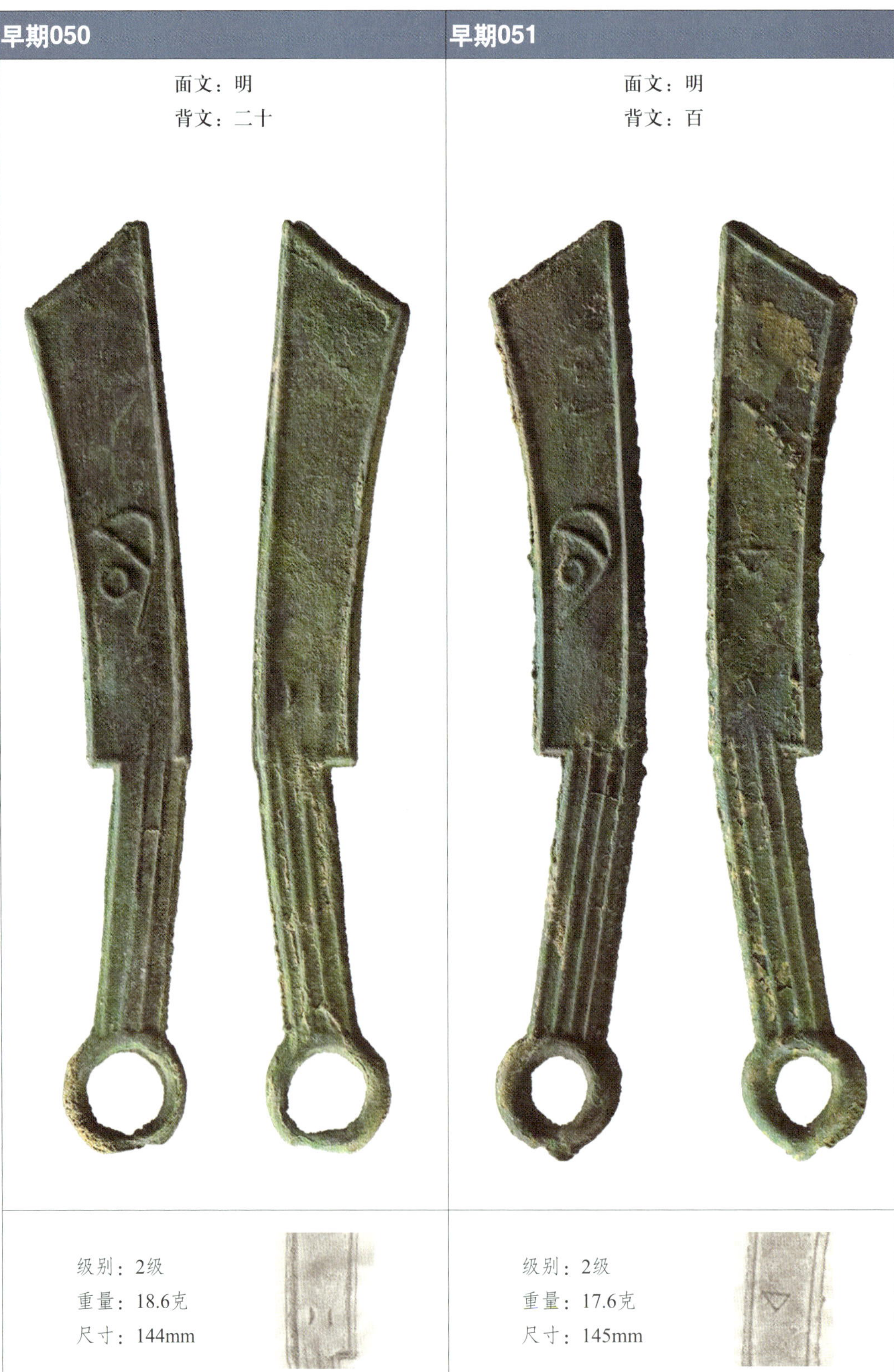

早期050	早期051
面文：明 背文：二十	面文：明 背文：百
级别：2级 重量：18.6克 尺寸：144mm	级别：2级 重量：17.6克 尺寸：145mm

早期052	早期053
面文：明 背文：百	面文：明 背文：百
级别：2级 重量：14.9克 尺寸：143mm	级别：3级 重量：14.2克 尺寸：142mm

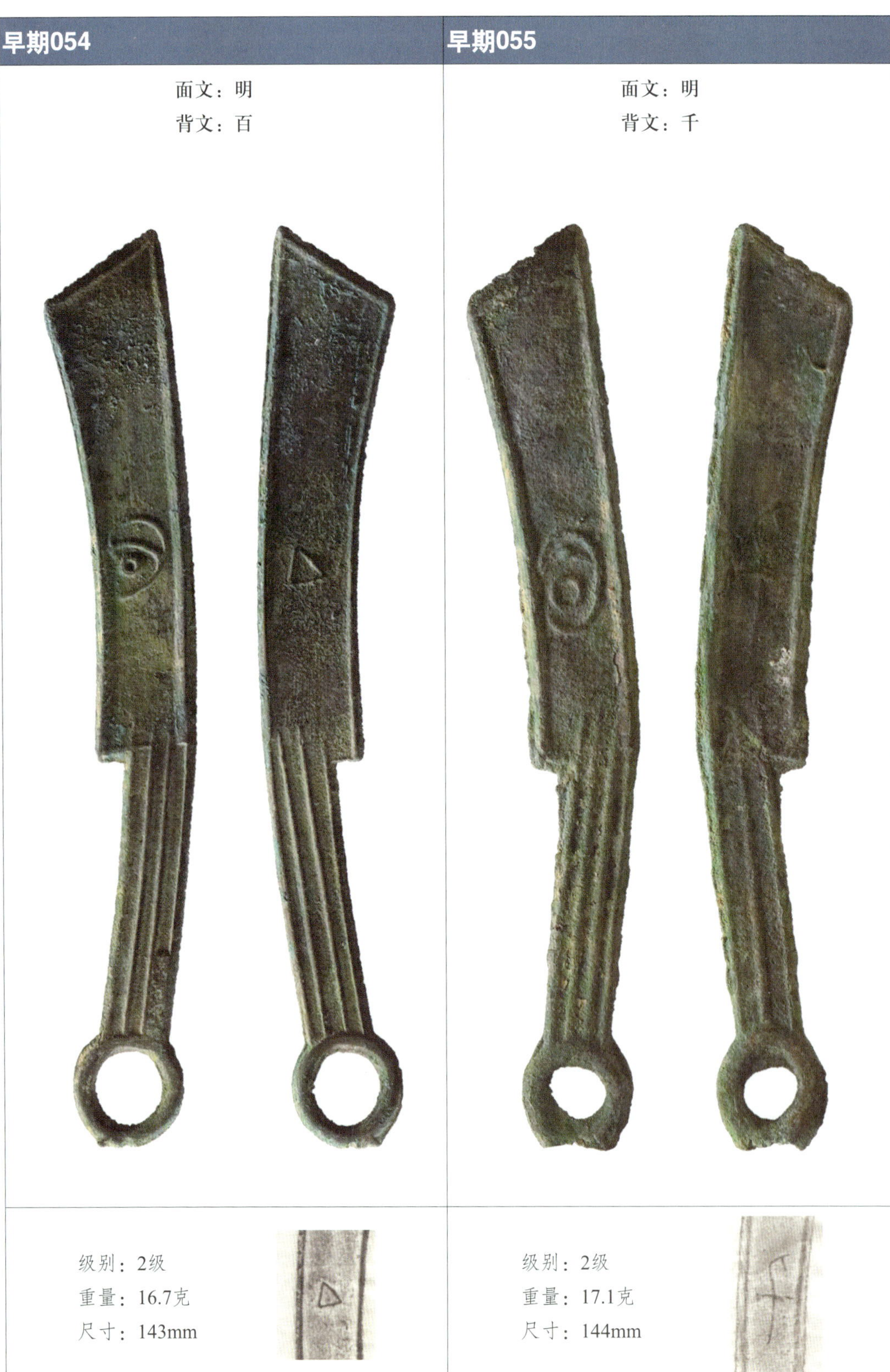

早期054	早期055
面文：明 背文：百	面文：明 背文：千
级别：2级 重量：16.7克 尺寸：143mm	级别：2级 重量：17.1克 尺寸：144mm

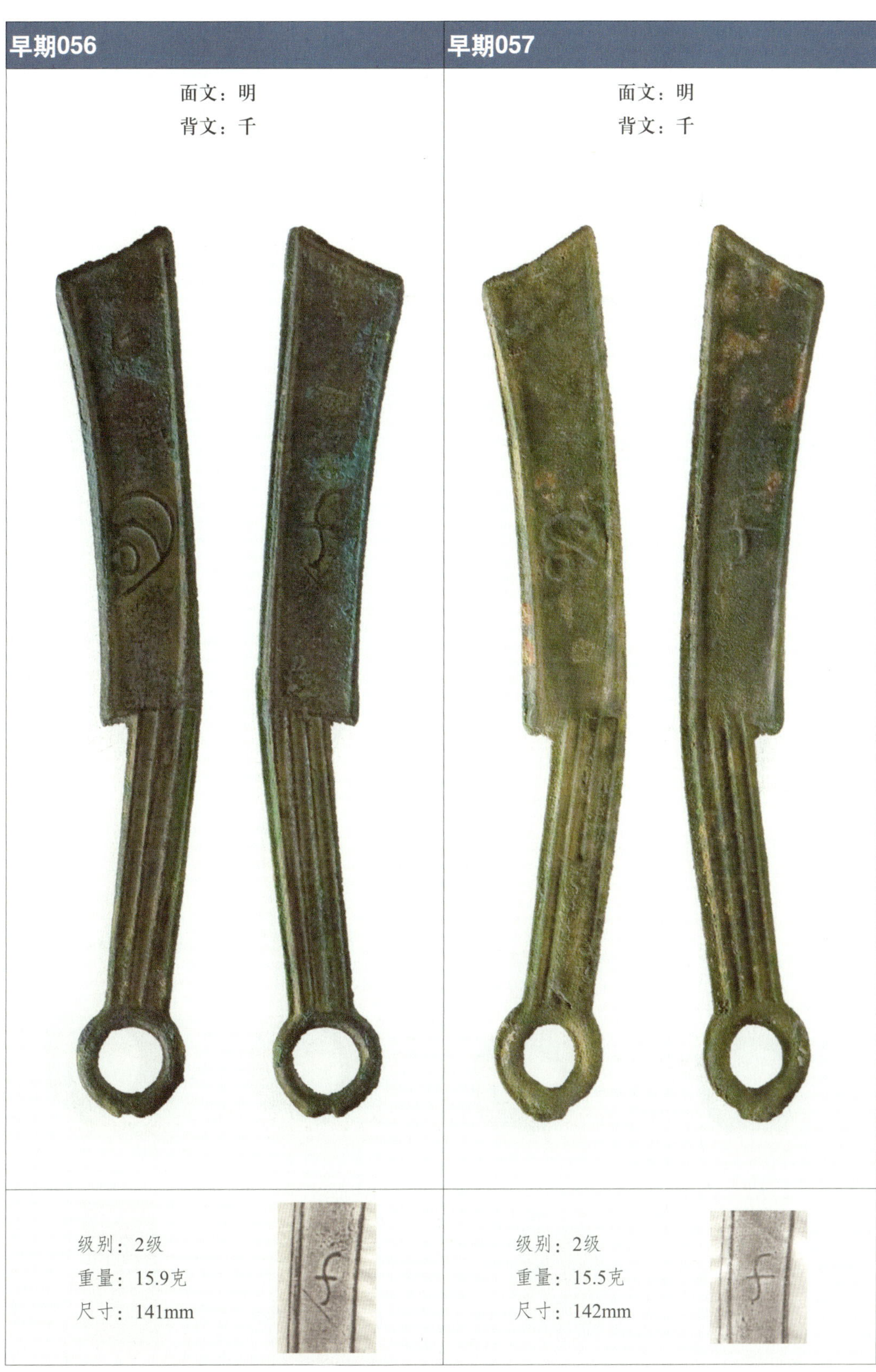

早期056	早期057
面文：明 背文：千	面文：明 背文：千
级别：2级 重量：15.9克 尺寸：141mm	级别：2级 重量：15.5克 尺寸：142mm

早期058	早期059
面文：明 背文：千	面文：明 背文：万
级别：2级 重量：18克 尺寸：144mm	级别：2级 重量：16.1克 尺寸：142mm

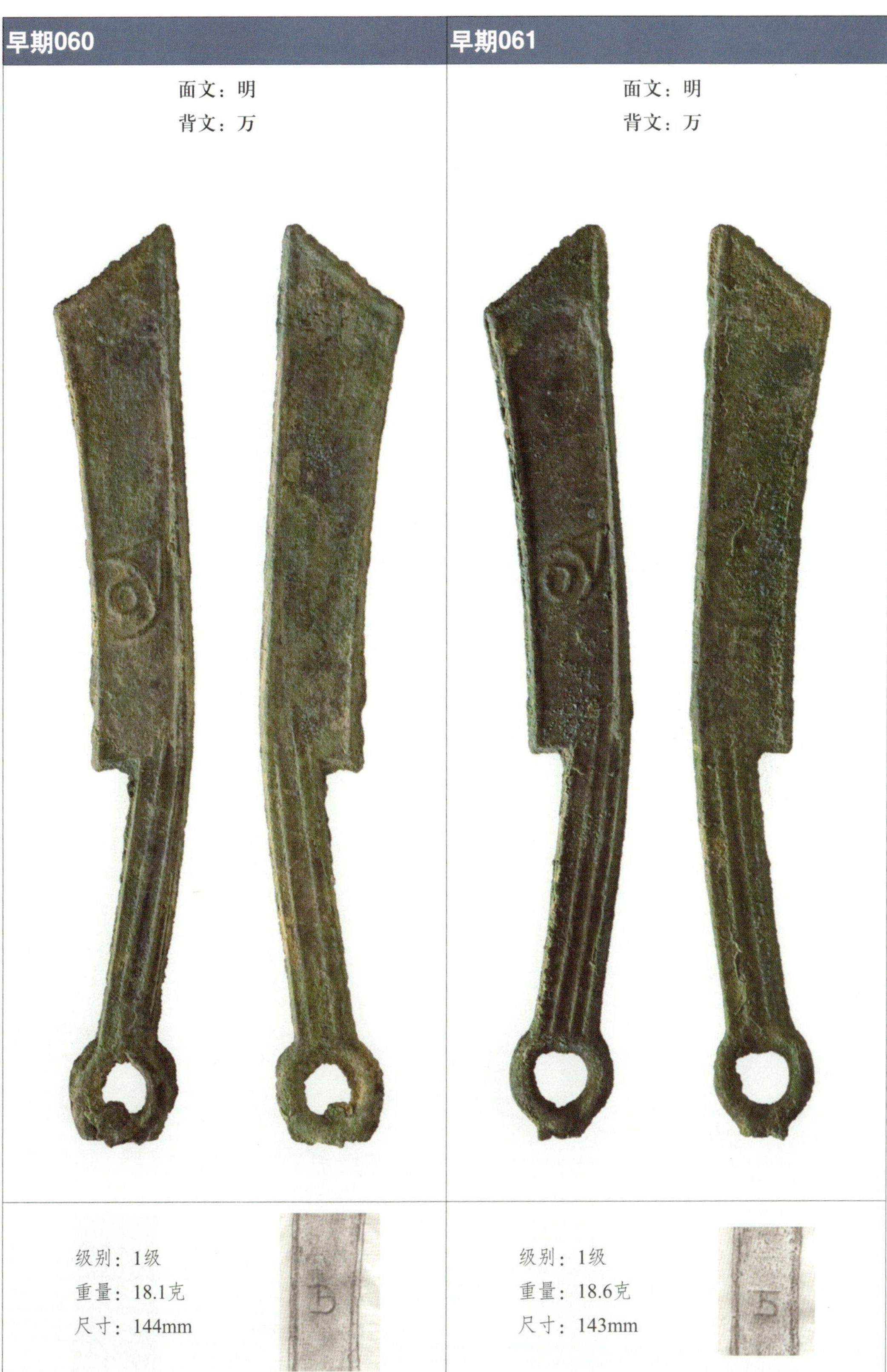

早期060

面文：明
背文：万

级别：1级
重量：18.1克
尺寸：144mm

早期061

面文：明
背文：万

级别：1级
重量：18.6克
尺寸：143mm

早期062	早期063
面文：明 背文：万	面文：明 背文：万
级别：1级 重量：14.8克 尺寸：142mm	级别：1级 重量：19.1克 尺寸：146mm

早期064

面文：明
背文：万

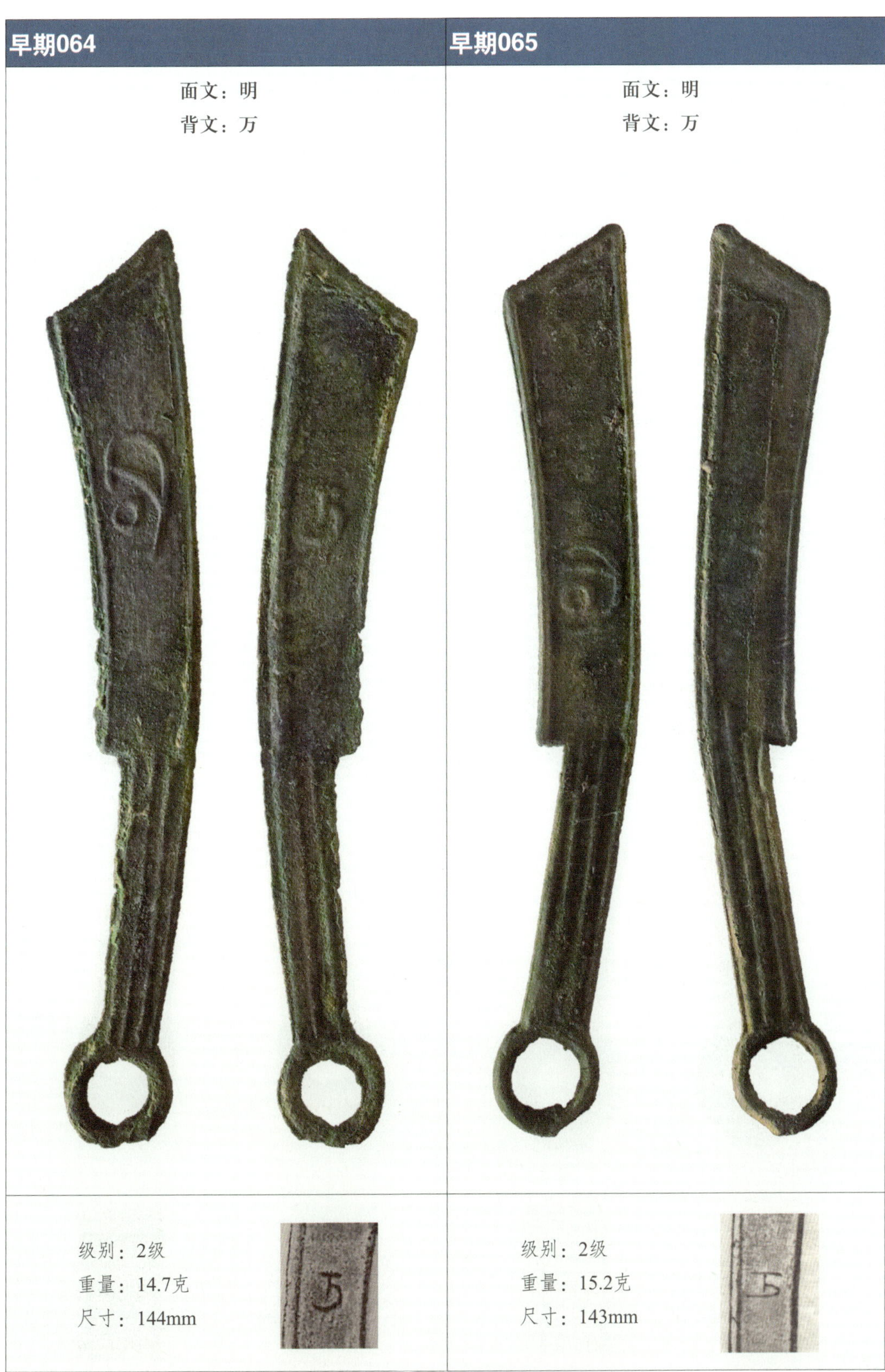

级别：2级
重量：14.7克
尺寸：144mm

早期065

面文：明
背文：万

级别：2级
重量：15.2克
尺寸：143mm

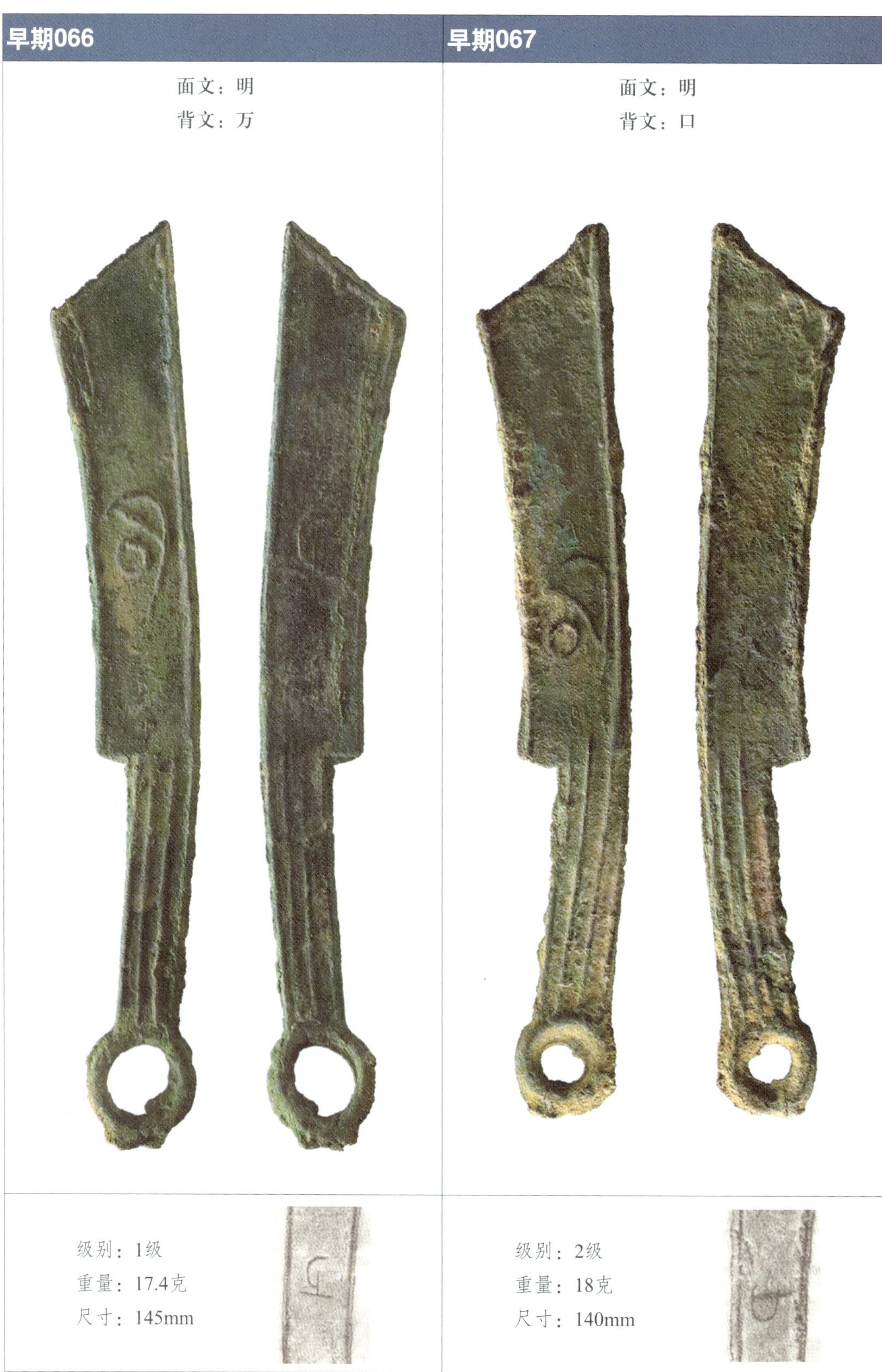

早期066

面文：明
背文：万

级别：1级
重量：17.4克
尺寸：145mm

早期067

面文：明
背文：口

级别：2级
重量：18克
尺寸：140mm

早期068

面文：明
背文：□

级别：1级
重量：19.7克
尺寸：142mm

早期069

面文：明
背文：日

级别：1级
重量：15.7克
尺寸：144mm

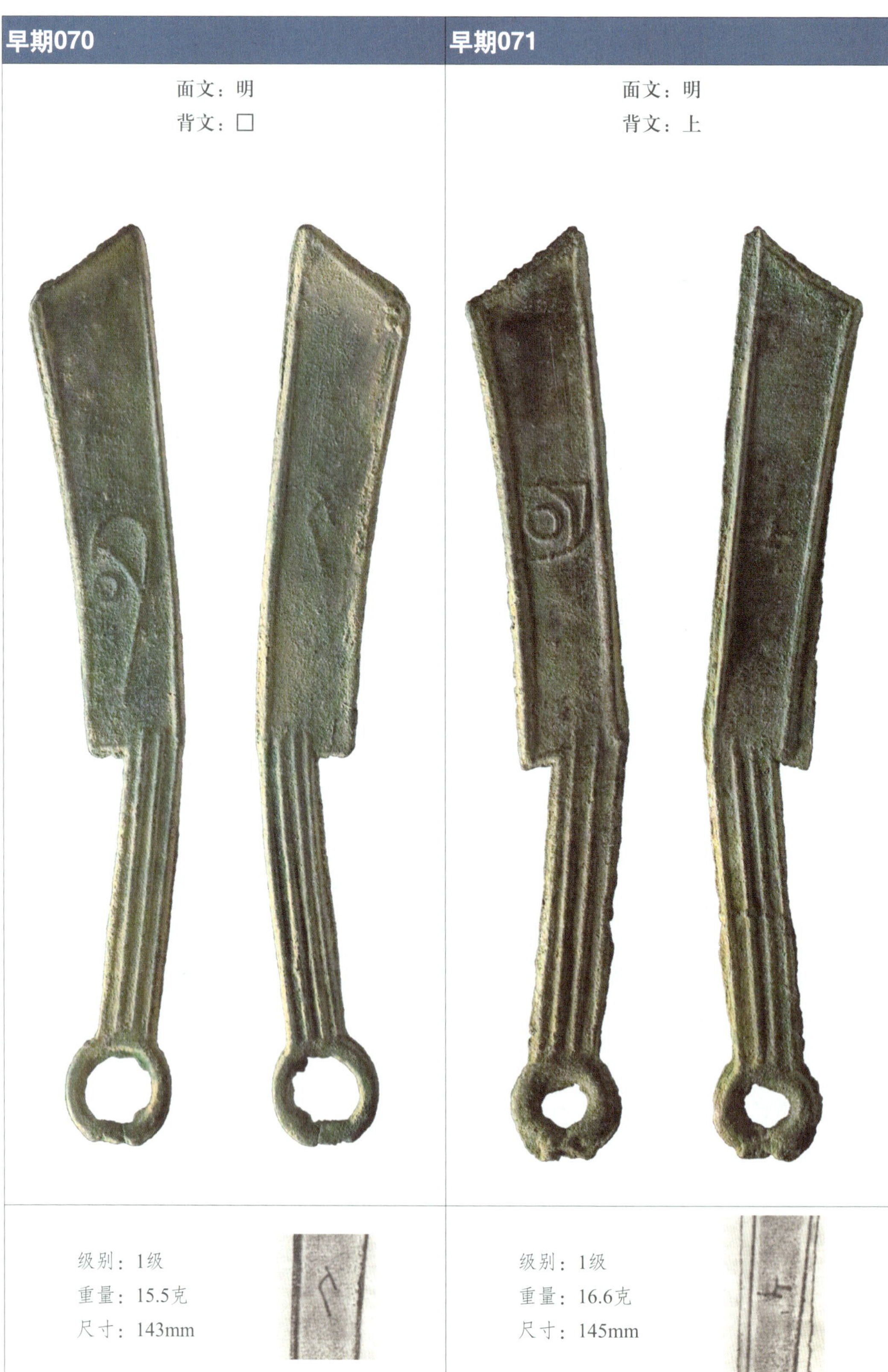

早期070

面文：明
背文：□

级别：1级
重量：15.5克
尺寸：143mm

早期071

面文：明
背文：上

级别：1级
重量：16.6克
尺寸：145mm

早期072

面文：明

背文：上

级别：2级

重量：16.5克

尺寸：142mm

早期073

面文：明

背文：□

级别：2级

重量：17克

尺寸：140mm

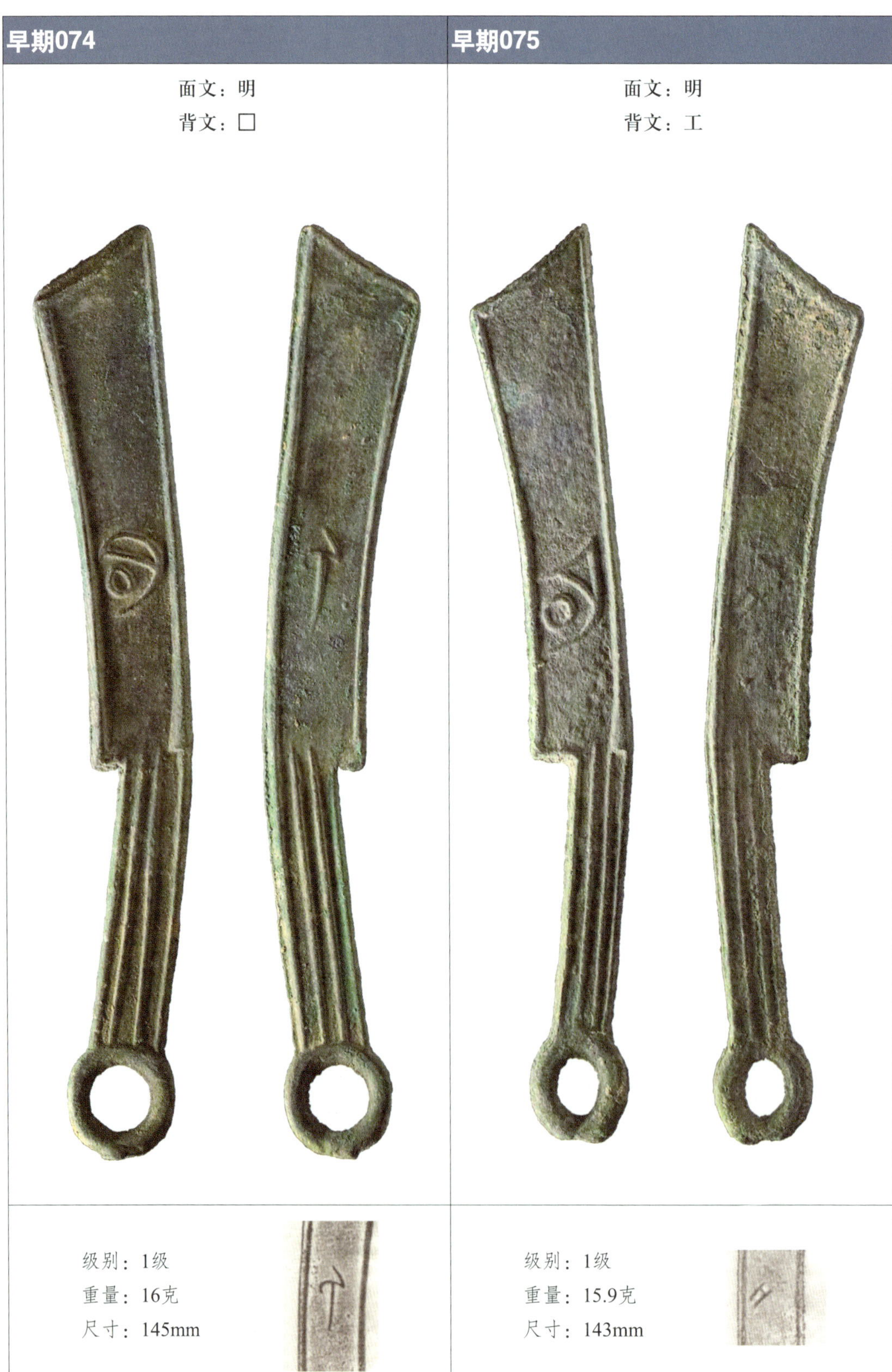
早期074
面文：明
背文：□
级别：1级
重量：16克
尺寸：145mm
早期075
面文：明
背文：工
级别：1级
重量：15.9克
尺寸：143mm

早期076	早期077
面文：明 背文：工	面文：明 背文：兀
级别：1级 重量：14.3克 尺寸：143mm	级别：2级 重量：16.7克 尺寸：143mm

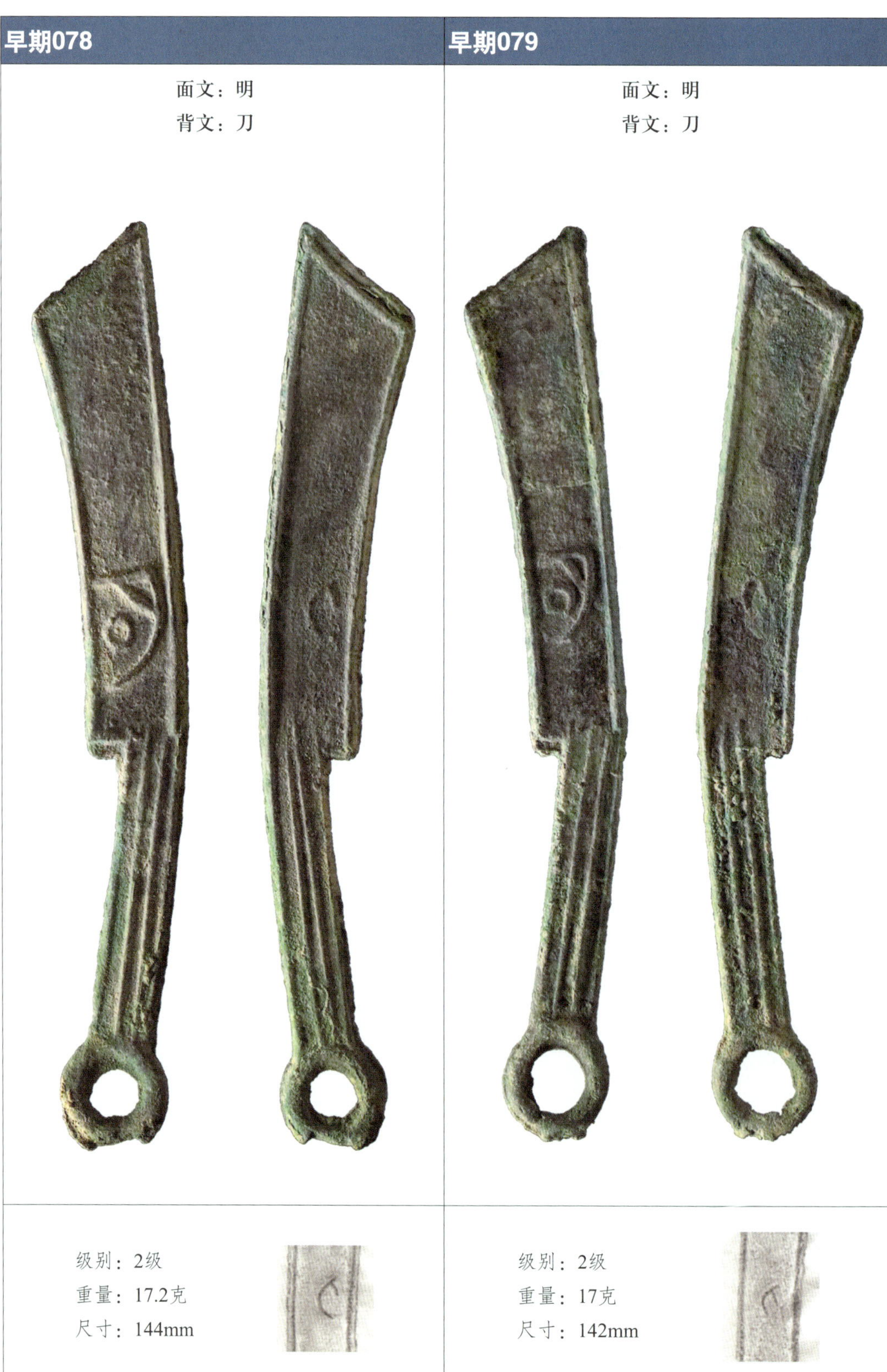

早期078

面文：明
背文：刀

级别：2级
重量：17.2克
尺寸：144mm

早期079

面文：明
背文：刀

级别：2级
重量：17克
尺寸：142mm

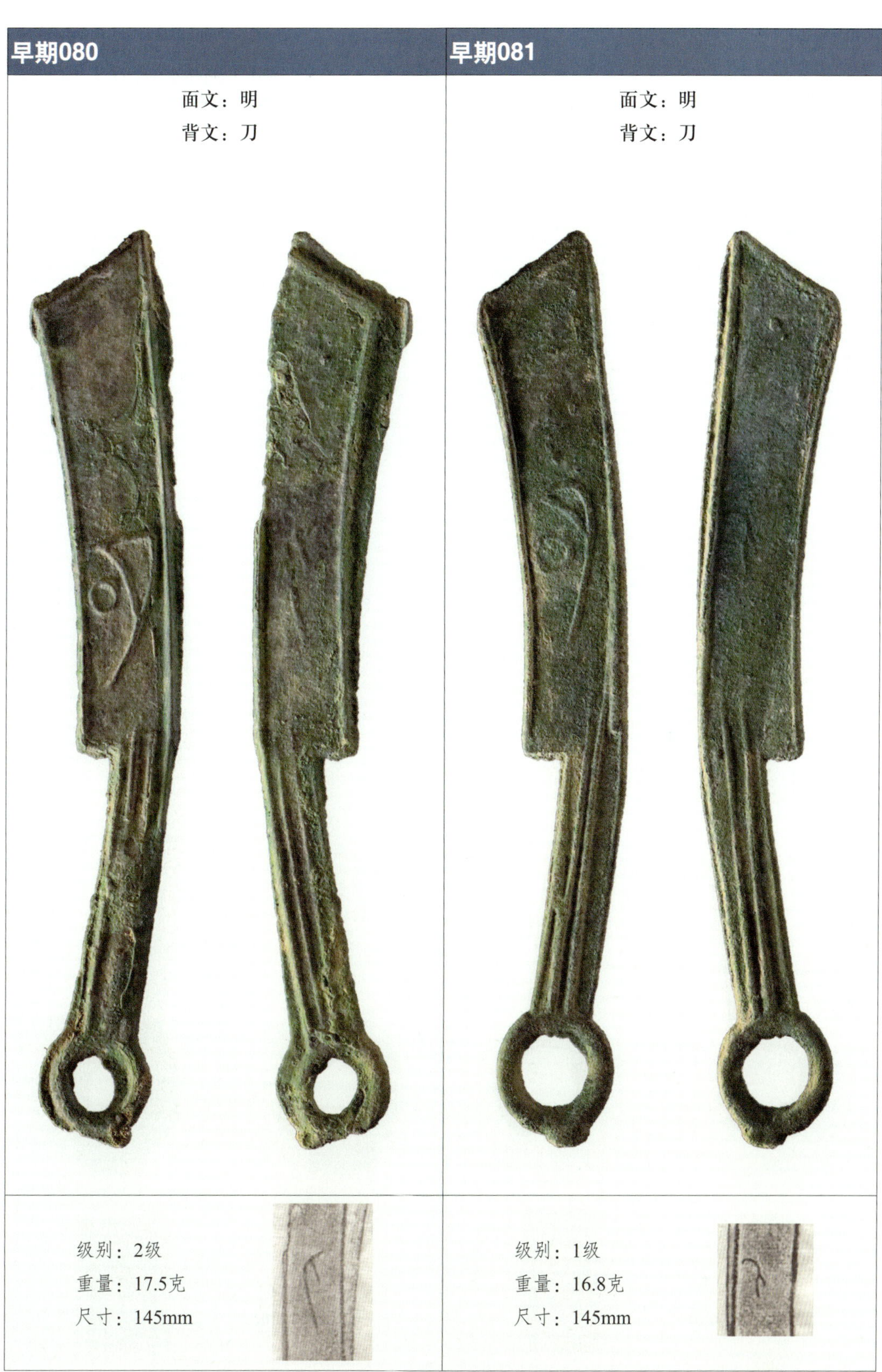

早期080	早期081
面文：明 背文：刀	面文：明 背文：刀
级别：2级 重量：17.5克 尺寸：145mm	级别：1级 重量：16.8克 尺寸：145mm

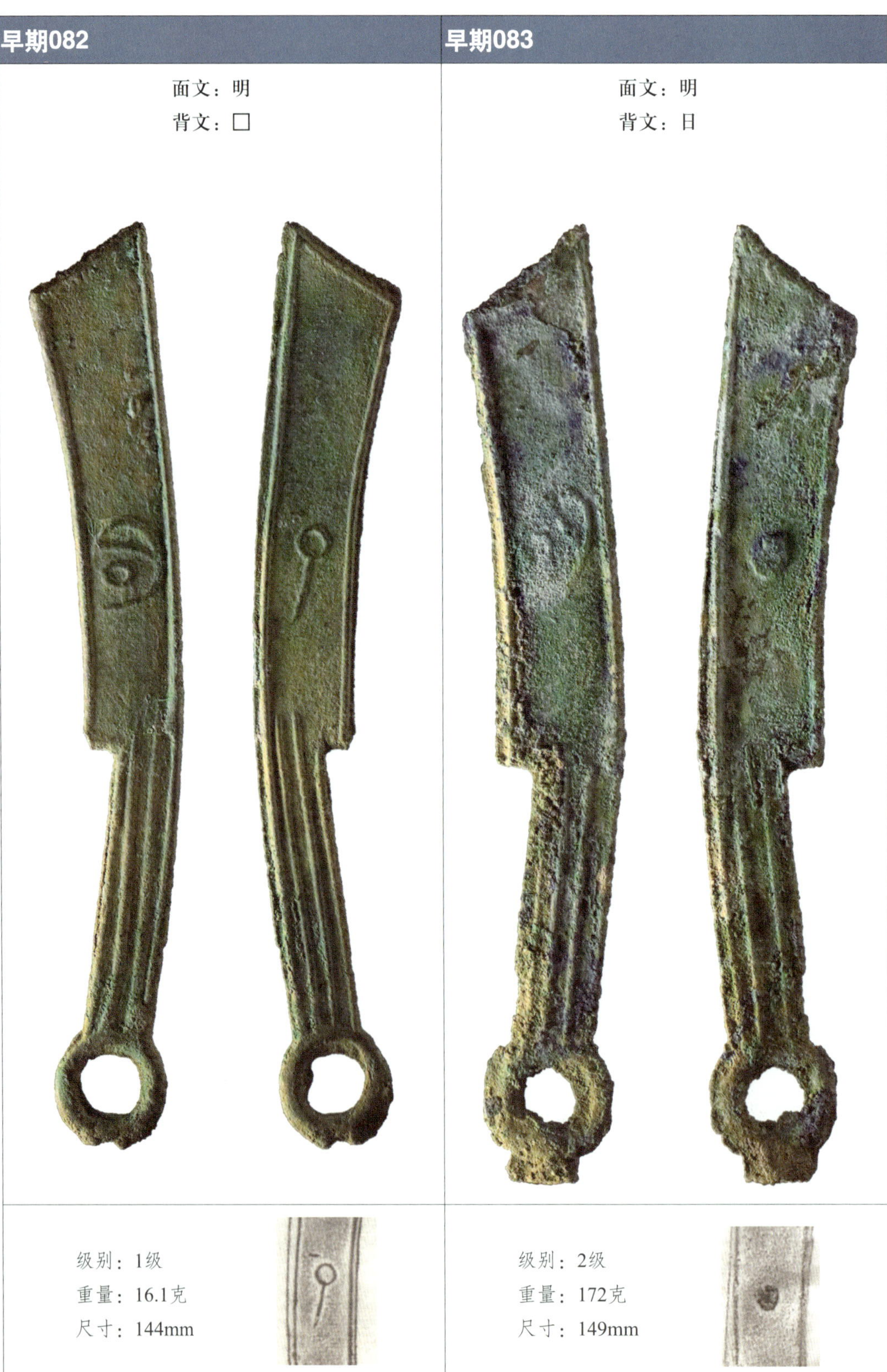

早期082	早期083
面文：明 背文：□	面文：明 背文：日
级别：1级 重量：16.1克 尺寸：144mm	级别：2级 重量：172克 尺寸：149mm

早期084	早期085
面文：明 背文：日	面文：明 背文：日

早期084	早期085
级别：2级 重量：18克 尺寸：144mm	级别：1级 重量：18.8克 尺寸：144mm

早期086

面文：明
背文：日

级别：2级
重量：14.6克
尺寸：147mm

早期087

面文：明
背文：干

级别：1级
重量：13.3克
尺寸：144mm

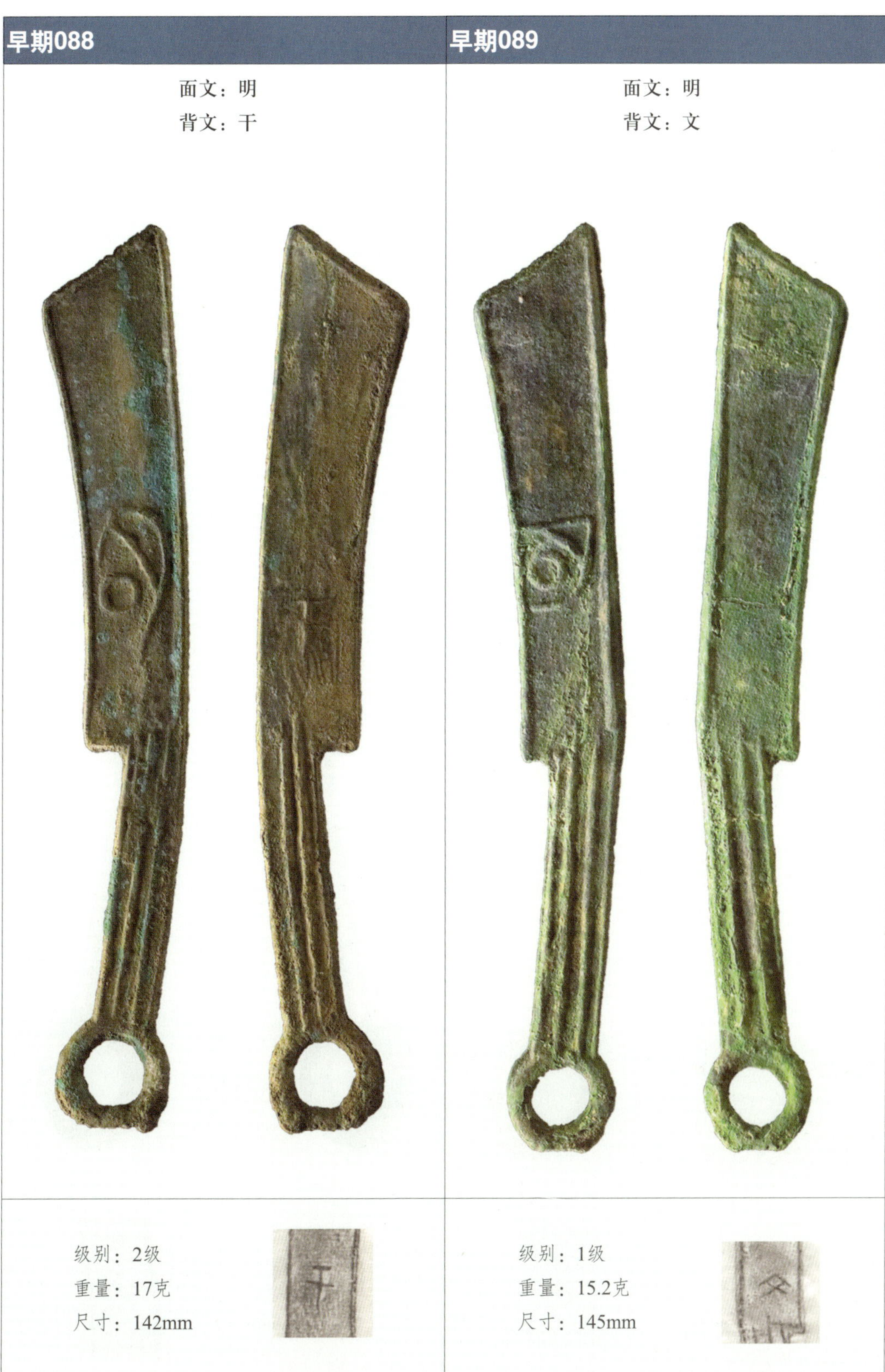

早期088

面文：明

背文：干

级别：2级

重量：17克

尺寸：142mm

早期089

面文：明

背文：文

级别：1级

重量：15.2克

尺寸：145mm

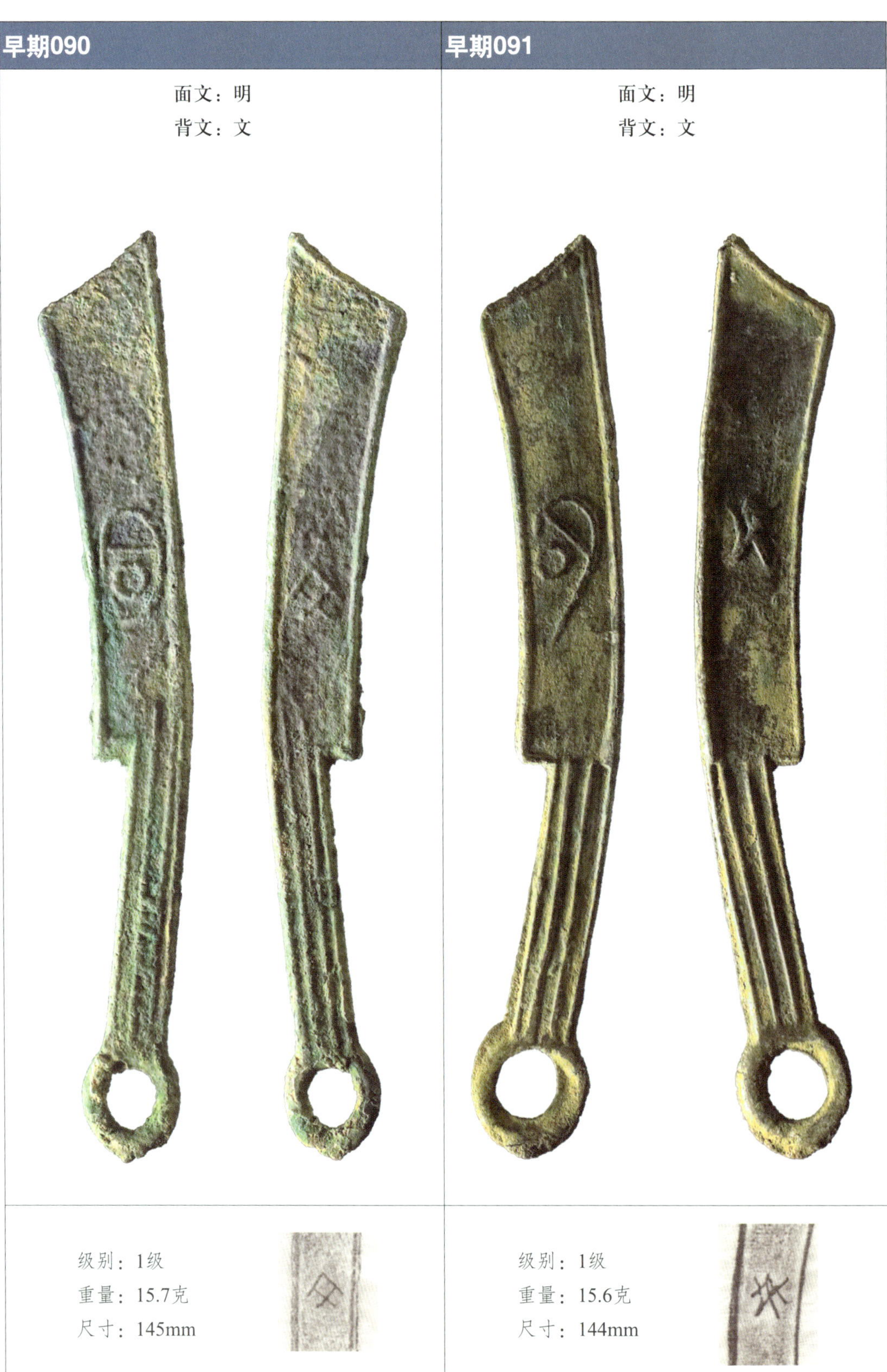

早期090	早期091
面文：明 背文：文	面文：明 背文：文
级别：1级 重量：15.7克 尺寸：145mm	级别：1级 重量：15.6克 尺寸：144mm

早期092	早期093
面文：明 背文：午	面文：明 背文：午

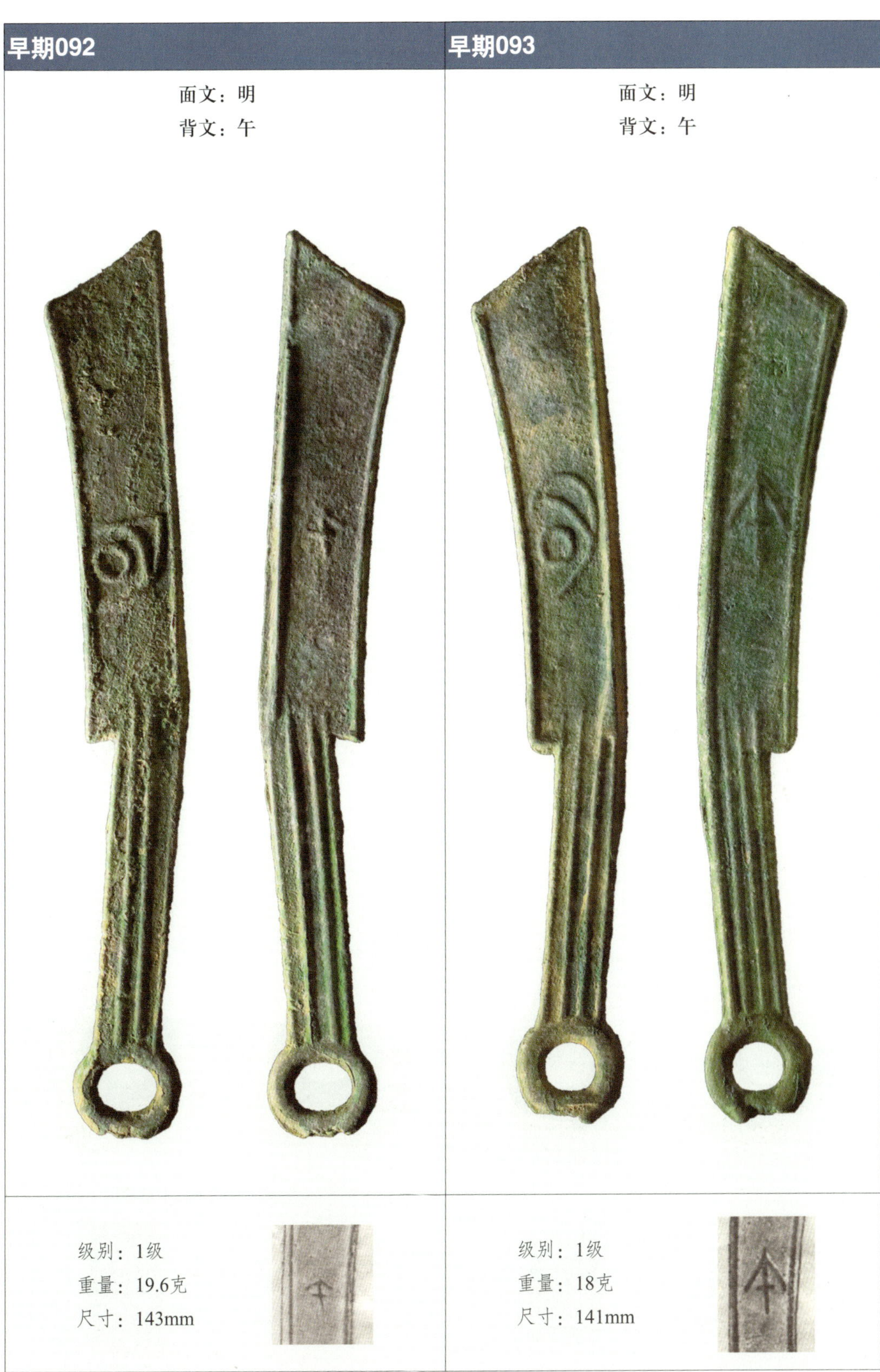

早期092	早期093
级别：1级 重量：19.6克 尺寸：143mm	级别：1级 重量：18克 尺寸：141mm

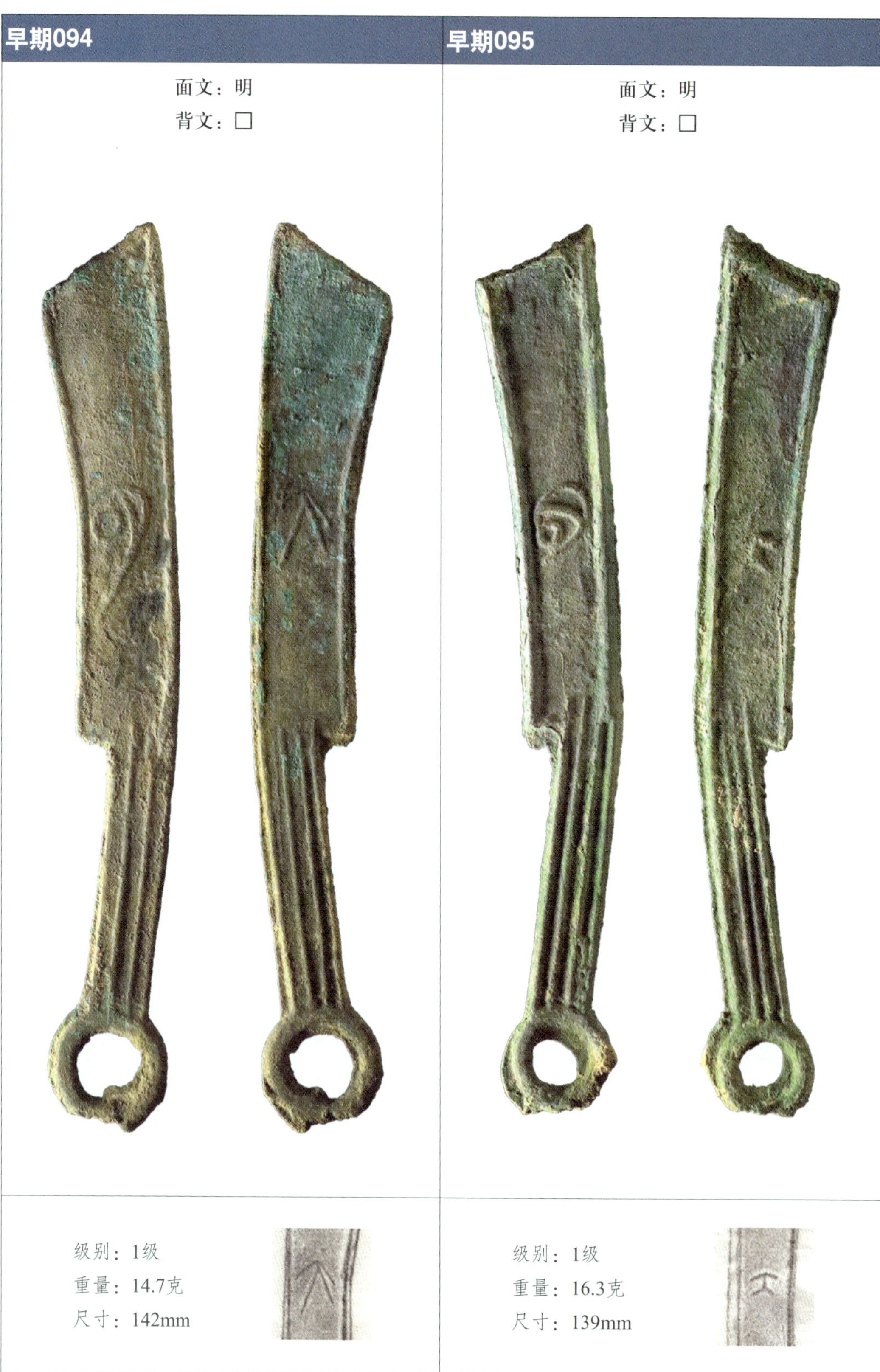

早期094

面文：明

背文：□

级别：1级

重量：14.7克

尺寸：142mm

早期095

面文：明

背文：□

级别：1级

重量：16.3克

尺寸：139mm

早期096

面文：明
背文：□

早期097

面文：明
背文：屮

早期096

级别：1级
重量：17.6克
尺寸：146mm

早期097

级别：1级
重量：16.4克
尺寸：144mm

早期098

面文：明
背文：□

级别：2级
重量：16.3克
尺寸：144mm

早期099

面文：明
背文：□

级别：2级
重量：15.8克
尺寸：142mm

早期100

面文：明

背文：申

级别：1级

重量：17.8克

尺寸：142mm

早期101

面文：明

背文：申

级别：1级

重量：17.1克

尺寸：141mm

早期102

面文：明
背文：于

级别：2级
重量：16.5克
尺寸：144mm

早期103

面文：明
背文：于

级别：2级
重量：15.4克
尺寸：144mm

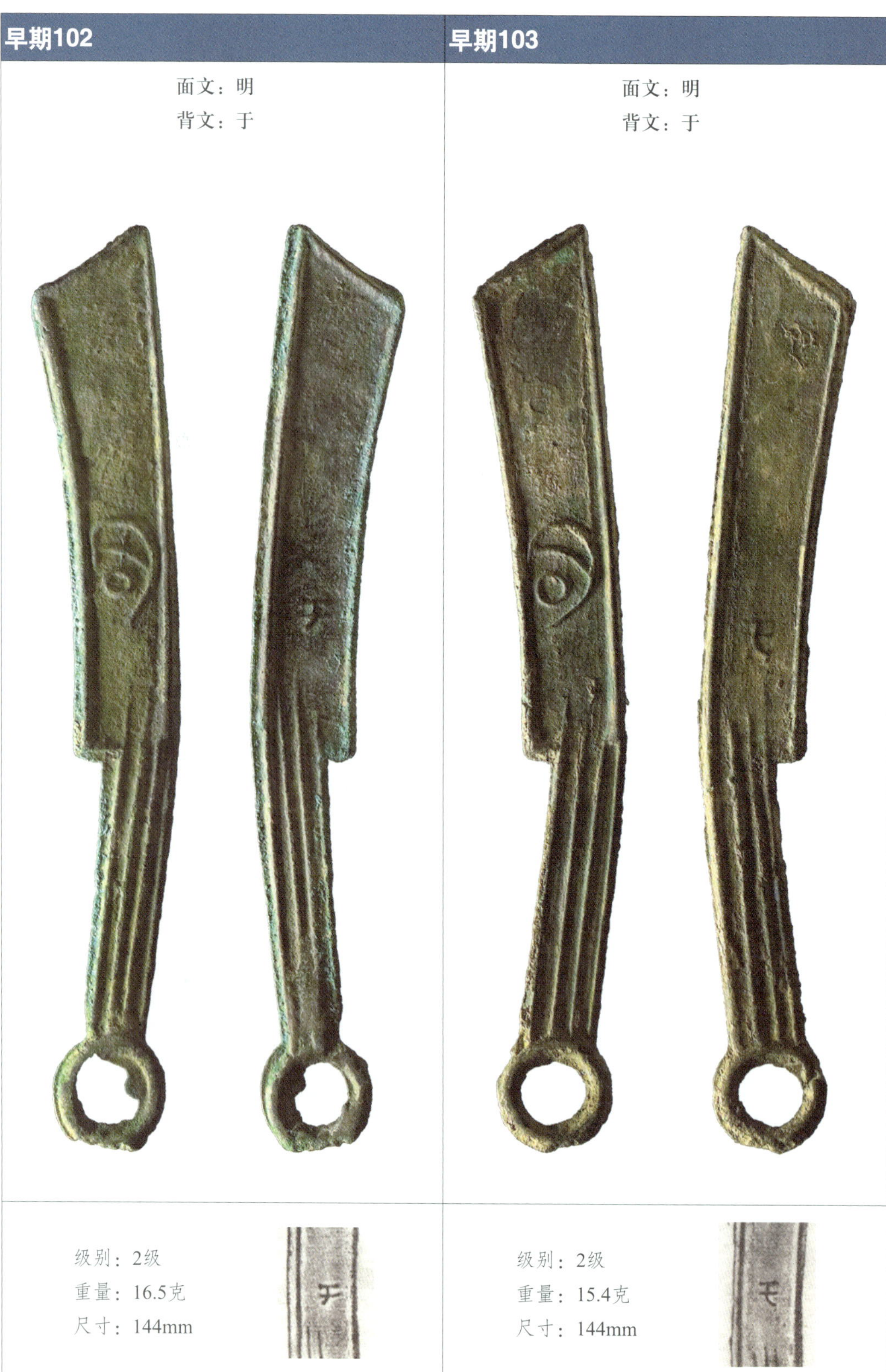

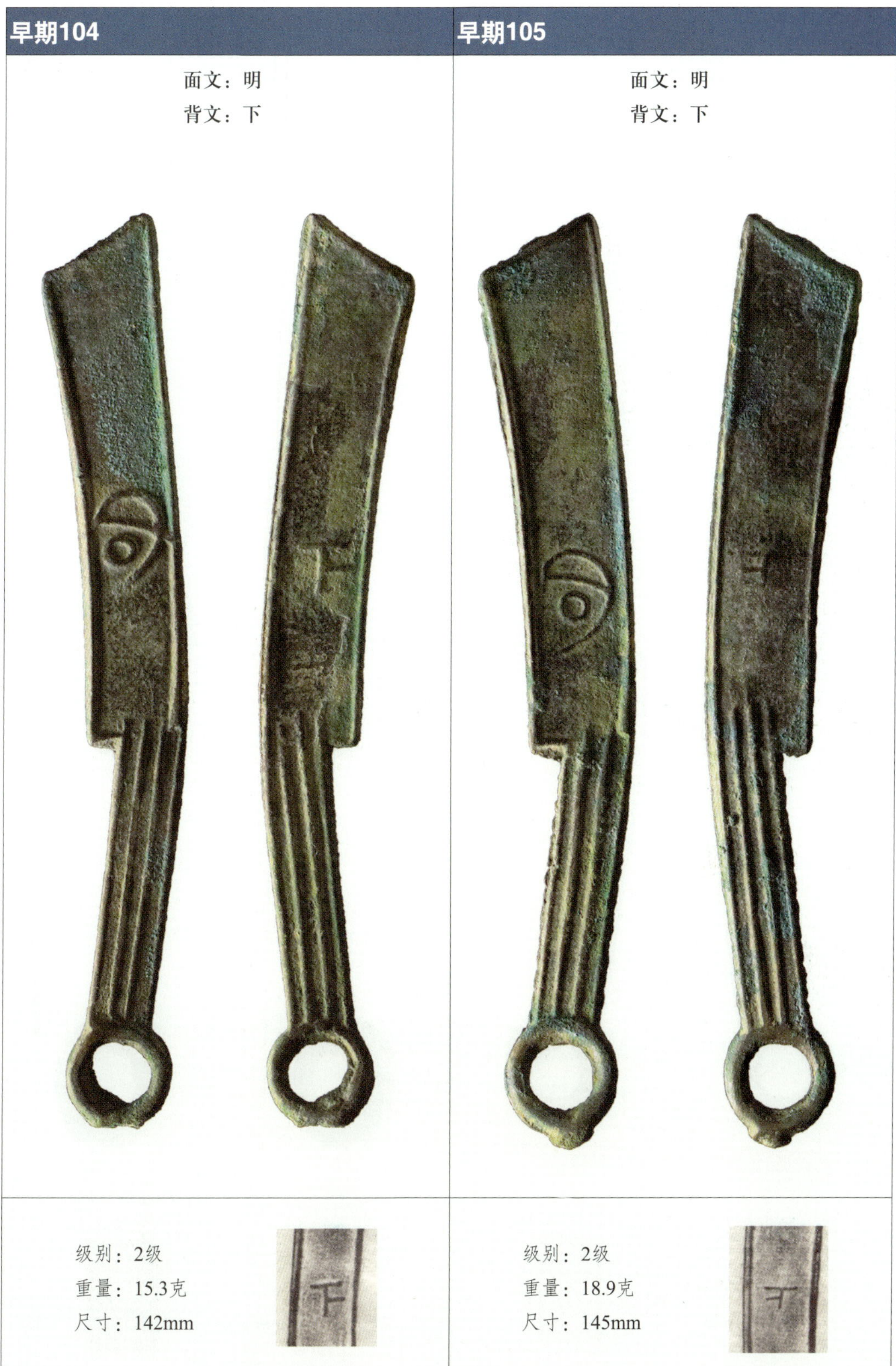

早期104	早期105
面文：明 背文：下	面文：明 背文：下
级别：2级 重量：15.3克 尺寸：142mm	级别：2级 重量：18.9克 尺寸：145mm

早期106	早期107
面文：明 背文：乙	面文：明 背文：乙
级别：2级 重量：172克 尺寸：141mm	级别：2级 重量：15.3克 尺寸：144mm

早期108	早期109
面文：明 背文：乙	面文：明 背文：乙

早期108	早期109
级别：2级 重量：18.8克 尺寸：143mm	级别：1级 重量：16.9克 尺寸：142mm

早期110

面文：明
背文：乙

级别：2级
重量：172克
尺寸：144mm

早期111

面文：明
背文：乙

级别：1级
重量：16克
尺寸：145mm

早期112	早期113
面文：明 背文：乙	面文：明 背文：□

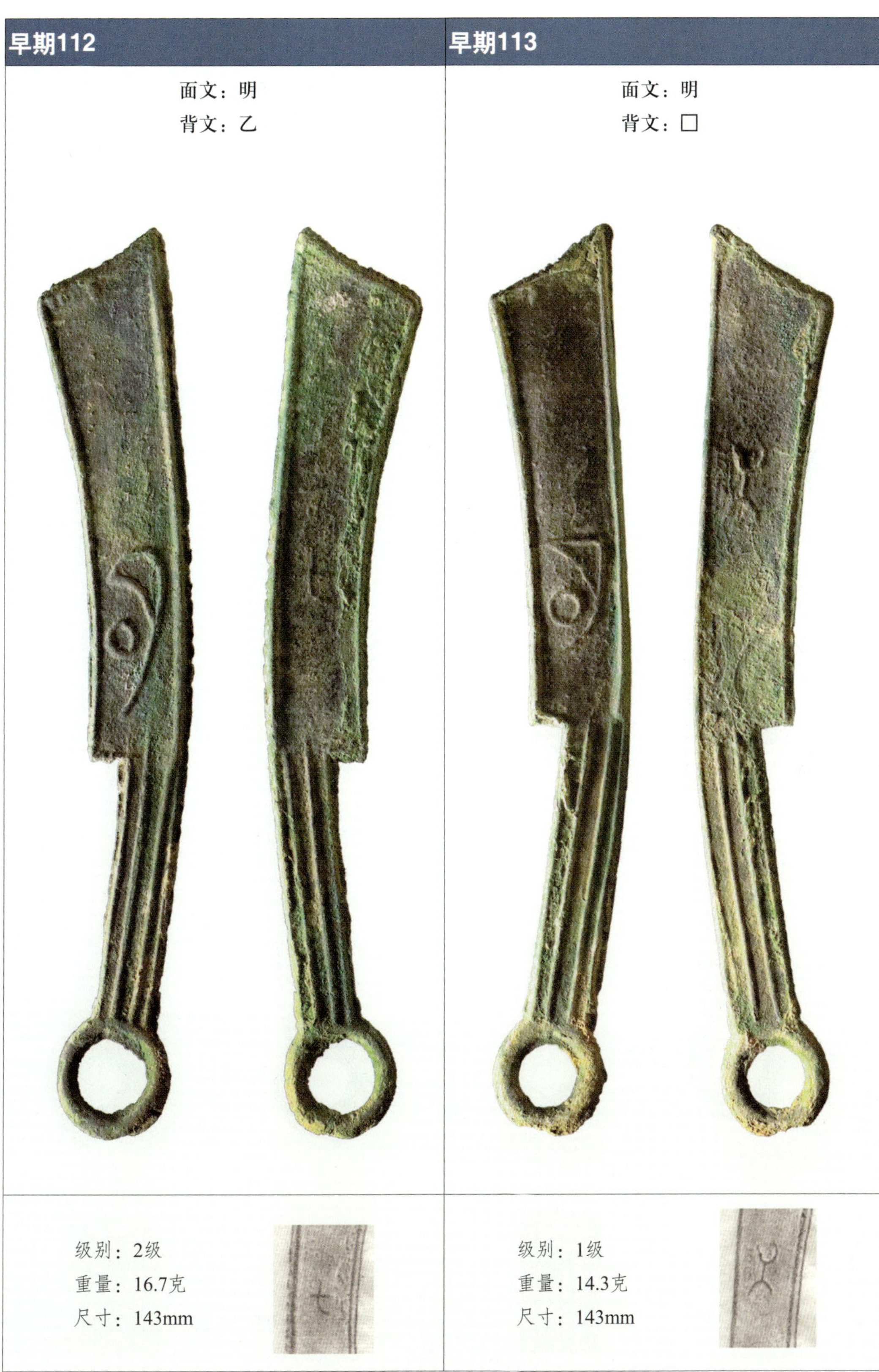

早期112	早期113
级别：2级 重量：16.7克 尺寸：143mm	级别：1级 重量：14.3克 尺寸：143mm

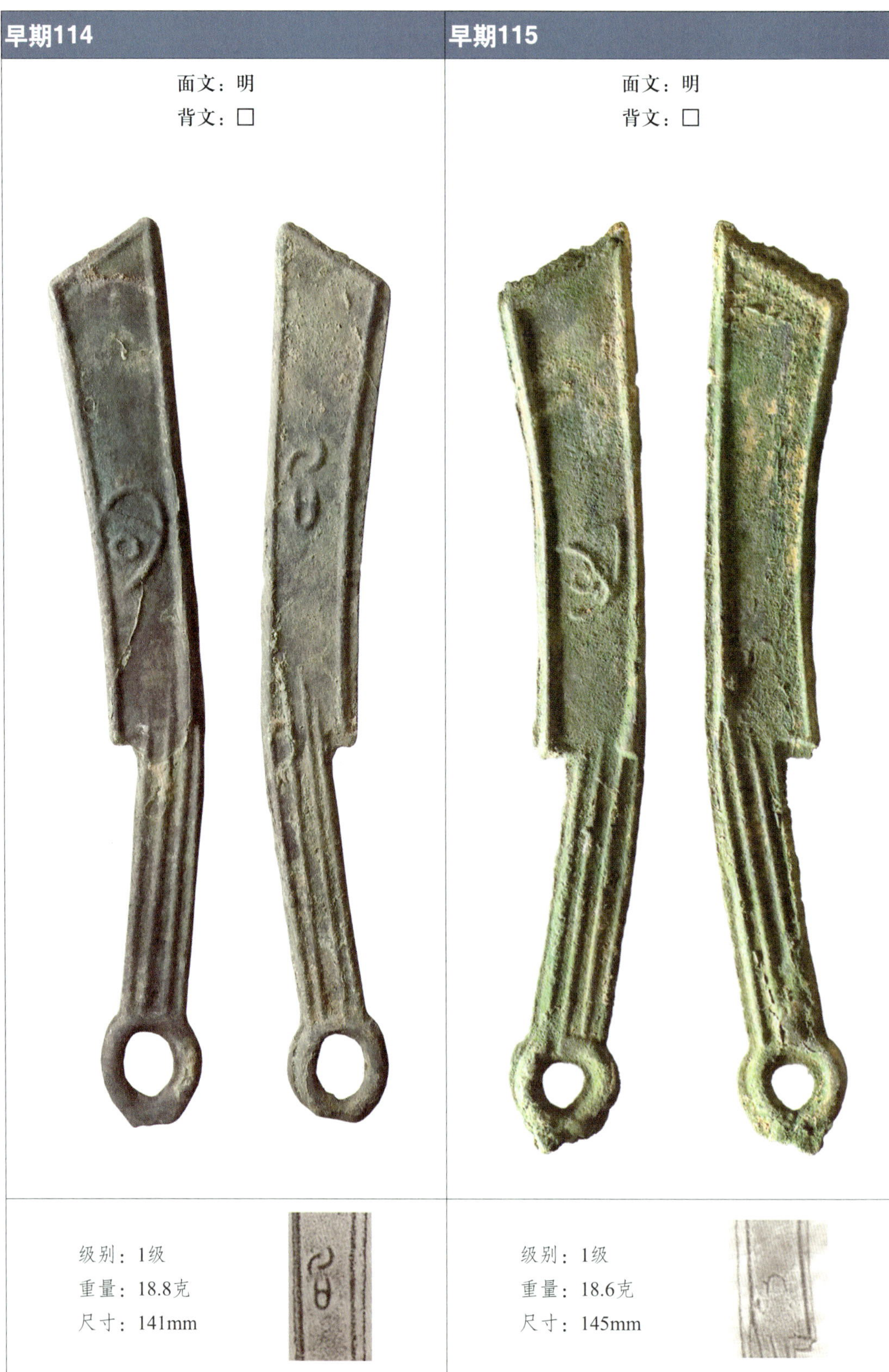

早期114	早期115
面文：明 背文：□	面文：明 背文：□
级别：1级 重量：18.8克 尺寸：141mm	级别：1级 重量：18.6克 尺寸：145mm

早期116

面文：明
背文：A

早期117

面文：明
背文：又

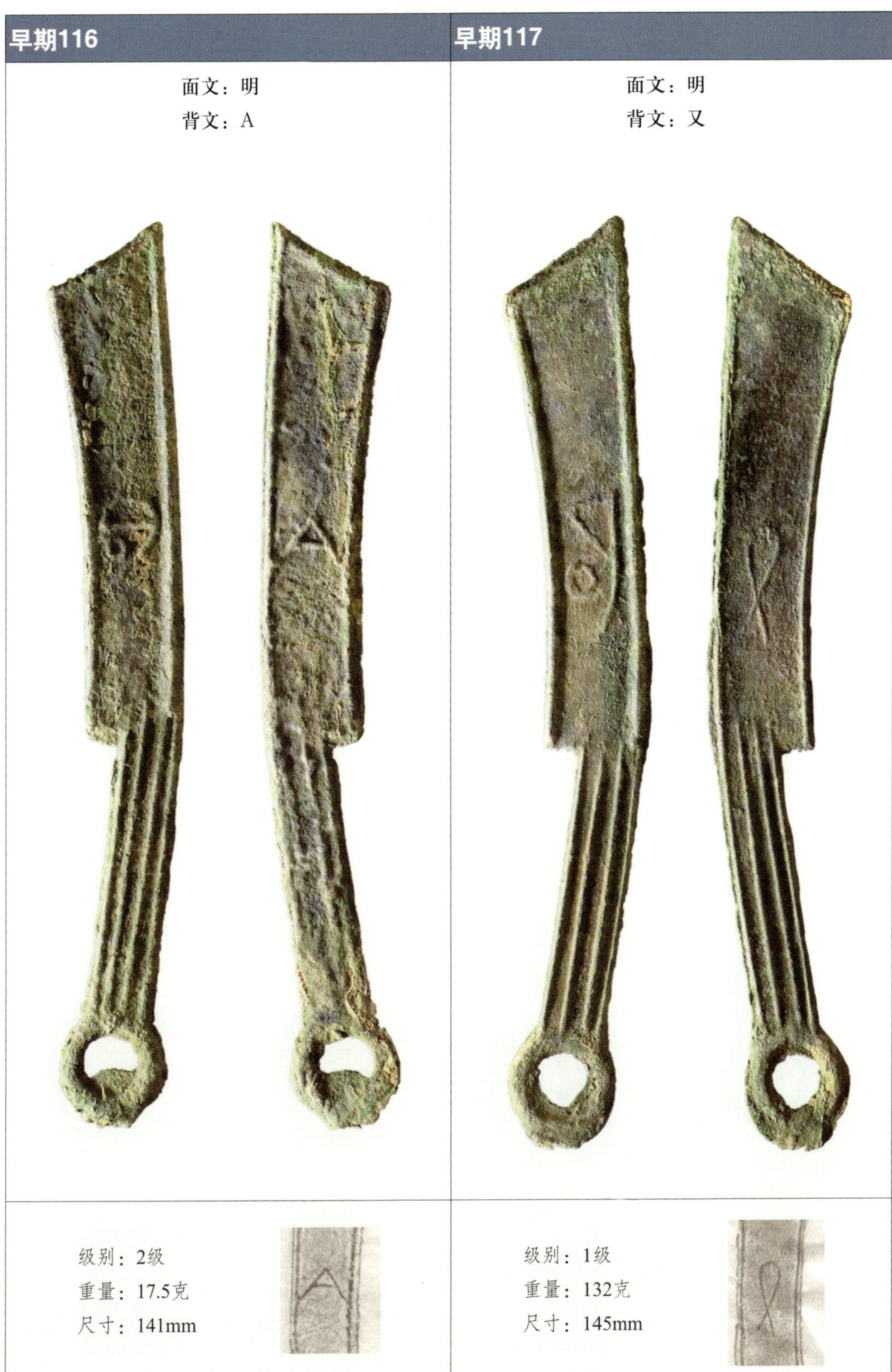

早期116

级别：2级
重量：17.5克
尺寸：141mm

早期117

级别：1级
重量：132克
尺寸：145mm

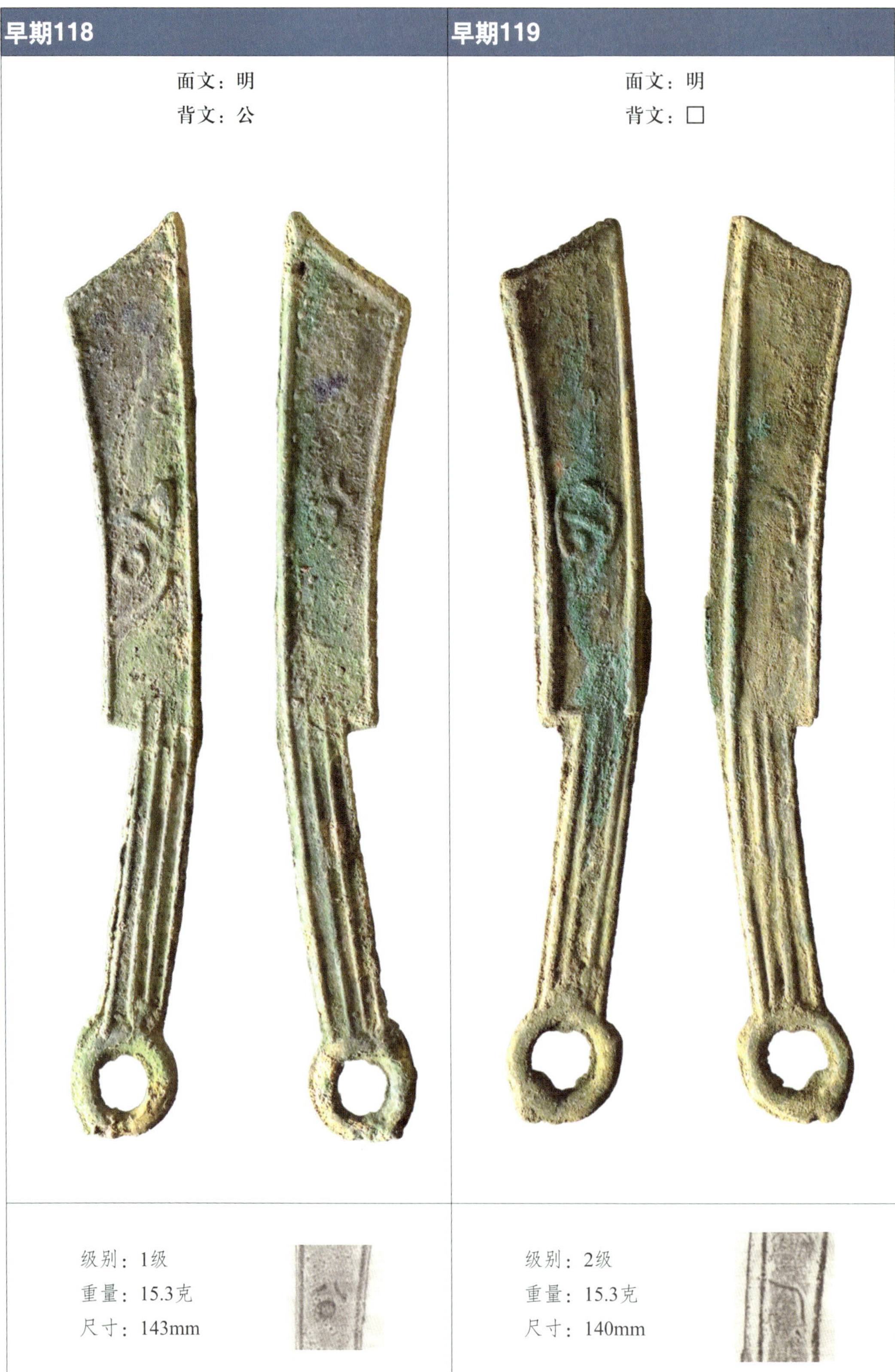

早期118	早期119
面文：明 背文：公	面文：明 背文：□
级别：1级 重量：15.3克 尺寸：143mm	级别：2级 重量：15.3克 尺寸：140mm

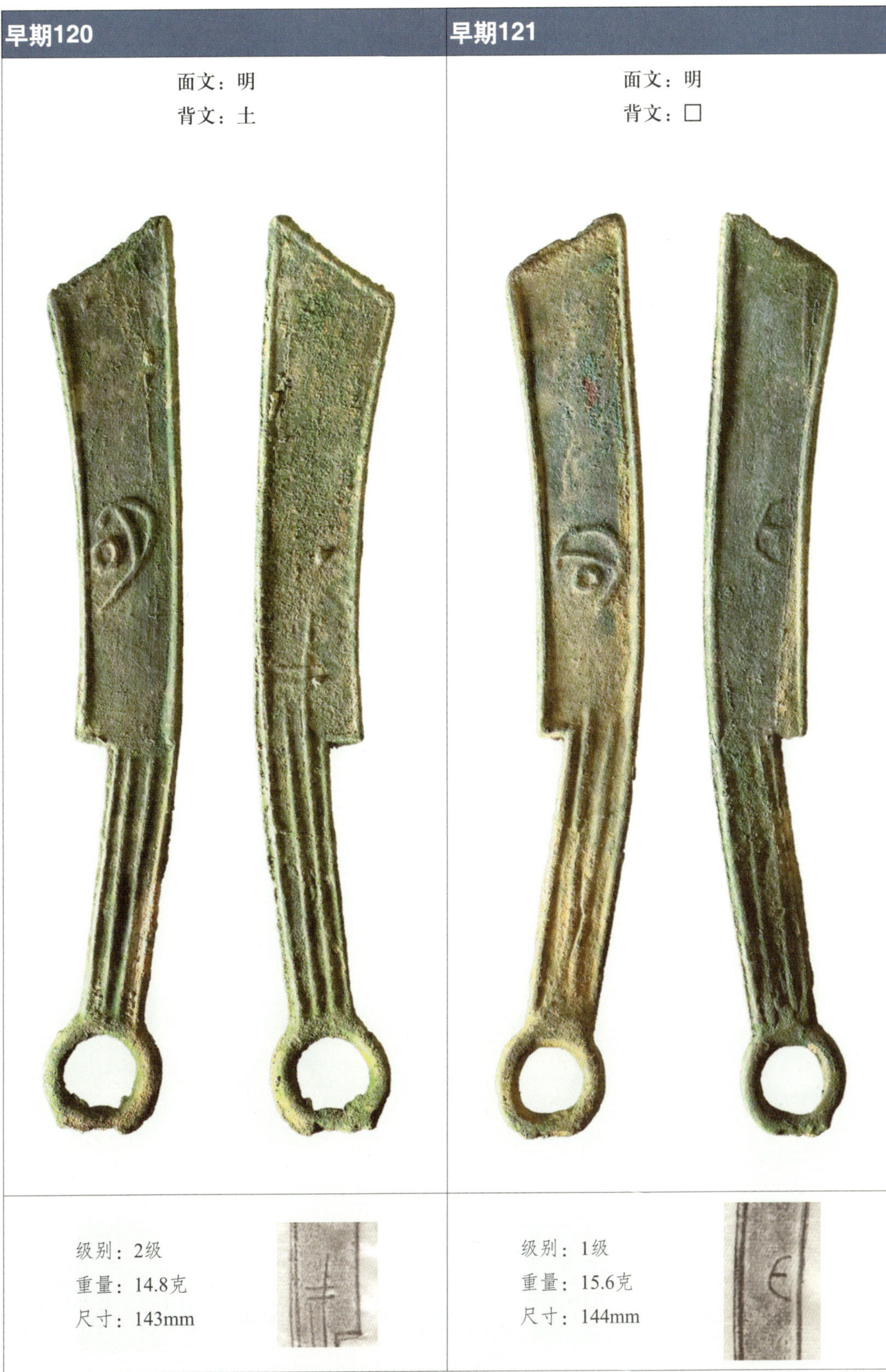

早期120	早期121
面文：明 背文：土	面文：明 背文：□
级别：2级 重量：14.8克 尺寸：143mm	级别：1级 重量：15.6克 尺寸：144mm

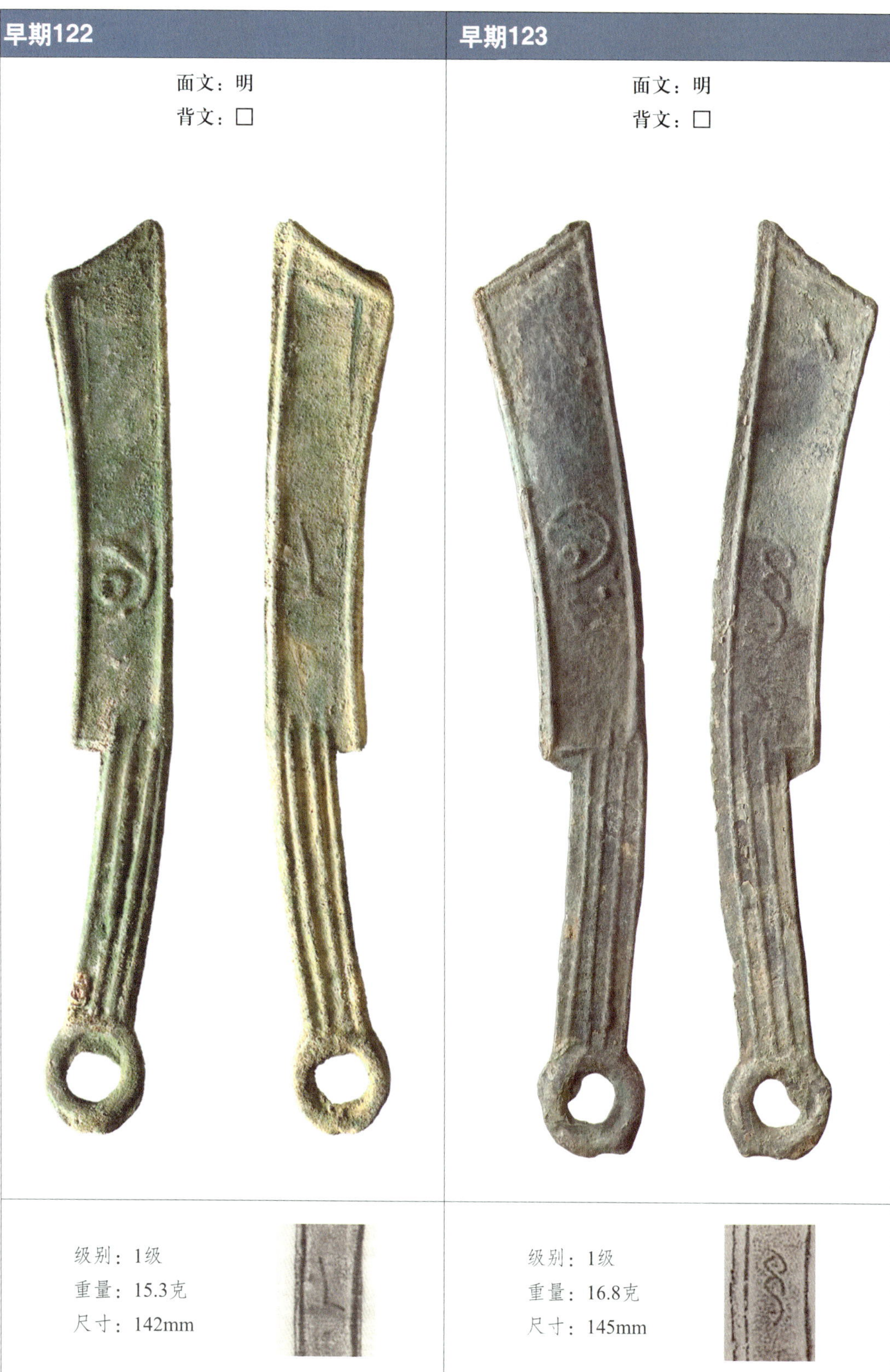

早期122

面文：明

背文：□

级别：1级

重量：15.3克

尺寸：142mm

早期123

面文：明

背文：□

级别：1级

重量：16.8克

尺寸：145mm

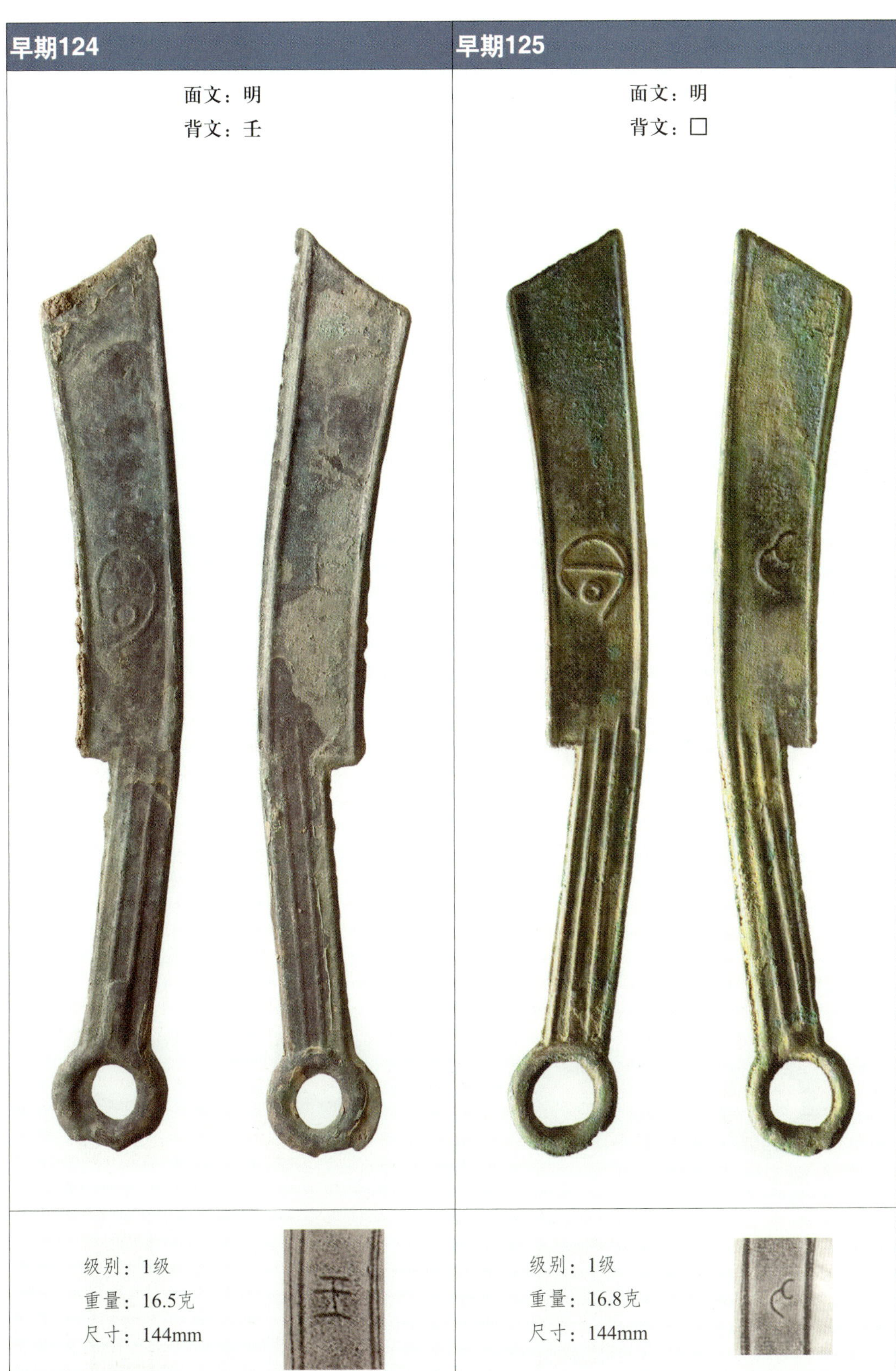

早期124	早期125
面文：明 背文：壬	面文：明 背文：□
级别：1级 重量：16.5克 尺寸：144mm	级别：1级 重量：16.8克 尺寸：144mm

早期126

面文：明
背文：子

级别：1级
重量：17.1克
尺寸：145mm

早期127

面文：明
背文：芝

级别：1级
重量：15.9克
尺寸：140mm

早期128	早期129
面文：明 背文：一八	面文：明 背文：一八
级别：2级 重量：19.8克 尺寸：143mm	级别：2级 重量：14.7克 尺寸：143mm

早期130	早期131
面文：明 背文：一八	面文：明 背文：一十
级别：1级 重量：15.1克 尺寸：143mm	级别：1级 重量：14.6克 尺寸：142mm

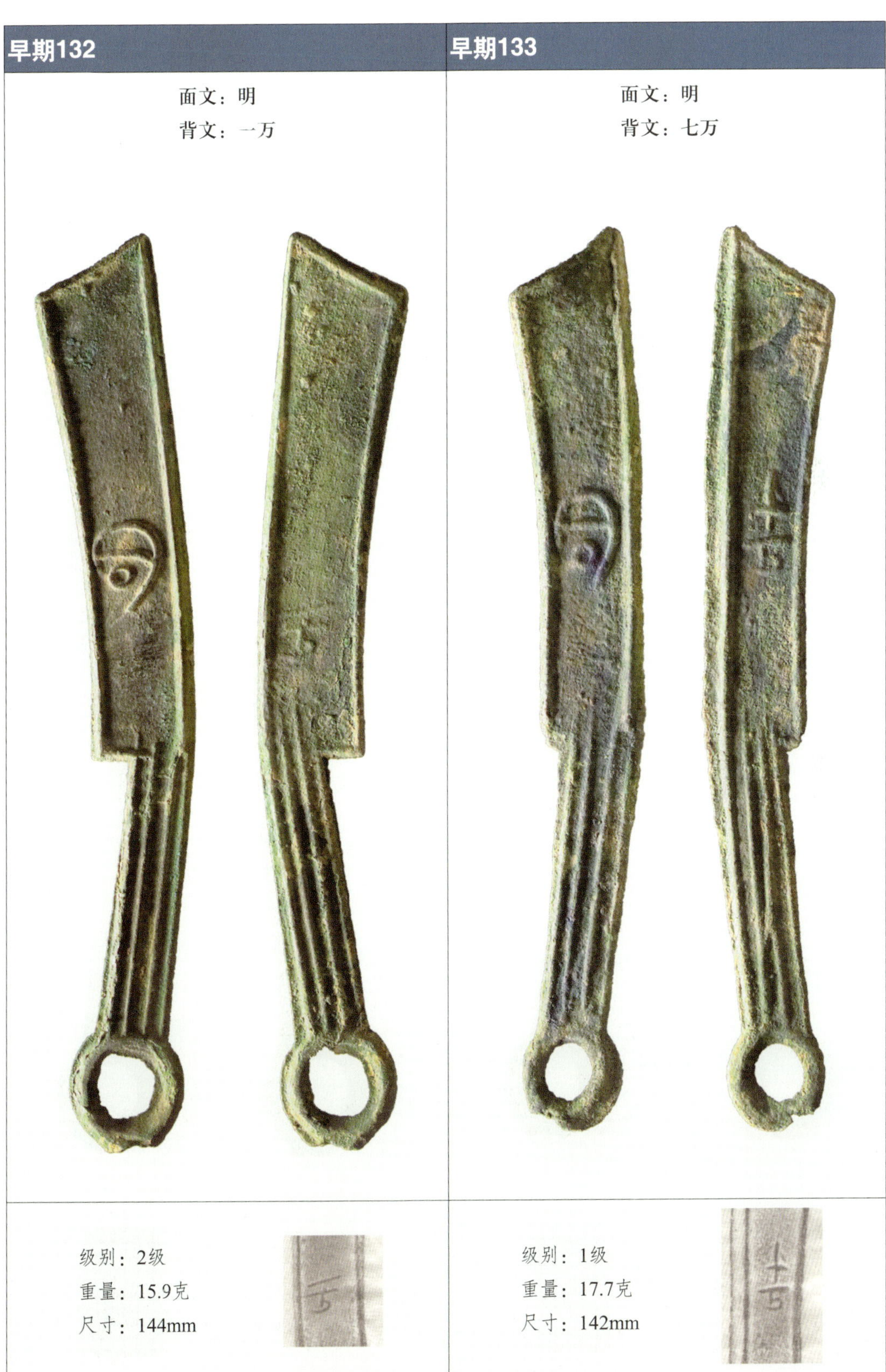

早期132

面文：明
背文：一万

级别：2级
重量：15.9克
尺寸：144mm

早期133

面文：明
背文：七万

级别：1级
重量：17.7克
尺寸：142mm

早期134	早期135
面文：明 背文：八万	面文：明 背文：八万
级别：2级 重量：15.8克 尺寸：143mm	级别：1 级 重量：16.8 克 尺寸：145mm

早期136

面文：明

背文：十万

级别：2级

重量：17.8克

尺寸：142mm

早期137

面文：明

背文：十万

级别：2级

重量：13.9克

尺寸：144mm

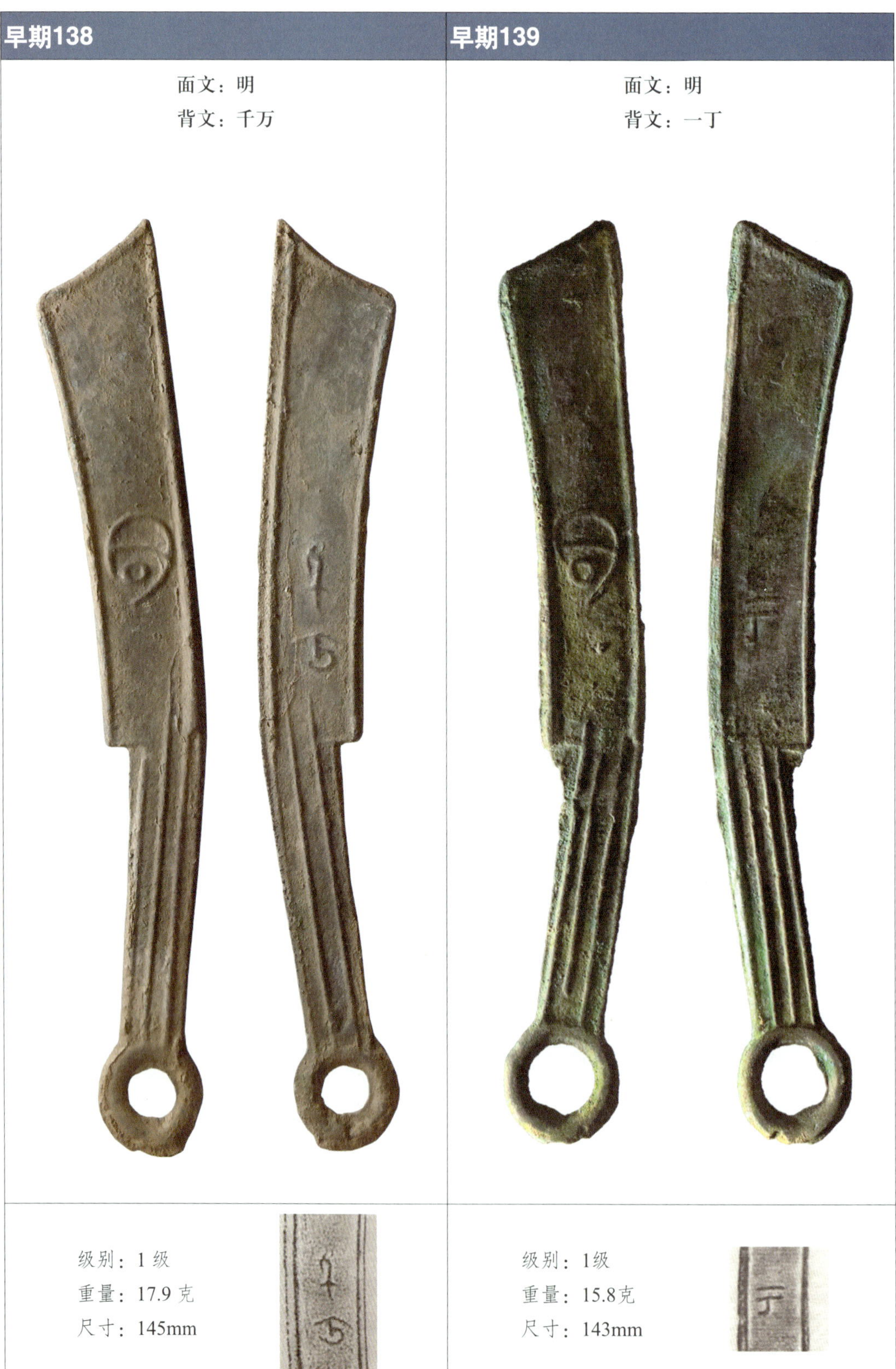

早期138	早期139
面文：明 背文：千万	面文：明 背文：一丁
级别：1 级 重量：17.9 克 尺寸：145mm	级别：1级 重量：15.8克 尺寸：143mm

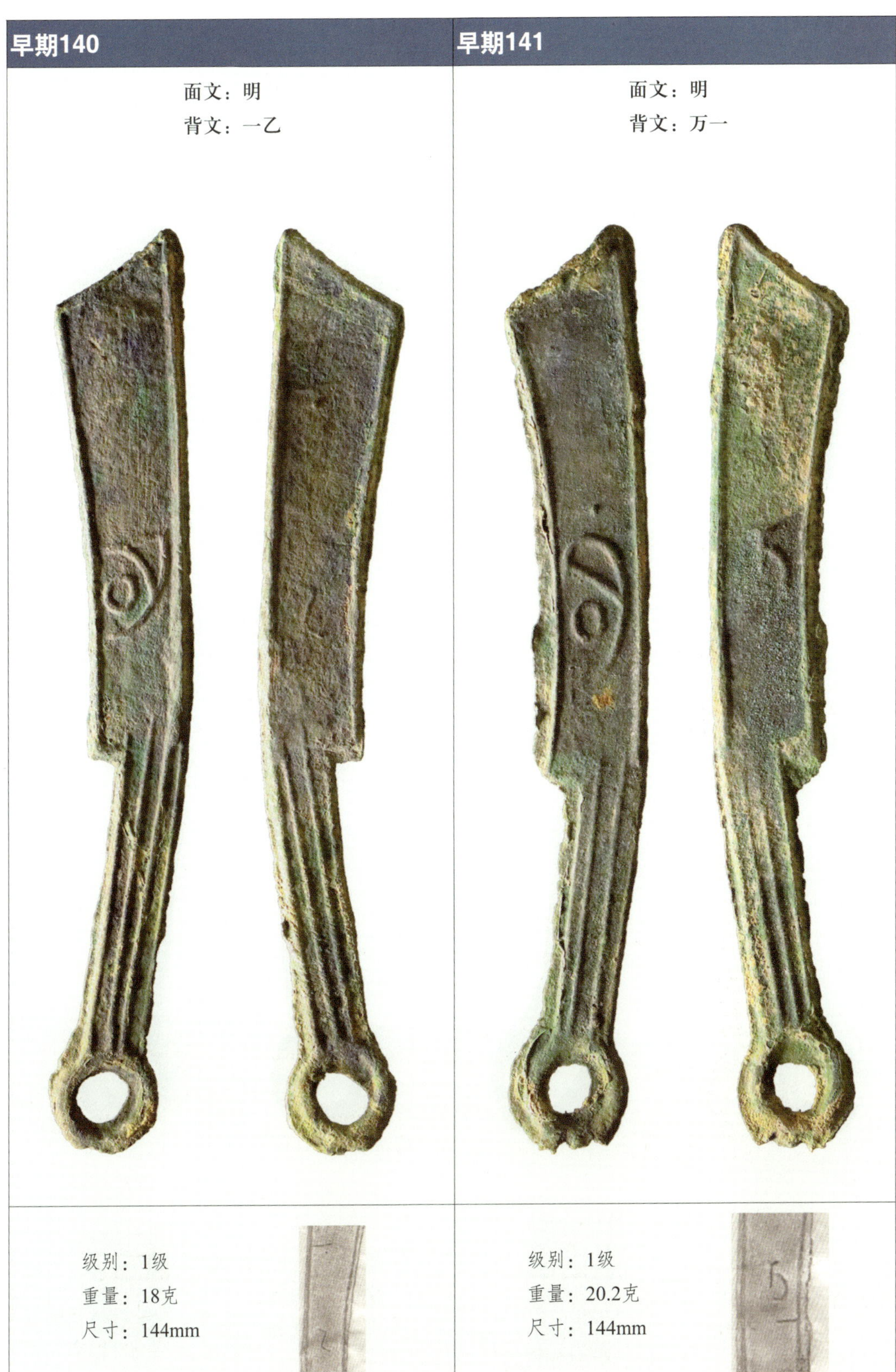

早期140	早期141
面文：明 背文：一乙	面文：明 背文：万一
级别：1级 重量：18克 尺寸：144mm	级别：1级 重量：20.2克 尺寸：144mm

早期142	早期143
面文：明 背文：万刀	面文：明 背文：π一
级别：1级 重量：18.1克 尺寸：144mm	级别：1级 重量：15.1克 尺寸：141mm

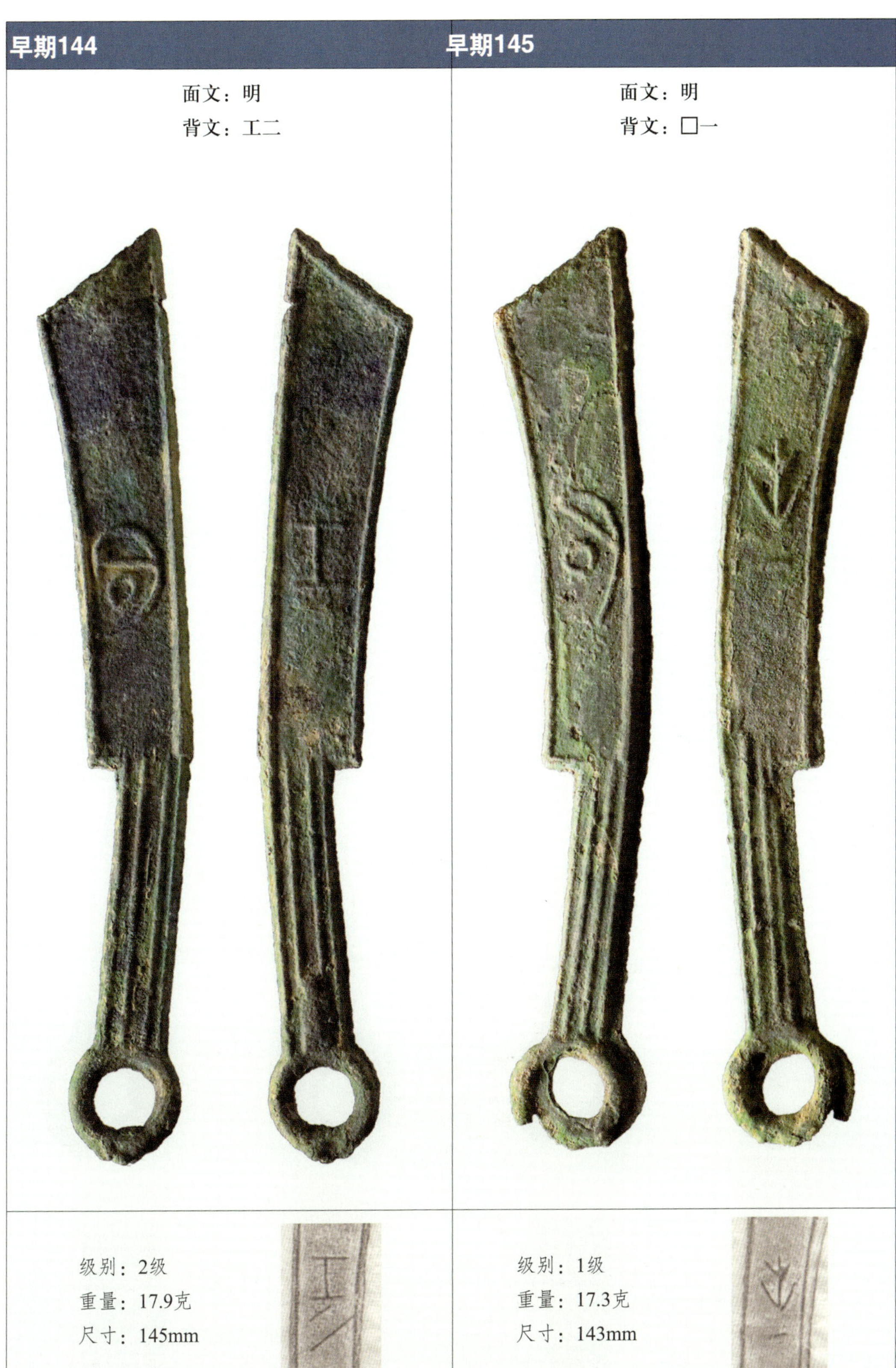

早期144

面文：明
背文：工二

级别：2级
重量：17.9克
尺寸：145mm

早期145

面文：明
背文：□一

级别：1级
重量：17.3克
尺寸：143mm

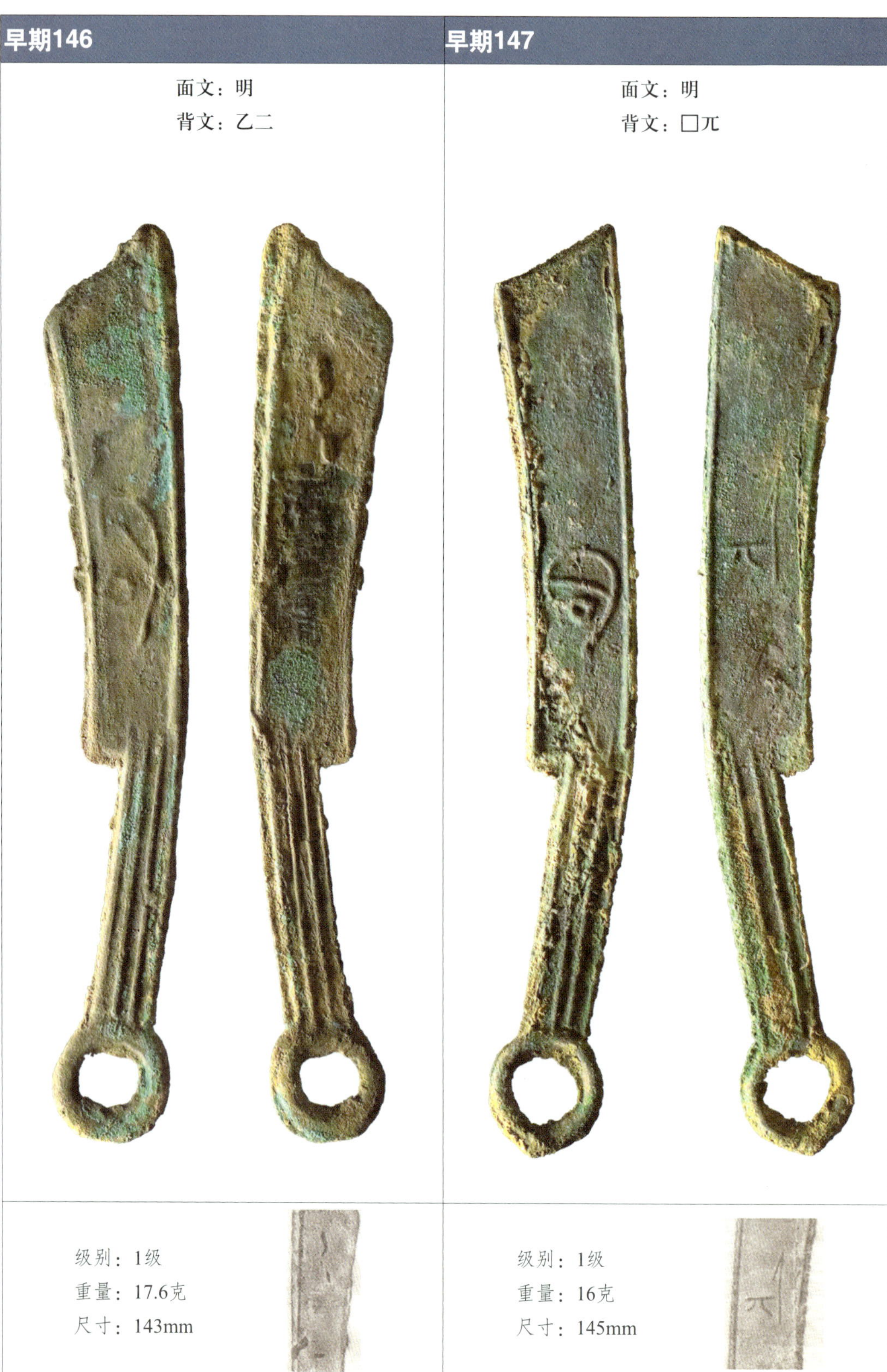

早期146

面文：明

背文：乙二

级别：1级

重量：17.6克

尺寸：143mm

早期147

面文：明

背文：□兀

级别：1级

重量：16克

尺寸：145mm

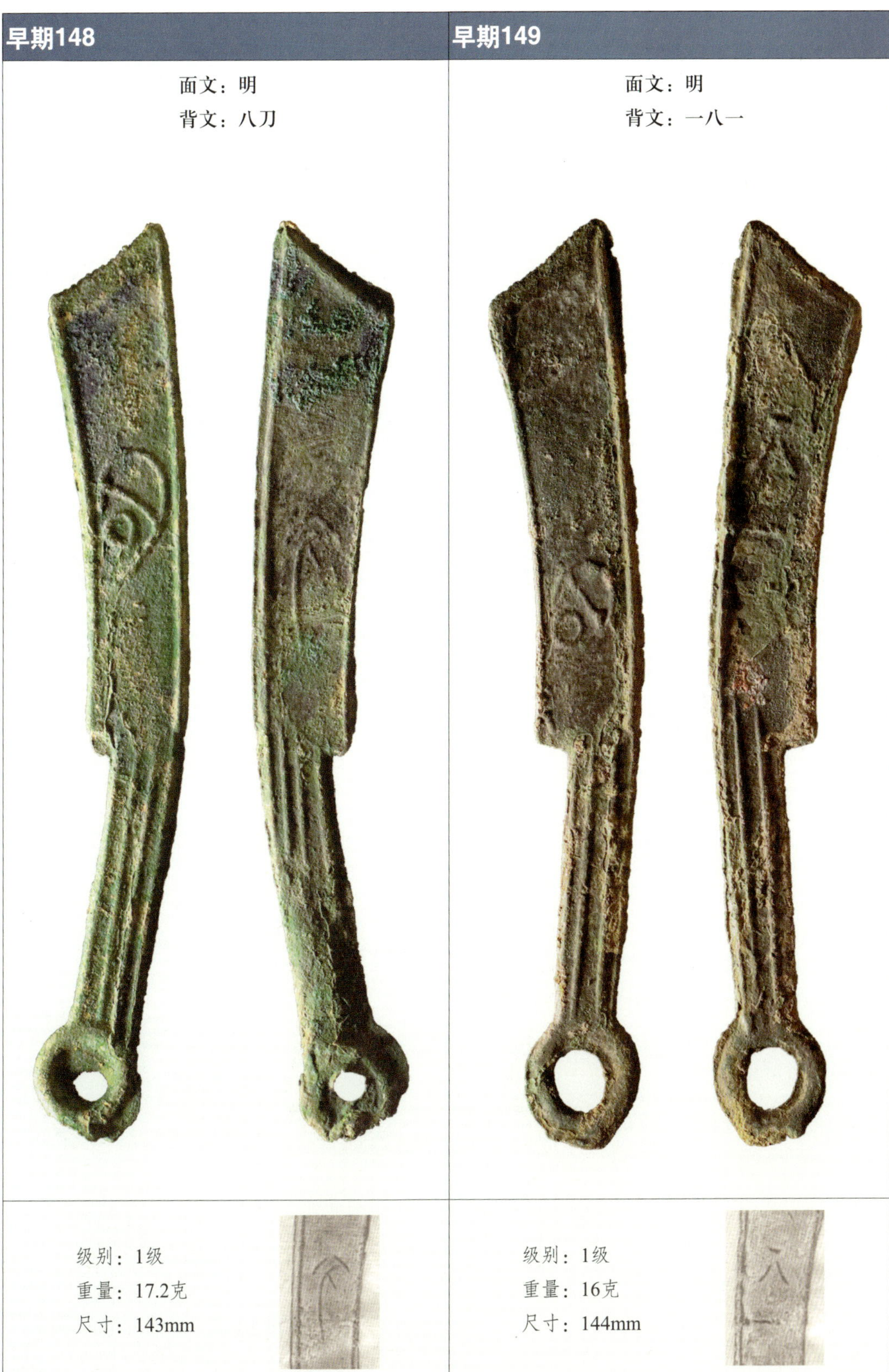

早期148

面文：明

背文：八刀

级别：1级

重量：17.2克

尺寸：143mm

早期149

面文：明

背文：一八一

级别：1级

重量：16克

尺寸：144mm

第五章　中期燕明刀系列

中期燕明刀系列分为单字、中字、中左、中右系列。

第一节　中期燕明刀单字系列

中期燕明刀单字系列，刀面铭文继承了早期弯月形明字面文的模式，上下结构，圆目形状，有的版式刀面铭文明字刀部现扁月形。从刀身形制来看，刀柄线快速深入刀身，刀面铭文明字的上方或下方出现炉记标识，同时面文明字出现增笔，有的版式刀背铭文下方出现封线条纹。

中期燕明刀单字系列背文内容，主要以记数、记物、方位、地支和一些待解的特殊符号构成。

中单字001

面文：明
背文：无

级别：5级
重量：17克
尺寸：145mm

中单字002	中单字003
面文：明 背文：无	面文：明 背文：㇏

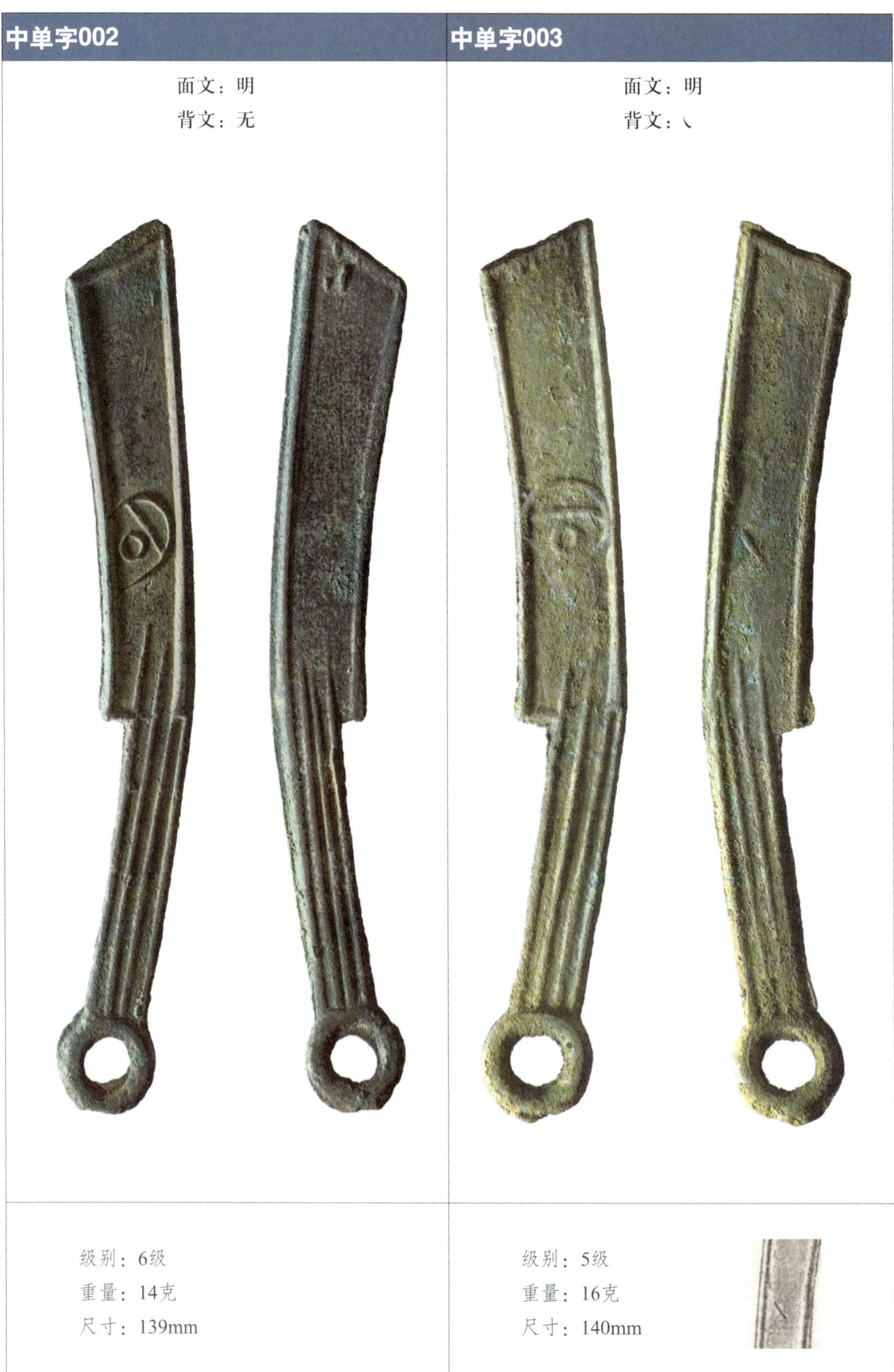

中单字002	中单字003
级别：6级 重量：14克 尺寸：139mm	级别：5级 重量：16克 尺寸：140mm

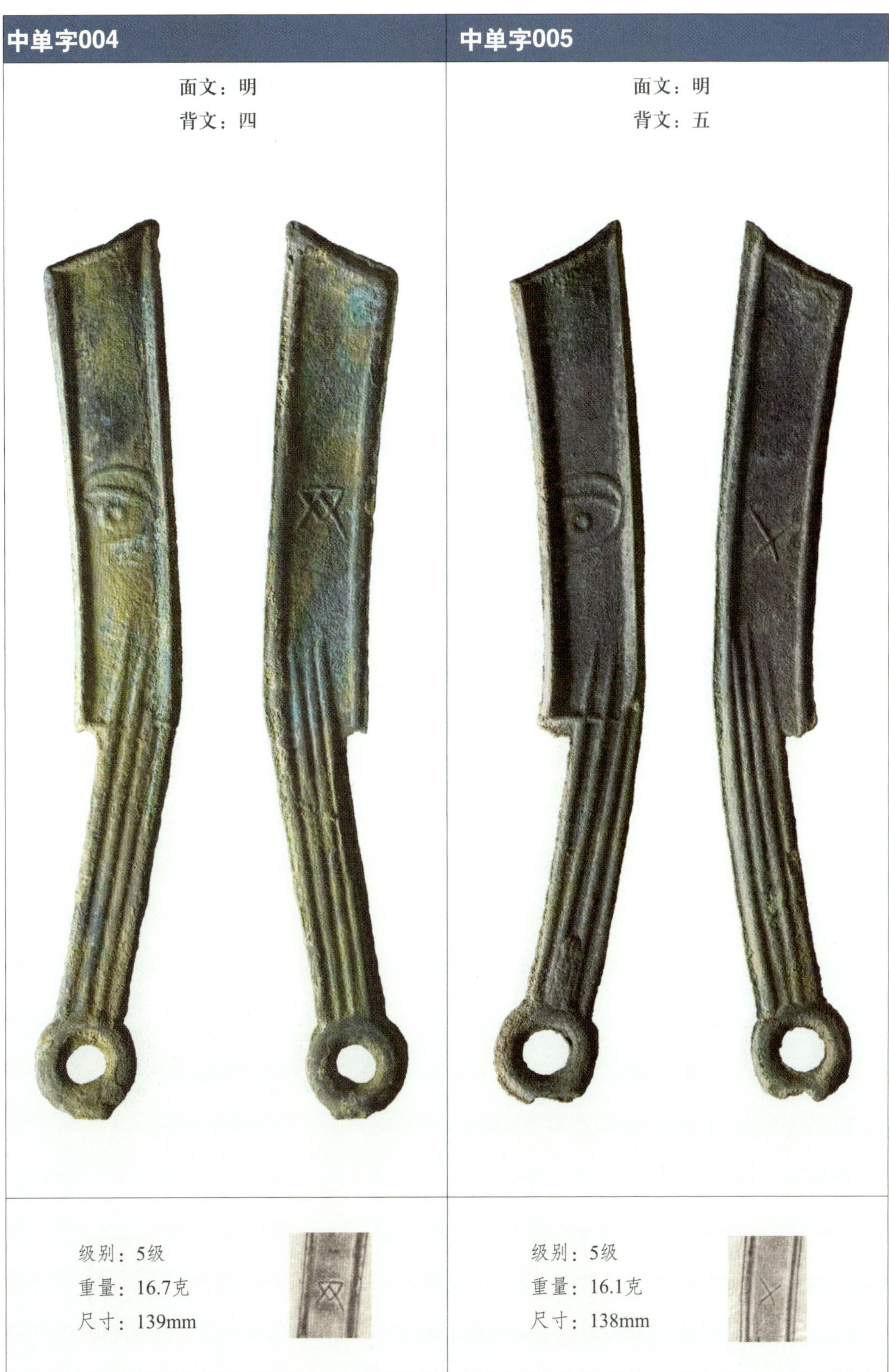

中单字004	中单字005
面文：明 背文：四	面文：明 背文：五
级别：5级 重量：16.7克 尺寸：139mm	级别：5级 重量：16.1克 尺寸：138mm

中单字006

面文：明
背文：七

中单字007

面文：明
背文：九

中单字006
级别：5级
重量：15.9克
尺寸：138mm

中单字007
级别：4级
重量：15.7克
尺寸：139mm

中单字008	中单字009
面文：明 背文：十	面文：明 背文：百
级别：5级 重量：17.2克 尺寸：140mm	级别：4级 重量：15.6克 尺寸：140mm

中单字010

面文：明
背文：千

级别：4级
重量：16.3克
尺寸：140mm

中单字011

面文：明
背文：申

级别：4级
重量：15.5克
尺寸：137mm

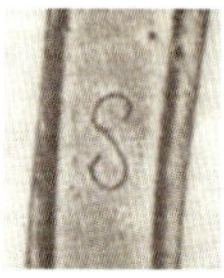

中单字012	中单字013
面文：明 背文：□	面文：明 背文：□

中单字012	中单字013
级别：4级 重量：17.2克 尺寸：140mm	级别：4级 重量：16.9克 尺寸：140mm

中单字014	中单字015
面文：明 背文：□	面文：明 背文：□
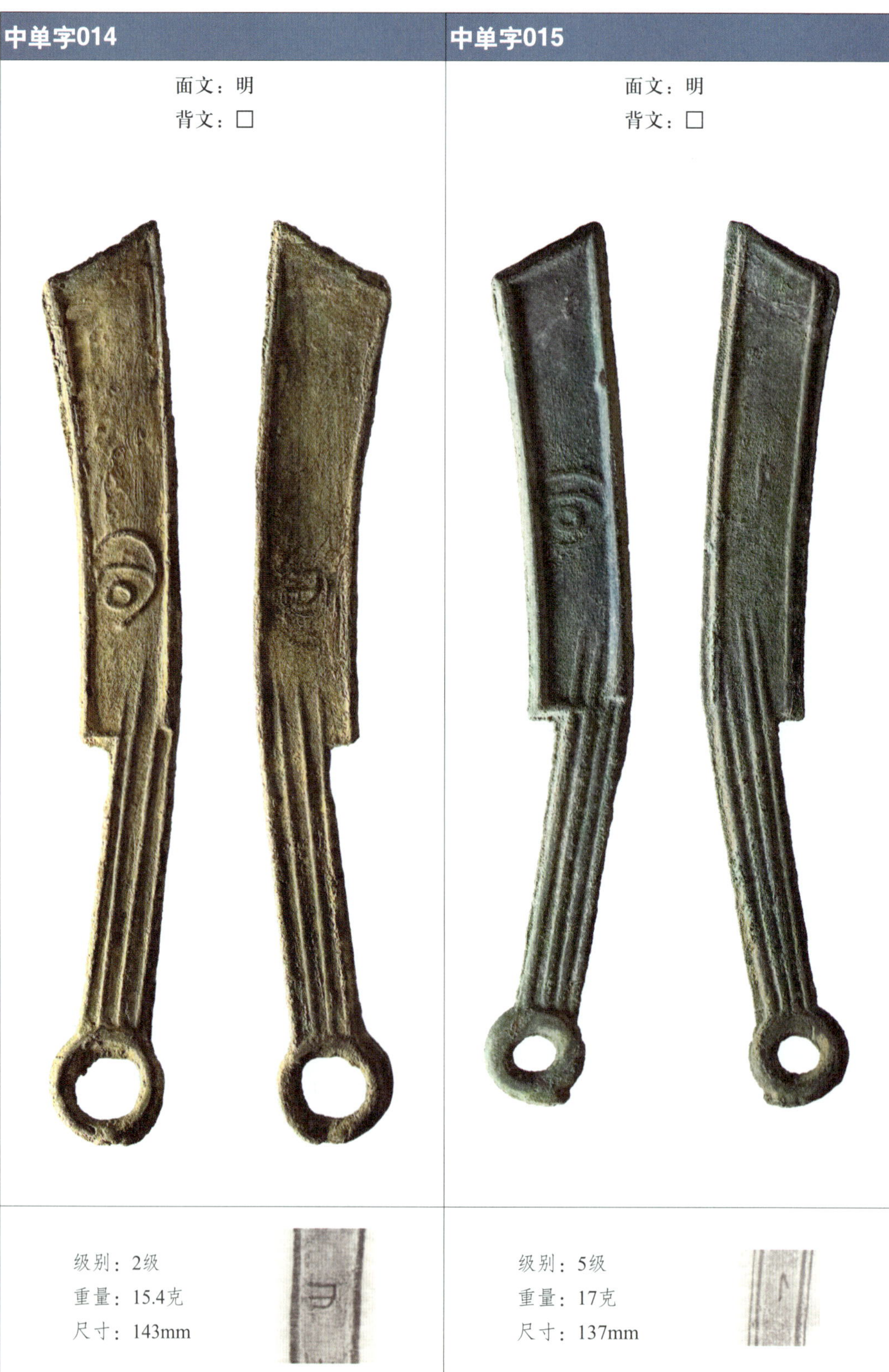	
级别：2级 重量：15.4克 尺寸：143mm	级别：5级 重量：17克 尺寸：137mm

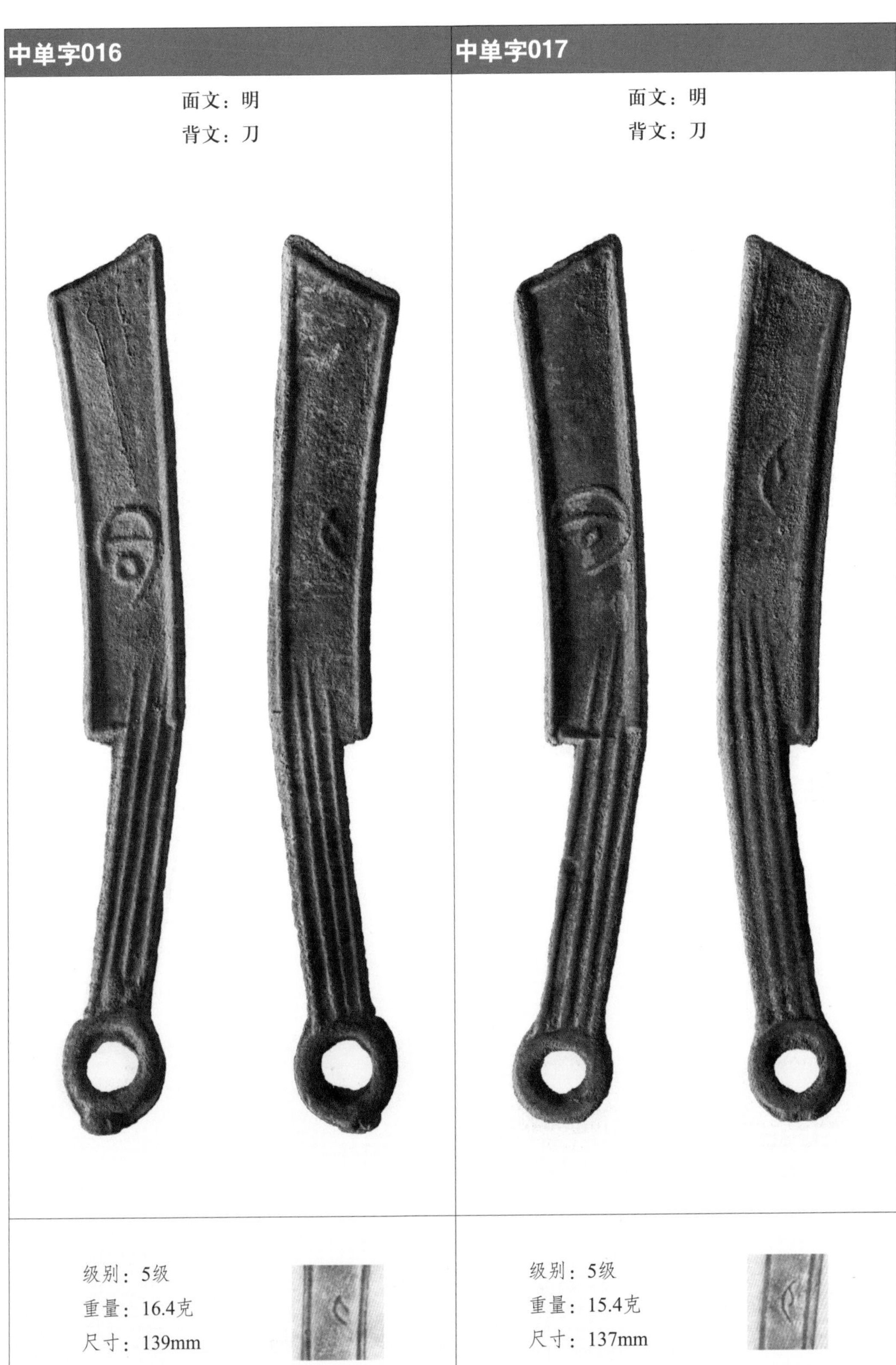

中单字016

面文：明
背文：刀

级别：5级
重量：16.4克
尺寸：139mm

中单字017

面文：明
背文：刀

级别：5级
重量：15.4克
尺寸：137mm

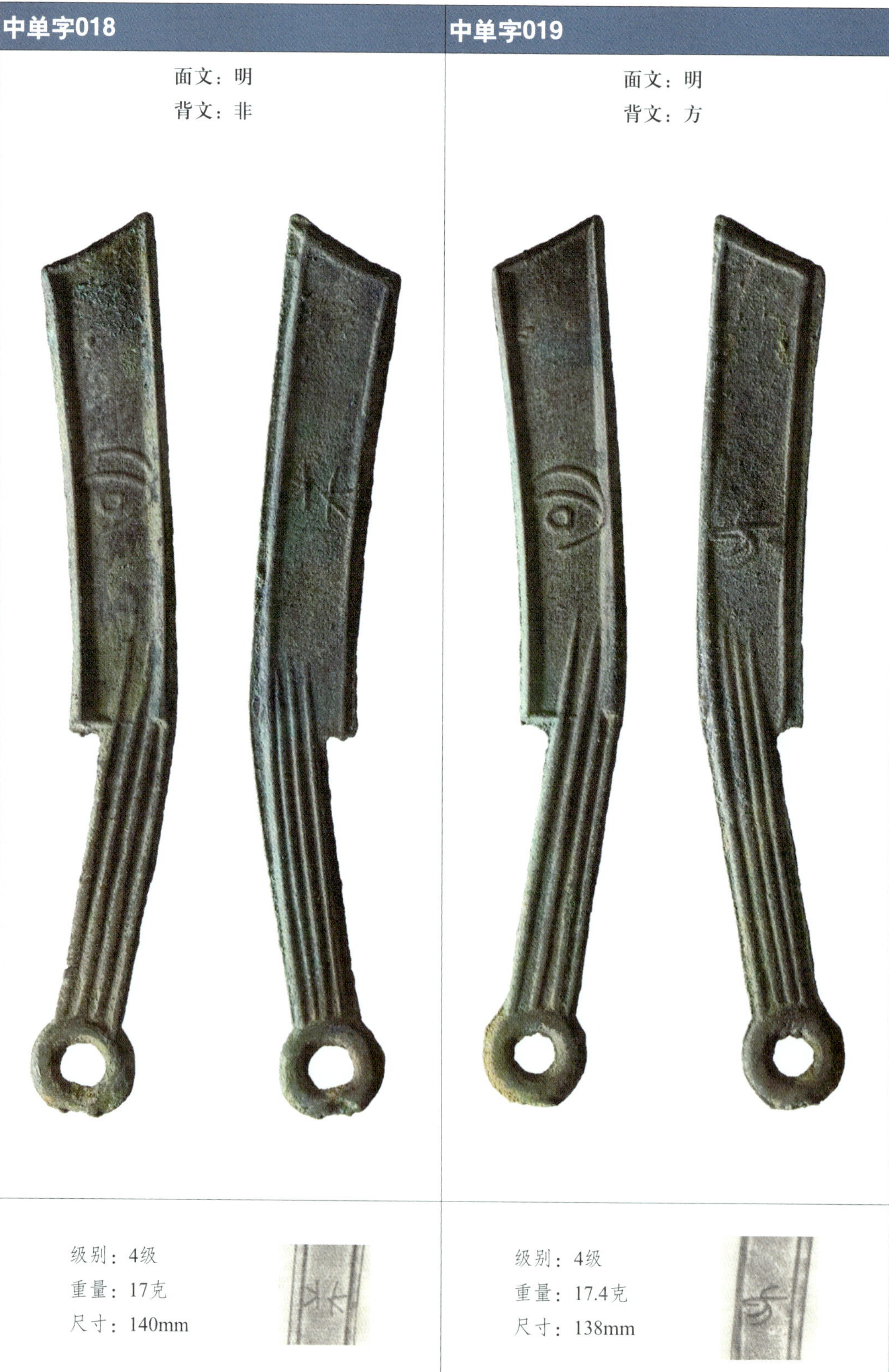

中单字018

面文：明
背文：非

级别：4级
重量：17克
尺寸：140mm

中单字019

面文：明
背文：方

级别：4级
重量：17.4克
尺寸：138mm

中单字020

面文：明
背文：上

级别：5级
重量：15.9克
尺寸：138mm

中单字021

面文：明
背文：上

级别：4级
重量：16.5克
尺寸：139mm

中单字022

面文：明

背文：上

级别：4级

重量：17.8克

尺寸：140mm

中单字023

面文：明

背文：下

级别：5级

重量：16克

尺寸：137mm

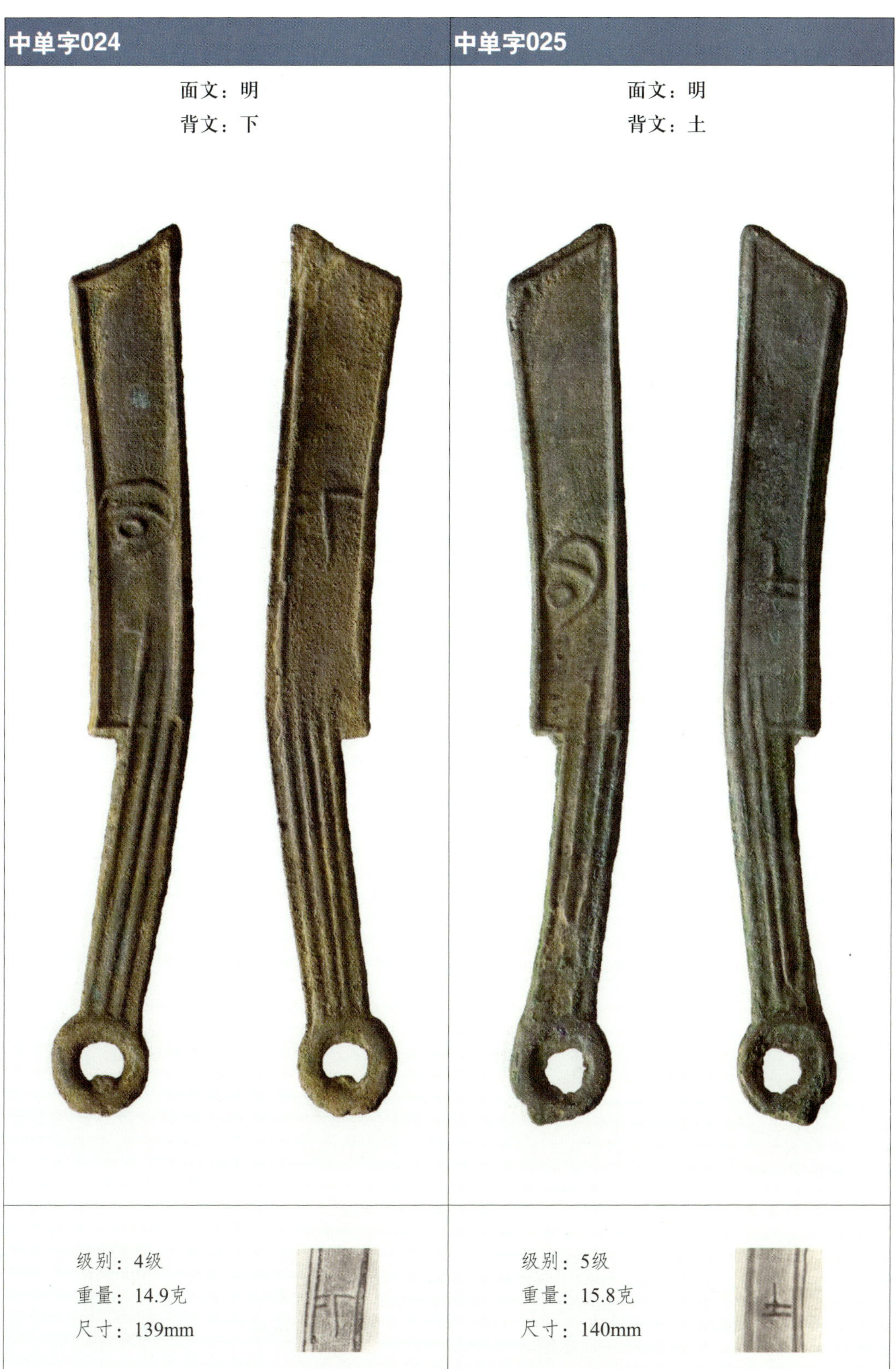

中单字024

面文：明
背文：下

级别：4级
重量：14.9克
尺寸：139mm

中单字025

面文：明
背文：土

级别：5级
重量：15.8克
尺寸：140mm

中单字026

面文：明
背文：土

级别：5级
重量：15.9克
尺寸：139mm

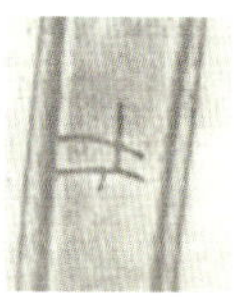

中单字027

面文：明
背文：乙

级别：5级
重量：18.7克
尺寸：140mm

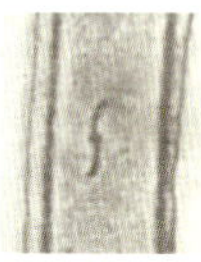

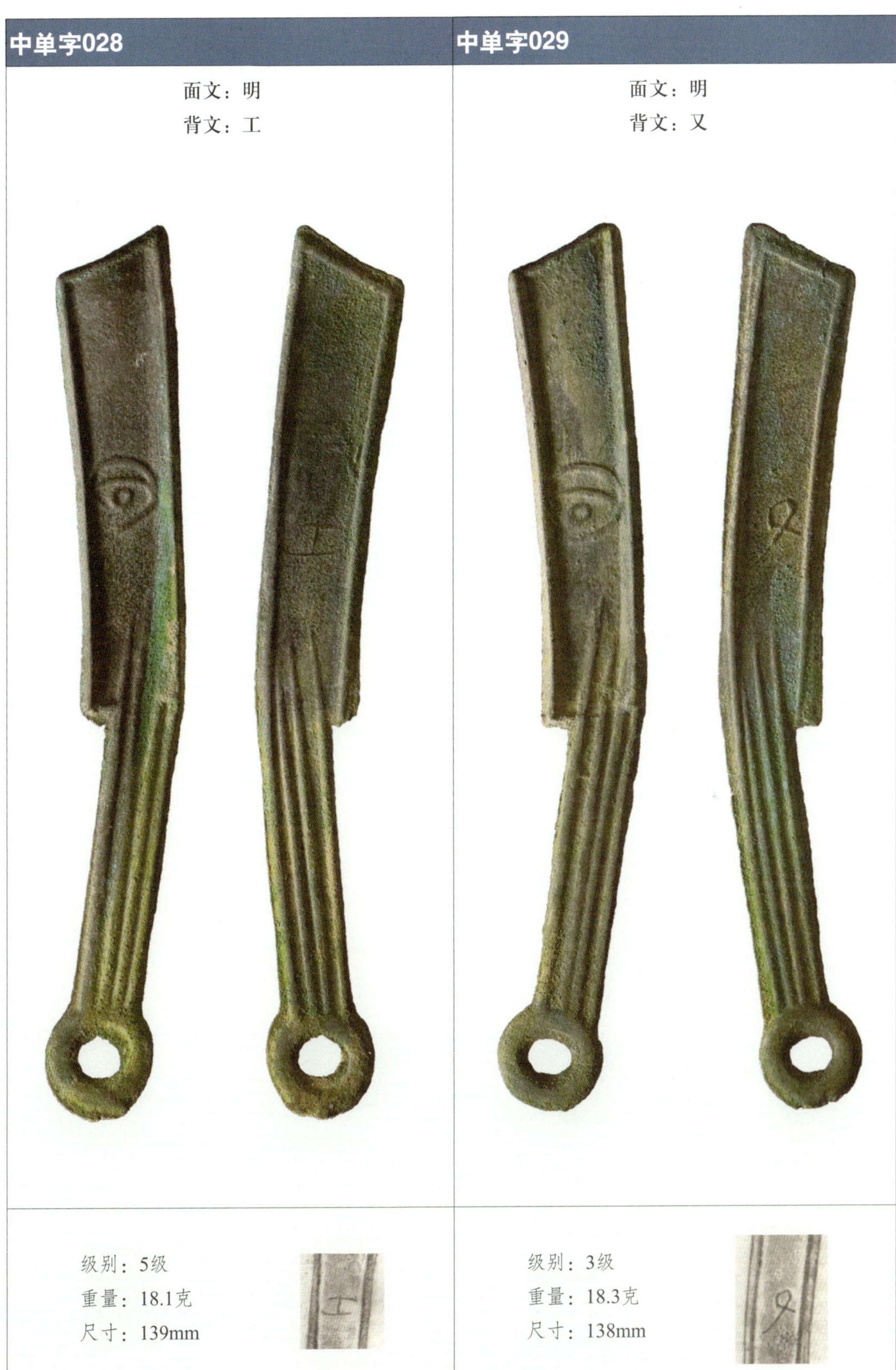

中单字028

面文：明
背文：工

级别：5级
重量：18.1克
尺寸：139mm

中单字029

面文：明
背文：又

级别：3级
重量：18.3克
尺寸：138mm

中单字030	中单字031
面文：明 背文：子	面文：明 背文：子

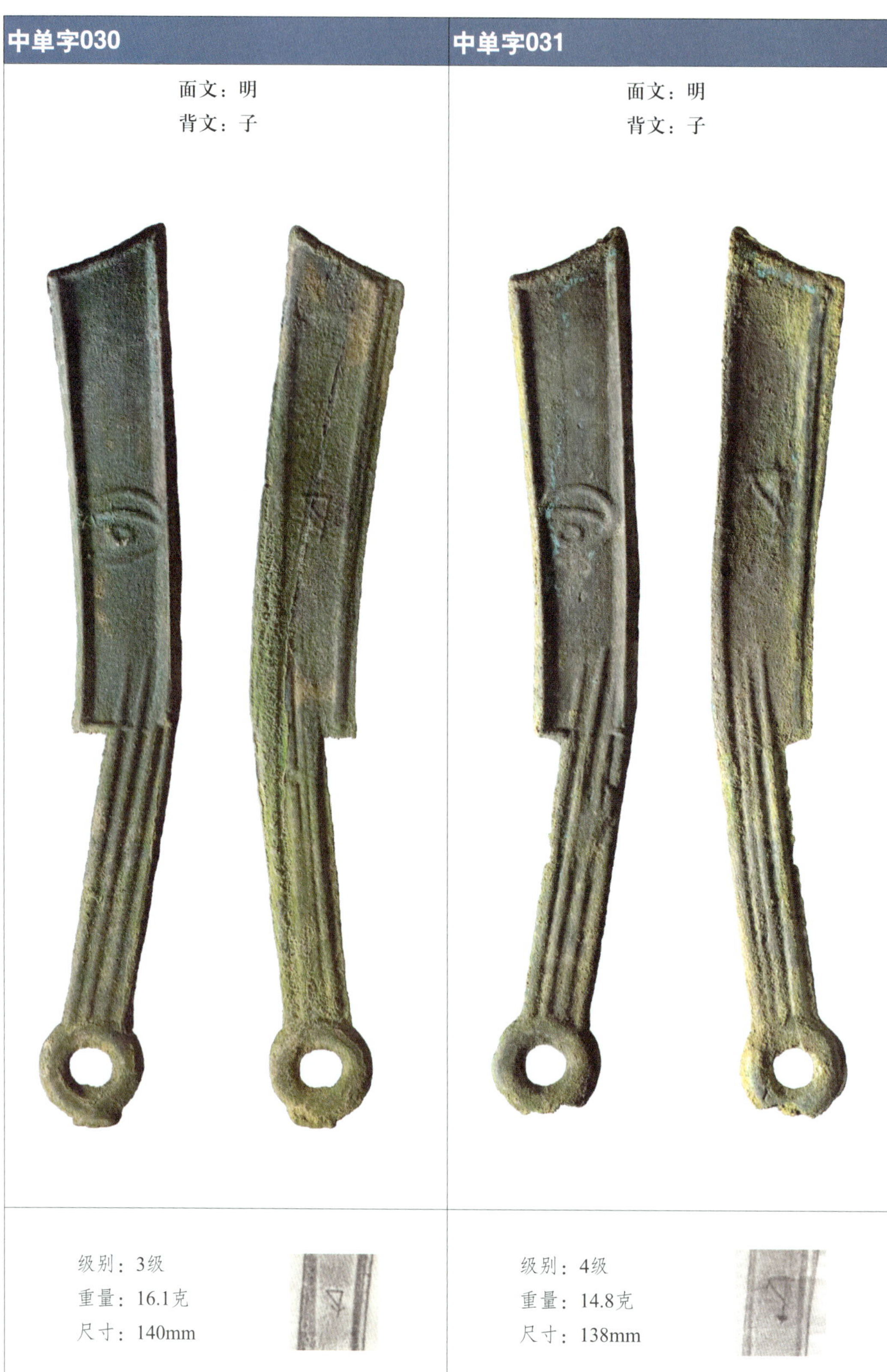

中单字030	中单字031
级别：3级 重量：16.1克 尺寸：140mm	级别：4级 重量：14.8克 尺寸：138mm

中单字032	中单字033
面文：明 背文：□	面文：明 背文：干
级别：5级 重量：15克 尺寸：140mm	级别：4级 重量：15.8克 尺寸：140mm

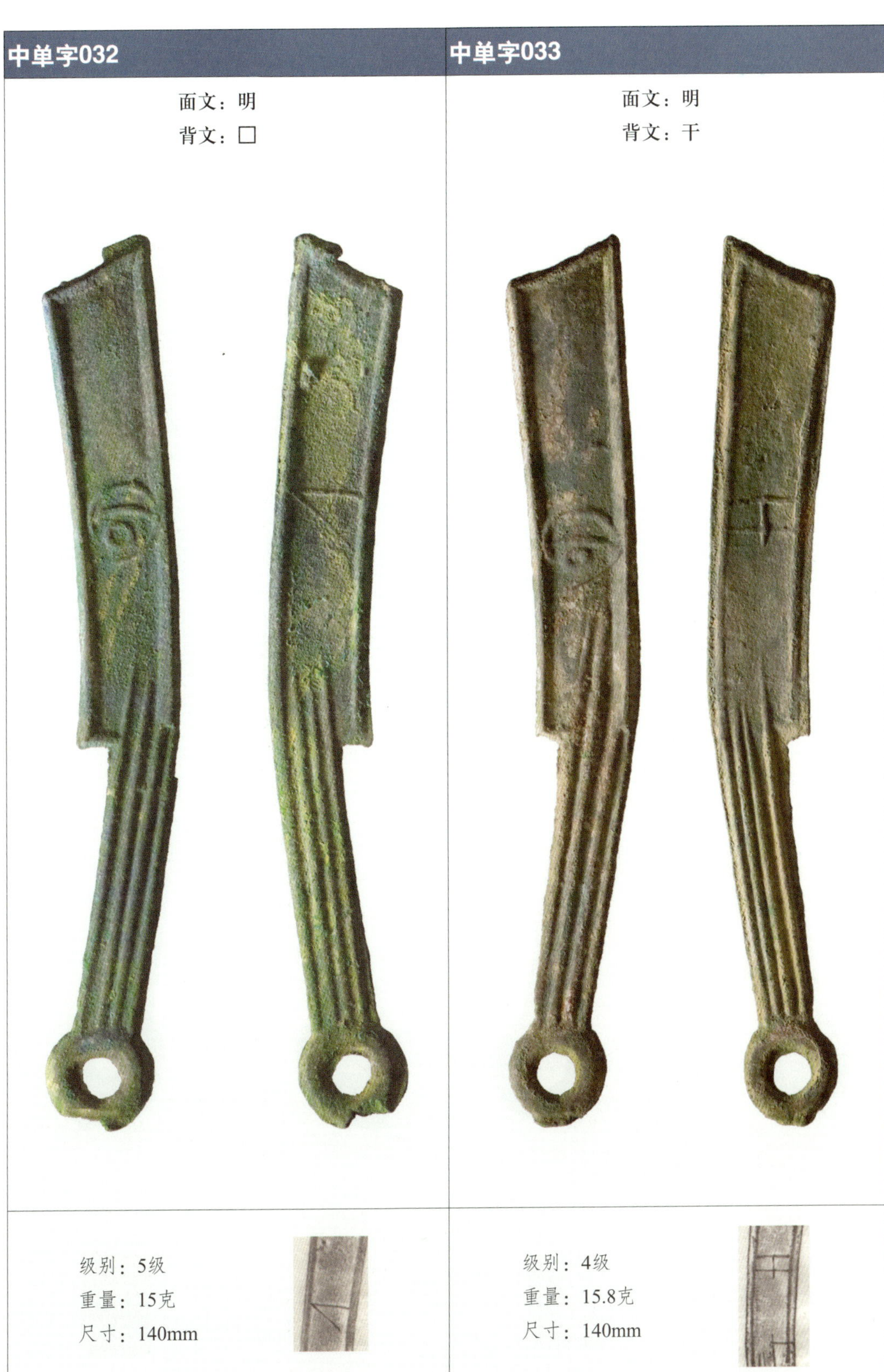

中单字034

面文：明

背文：□

中单字035

面文：明

背文：日

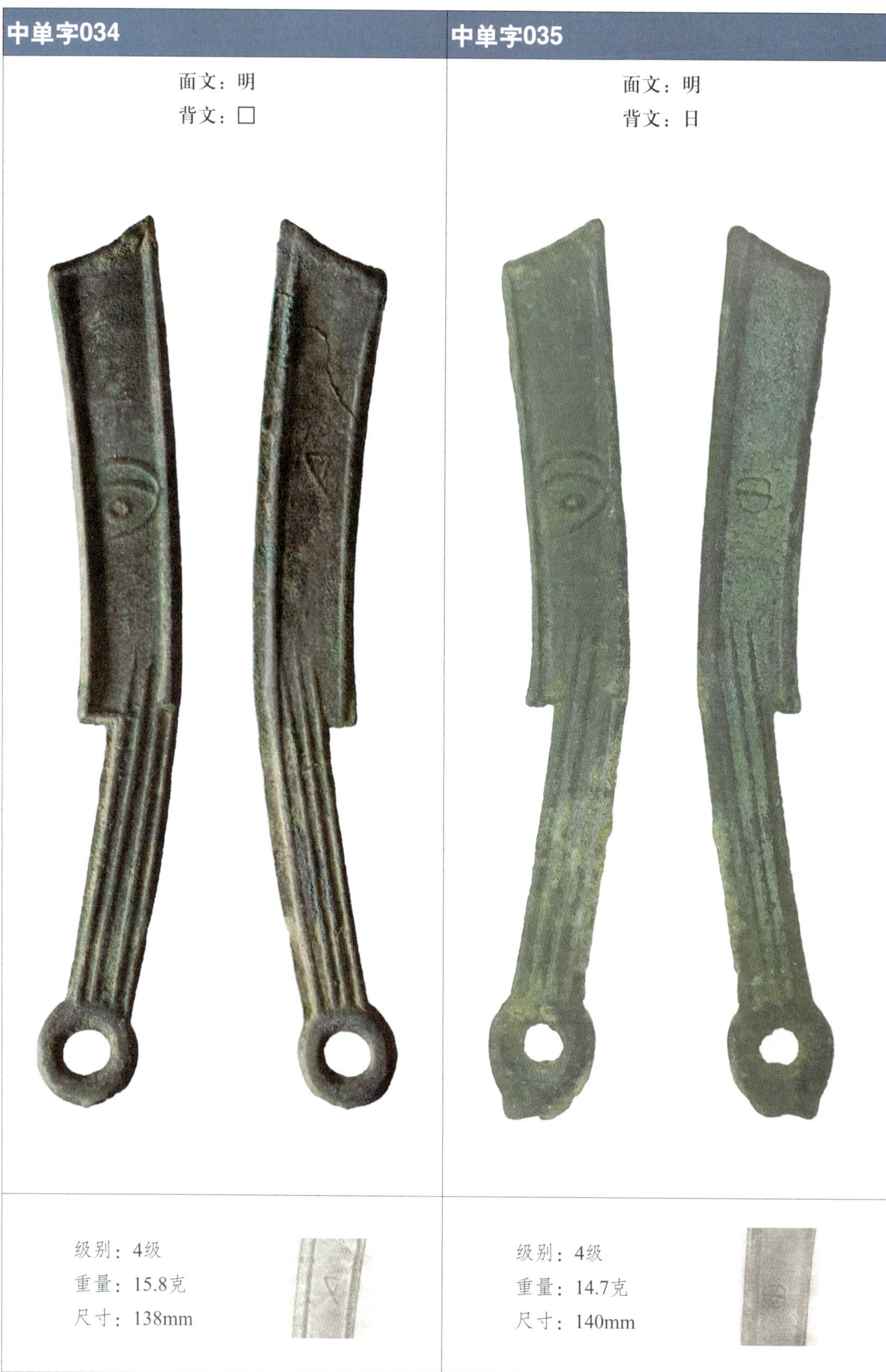

中单字034

级别：4级

重量：15.8克

尺寸：138mm

中单字035

级别：4级

重量：14.7克

尺寸：140mm

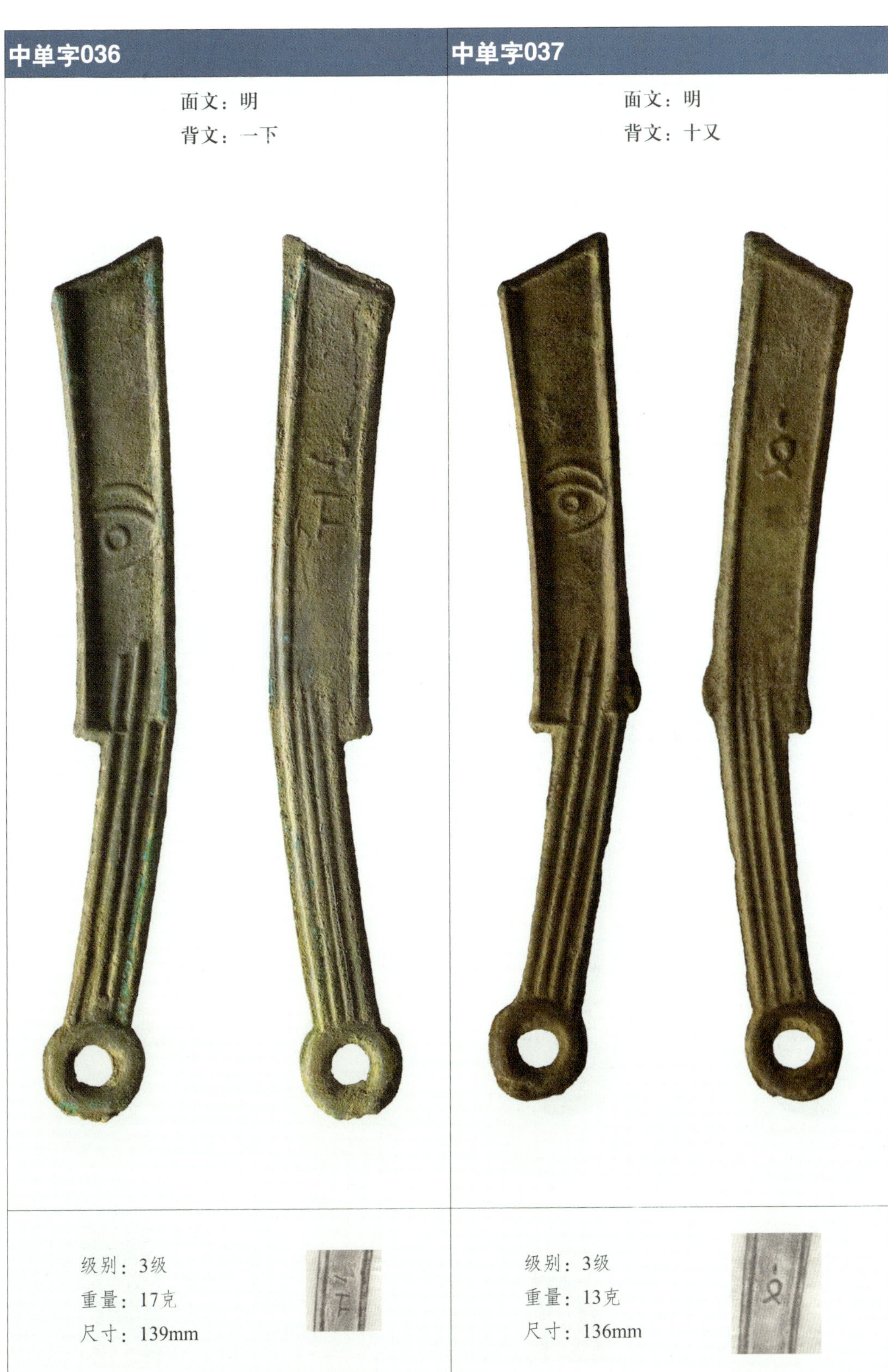

中单字036

面文：明
背文：一下

级别：3级
重量：17克
尺寸：139mm

中单字037

面文：明
背文：十又

级别：3级
重量：13克
尺寸：136mm

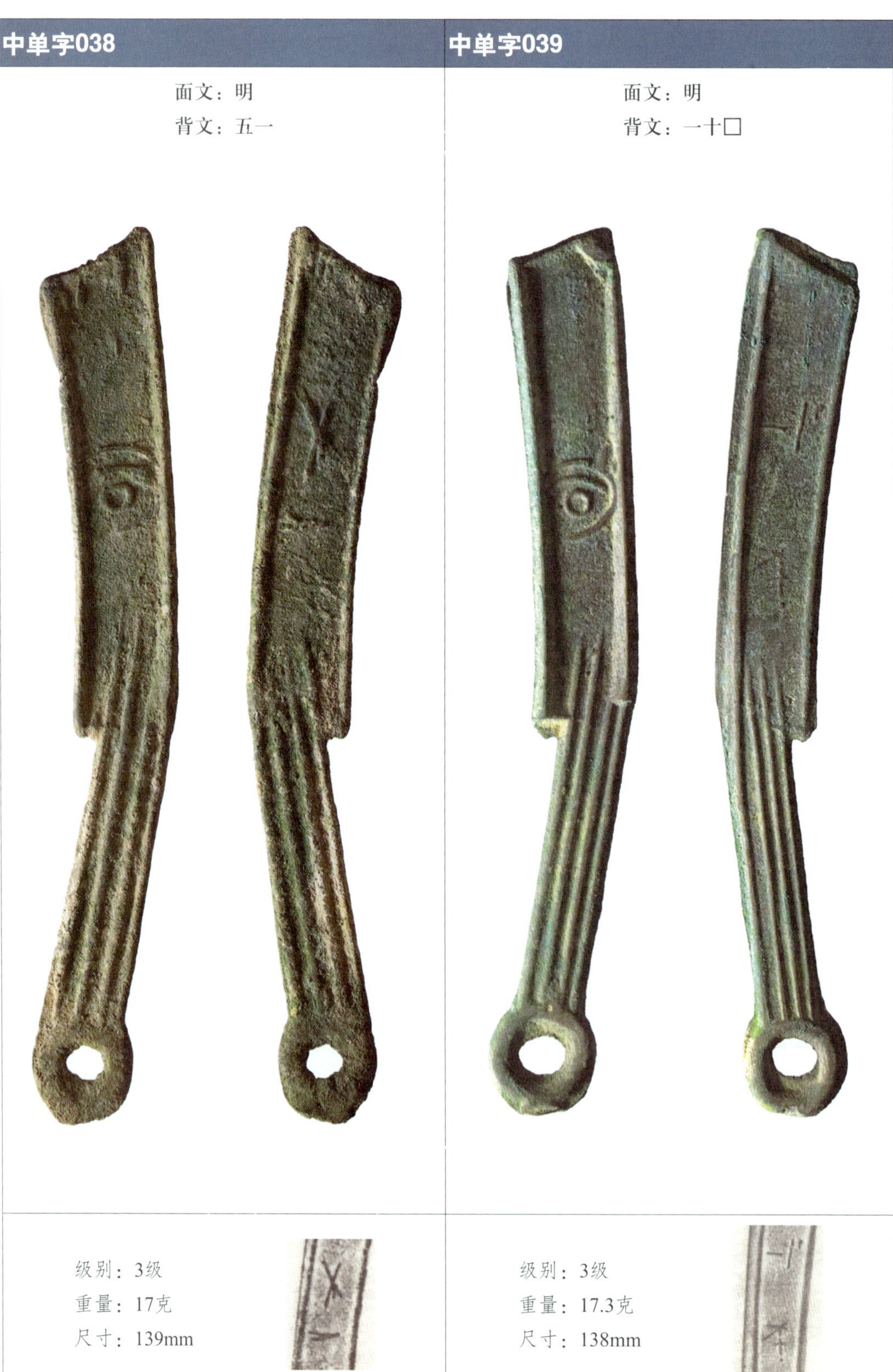

中单字038

面文：明

背文：五一

级别：3级

重量：17克

尺寸：139mm

中单字039

面文：明

背文：一十□

级别：3级

重量：17.3克

尺寸：138mm

中单字040	中单字041
面文：明 背文：丁日	面文：明 背文：又·

中单字040	中单字041
级别：2级 重量：17.2克 尺寸：141mm	级别：4级 重量：19.3克 尺寸：140mm

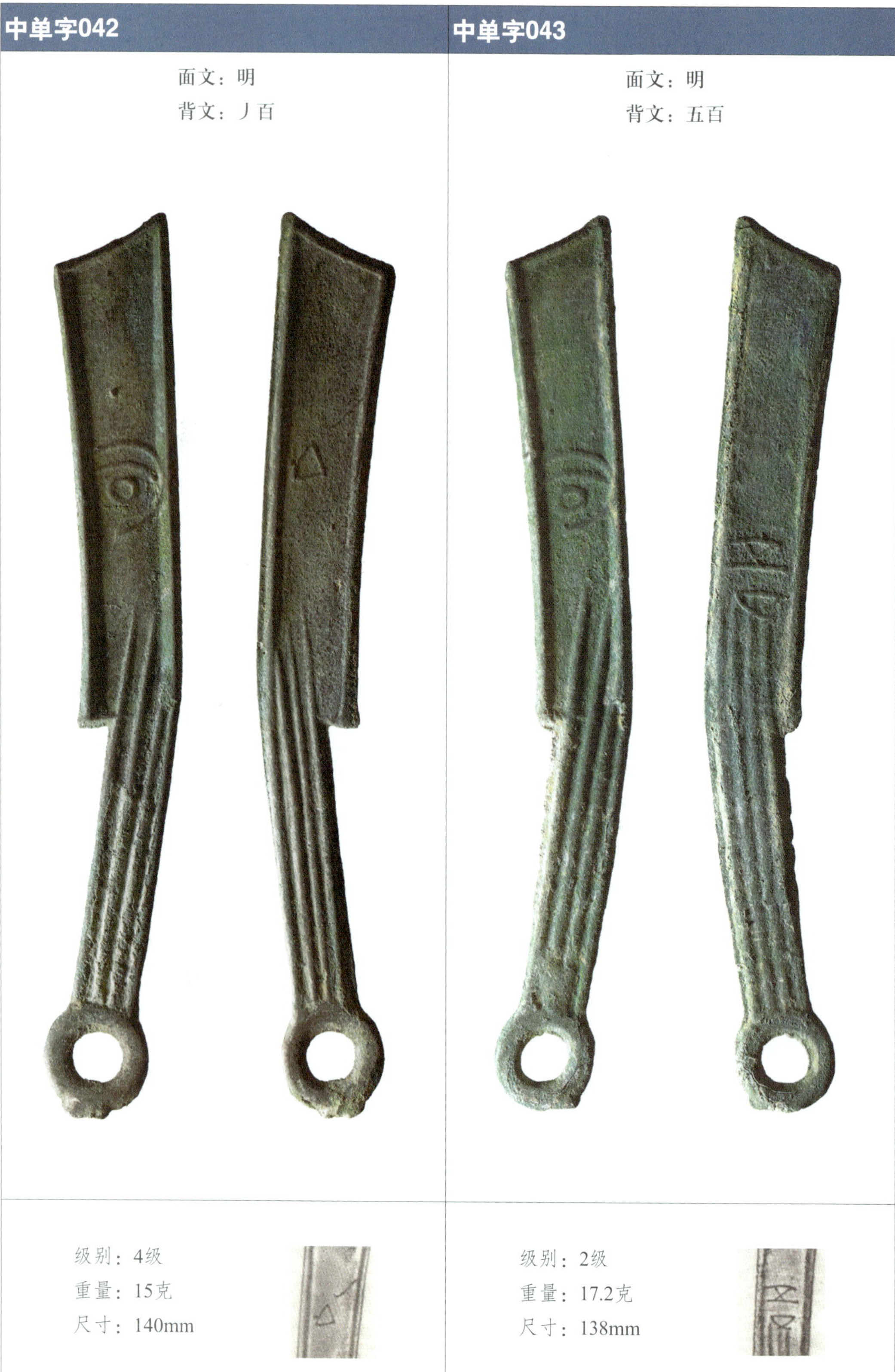

中单字042

面文：明

背文：丿百

级别：4级

重量：15克

尺寸：140mm

中单字043

面文：明

背文：五百

级别：2级

重量：17.2克

尺寸：138mm

中单字044

面文：明

背文：方丿

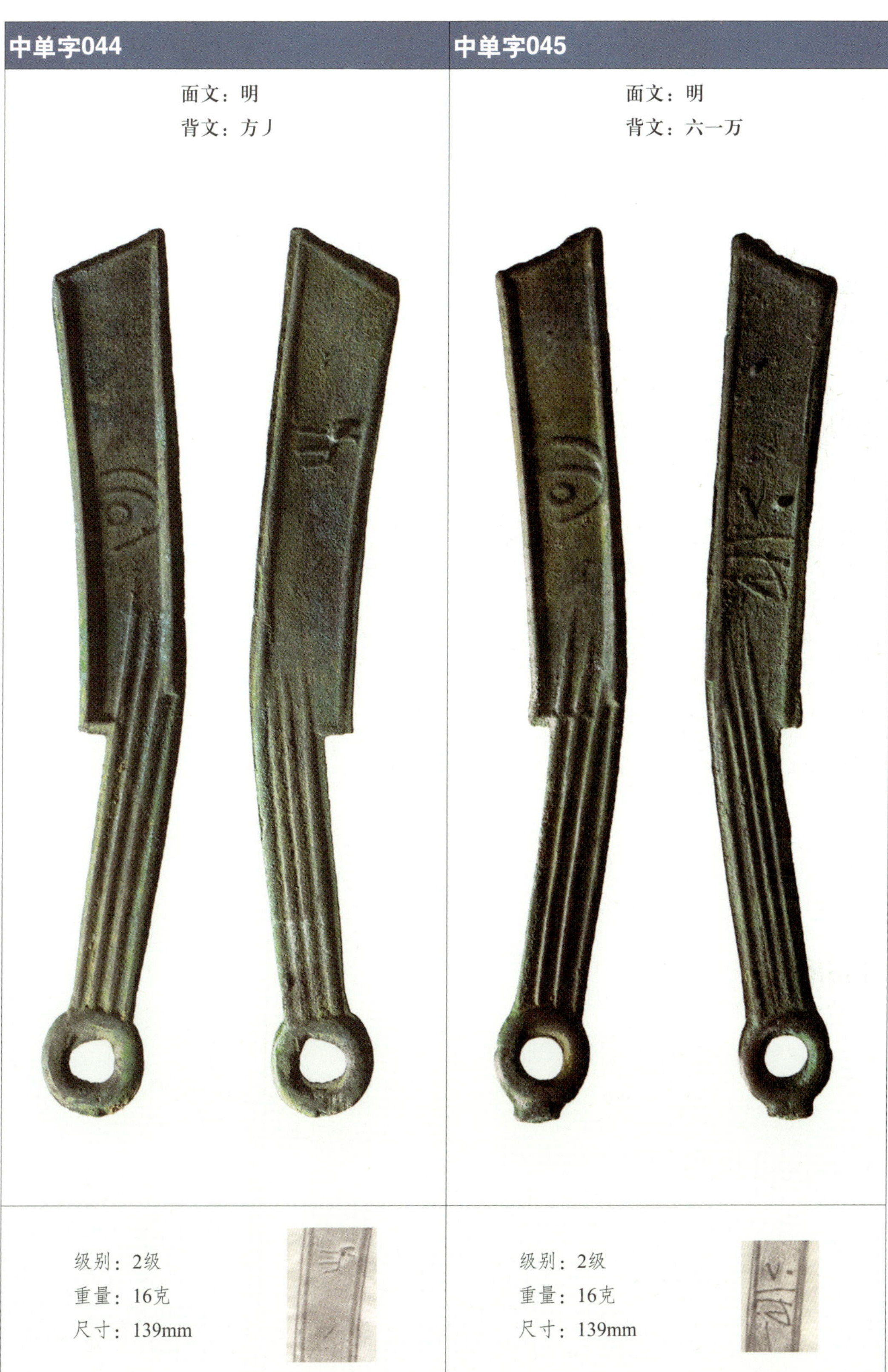

级别：2级

重量：16克

尺寸：139mm

中单字045

面文：明

背文：六一万

级别：2级

重量：16克

尺寸：139mm

第二节　中期燕明刀中字系列

中期燕明刀背中字系列，从刀面铭文明字的写法看，此系列版式比较规范。主要区别在明字的刀部末笔有长短之分，并且刀部的倾斜角度各不相同。同时在面文明字的上方或下方出现炉记标识。从刀背铭文的内容看，主要以记数为主，兼有方位、天干、地支等词组构成。

中中001

面文：明

背文：中丶

级别：3级

重量：15.7克

尺寸：143mm

中中002	中中003
面文：明 背文：中乀	面文：明 背文：中一
级别：3级 重量：16.1克 尺寸：142mm	级别：3级 重量：16.1克 尺寸：141mm

中中004	中中005
面文：明 背文：中五	面文：明 背文：中六

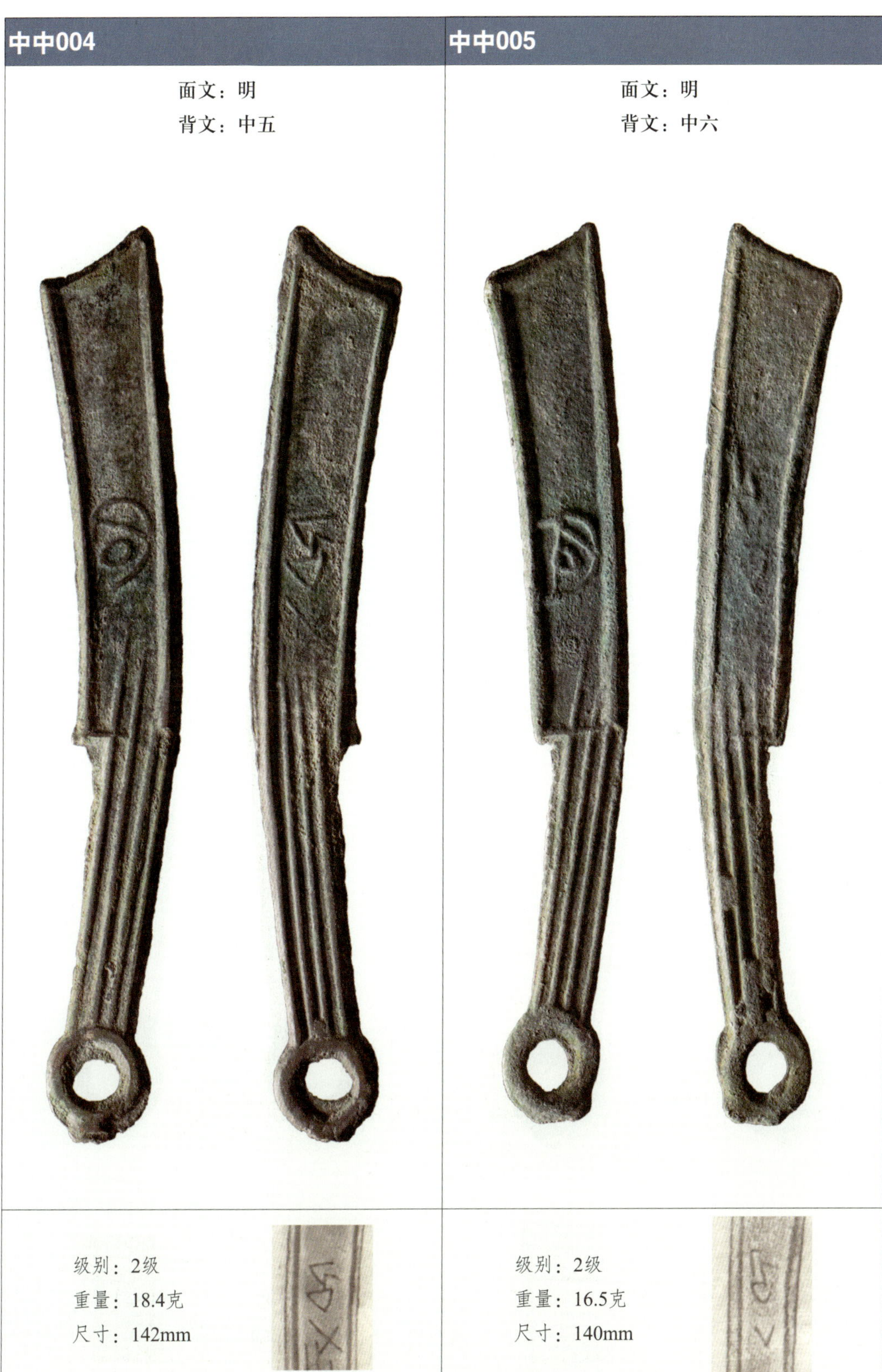

中中004	中中005
级别：2级 重量：18.4克 尺寸：142mm	级别：2级 重量：16.5克 尺寸：140mm

中中006	中中007
面文：明 背文：中七	面文：明 背文：中百

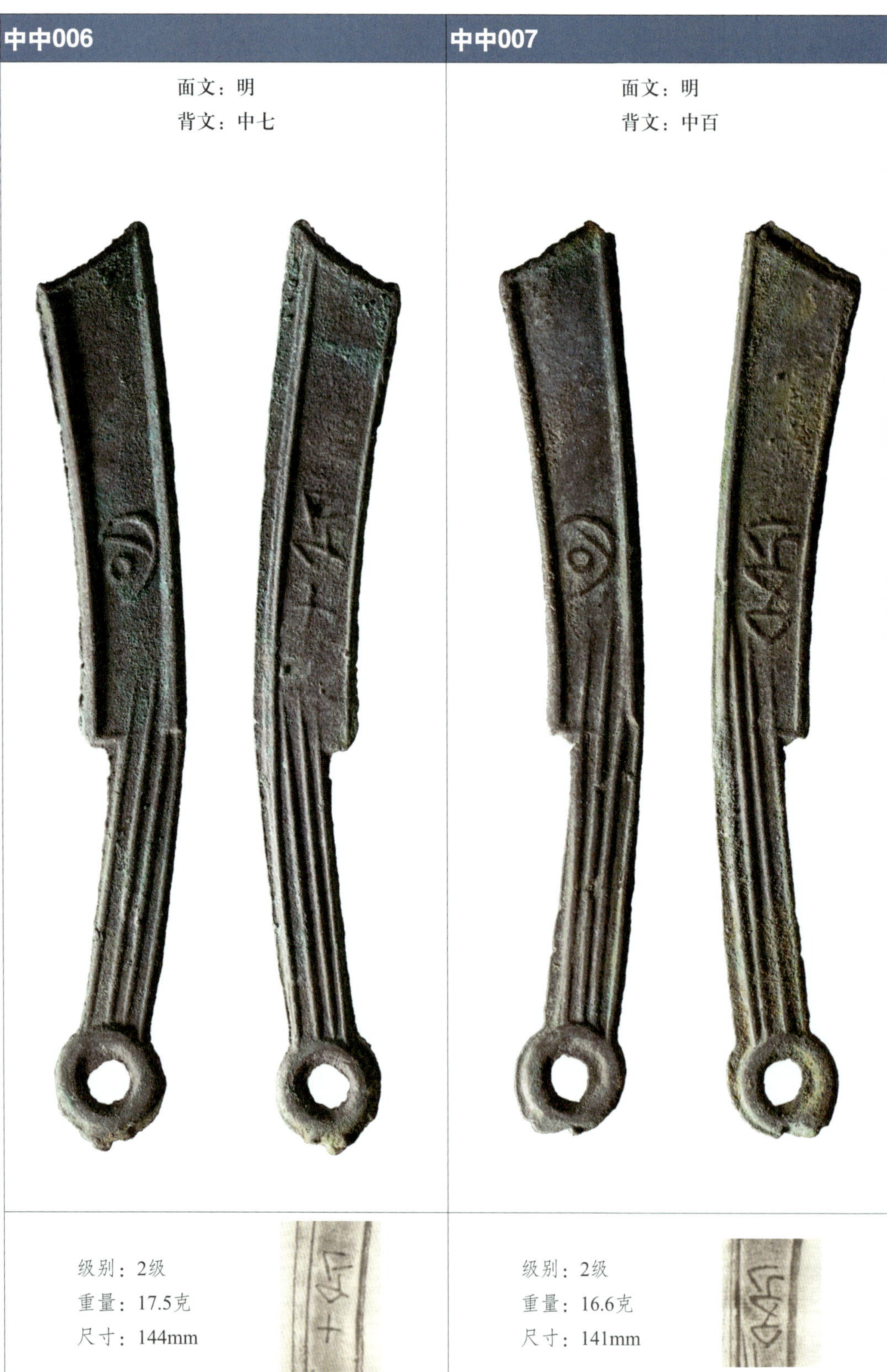

中中006	中中007
级别：2级 重量：17.5克 尺寸：144mm	级别：2级 重量：16.6克 尺寸：141mm

中中008	中中009
面文：明 背文：中万	面文：明 背文：中上

中中008	中中009
级别：2级 重量：16.2克 尺寸：142mm	级别：2级 重量：15.4克 尺寸：141mm

中中010

面文：明
背文：中上

级别：2级
重量：16.4克
尺寸：141mm

中中011

面文：明
背文：中士

级别：2级
重量：15.7克
尺寸：143mm

中中012

面文：明
背文：中工

中中013

面文：明
背文：中丁

级别：2级
重量：16克
尺寸：142mm

级别：2级
重量：14.8克
尺寸：139mm

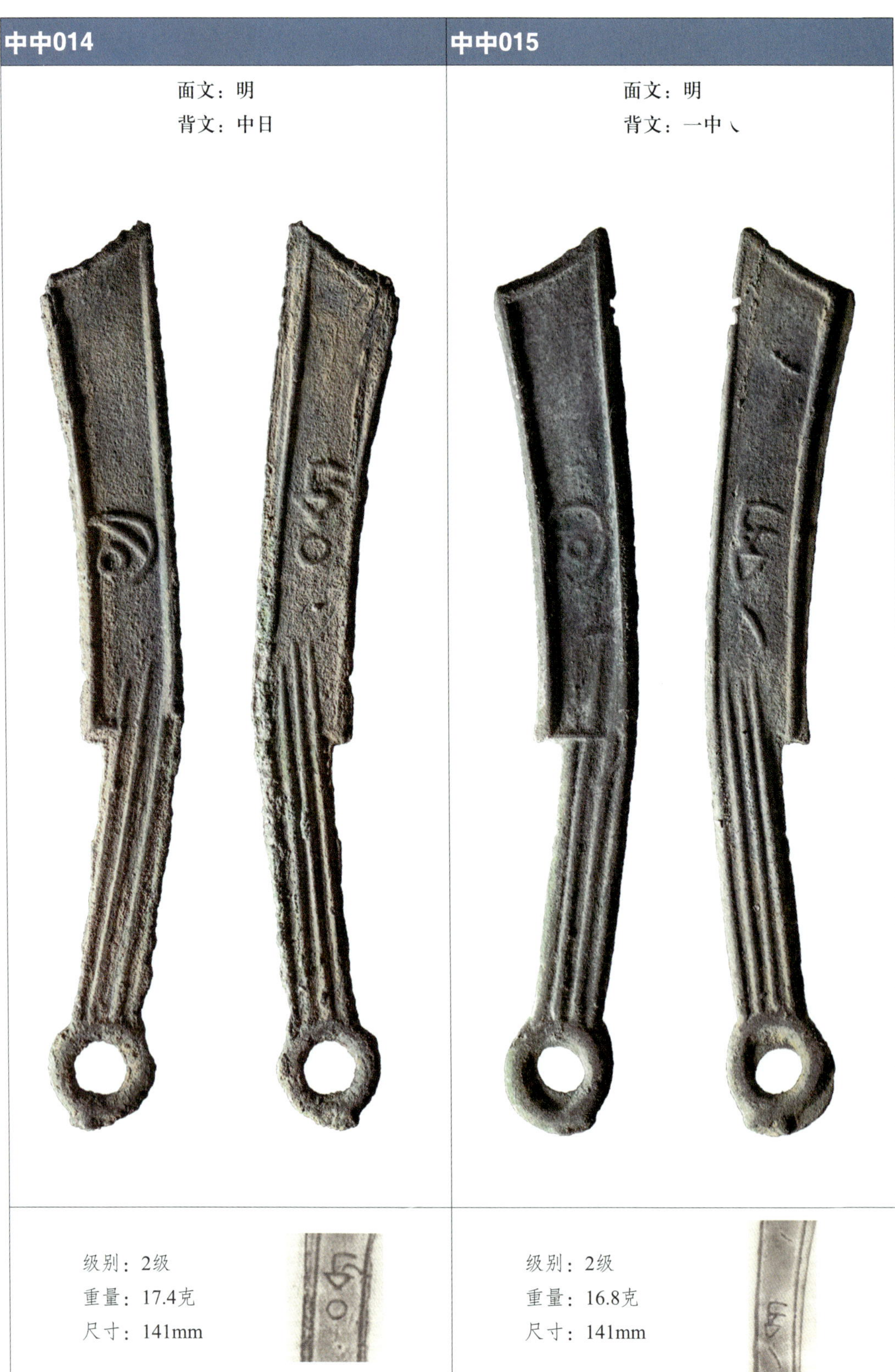

中中014	中中015
面文：明 背文：中日	面文：明 背文：一中丶
级别：2级 重量：17.4克 尺寸：141mm	级别：2级 重量：16.8克 尺寸：141mm

第三节　中期燕明刀中左系列

中期燕明刀中左系列，从刀身形制来看，主要有窄体形、宽体形和厚脊形的区别。从面文明字的写法上看，主要呈上下结构，圆目形状，并且分小字版和大字版。在刀面铭文明字的上方或下方出现炉记标识，面文明字有增笔现象。有的版式在刀背铭文下方出现封线条纹。从刀背铭文的内容看，铭文的内容以记数为主，兼有记物、方位、天干、地支和一些待解的特殊符号组成，同时在刀背铭文中有反书和合文的现象存在，刀背铭文由一字增加到多字。

中左001

面文：明
背文：左

级别：6级
重量：16.1克
尺寸：141mm

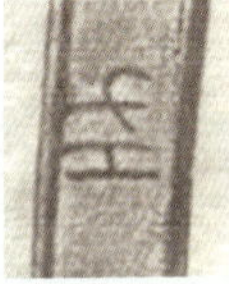

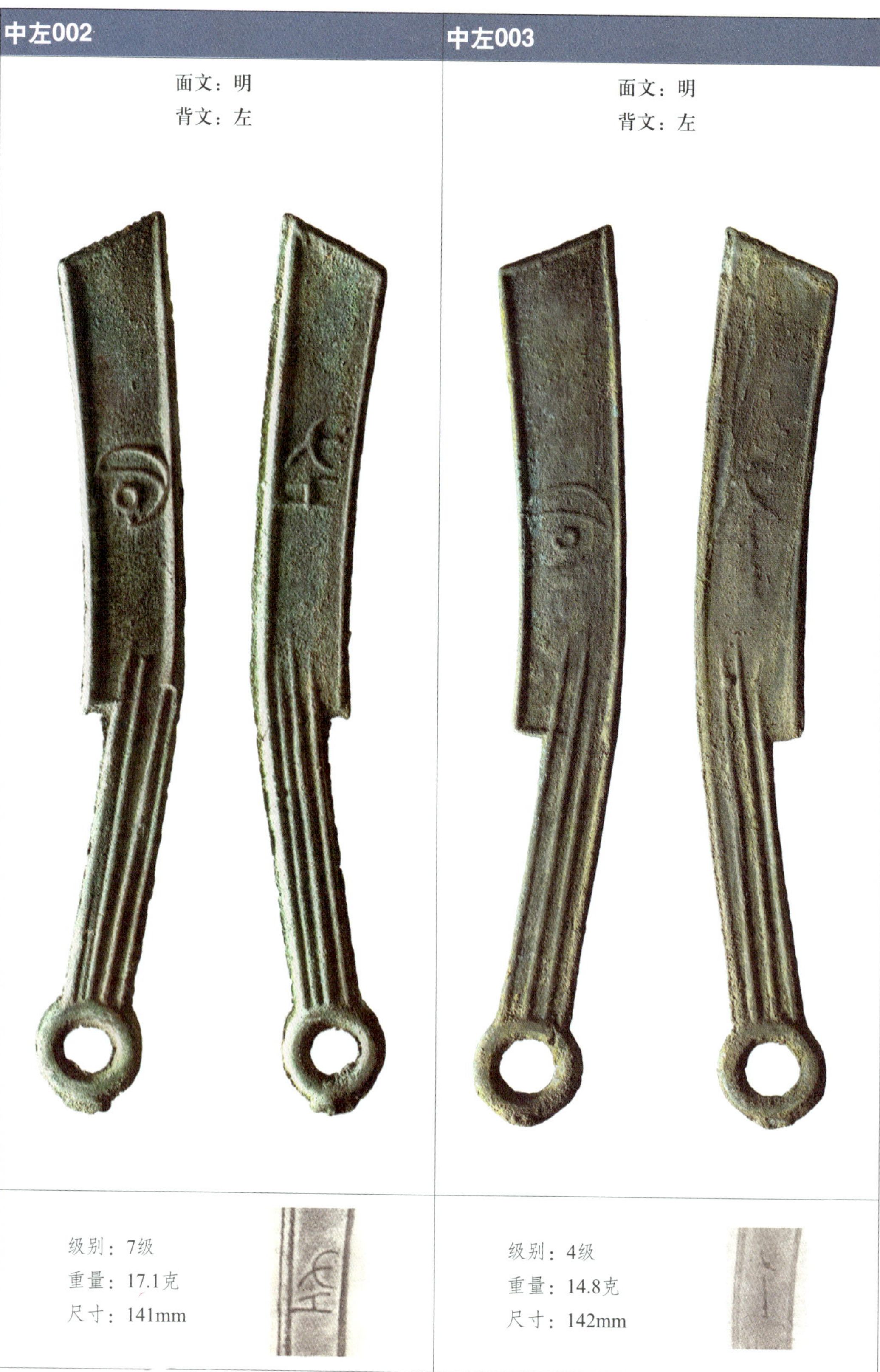

中左002

面文：明
背文：左

级别：7级
重量：17.1克
尺寸：141mm

中左003

面文：明
背文：左

级别：4级
重量：14.8克
尺寸：142mm

中左004	中左005
面文：明 背文：左	面文：明 背文：左
级别：5级 重量：14.9克 尺寸：139mm	级别：5级 重量：15.9克 尺寸：139mm

中左006	中左007
面文：明 背文：左丶	面文：明 背文：左一
级别：8级 重量：13.6克 尺寸：140mm	级别：8级 重量：16.6克 尺寸：139mm

中左008	中左009
面文：明 背文：左二	面文：明 背文：左二
级别：8级 重量：16.7克 尺寸：139mm	级别：7级 重量：17克 尺寸：139mm

中左010	中左011
面文：明 背文：左二	面文：明 背文：左二
级别：7级 重量：16.9克 尺寸：140mm	级别：5级 重量：16.3克 尺寸：139mm

中左012

面文：明
背文：左四

级别：8级
重量：16.6克
尺寸：138mm

中左013

面文：明
背文：左五

级别：8级
重量：17.4克
尺寸：137mm

<table>
<tr><th>中左014</th><th>中左015 5级</th></tr>
<tr><td>面文：明
背文：左六</td><td>面文：明
背文：左六</td></tr>
<tr><td>级别：8级
重量：15.8克
尺寸：139mm</td><td>级别：5级
重量：15.6克
尺寸：141mm</td></tr>
</table>

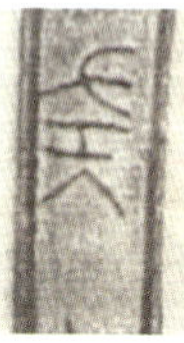

中左016	中左017
面文：明 背文：左七	面文：明 背文：左七

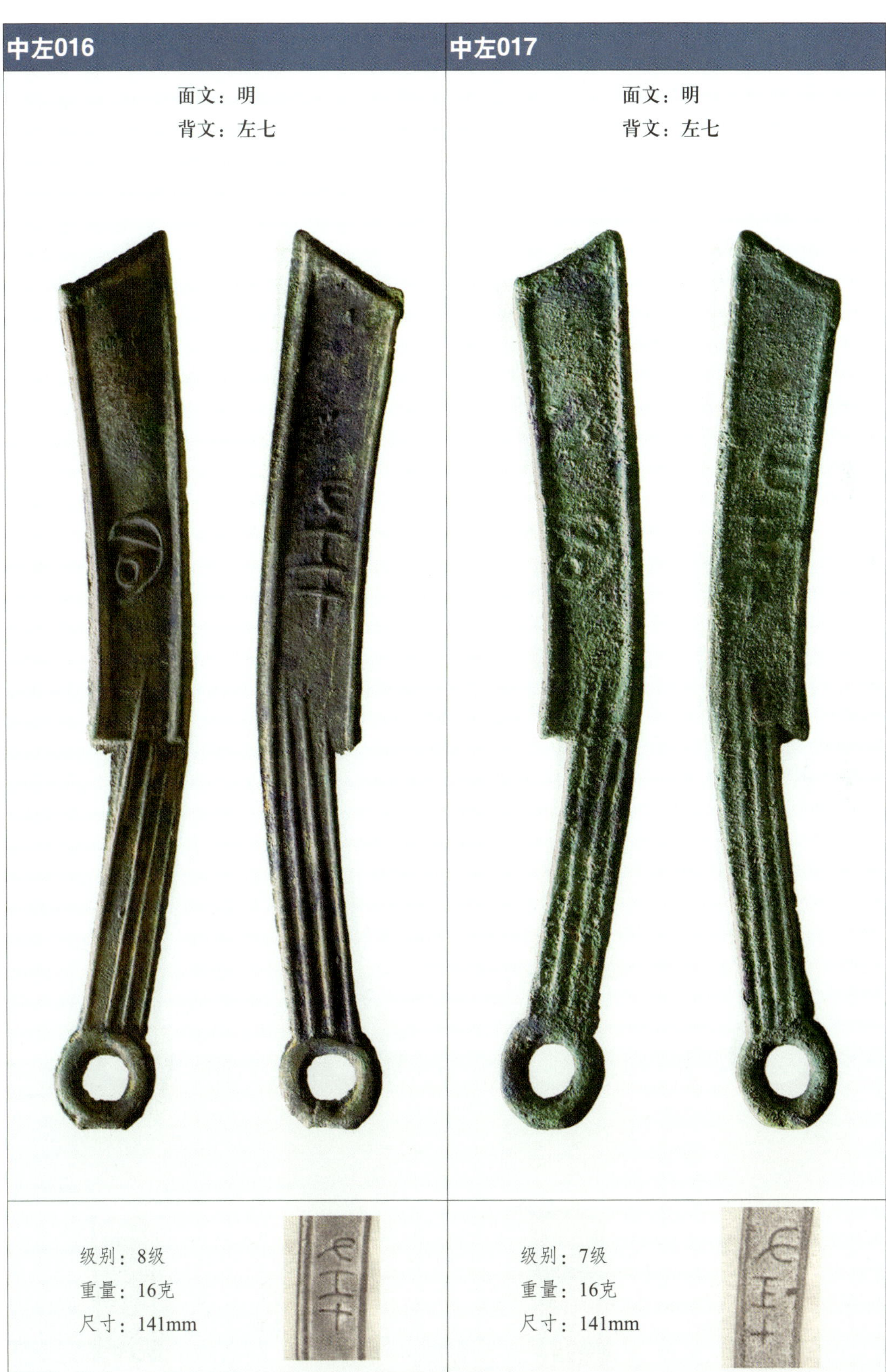

级别：8级 重量：16克 尺寸：141mm	级别：7级 重量：16克 尺寸：141mm

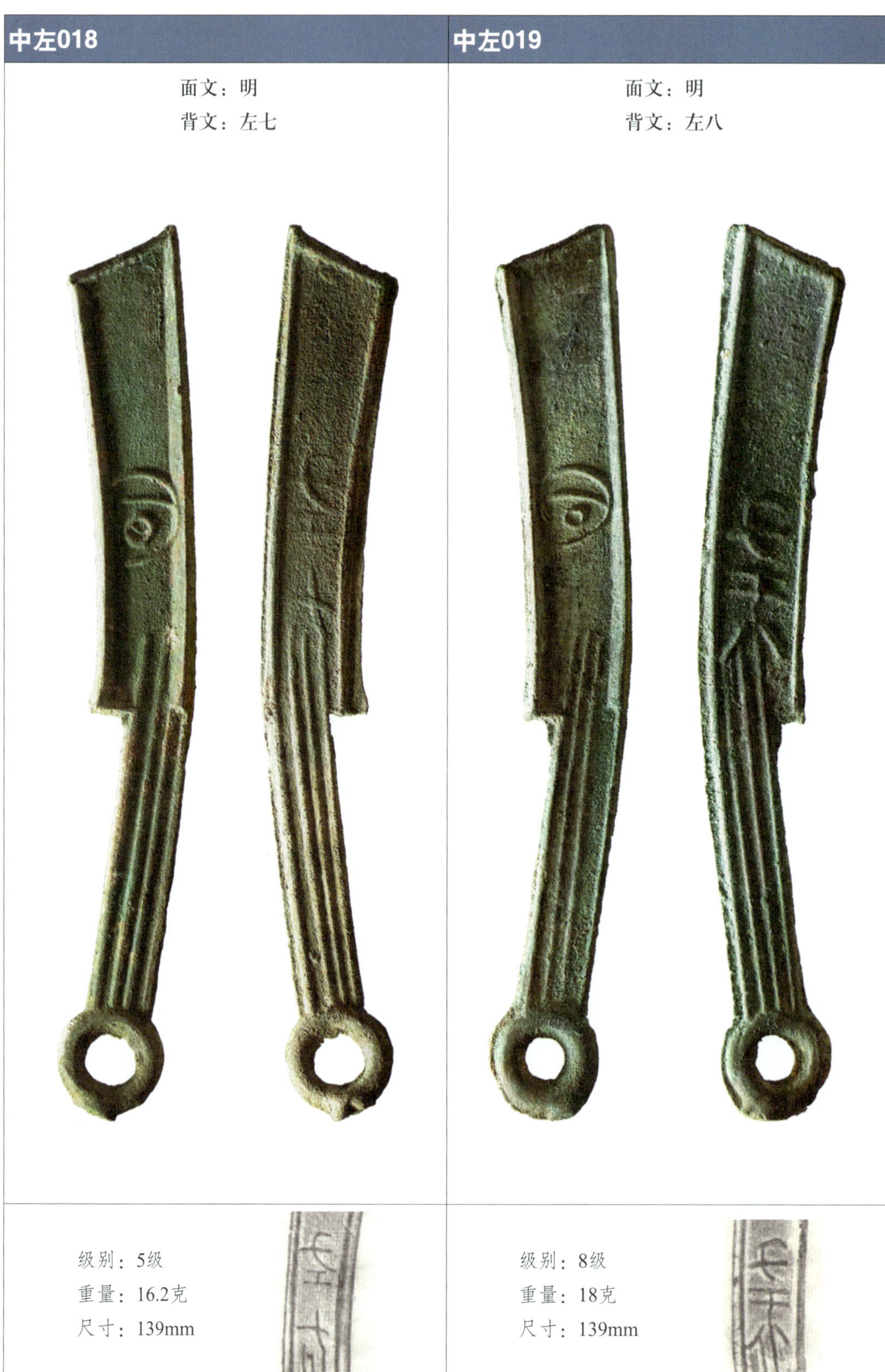

中左018	中左019
面文：明 背文：左七	面文：明 背文：左八
级别：5级 重量：16.2克 尺寸：139mm	级别：8级 重量：18克 尺寸：139mm

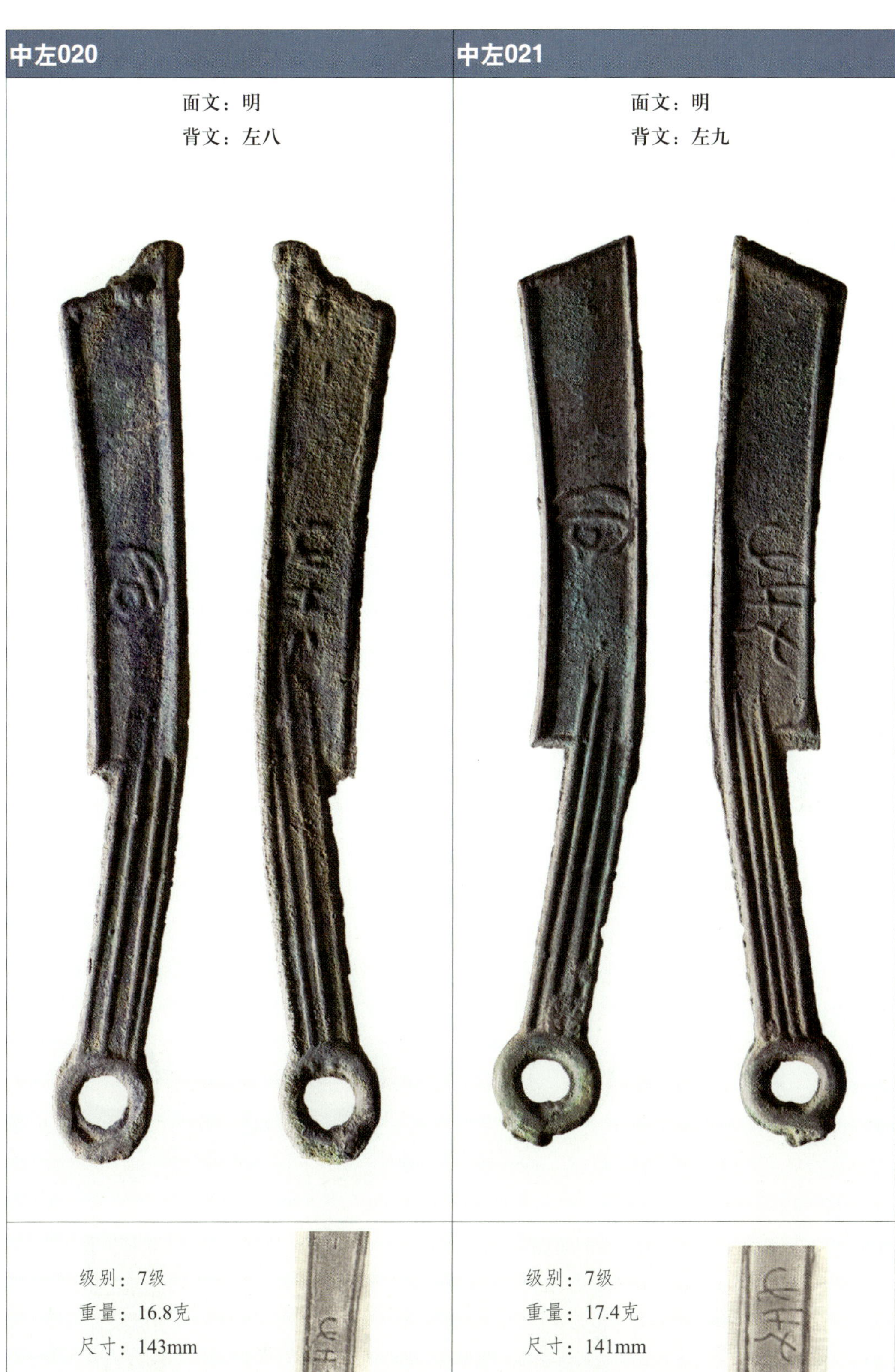

中左020	中左021
面文：明 背文：左八	面文：明 背文：左九
级别：7级 重量：16.8克 尺寸：143mm	级别：7级 重量：17.4克 尺寸：141mm

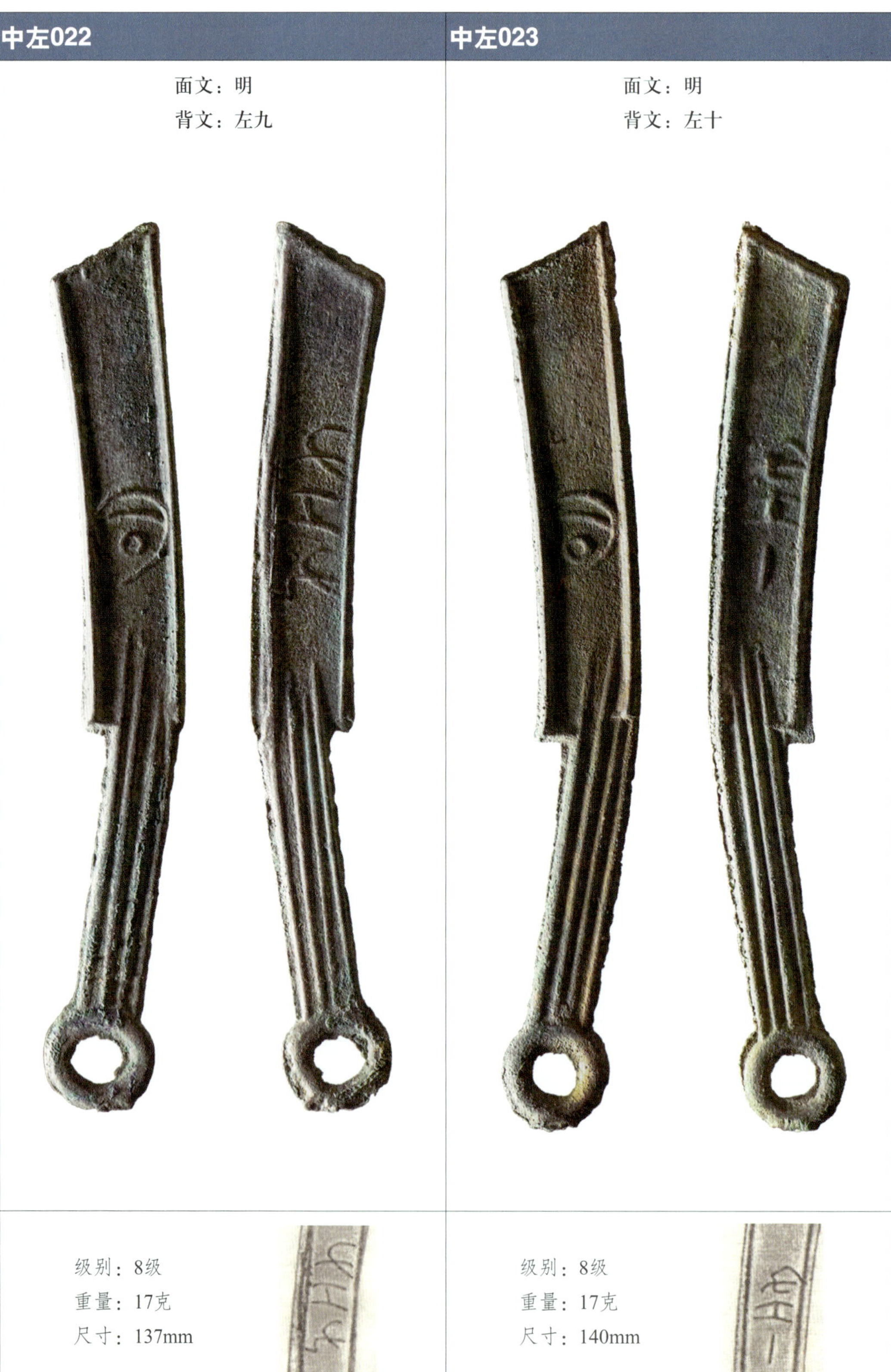

中左022

面文：明

背文：左九

级别：8级

重量：17克

尺寸：137mm

中左023

面文：明

背文：左十

级别：8级

重量：17克

尺寸：140mm

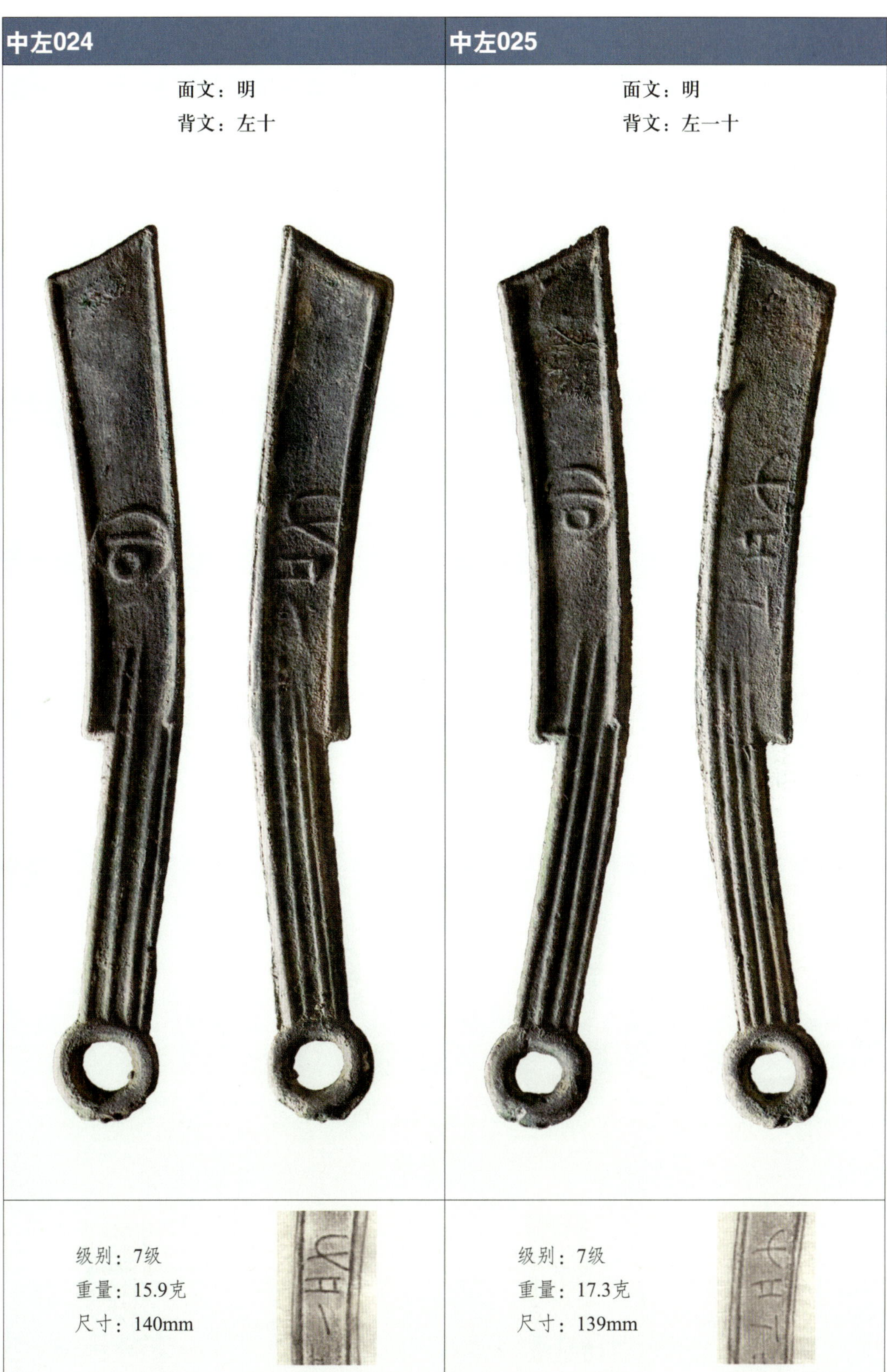

中左024

面文：明
背文：左十

级别：7级
重量：15.9克
尺寸：140mm

中左025

面文：明
背文：左一十

级别：7级
重量：17.3克
尺寸：139mm

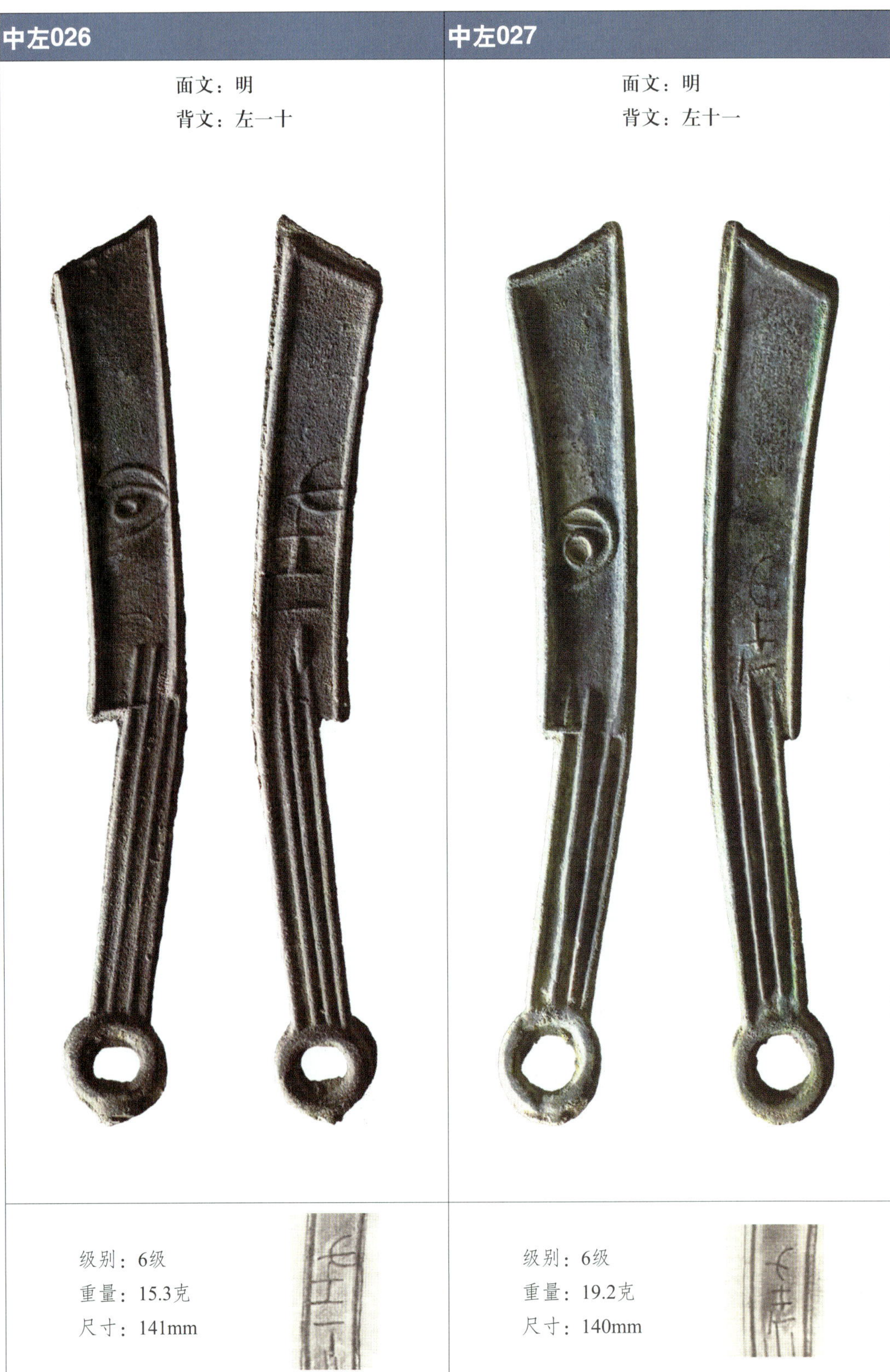

中左026

面文：明
背文：左一十

级别：6级
重量：15.3克
尺寸：141mm

中左027

面文：明
背文：左十一

级别：6级
重量：19.2克
尺寸：140mm

中左028	中左029
面文：明 背文：左十一	面文：明 背文：左十六

中左028	中左029
级别：7级 重量：16.3克 尺寸：140mm	级别：6级 重量：17.1克 尺寸：142mm

中左030	中左031
面文：明 背文：左二十	面文：明 背文：左二十
级别：7级 重量：17.4克 尺寸：139mm	级别：6级 重量：17.3克 尺寸：141mm

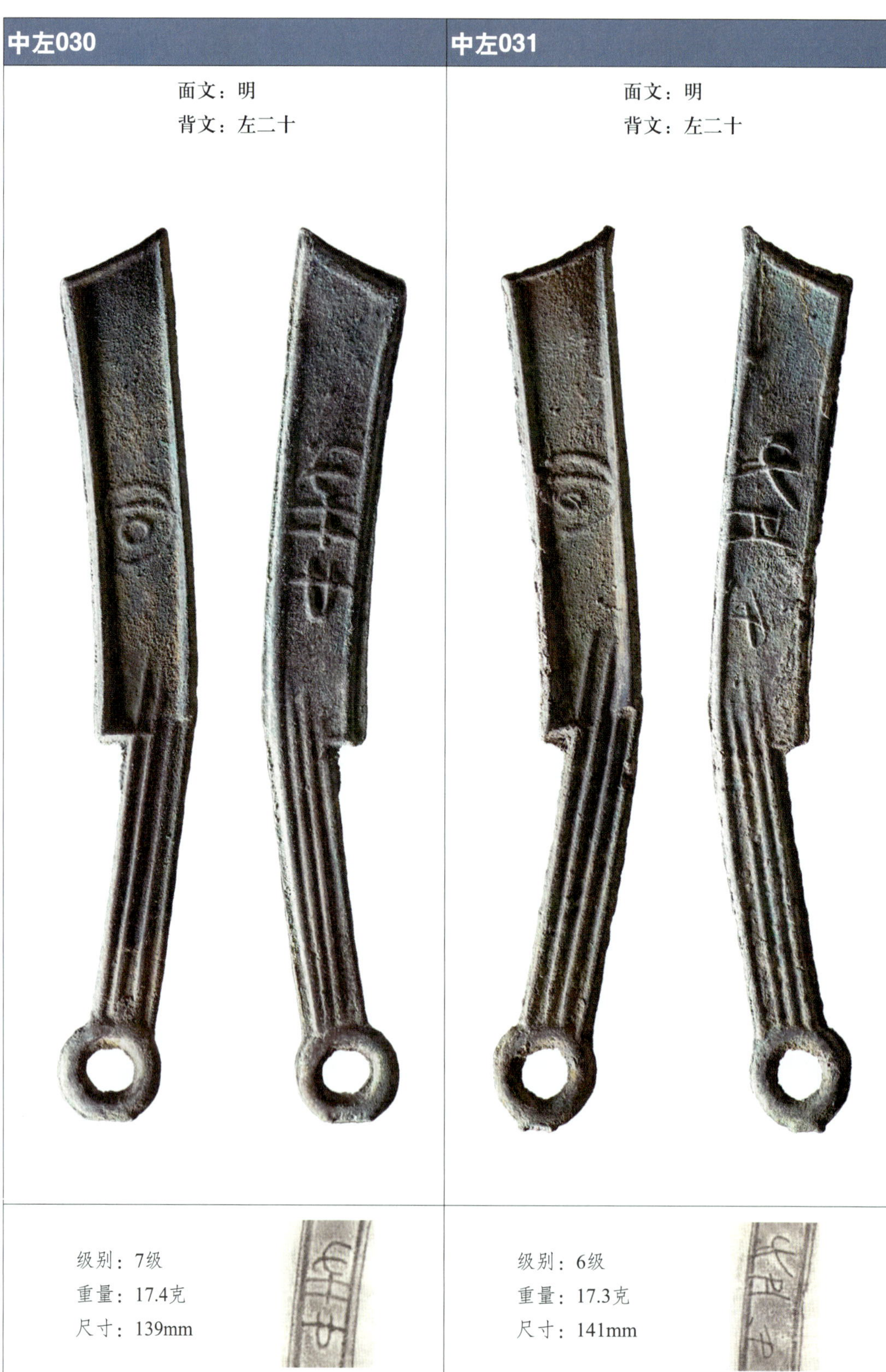

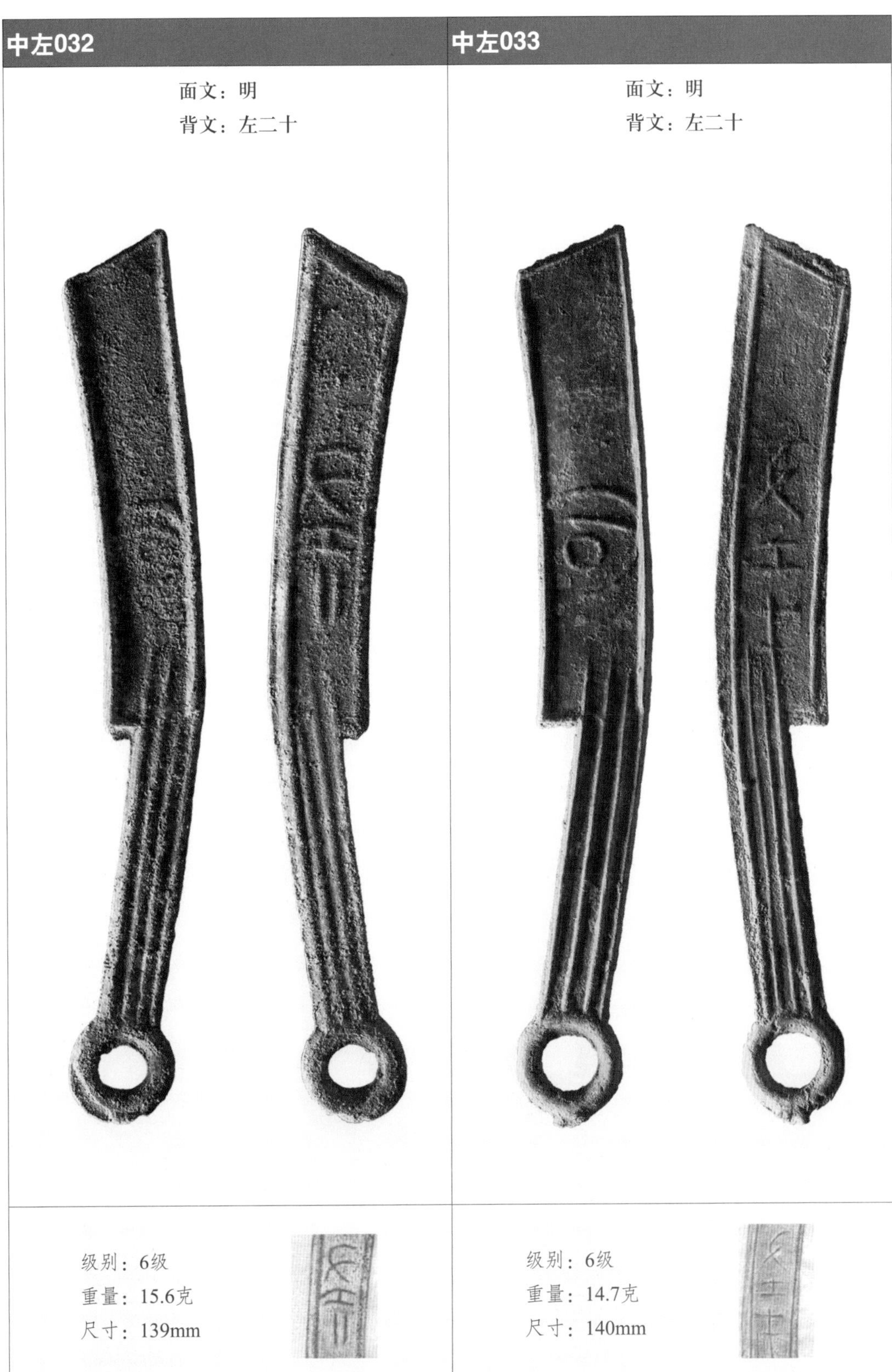

中左032

面文：明

背文：左二十

级别：6级

重量：15.6克

尺寸：139mm

中左033

面文：明

背文：左二十

级别：6级

重量：14.7克

尺寸：140mm

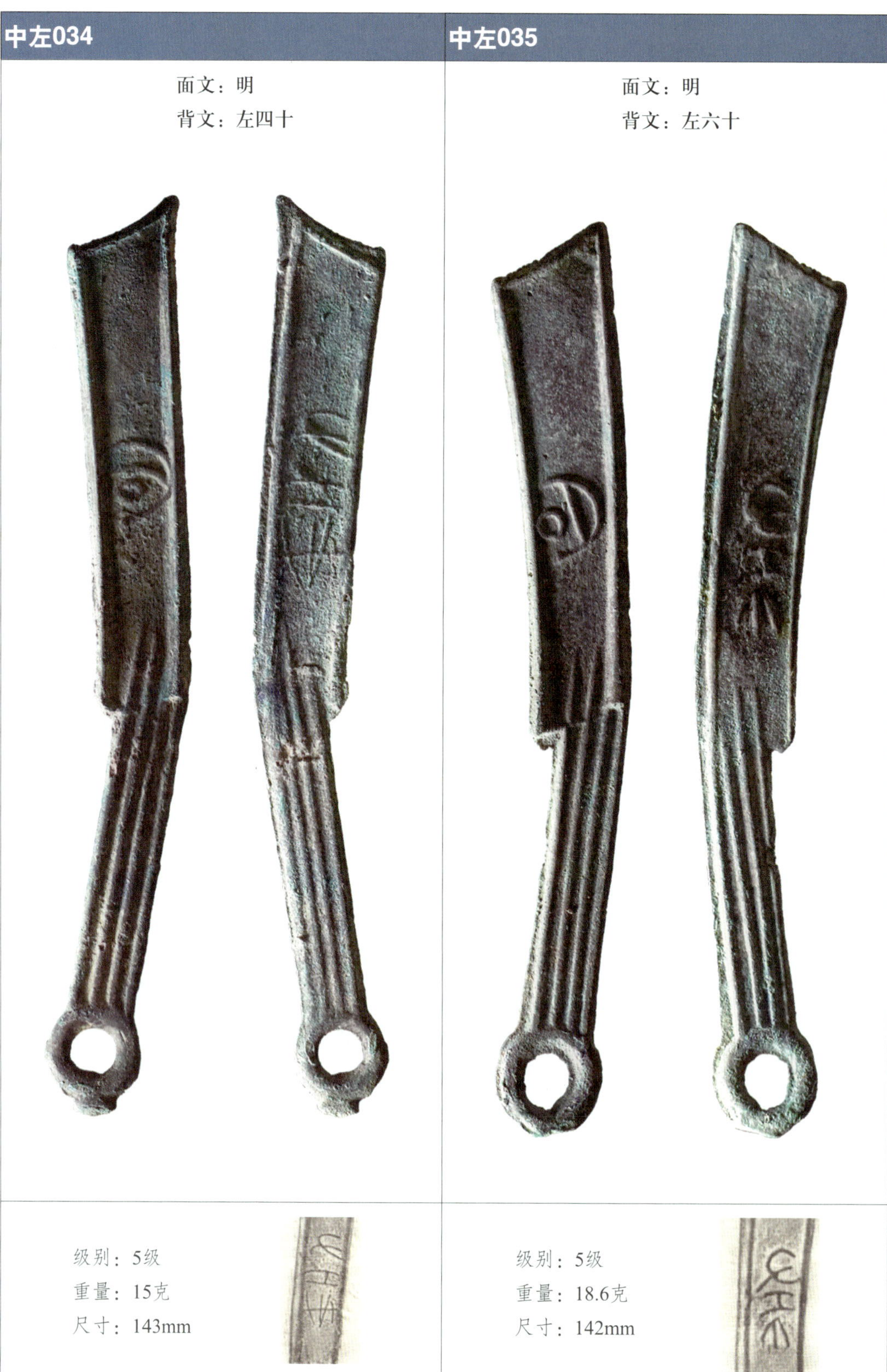

中左034

面文：明

背文：左四十

级别：5级

重量：15克

尺寸：143mm

中左035

面文：明

背文：左六十

级别：5级

重量：18.6克

尺寸：142mm

中左036	中左037
面文：明 背文：左百	面文：明 背文：左百
级别：8级 重量：15.8克 尺寸：139mm	级别：8级 重量：15.1克 尺寸：139mm

中左038	中左039
面文：明 背文：左百	面文：明 背文：左千
级别：6级 重量：15.4克 尺寸：139mm	级别：6级 重量：14.6克 尺寸：139mm

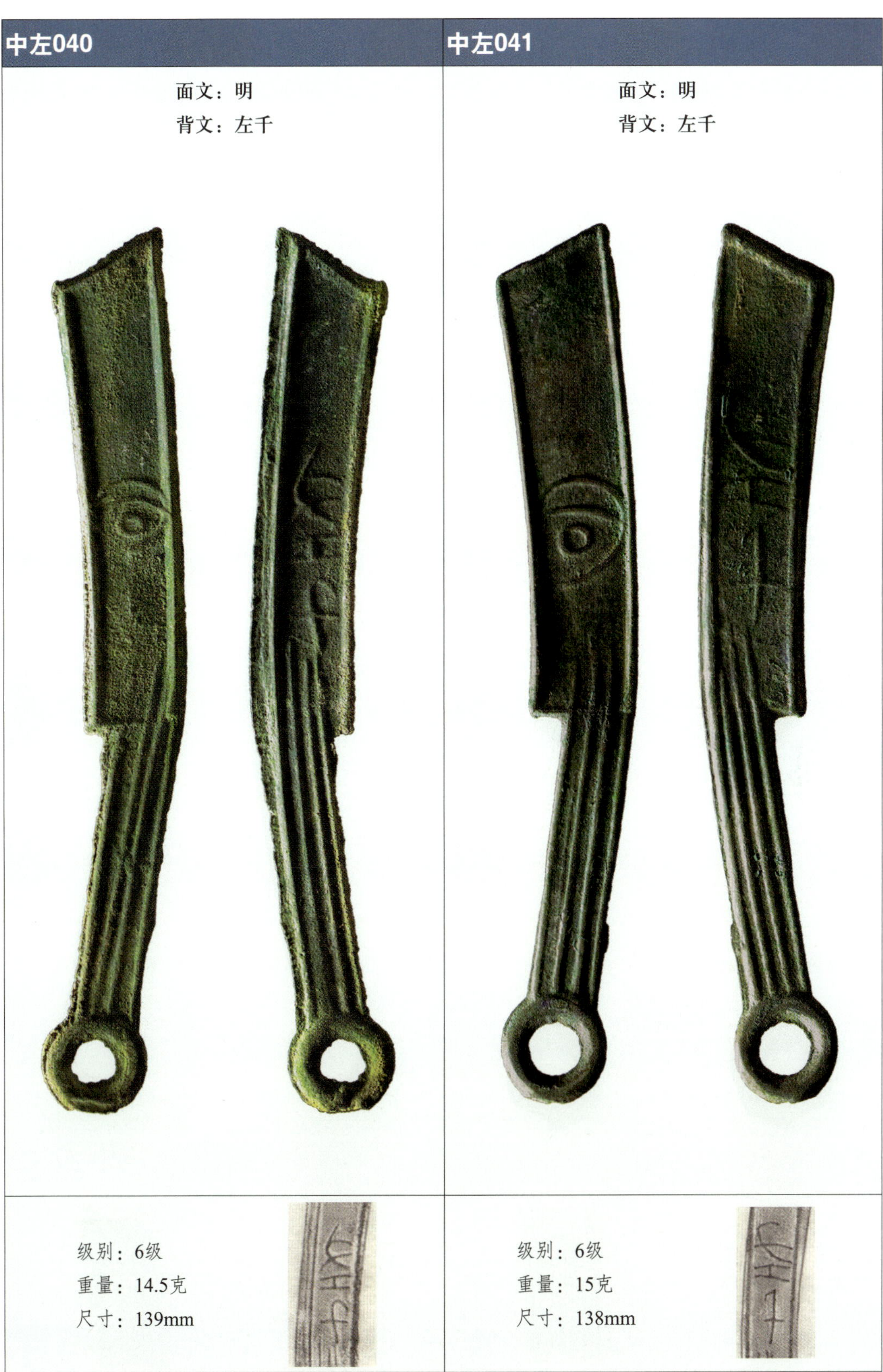

中左040

面文：明
背文：左千

级别：6级
重量：14.5克
尺寸：139mm

中左041

面文：明
背文：左千

级别：6级
重量：15克
尺寸：138mm

中左042

面文：明
背文：左二千

级别：7级
重量：18.8克
尺寸：142mm

中左043

面文：明
背文：左三千

级别：6级
重量：17.7克
尺寸：138mm

中左044

面文：明
背文：左万

级别：8级
重量：18.5克
尺寸：142mm

中左045

面文：明
背文：左万

级别：7级
重量：16.1克
尺寸：141mm

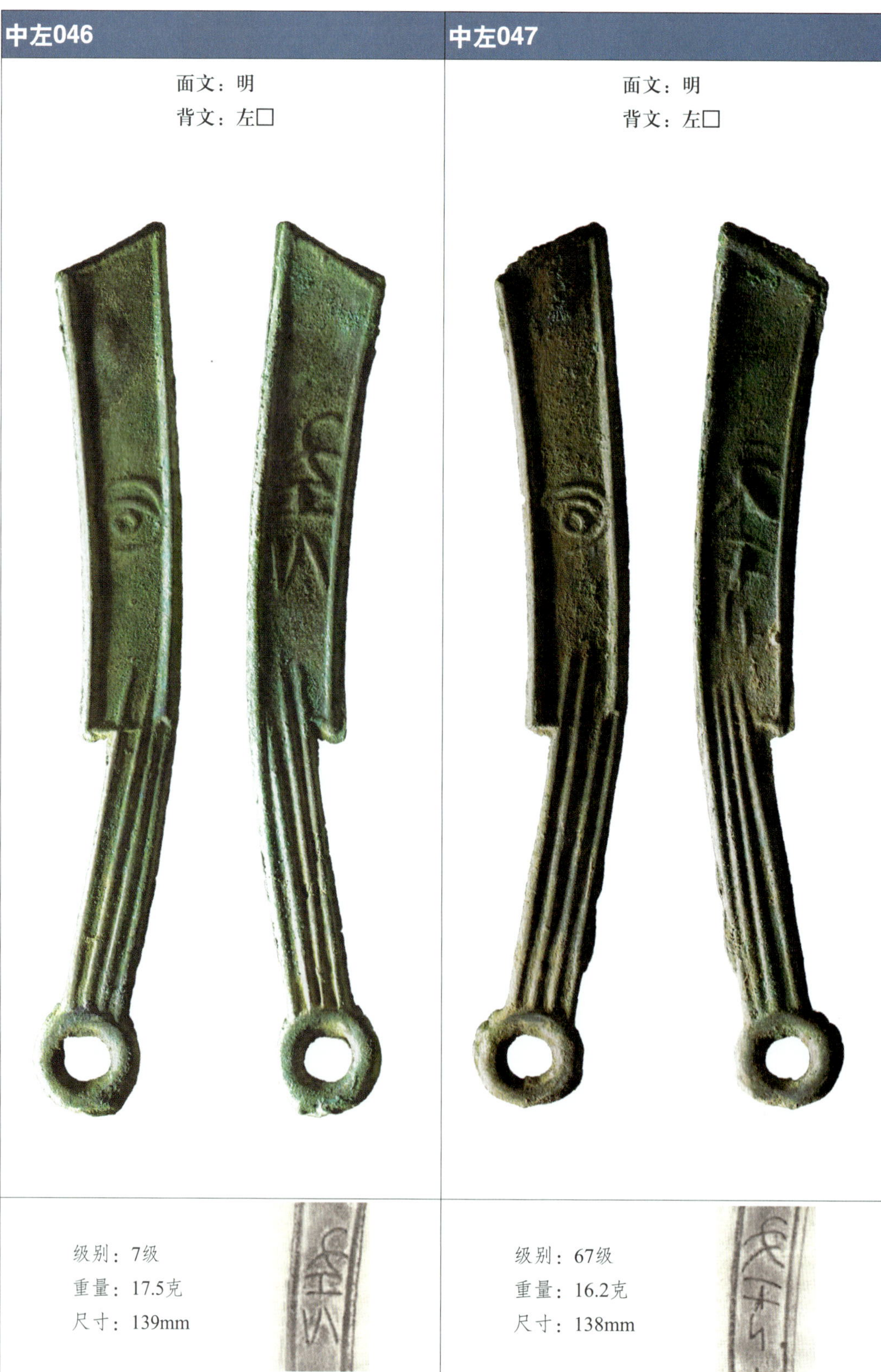

中左046

面文：明

背文：左□

级别：7级

重量：17.5克

尺寸：139mm

中左047

面文：明

背文：左□

级别：67级

重量：16.2克

尺寸：138mm

中左048

面文：明

背文：左□

级别：7级

重量：15.9克

尺寸：140mm

中左049

面文：明

背文：左□

级别：7级

重量：16.8克

尺寸：139mm

中左050

面文：明

背文：左□

级别：7级

重量：162克

尺寸：140mm

中左051

面文：明

背文：左刀

级别：7级

重量：16.4克

尺寸：140mm

中左052

面文：明
背文：左刀

级别：8级
重量：16克
尺寸：139mm

中左053

面文：明
背文：左刀

级别：8级
重量：15.9克
尺寸：141mm

中左054	中左055
面文：明 背文：左□	面文：明 背文：左□

中左054	中左055
级别：7级 重量：17克 尺寸：140mm	级别：7级 重量：15.3克 尺寸：141mm

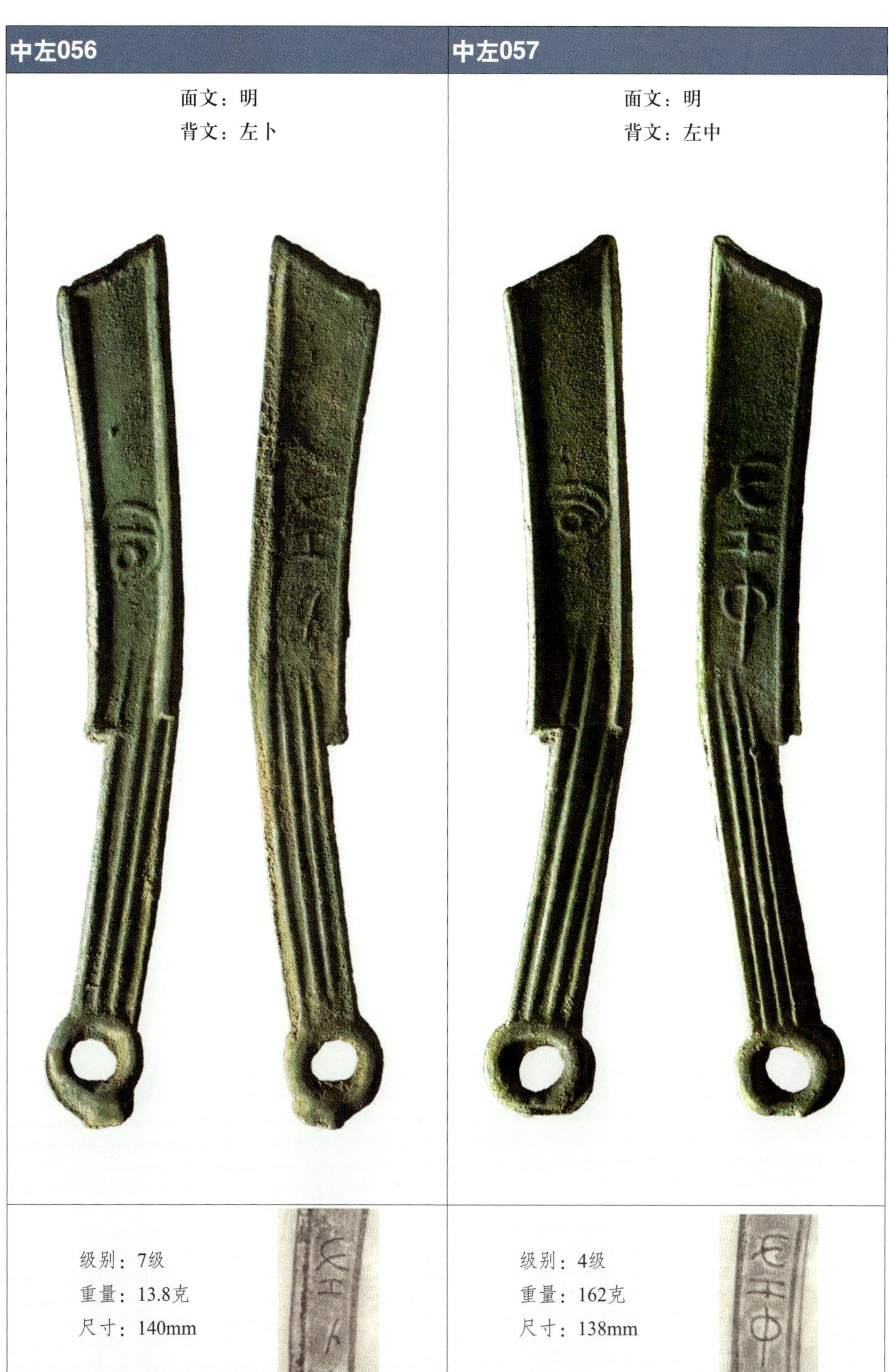

中左056

面文：明
背文：左卜

级别：7级
重量：13.8克
尺寸：140mm

中左057

面文：明
背文：左中

级别：4级
重量：162克
尺寸：138mm

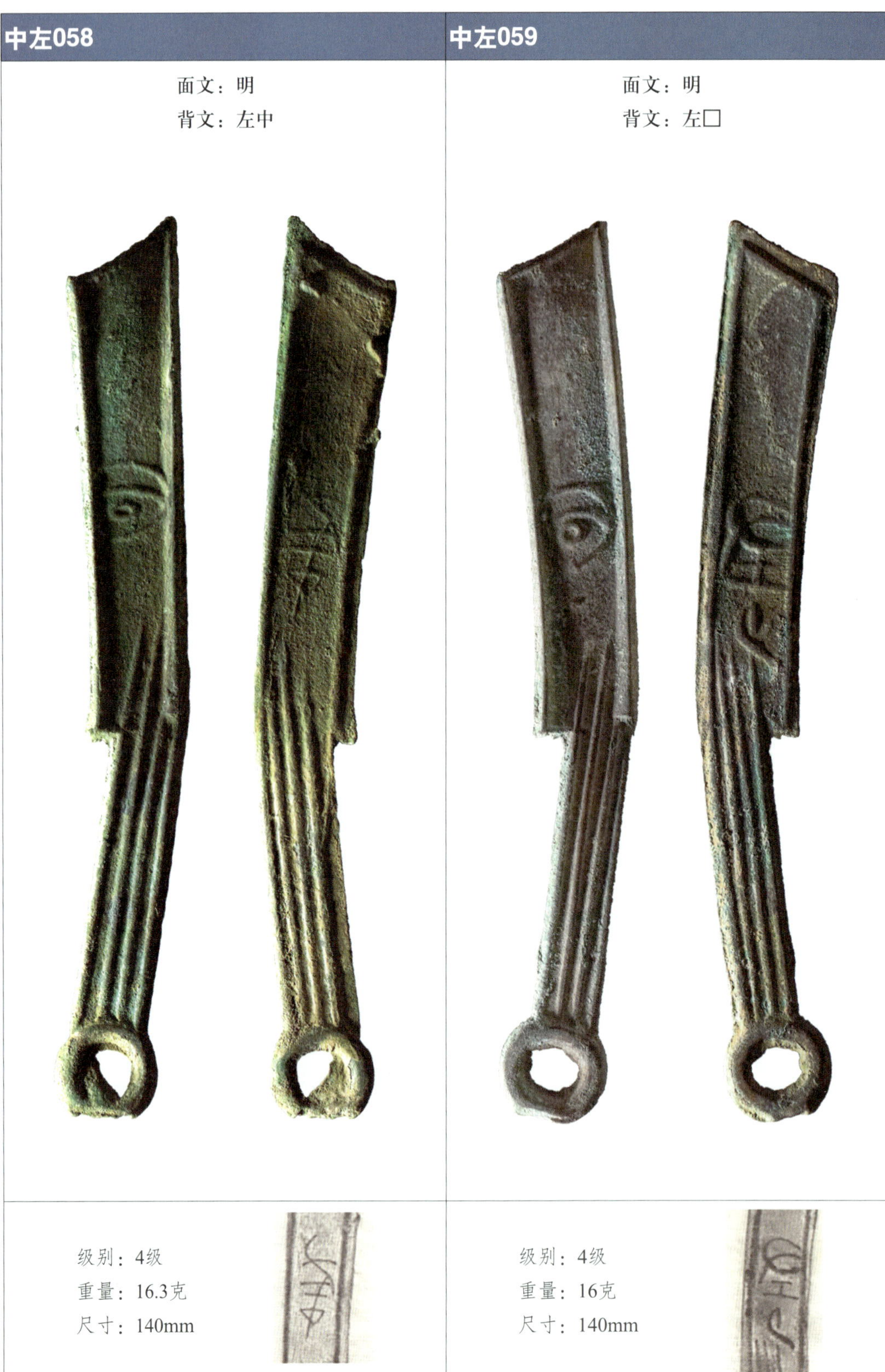

中左058	中左059
面文：明 背文：左中	面文：明 背文：左□
级别：4级 重量：16.3克 尺寸：140mm	级别：4级 重量：16克 尺寸：140mm

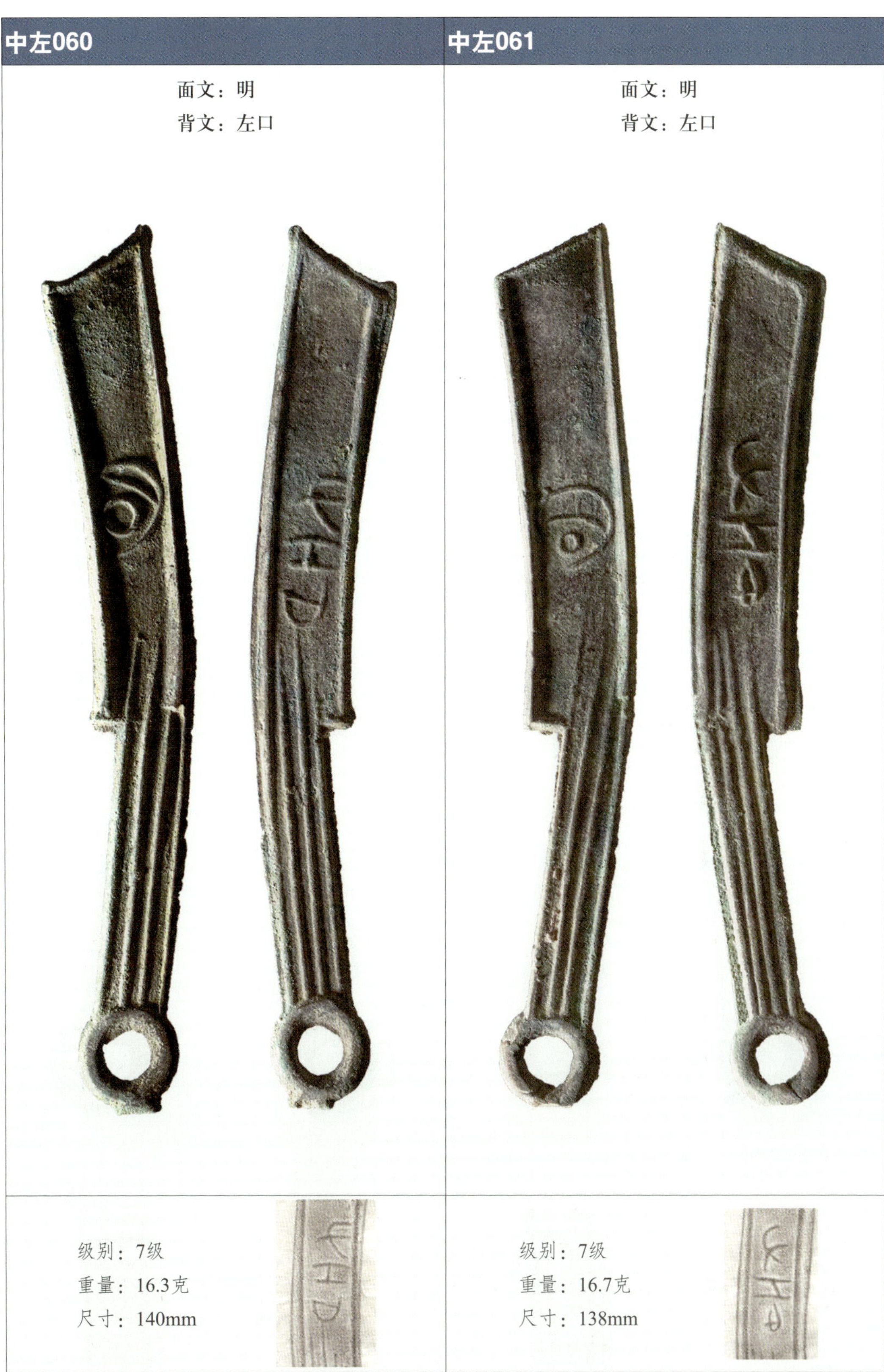

中左060

面文：明
背文：左口

级别：7级
重量：16.3克
尺寸：140mm

中左061

面文：明
背文：左口

级别：7级
重量：16.7克
尺寸：138mm

中左062	中左063
面文：明 背文：左甘	面文：明 背文：左□

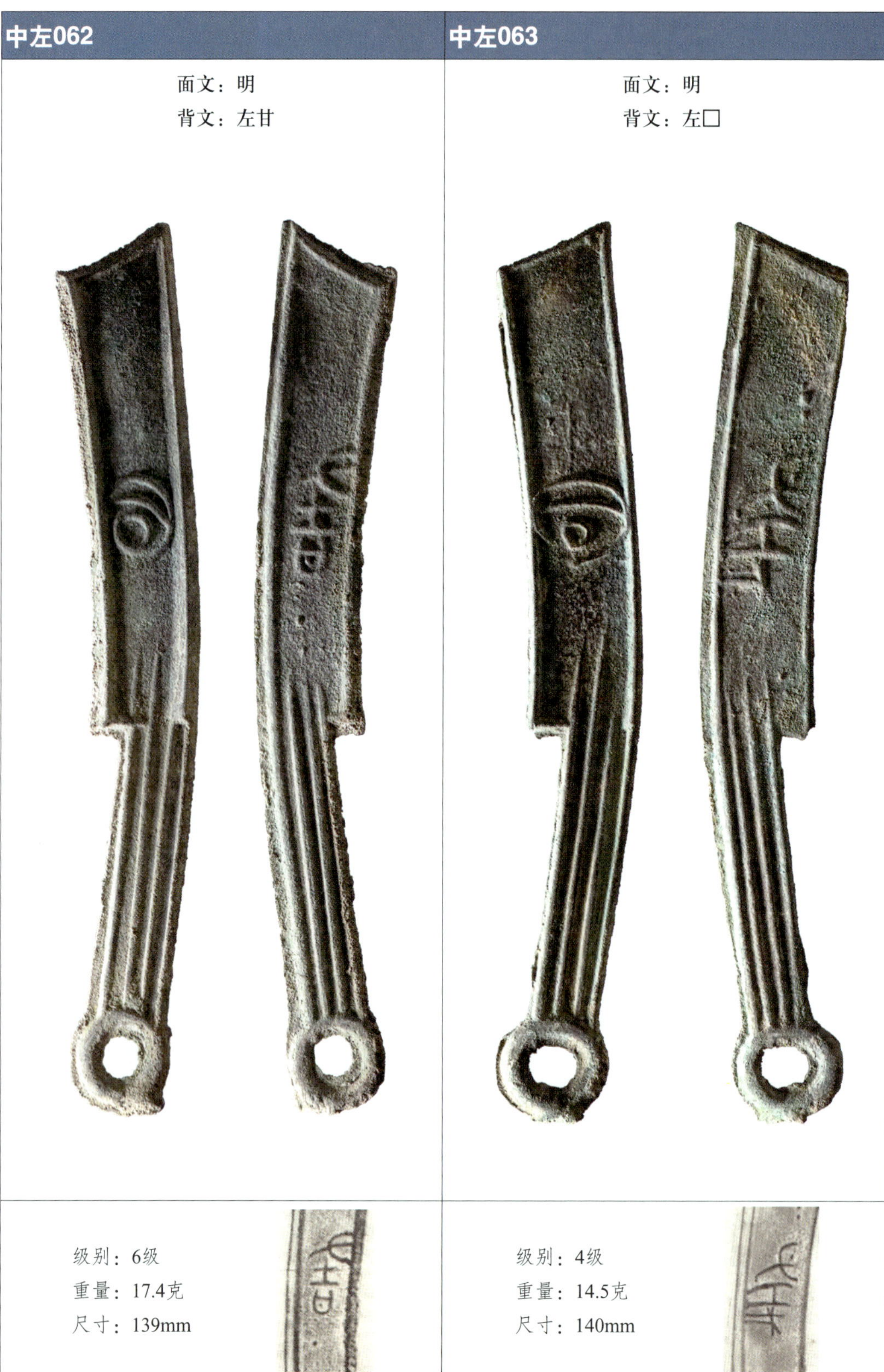

级别：6级 重量：17.4克 尺寸：139mm	级别：4级 重量：14.5克 尺寸：140mm

中左064

面文：明
背文：左止

中左065

面文：明
背文：左止

中左064

级别：7级
重量：15.9克
尺寸：140mm

中左065

级别：6级
重量：172克
尺寸：140mm

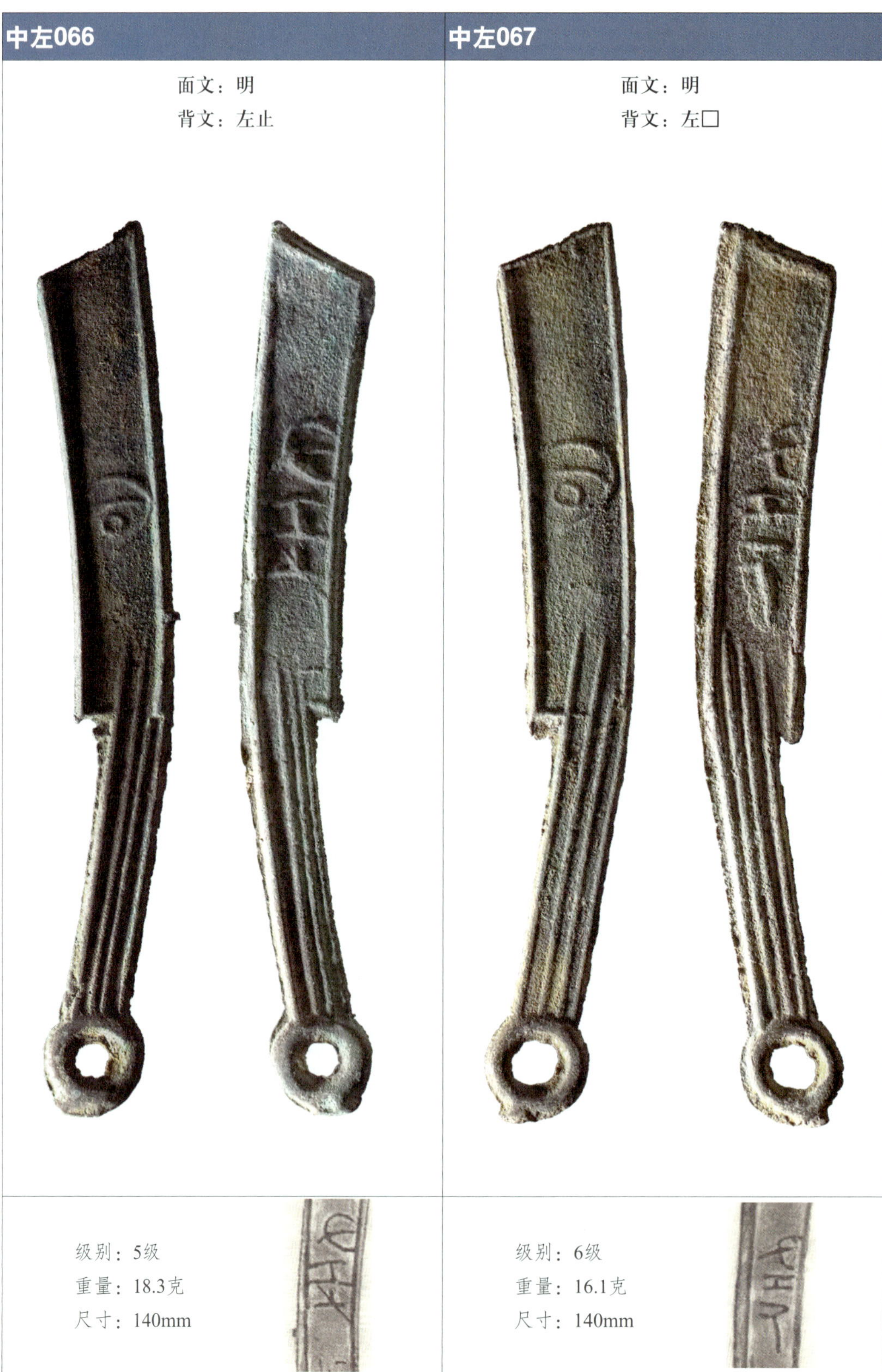

中左066	中左067
面文：明 背文：左止	面文：明 背文：左□
级别：5级 重量：18.3克 尺寸：140mm	级别：6级 重量：16.1克 尺寸：140mm

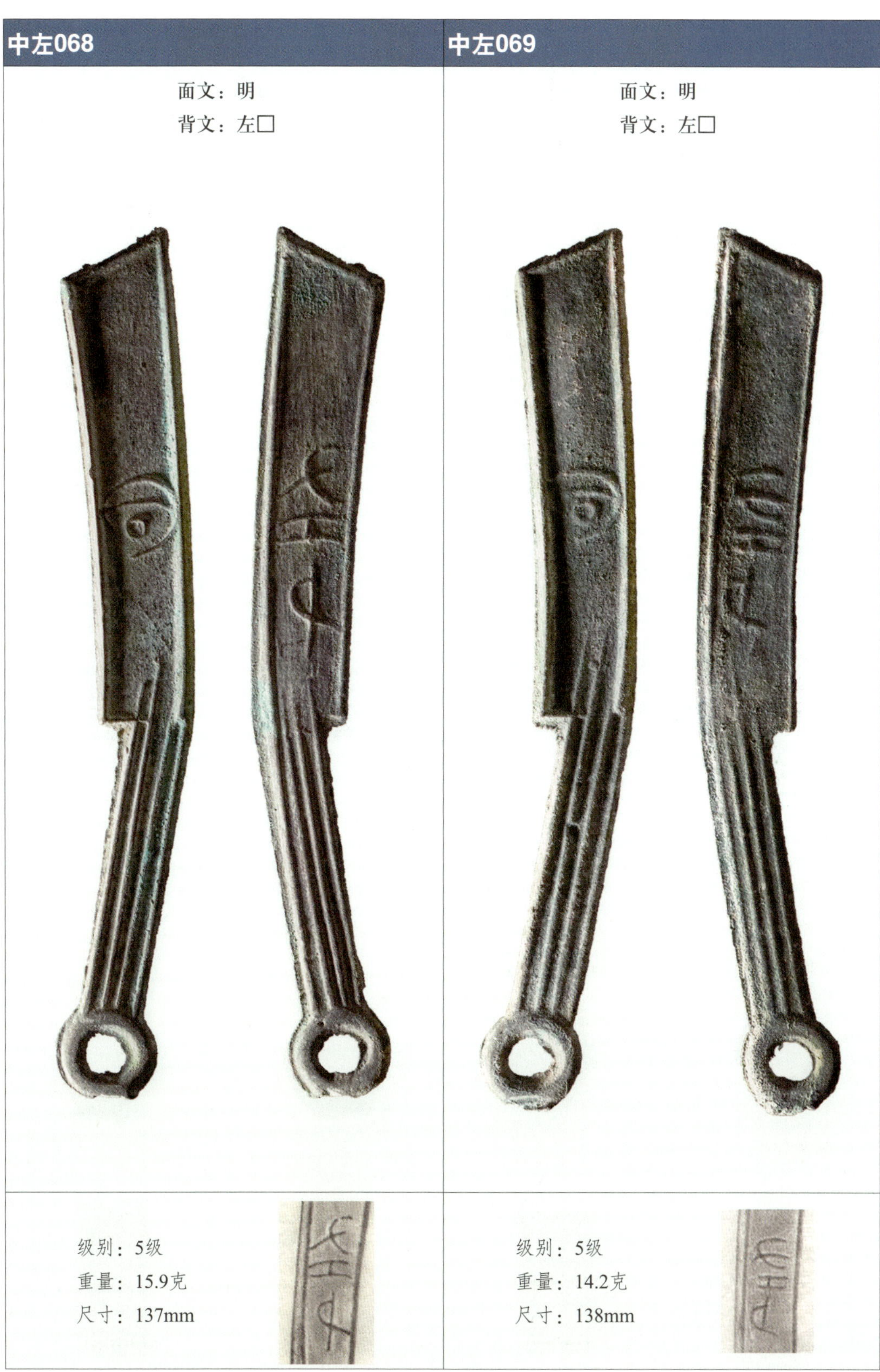

中左068

面文：明
背文：左□

级别：5级
重量：15.9克
尺寸：137mm

中左069

面文：明
背文：左□

级别：5级
重量：14.2克
尺寸：138mm

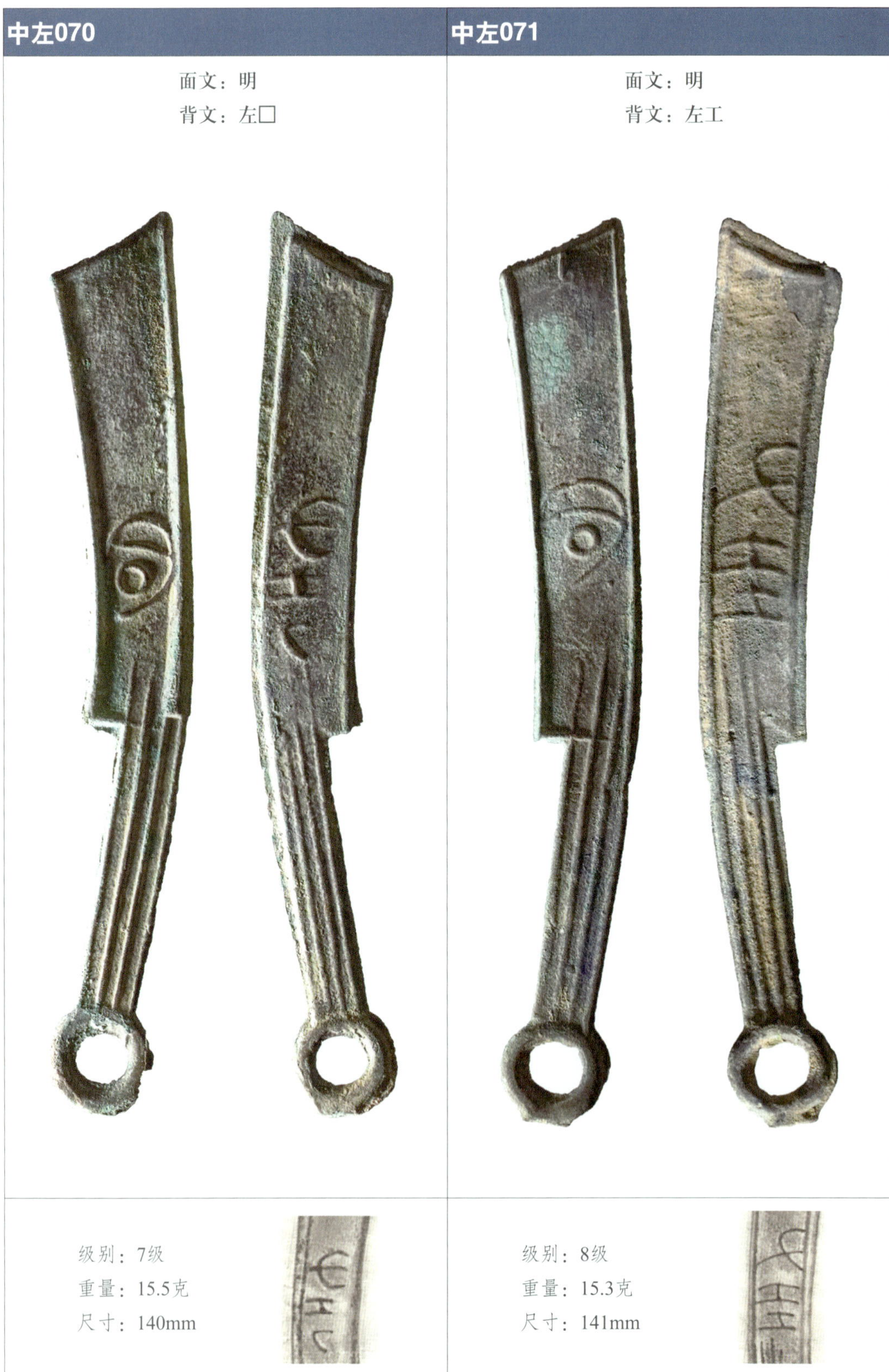

中左070	中左071
面文：明 背文：左□	面文：明 背文：左工
级别：7级 重量：15.5克 尺寸：140mm	级别：8级 重量：15.3克 尺寸：141mm

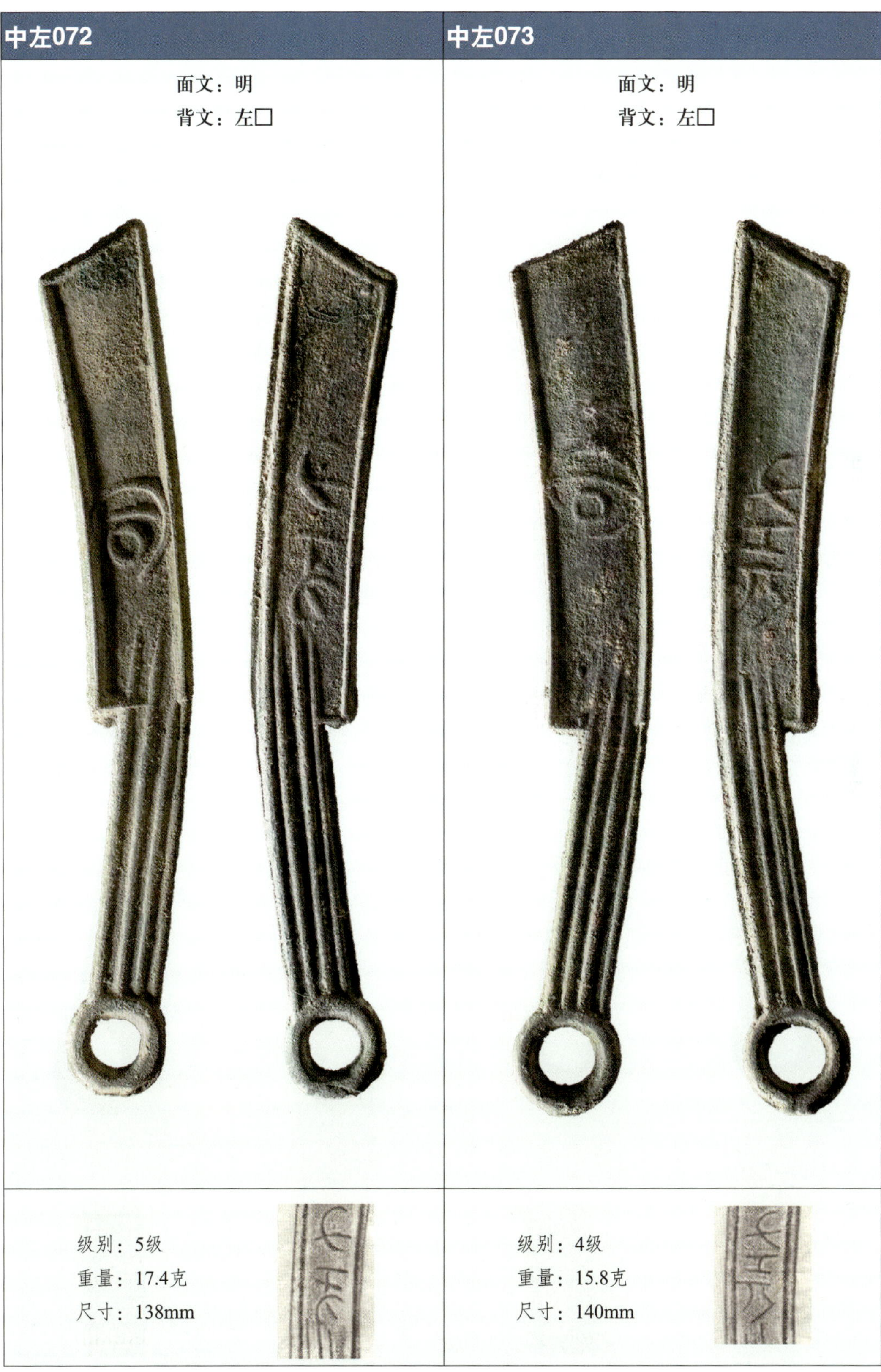

中左072

面文：明

背文：左□

级别：5级

重量：17.4克

尺寸：138mm

中左073

面文：明

背文：左□

级别：4级

重量：15.8克

尺寸：140mm

中左074	中左075
面文：明 背文：左□	面文：明 背文：左巳
级别：5级 重量：15.3克 尺寸：137mm	级别：6级 重量：152克 尺寸：140mm

中左076

面文：明
背文：左勺

中左077

面文：明
背文：左勺

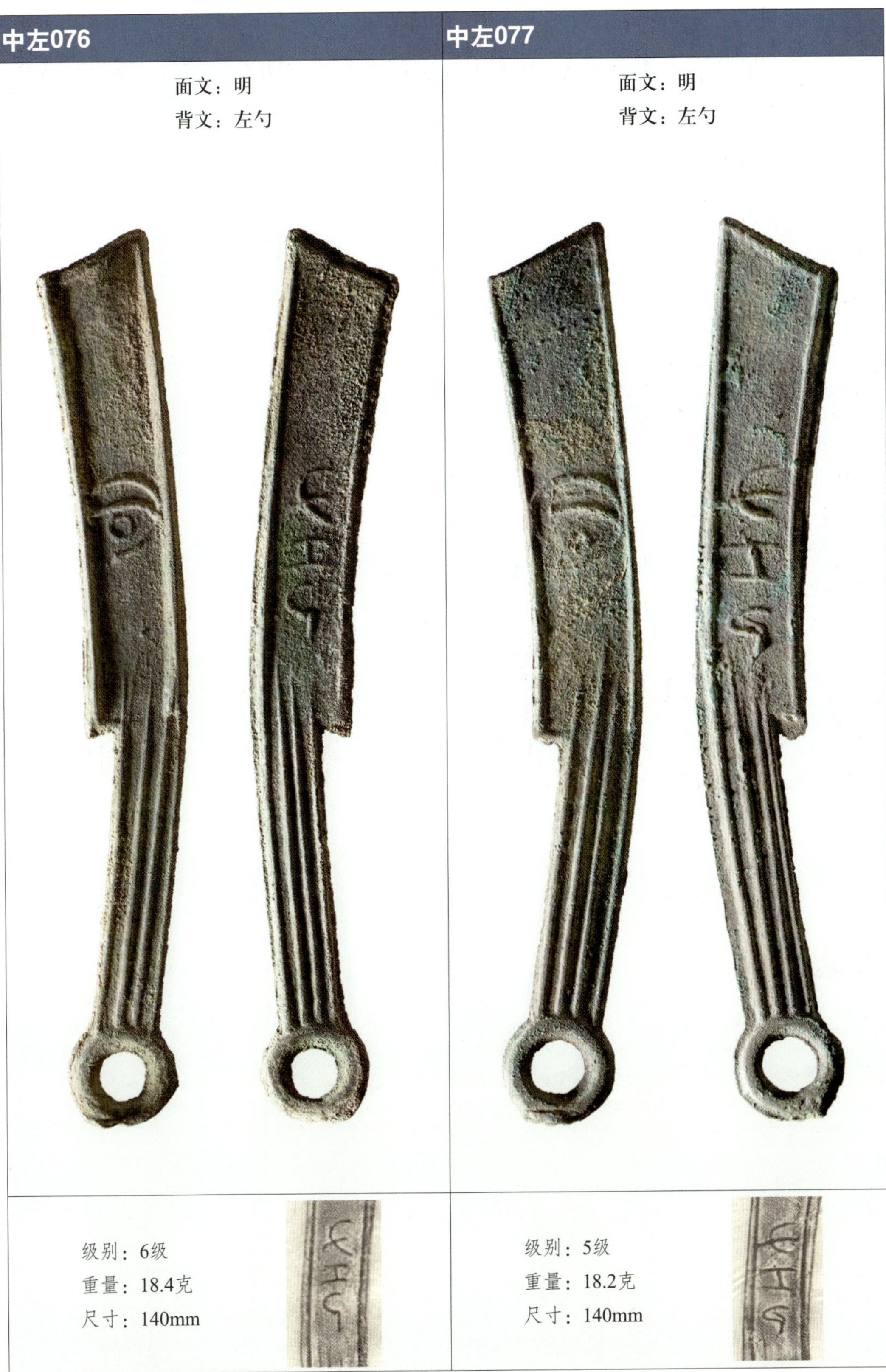

中左076
级别：6级
重量：18.4克
尺寸：140mm

中左077
级别：5级
重量：18.2克
尺寸：140mm

中左078

面文：明
背文：左文

中左079

面文：明
背文：左□

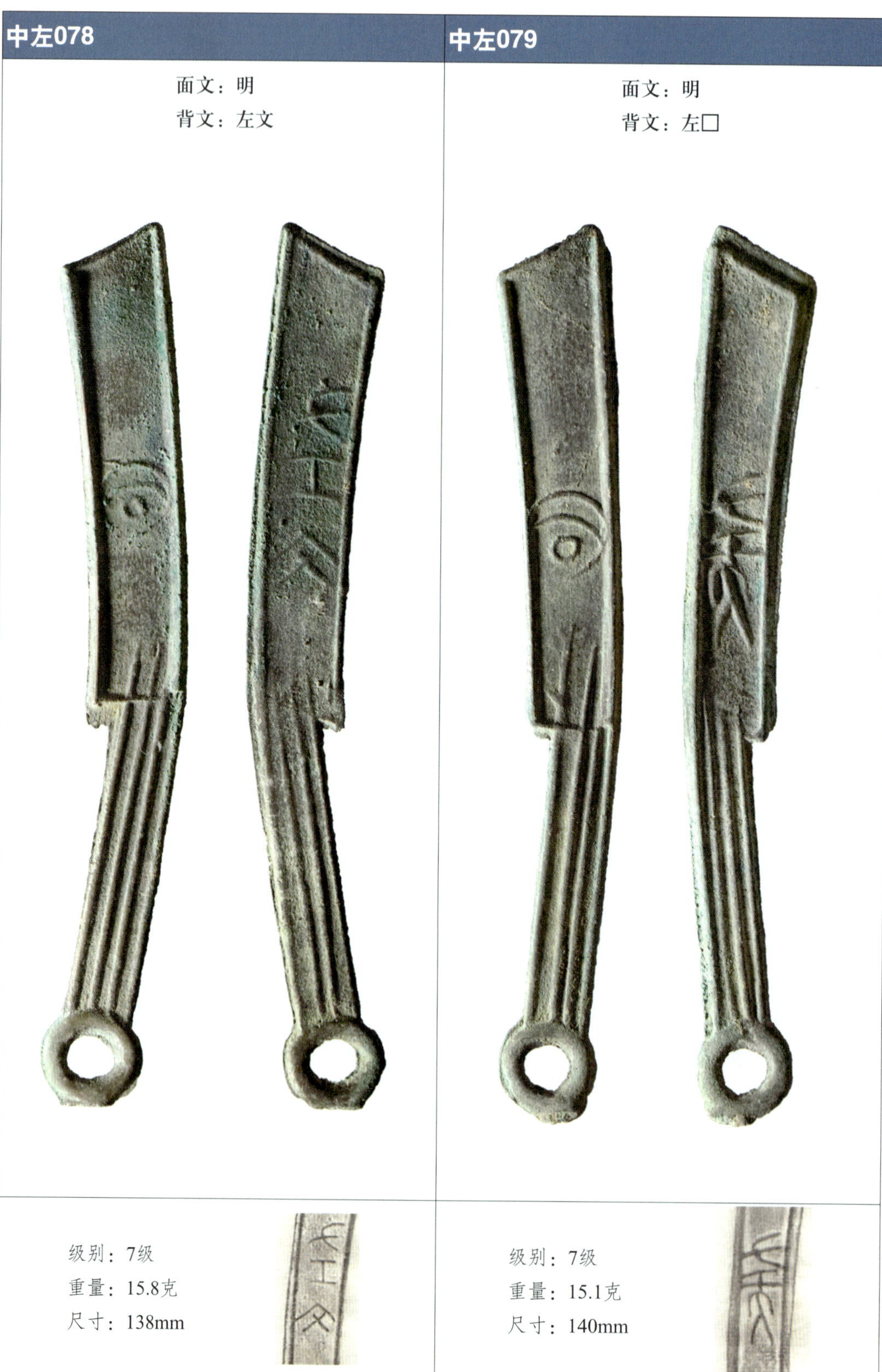

中左078

级别：7级
重量：15.8克
尺寸：138mm

中左079

级别：7级
重量：15.1克
尺寸：140mm

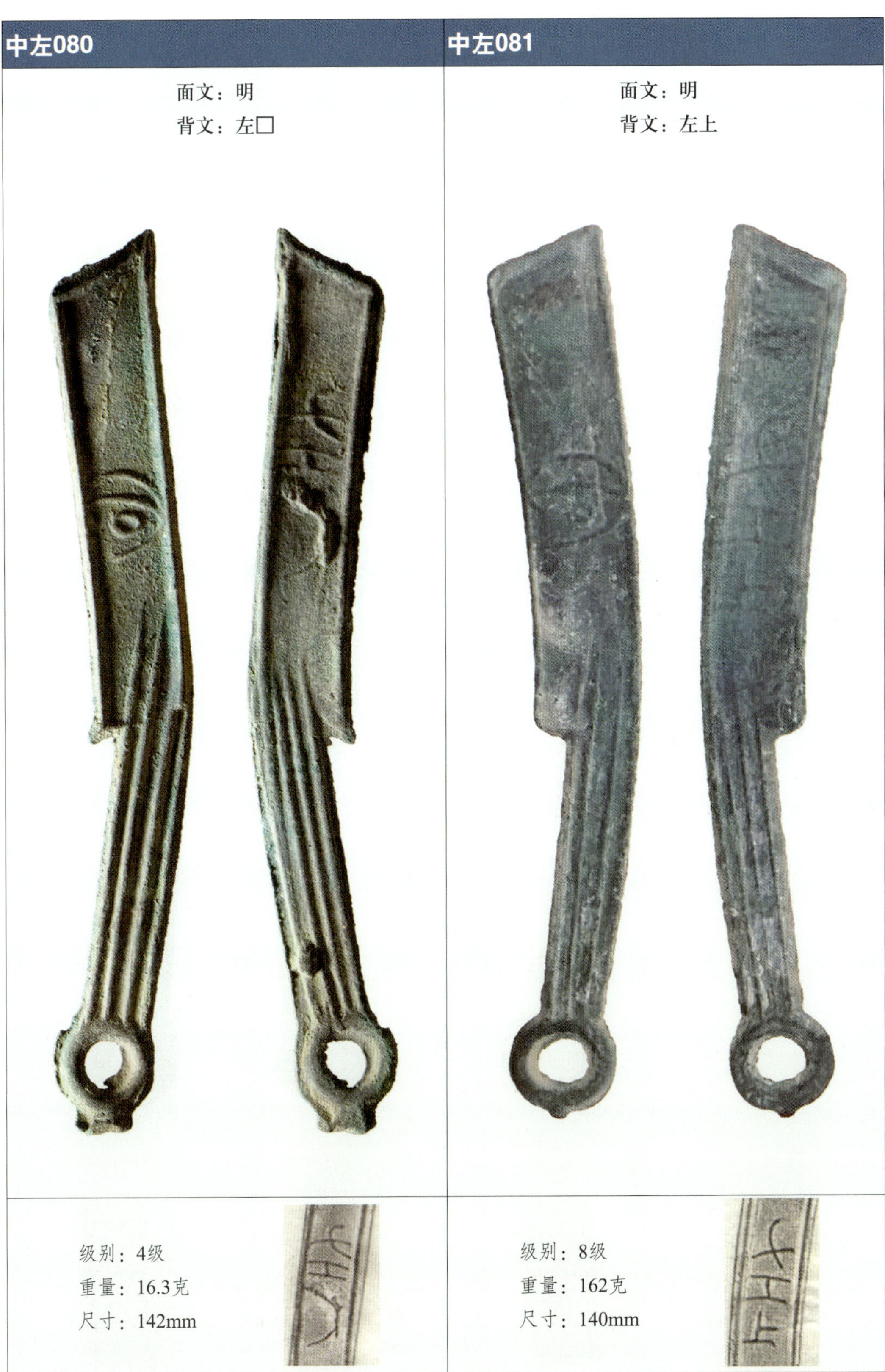

中左080

面文：明
背文：左□

级别：4级
重量：16.3克
尺寸：142mm

中左081

面文：明
背文：左上

级别：8级
重量：162克
尺寸：140mm

中左082

面文：明

背文：左上

级别：7级

重量：14.4克

尺寸：139mm

中左083

面文：明

背文：左上

级别：6级

重量：16.1克

尺寸：139mm

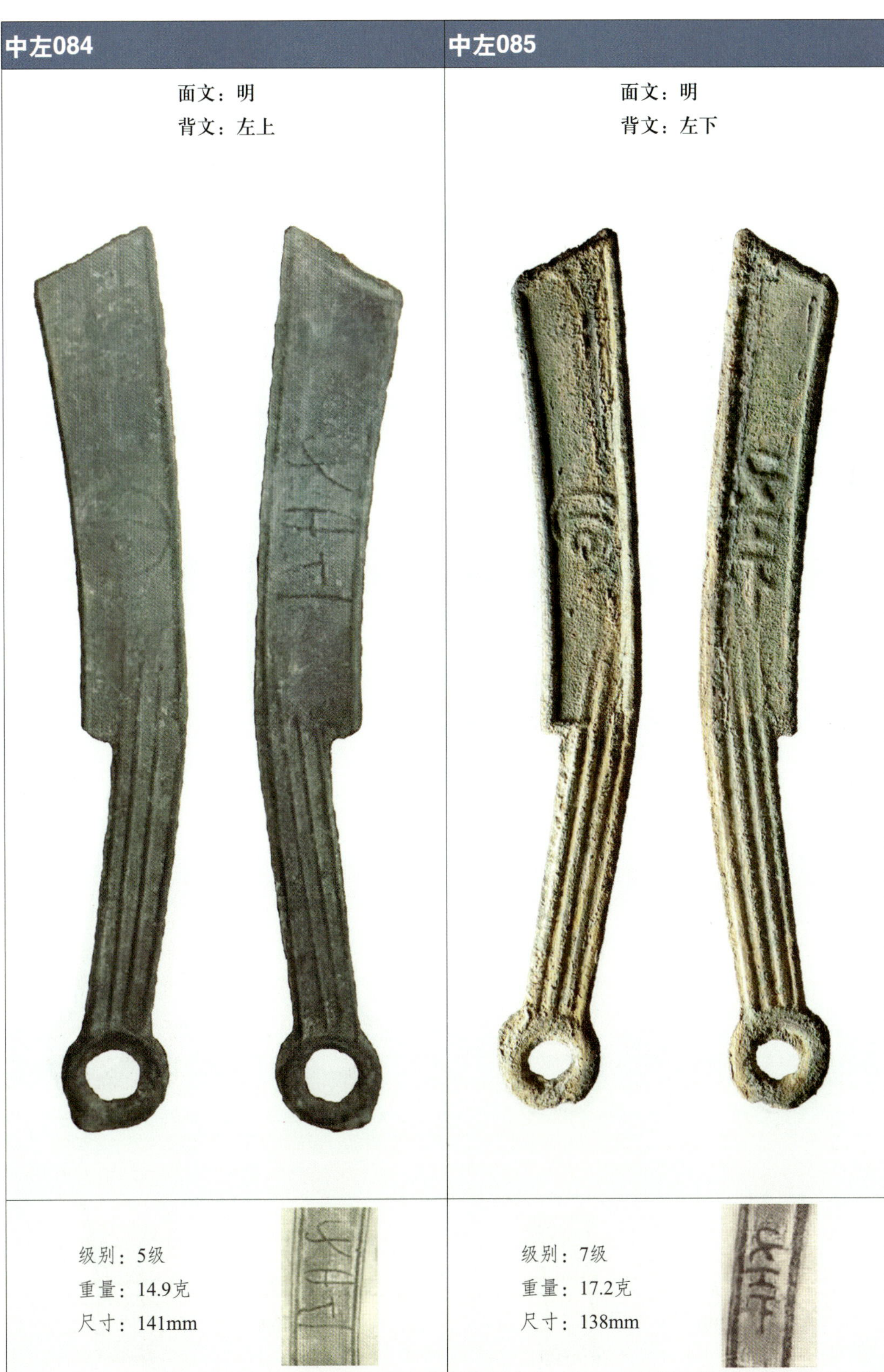

中左084	中左085
面文：明 背文：左上	面文：明 背文：左下
级别：5级 重量：14.9克 尺寸：141mm	级别：7级 重量：17.2克 尺寸：138mm

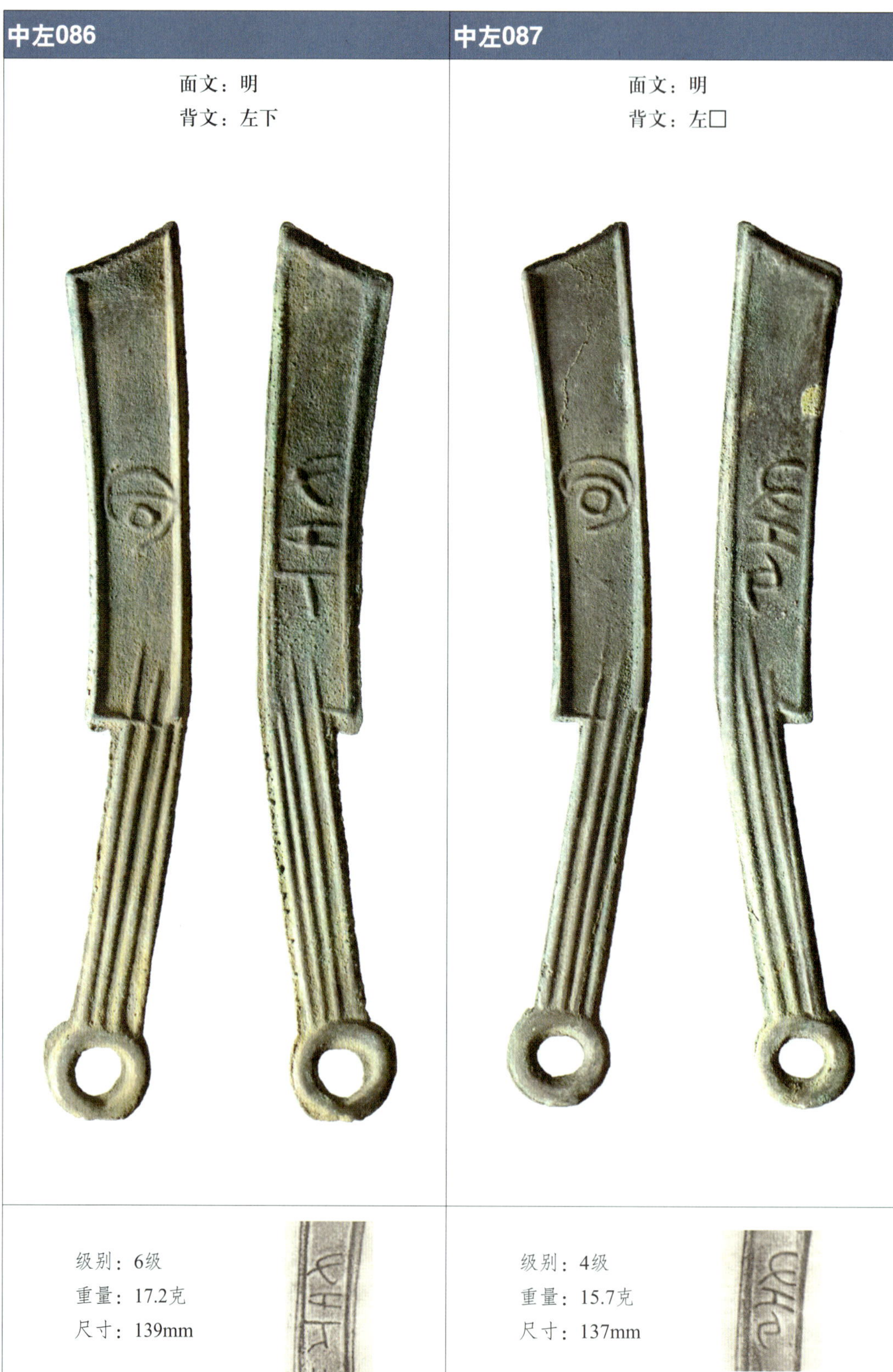

中左086	中左087
面文：明 背文：左下	面文：明 背文：左□
级别：6级 重量：17.2克 尺寸：139mm	级别：4级 重量：15.7克 尺寸：137mm

中左088	中左089
面文：明 背文：左☐	面文：明 背文：左中
级别：5级 重量：15克 尺寸：136mm	级别：7级 重量：15.4克 尺寸：141mm

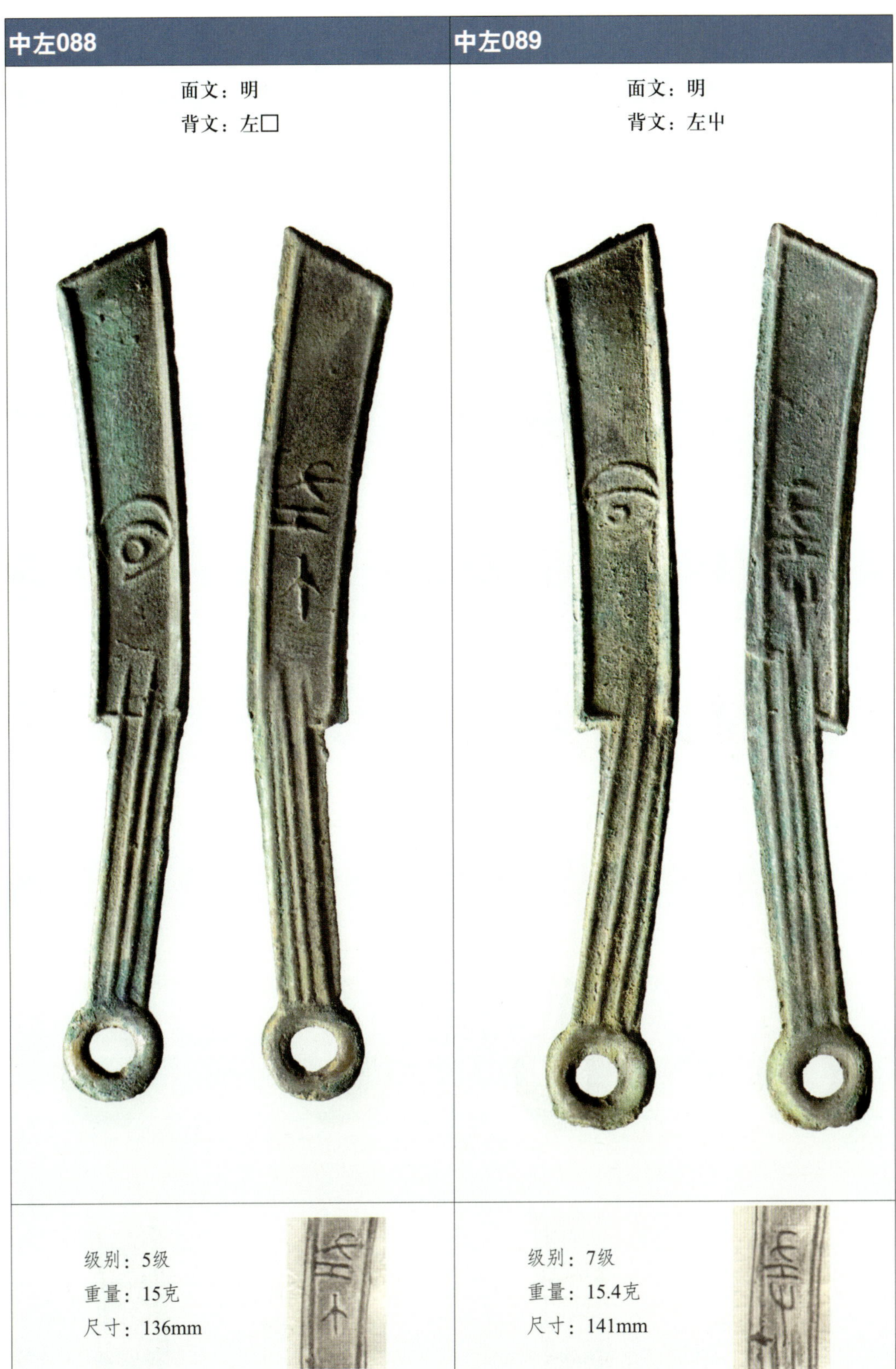

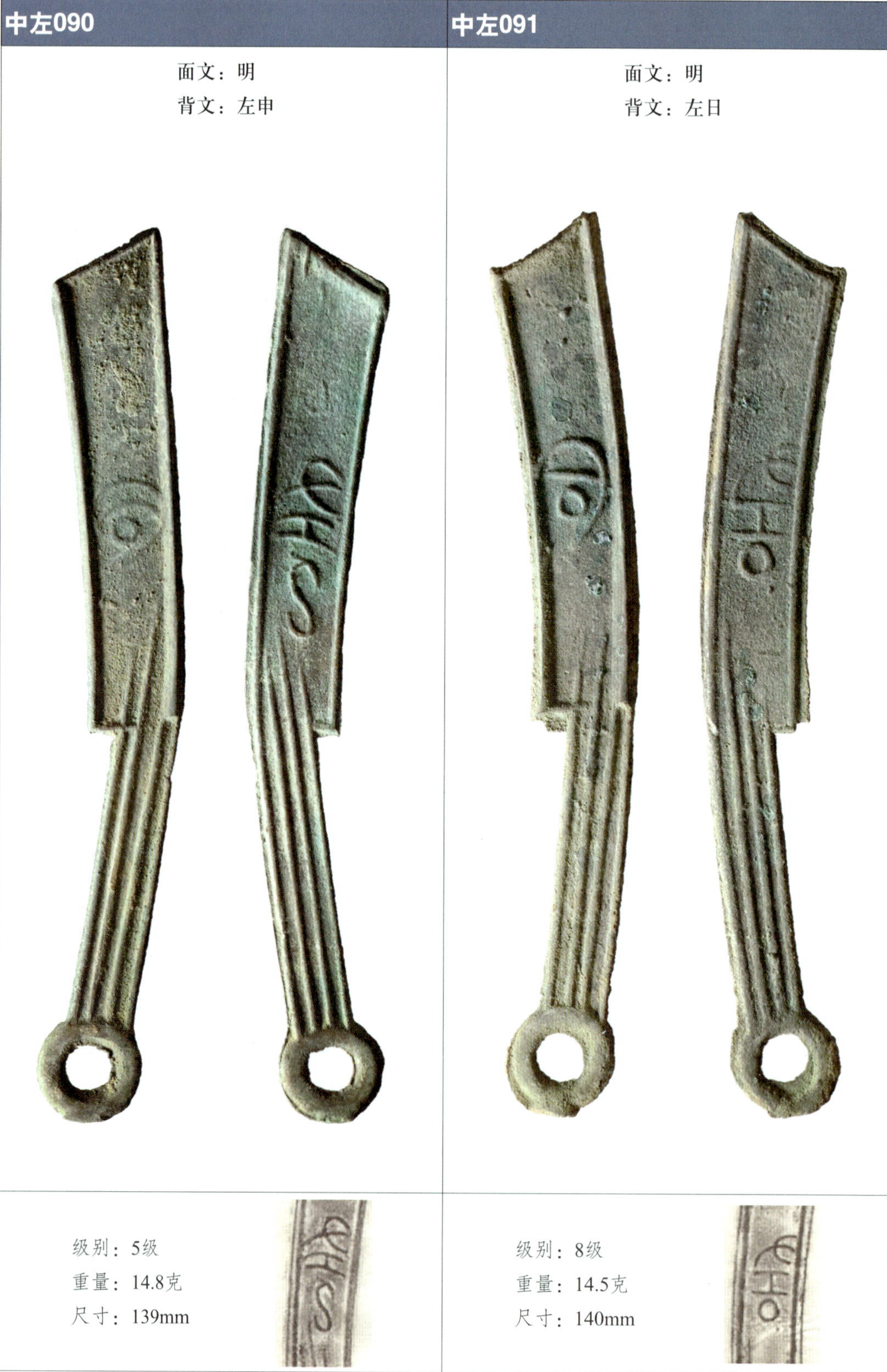

中左090	中左091
面文：明 背文：左申	面文：明 背文：左日
级别：5级 重量：14.8克 尺寸：139mm	级别：8级 重量：14.5克 尺寸：140mm

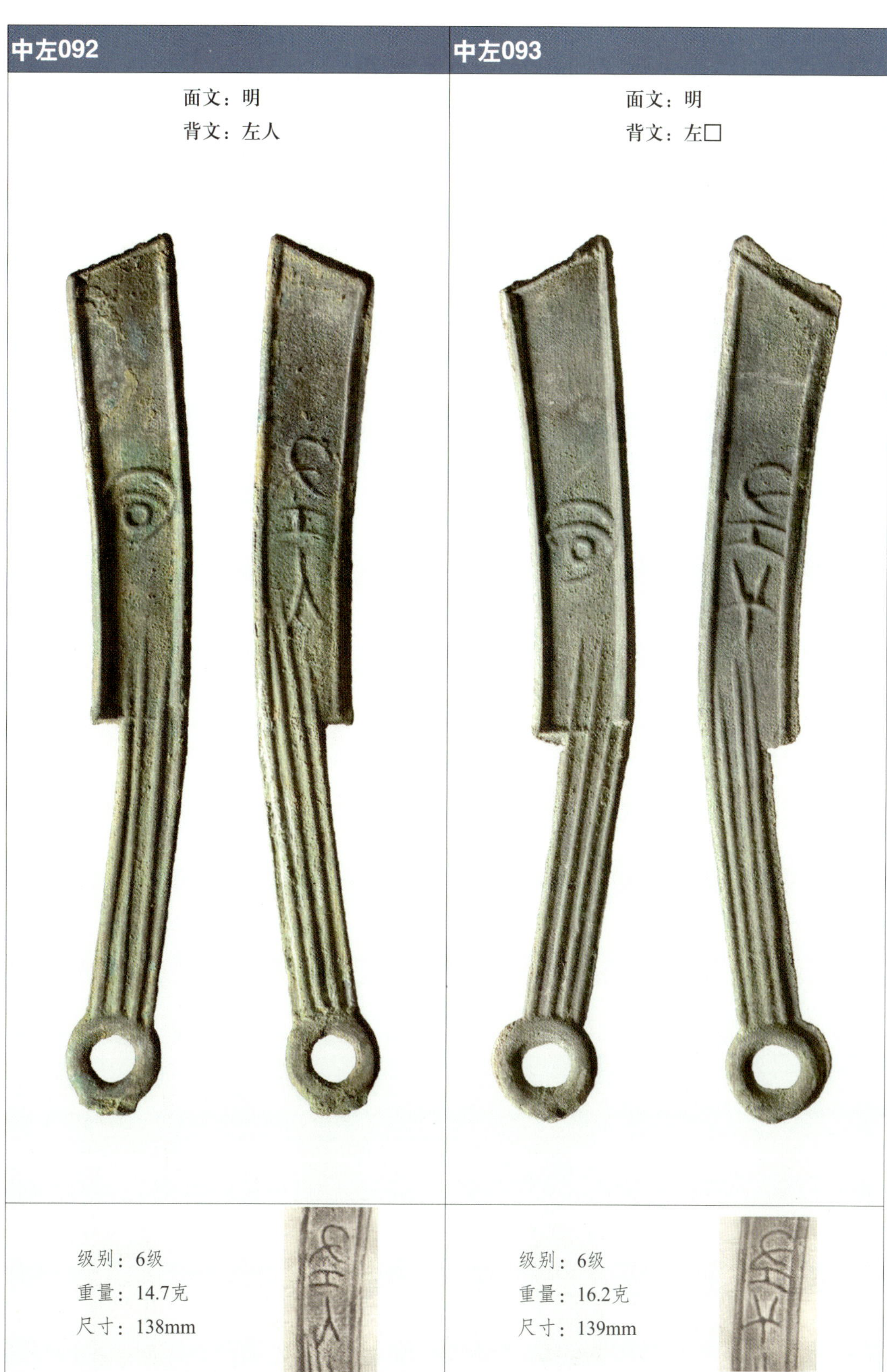

中左092

面文：明
背文：左人

级别：6级
重量：14.7克
尺寸：138mm

中左093

面文：明
背文：左□

级别：6级
重量：16.2克
尺寸：139mm

中左094	中左095
面文：明 背文：左兴	面文：明 背文：左□
级别：5级 重量：15.8克 尺寸：138mm	级别：5级 重量：15.4克 尺寸：138mm

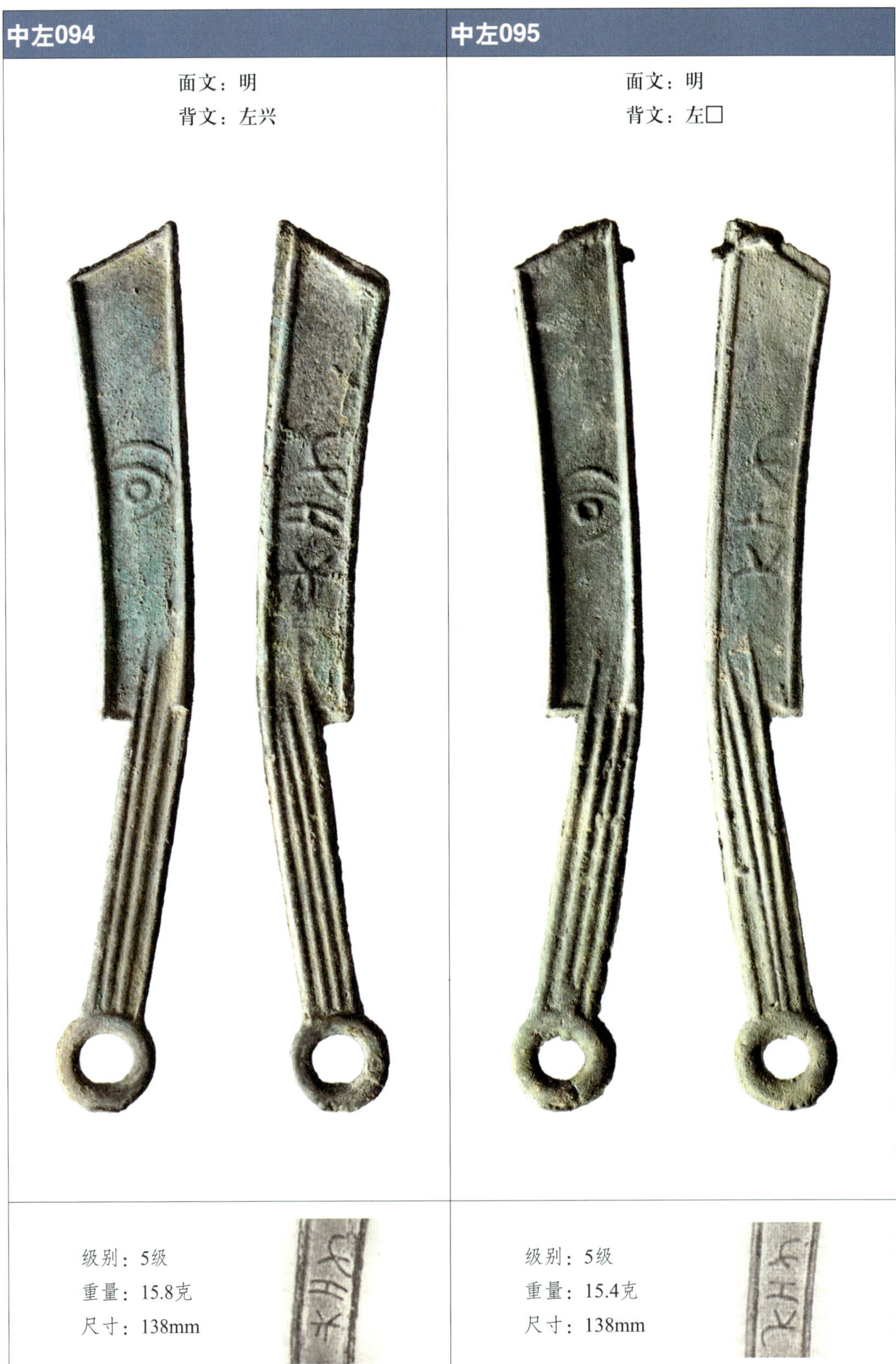

中左096

面文：明
背文：左夕

级别：7级
重量：16.3克
尺寸：139mm

中左097

面文：明
背文：左口

级别：7级
重量：15.4克
尺寸：142mm

中左098

面文：明
背文：左A

级别：7级
重量：18克
尺寸：138mm

中左099

面文：明
背文：左又

级别：7级
重量：172克
尺寸：138mm

中左100

面文：明
背文：左□

级别：4级
重量：15.3克
尺寸：140mm

中左101

面文：明
背文：左午

级别：5级
重量：16.5克
尺寸：141mm

中左102

面文：明

背文：左丁

级别：7级

重量：16.6克

尺寸：139mm

中左103

面文：明

背文：左丁

级别：6级

重量：17克

尺寸：139mm

中左104	中左105
面文：明 背文：左丁	面文：明 背文：左□

中左104	中左105
级别：6级 重量：17.1克 尺寸：140mm	级别：6级 重量：14.9克 尺寸：140mm

中左106

面文：明
背文：左□

级别：5级
重量：16.9克
尺寸：141mm

中左107

面文：明
背文：左□

级别：4级
重量：162克
尺寸：139mm

中左108

面文：明
背文：左子

级别：4级
重量：182克
尺寸：141mm

中左109

面文：明
背文：左□

级别：4级
重量：15.5克
尺寸：137mm

中左110	中左111
面文：明 背文：左□	面文：明 背文：左壬
级别：3级 重量：15.7克 尺寸：138mm	级别：6级 重量：16.8克 尺寸：141mm

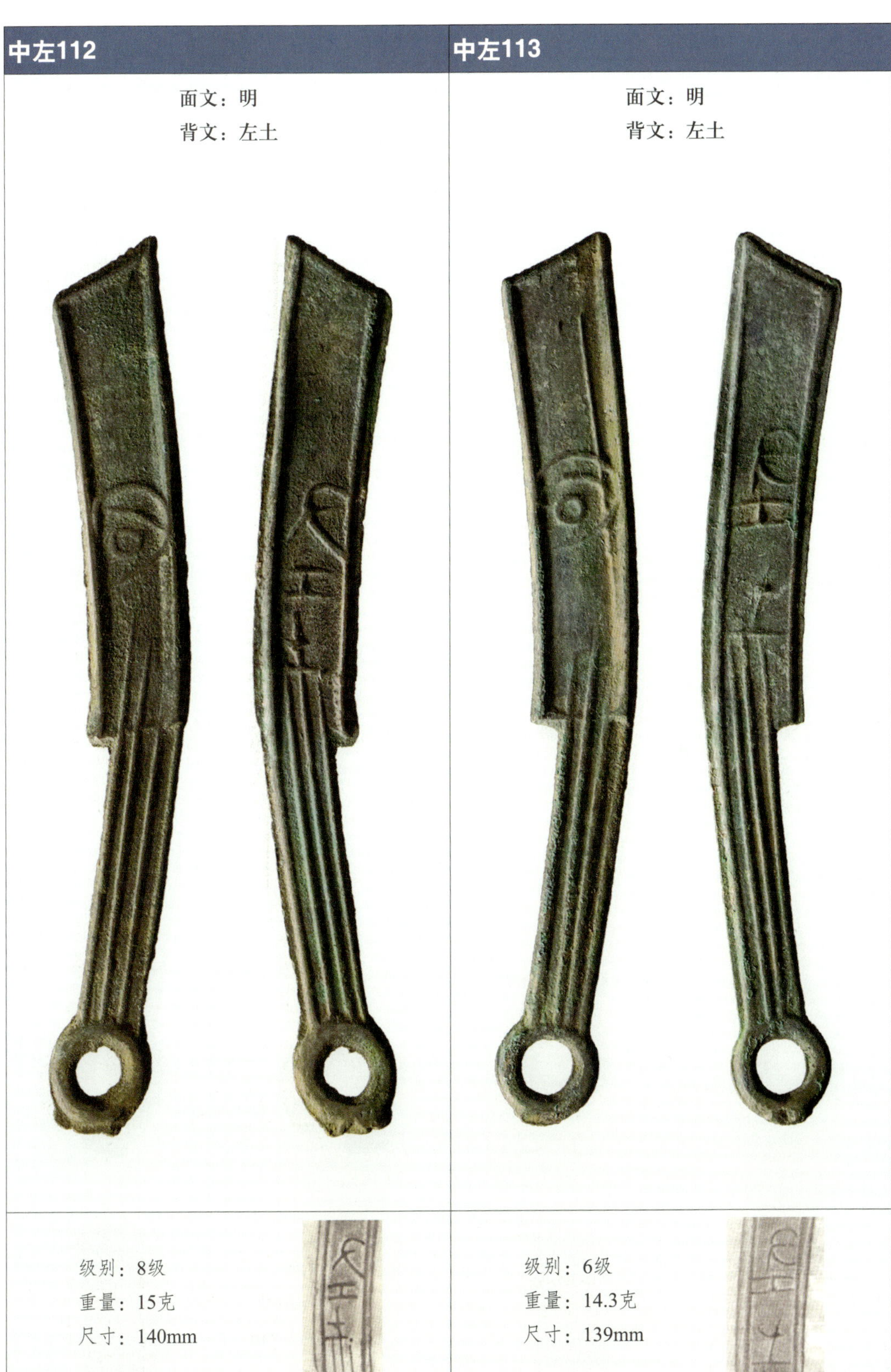

中左112

面文：明
背文：左土

级别：8级
重量：15克
尺寸：140mm

中左113

面文：明
背文：左土

级别：6级
重量：14.3克
尺寸：139mm

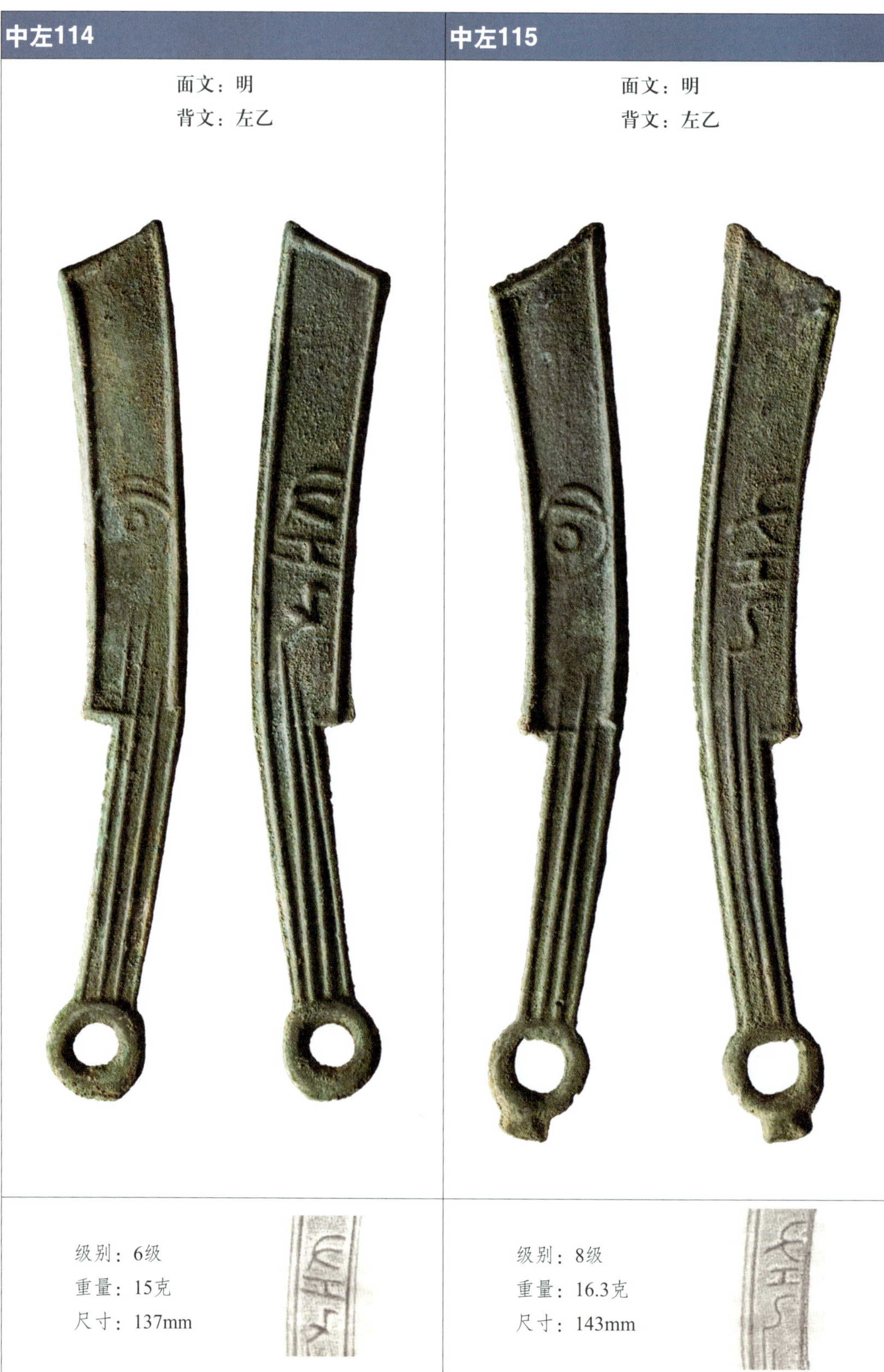

中左114

面文：明
背文：左乙

级别：6级
重量：15克
尺寸：137mm

中左115

面文：明
背文：左乙

级别：8级
重量：16.3克
尺寸：143mm

中左116	中左117
面文：明 背文：左乙	面文：明 背文：左乙
级别：8级 重量：16.2克 尺寸：142mm	级别：7级 重量：17.1克 尺寸：139mm

中左118

面文：明

背文：左□

级别：6级

重量：16.7克

尺寸：141mm

中左119

面文：明

背文：左一八

级别：6级

重量：18.3克

尺寸：138mm

中左120	中左121
面文：明 背文：左一八	面文：明 背文：左五一

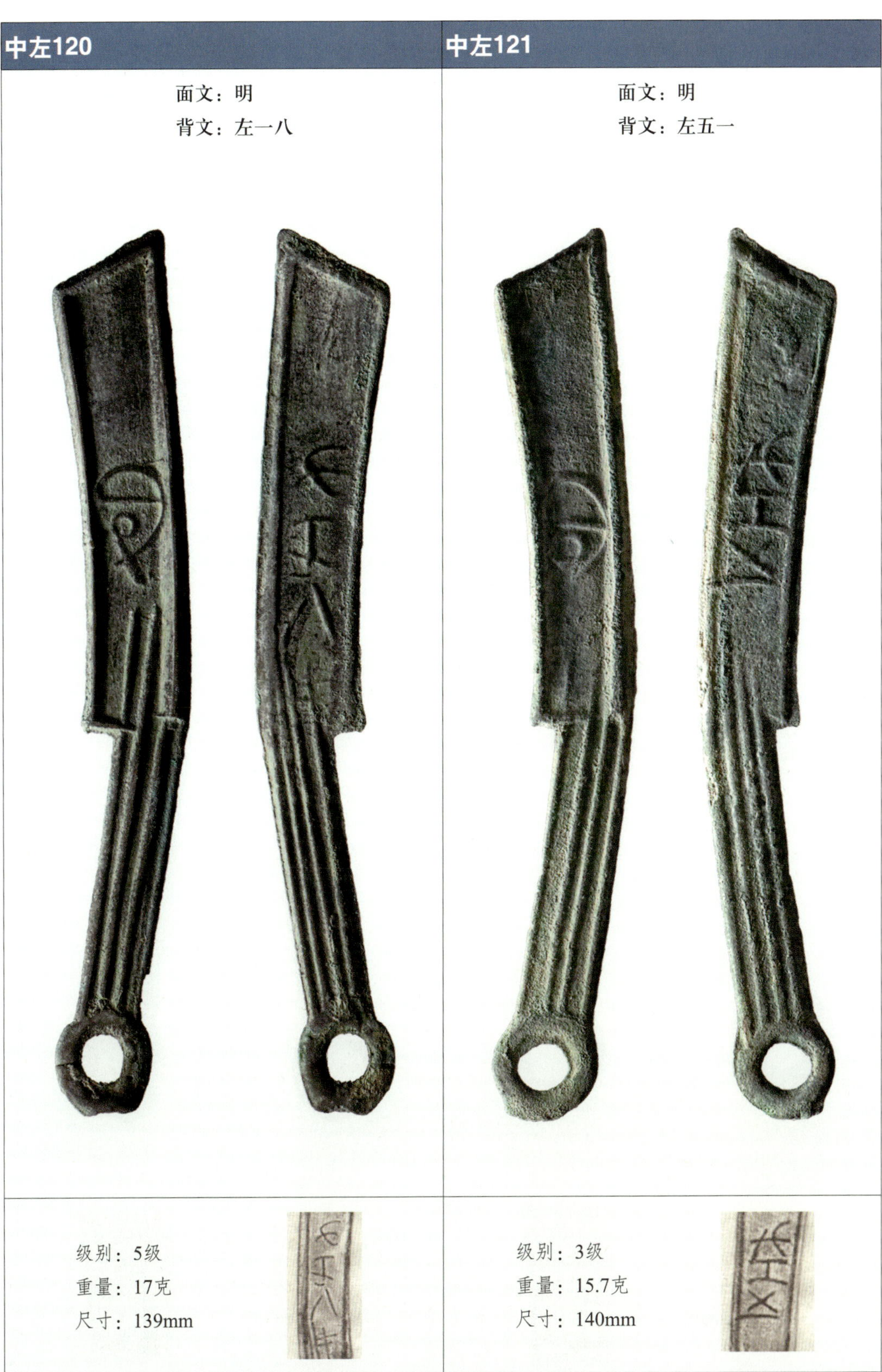

级别：5级 重量：17克 尺寸：139mm	级别：3级 重量：15.7克 尺寸：140mm

中左122	中左123
面文：明 背文：左十八	面文：明 背文：左八一
级别：4级 重量：15克 尺寸：138mm	级别：5级 重量：17.3克 尺寸：140mm

中左124

面文：明

背文：左二十

级别：4级

重量：16.2克

尺寸：140mm

中左125

面文：明

背文：左二十一

级别：3级

重量：17.7克

尺寸：141mm

中左126

面文：明

背文：左八十

中左127

面文：明

背文：左百·

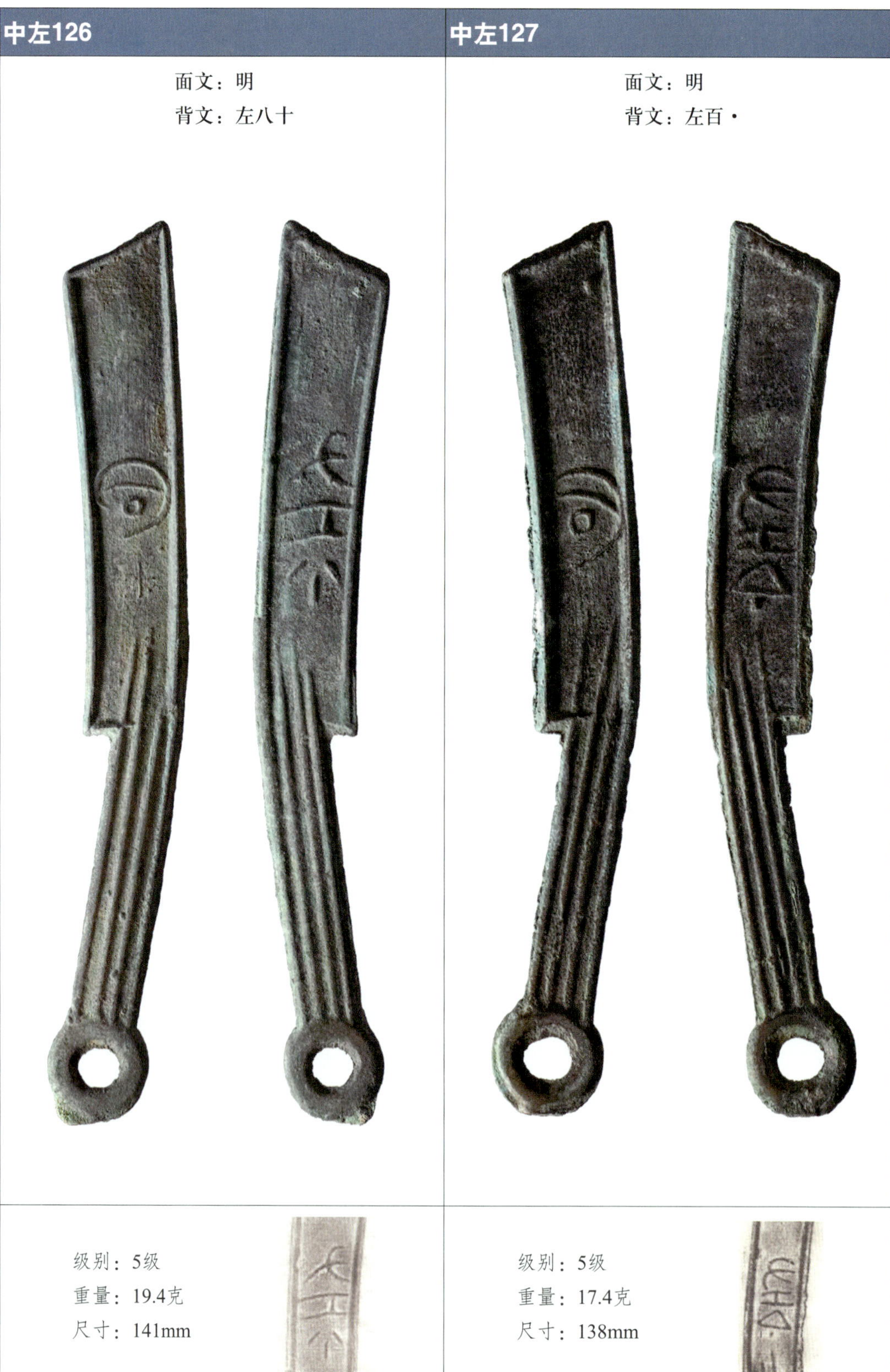

中左126

级别：5级

重量：19.4克

尺寸：141mm

中左127

级别：5级

重量：17.4克

尺寸：138mm

中左128

面文：明
背文：左丶万

级别：6级
重量：16.4克
尺寸：140mm

中左129

面文：明
背文：左一万

级别：6级
重量：16.2克
尺寸：143mm

中左130	中左131
面文：明 背文：左八万	面文：明 背文：左六十万
级别：6级 重量：18.1克 尺寸：140mm	级别：3级 重量：15.5克 尺寸：140mm

中左132	中左133
面文：明 背文：左百万	面文：明 背文：左□一
级别：3级 重量：15.9克 尺寸：139mm	级别：4级 重量：15.9克 尺寸：139mm

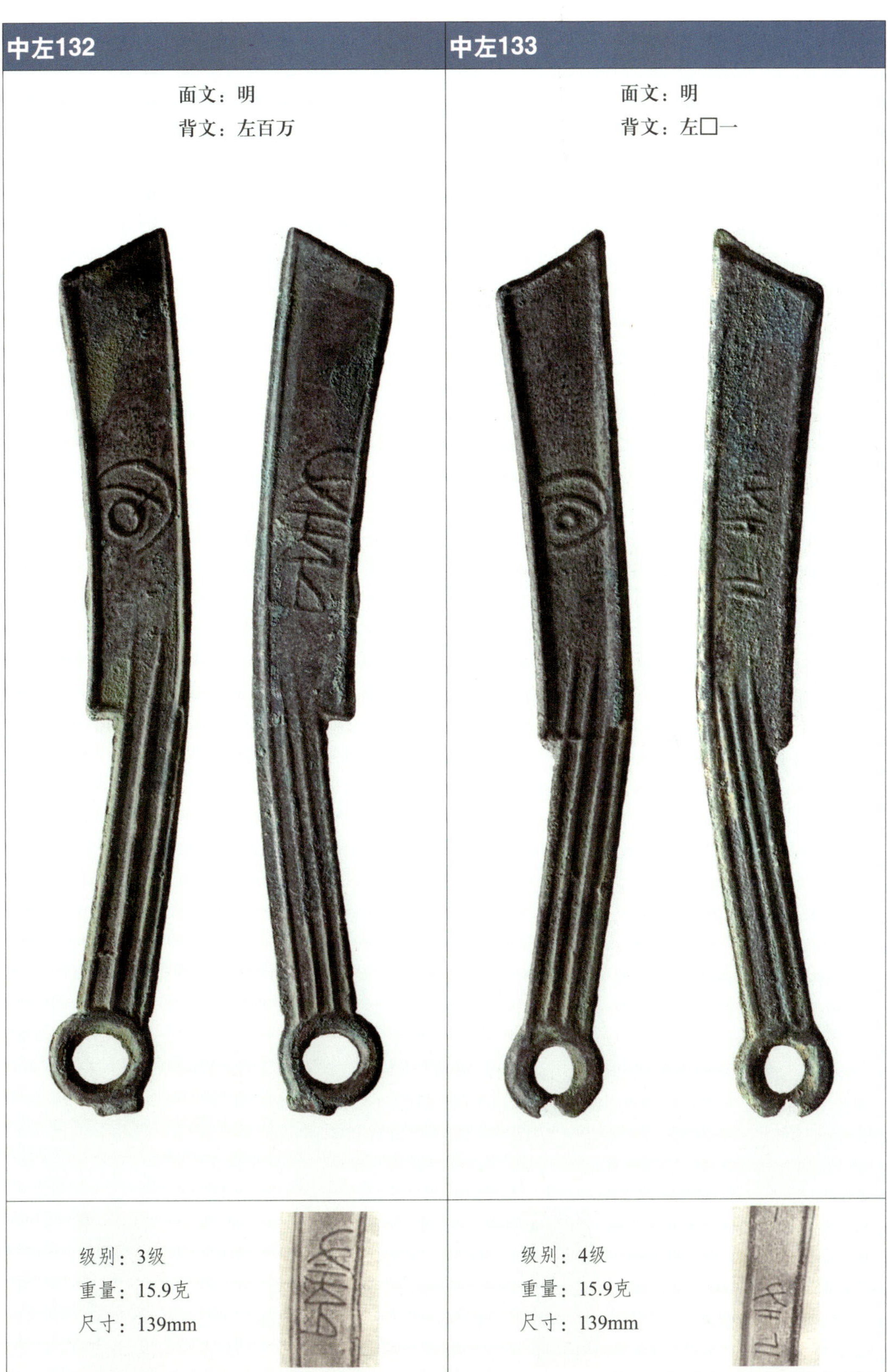

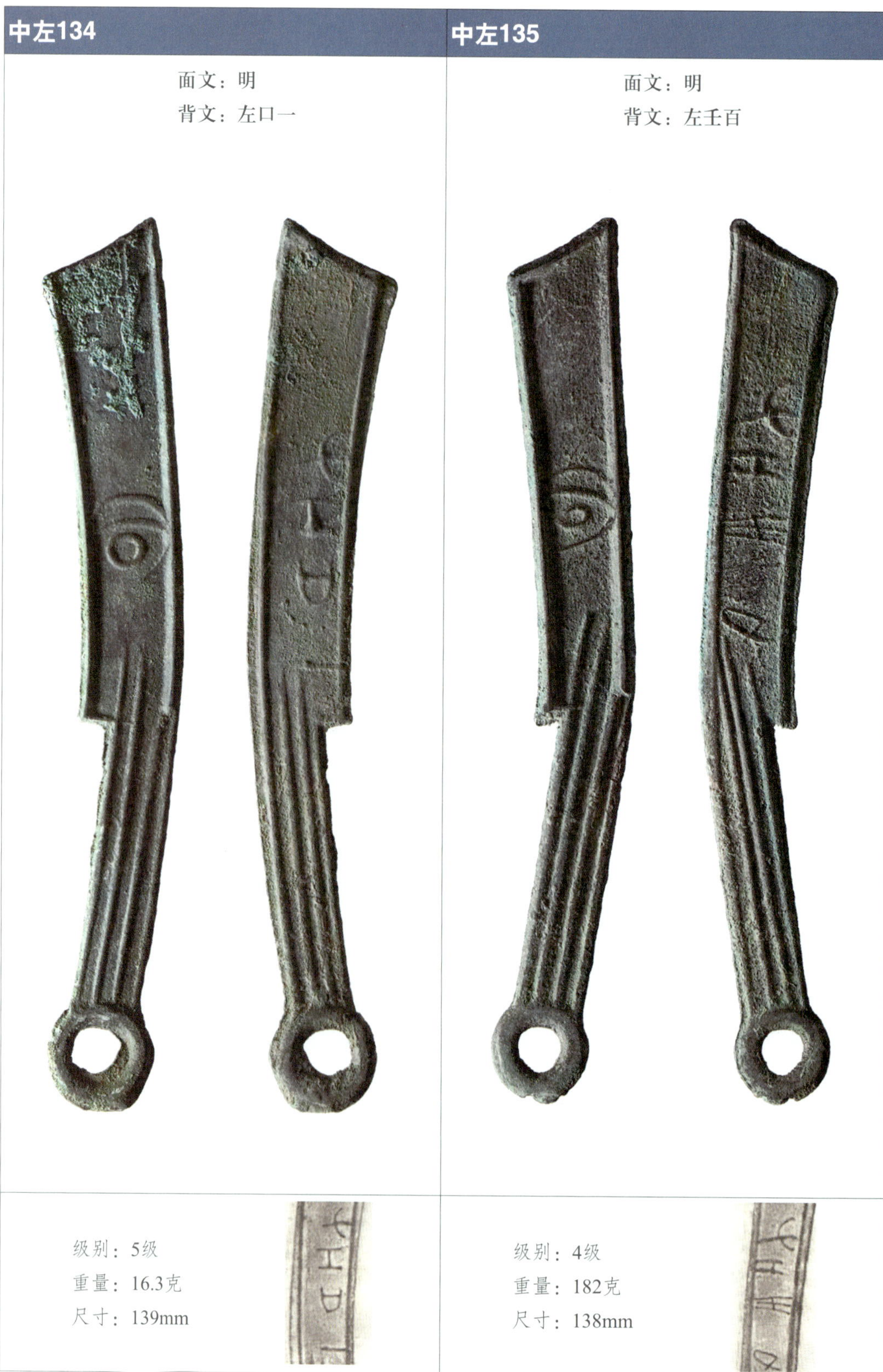

中左134

面文：明
背文：左口一

级别：5级
重量：16.3克
尺寸：139mm

中左135

面文：明
背文：左壬百

级别：4级
重量：182克
尺寸：138mm

中左136

面文：明

背文：左一乙

级别：4级

重量：15.7克

尺寸：139mm

中左137

面文：明

背文：左一日

级别：5级

重量：14.5克

尺寸：143mm

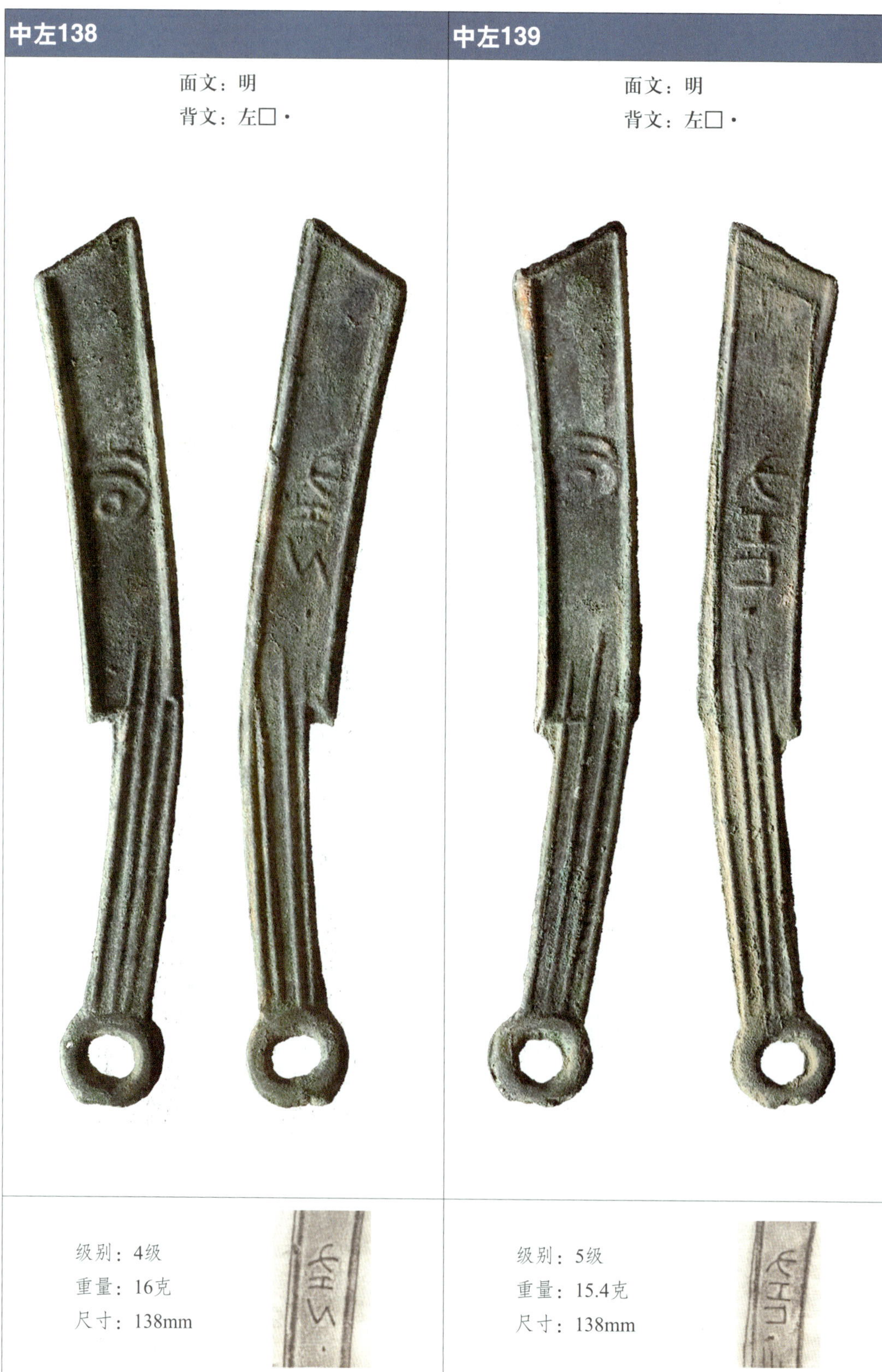

中左138

面文：明

背文：左□·

级别：4级

重量：16克

尺寸：138mm

中左139

面文：明

背文：左□·

级别：5级

重量：15.4克

尺寸：138mm

中左140	中左141
面文：明 背文：左一口	面文：明 背文：丿左二
级别：4级 重量：16克 尺寸：139mm	级别：6级 重量：15.9克 尺寸：141mm

中左142	中左143
面文：明 背文：一左二十	面文：明 背文：丶左千
级别：5级 重量：17.8克 尺寸：140mm	级别：5级 重量：16.7克 尺寸：137mm

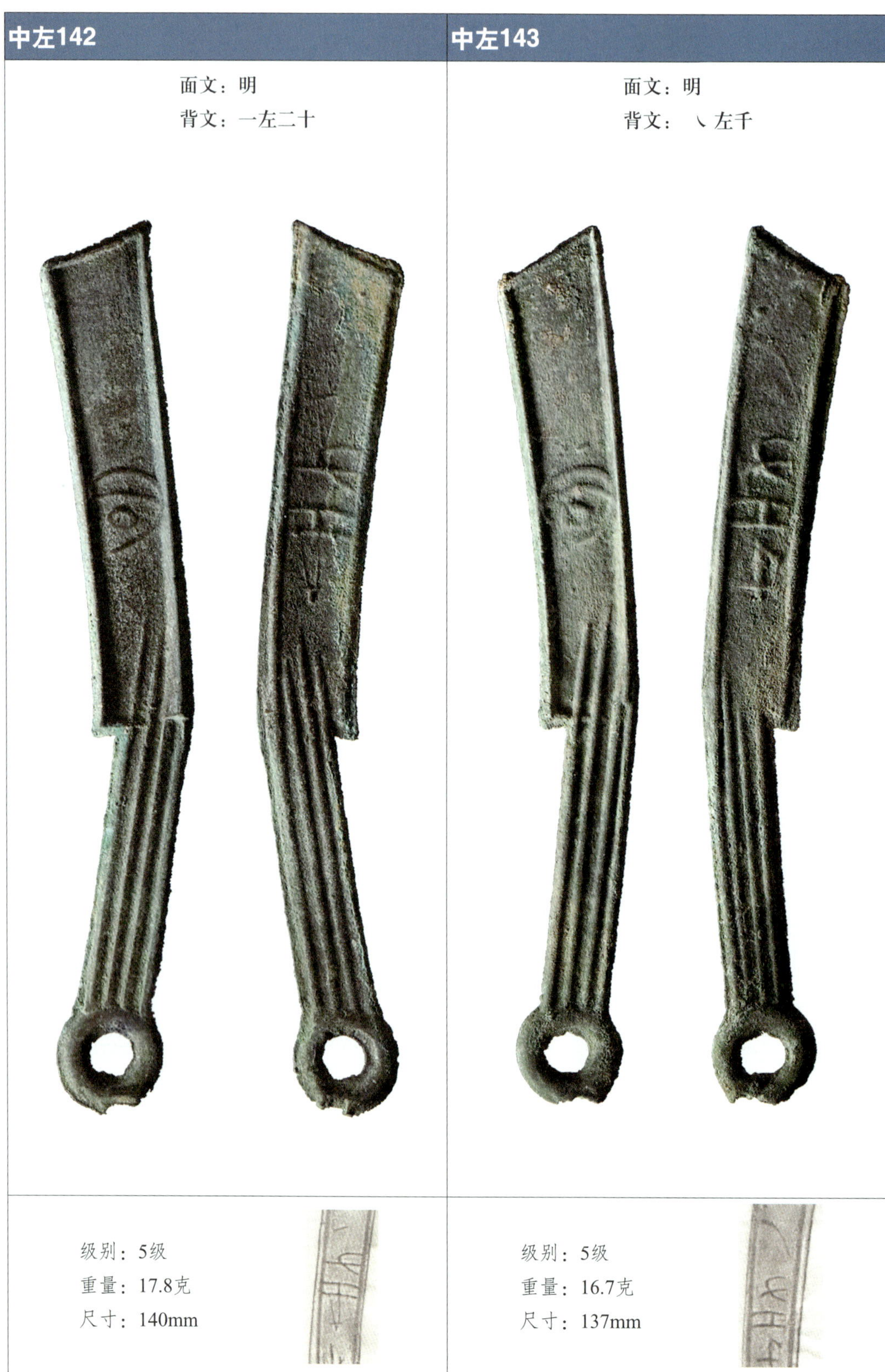

中左144	中左145
面文：明 背文：一左万	面文：明 背文：一左万
级别：5级 重量：18.1克 尺寸：138mm	级别：6级 重量：19克 尺寸：141mm

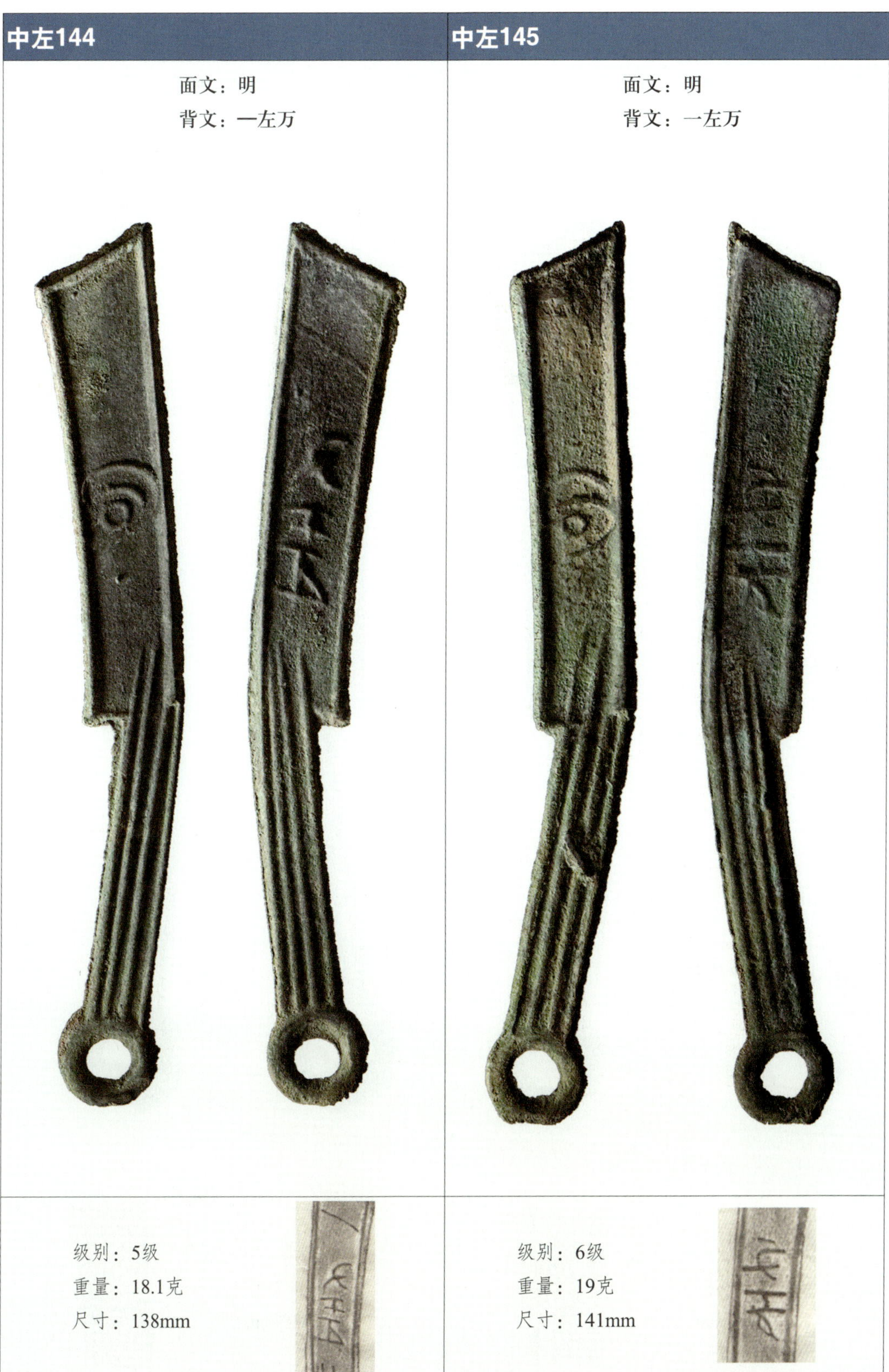

中左146	中左147
面文：明 背文：左八丁	面文：明 背文：丿左上
级别：3级 重量：15.4克 尺寸：141mm	级别：6级 重量：16.5克 尺寸：139mm

中左148	中左149
面文：明 背文：七左干	面文：明 背文：左二丿

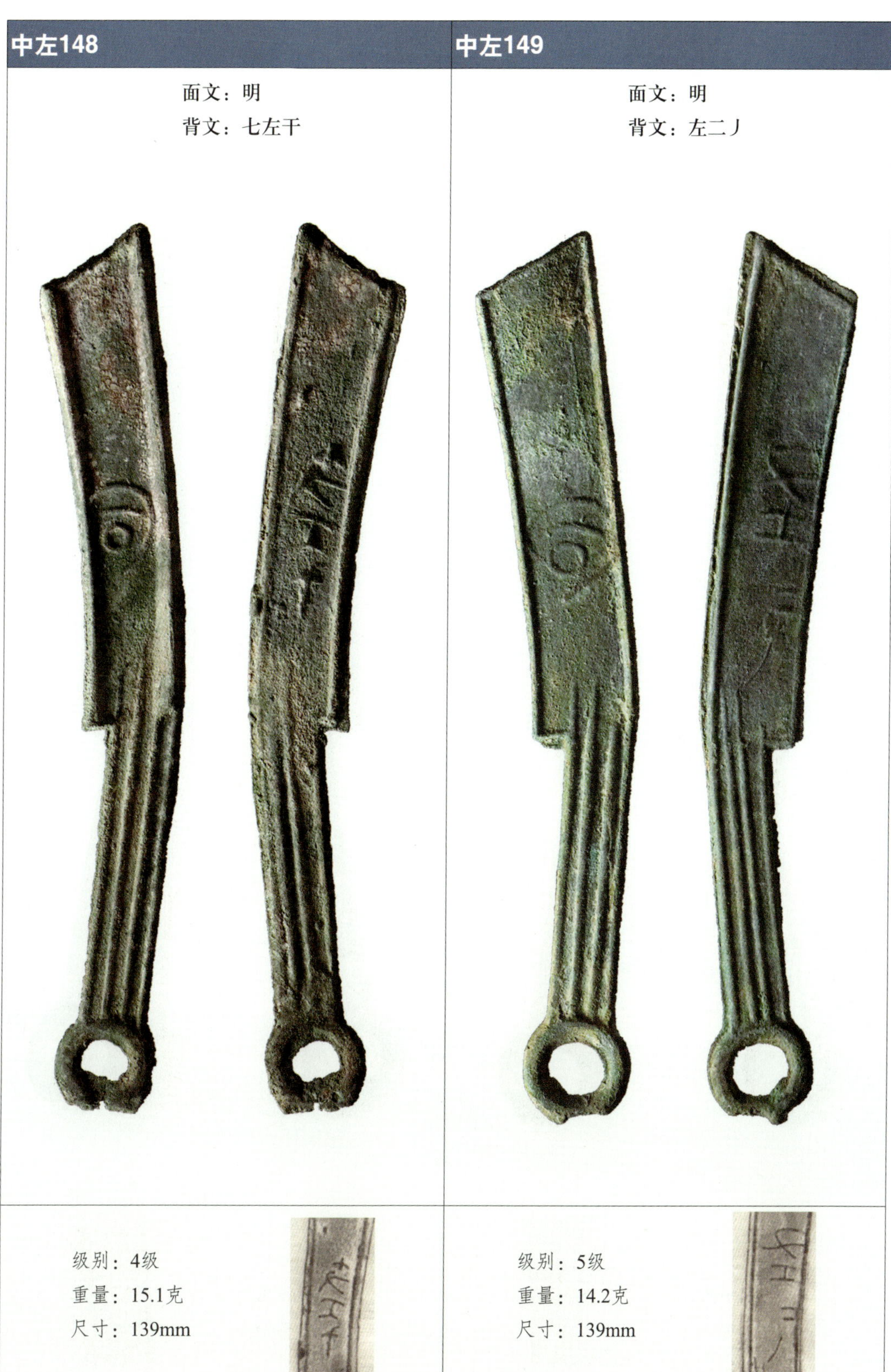

中左148	中左149
级别：4级 重量：15.1克 尺寸：139mm	级别：5级 重量：14.2克 尺寸：139mm

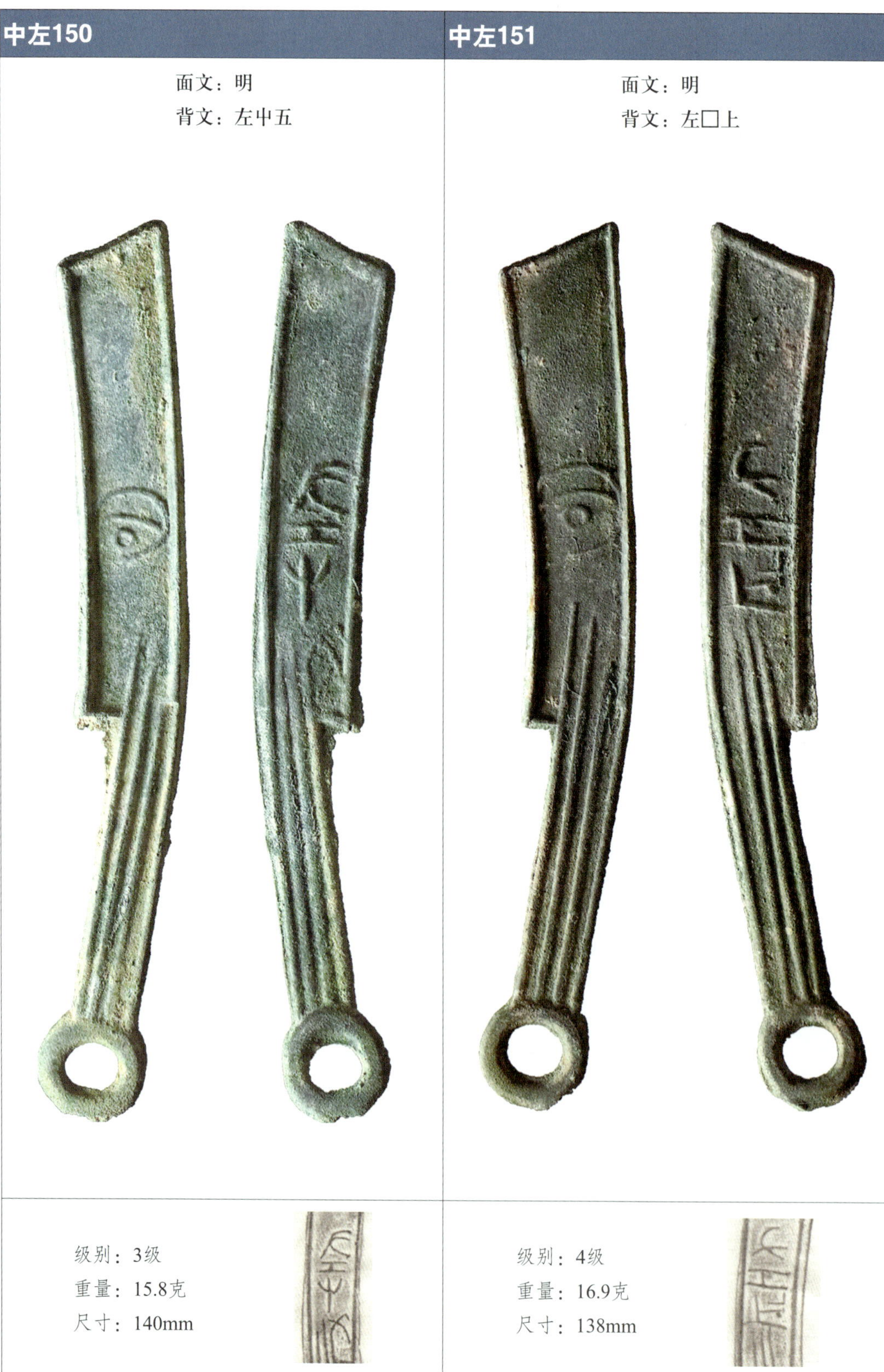

中左150

面文：明
背文：左中五

级别：3级
重量：15.8克
尺寸：140mm

中左151

面文：明
背文：左□上

级别：4级
重量：16.9克
尺寸：138mm

中左152	中左153
面文：明 背文：左中□	面文：明 背文：十左八工
级别：4级 重量：14.5克 尺寸：141mm	级别：3级 重量：15.7克 尺寸：141mm

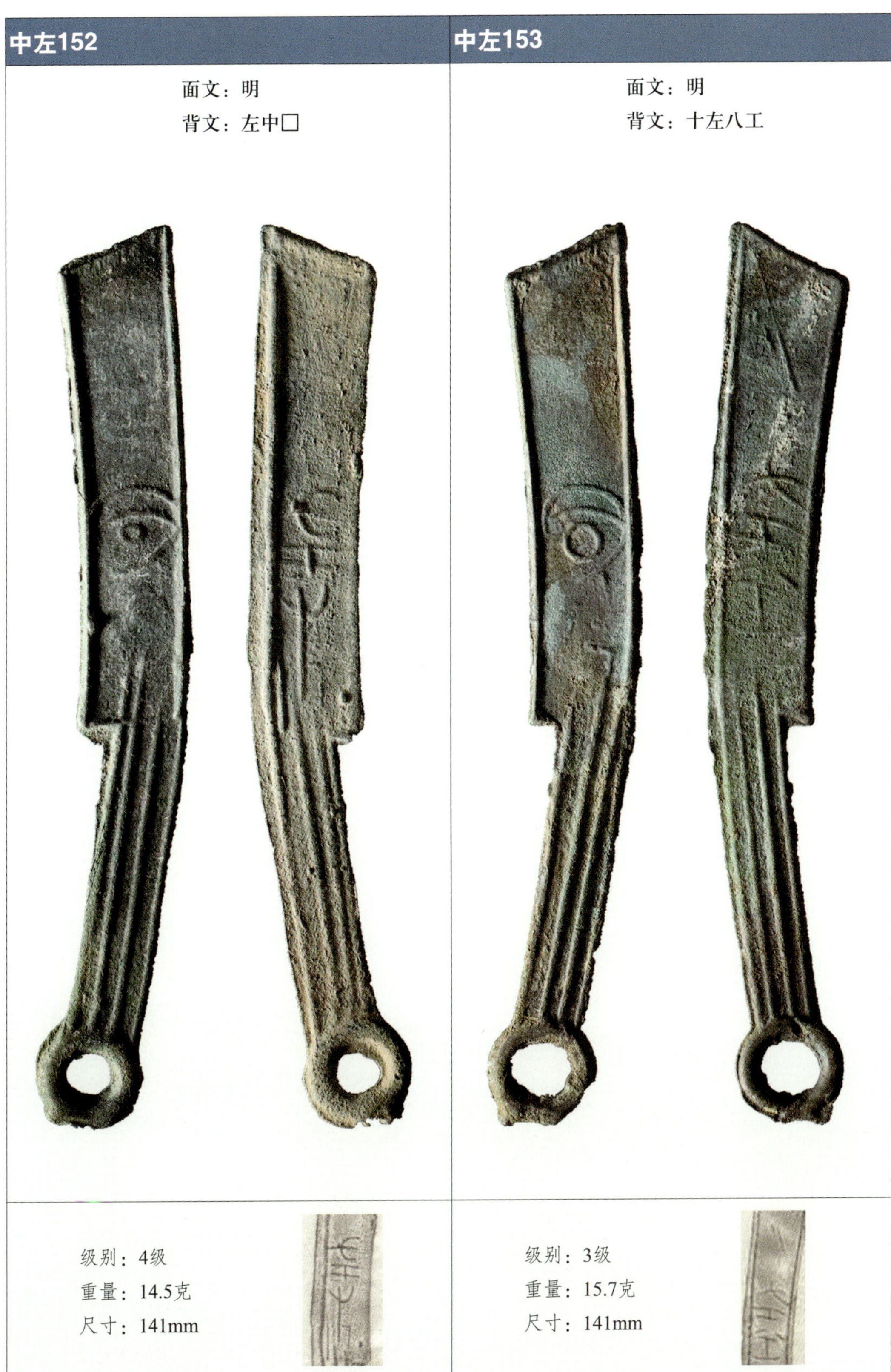

第四节　中期燕明刀中右系列

中期燕明刀中右系列，从刀身形制看，分窄体型、宽体型和厚脊型。从刀面铭文明字的写法看，以上下结构为主，兼有左右结构。刀面铭文明字分小字版和大字版两种，在面文明字的上方或下方出现炉记标识，同时面文明字出现增笔。有的版式刀背铭文下方出现封线条纹。从刀背铭文的内容看，有记数、记物、方位、天干、地支、记地和一些待解的特殊符号。刀背铭文由原来的一字增加到多字，而且刀背铭文存在反书、倒书、增笔、减笔、合文等诸多类别。

中右001

面文：明
背文：右

级别：8级
重量：16.1克
尺寸：139mm

中右002	中右003
面文：明 背文：右	面文：明 背文：右

级别：6级 重量：16.2克 尺寸：141mm	级别：6级 重量：12.8克 尺寸：137mm

中右004

面文：明
背文：右

级别：4级
重量：16.2克
尺寸：140mm

中右005

面文：明
背文：右

级别：6级
重量：16.1克
尺寸：138mm

中右006

面文：明
背文：右丿

级别：6级
重量：15.4克
尺寸：137mm

中右007

面文：明
背文：右丶

级别：8级
重量：15.8克
尺寸：140mm

中右008

面文：明
背文：右丶

级别：6级
重量：17.1克
尺寸：139mm

中右009

面文：明
背文：右丶

级别：6级
重量：15.5克
尺寸：139mm

中右010	中右011
面文：明 背文：右一	面文：明 背文：右一
级别：8级 重量：16.1克 尺寸：141mm	级别：7级 重量：16.2克 尺寸：138mm

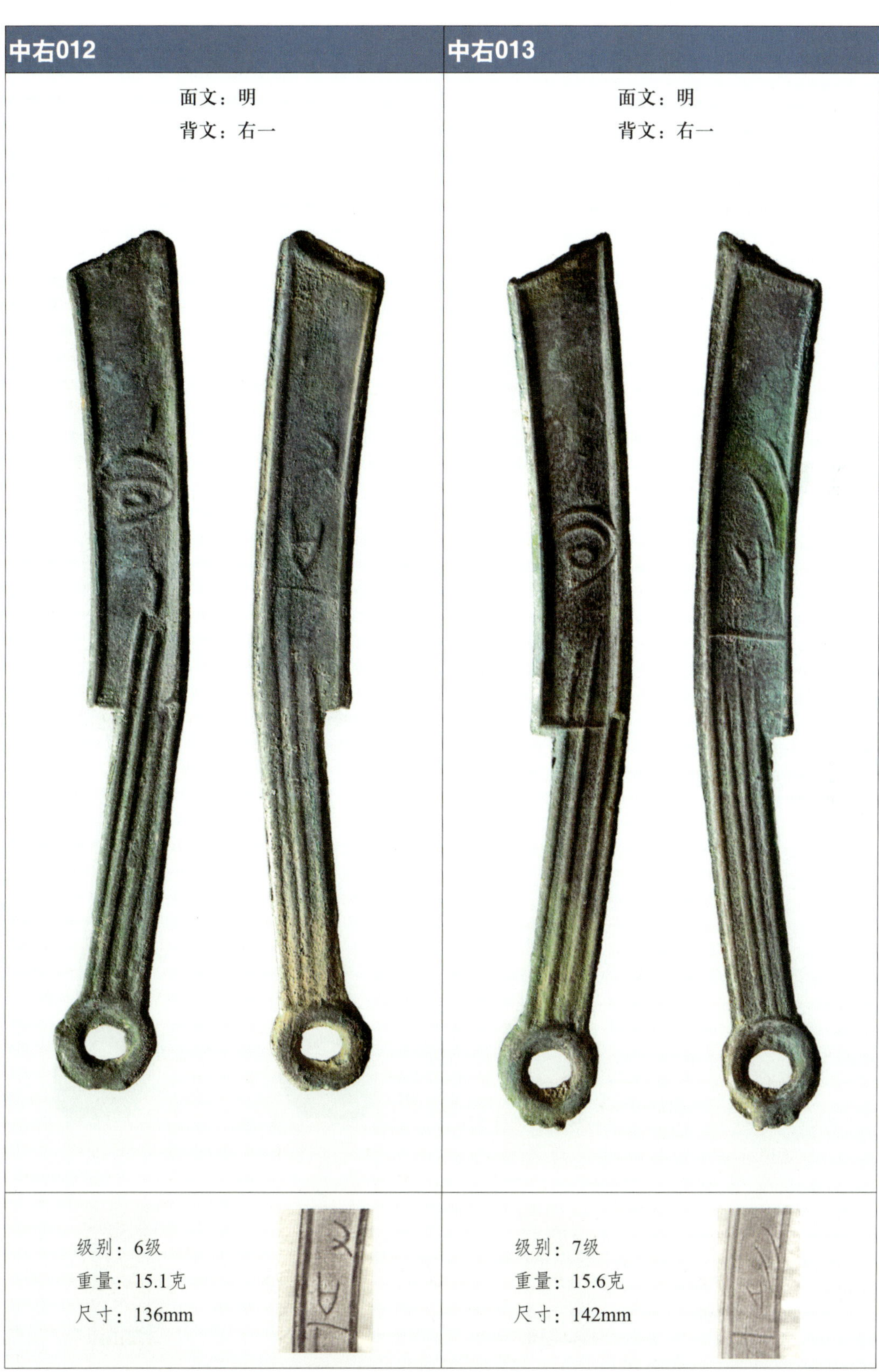

中右012	中右013
面文：明 背文：右一	面文：明 背文：右一
级别：6级 重量：15.1克 尺寸：136mm	级别：7级 重量：15.6克 尺寸：142mm

中右014

面文：明
背文：右二

级别：8级
重量：16.3克
尺寸：142mm

中右015

面文：明
背文：右二

级别：7级
重量：16.1克
尺寸：141mm

中右016

面文：明
背文：右三

级别：8级
重量：15.1克
尺寸：140mm

中右017

面文：明
背文：右三

级别：6级
重量：15.9克
尺寸：138mm

中右018	中右019
面文：明 背文：右四	面文：明 背文：右四
级别：8级 重量：14.8克 尺寸：139mm	级别：7级 重量：15.8克 尺寸：140mm

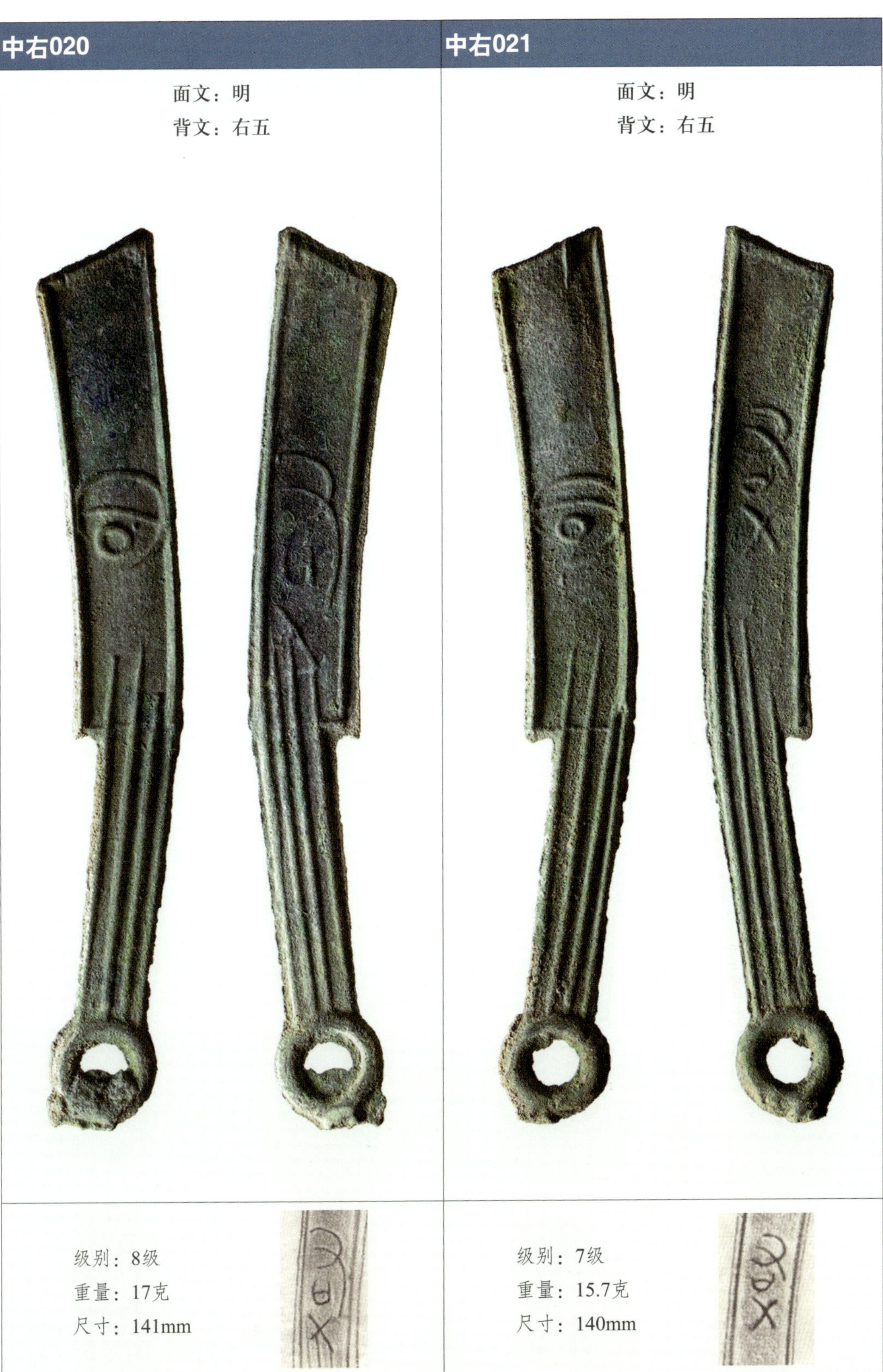

中右020

面文：明
背文：右五

级别：8级
重量：17克
尺寸：141mm

中右021

面文：明
背文：右五

级别：7级
重量：15.7克
尺寸：140mm

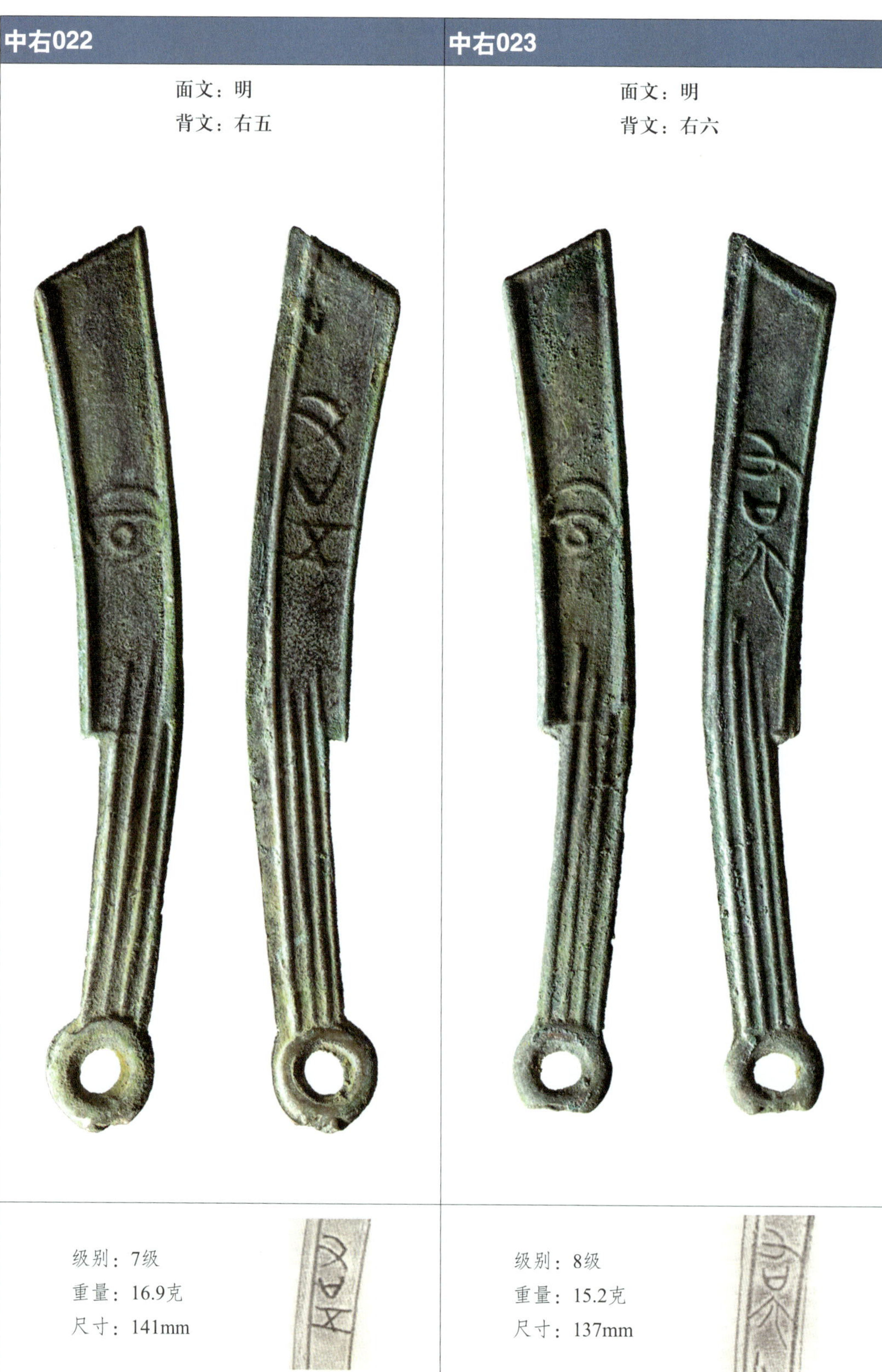

中右022	中右023
面文：明 背文：右五	面文：明 背文：右六
级别：7级 重量：16.9克 尺寸：141mm	级别：8级 重量：15.2克 尺寸：137mm

中右024

面文：明

背文：右六

级别：6级

重量：18克

尺寸：140mm

中右025

面文：明

背文：右六

级别：6级

重量：15.4克

尺寸：139mm

中右026	中右027
面文：明 背文：右七	面文：明 背文：右七
级别：8级 重量：162克 尺寸：139mm	级别：4级 重量：152克 尺寸：137mm

中右028

面文：明
背文：右七

级别：4级
重量：13.7克
尺寸：135mm

中右029

面文：明
背文：右八

级别：8级
重量：15.7克
尺寸：138mm

中右030	中右031
面文：明 背文：右八	面文：明 背文：右九
级别：6级 重量：16.6克 尺寸：139mm	级别：8级 重量：15.5克 尺寸：141mm

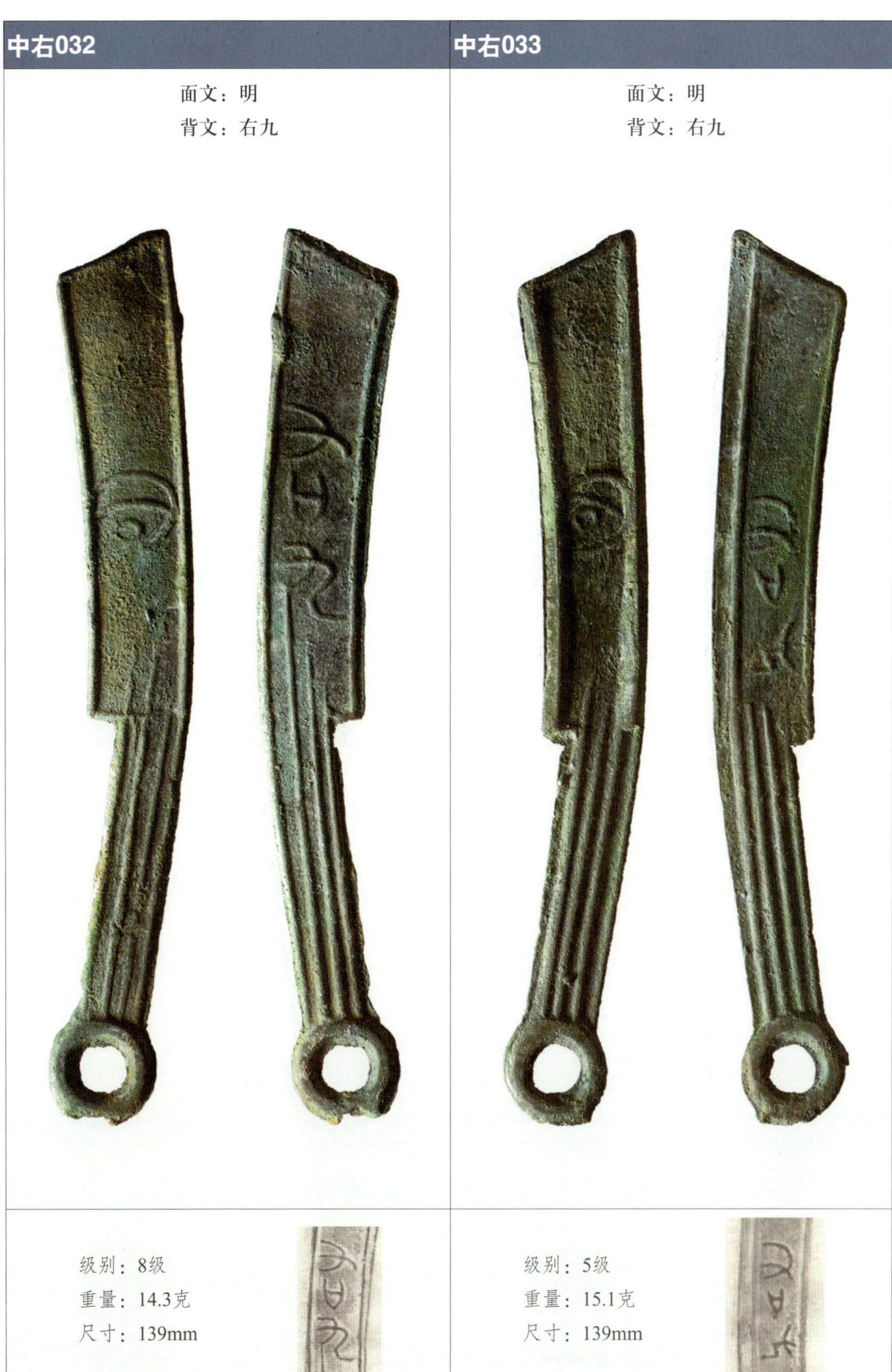

中右032

面文：明
背文：右九

级别：8级
重量：14.3克
尺寸：139mm

中右033

面文：明
背文：右九

级别：5级
重量：15.1克
尺寸：139mm

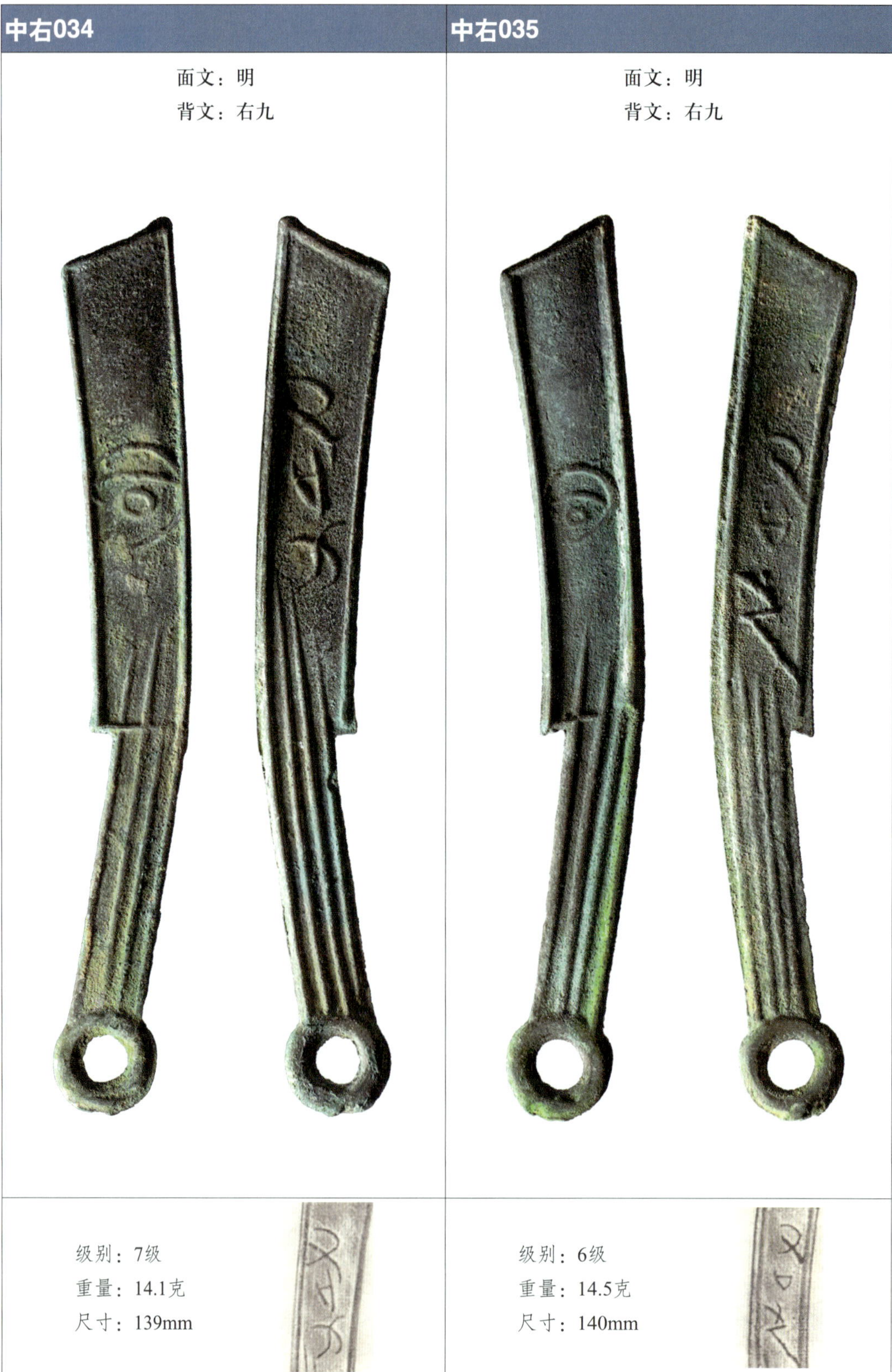

中右034	中右035
面文：明 背文：右九	面文：明 背文：右九
级别：7级 重量：14.1克 尺寸：139mm	级别：6级 重量：14.5克 尺寸：140mm

中右036

面文：明
背文：右九

级别：2级
重量：15.2克
尺寸：140mm

中右037

面文：明
背文：右九

级别：6级
重量：15.1克
尺寸：139mm

中右038	中右039
面文：明 背文：右十	面文：明 背文：右十
级别：8级 重量：16克 尺寸：140mm	级别：6级 重量：13.5克 尺寸：135mm

中右040	中右041
面文：明 背文：右十	面文：明 背文：右十
级别：5级 重量：17.5克 尺寸：142mm	级别：8级 重量：18.4克 尺寸：141mm

中右042	中右043
面文：明 背文：右十一	面文：明 背文：右十一
级别：7级 重量：16.3克 尺寸：141mm	级别：6级 重量：17.3克 尺寸：139mm

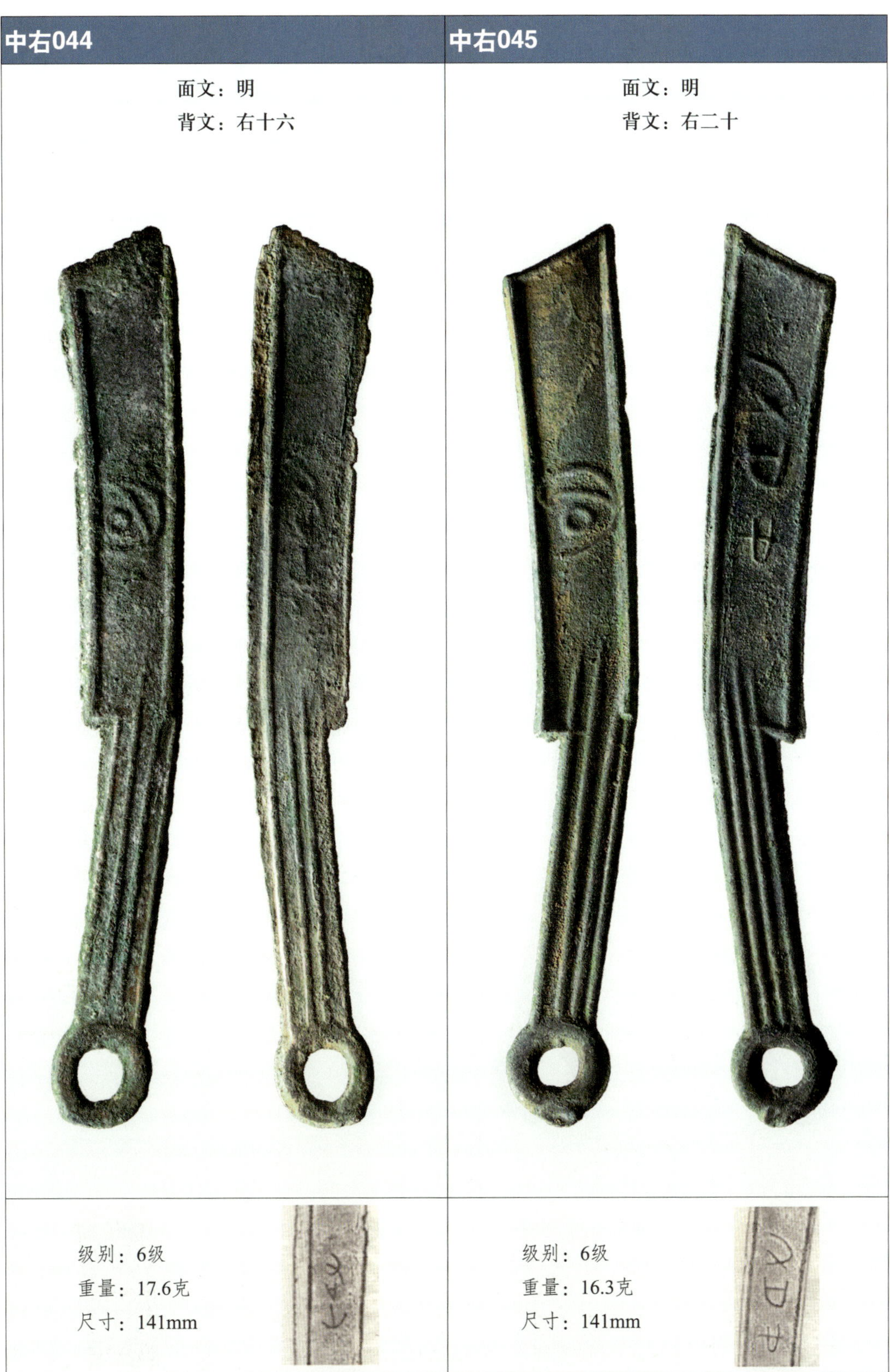

中右044

面文：明
背文：右十六

级别：6级
重量：17.6克
尺寸：141mm

中右045

面文：明
背文：右二十

级别：6级
重量：16.3克
尺寸：141mm

中右046

面文：明
背文：右二十

级别：6级
重量：16.8克
尺寸：140mm

中右047

面文：明
背文：右二十

级别：5级
重量：16.9克
尺寸：140mm

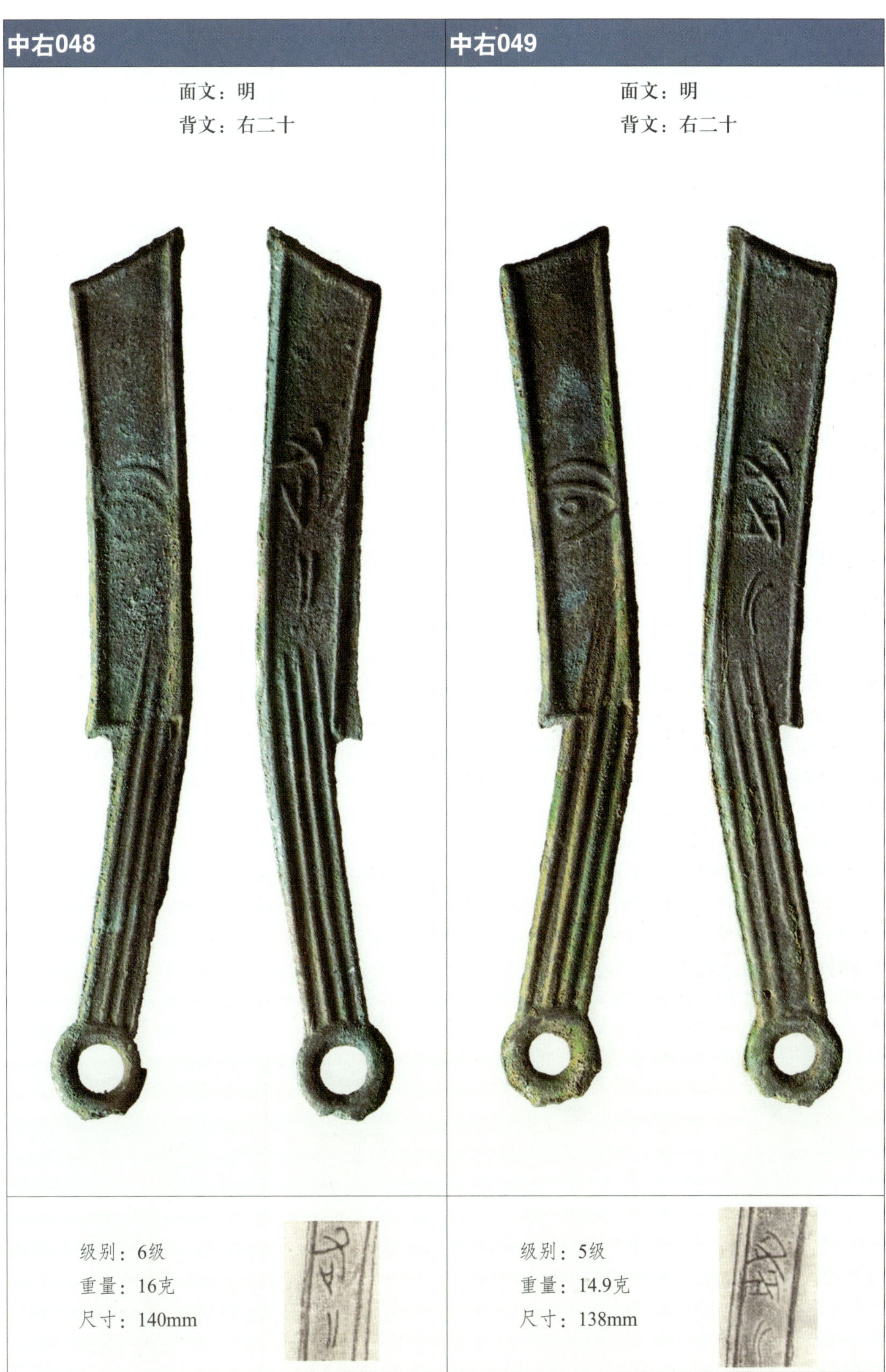

中右048	中右049
面文：明 背文：右二十	面文：明 背文：右二十
级别：6级 重量：16克 尺寸：140mm	级别：5级 重量：14.9克 尺寸：138mm

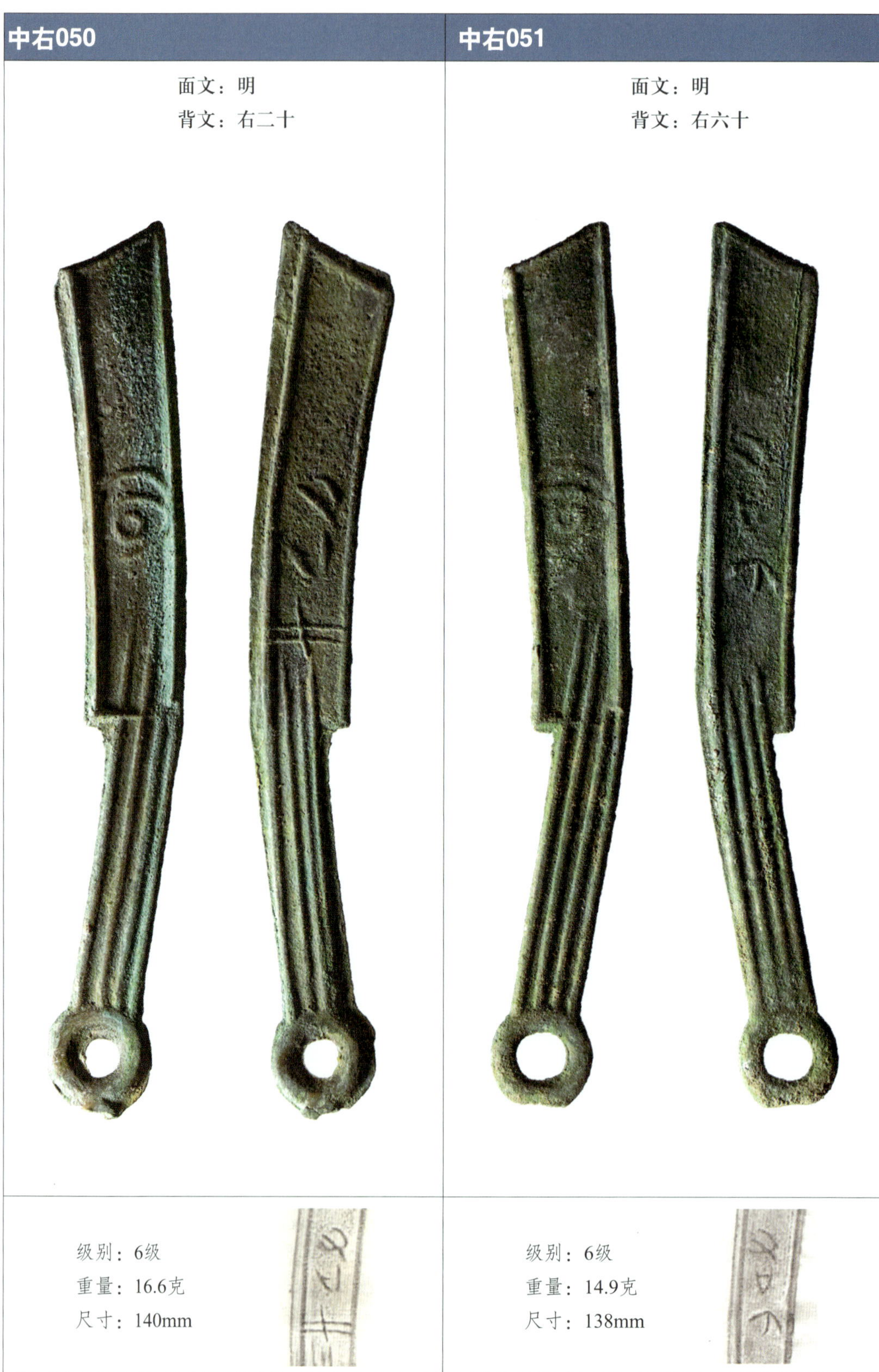

中右050

面文：明

背文：右二十

级别：6级

重量：16.6克

尺寸：140mm

中右051

面文：明

背文：右六十

级别：6级

重量：14.9克

尺寸：138mm

中右052	中右053
面文：明 背文：右百	面文：明 背文：右百
级别：8级 重量：16.2克 尺寸：143mm	级别：7级 重量：16.4克 尺寸：138mm

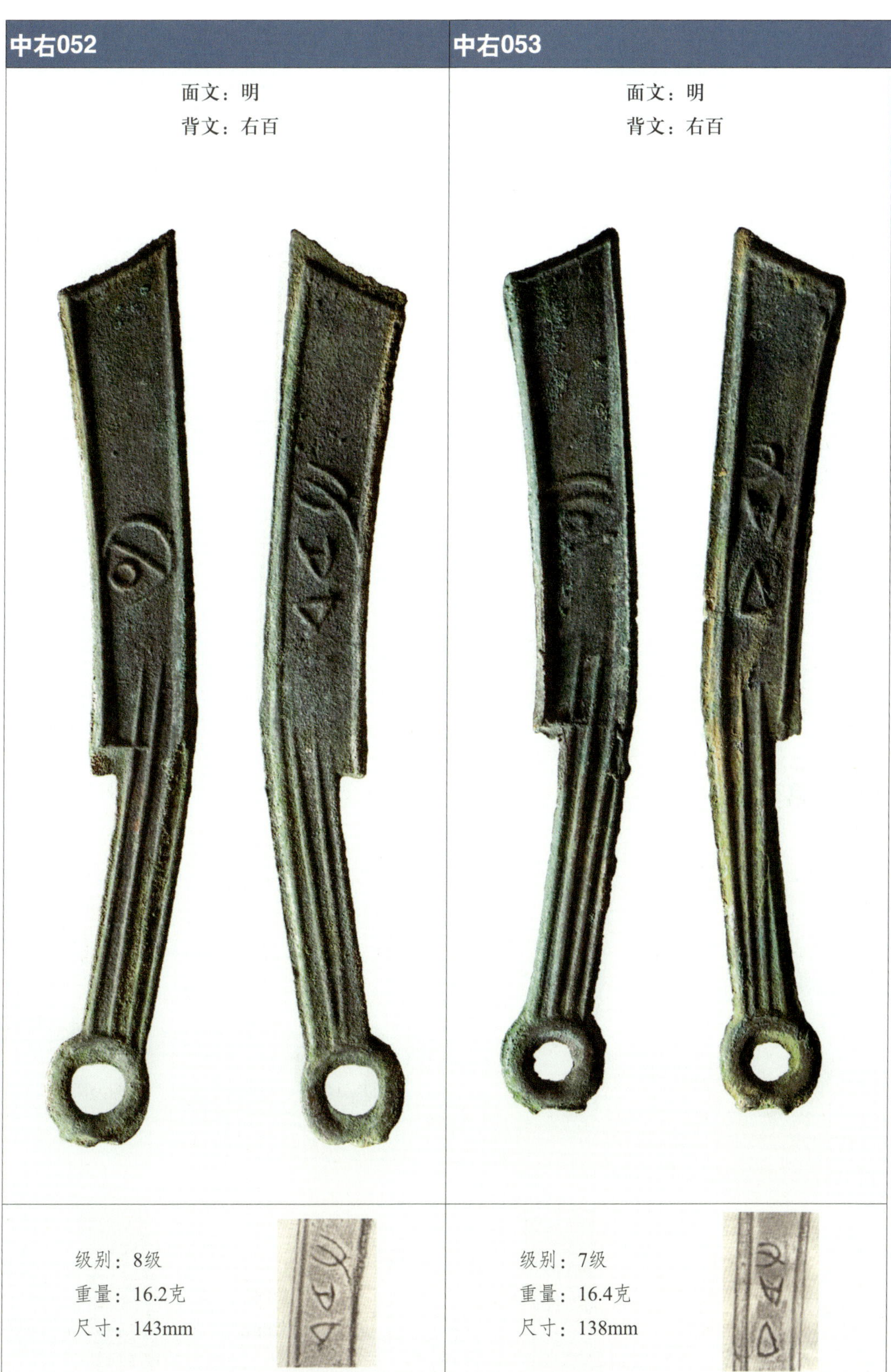

中右054	中右055
面文：明 背文：右千	面文：明 背文：右二千

中右054	中右055
级别：8级 重量：15.2克 尺寸：138mm	级别：7级 重量：15克 尺寸：140mm

中右056

面文：明
背文：右二千

级别：7级
重量：16.8克
尺寸：137mm

中右057

面文：明
背文：右二千

级别：6级
重量：16克
尺寸：139mm

中右058

面文：明
背文：右二千

级别：6级
重量：17.7克
尺寸：139mm

中右059

面文：明
背文：右三千

级别：6级
重量：15.4克
尺寸：139mm

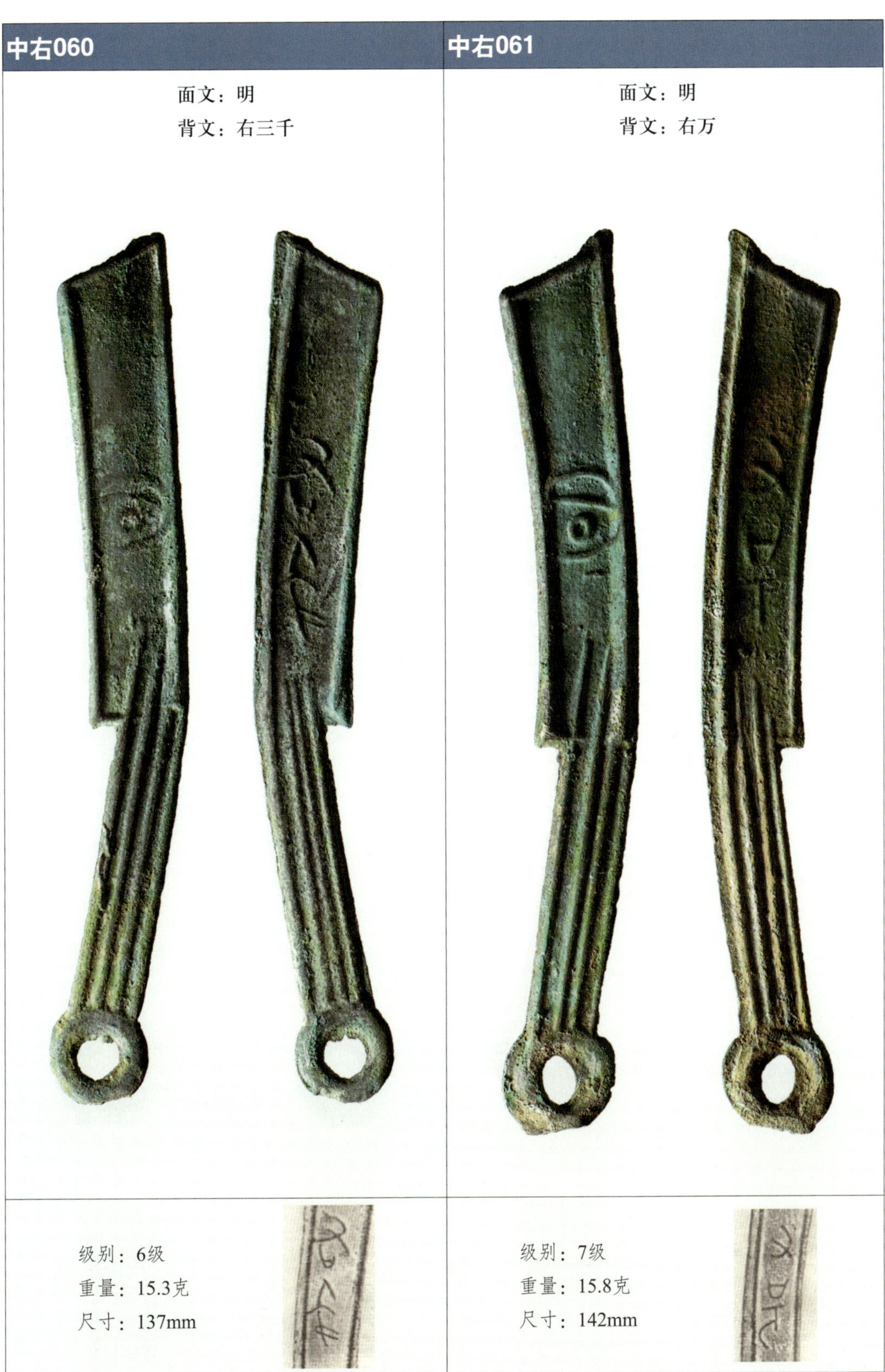

中右060	中右061
面文：明 背文：右三千	面文：明 背文：右万
级别：6级 重量：15.3克 尺寸：137mm	级别：7级 重量：15.8克 尺寸：142mm

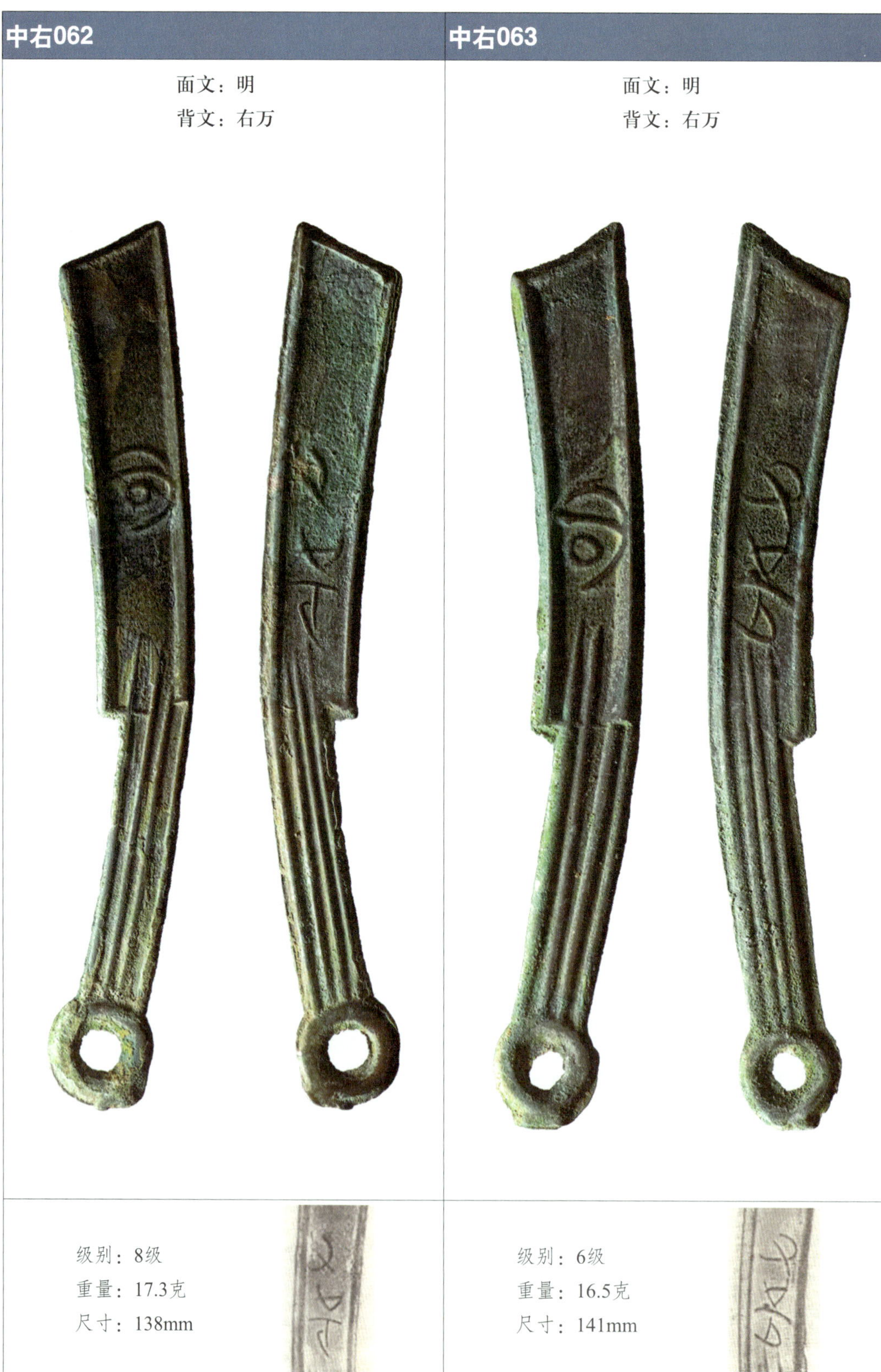

中右062

面文：明
背文：右万

级别：8级
重量：17.3克
尺寸：138mm

中右063

面文：明
背文：右万

级别：6级
重量：16.5克
尺寸：141mm

中右064

面文：明
背文：右万

级别：6级
重量：16.3克
尺寸：140mm

中右065

面文：明
背文：右□

级别：7级
重量：15.2克
尺寸：139mm

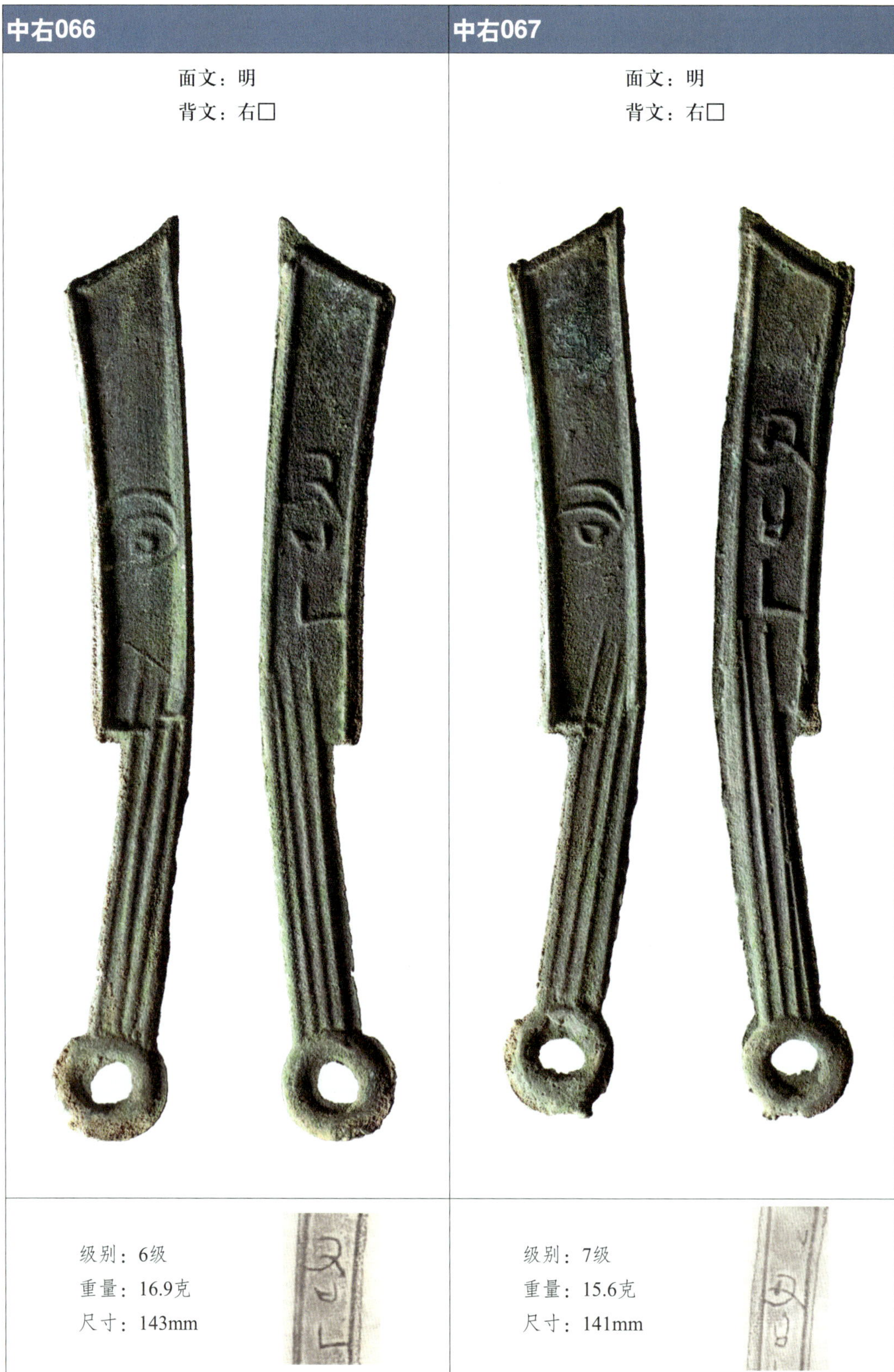

中右066

面文：明
背文：右□

级别：6级
重量：16.9克
尺寸：143mm

中右067

面文：明
背文：右□

级别：7级
重量：15.6克
尺寸：141mm

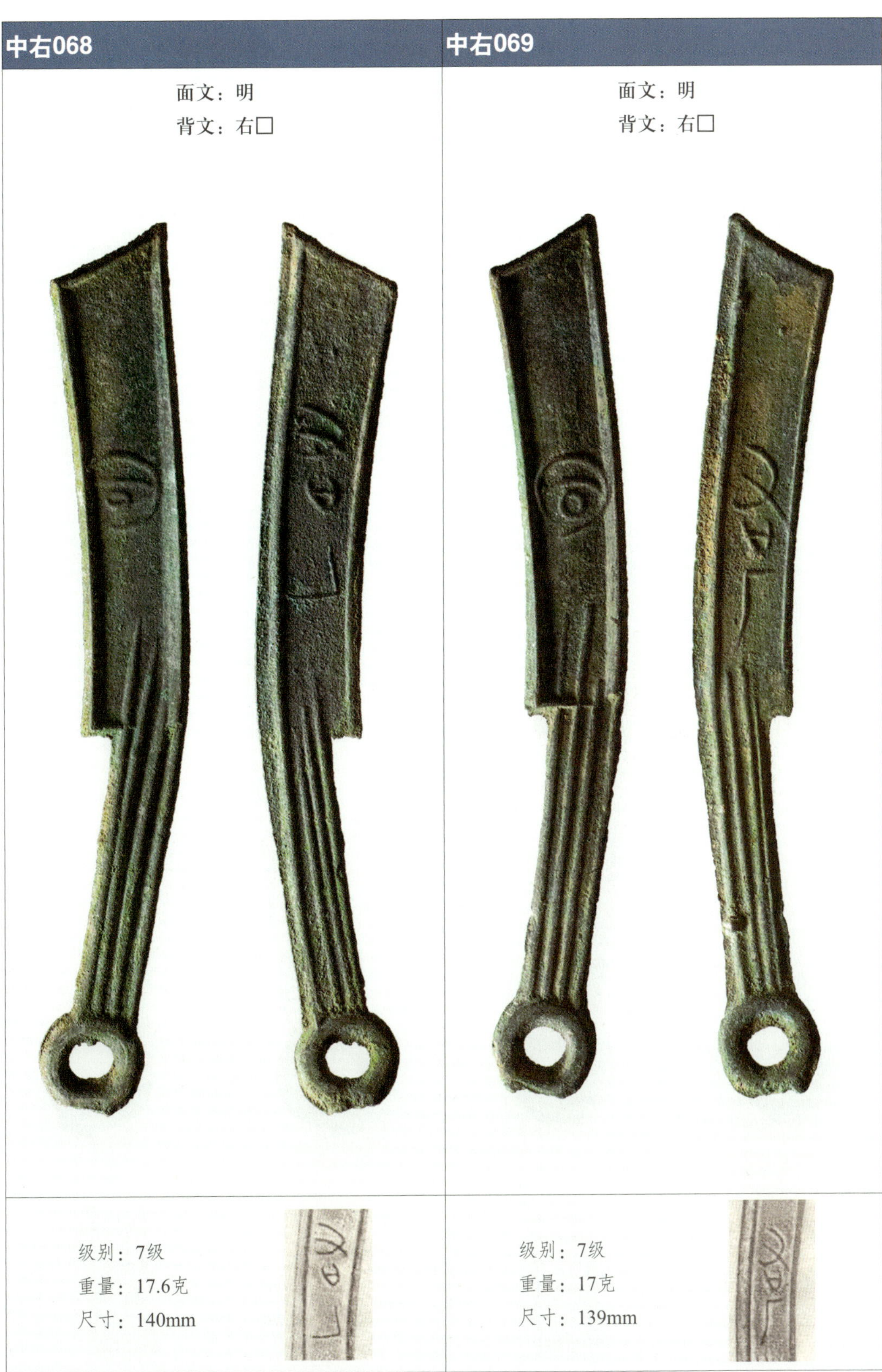

中右068	中右069
面文：明 背文：右□	面文：明 背文：右□
级别：7级 重量：17.6克 尺寸：140mm	级别：7级 重量：17克 尺寸：139mm

中右070	中右071
面文：明 背文：右☐	面文：明 背文：右☐
级别：6级 重量：15.1克 尺寸：141mm	级别：7级 重量：15.1克 尺寸：143mm

中右072	中右073
面文：明 背文：右□	面文：明 背文：右□
级别：6级 重量：14.5克 尺寸：138mm	级别：6级 重量：17.4克 尺寸：141mm

中右074

面文：明

背文：右刀

中右075

面文：明

背文：右刀

中右074

级别：7级

重量：18.3克

尺寸：138mm

中右075

级别：8级

重量：15.3克

尺寸：141mm

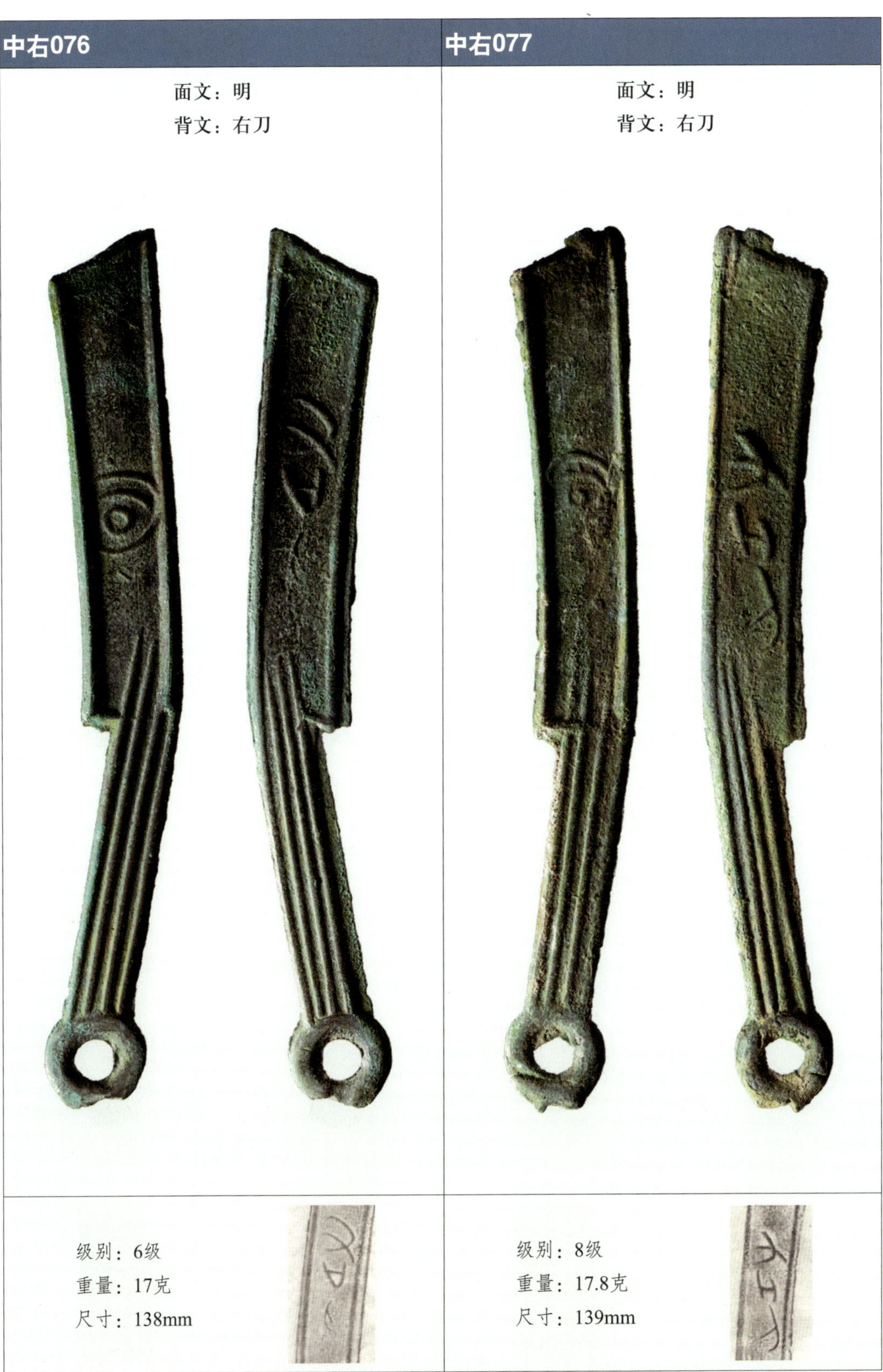

中右076	中右077
面文：明 背文：右刀	面文：明 背文：右刀
级别：6级 重量：17克 尺寸：138mm	级别：8级 重量：17.8克 尺寸：139mm

中右078	中右079
面文：明 背文：右刀	面文：明 背文：右刀
级别：7级 重量：18.7克 尺寸：139mm	级别：7级 重量：15.3克 尺寸：141mm

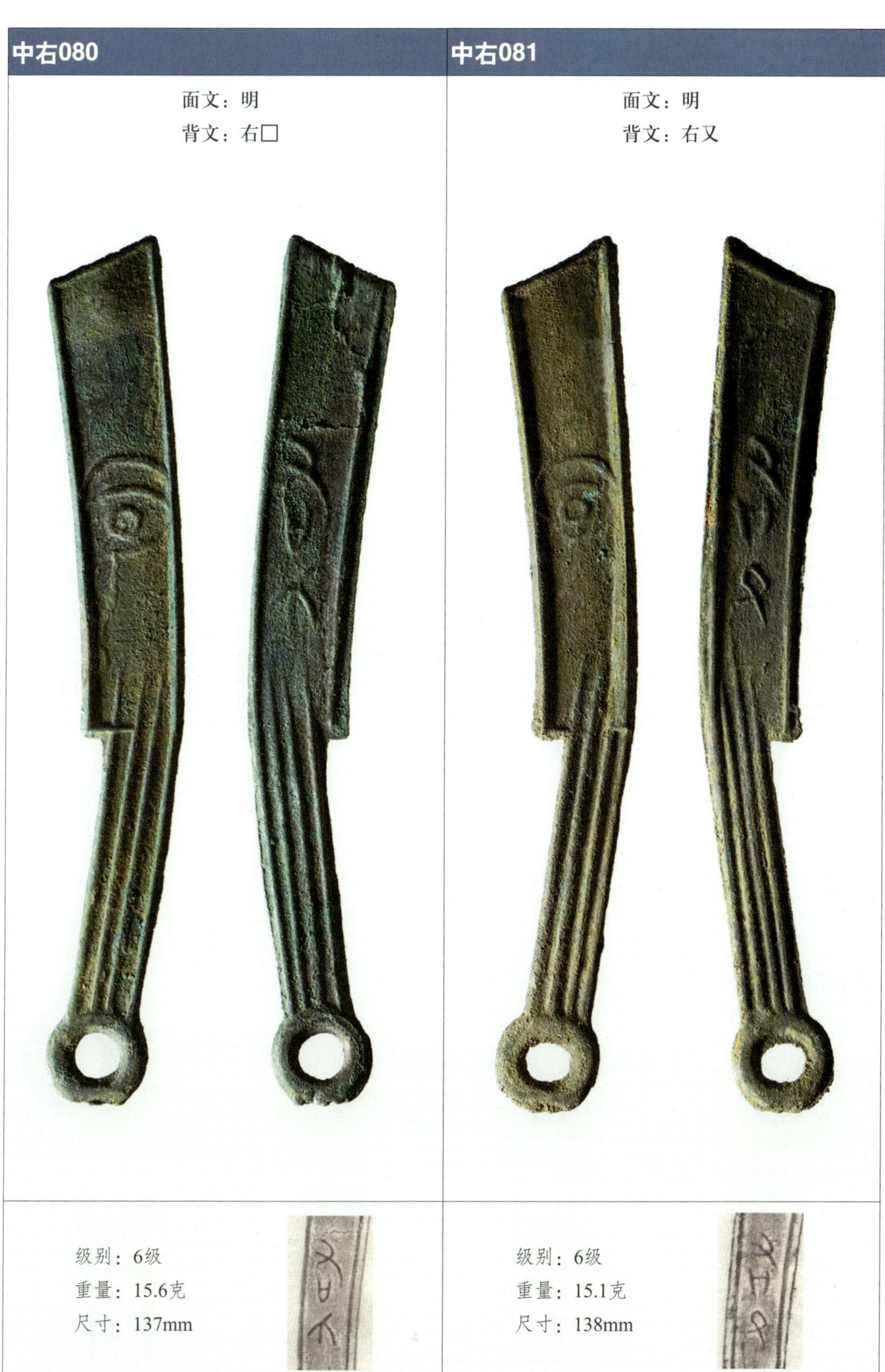

中右080

面文：明
背文：右□

级别：6级
重量：15.6克
尺寸：137mm

中右081

面文：明
背文：右又

级别：6级
重量：15.1克
尺寸：138mm

中右082

面文：明
背文：右又

级别：6级
重量：16.1克
尺寸：140mm

中右083

面文：明
背文：右又

级别：6级
重量：15.8克
尺寸：138mm

中右084	中右085
面文：明 背文：右□	面文：明 背文：右又

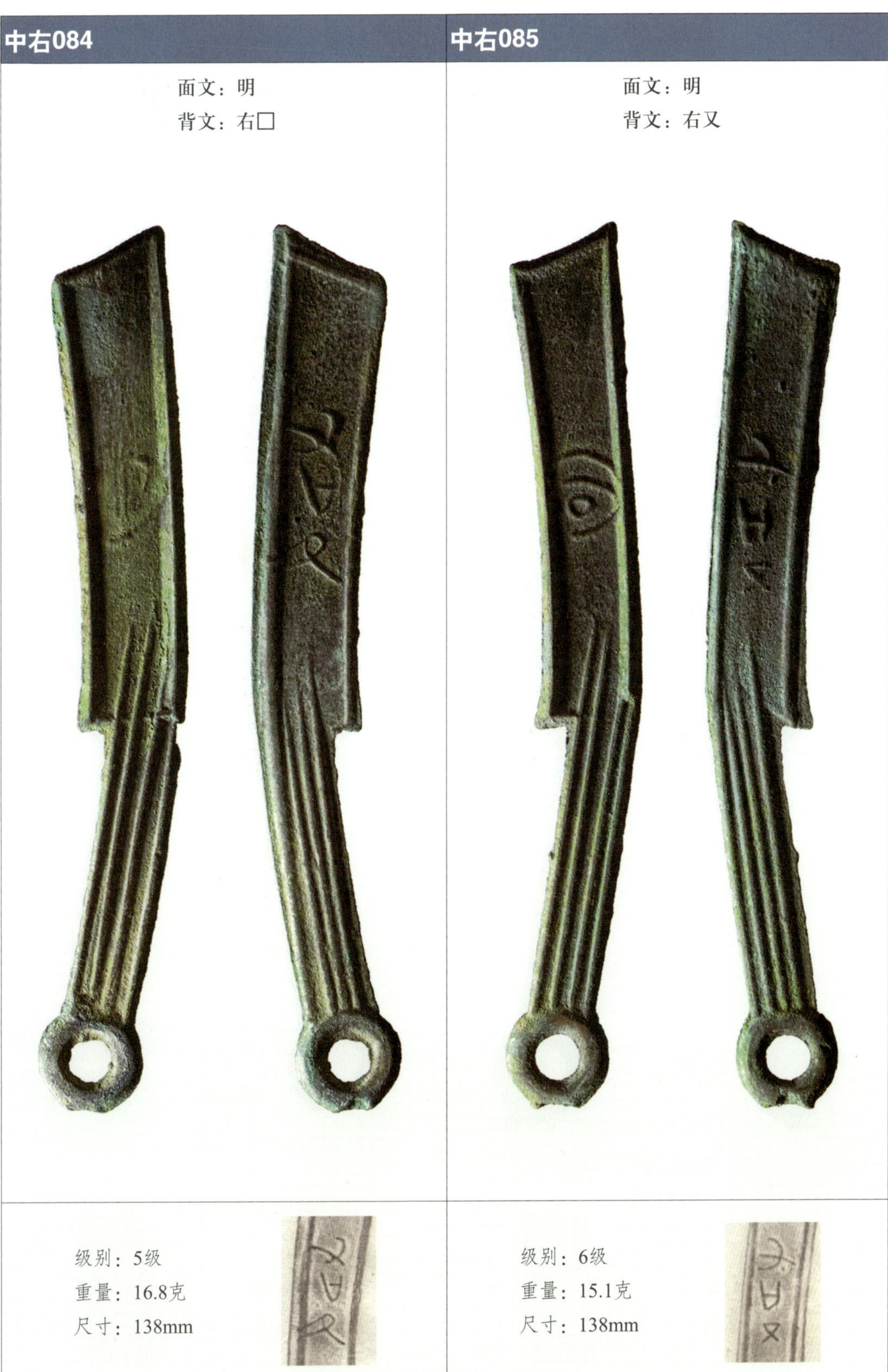

中右084	中右085
级别：5级 重量：16.8克 尺寸：138mm	级别：6级 重量：15.1克 尺寸：138mm

中右086	中右087
面文：明 背文：右夕	面文：明 背文：右夕
级别：6级 重量：17.7克 尺寸：142mm	级别：6级 重量：16.4克 尺寸：138mm

中右088	中右089
面文：明 背文：右夕	面文：明 背文：右刀
级别：6级 重量：17克 尺寸：140mm	级别：7级 重量：17.8克 尺寸：137mm

中右090

面文：明

背文：右□

级别：5级

重量：17.5克

尺寸：140mm

中右091

面文：明

背文：右□

级别：6级

重量：17.2克

尺寸：140mm

中右092

面文：明

背文：右□

级别：5级

重量：16.8克

尺寸：141mm

中右093

面文：明

背文：右□

级别：6级

重量：18.4克

尺寸：140mm

中右094	中右095
面文：明 背文：右中	面文：明 背文：右勿
级别：6级 重量：18.6克 尺寸：137mm	级别：4级 重量：16.5克 尺寸：140mm

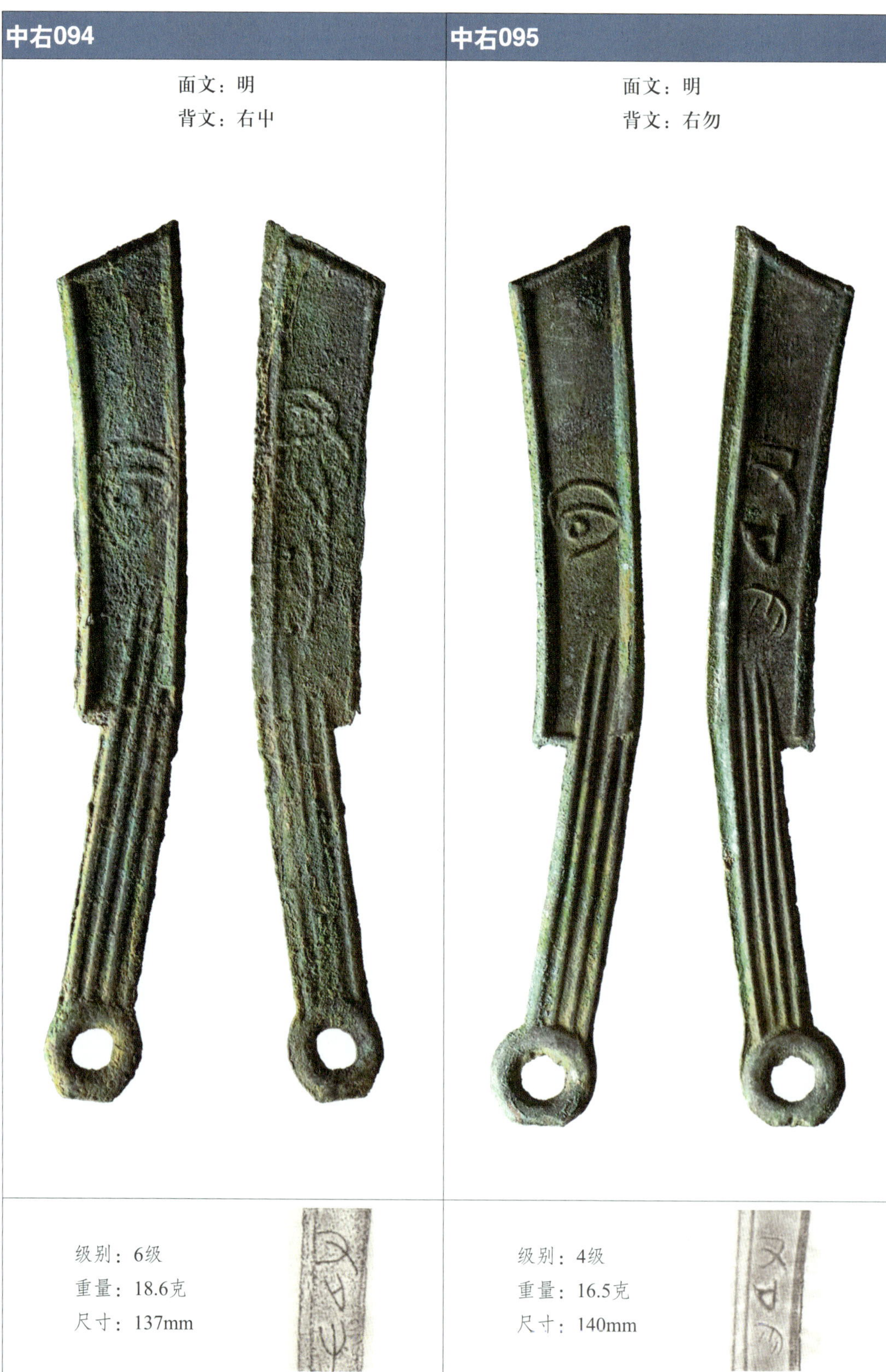

中右096

面文：明
背文：右勿

级别：4级
重量：17.2克
尺寸：139mm

中右097

面文：明
背文：右勿

级别：4级
重量：15.1克
尺寸：140mm

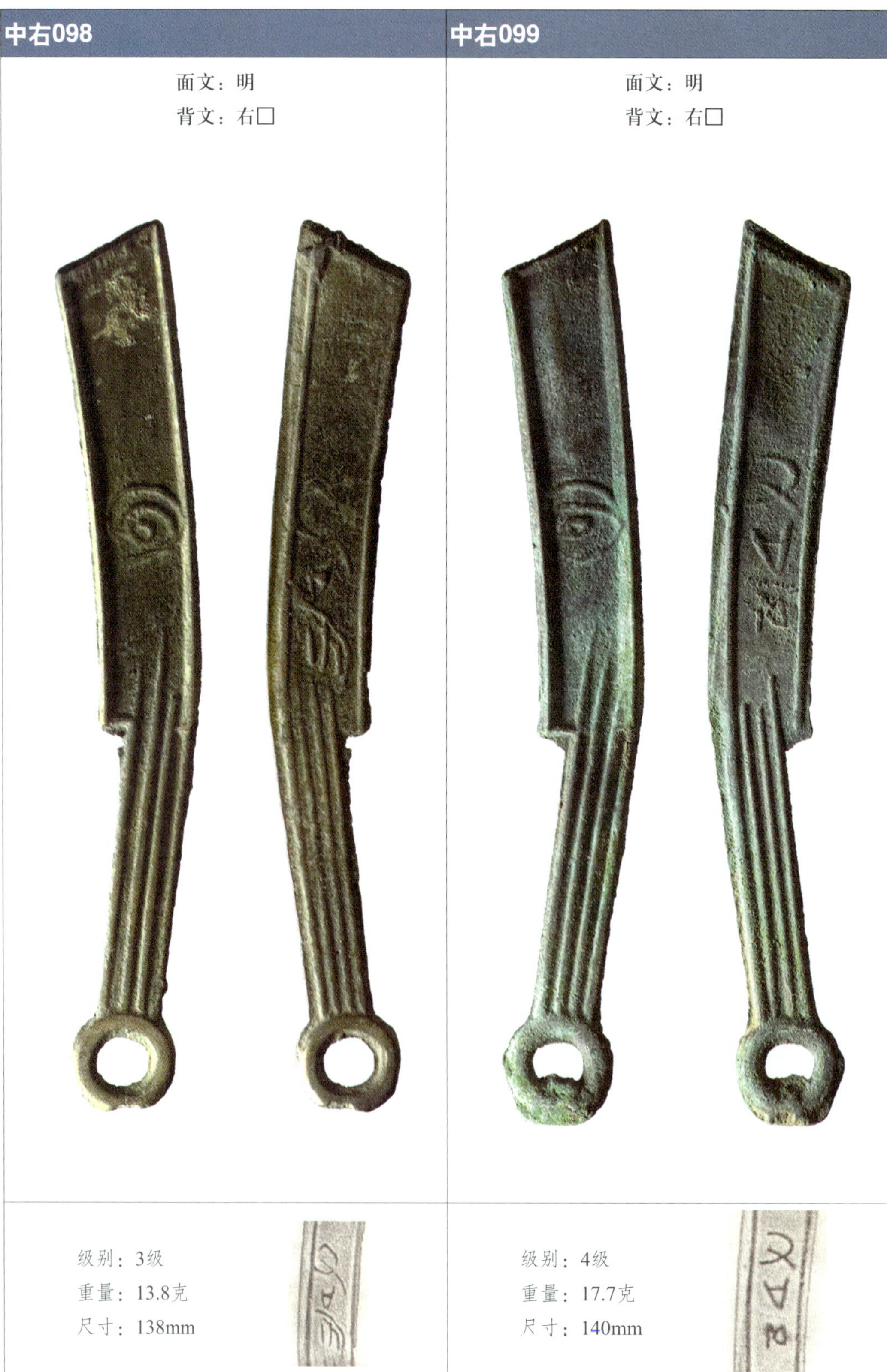

中右098

面文：明

背文：右□

级别：3级

重量：13.8克

尺寸：138mm

中右099

面文：明

背文：右□

级别：4级

重量：17.7克

尺寸：140mm

中右100

面文：明
背文：右A

级别：6级
重量：18.2克
尺寸：141mm

中右101

面文：明
背文：右A

级别：5级
重量：16.7克
尺寸：139mm

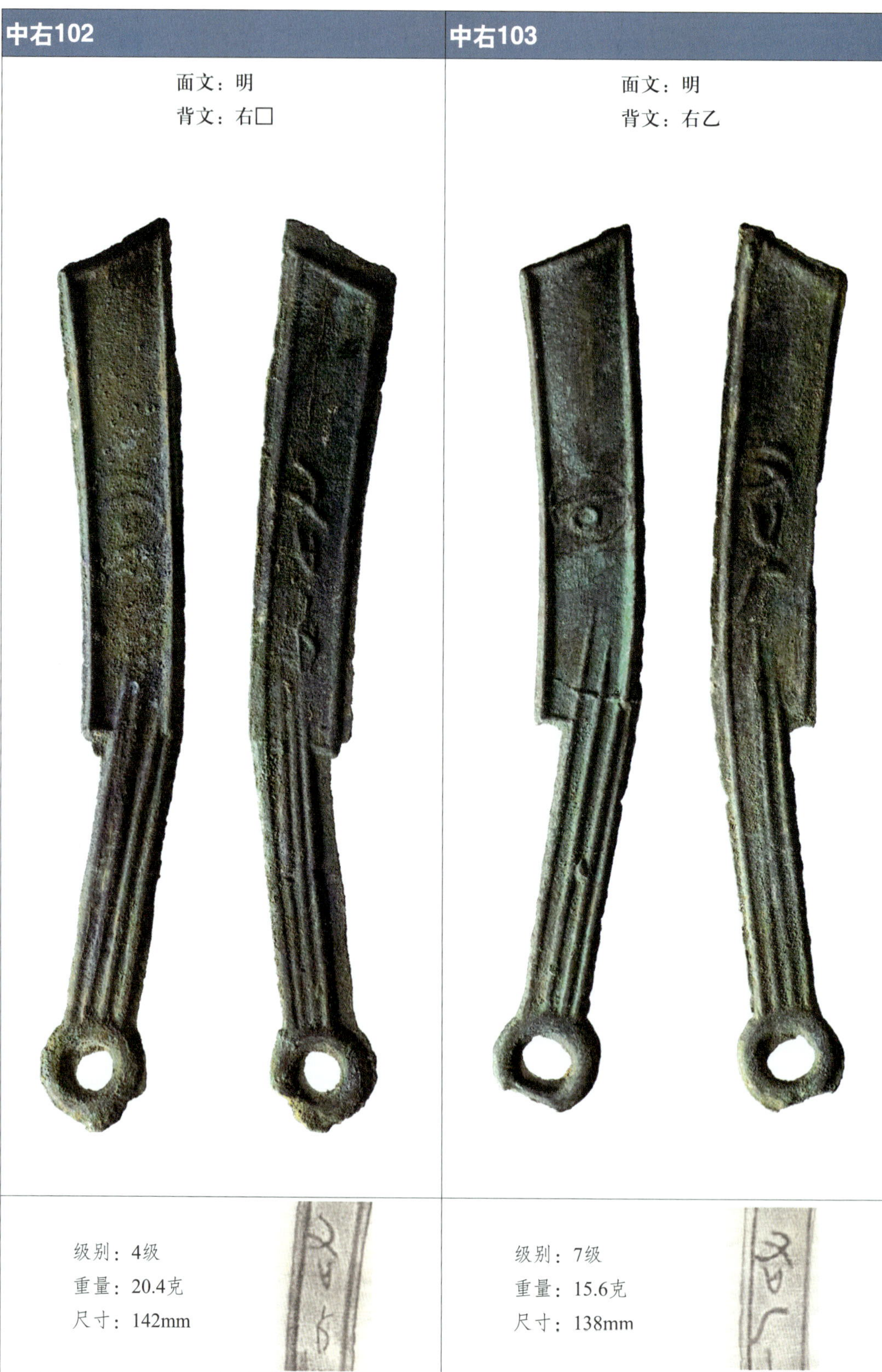

中右102

面文：明
背文：右□

级别：4级
重量：20.4克
尺寸：142mm

中右103

面文：明
背文：右乙

级别：7级
重量：15.6克
尺寸：138mm

中右104	中右105
面文：明 背文：右乙	面文：明 背文：右乙

中右104	中右105
级别：7级 重量：13.7克 尺寸：138mm	级别：6级 重量：15.2克 尺寸：140mm

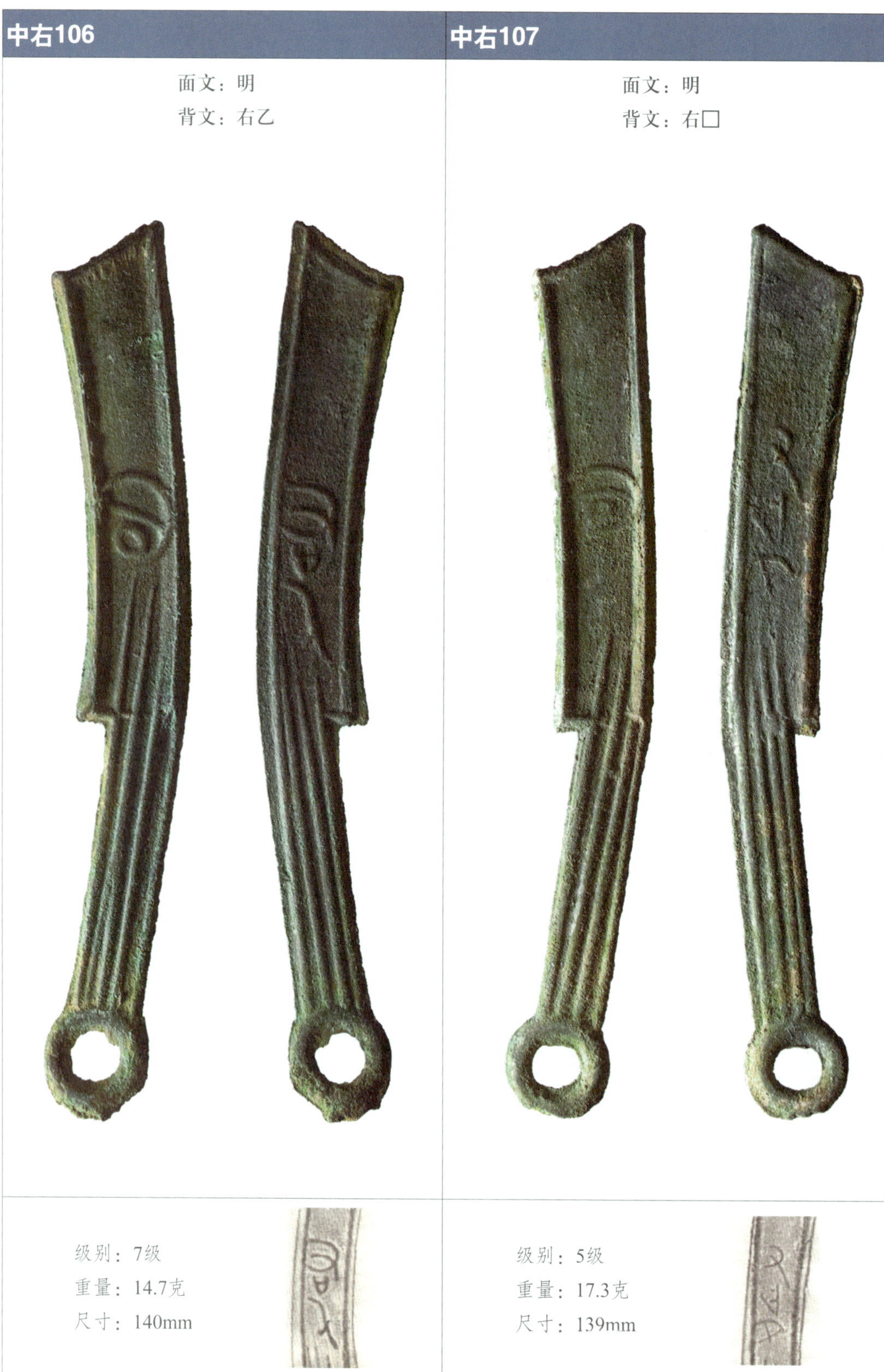

中右106

面文：明
背文：右乙

级别：7级
重量：14.7克
尺寸：140mm

中右107

面文：明
背文：右□

级别：5级
重量：17.3克
尺寸：139mm

中右108	中右109
面文：明 背文：右□	面文：明 背文：右□
级别：7级 重量：17.7克 尺寸：143mm	级别：7级 重量：16.6克 尺寸：141mm

中右110

面文：明
背文：右□

中右111

面文：明
背文：右申

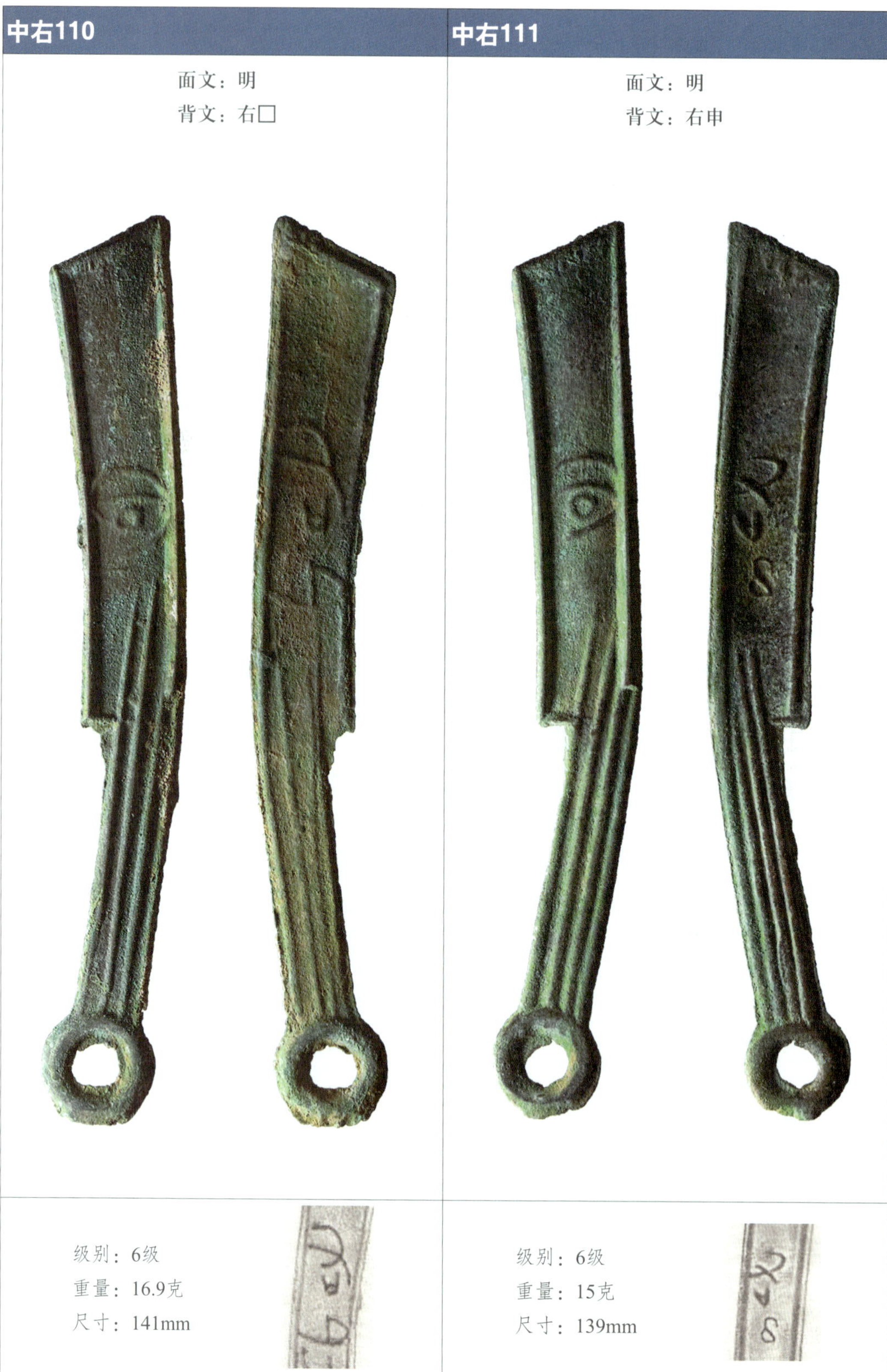

中右110

级别：6级
重量：16.9克
尺寸：141mm

中右111

级别：6级
重量：15克
尺寸：139mm

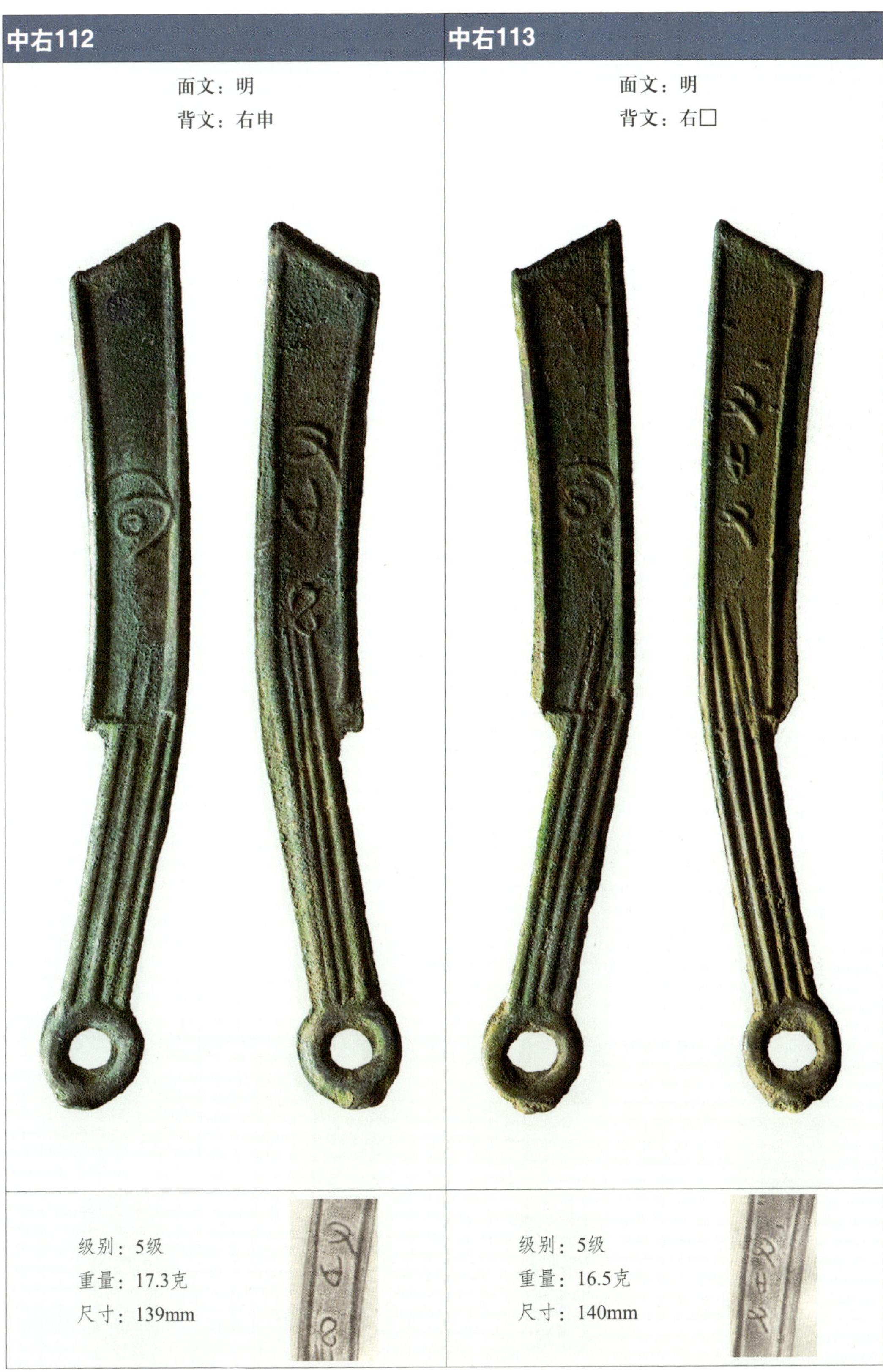

中右112

面文：明

背文：右申

级别：5级

重量：17.3克

尺寸：139mm

中右113

面文：明

背文：右□

级别：5级

重量：16.5克

尺寸：140mm

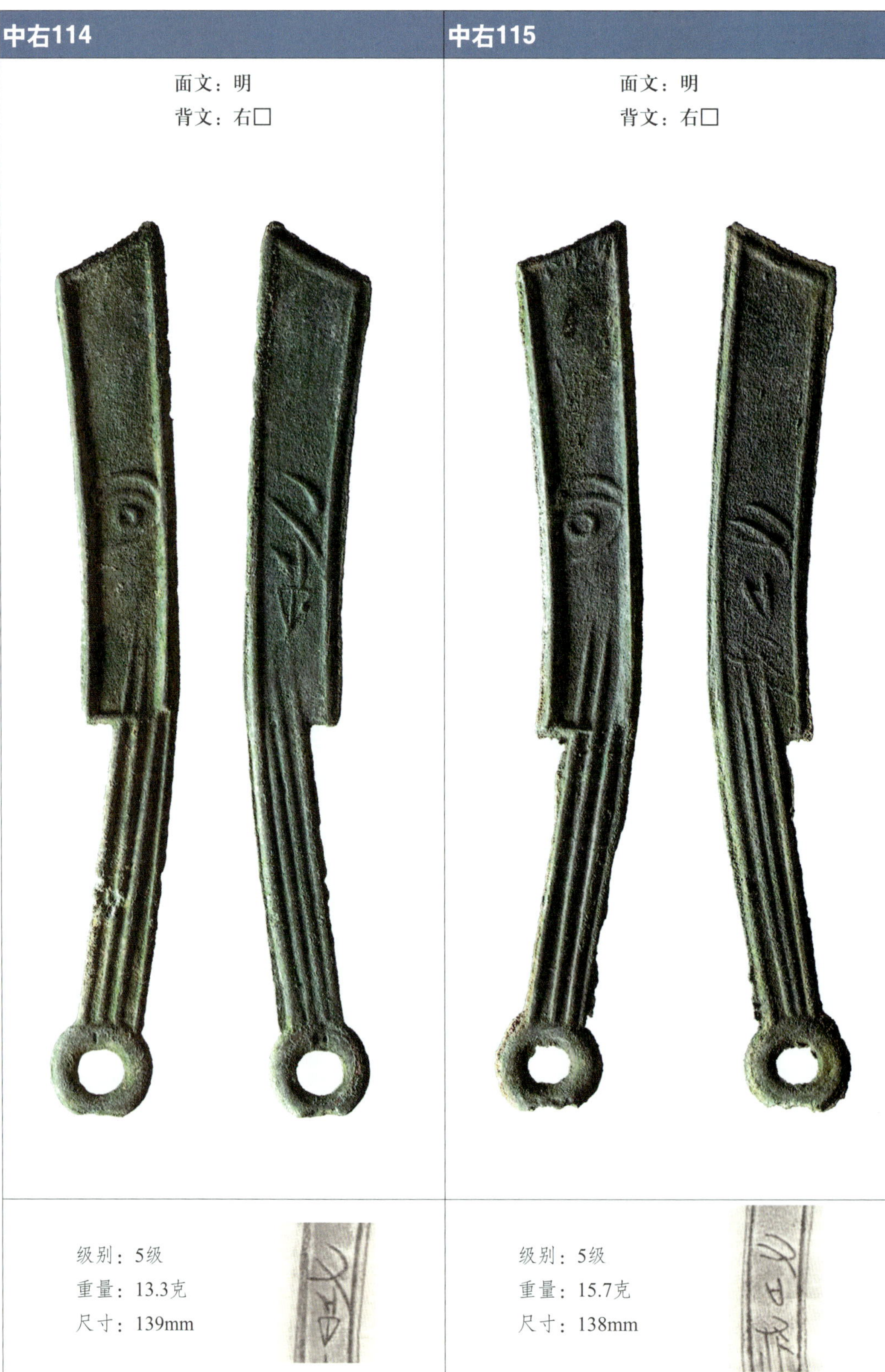

中右114

面文：明
背文：右□

级别：5级
重量：13.3克
尺寸：139mm

中右115

面文：明
背文：右□

级别：5级
重量：15.7克
尺寸：138mm

中右116

面文：明
背文：右□

级别：7级
重量：15.5克
尺寸：140mm

中右117

面文：明
背文：右□

级别：6级
重量：14.7克
尺寸：138mm

中右118

面文：明
背文：右□

级别：5级
重量：16.5克
尺寸：138mm

中右119

面文：明
背文：右□

级别：5级
重量：16.5克
尺寸：142mm

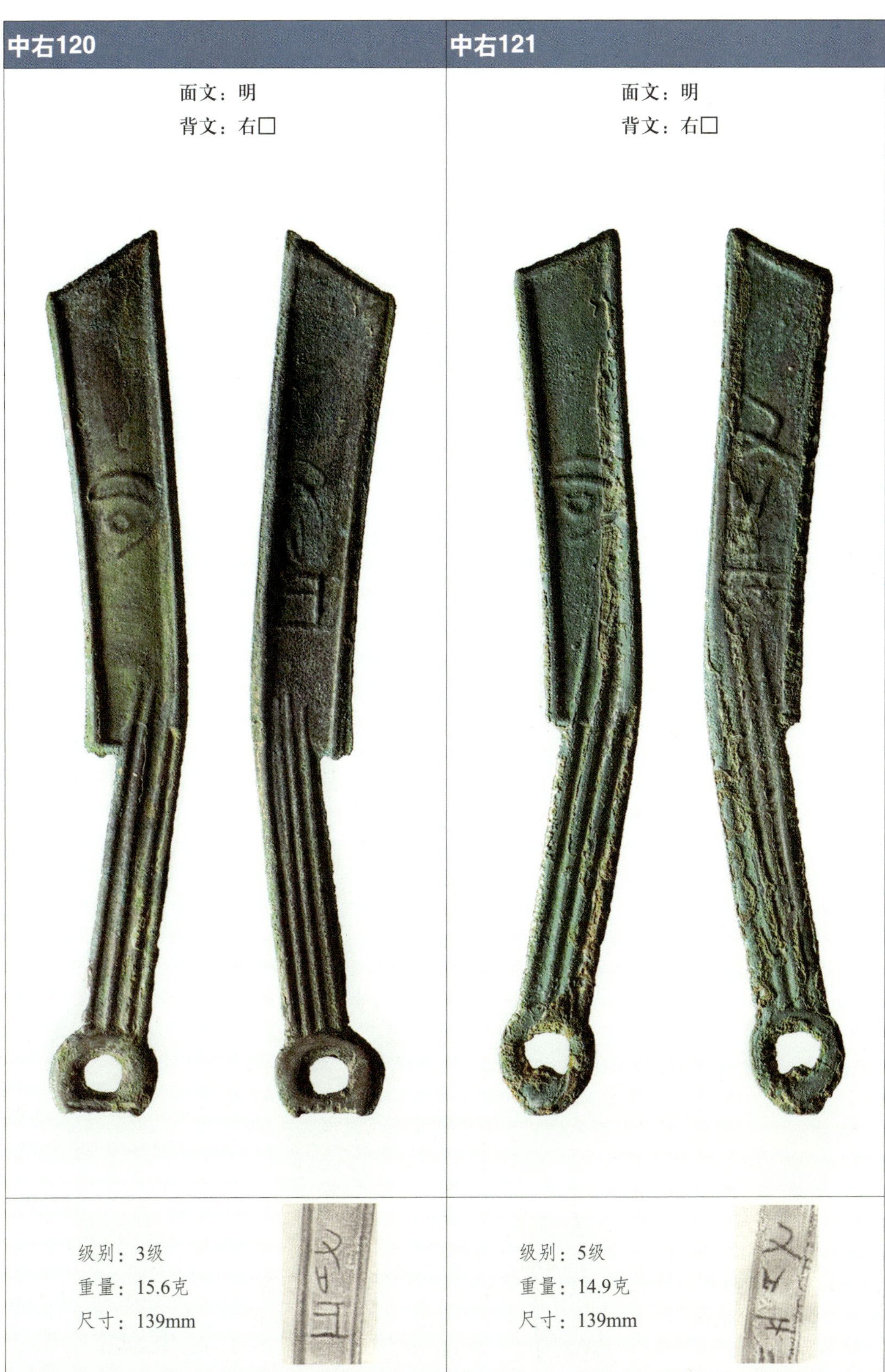

中右120

面文：明

背文：右□

级别：3级

重量：15.6克

尺寸：139mm

中右121

面文：明

背文：右□

级别：5级

重量：14.9克

尺寸：139mm

中右122	中右123
面文：明 背文：右□	面文：明 背文：右□
级别：6级 重量：13.3克 尺寸：137mm	级别：6级 重量：16.7克 尺寸：138mm

中右124	中右125
面文：明 背文：右□	面文：明 背文：右日

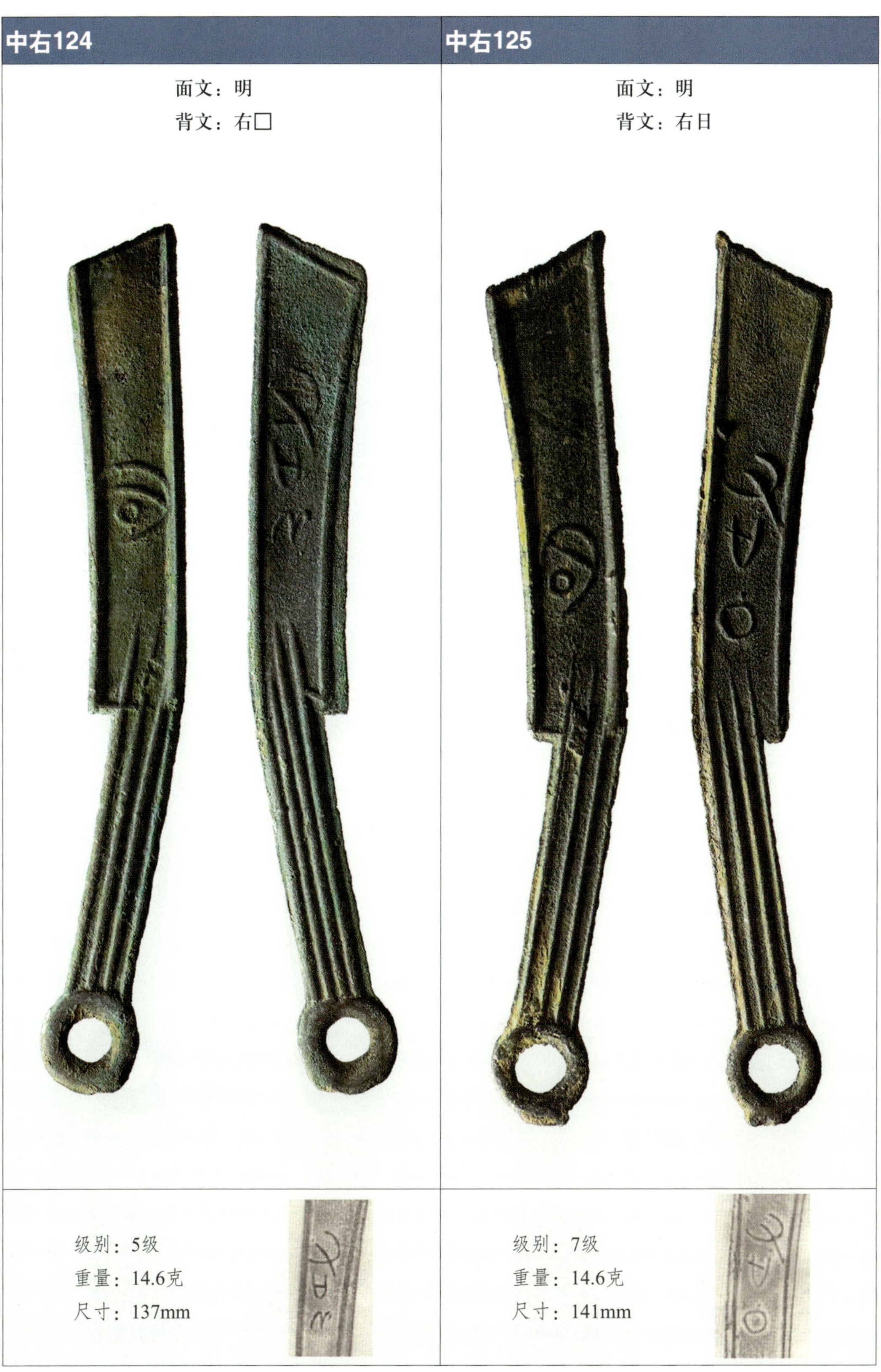

中右124	中右125
级别：5级 重量：14.6克 尺寸：137mm	级别：7级 重量：14.6克 尺寸：141mm

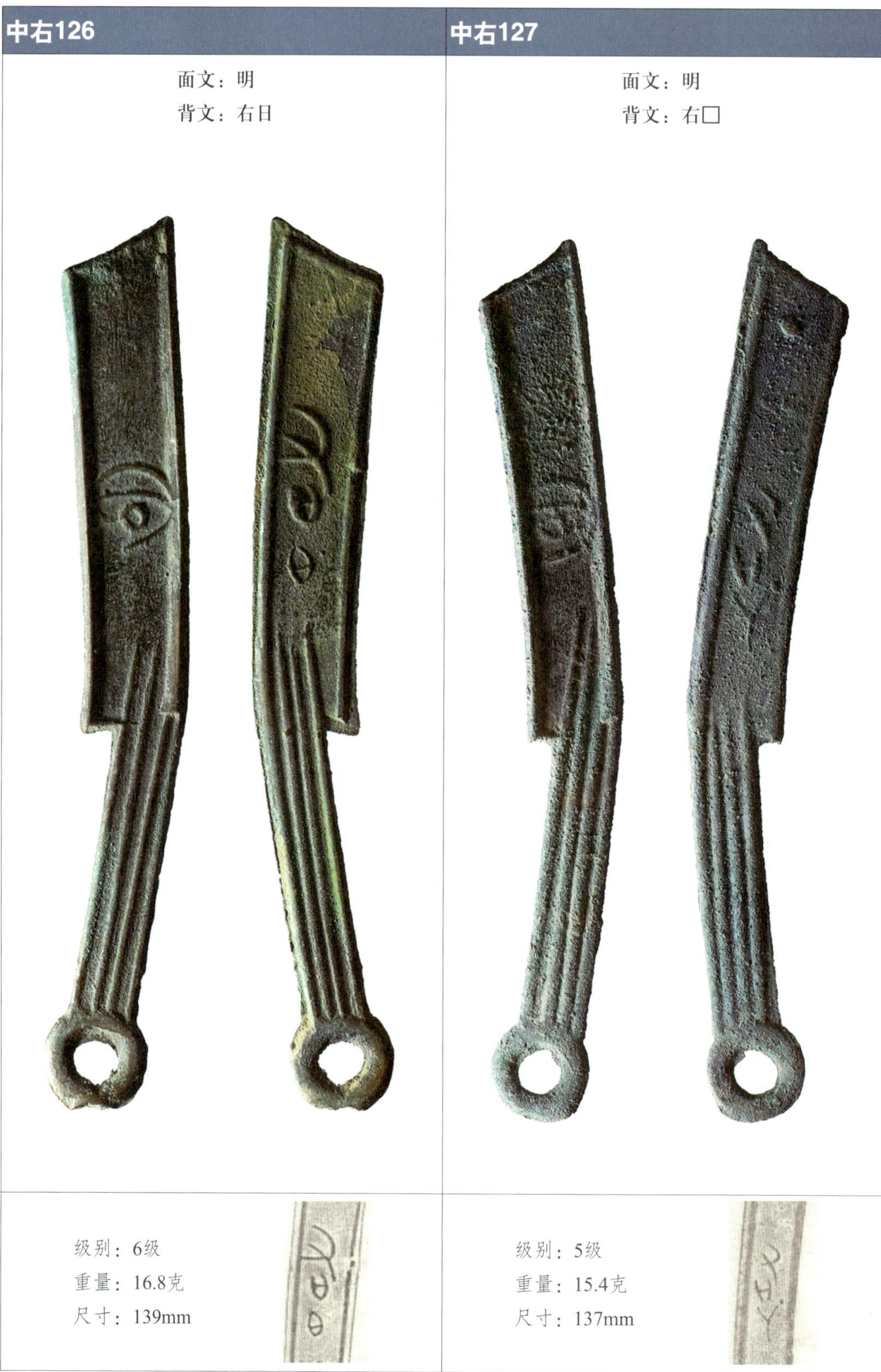

中右126	中右127
面文：明 背文：右日	面文：明 背文：右□
级别：6级 重量：16.8克 尺寸：139mm	级别：5级 重量：15.4克 尺寸：137mm

中右128	中右129
面文：明 背文：右人	面文：明 背文：右人

中右128	中右129
级别：6级 重量：17.6克 尺寸：140mm	级别：6级 重量：15.5克 尺寸：139mm

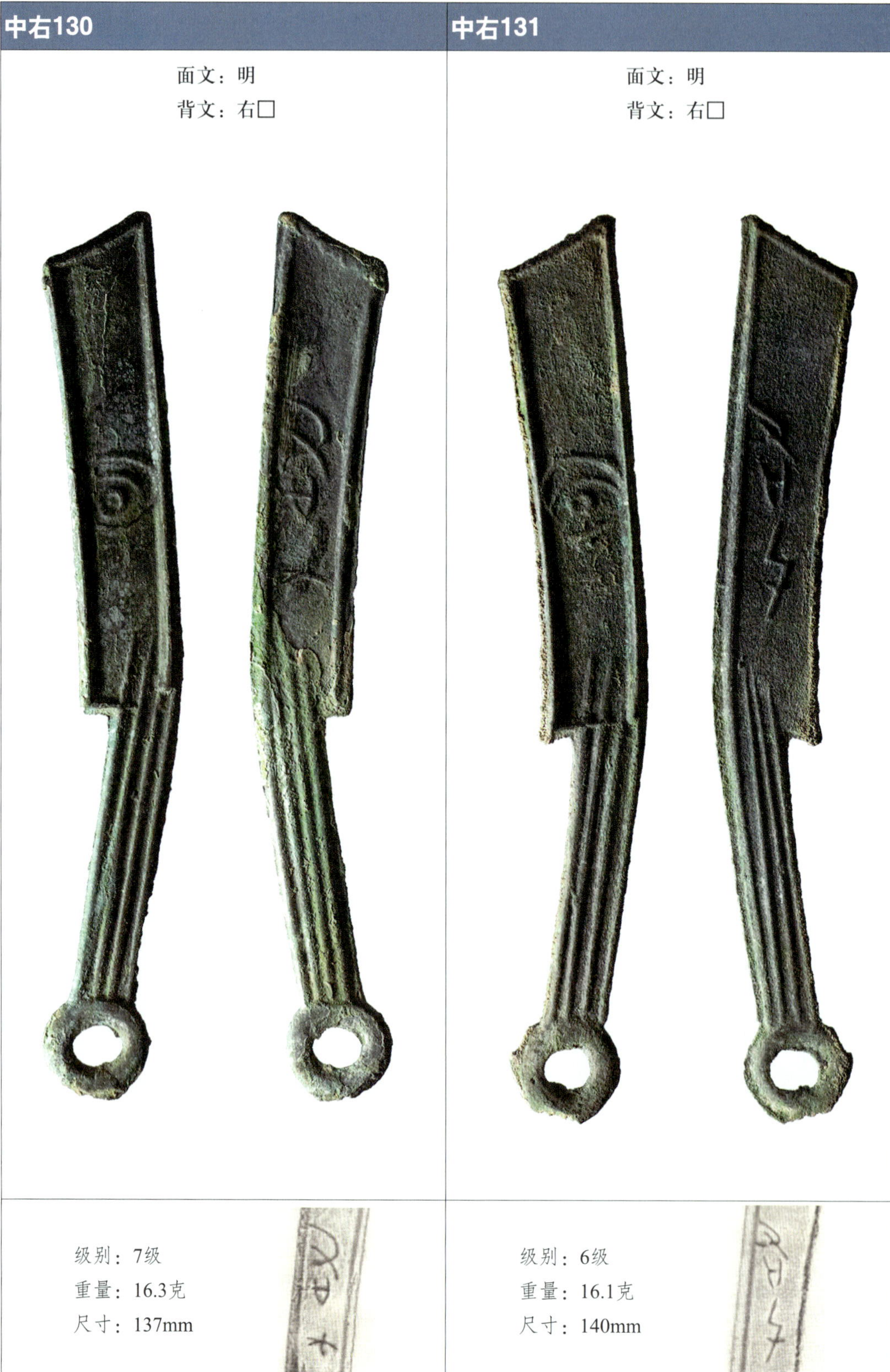

中右130	中右131
面文：明 背文：右□	面文：明 背文：右□
级别：7级 重量：16.3克 尺寸：137mm	级别：6级 重量：16.1克 尺寸：140mm

中右132

面文：明
背文：右□

级别：6级
重量：16.8克
尺寸：141mm

中右133

面文：明
背文：右□

级别：7级
重量：16克
尺寸：138mm

中右134

面文：明

背文：右□

级别：7级

重量：17.1克

尺寸：140mm

中右135 7级

面文：明

背文：右□

级别：7级

重量：15.7克

尺寸：137mm

中右136	中右137
面文：明 背文：右□	面文：明 背文：右□

级别：5级 重量：16.8克 尺寸：139mm	级别：5级 重量：16.7克 尺寸：138mm

中右138	中右139
面文：明 背文：右□	面文：明 背文：右□
级别：7级 重量：15.8克 尺寸：141mm	级别：5级 重量：20.6克 尺寸：142mm

中右140	中右141
面文：明 背文：右成	面文：明 背文：右□

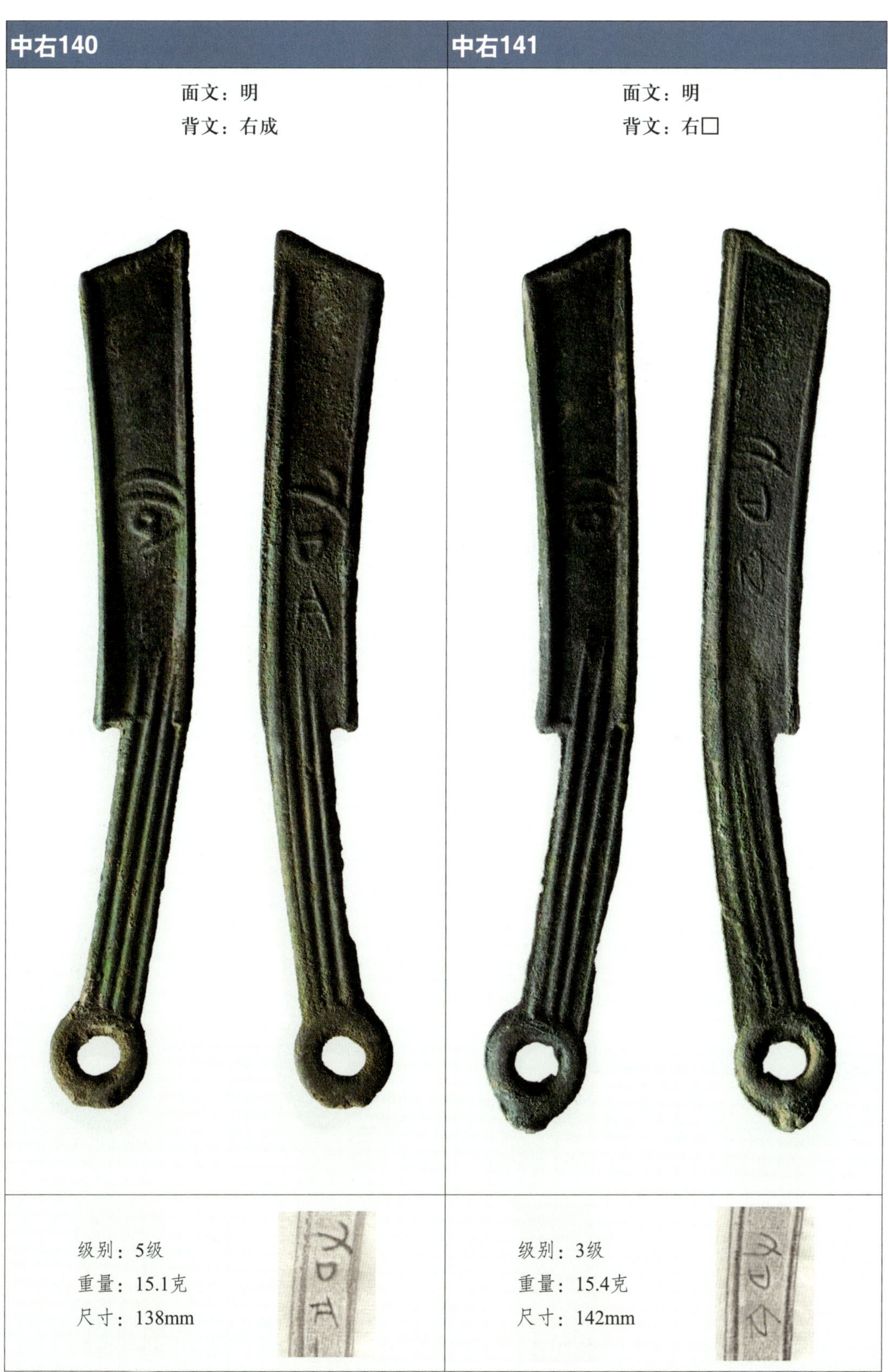

中右140	中右141
级别：5级 重量：15.1克 尺寸：138mm	级别：3级 重量：15.4克 尺寸：142mm

中右142

面文：明

背文：右□

级别：5级

重量：15.6克

尺寸：141mm

中右143

面文：明

背文：右木

级别：4级

重量：17.8克

尺寸：142mm

中右144

面文：明
背文：右禾

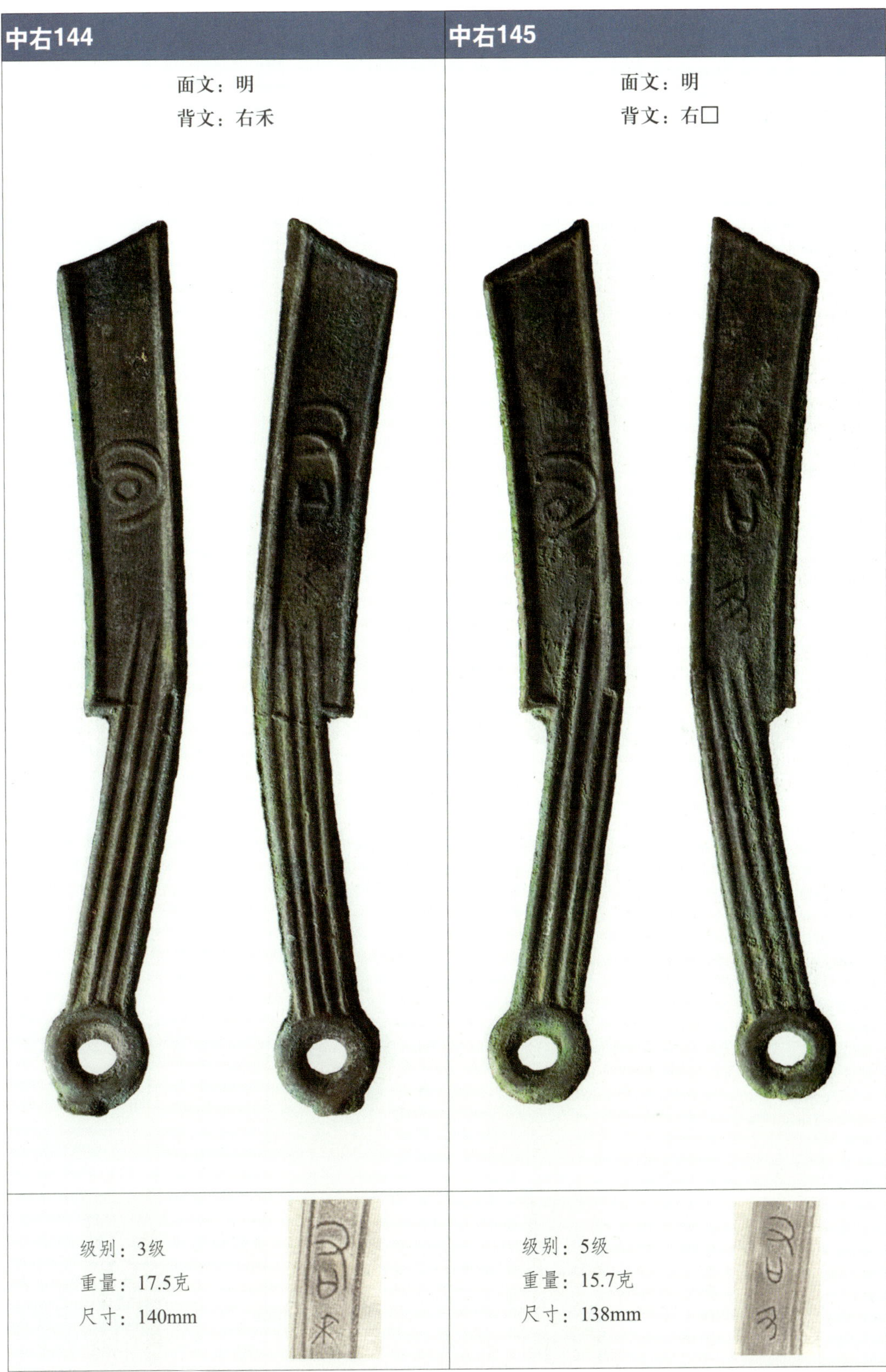

级别：3级
重量：17.5克
尺寸：140mm

中右145

面文：明
背文：右□

级别：5级
重量：15.7克
尺寸：138mm

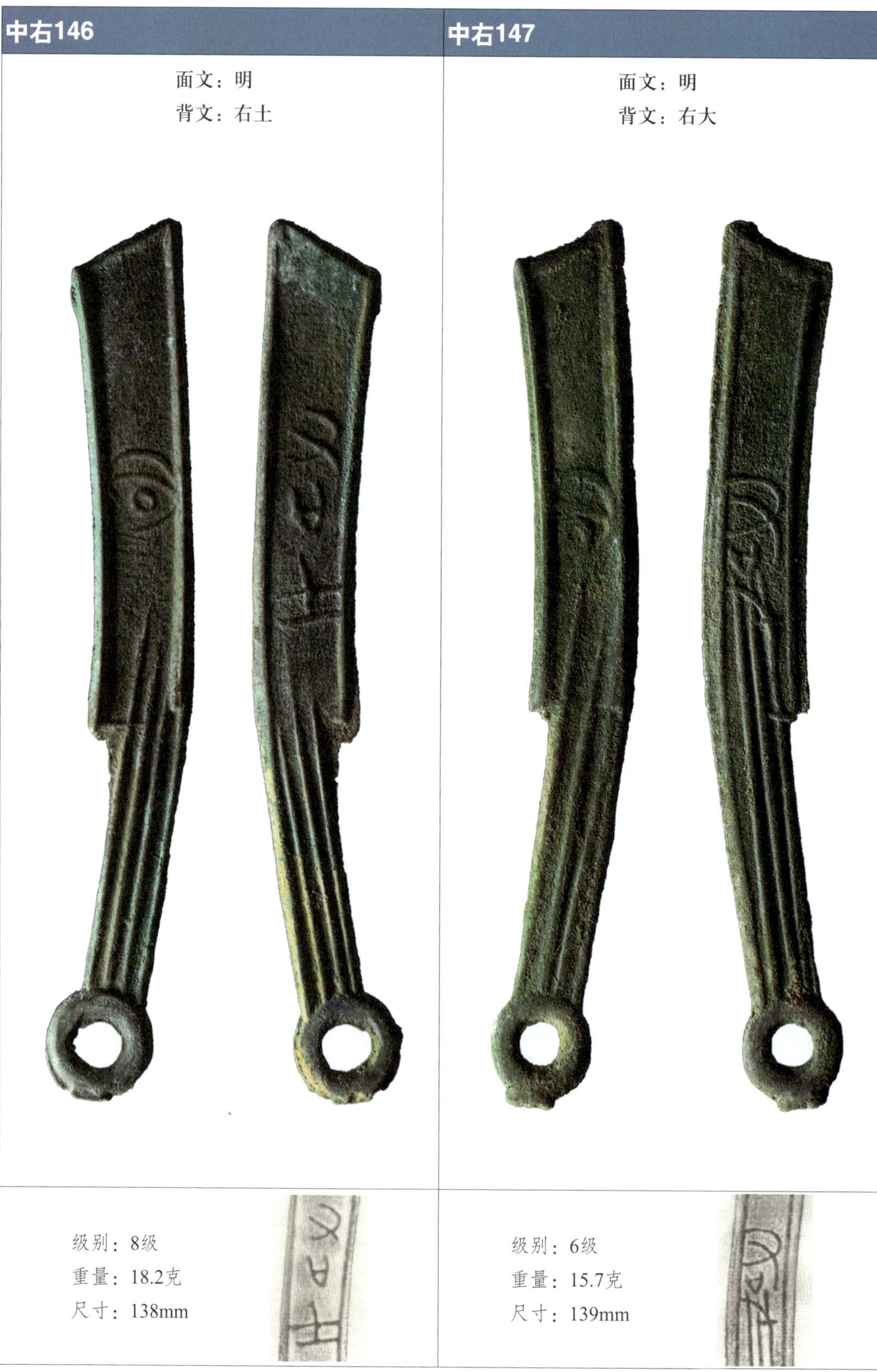

中右146	中右147
面文：明 背文：右土	面文：明 背文：右大
级别：8级 重量：18.2克 尺寸：138mm	级别：6级 重量：15.7克 尺寸：139mm

中右148	中右149
面文：明 背文：右巳	面文：明 背文：右□

级别：5级 重量：15.8克 尺寸：142mm	级别：7级 重量：14.5克 尺寸：139 mm

中右150

面文：明
背文：右勹

级别：6级
重量：15.8克
尺寸：139mm

中右151

面文：明
背文：右中

级别：4级
重量：17克
尺寸：139mm

中右152	中右153
面文：明 背文：右□	面文：明 背文：右飞
级别：6级 重量：14.8克 尺寸：138mm	级别：4级 重量：15.5克 尺寸：138mm

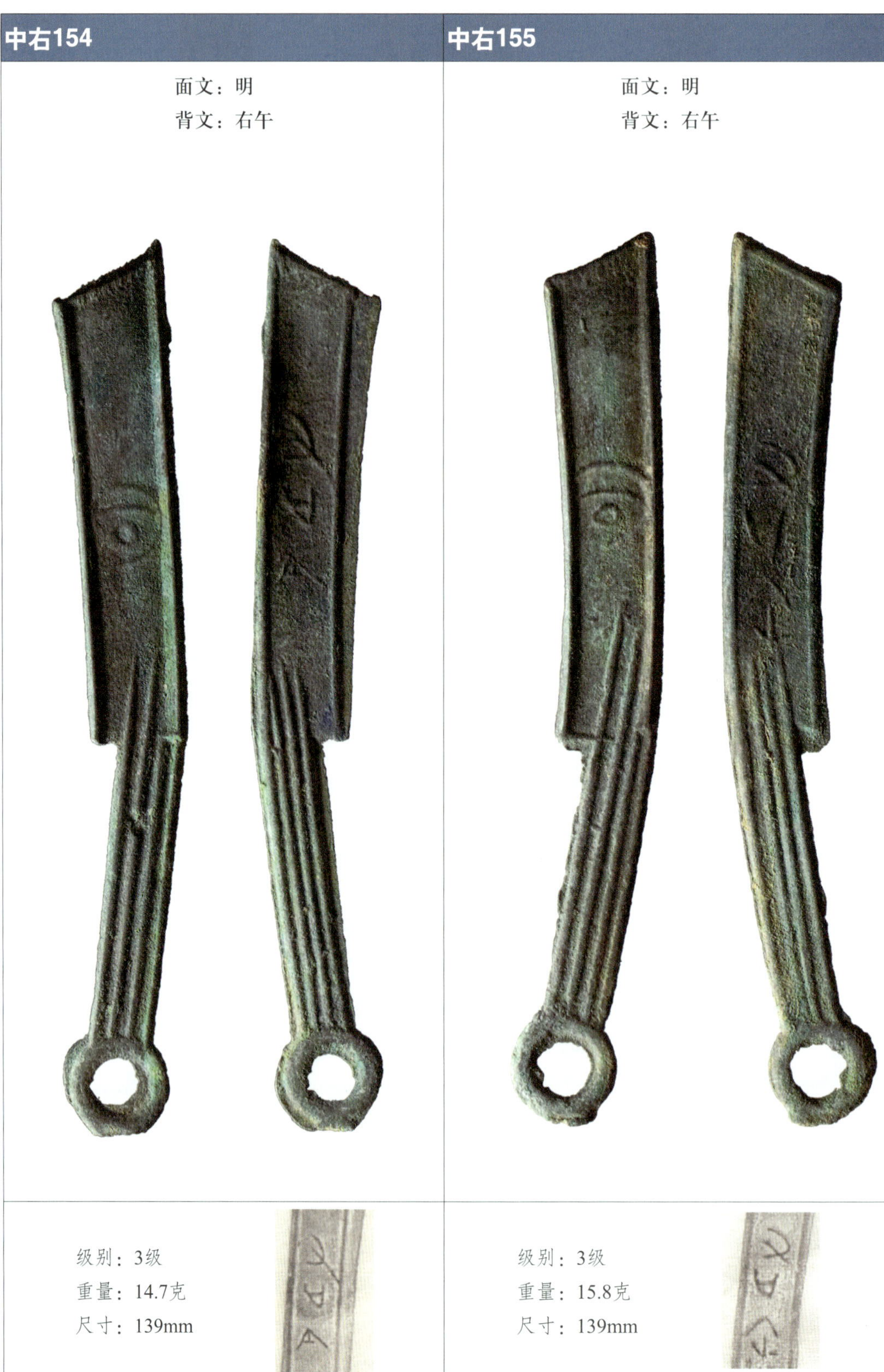

中右154

面文：明
背文：右午

级别：3级
重量：14.7克
尺寸：139mm

中右155

面文：明
背文：右午

级别：3级
重量：15.8克
尺寸：139mm

中右156	中右157
面文：明 背文：右午	面文：明 背文：右午

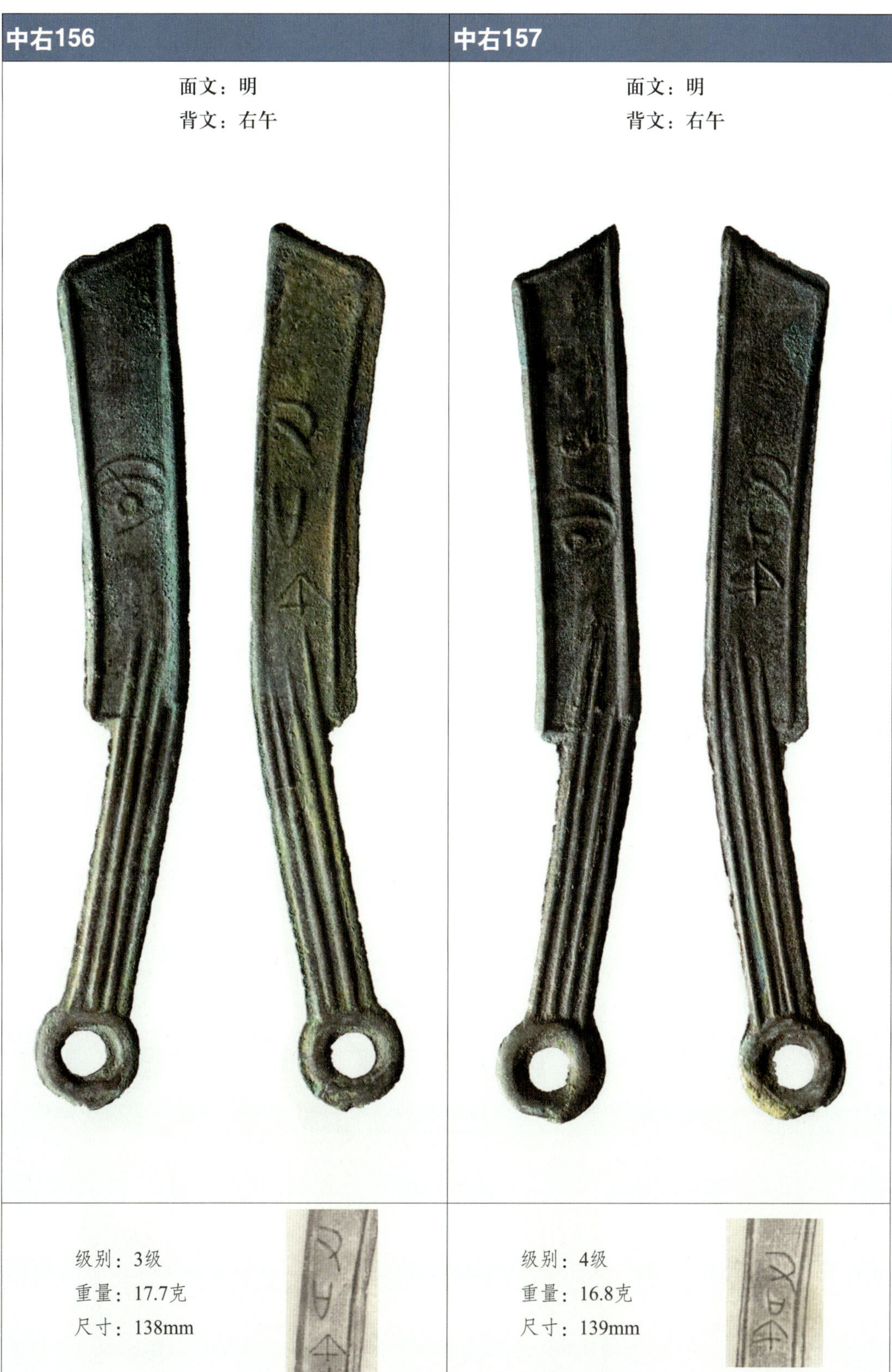

中右156	中右157
级别：3级 重量：17.7克 尺寸：138mm	级别：4级 重量：16.8克 尺寸：139mm

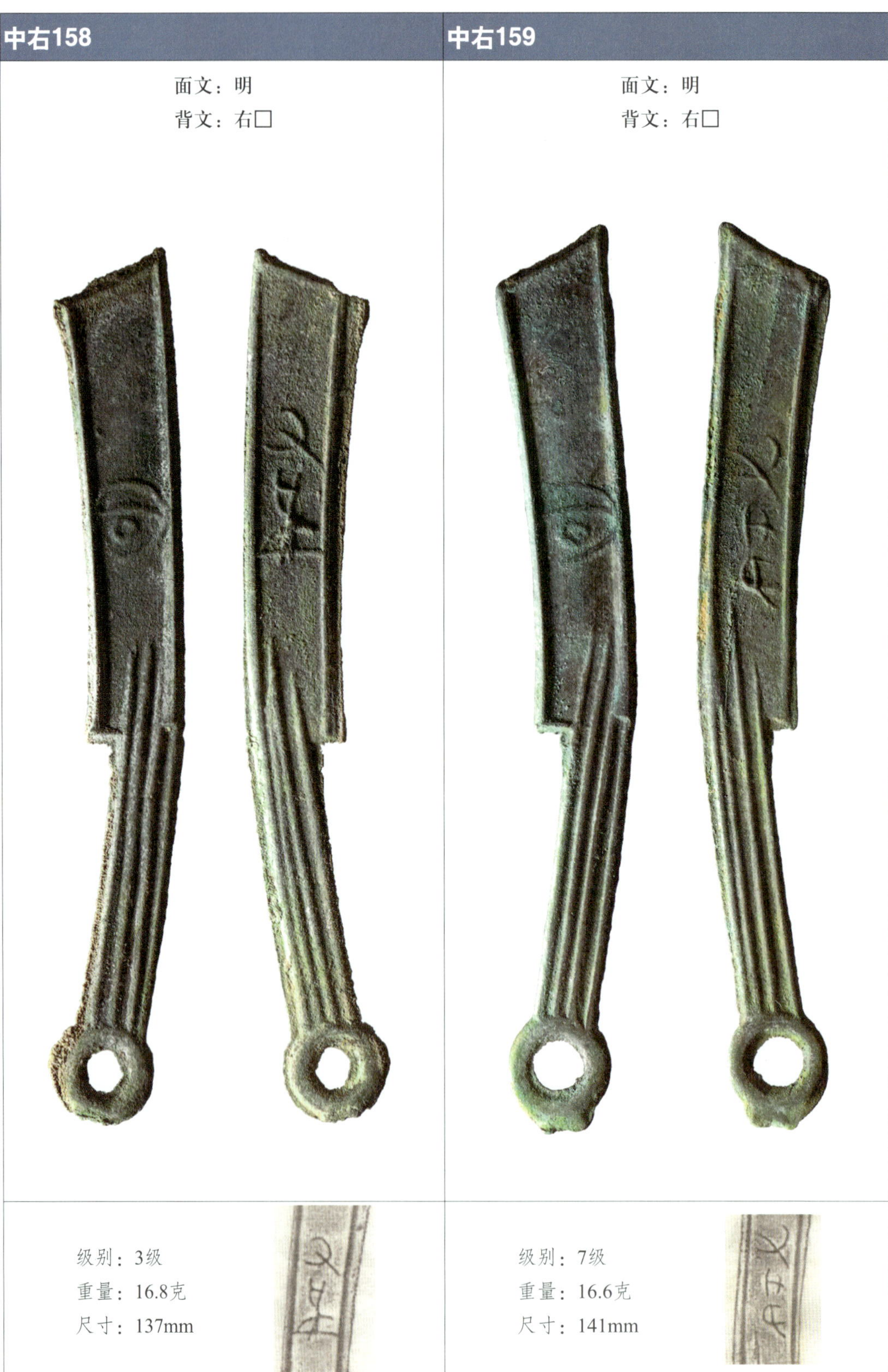

中右158	中右159
面文：明 背文：右□	面文：明 背文：右□
级别：3级 重量：16.8克 尺寸：137mm	级别：7级 重量：16.6克 尺寸：141mm

中右160	中右161
面文：明 背文：右□	面文：明 背文：右□

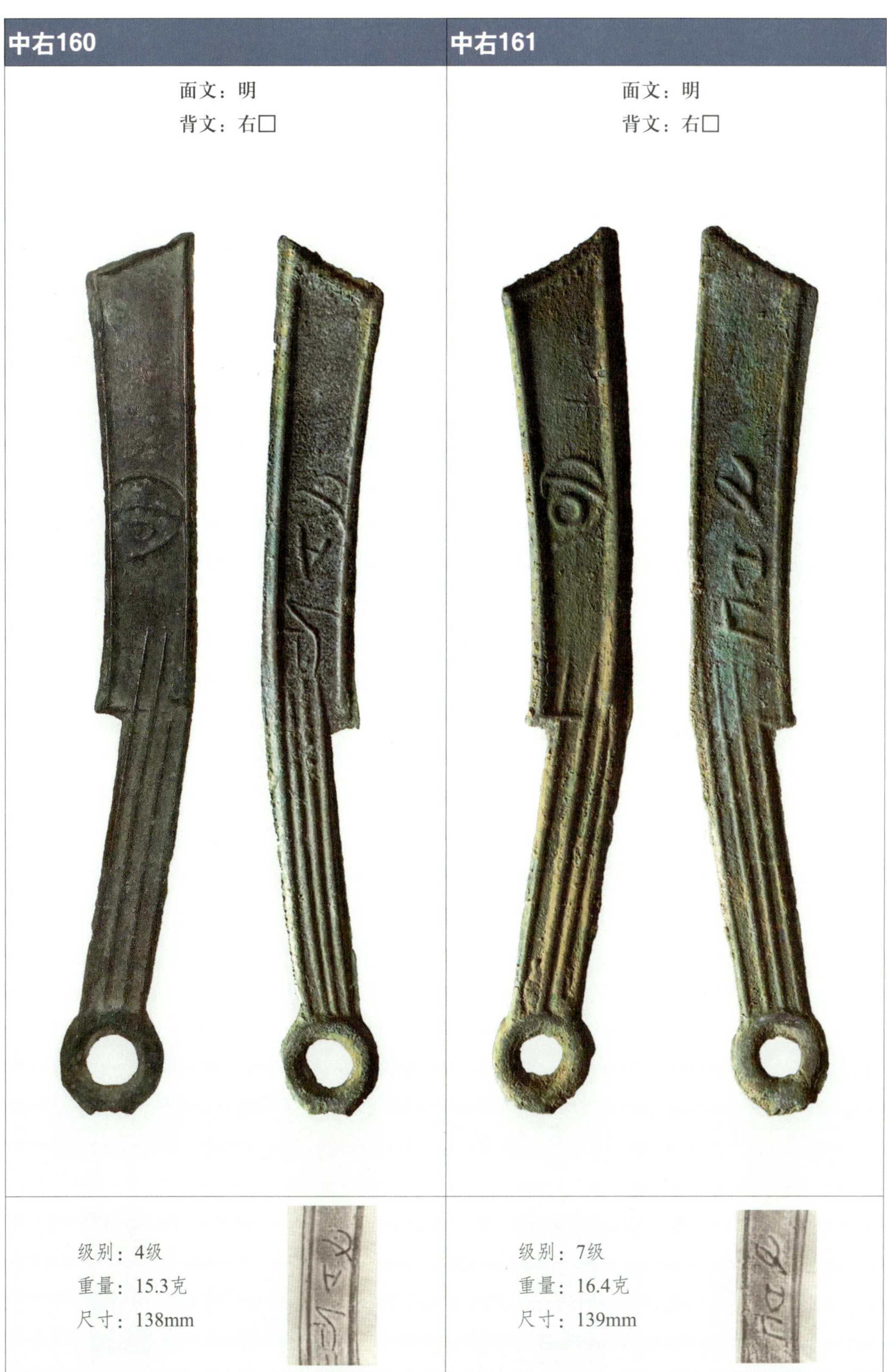

中右160	中右161
级别：4级 重量：15.3克 尺寸：138mm	级别：7级 重量：16.4克 尺寸：139mm

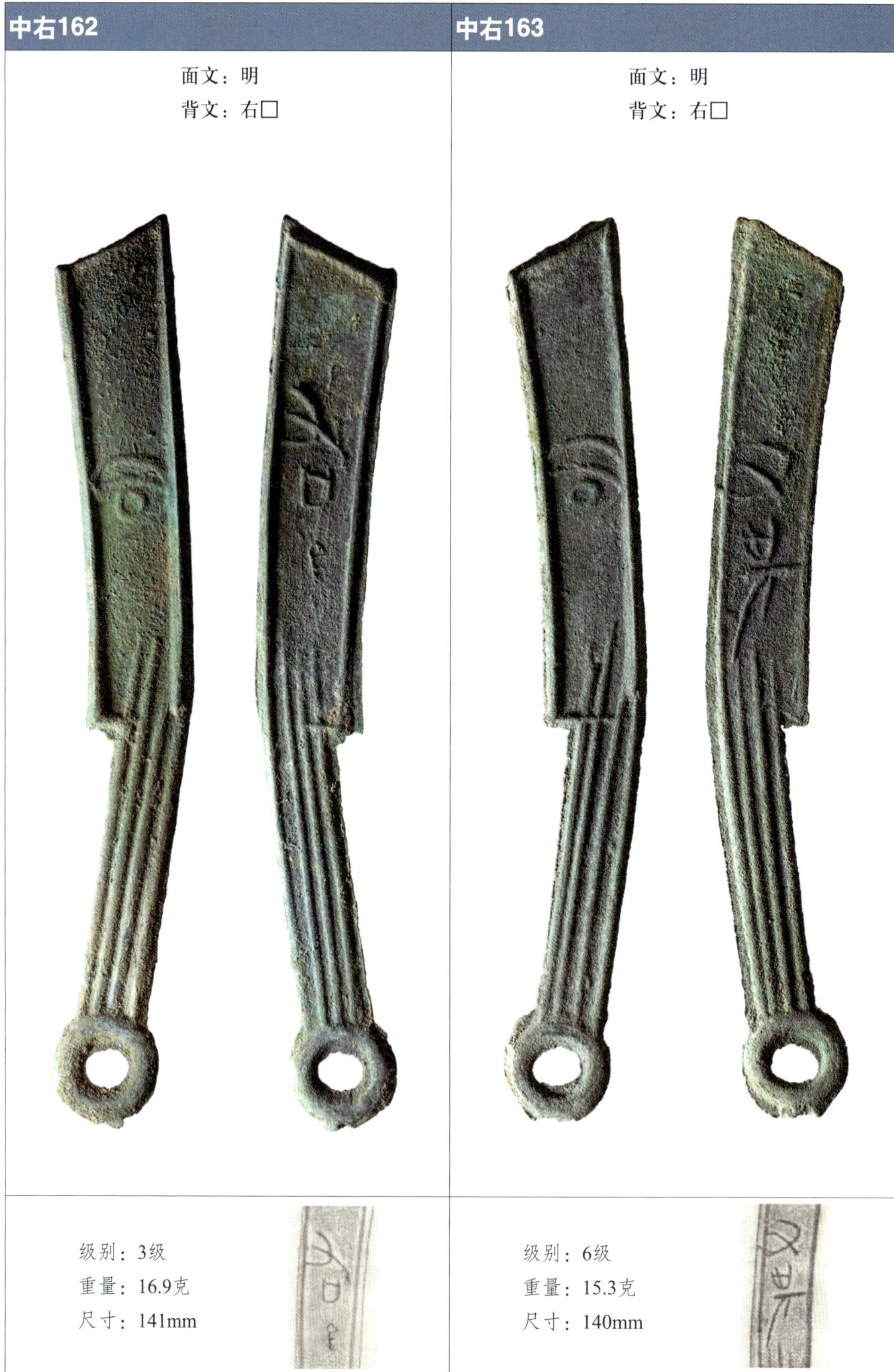

中右162	中右163
面文：明 背文：右□	面文：明 背文：右□
级别：3级 重量：16.9克 尺寸：141mm	级别：6级 重量：15.3克 尺寸：140mm

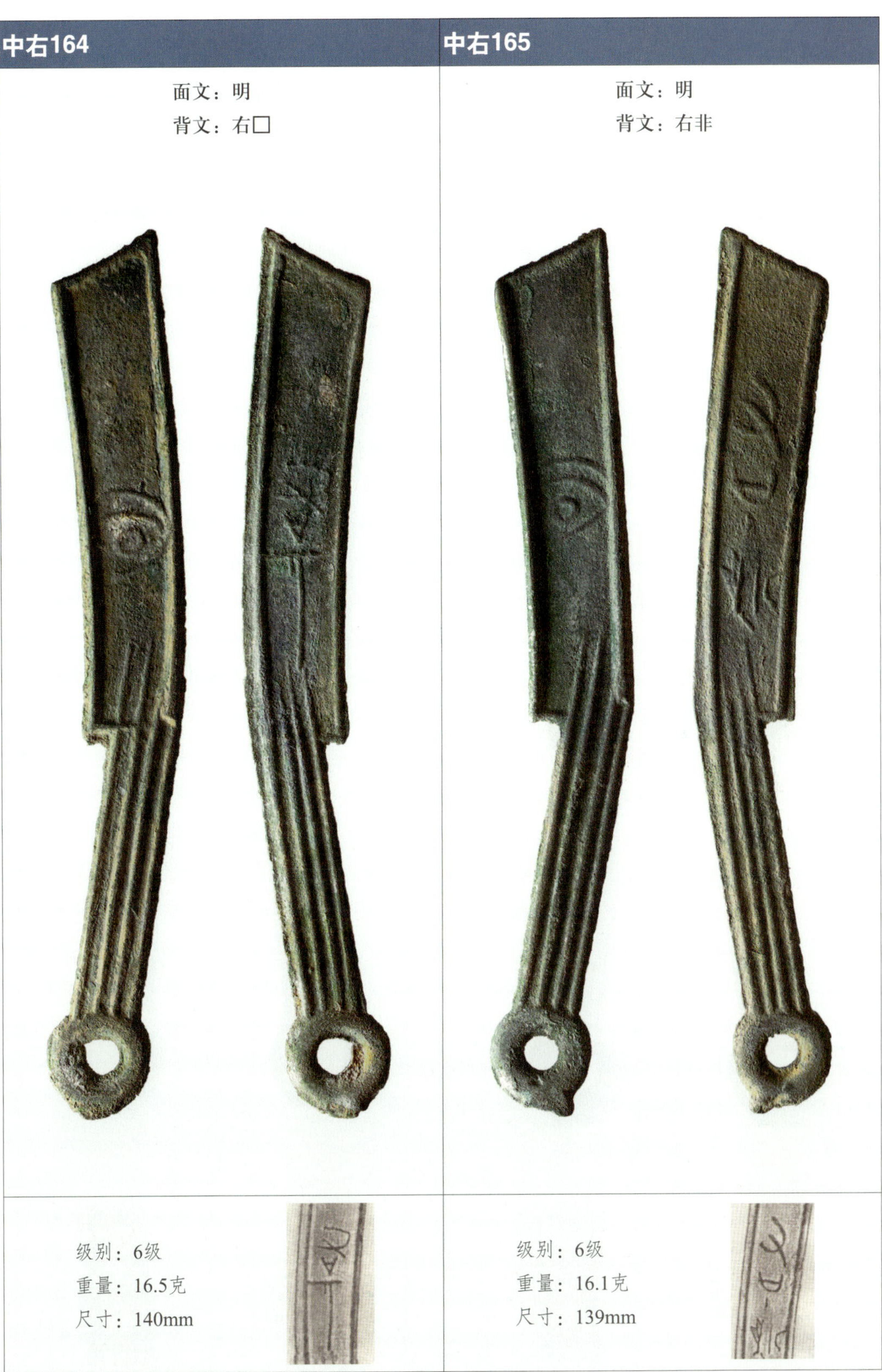

中右164

面文：明
背文：右□

级别：6级
重量：16.5克
尺寸：140mm

中右165

面文：明
背文：右非

级别：6级
重量：16.1克
尺寸：139mm

中右166	中右167
面文：明 背文：右非	面文：明 背文：右非
级别：5级 重量：16.7克 尺寸：141mm	级别：6级 重量：15.7克 尺寸：139mm

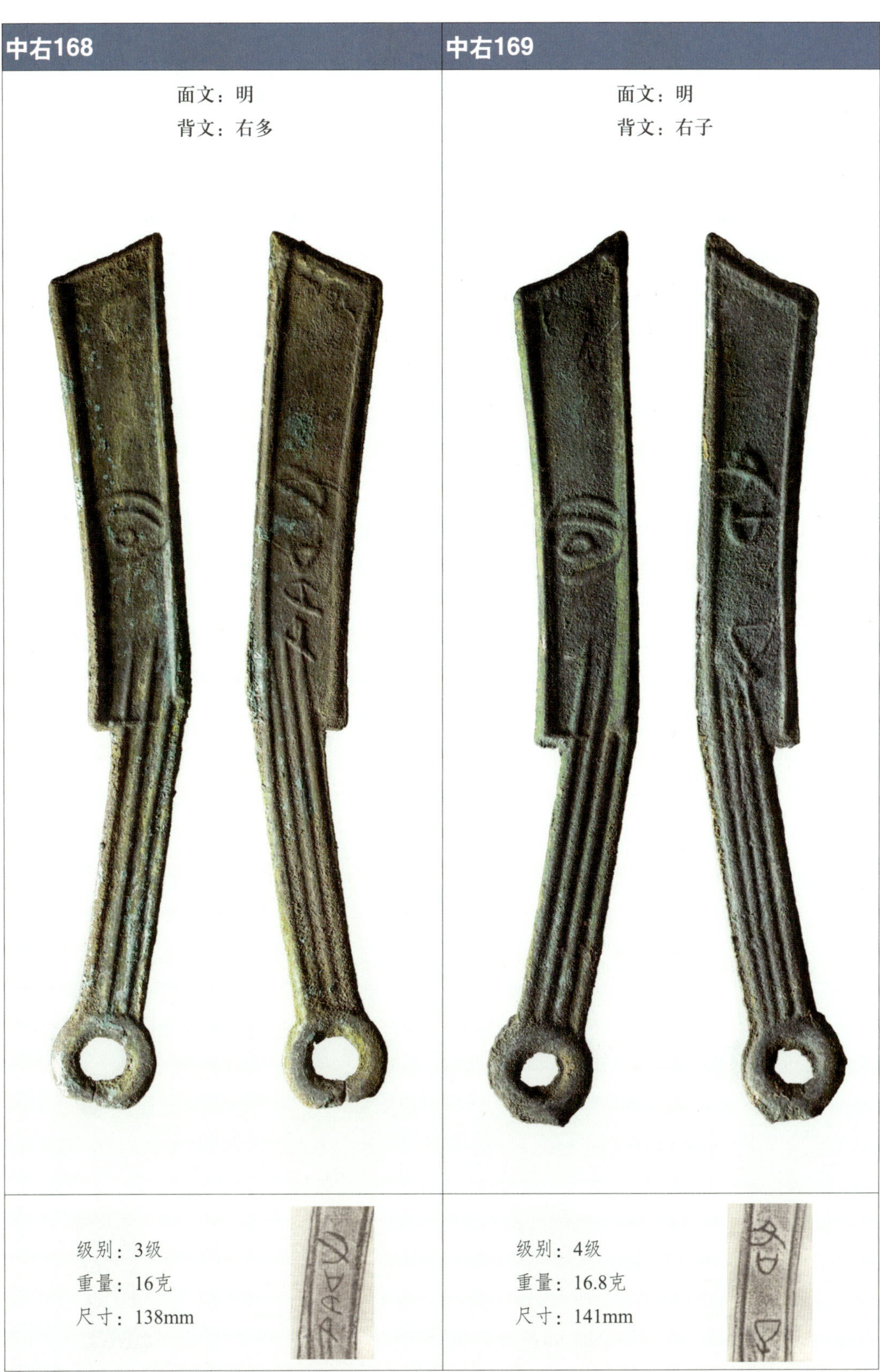

中右168

面文：明
背文：右多

级别：3级
重量：16克
尺寸：138mm

中右169

面文：明
背文：右子

级别：4级
重量：16.8克
尺寸：141mm

中右170	中右171
面文：明 背文：右子	面文：明 背文：右石
级别：4级 重量：16.7克 尺寸：140mm	级别：4级 重量：17.2克 尺寸：141mm

中右172	中右173
面文：明 背文：右石	面文：明 背文：右可

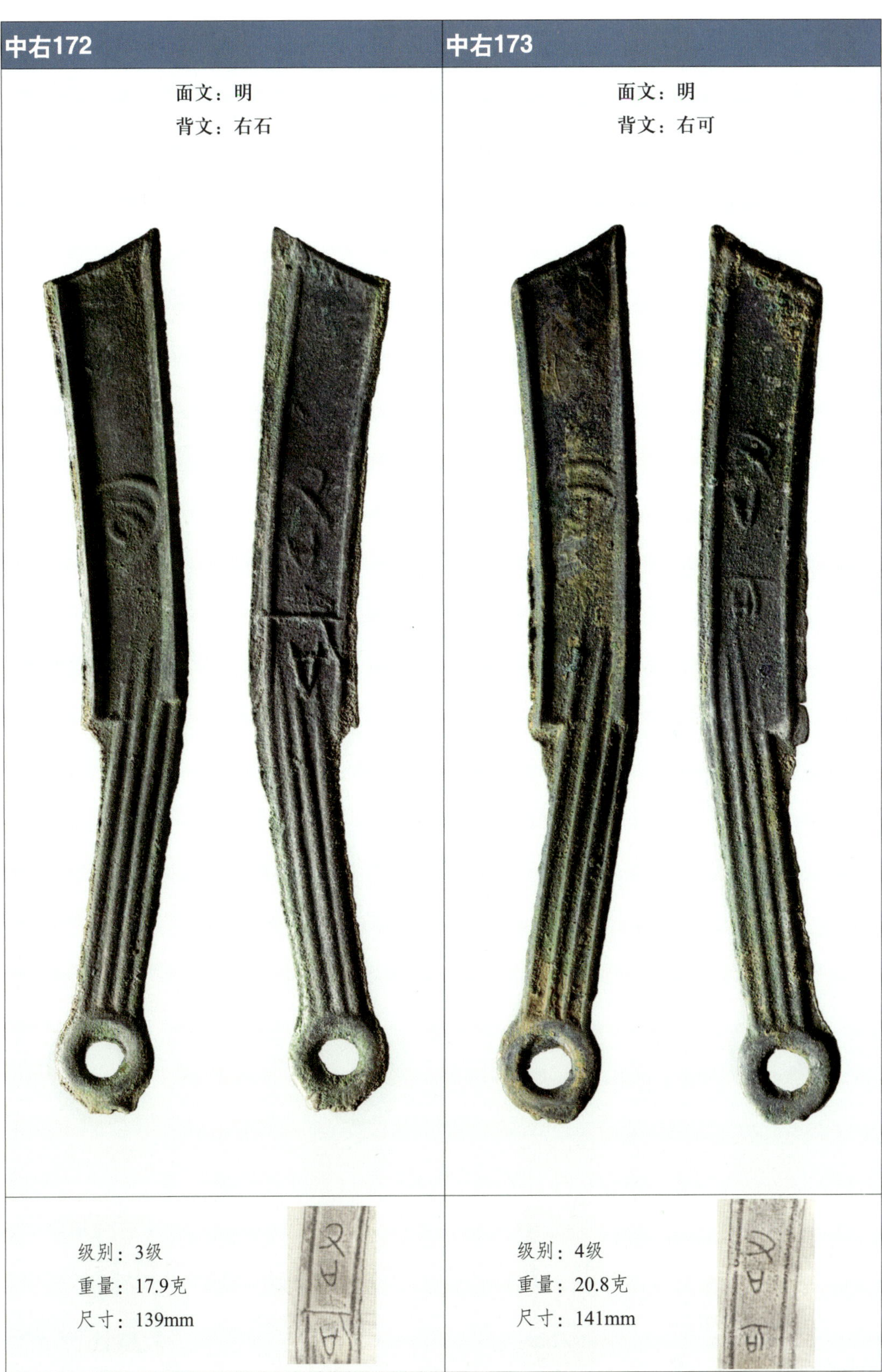

级别：3级 重量：17.9克 尺寸：139mm	级别：4级 重量：20.8克 尺寸：141mm

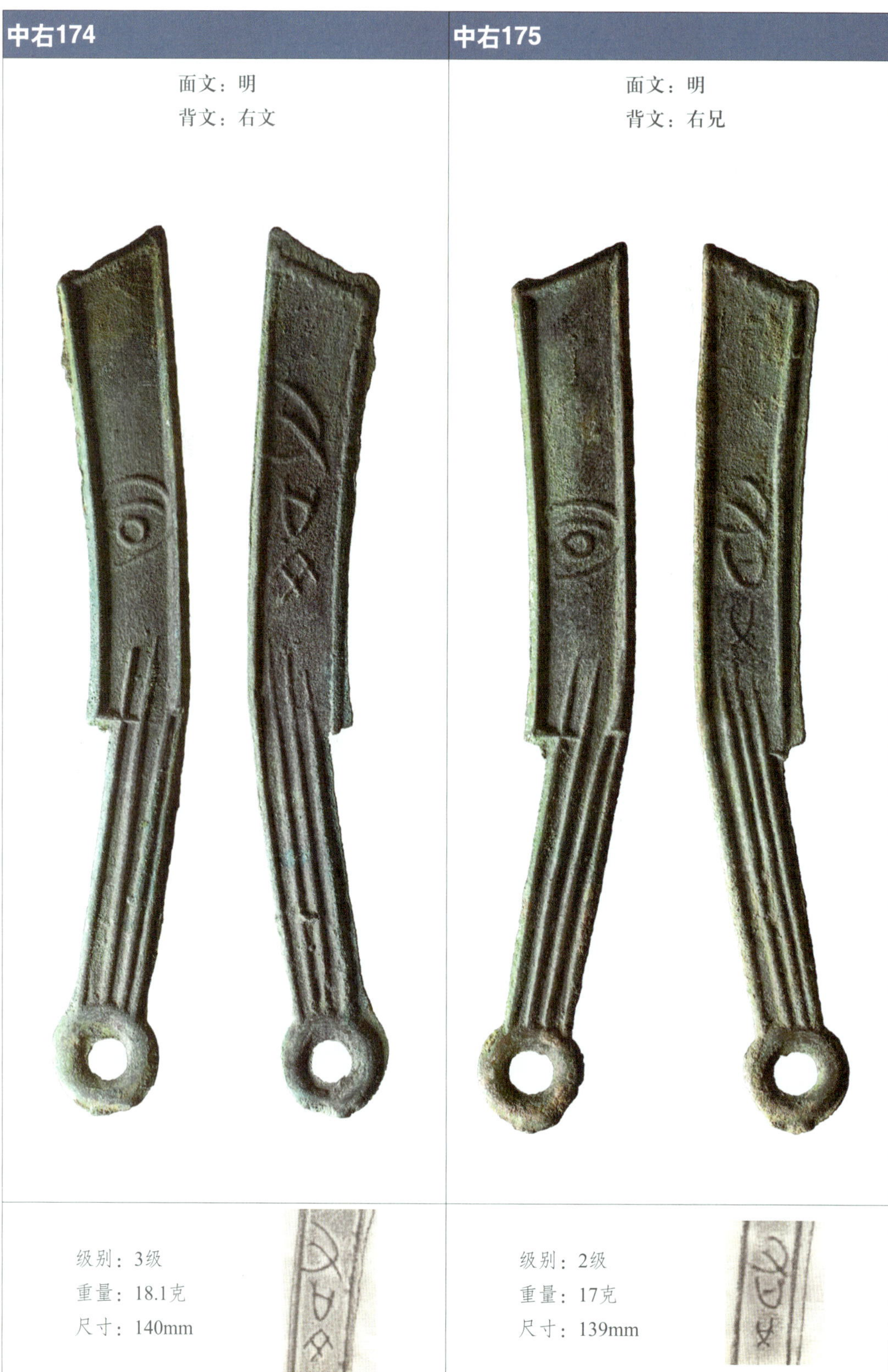

中右174

面文：明

背文：右文

级别：3级

重量：18.1克

尺寸：140mm

中右175

面文：明

背文：右兄

级别：2级

重量：17克

尺寸：139mm

中右176

面文：明
背文：右吉

级别：4级
重量：16.7克
尺寸：139mm

中右177

面文：明
背文：右古

级别：5级
重量：17.9克
尺寸：138mm

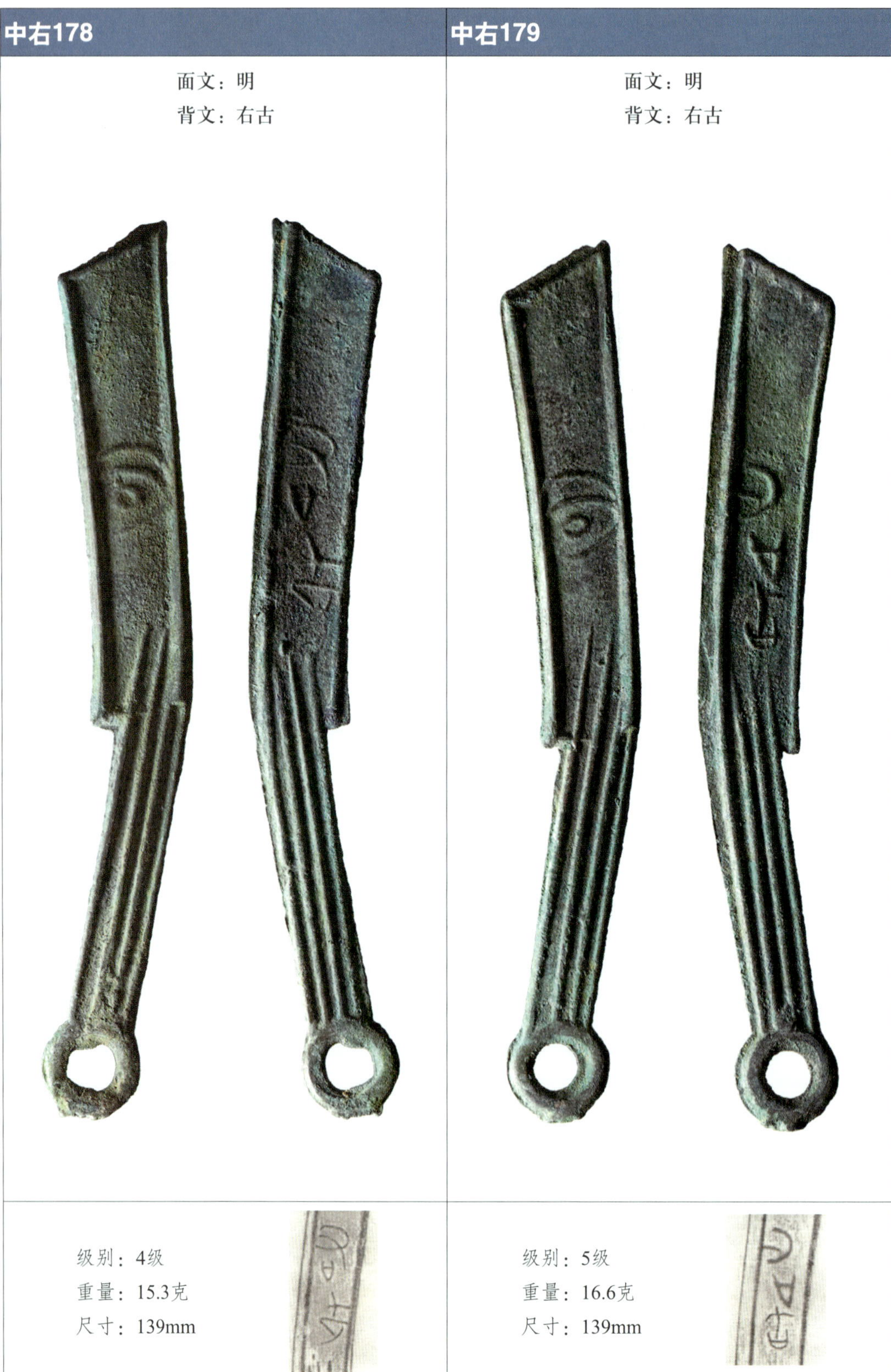

中右178

面文：明
背文：右古

级别：4级
重量：15.3克
尺寸：139mm

中右179

面文：明
背文：右古

级别：5级
重量：16.6克
尺寸：139mm

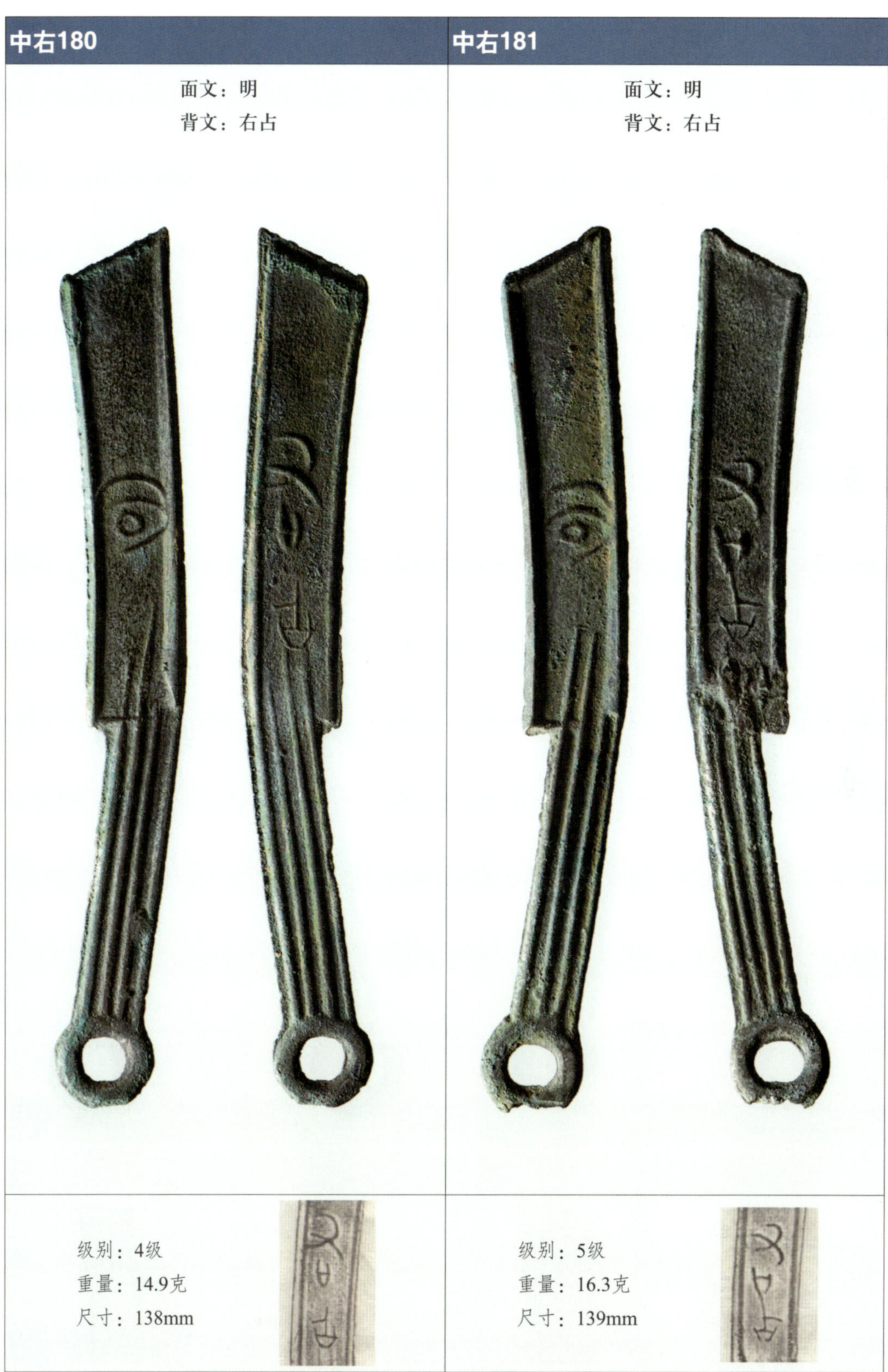

中右180	中右181
面文：明 背文：右占	面文：明 背文：右占
级别：4级 重量：14.9克 尺寸：138mm	级别：5级 重量：16.3克 尺寸：139mm

中右182

面文：明
背文：右甲

级别：4级
重量：15.8克
尺寸：139mm

中右183

面文：明
背文：右甲

级别：4级
重量：16.3克
尺寸：139mm

中右184	中右185
面文：明 背文：右甲	面文：明 背文：右工
级别：4级 重量：15.4克 尺寸：138mm	级别：5级 重量：15.5克 尺寸：140mm

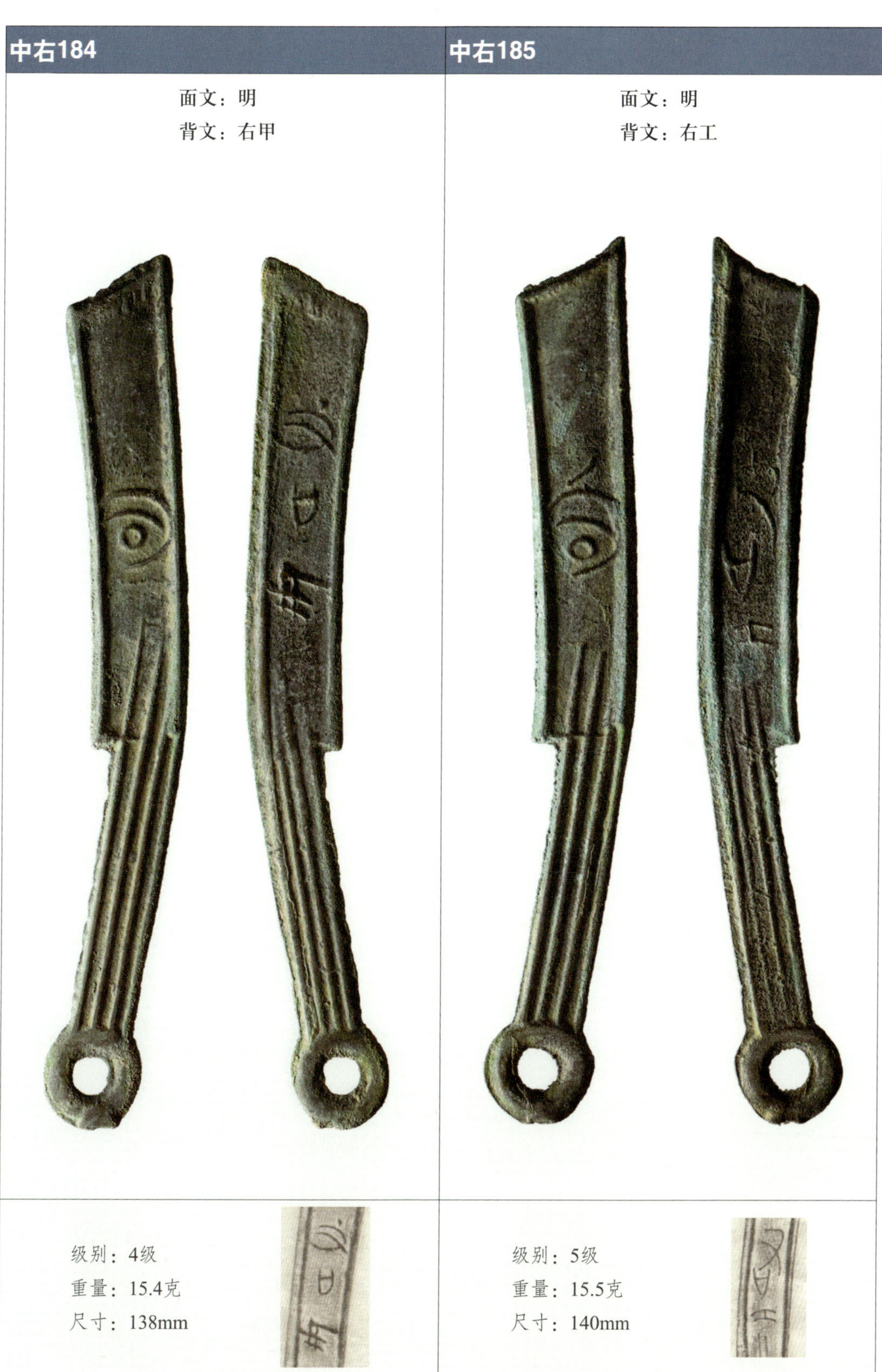

中右186	中右187　5级
面文：明 背文：右工	面文：明 背文：右工
级别：4级 重量：15.3克 尺寸：136mm	级别：5级 重量：16.7克 尺寸：141mm

中右188	中右189
面文：明 背文：右上	面文：明 背文：右上
级别：7级 重量：16.3克 尺寸：142mm	级别：5级 重量：16.5克 尺寸：140mm

中右190

面文：明
背文：右上

级别：4级
重量：16.3克
尺寸：139mm

中右191

面文：明
背文：右上

级别：5级
重量：15.4克
尺寸：142mm

中右192	中右193
面文：明 背文：右□	面文：明 背文：右下

中右192	中右193
级别：3级 重量：16.8克 尺寸：138mm	级别：8级 重量：16.3克 尺寸：136mm

中右194	中右195
面文：明 背文：右下	面文：明 背文：右下
级别：6级 重量：20.2克 尺寸：139mm	级别：5级 重量：17.4克 尺寸：140mm

中右196	中右197
面文：明 背文：右下	面文：明 背文：右方

中右196	中右197
级别：5级 重量：14.8克 尺寸：142mm	级别：5级 重量：16.6克 尺寸：138mm

中右198

面文：明
背文：右方

级别：5级
重量：16.5克
尺寸：140mm

中右199

面文：明
背文：右□

级别：4级
重量：15.3克
尺寸：139mm

中右200	中右201
面文：明 背文：右□	面文：明 背文：右□
级别：3级 重量：17克 尺寸：138mm	级别：3级 重量：17.1克 尺寸：141mm

中右202

面文：明
背文：右□

级别：2级
重量：16.4克
尺寸：140mm

中右203

面文：明
背文：右□

级别：2级
重量：17.7克
尺寸：140mm

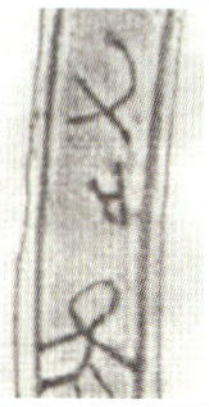

中右204	中右205
面文：明 背文：右壬	面文：明 背文：右正

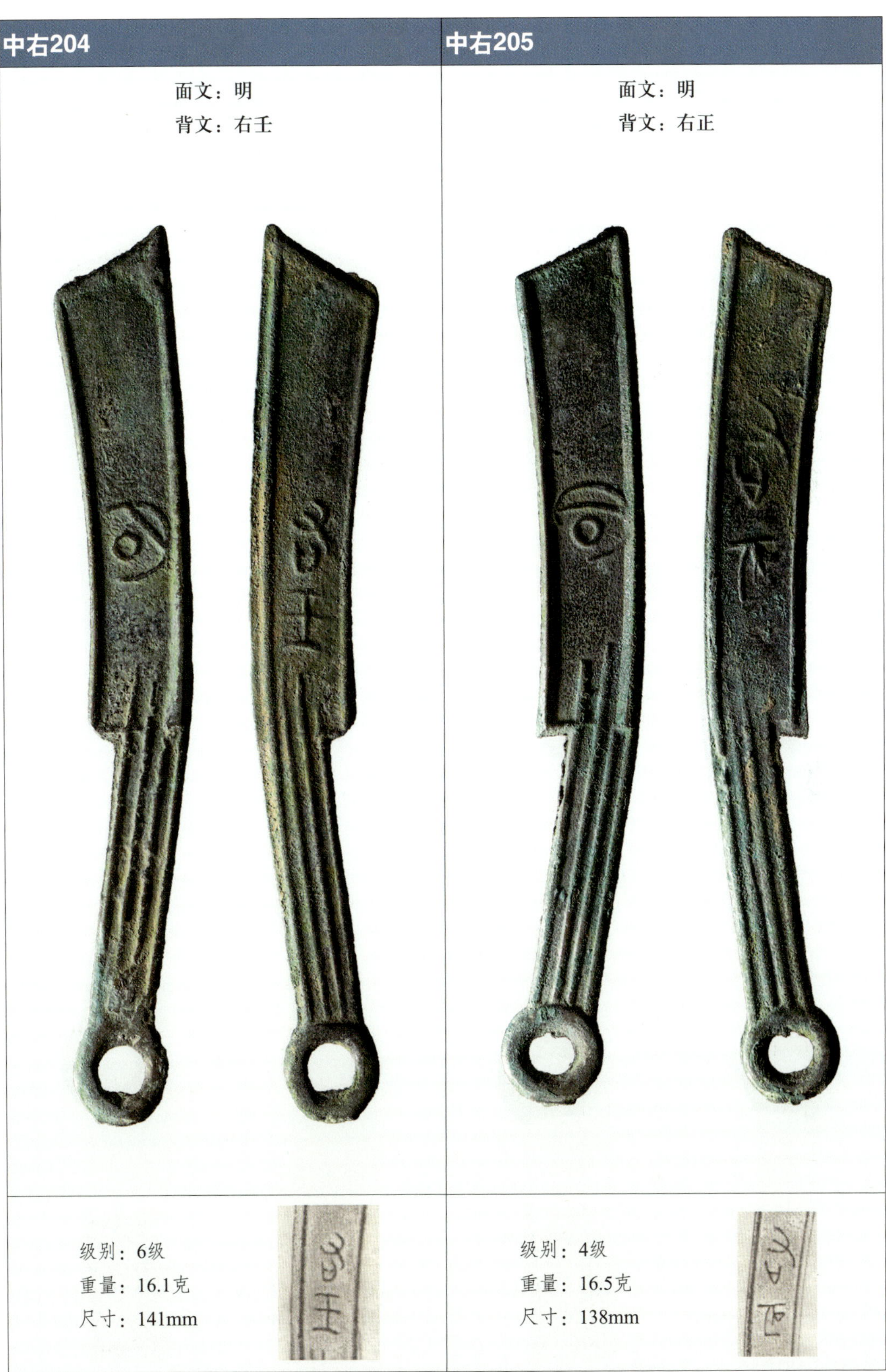

中右204	中右205
级别：6级 重量：16.1克 尺寸：141mm	级别：4级 重量：16.5克 尺寸：138mm

中右206

面文：明

背文：右□

级别：2级

重量：16.3克

尺寸：139mm

中右207

面文：明

背文：右□

级别：3级

重量：14.9克

尺寸：140mm

中右208	中右209
面文：明 背文：右田	面文：明 背文：右□

中右208	中右209
级别：3级 重量：14.7克 尺寸：135mm	级别：2级 重量：15.4克 尺寸：139mm

中右210	中右211
面文：明 背文：右□	面文：明 背文：右全

中右210	中右211
级别：3级 重量：15克 尺寸：140mm	级别：3级 重量：16.1克 尺寸：139mm

中右212	中右213
面文：明 背文：右□	面文：明 背文：右□
级别：3级 重量：17.4克 尺寸：141mm	级别：7级 重量：16.1克 尺寸：139mm

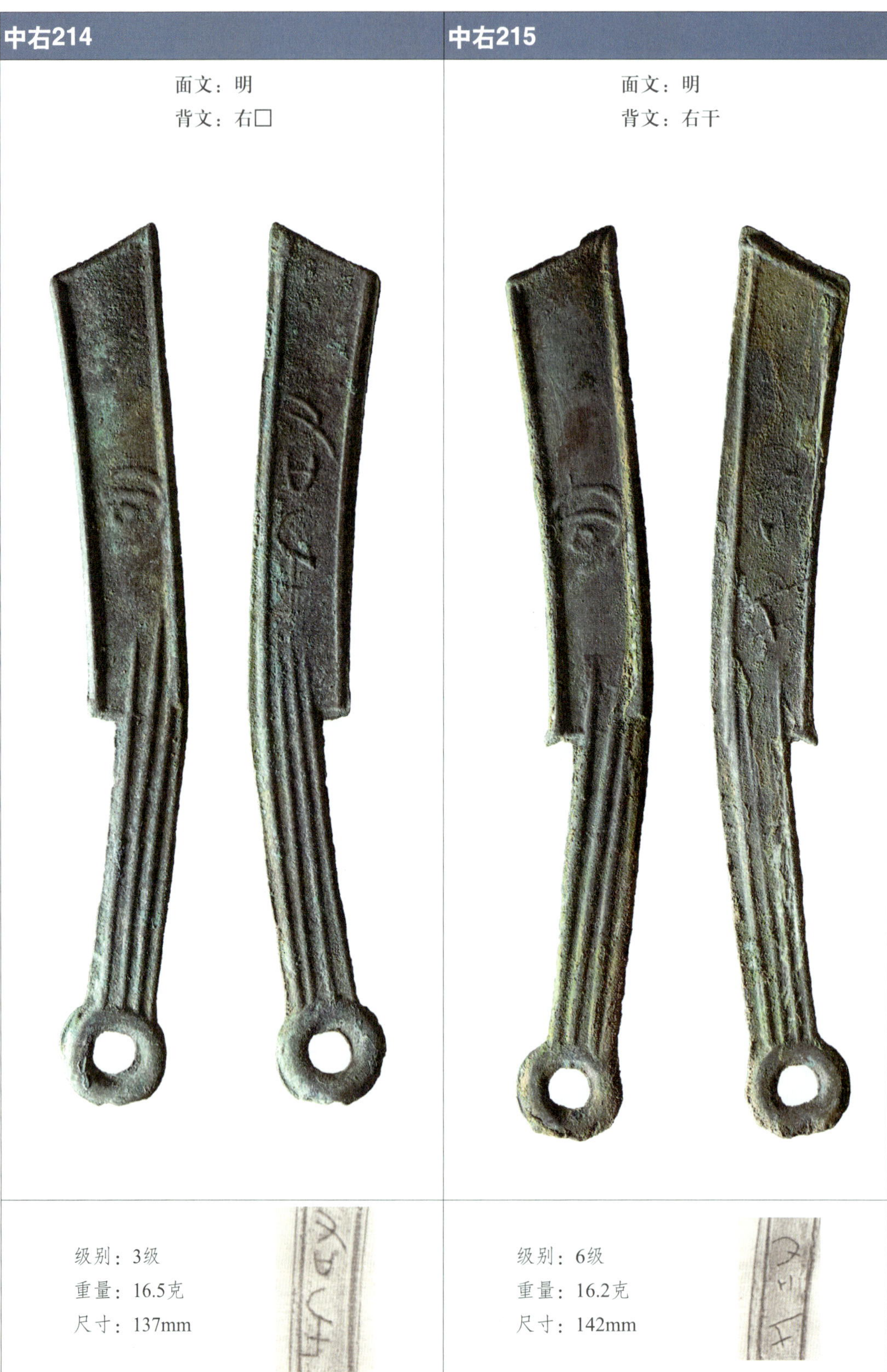

中右214

面文：明

背文：右□

级别：3级

重量：16.5克

尺寸：137mm

中右215

面文：明

背文：右干

级别：6级

重量：16.2克

尺寸：142mm

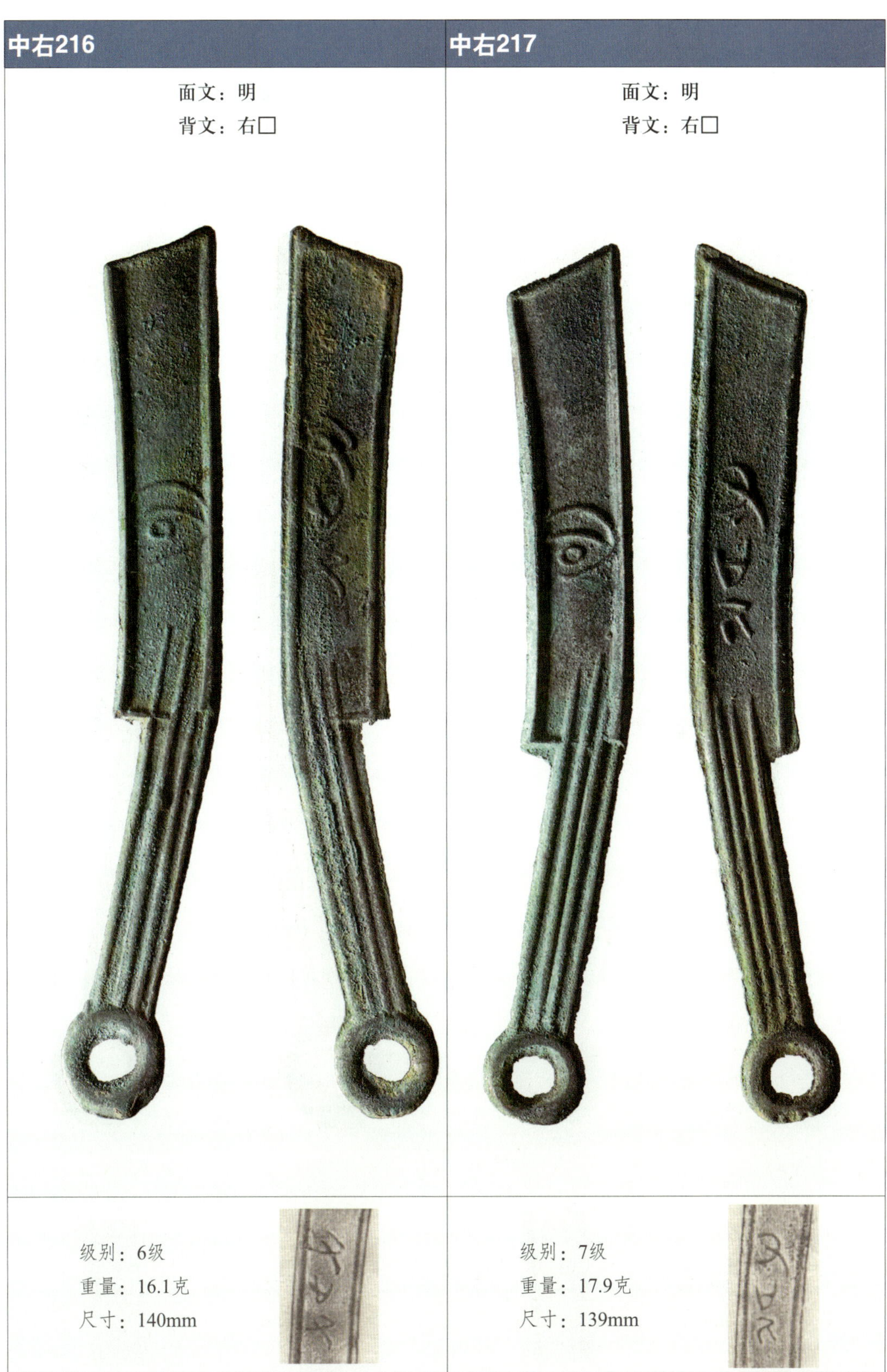

中右216	中右217
面文：明 背文：右□	面文：明 背文：右□
级别：6级 重量：16.1克 尺寸：140mm	级别：7级 重量：17.9克 尺寸：139mm

中右218	中右219
面文：明 背文：右□	面文：明 背文：右□
级别：5级 重量：16.2克 尺寸：139mm	级别：7级 重量：16.2克 尺寸：141mm

中右220	中右221
面文：明 背文：右☐	面文：明 背文：右☐

中右220	中右221
级别：4级 重量：16.6克 尺寸：138mm	级别：5级 重量：15.7克 尺寸：140mm

中右222	中右223
面文：明 背文：右□	面文：明 背文：右□
级别：6级 重量：15.3克 尺寸：141mm	级别：3级 重量：15.9克 尺寸：139mm

中右224	中右225
面文：明 背文：右邑	面文：明 背文：右邑

中右224	中右225
级别：6级 重量：17.2克 尺寸：140mm	级别：5级 重量：15.9克 尺寸：139mm

中右226	中右227
面文：明 背文：右邑	面文：明 背文：右邑
级别：5级 重量：14.3克 尺寸：141mm	级别：5级 重量：16.5克 尺寸：142mm

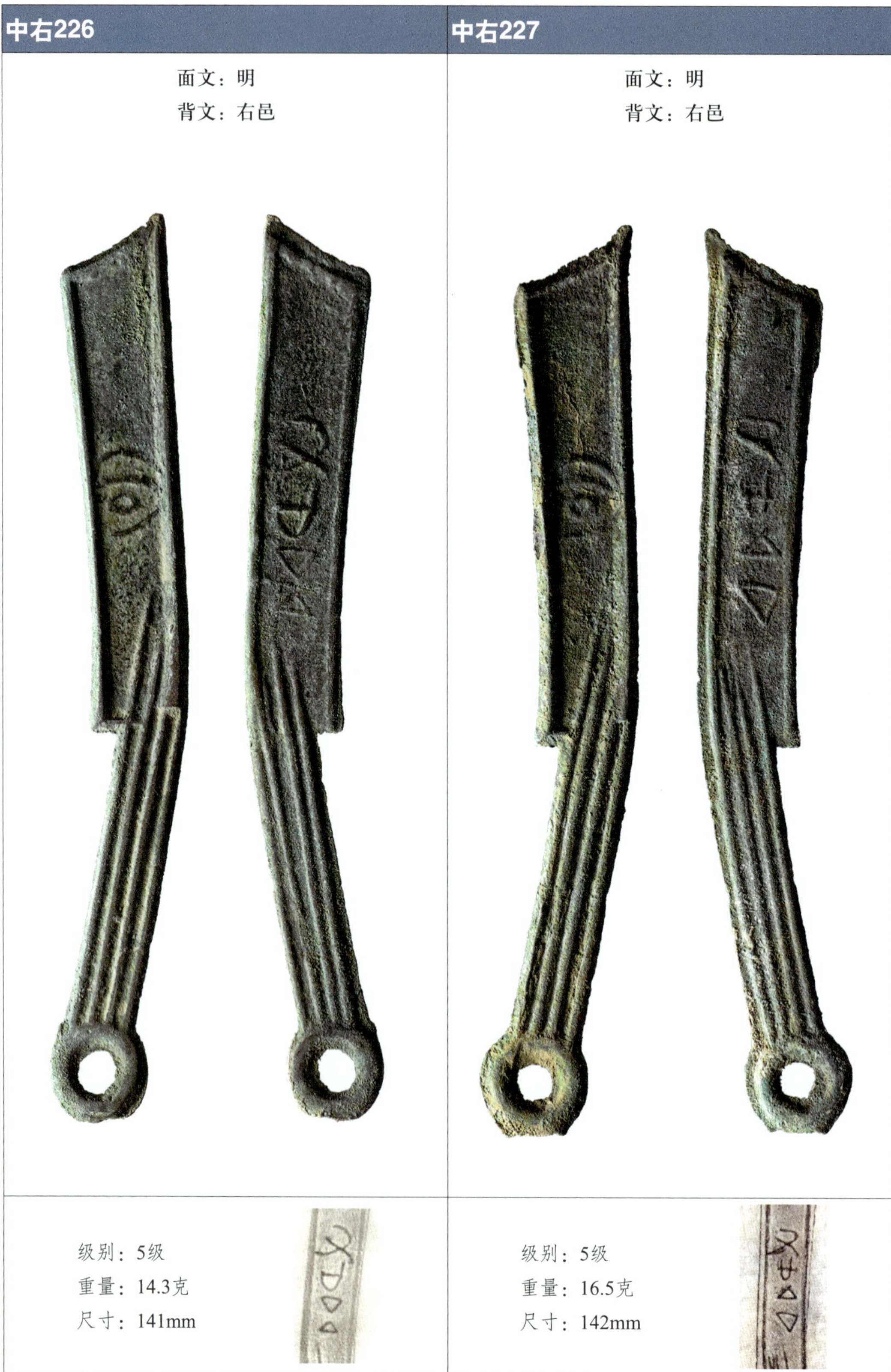

中右228	中右229
面文：明 背文：右鼓	面文：明 背文：右鼓
级别：5级 重量：15.7克 尺寸：144mm	级别：5级 重量：16.9克 尺寸：138mm

中右230	中右231
面文：明 背文：右鼓	面文：明 背文：右鼓

中右230	中右231
级别：4级 重量：15.7克 尺寸：138mm	级别：6级 重量：15.5克 尺寸：139mm

中右232

面文：明

背文：右行

级别：8级

重量：15.7克

尺寸：138mm

中右233

面文：明

背文：右行

级别：8级

重量：15克

尺寸：140mm

中右234

面文：明

背文：右□

中右235

面文：明

背文：右□

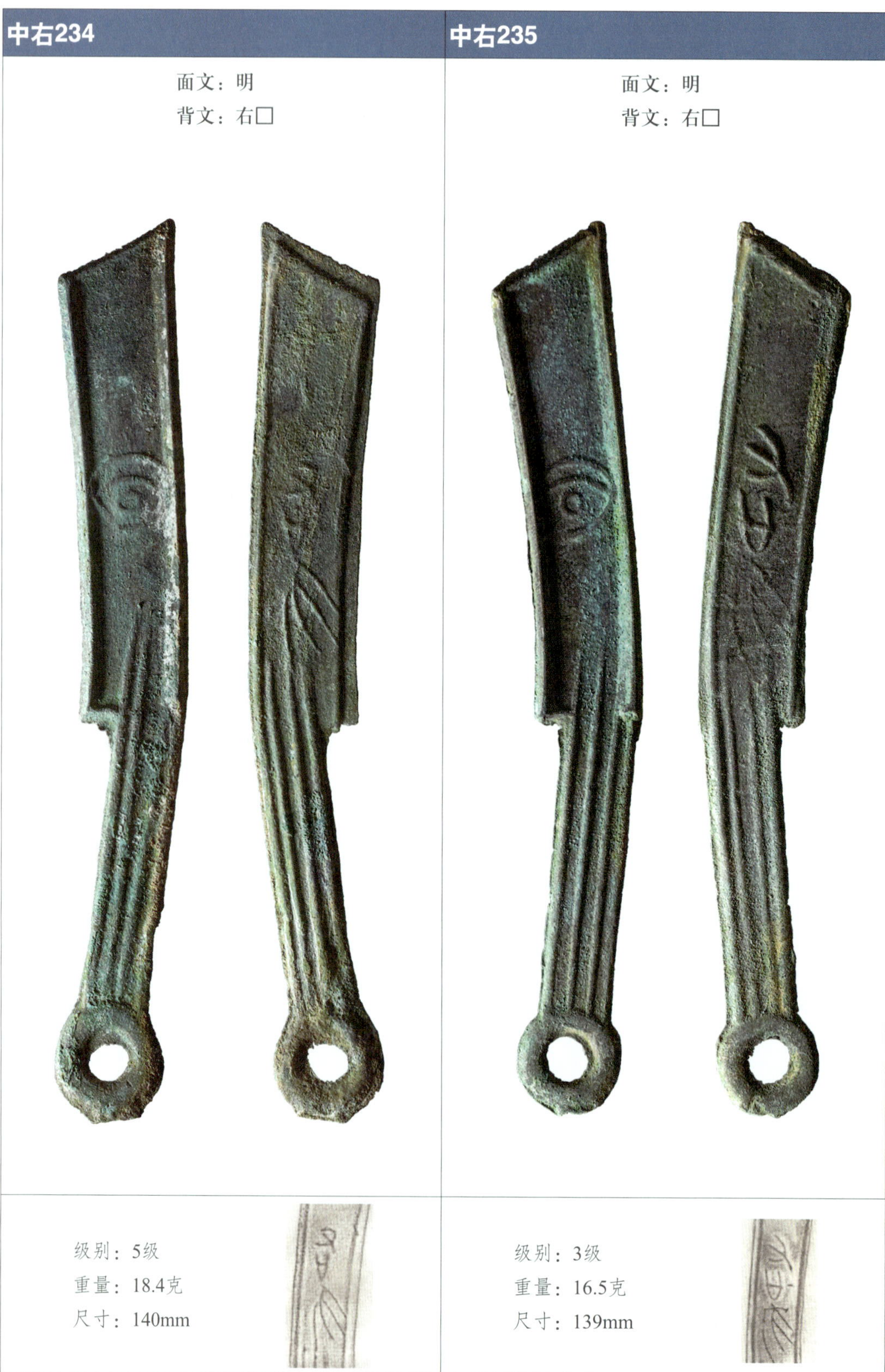

级别：5级

重量：18.4克

尺寸：140mm

级别：3级

重量：16.5克

尺寸：139mm

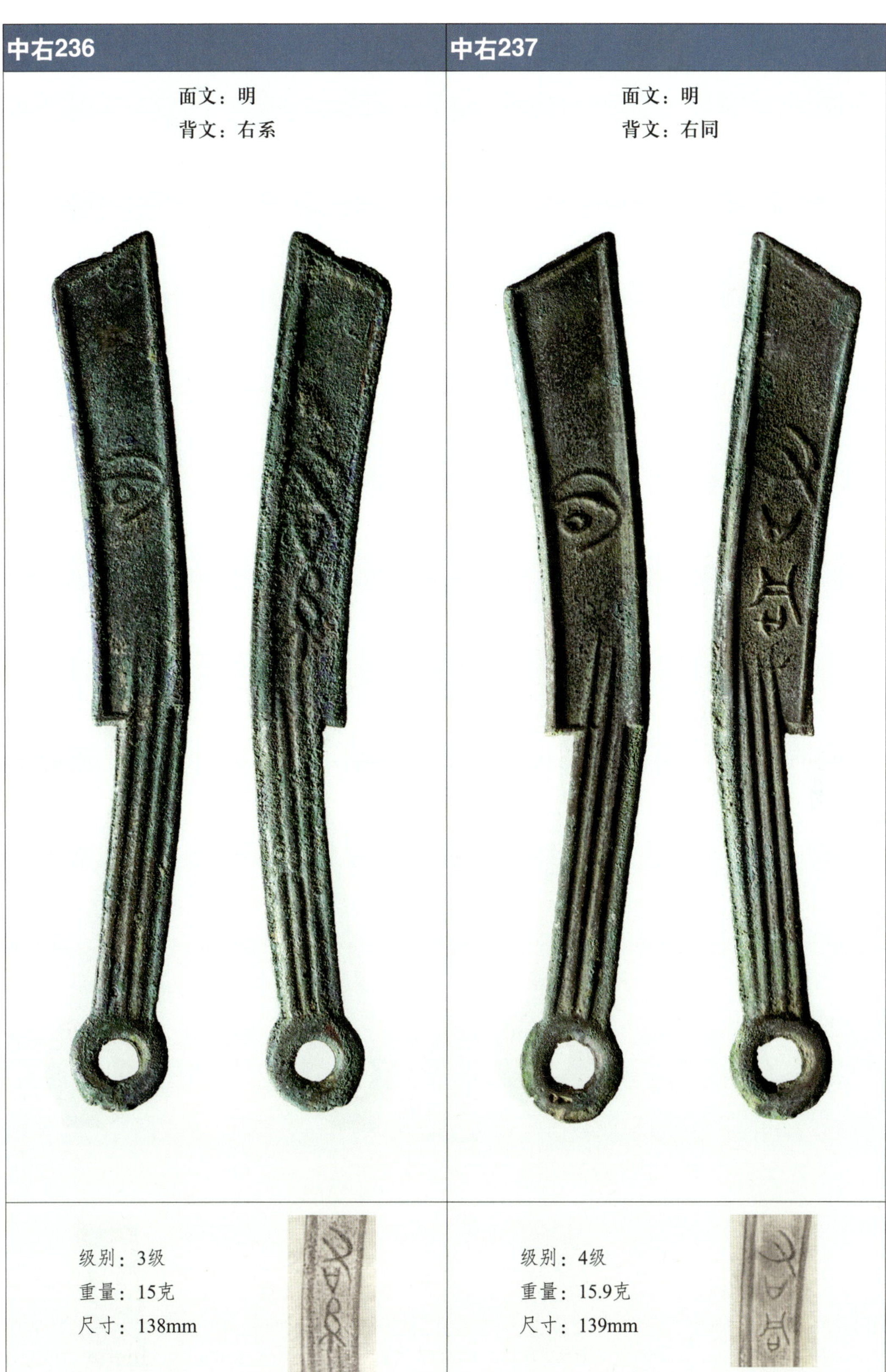

中右236	中右237
面文：明 背文：右系	面文：明 背文：右同
级别：3级 重量：15克 尺寸：138mm	级别：4级 重量：15.9克 尺寸：139mm

中右238	中右239
面文：明 背文：右□	面文：明 背文：右□

中右238	中右239
级别：2级 重量：16.3克 尺寸：139mm	级别：2级 重量：15.9克 尺寸：141mm

中右240	中右241
面文：明 背文：右□	面文：明 背文：右□
级别：3级 重量：17.5克 尺寸：140mm	级别：5级 重量：16.3克 尺寸：138mm

中右242	中右243
面文：明 背文：右☐	面文：明 背文：右☐
级别：1级 重量：15.9克 尺寸：138mm	级别：1级 重量：16.7克 尺寸：140mm

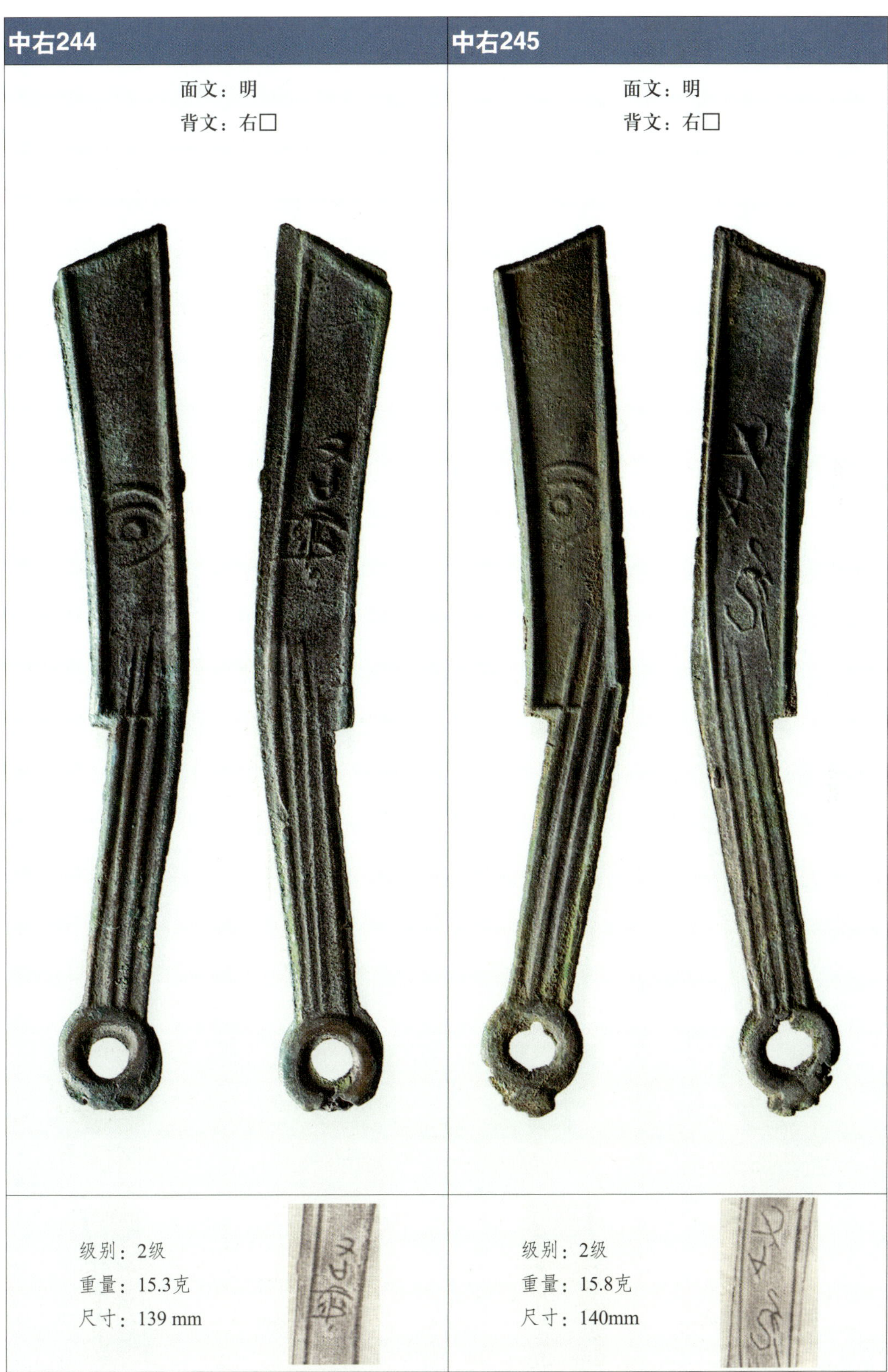

中右244

面文：明
背文：右□

级别：2级
重量：15.3克
尺寸：139 mm

中右245

面文：明
背文：右□

级别：2级
重量：15.8克
尺寸：140mm

中右246	中右247
面文：明 背文：一右十	面文：明 背文：十右二

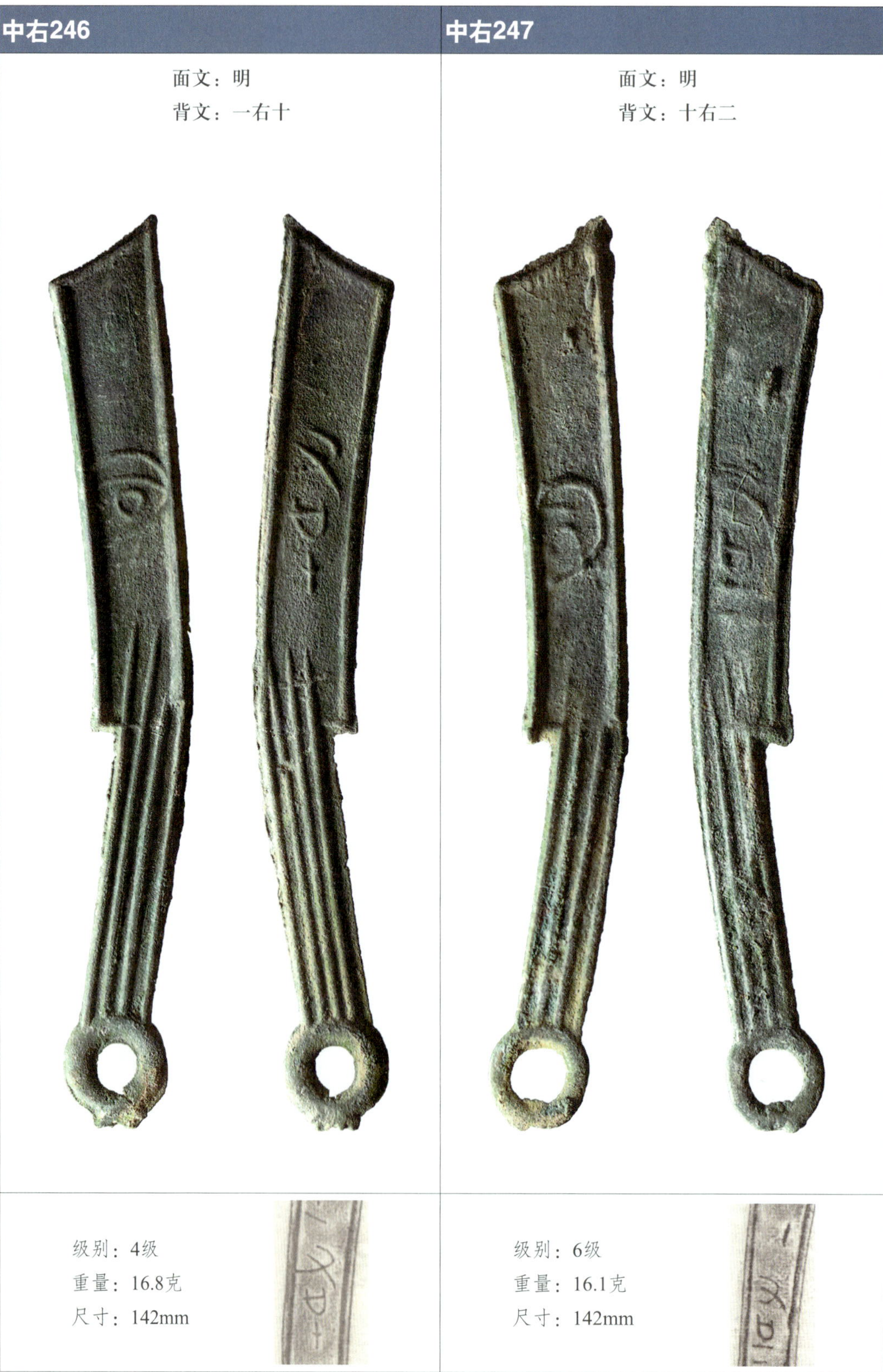

中右246	中右247
级别：4级 重量：16.8克 尺寸：142mm	级别：6级 重量：16.1克 尺寸：142mm

中右248	中右249
面文：明 背文：十右六	面文：明 背文：十右勹
级别：6级 重量：17.2克 尺寸：140 mm	级别：6级 重量：16.1克 尺寸：139mm

中右250

面文：明
背文：一右丶

中右251

面文：明
背文：丿右万

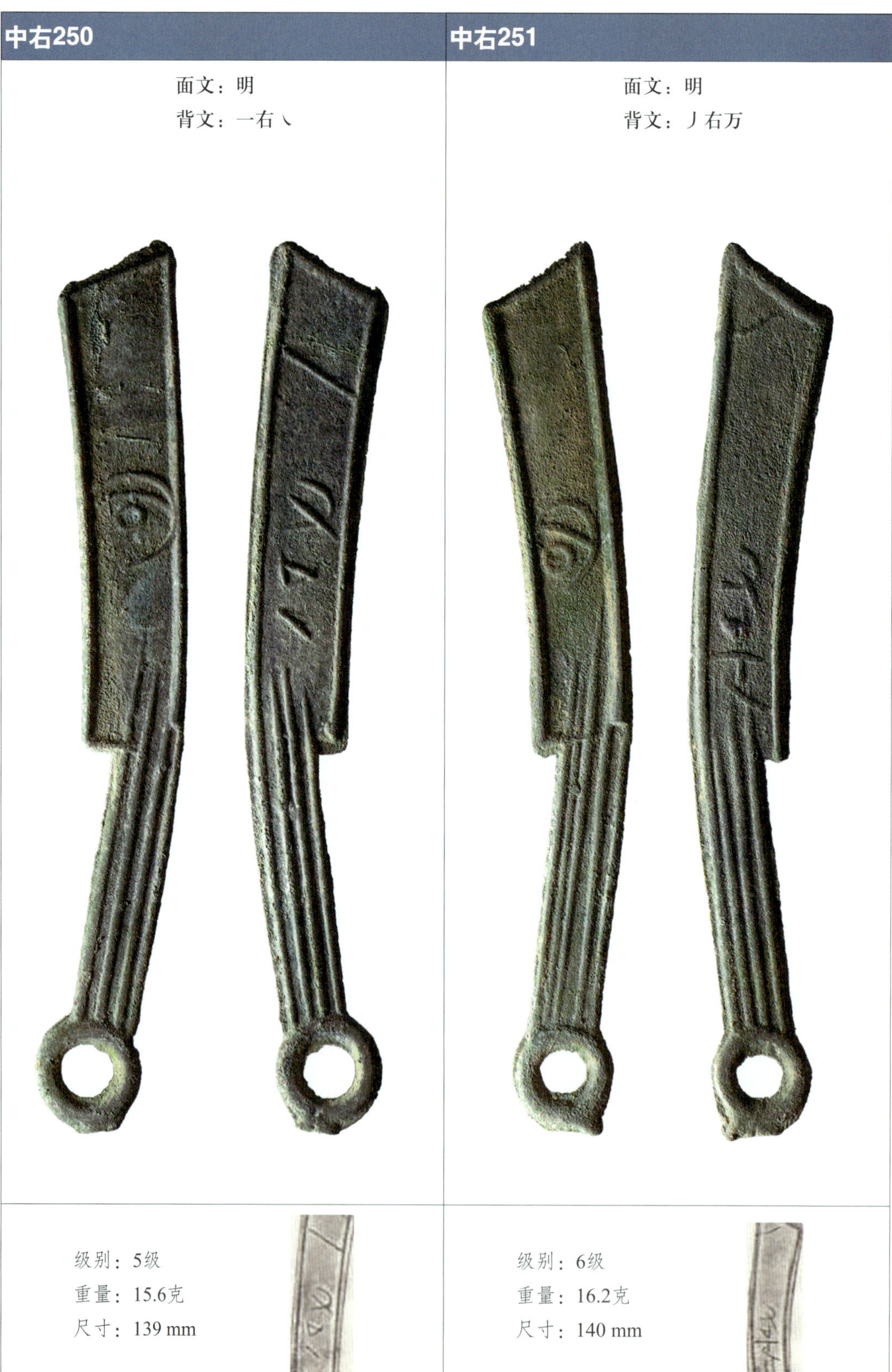

级别：5级
重量：15.6克
尺寸：139 mm

级别：6级
重量：16.2克
尺寸：140 mm

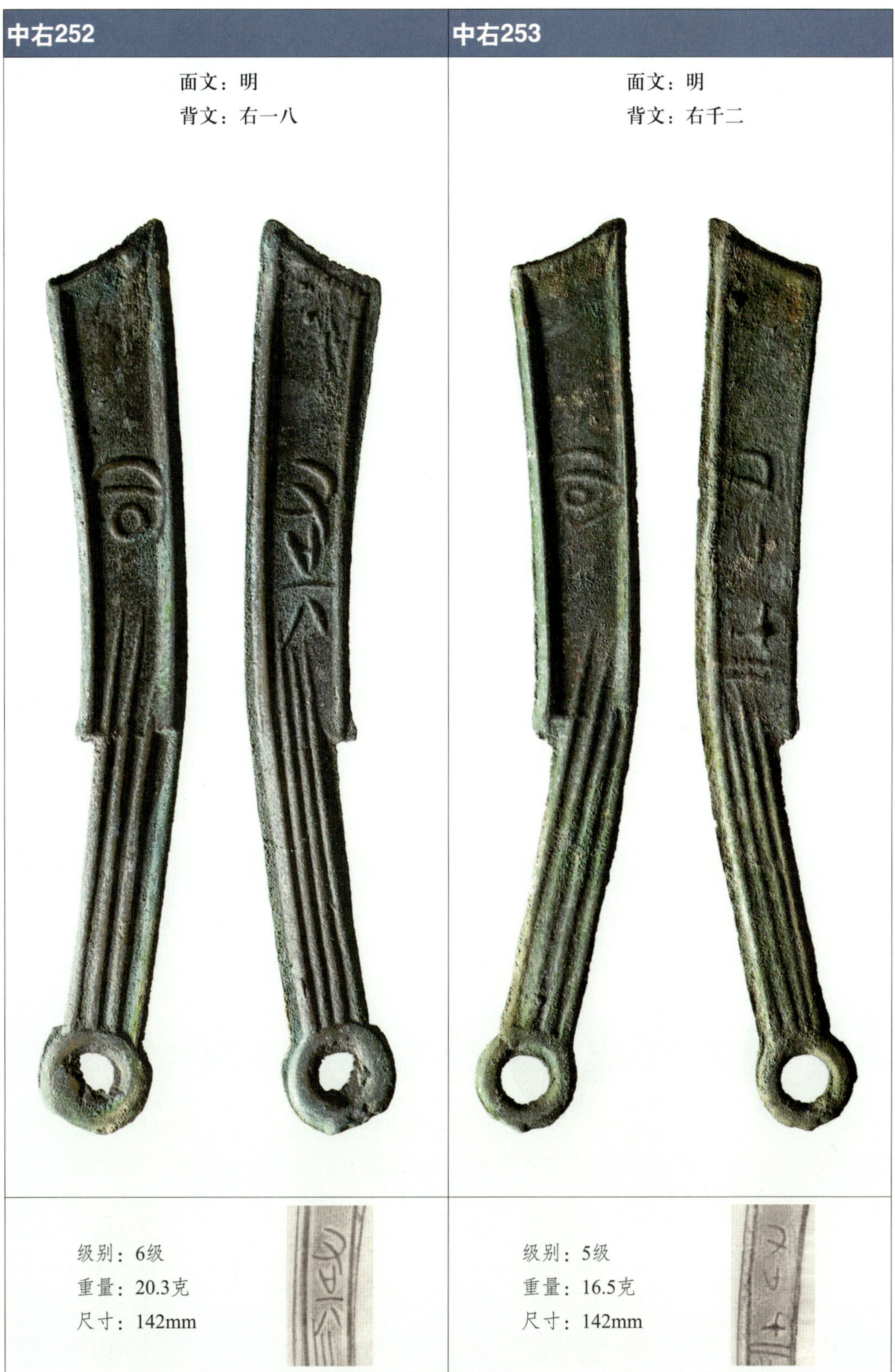

中右252

面文：明
背文：右一八

级别：6级
重量：20.3克
尺寸：142mm

中右253

面文：明
背文：右千二

级别：5级
重量：16.5克
尺寸：142mm

中右254

面文：明
背文：右八十

级别：6级
重量：17.7克
尺寸：141mm

中右255

面文：明
背文：右八·

级别：6级
重量：15.9克
尺寸：141mm

中右256	中右257
面文：明 背文：右□四	面文：明 背文：右十二

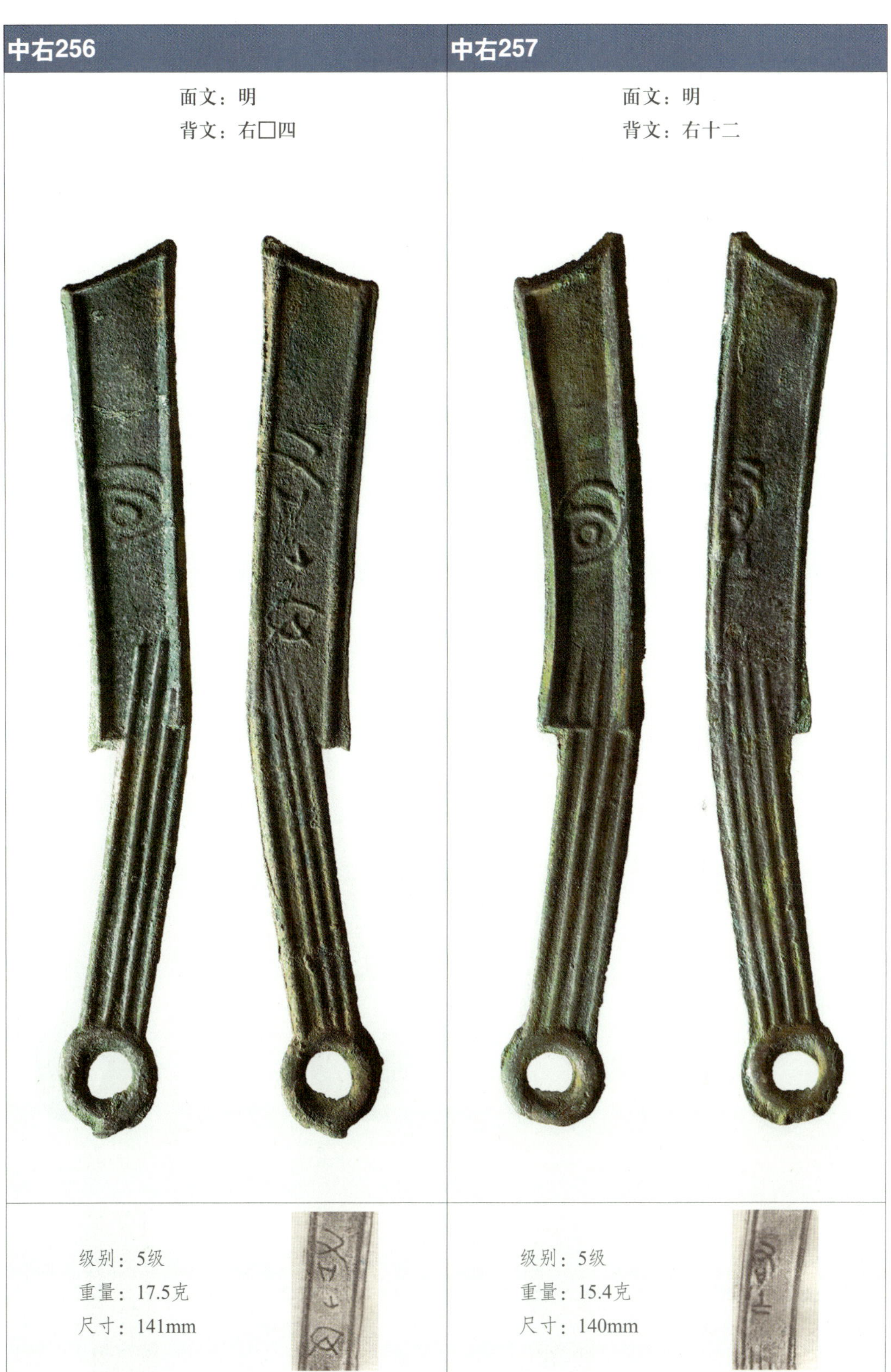

中右256	中右257
级别：5级 重量：17.5克 尺寸：141mm	级别：5级 重量：15.4克 尺寸：140mm

中右258	中右259
面文：明 背文：右二十四	面文：明 背文：右古四
级别：4级 重量：16克 尺寸：141mm	级别：3级 重量：16.3克 尺寸：140mm

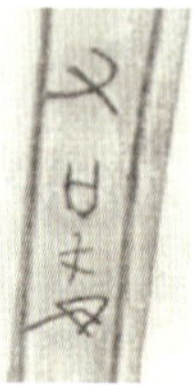

中右260	中右261
面文：明 背文：右丿百	面文：明 背文：右一百

中右260	中右261
级别：5级 重量：14.7克 尺寸：139mm	级别：5级 重量：15.6克 尺寸：140mm

中右262

面文：明

背文：右二百

级别：5级

重量：16.2克

尺寸：137mm

中右263

面文：明

背文：右二百

级别：5级

重量：16.2克

尺寸：140mm

中右264	中右265
面文：明 背文：右三百	面文：明 背文：右四百

中右264	中右265
级别：4级 重量：14.6克 尺寸：140mm	级别：4级 重量：15克 尺寸：139mm

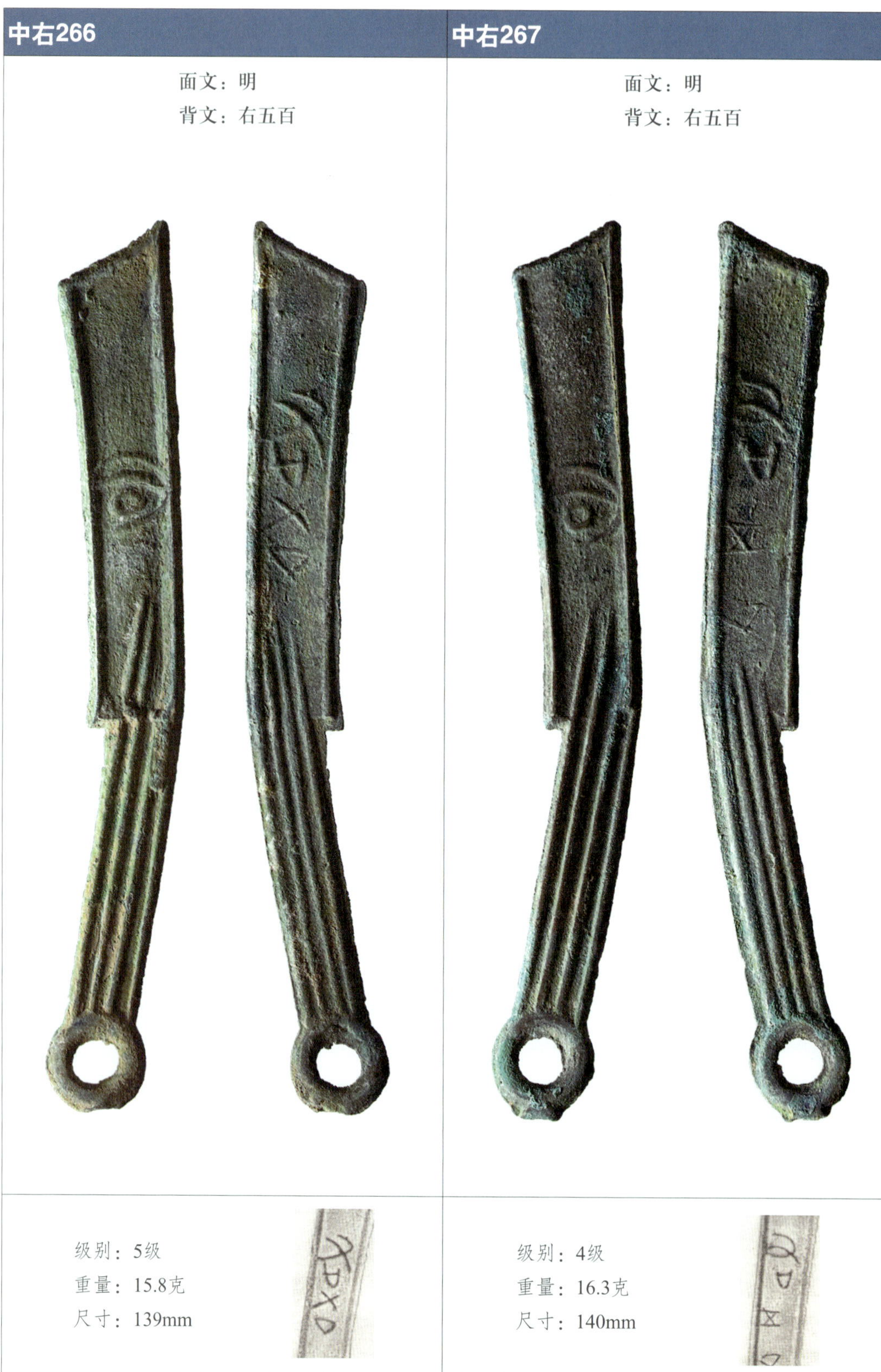

中右266	中右267
面文：明 背文：右五百	面文：明 背文：右五百
级别：5级 重量：15.8克 尺寸：139mm	级别：4级 重量：16.3克 尺寸：140mm

中右268	中右269
面文：明 背文：右六百	面文：明 背文：右六十百
级别：5级 重量：17.3克 尺寸：139mm	级别：4级 重量：16.2克 尺寸：141mm

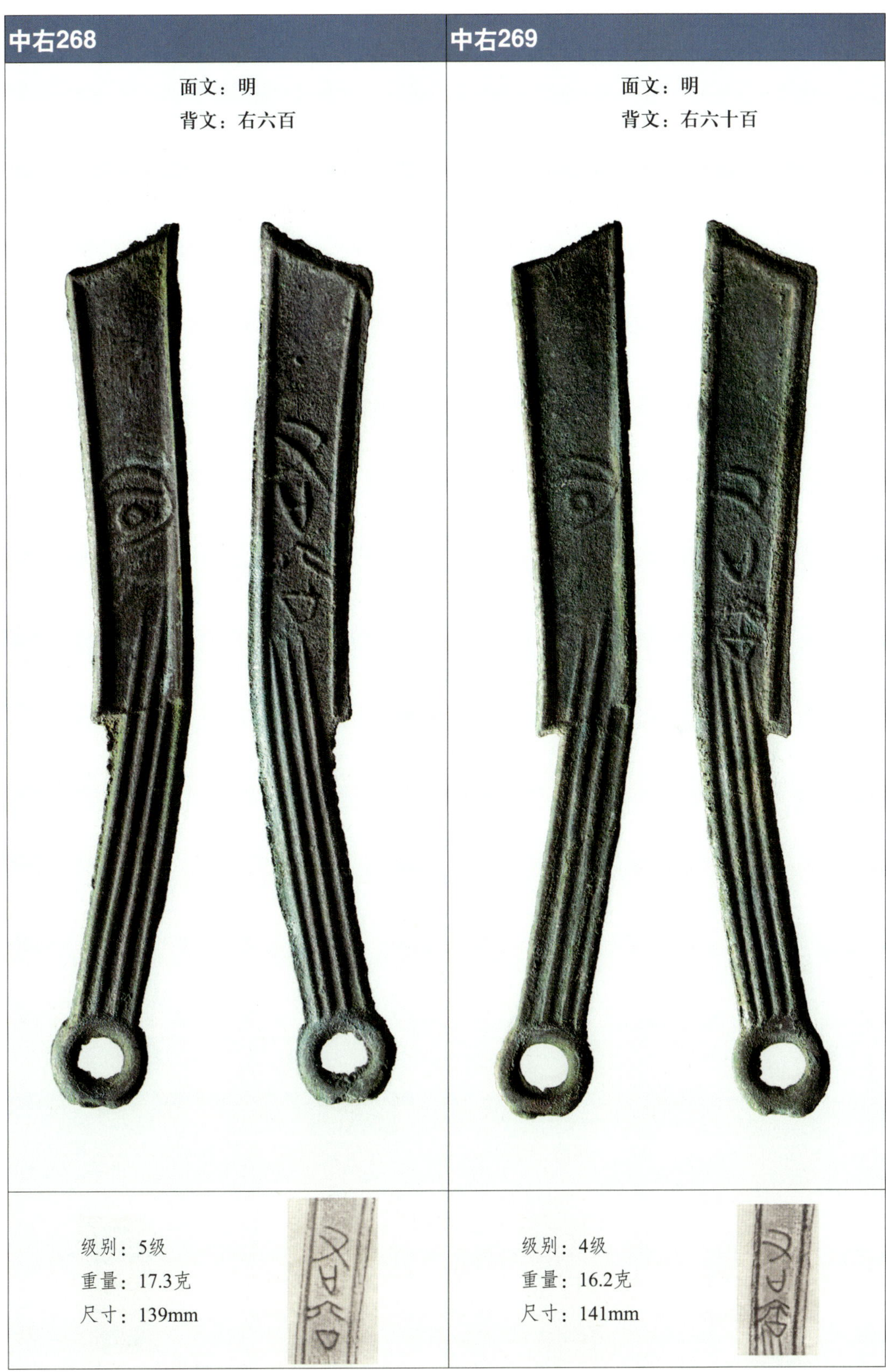

中右270

面文：明
背文：右七百

级别：5级
重量：16.3克
尺寸：139mm

中右271

面文：明
背文：右八百

级别：5级
重量：17.5克
尺寸：140mm

中右272	中右273
面文：明 背文：右九百	面文：明 背文：右十百

级别：4级 重量：15.5克 尺寸：140mm	级别：5级 重量：15.9克 尺寸：140mm

中右274	中右275
面文：明 背文：右十一百	面文：明 背文：右十二百
级别：4级 重量：14.2克 尺寸：140mm	级别：4级 重量：15.5克 尺寸：139mm

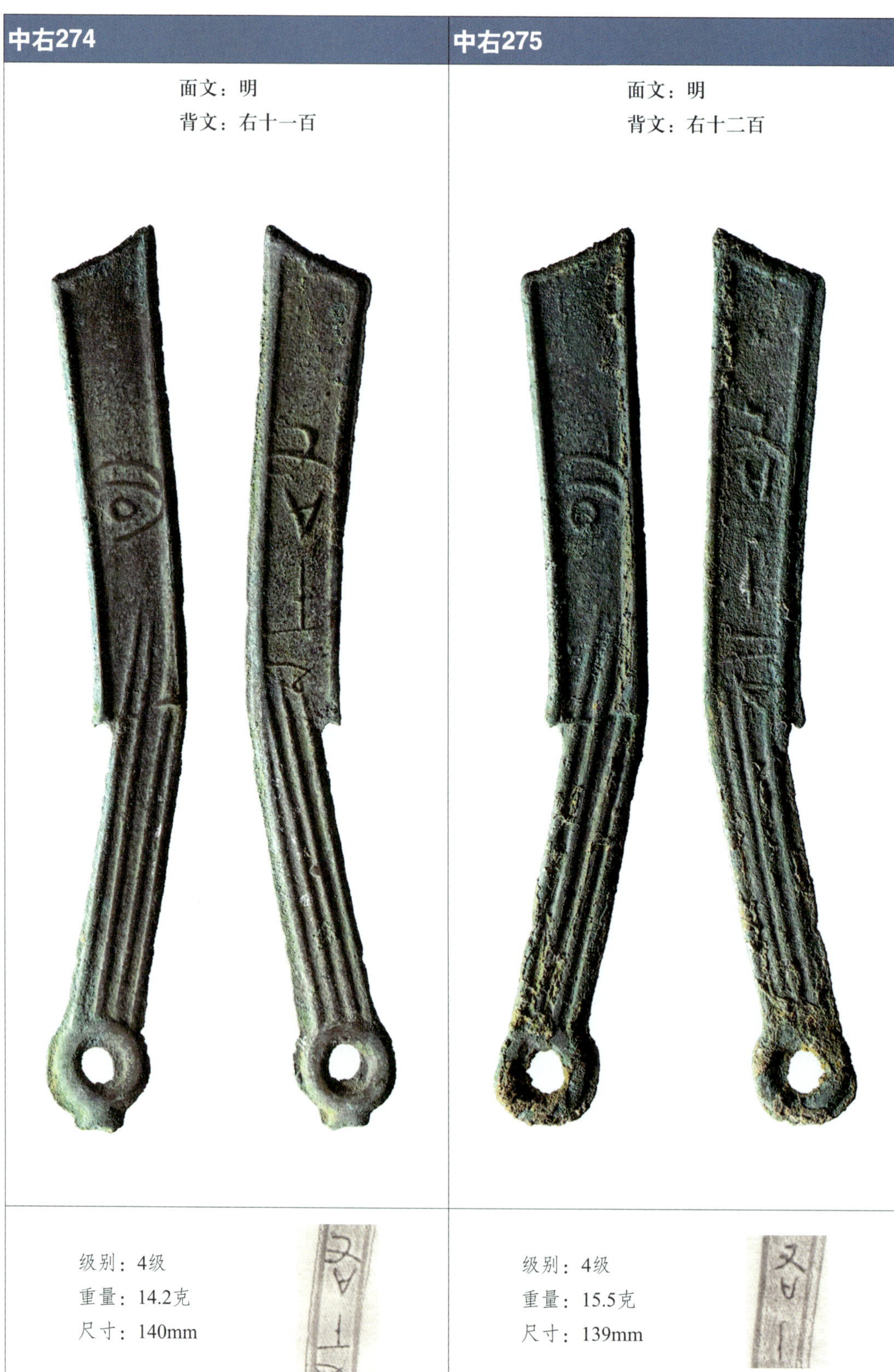

中右276	中右277
面文：明 背文：右十四百	面文：明 背文：右二十百

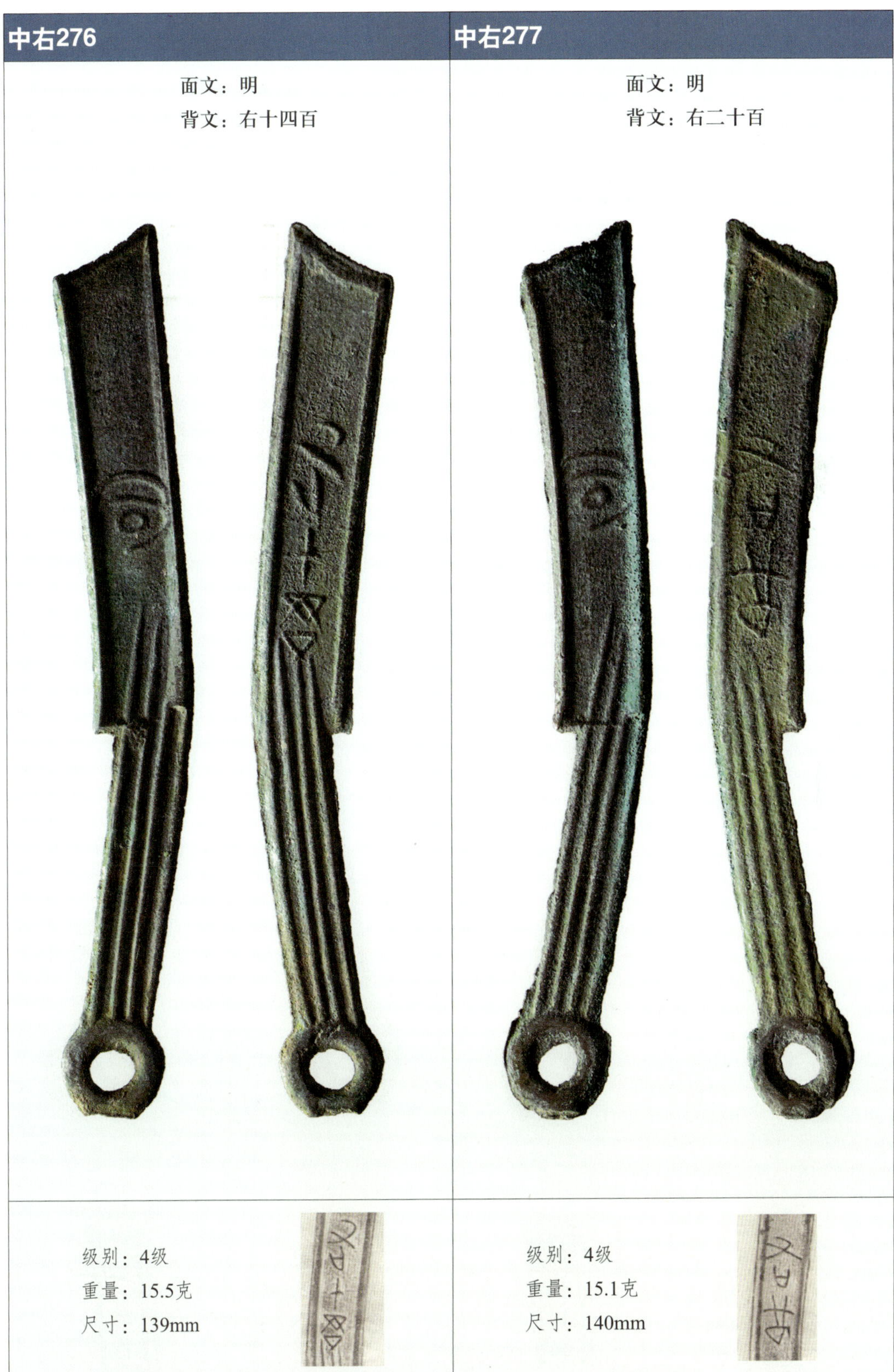

中右276	中右277
级别：4级 重量：15.5克 尺寸：139mm	级别：4级 重量：15.1克 尺寸：140mm

中右278	中右279
面文：明 背文：右二十百	面文：明 背文：右三十百
级别：4级 重量：15.8克 尺寸：140mm	级别：4级 重量：16.6克 尺寸：138mm

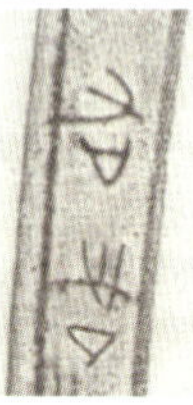

中右280	中右281
面文：明 背文：右千百	面文：明 背文：右万百

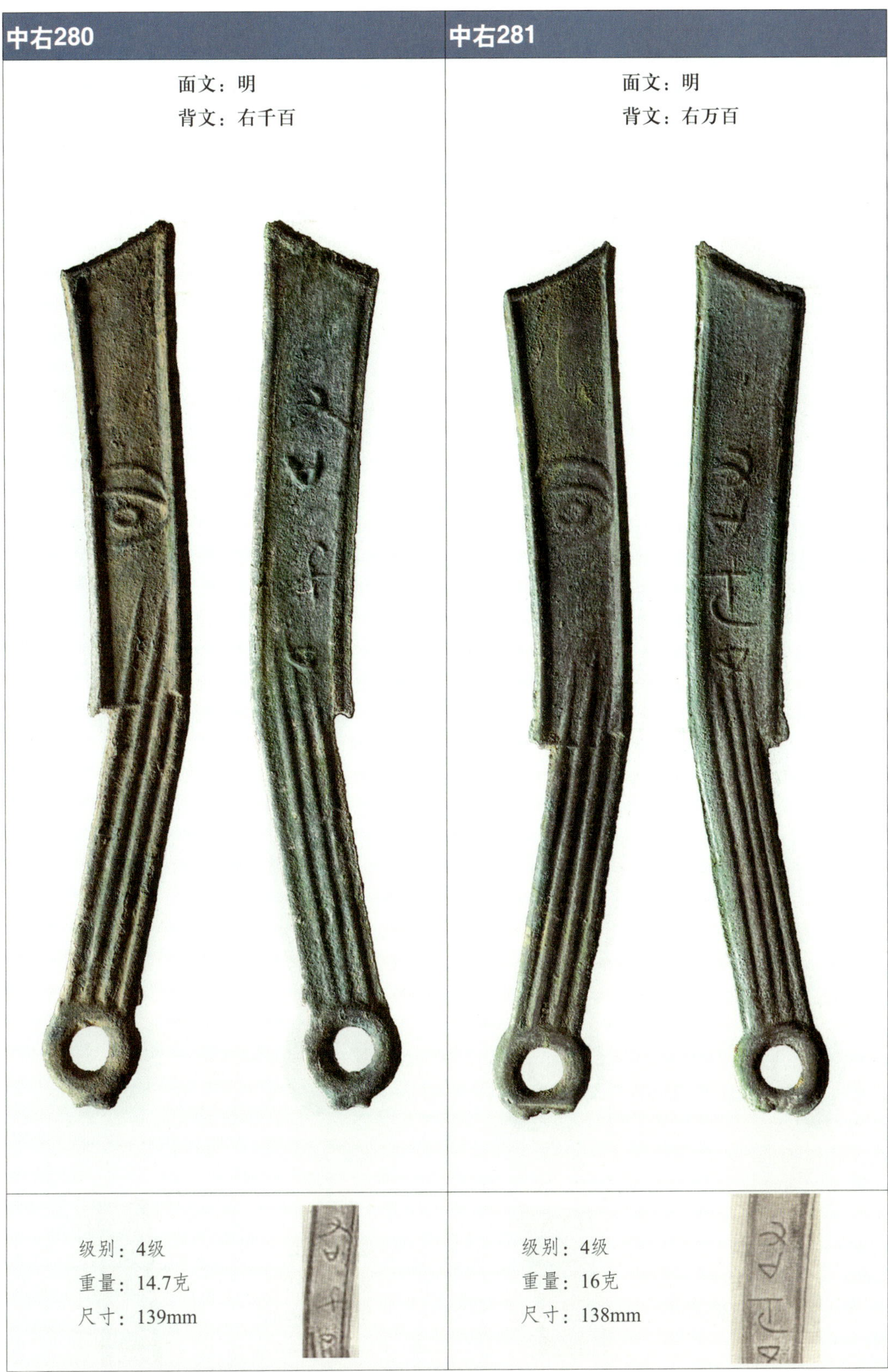

级别：4级 重量：14.7克 尺寸：139mm	级别：4级 重量：16克 尺寸：138mm

中右282	中右283
面文：明 背文：右千百	面文：明 背文：右中百
级别：4级 重量：17.1克 尺寸：141mm	级别：3级 重量：16.9克 尺寸：140mm

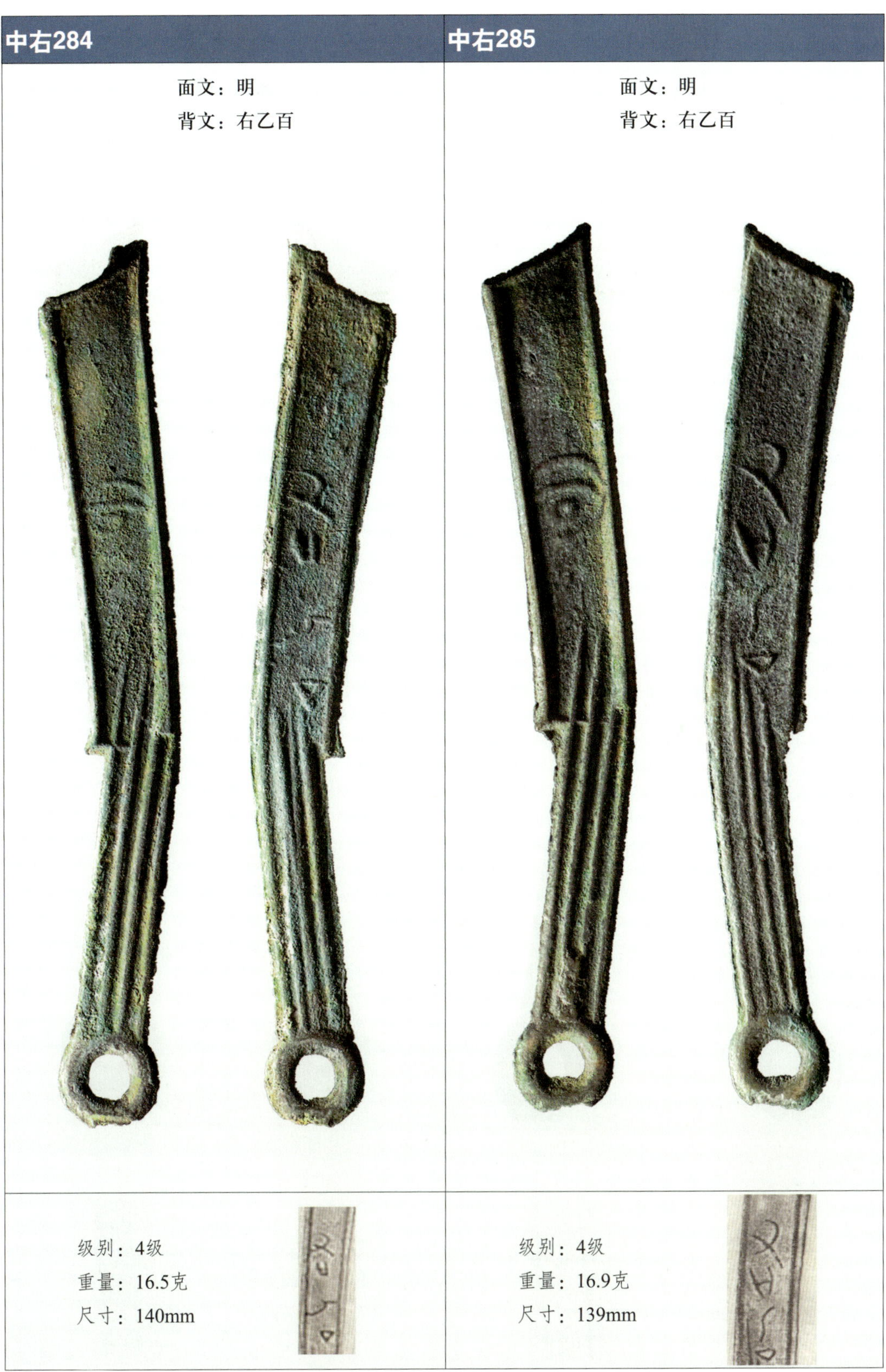

中右284	中右285
面文：明 背文：右乙百	面文：明 背文：右乙百
级别：4级 重量：16.5克 尺寸：140mm	级别：4级 重量：16.9克 尺寸：139mm

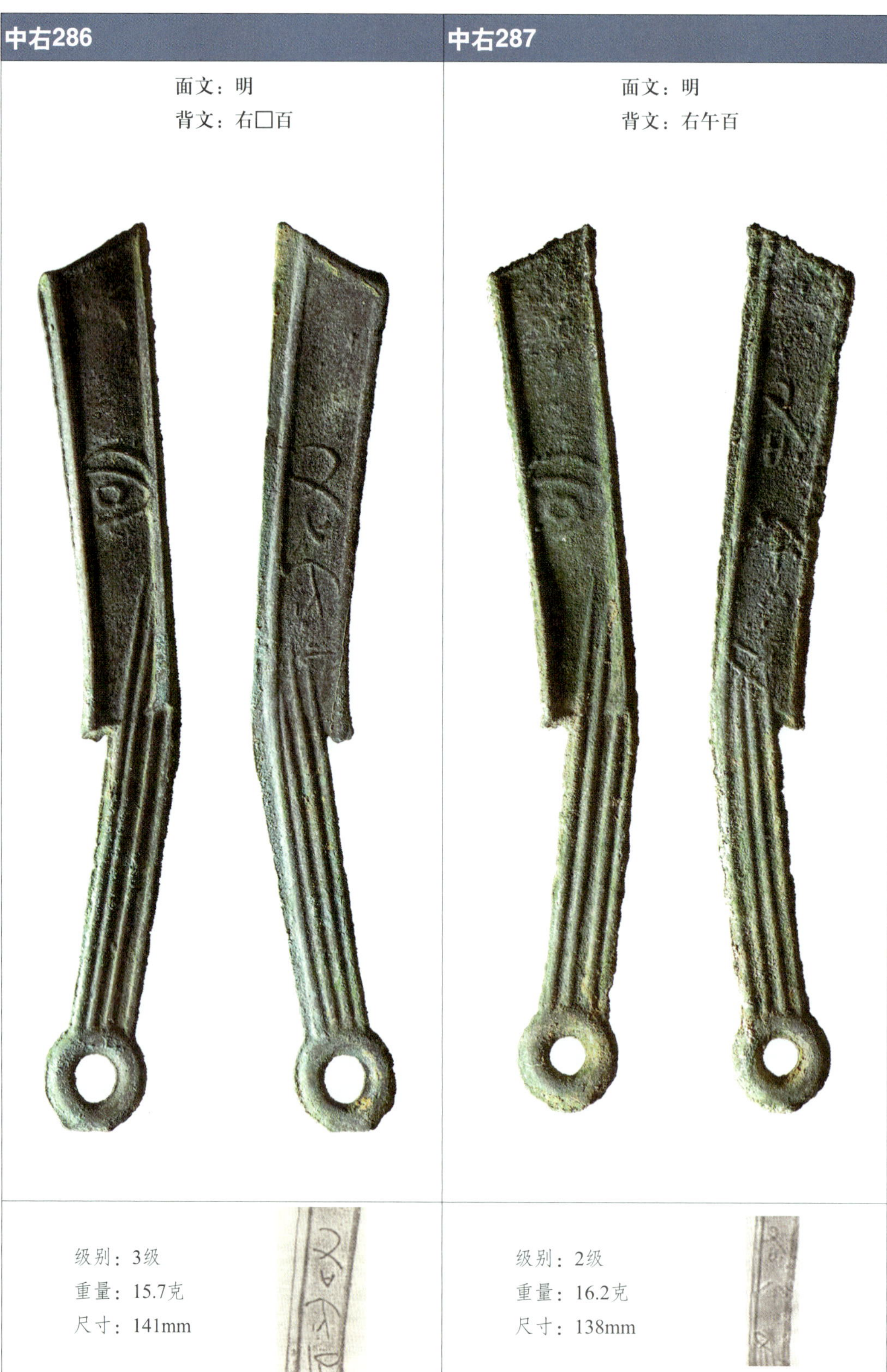

中右286

面文：明

背文：右□百

级别：3级

重量：15.7克

尺寸：141mm

中右287

面文：明

背文：右午百

级别：2级

重量：16.2克

尺寸：138mm

中右288

面文：明
背文：右文百

级别：3级
重量：13.6克
尺寸：140mm

中右289

面文：明
背文：右六十百

级别：2级
重量：14.8克
尺寸：139mm

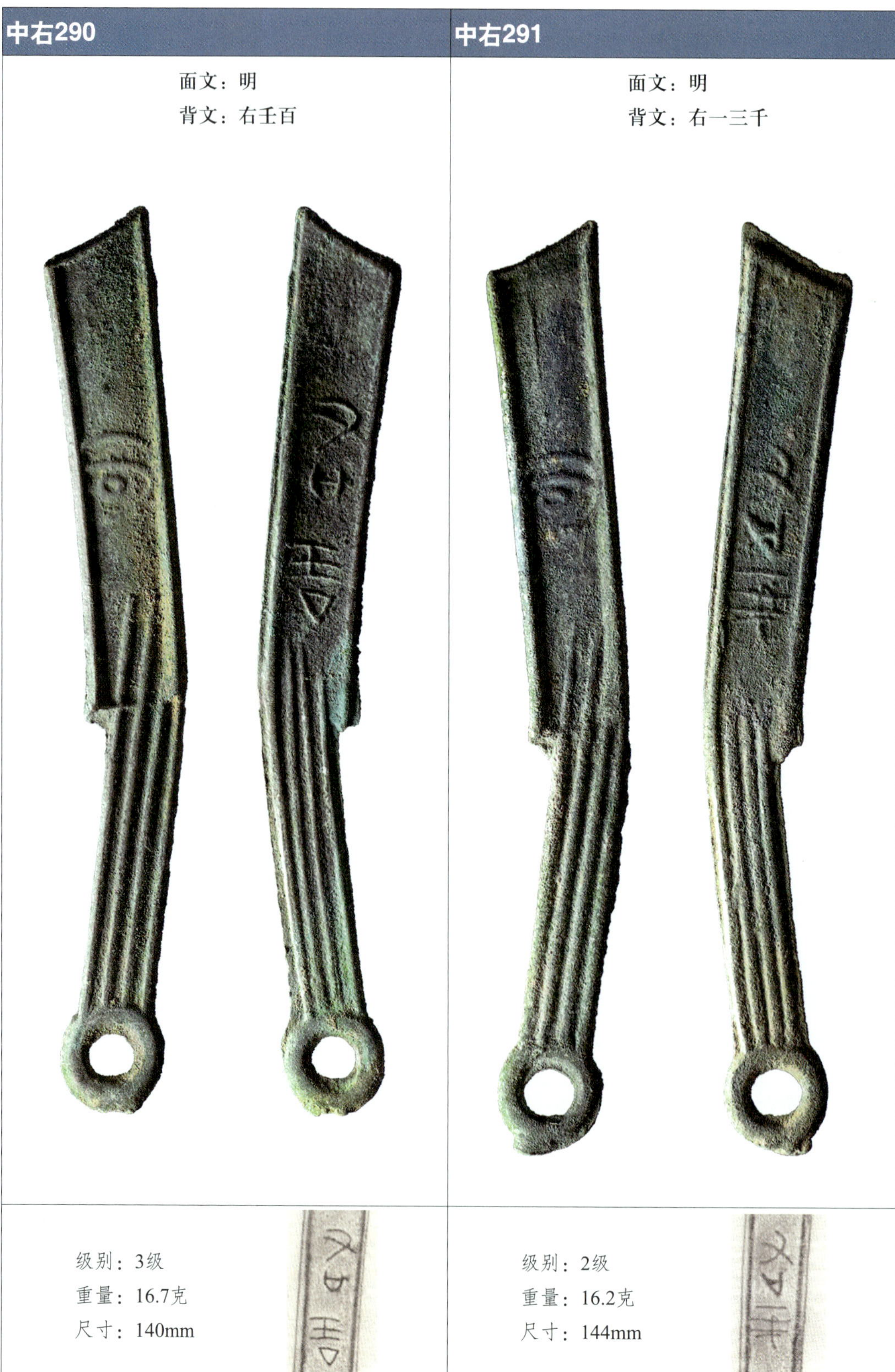

中右290	中右291
面文：明 背文：右壬百	面文：明 背文：右一三千
级别：3级 重量：16.7克 尺寸：140mm	级别：2级 重量：16.2克 尺寸：144mm

中右292

面文：明

背文：右一万

级别：3级

重量：16.4克

尺寸：142mm

中右293

面文：明

背文：右八万

级别：4级

重量：17.2克

尺寸：140mm

中右294

面文：明

背文：右□一

中右295

面文：明

背文：右□一

中右294

级别：4级

重量：17.2克

尺寸：141mm

中右295

级别：1级

重量：18.2克

尺寸：140mm

中右296

面文：明

背文：右□一

级别：3级

重量：17.3克

尺寸：137mm

中右297

面文：明

背文：右人一

级别：3级

重量：18.3克

尺寸：138mm

中右298

面文：明
背文：右丿一

级别：4级
重量：15.4克
尺寸：139mm

中右299

面文：明
背文：右丶一

级别：4级
重量：15.9克
尺寸：141mm

中右300

面文：明

背文：十右丶

级别：4级

重量：14.7克

尺寸：140mm

中右301

面文：明

背文：右勿一

级别：2级

重量：16.9克

尺寸：136mm

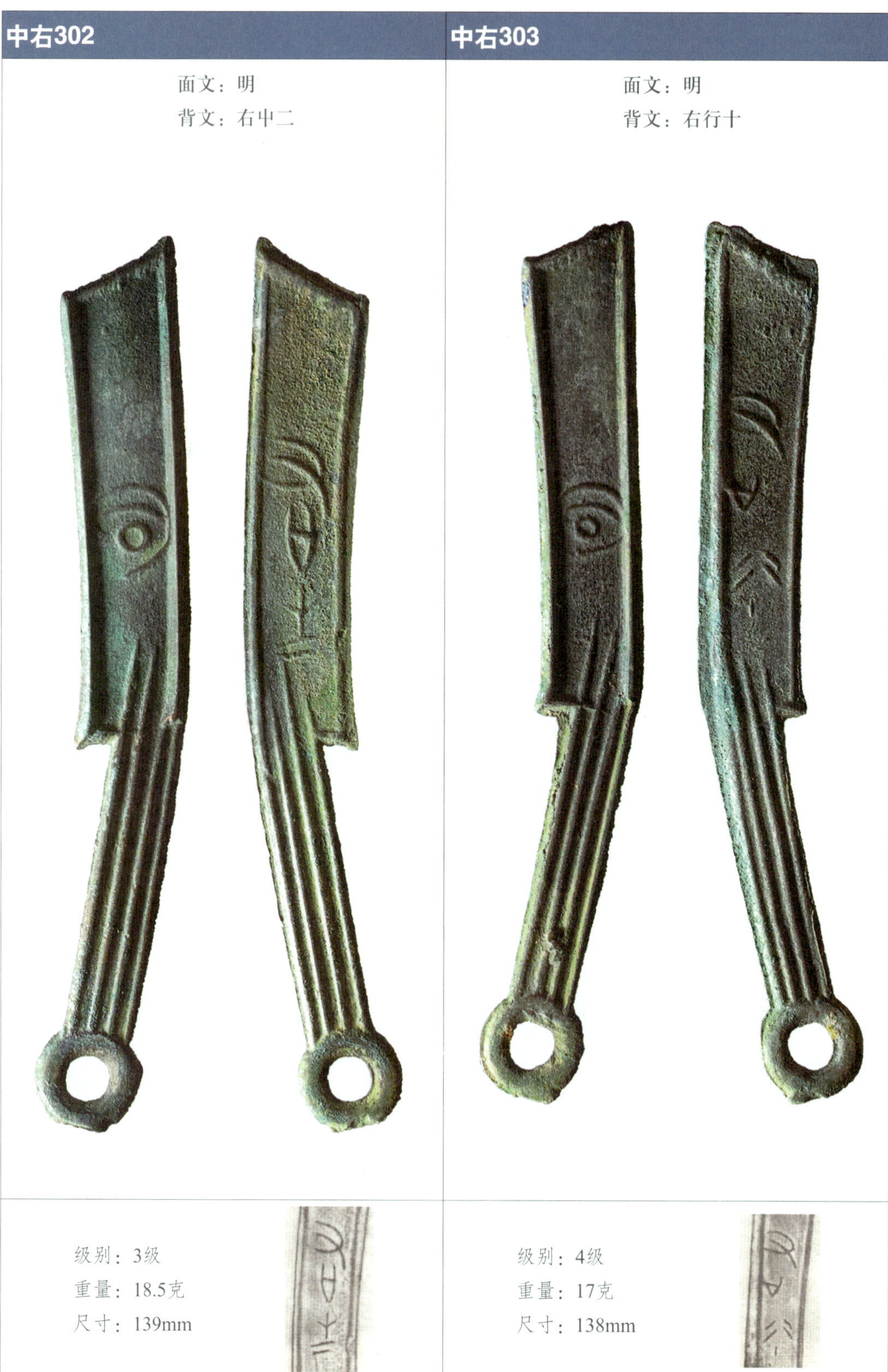

中右302

面文：明

背文：右中二

级别：3级

重量：18.5克

尺寸：139mm

中右303

面文：明

背文：右行十

级别：4级

重量：17克

尺寸：138mm

中右304	中右305
面文：明 背文：右□丶	面文：明 背文：右丶十

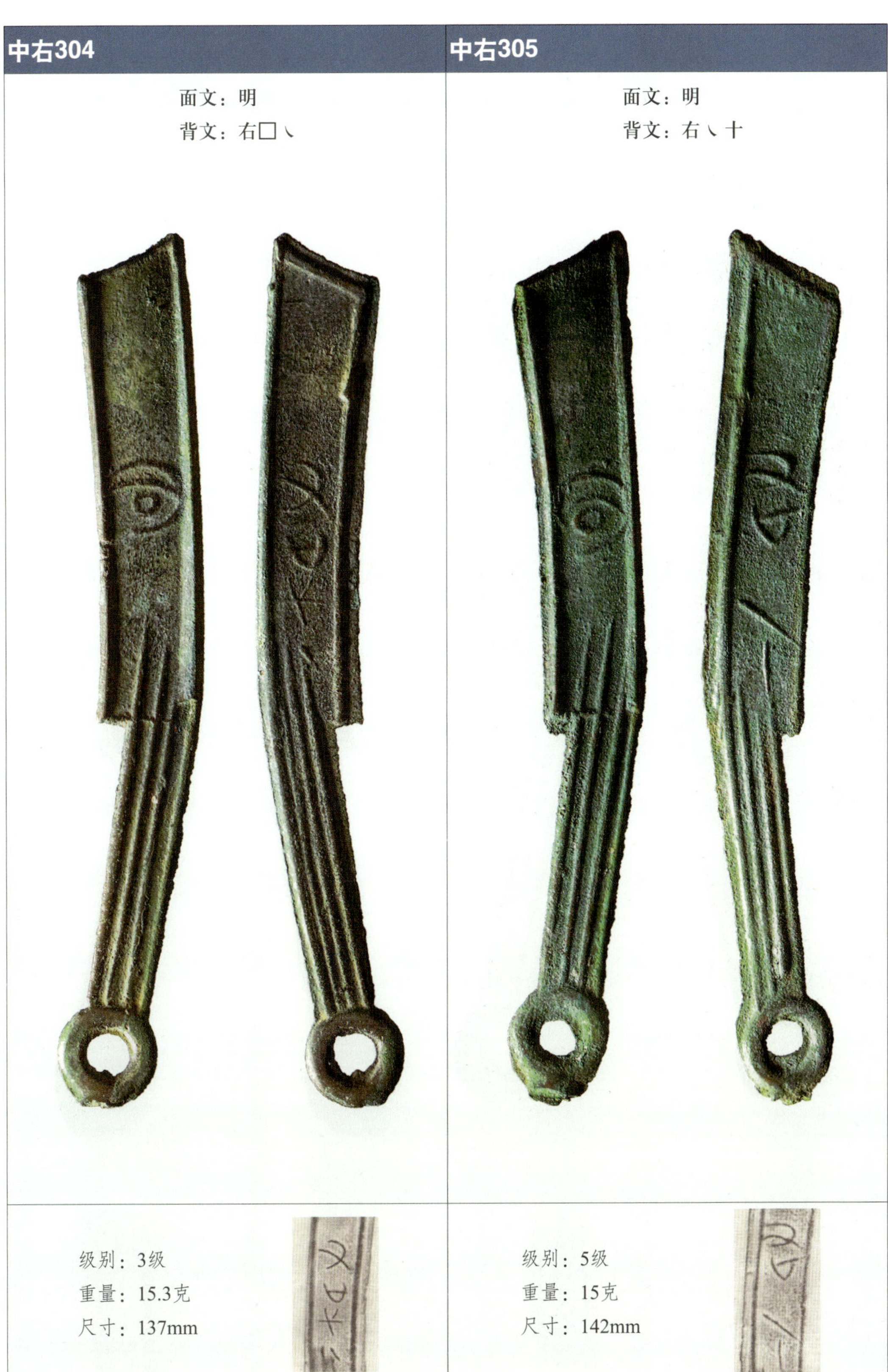

中右304	中右305
级别：3级 重量：15.3克 尺寸：137mm	级别：5级 重量：15克 尺寸：142mm

中右306	中右307
面文：明 背文：右邑□	面文：明 背文：右□□

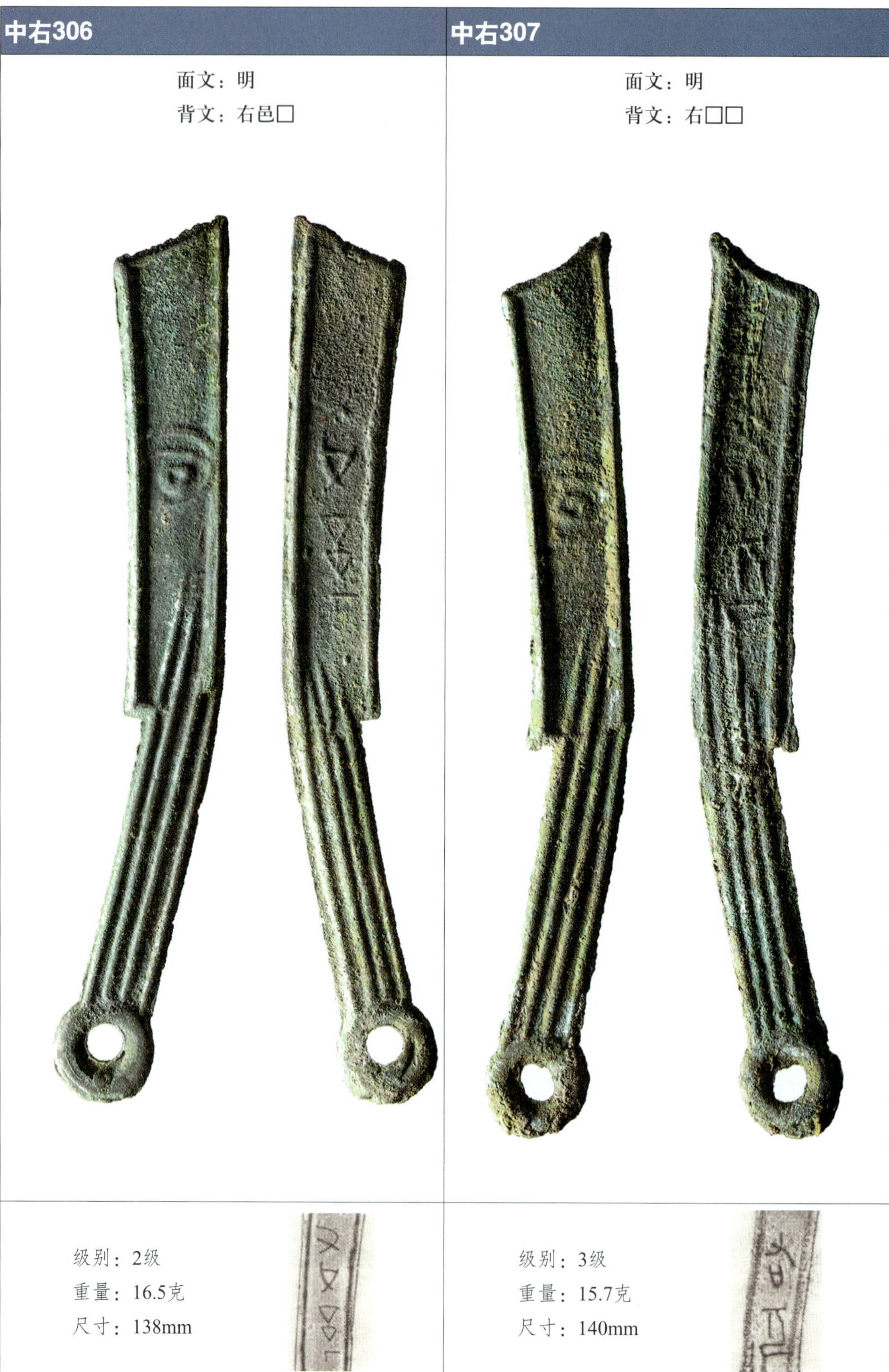

级别：2级 重量：16.5克 尺寸：138mm	级别：3级 重量：15.7克 尺寸：140mm

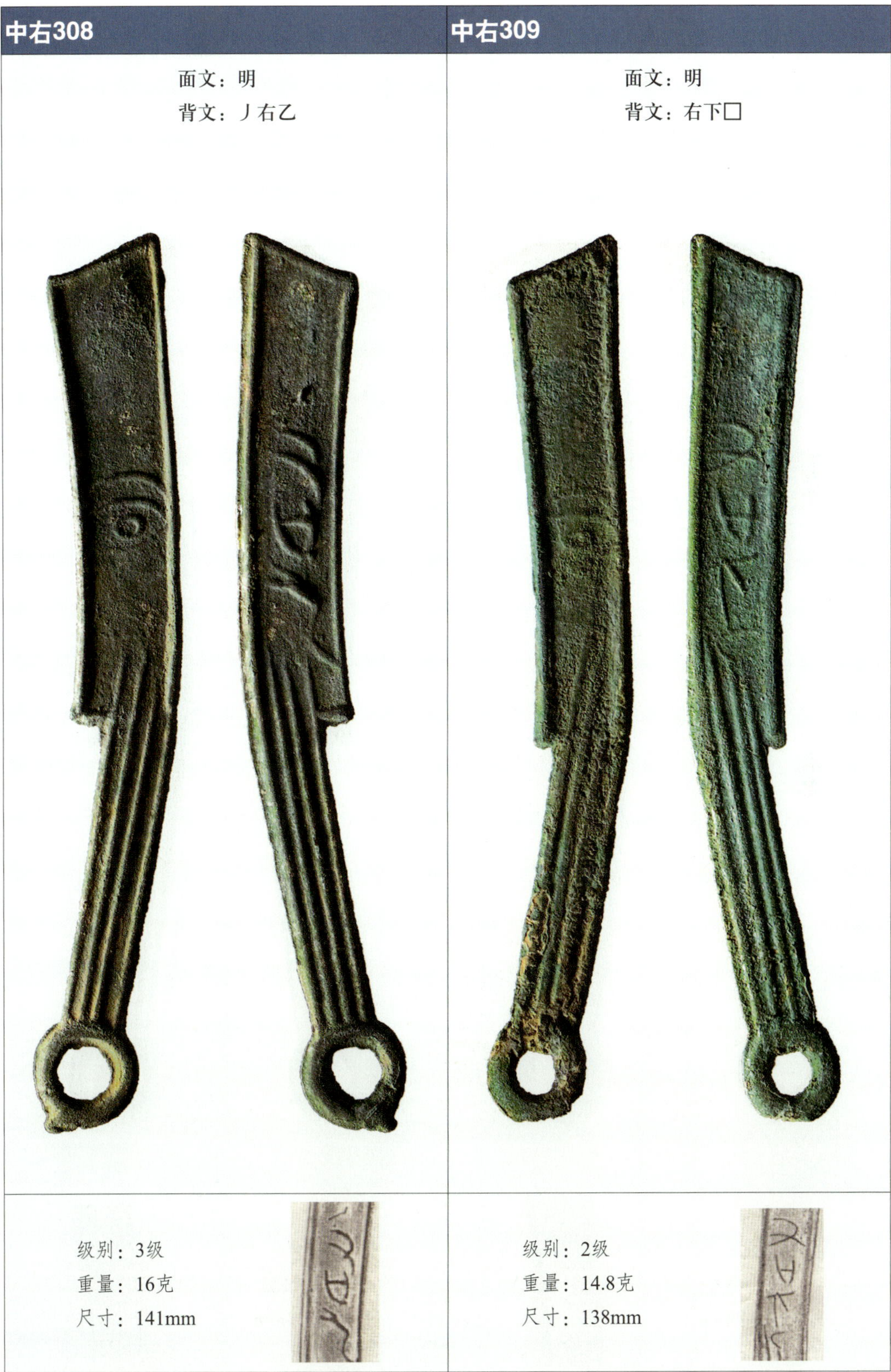

中右308

面文：明

背文：丿右乙

级别：3级

重量：16克

尺寸：141mm

中右309

面文：明

背文：右下□

级别：2级

重量：14.8克

尺寸：138mm

中右310	中右311
面文：明 背文：十右行	面文：明 背文：一右勿

中右310	中右311
级别：5级 重量：16.8克 尺寸：140mm	级别：2级 重量：17.1克 尺寸：138mm

中右312	中右313
面文：明 背文：一右申	面文：明 背文：右百百
级别：4级 重量：14.3克 尺寸：138mm	级别：4级 重量：15.8克 尺寸：140mm

中右314	中右315
面文：明 背文：右□□	面文：明 背文：右口一
级别：1级 重量：15.2克 尺寸：140mm	级别：2级 重量：12.6克 尺寸：137mm

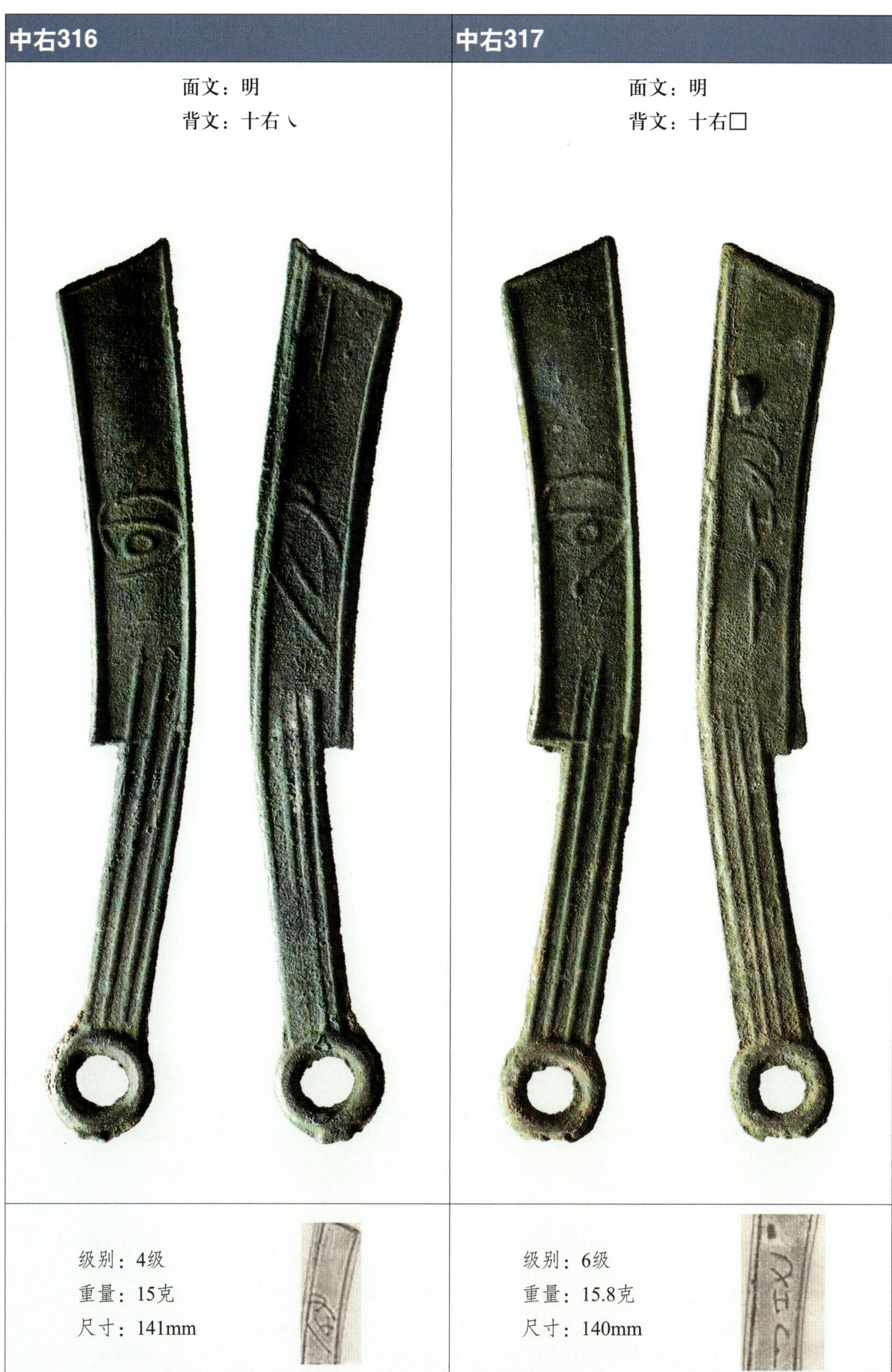

中右316

面文：明

背文：十右丶

级别：4级

重量：15克

尺寸：141mm

中右317

面文：明

背文：十右□

级别：6级

重量：15.8克

尺寸：140mm

中右318	中右319
面文：明 背文：右十四	面文：明 背文：右十四

级别：5级 重量：17.8克 尺寸：139mm	级别：5级 重量：15.8克 尺寸：142mm

中右320	中右321
面文：明 背文：右一八一	面文：明 背文：右七一四

中右320	中右321
级别：6级 重量：17.1克 尺寸：139mm	级别：2级 重量：17.9克 尺寸：144mm

中右322	中右323
面文：明 背文：右十万百	面文：明 背文：右七四百
级别：2级 重量：15.2克 尺寸：142mm	级别：2级 重量：16.5克 尺寸：140mm

中右324

面文：明
背文：右六七□七百

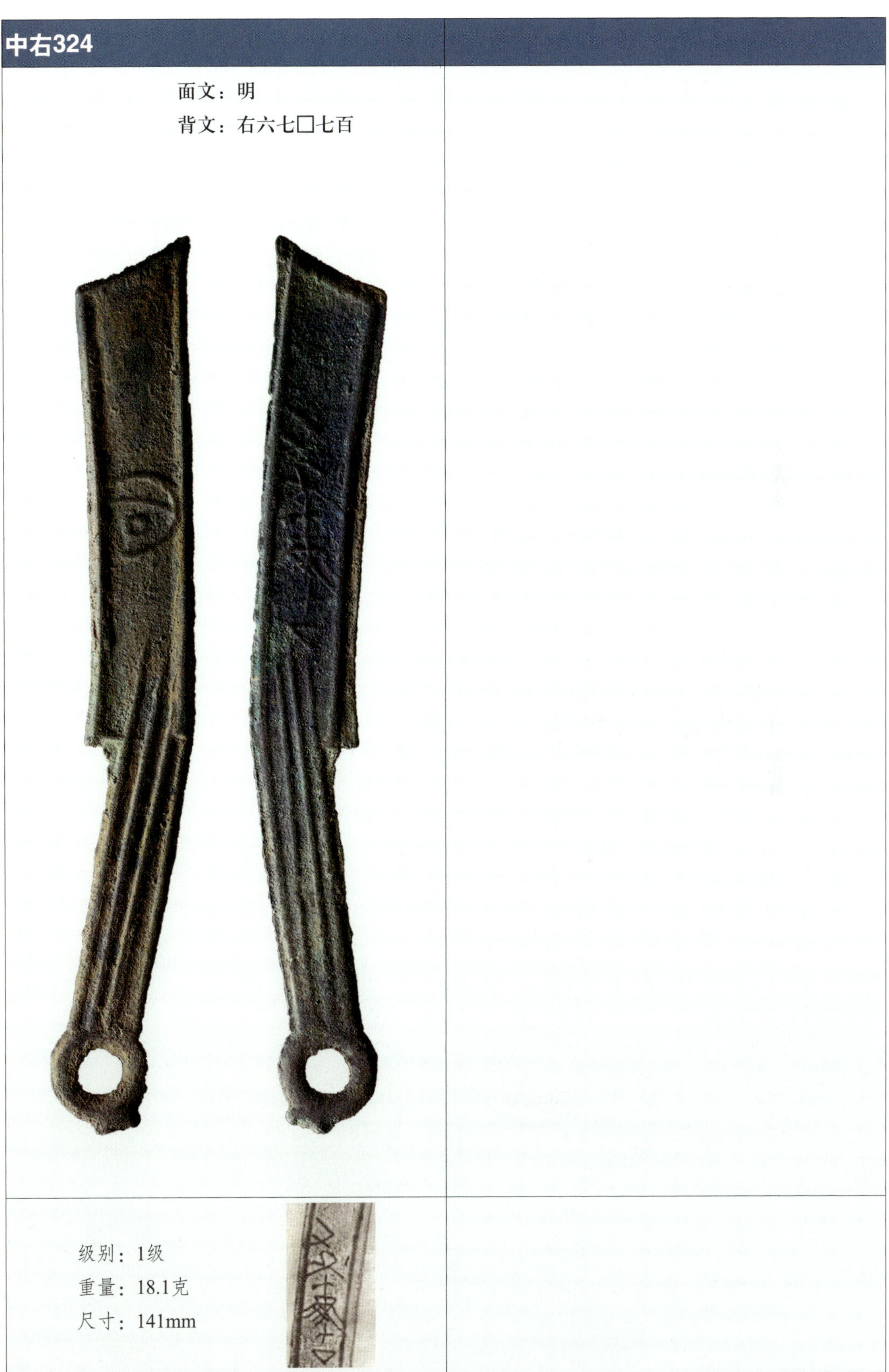

级别：1级
重量：18.1克
尺寸：141mm

第六章　晚期燕明刀系列

晚期燕明刀系列分为单字、中字、晚左、晚右、外炉、介字、僉字、行字系列。

第一节　晚期燕明刀单字系列

晚期燕明刀单字系列，从刀身形制看，刀首刃由略尖向平首转化，刀身上部和下部呈平行状态，刀身同刀柄连接处呈方折，刀柄线深入刀身三分之一处。个别版式刀身较宽，脊背略厚。从刀面铭文明字的写法看，分小字版和大字版。从面文明字的结构看，分为扁目明和圆目明，同时在面文明字的上方或下方出现炉记标识，而且面文明字出现增笔现象。刀背铭文的书写方式，有减笔、增笔、异书、反书、合文等现象。刀背铭文的内容主要以记数为主，兼有记物、天干、吉语和一些待考的特殊符号构成。

晚单字001

面文：明
背文：无

级别：6级
重量：14.9克
尺寸：139mm

晚单字002	晚单字003
面文：明 背文：五	面文：明 背文：七
级别：5级 重量：15.6克 尺寸：133mm	级别：4级 重量：17.3克 尺寸：138mm

晚单字004	晚单字005
面文：明 背文：八	面文：明 背文：二千
级别：5级 重量：15.7克 尺寸：141mm	级别：5级 重量：16克 尺寸：139mm

晚单字006

面文：明

背文：万

级别：5级

重量：14克

尺寸：132mm

晚单字007

面文：明

背文：□

级别：4级

重量：14.5克

尺寸：138mm

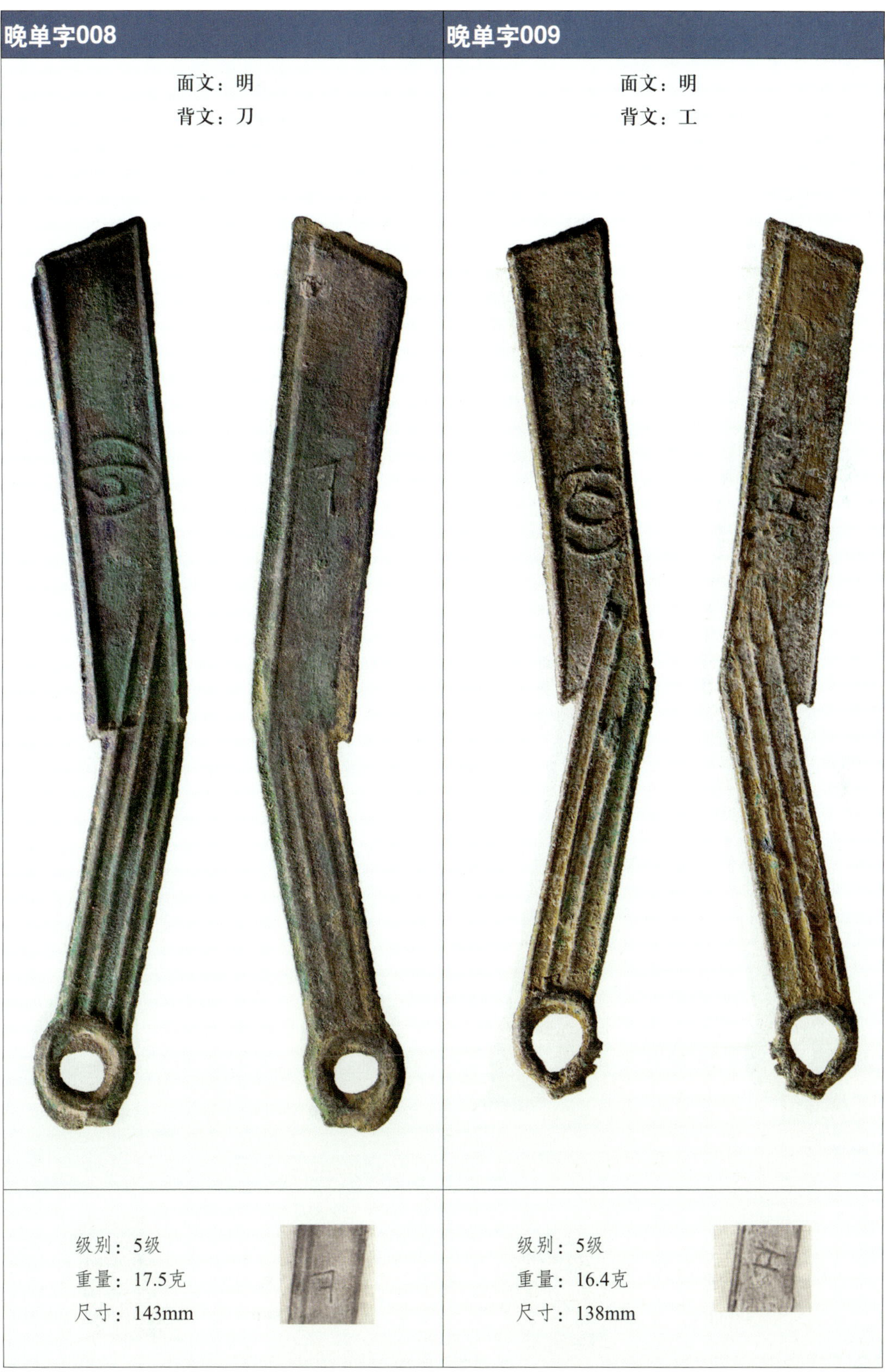

晚单字008	晚单字009
面文：明 背文：刀	面文：明 背文：工
级别：5级 重量：17.5克 尺寸：143mm	级别：5级 重量：16.4克 尺寸：138mm

晚单字010	晚单字011
面文：明 背文：工	面文：明 背文：□

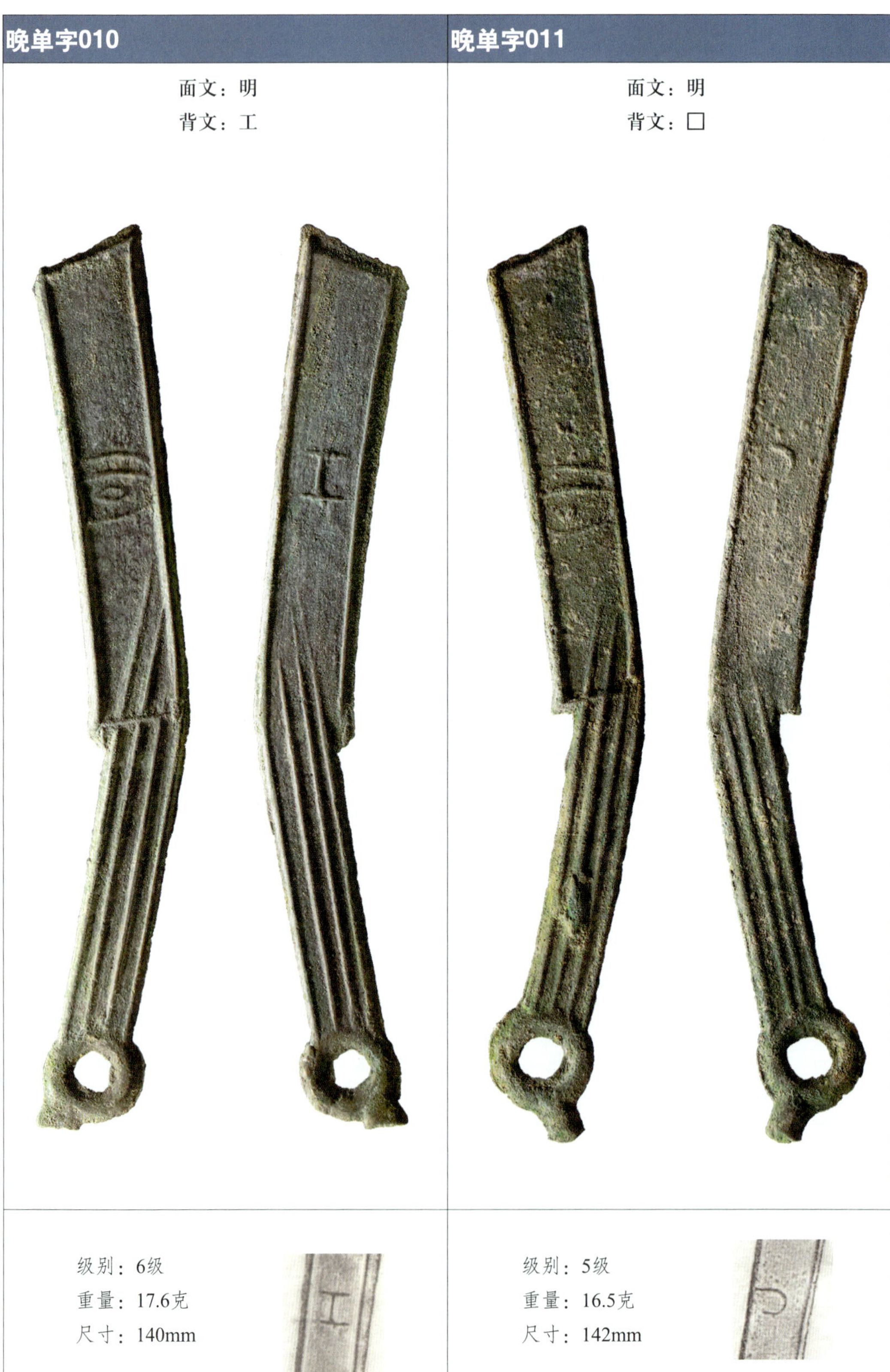

晚单字010	晚单字011
级别：6级 重量：17.6克 尺寸：140mm	级别：5级 重量：16.5克 尺寸：142mm

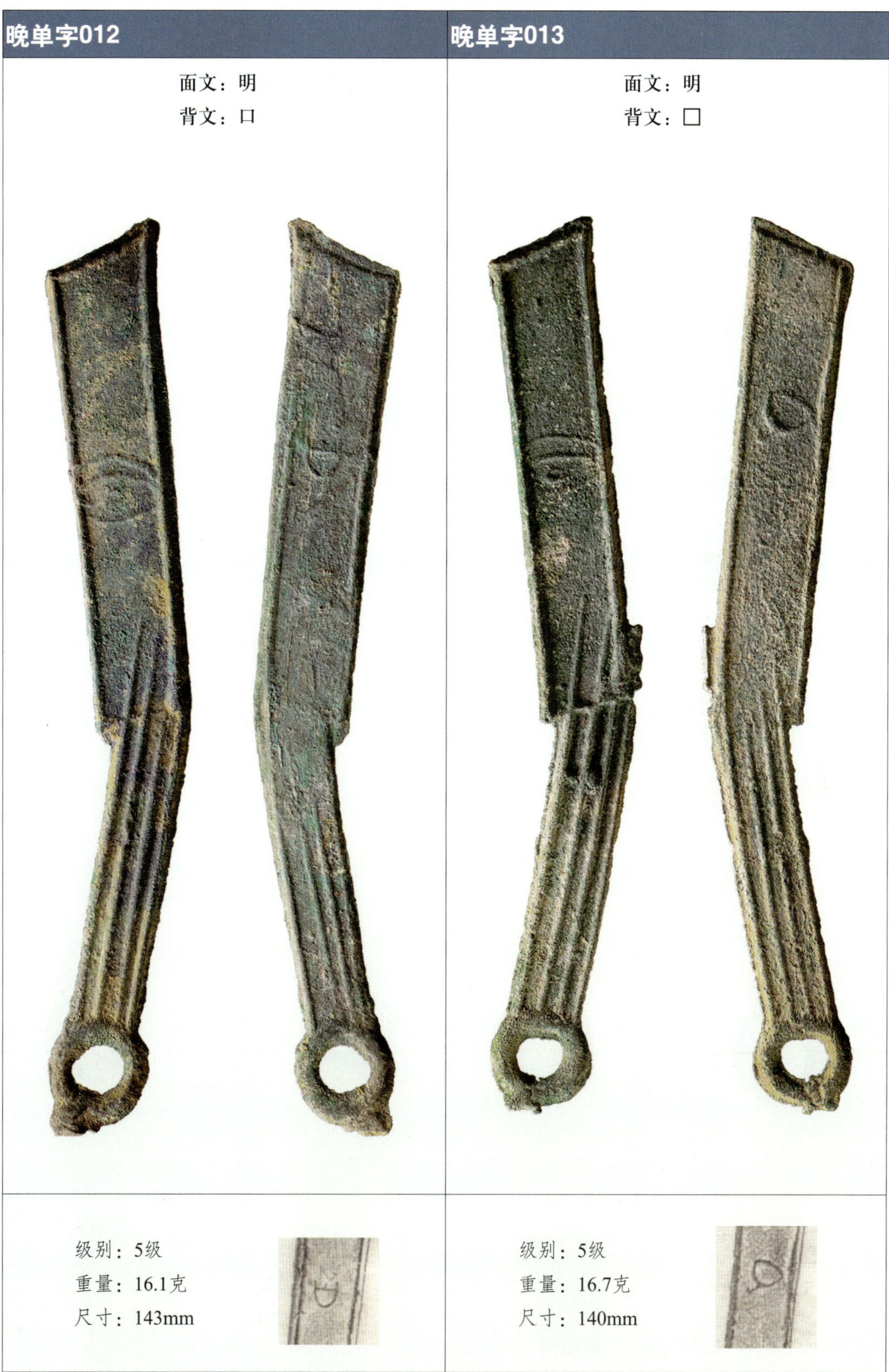

晚单字012

面文：明
背文：口

级别：5级
重量：16.1克
尺寸：143mm

晚单字013

面文：明
背文：□

级别：5级
重量：16.7克
尺寸：140mm

晚单字014	晚单字015
面文：明 背文：邑	面文：明 背文：□

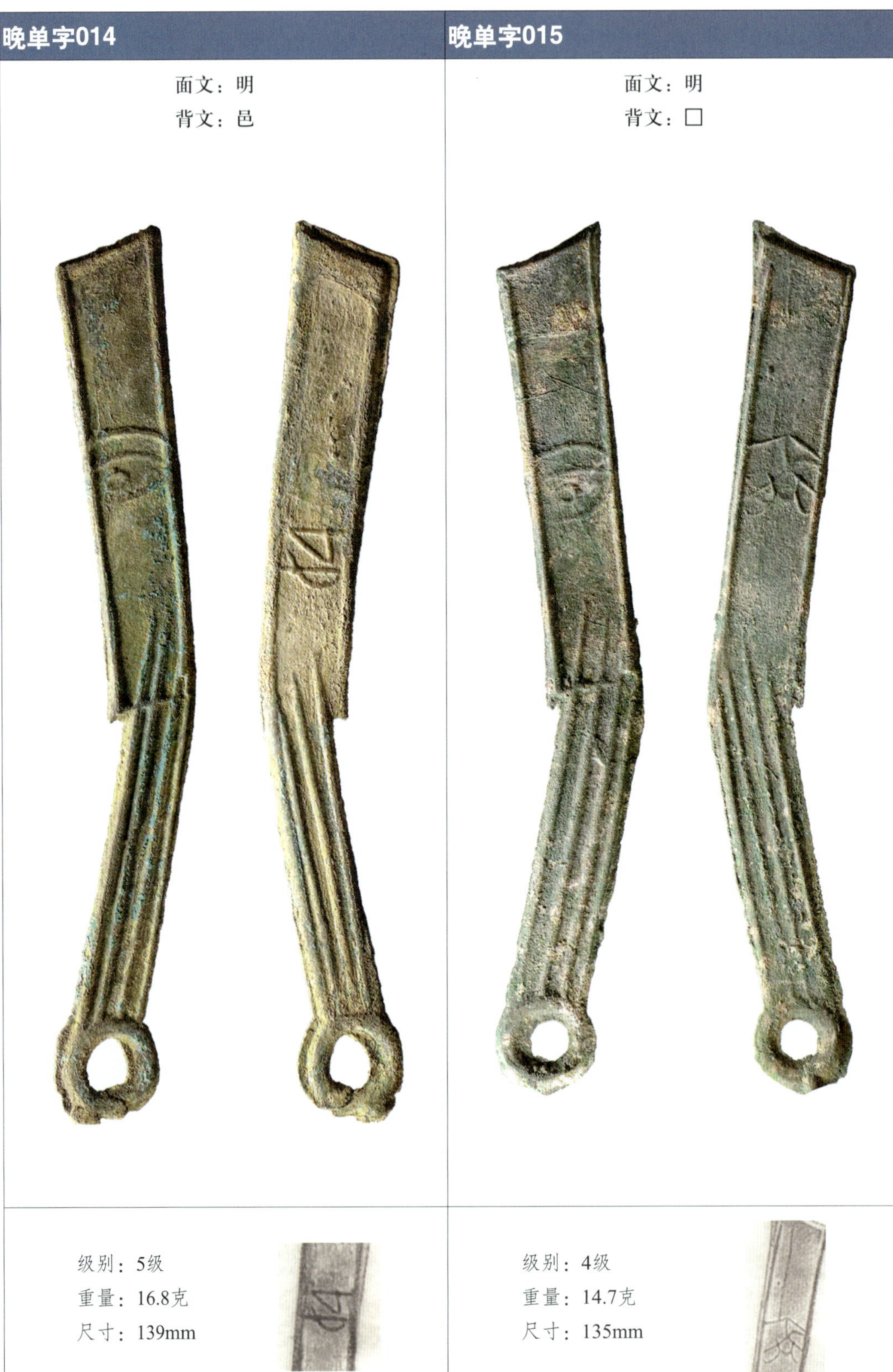

晚单字014	晚单字015
级别：5级 重量：16.8克 尺寸：139mm	级别：4级 重量：14.7克 尺寸：135mm

晚单字016

面文：明
背文：☐

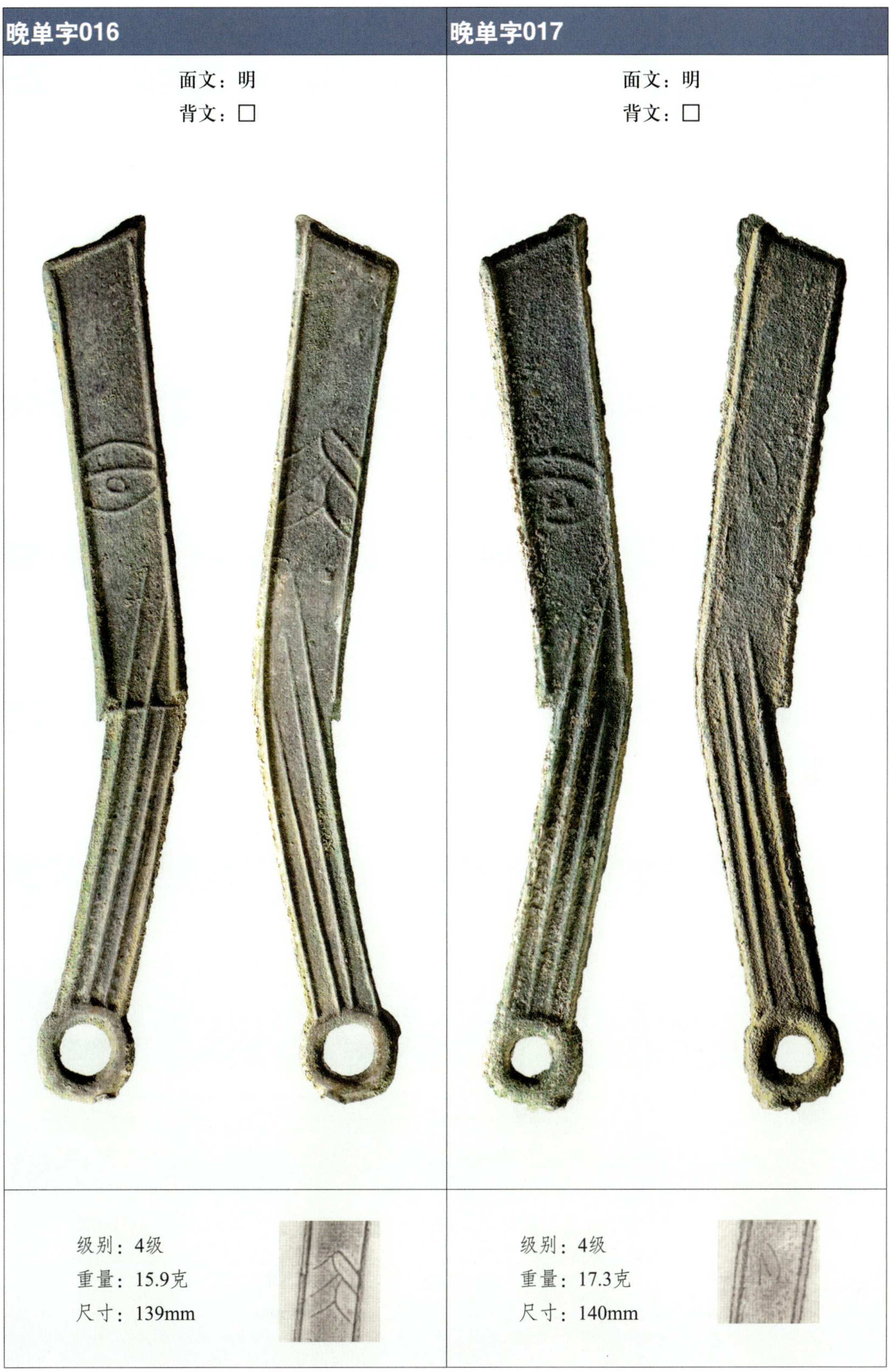

级别：4级
重量：15.9克
尺寸：139mm

晚单字017

面文：明
背文：☐

级别：4级
重量：17.3克
尺寸：140mm

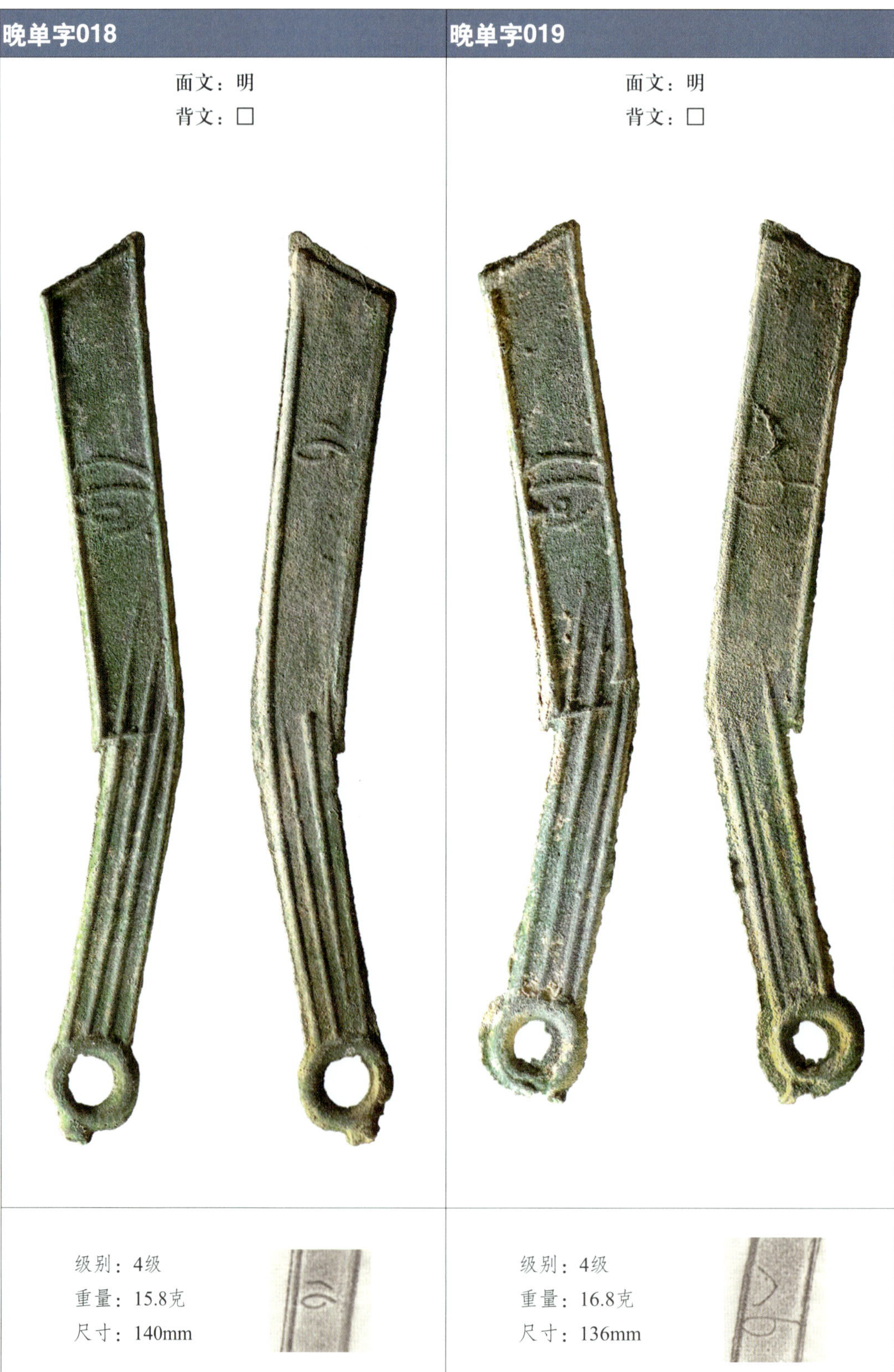

晚单字018	晚单字019
面文：明 背文：☐	面文：明 背文：☐
级别：4级 重量：15.8克 尺寸：140mm	级别：4级 重量：16.8克 尺寸：136mm

晚单字020

面文：明
背文：□

晚单字021

面文：明
背文：昌

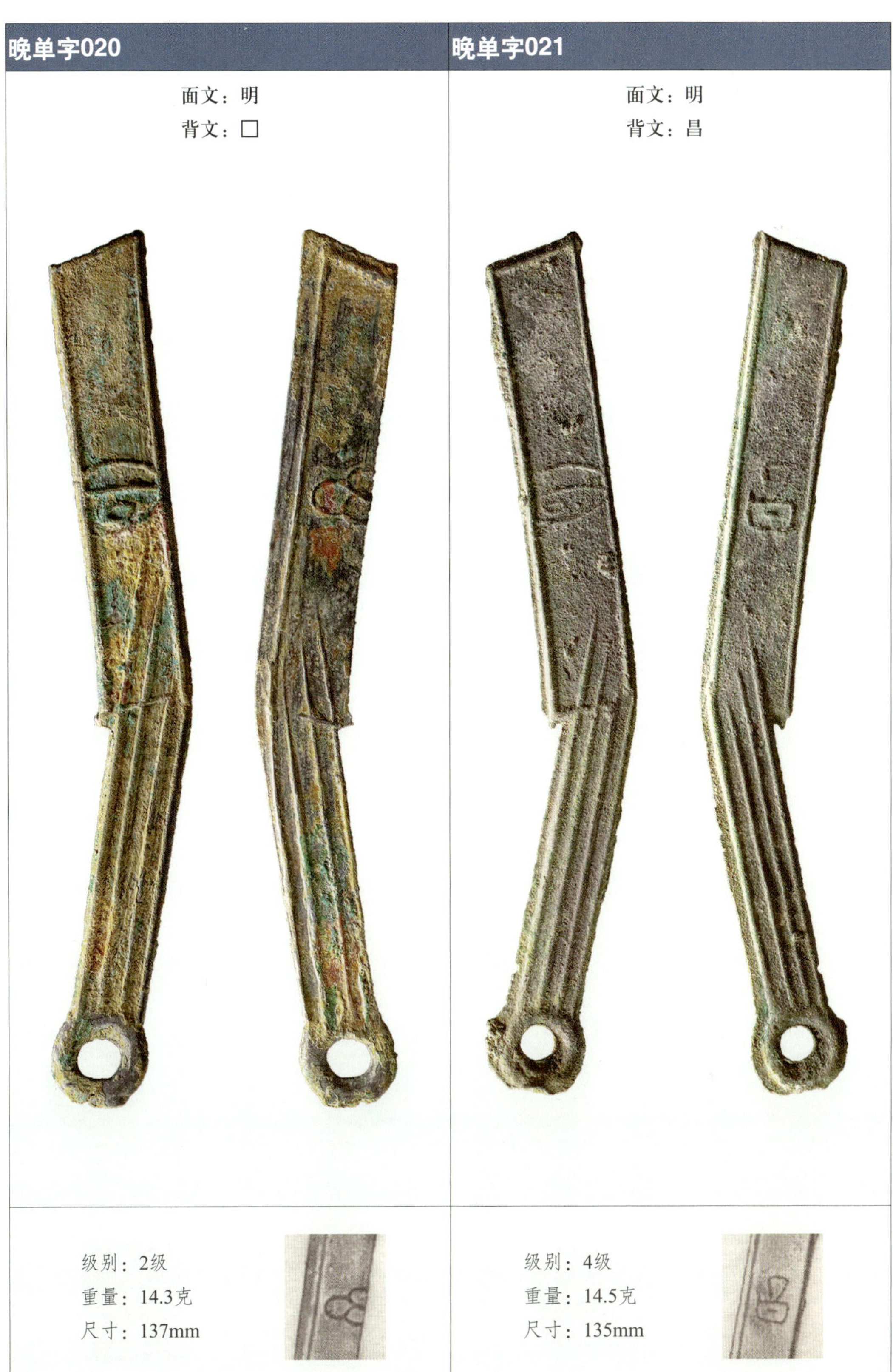

级别：2级
重量：14.3克
尺寸：137mm

级别：4级
重量：14.5克
尺寸：135mm

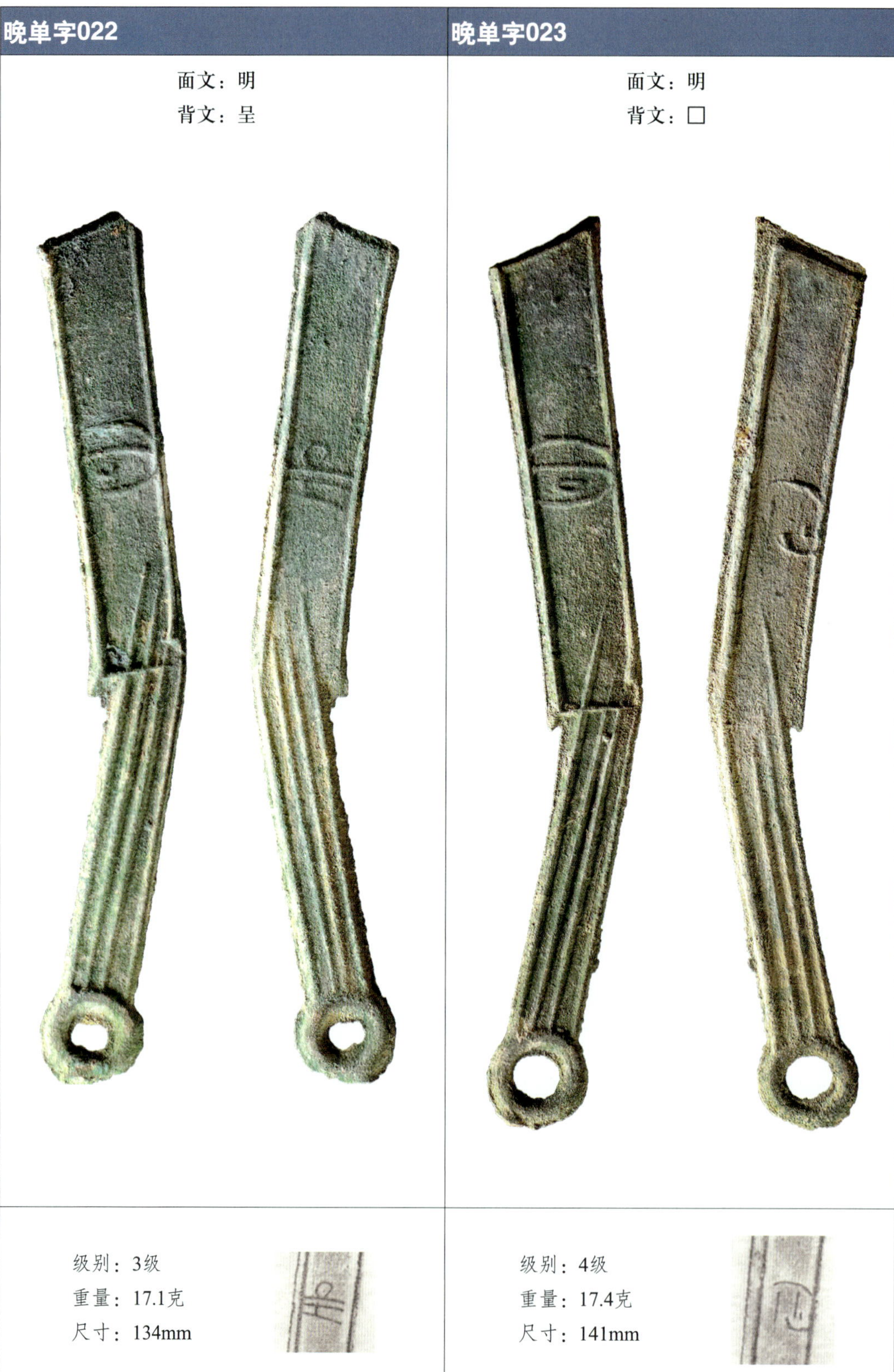

晚单字022	晚单字023
面文：明 背文：呈	面文：明 背文：□
级别：3级 重量：17.1克 尺寸：134mm	级别：4级 重量：17.4克 尺寸：141mm

晚单字024	晚单字025
面文：明 背文：□	面文：明 背文：□
级别：3级 重量：18.6克 尺寸：139mm	级别：3级 重量：17.4克 尺寸：142mm

晚单字026	晚单字027
面文：明 背文：人	面文：明 背文：□
级别：5级 重量：16.3克 尺寸：141mm	级别：4级 重量：14.4克 尺寸：138mm

晚单字028

面文：明

背文：□

级别：4级

重量：15.2克

尺寸：140mm

晚单字029

面文：明

背文：□

级别：4级

重量：14.2克

尺寸：140mm

晚单字030	晚单字031
面文：明 背文：□	面文：明 背文：□
级别：6级 重量：16.2克 尺寸：137mm	级别：3级 重量：17.4克 尺寸：140mm

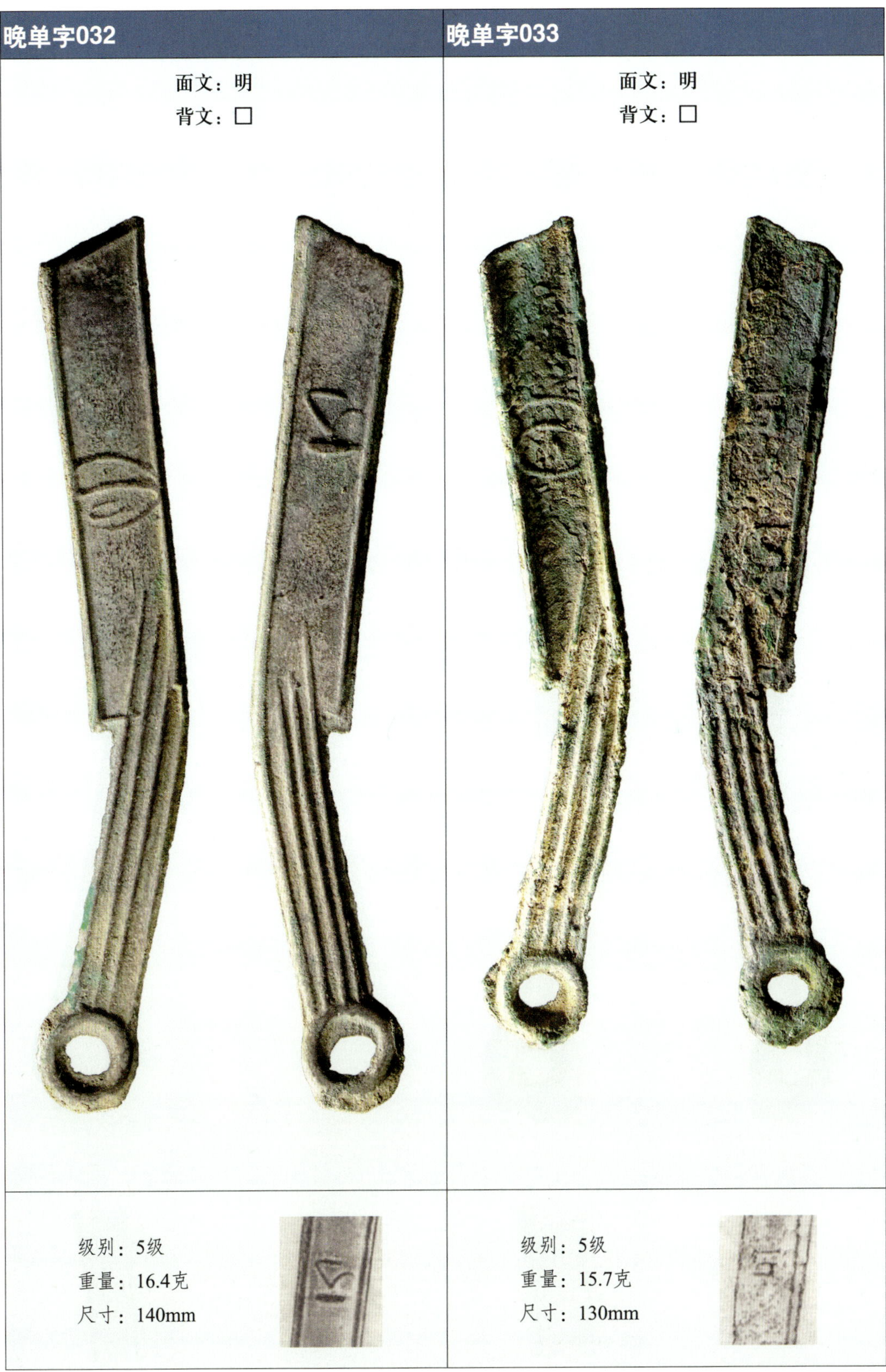

晚单字032	晚单字033
面文：明 背文：□	面文：明 背文：□
级别：5级 重量：16.4克 尺寸：140mm	级别：5级 重量：15.7克 尺寸：130mm

晚单字034	晚单字035
面文：明 背文：十工	面文：明 背文：□一
级别：5级 重量：15.6克 尺寸：141mm	级别：2级 重量：16.2克 尺寸：140mm

晚单字036

面文：明

背文：□一

晚单字037

面文：明

背文：一□

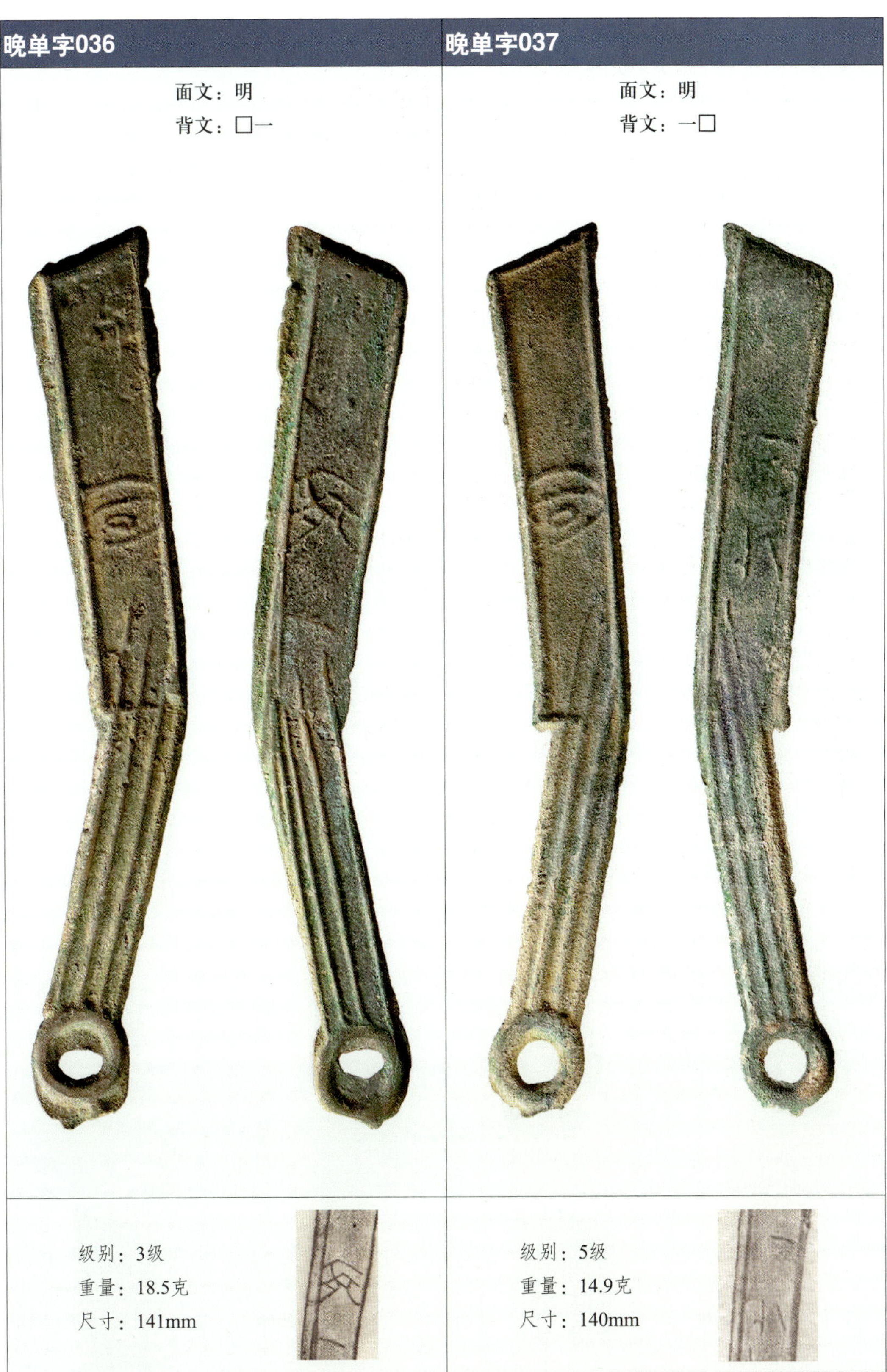

晚单字036

级别：3级

重量：18.5克

尺寸：141mm

晚单字037

级别：5级

重量：14.9克

尺寸：140mm

晚单字038	晚单字039
面文：明 背文：□□	面文：明 背文：□□
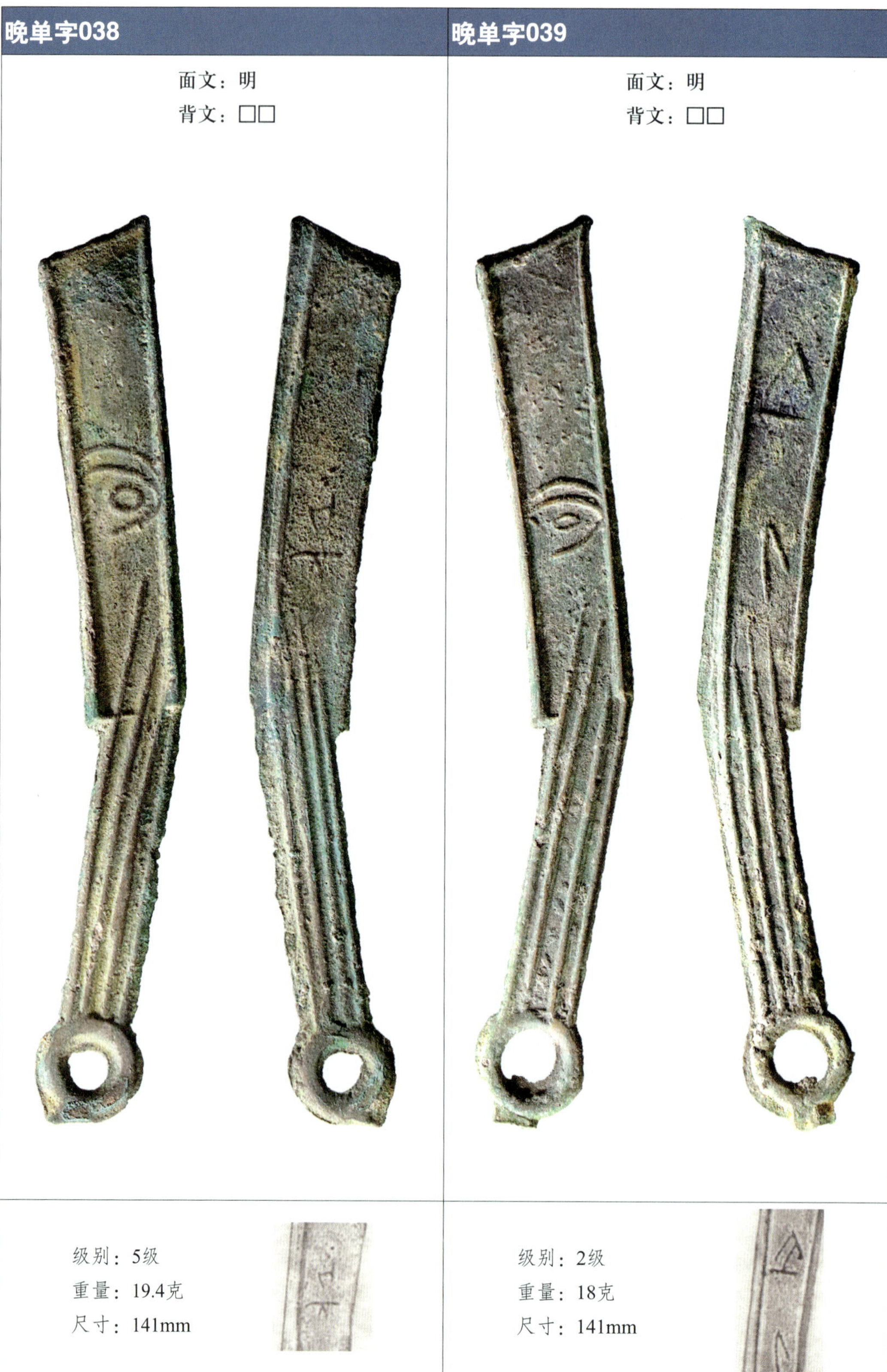	
级别：5级 重量：19.4克 尺寸：141mm	级别：2级 重量：18克 尺寸：141mm

晚单字040	晚单字041
面文：明 背文：□工	面文：明 背文：□一
级别：3级 重量：17.4克 尺寸：137mm	级别：4级 重量：15.9克 尺寸：143mm

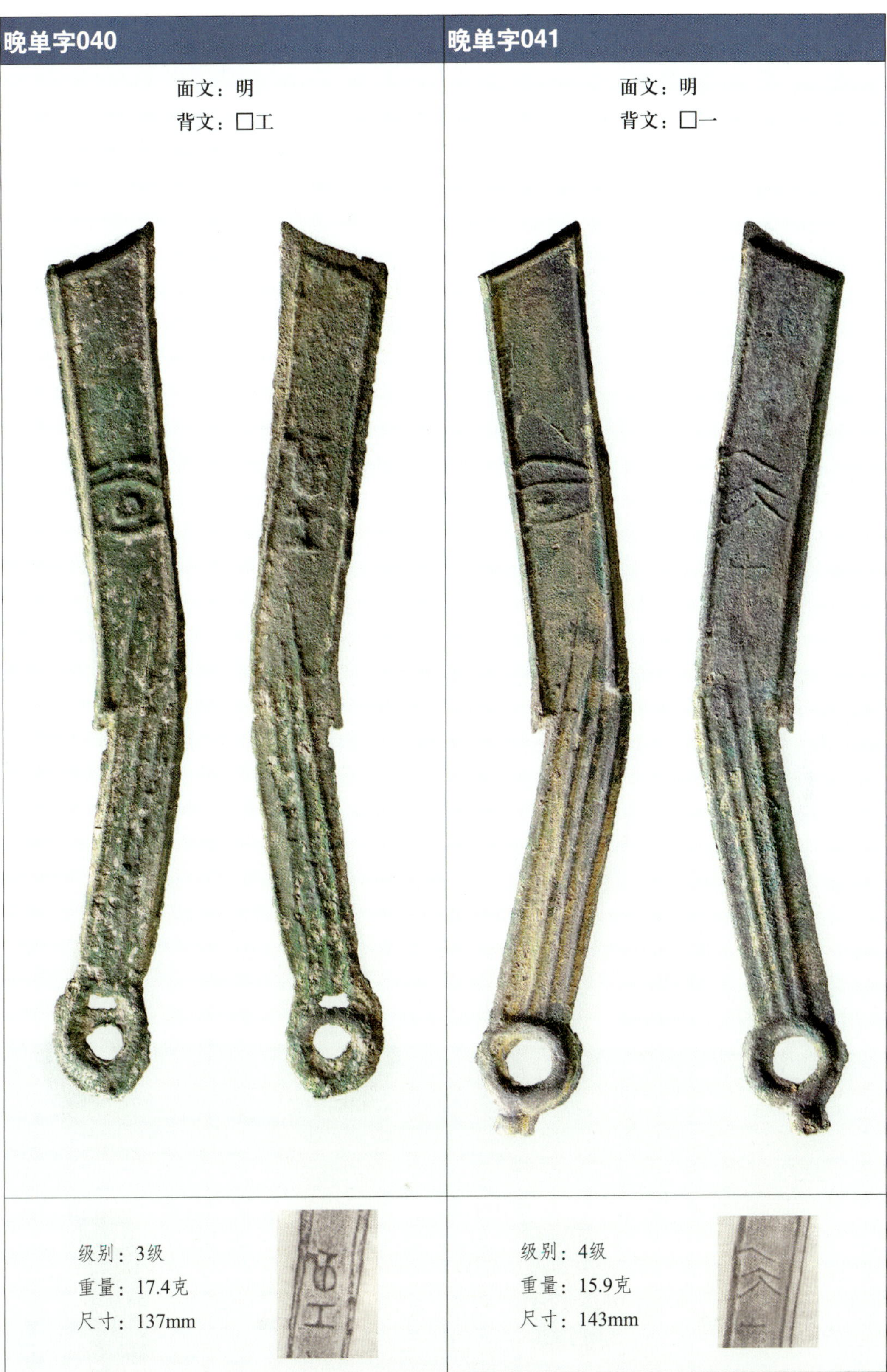

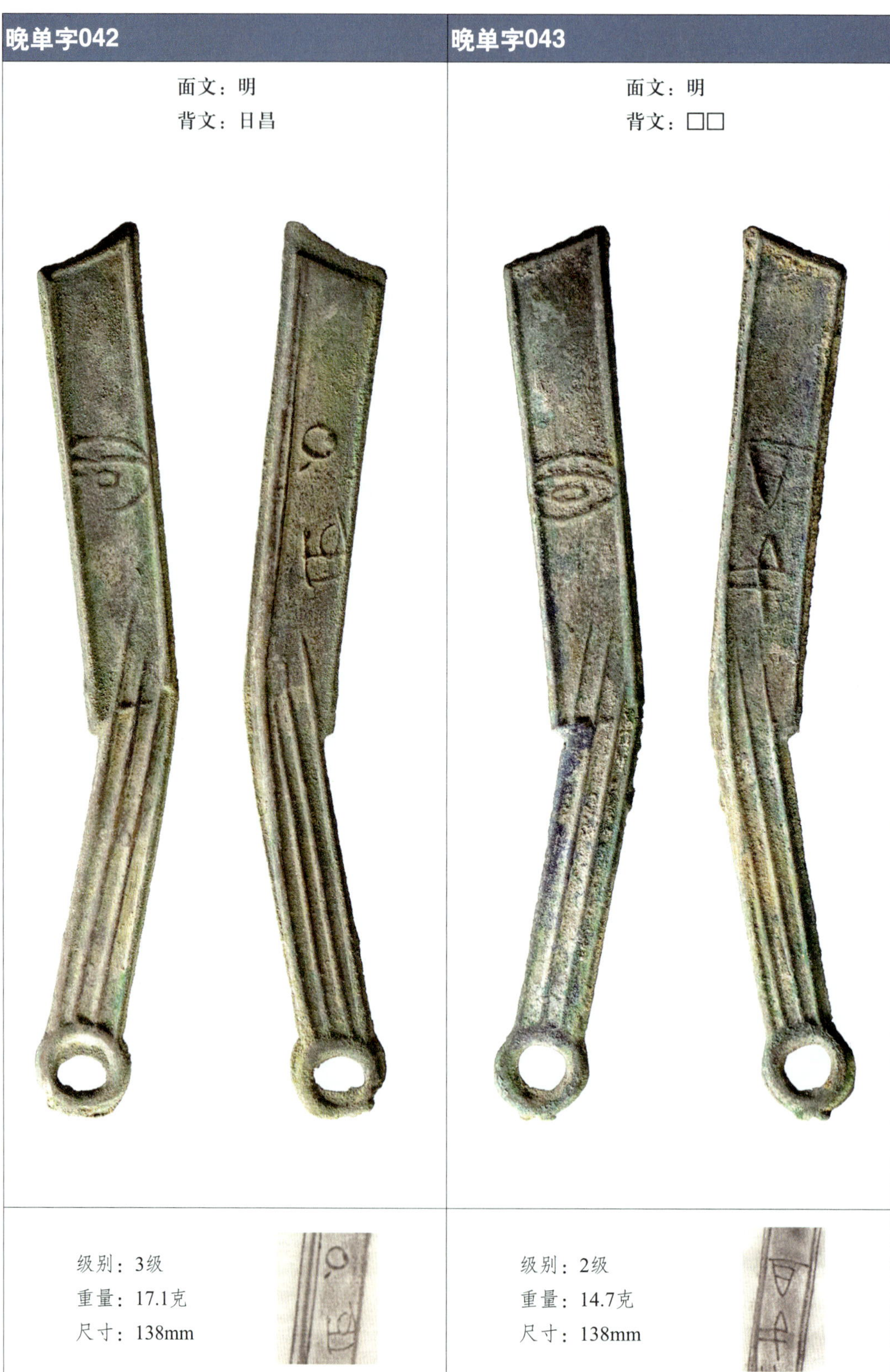

晚单字042	晚单字043
面文：明 背文：日昌	面文：明 背文：□□
级别：3级 重量：17.1克 尺寸：138mm	级别：2级 重量：14.7克 尺寸：138mm

晚单字044	晚单字045
面文：明 背文：丶□	面文：明 背文：日□

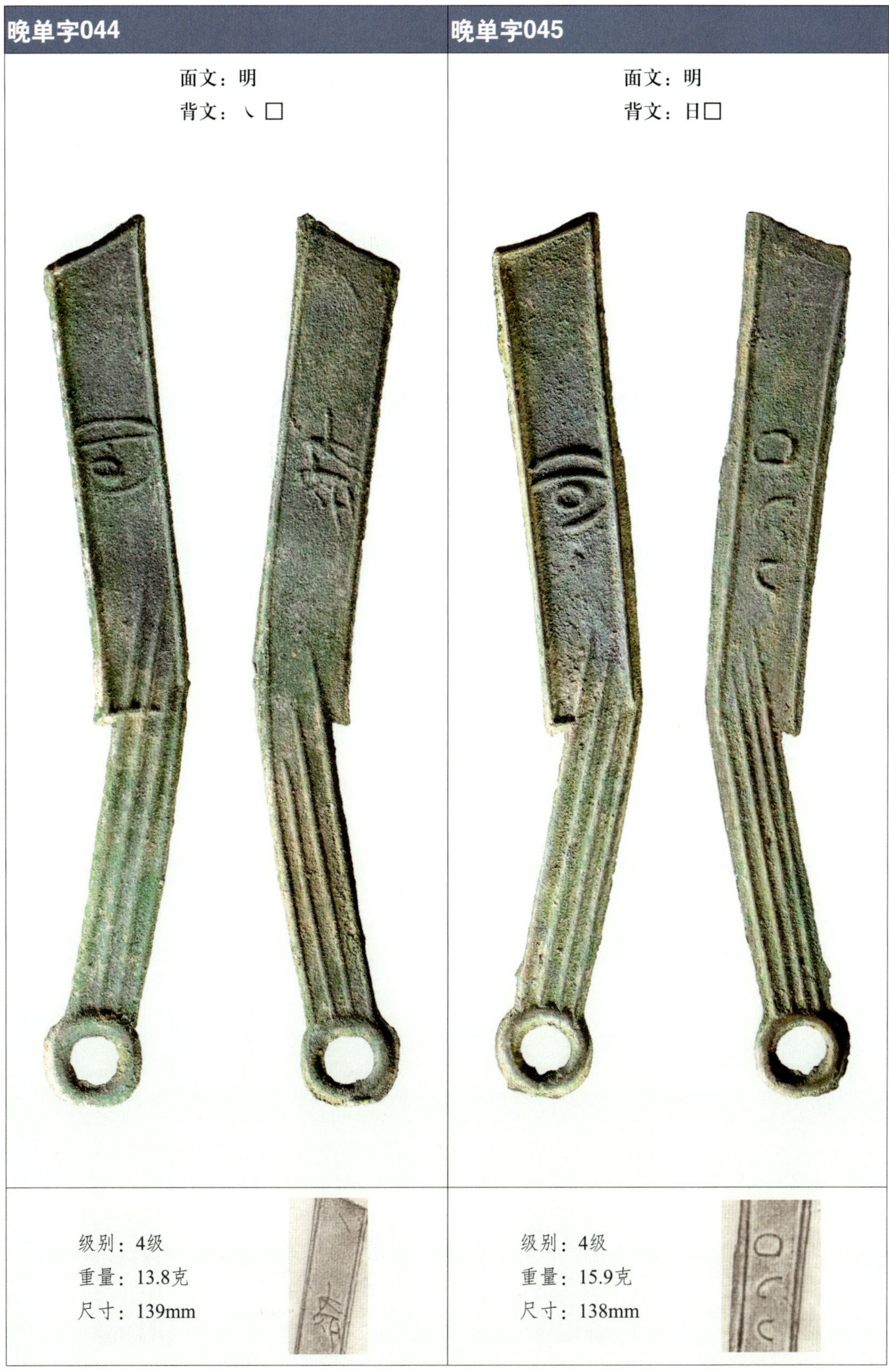

晚单字044	晚单字045
级别：4级 重量：13.8克 尺寸：139mm	级别：4级 重量：15.9克 尺寸：138mm

晚单字046	晚单字047
面文：明 背文：日□	面文：明 背文：午六
级别：4级 重量：12克 尺寸：137mm	级别：2级 重量：15.5克 尺寸：138mm

晚单字048	晚单字049
面文：明 背文：王二	面文：明 背文：六百六

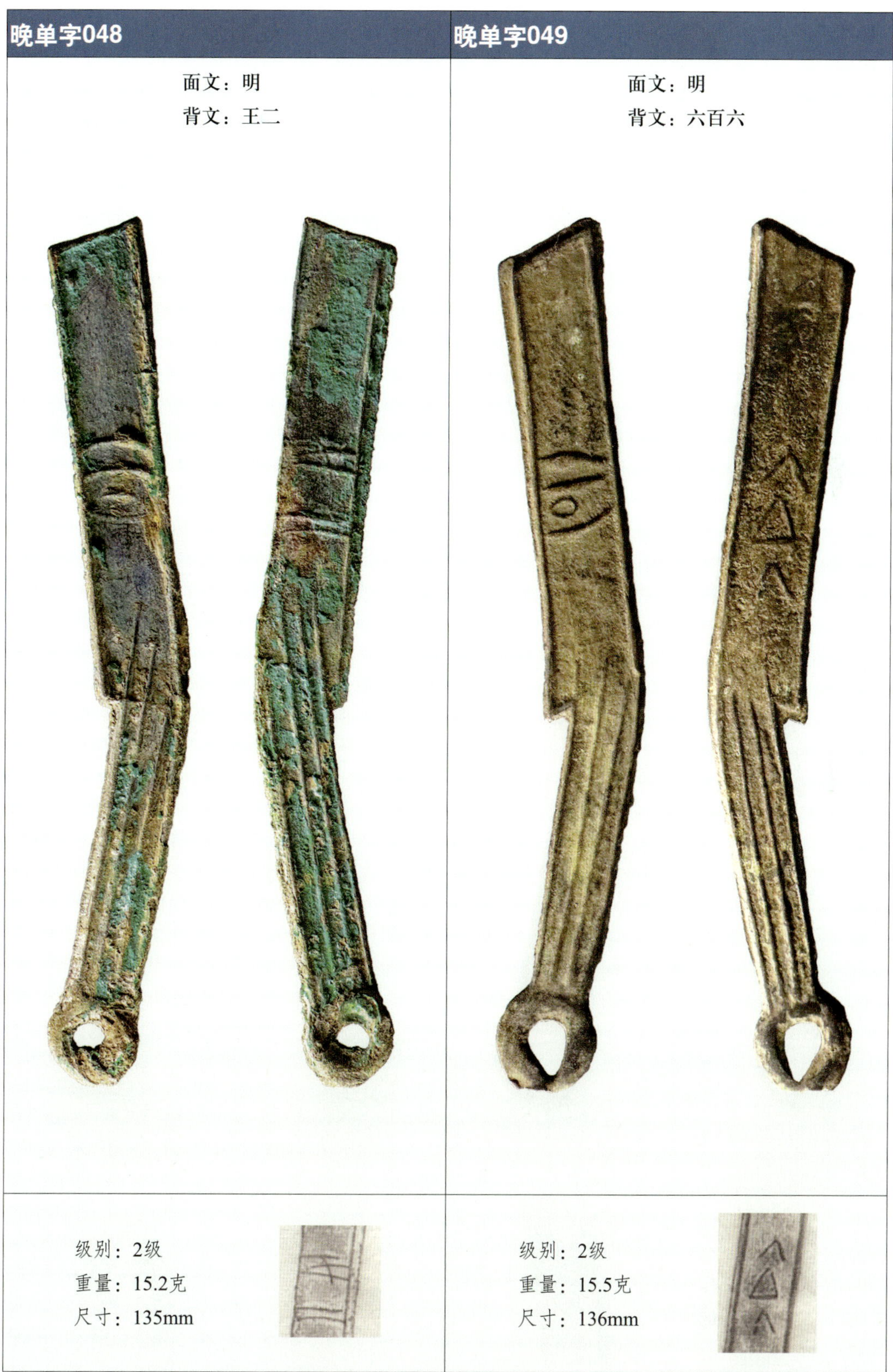

级别：2级 重量：15.2克 尺寸：135mm	级别：2级 重量：15.5克 尺寸：136mm

晚单字050

面文：明

背文：九四㇏

级别：2级

重量：18.3克

尺寸：139mm

第二节　晚期燕明刀中字系列

晚期燕明刀中字系列，从刀面铭文看，分小字版和大字版。从面文明字的结构看，明字呈圆目形或扁目形，同时面文明字的上方或下方出现炉记标识，而且面文明字在书写方式上出现异书、减笔、增笔等现象。从刀背铭文的书写方式看，铭文出现减笔、增笔、反书、异书、合文等现象。刀背铭文的内容，由记数、记物、天干、地支、方位、吉语和一些待考的特殊符号构成。

晚中001

面文：明
背文：中

级别：6级
重量：14.3克
尺寸：141mm

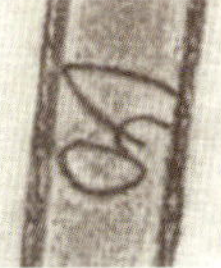

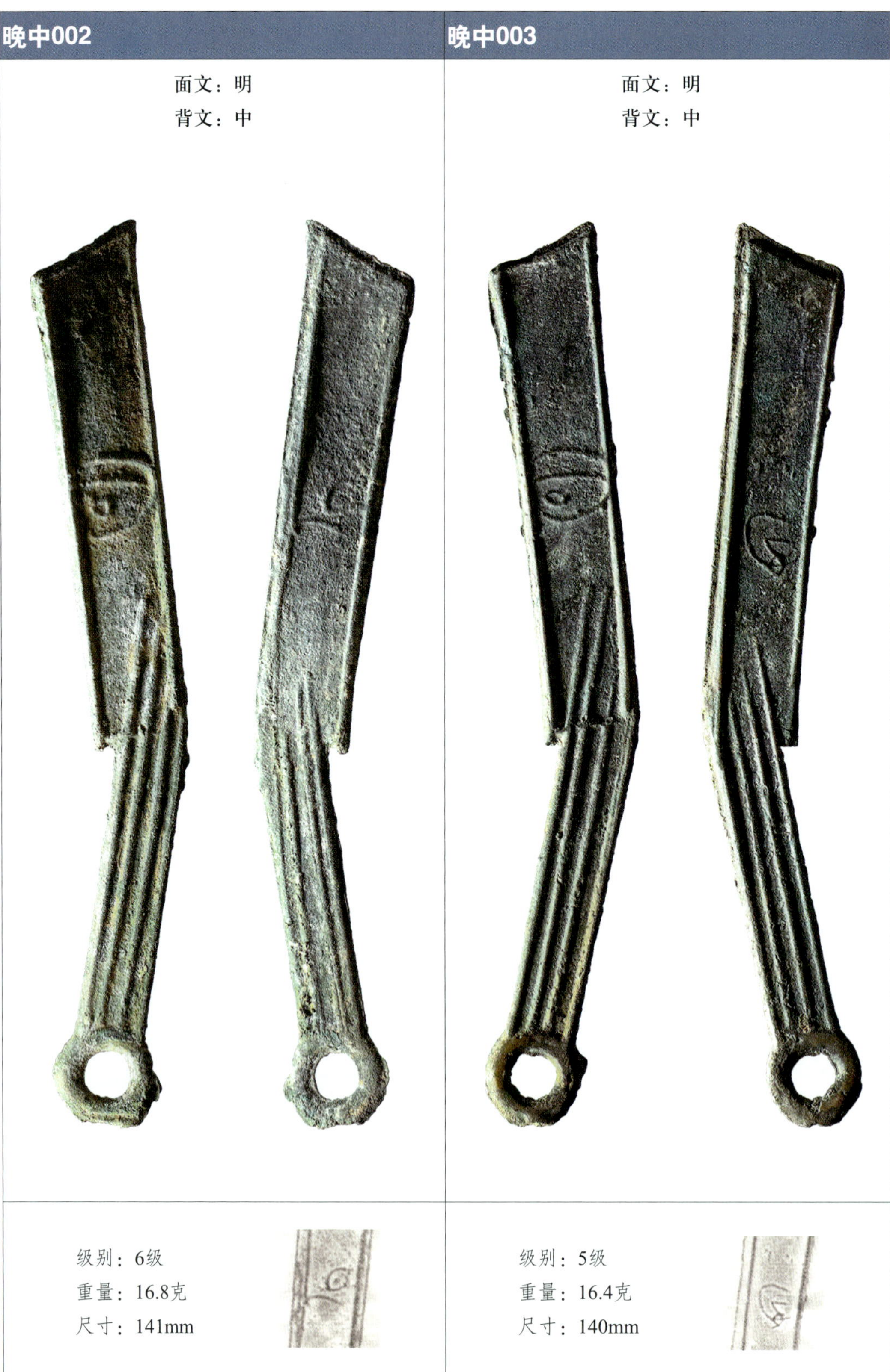

晚中002	晚中003
面文：明 背文：中	面文：明 背文：中
级别：6级 重量：16.8克 尺寸：141mm	级别：5级 重量：16.4克 尺寸：140mm

晚中004	晚中005
面文：明 背文：中	面文：明 背文：中
级别：5级 重量：15.8克 尺寸：142mm	级别：4级 重量：16.4克 尺寸：139mm

晚中006	晚中007
面文：明 背文：中	面文：明 背文：中丿
级别：7级 重量：16.2克 尺寸：142mm	级别：8级 重量：15.4克 尺寸：140mm

晚中008	晚中009
面文：明 背文：中丶	面文：明 背文：中丶

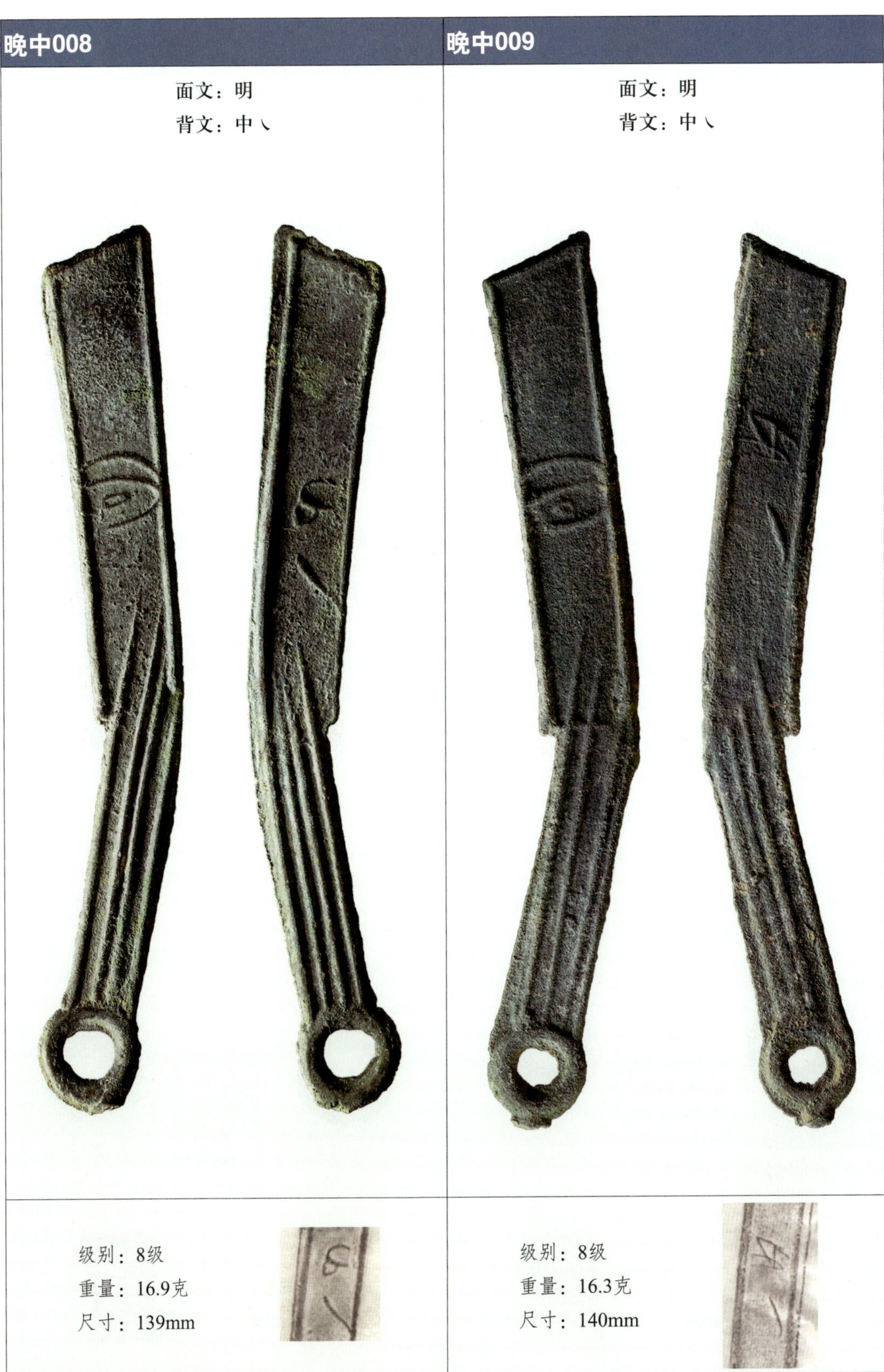

晚中008	晚中009
级别：8级 重量：16.9克 尺寸：139mm	级别：8级 重量：16.3克 尺寸：140mm

晚中010	晚中011
面文：明 背文：中一	面文：明 背文：中一
级别：7级 重量：16.6克 尺寸：137mm	级别：5级 重量：15.7克 尺寸：139mm

晚中012	晚中013
面文：明 背文：中二	面文：明 背文：中二
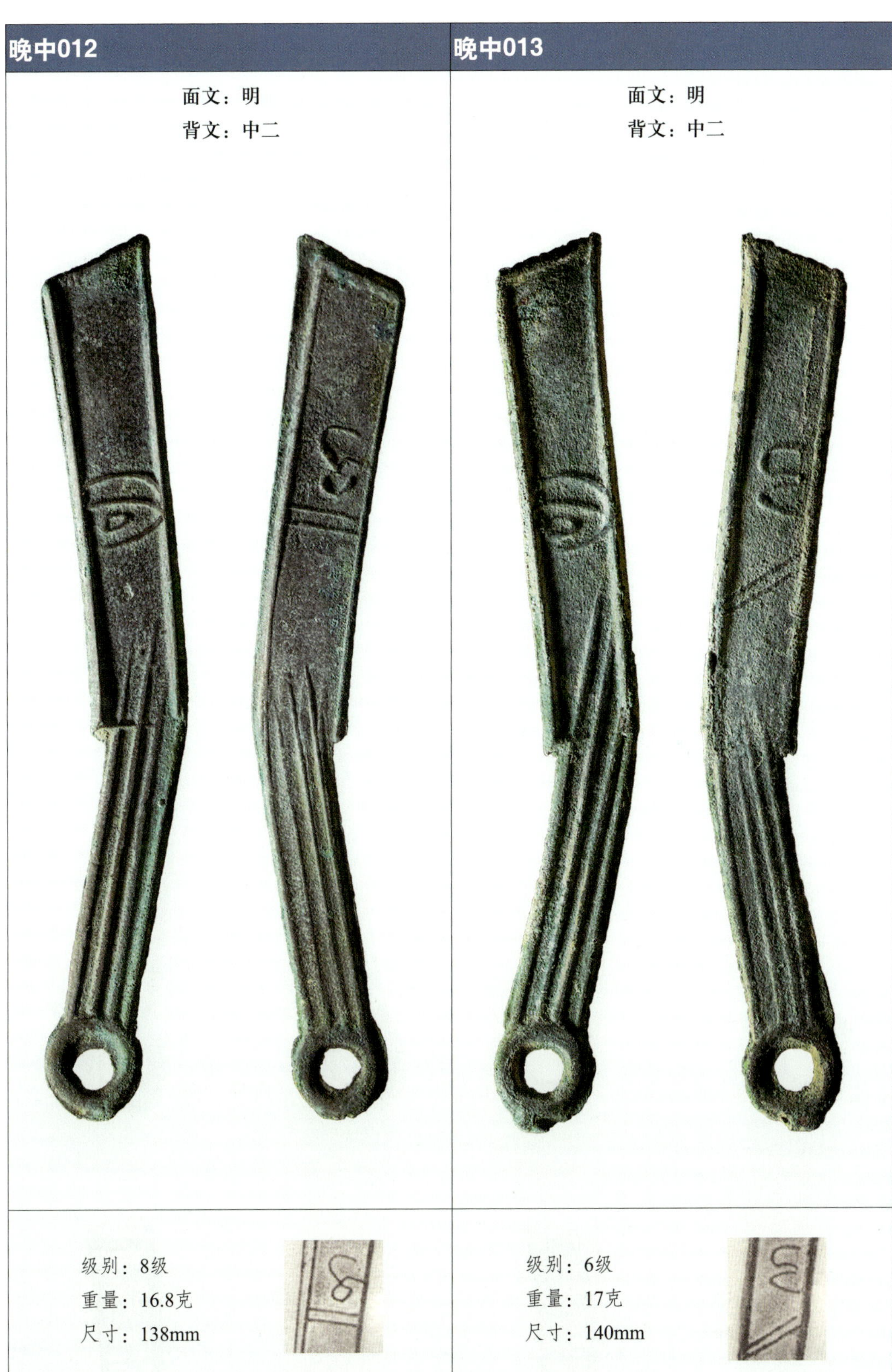	
级别：8级 重量：16.8克 尺寸：138mm	级别：6级 重量：17克 尺寸：140mm

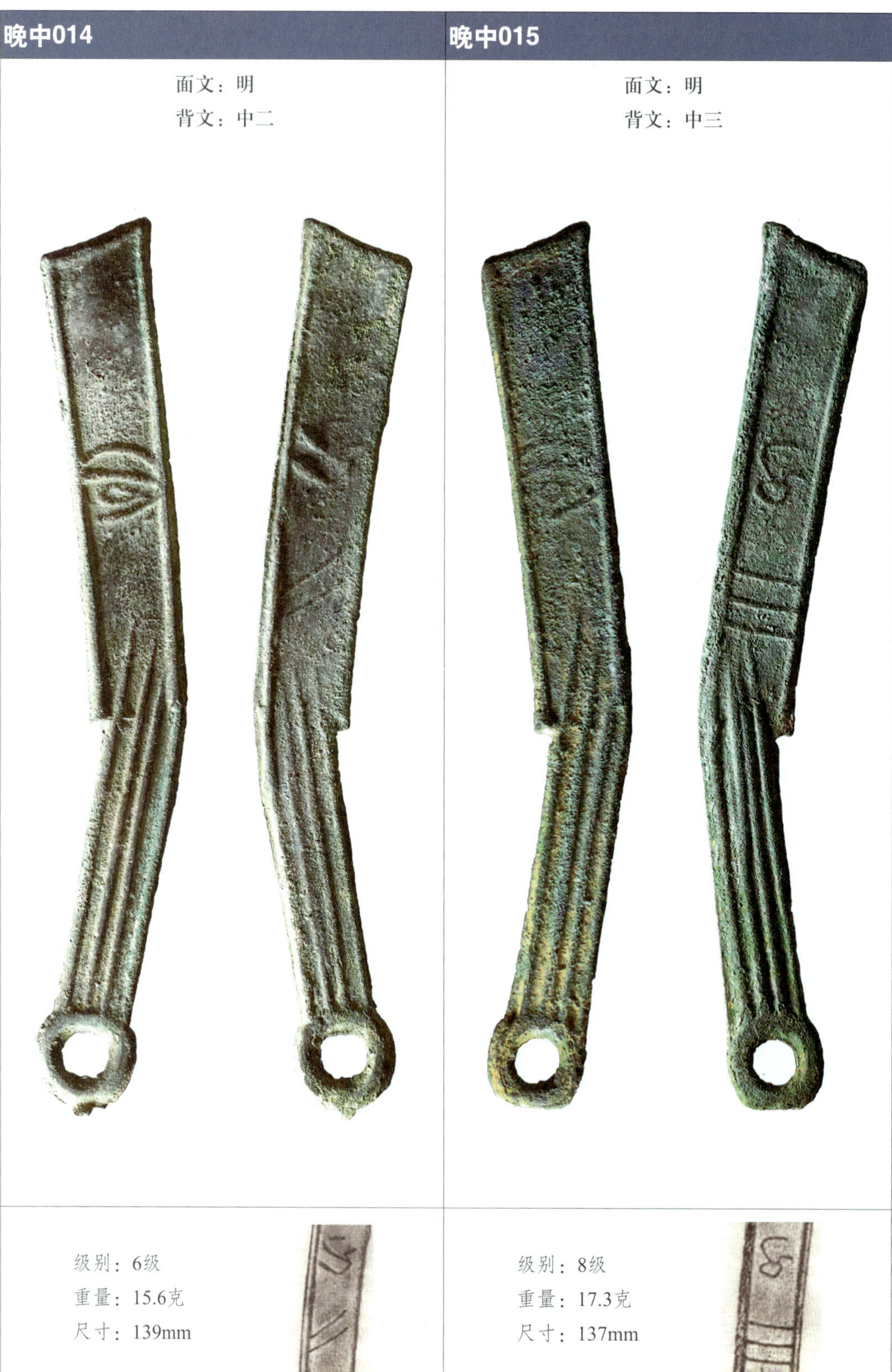

晚中014	晚中015
面文：明 背文：中二	面文：明 背文：中三
级别：6级 重量：15.6克 尺寸：139mm	级别：8级 重量：17.3克 尺寸：137mm

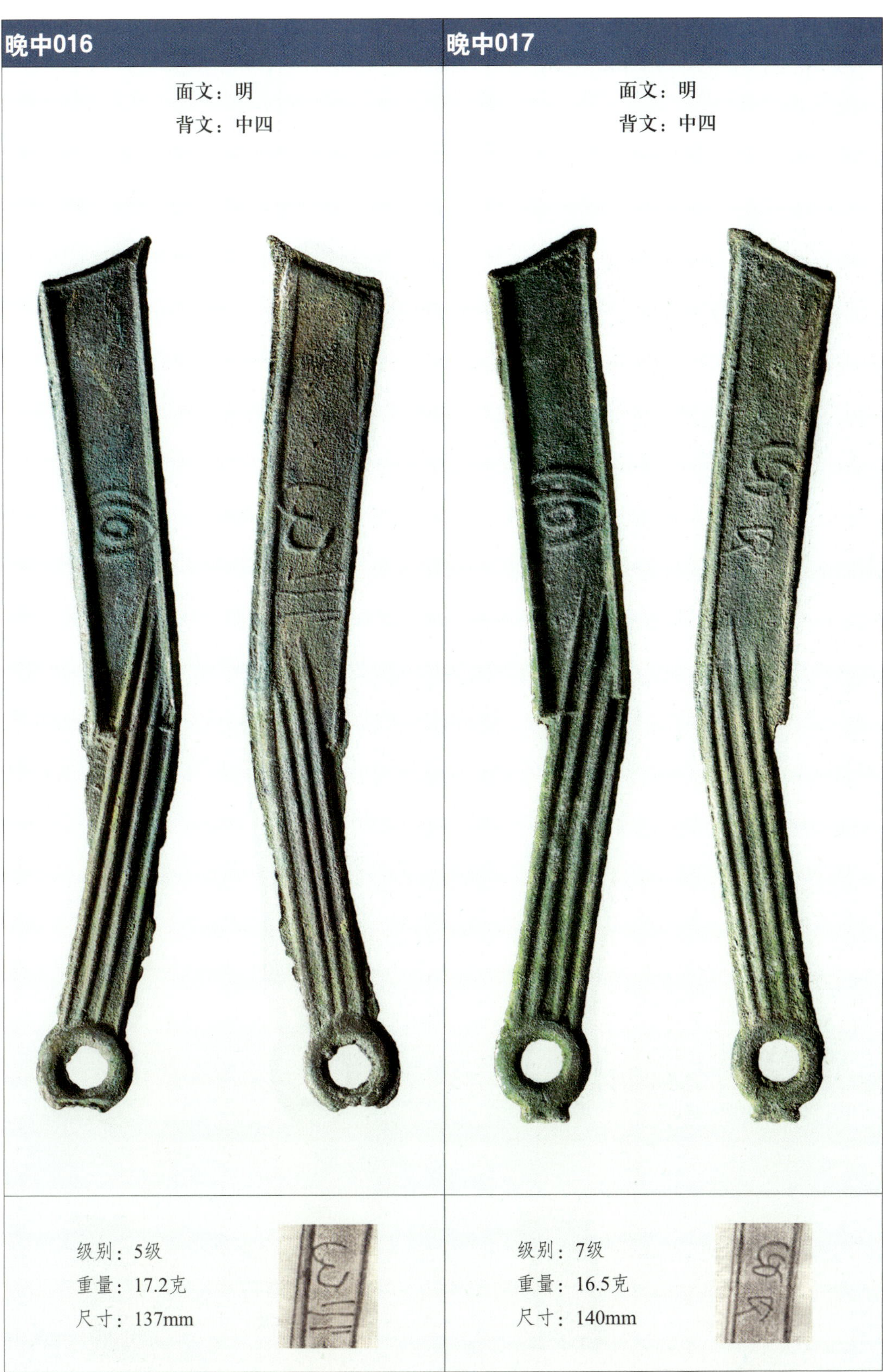

晚中016

面文：明

背文：中四

级别：5级

重量：17.2克

尺寸：137mm

晚中017

面文：明

背文：中四

级别：7级

重量：16.5克

尺寸：140mm

晚中018	晚中019
面文：明 背文：中五	面文：明 背文：中五

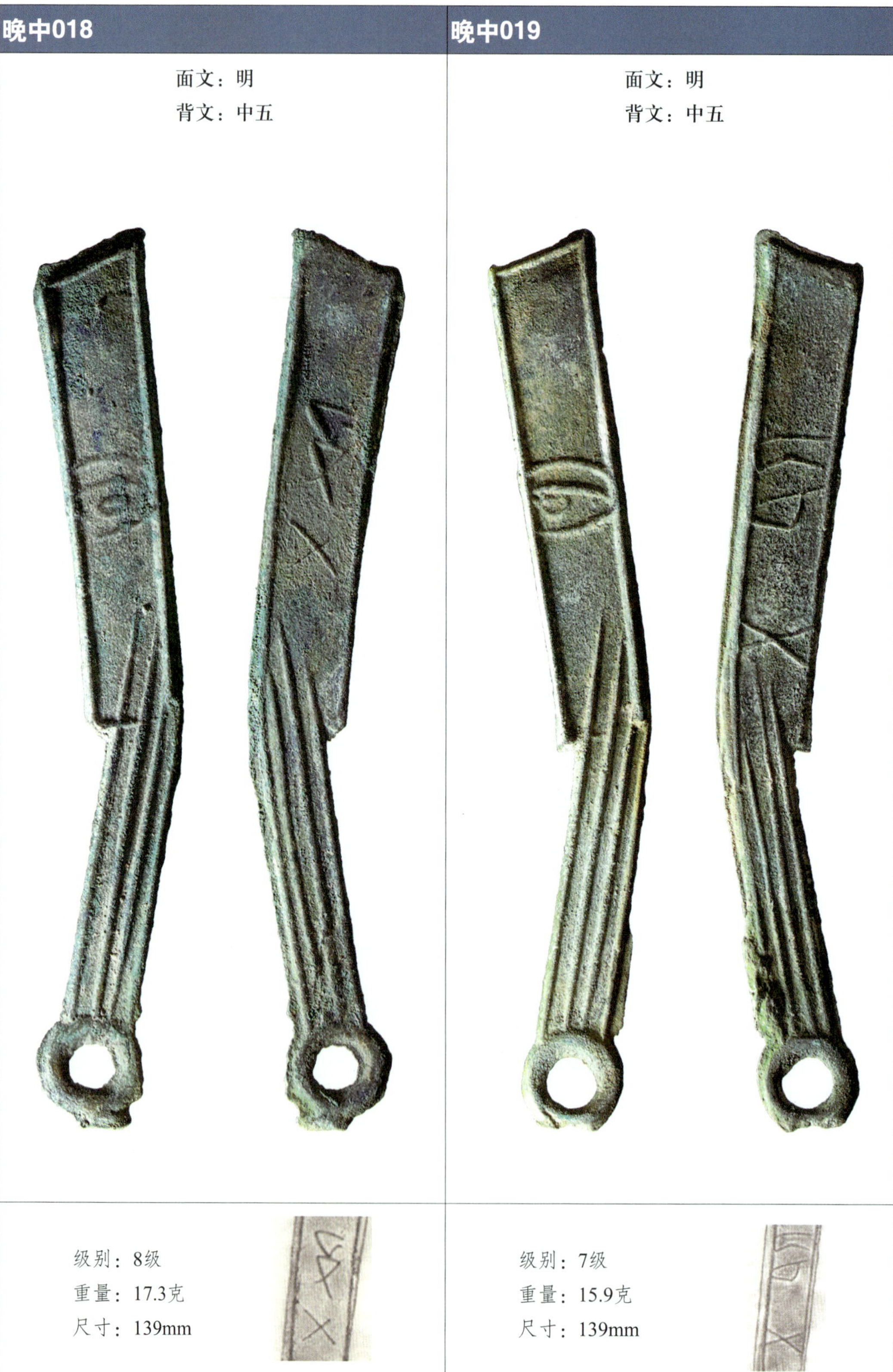

晚中018	晚中019
级别：8级 重量：17.3克 尺寸：139mm	级别：7级 重量：15.9克 尺寸：139mm

晚中020	晚中021
面文：明 背文：中五	面文：明 背文：中五

级别：5级 重量：14克 尺寸：137mm	级别：4级 重量：17.3克 尺寸：136mm

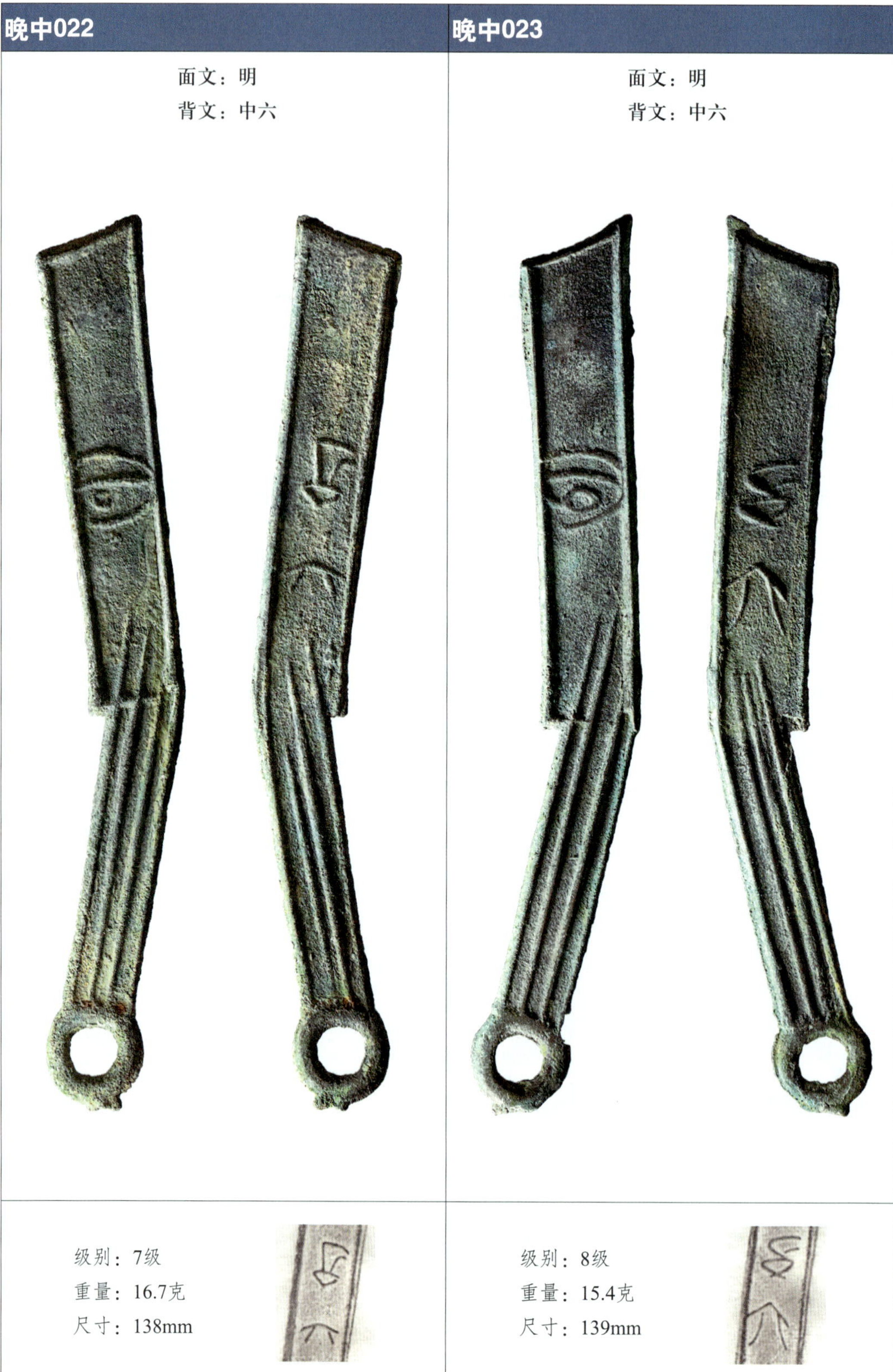

晚中022	晚中023
面文：明 背文：中六	面文：明 背文：中六
级别：7级 重量：16.7克 尺寸：138mm	级别：8级 重量：15.4克 尺寸：139mm

晚中024	晚中025
面文：明 背文：中六	面文：明 背文：中六
级别：8级 重量：15.9克 尺寸：140mm	级别：6级 重量：16.3克 尺寸：140mm

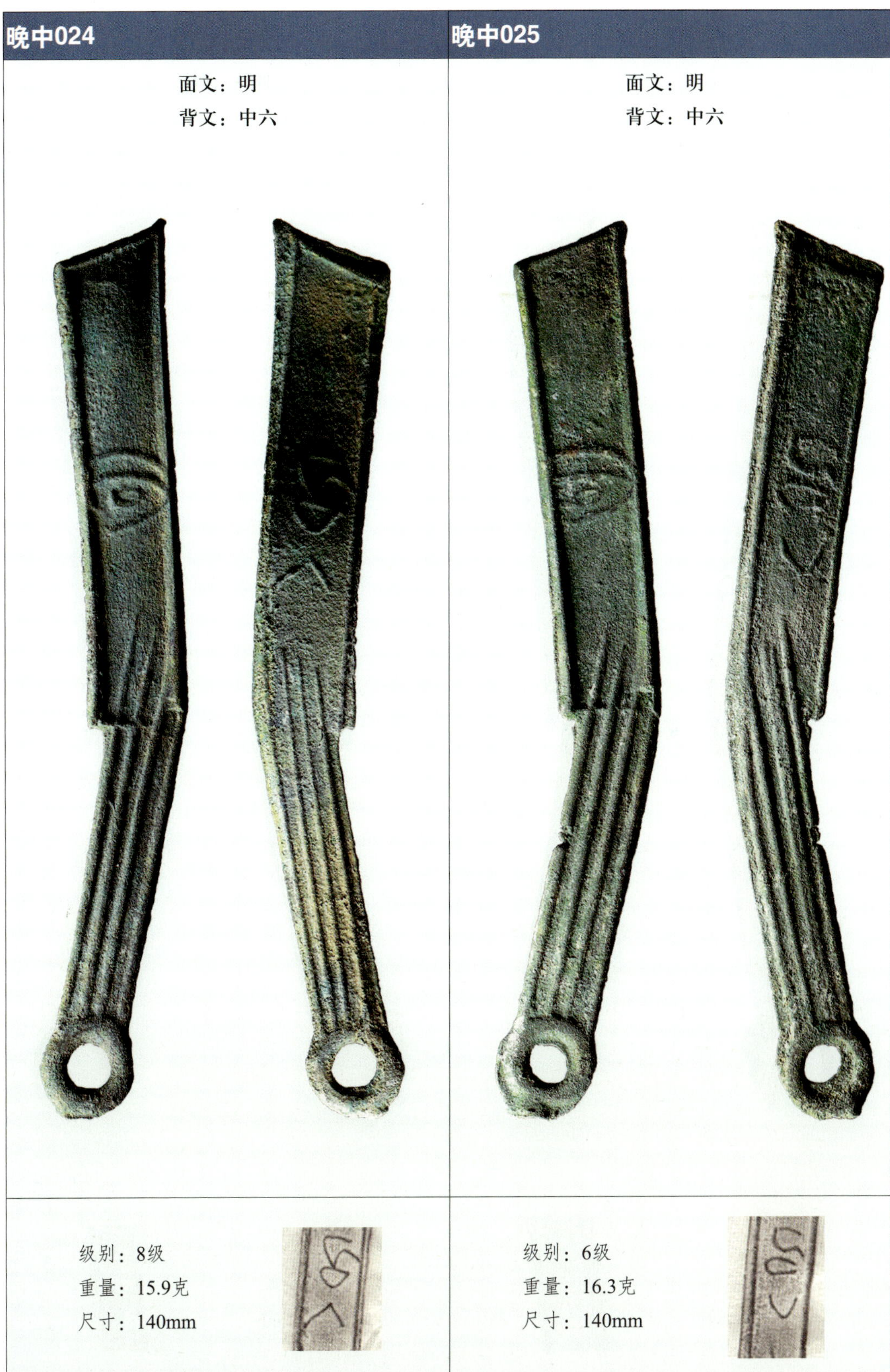

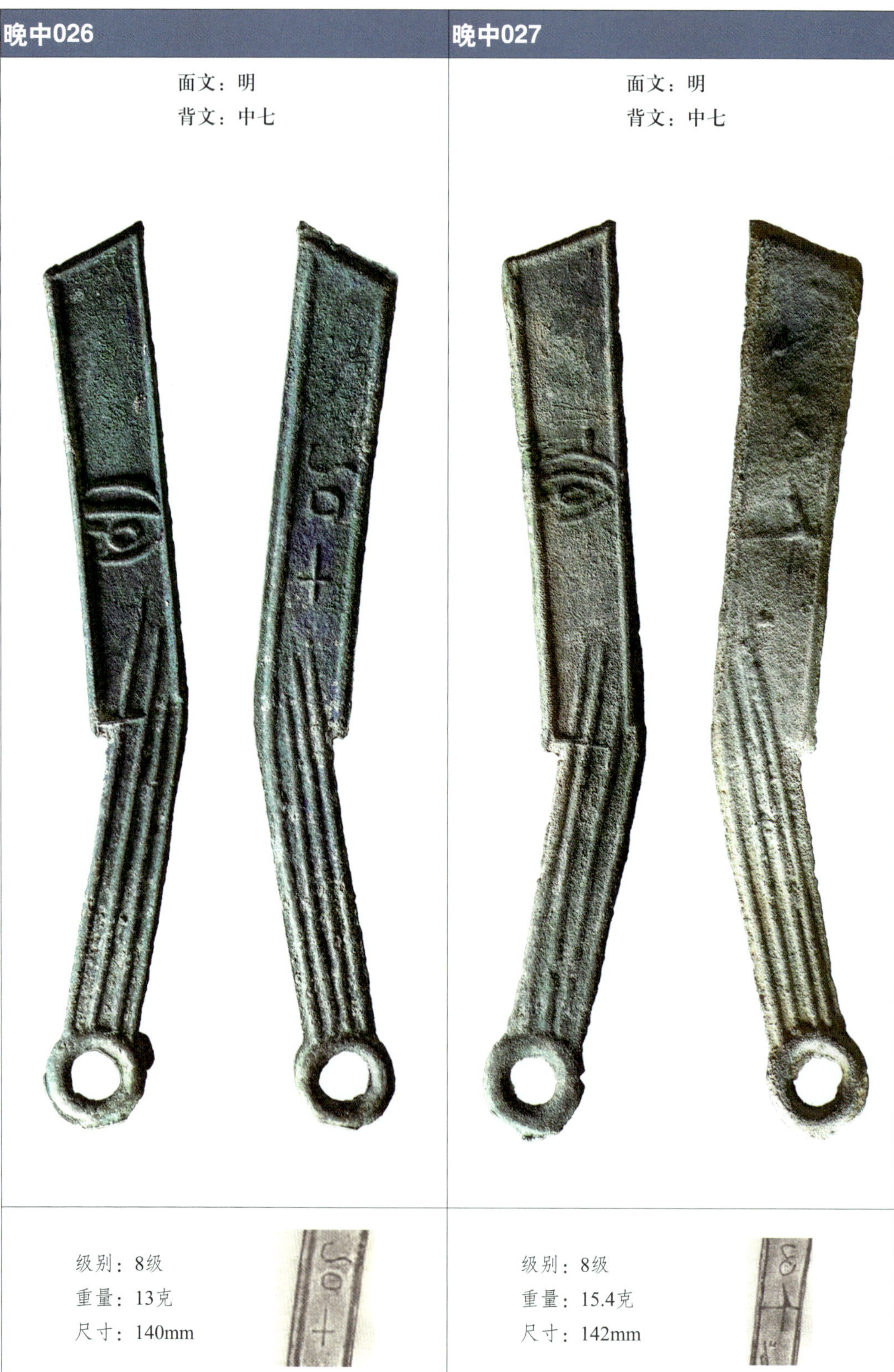

晚中026	晚中027
面文：明 背文：中七	面文：明 背文：中七
级别：8级 重量：13克 尺寸：140mm	级别：8级 重量：15.4克 尺寸：142mm

晚中028	晚中029
面文：明 背文：中七	面文：明 背文：中八

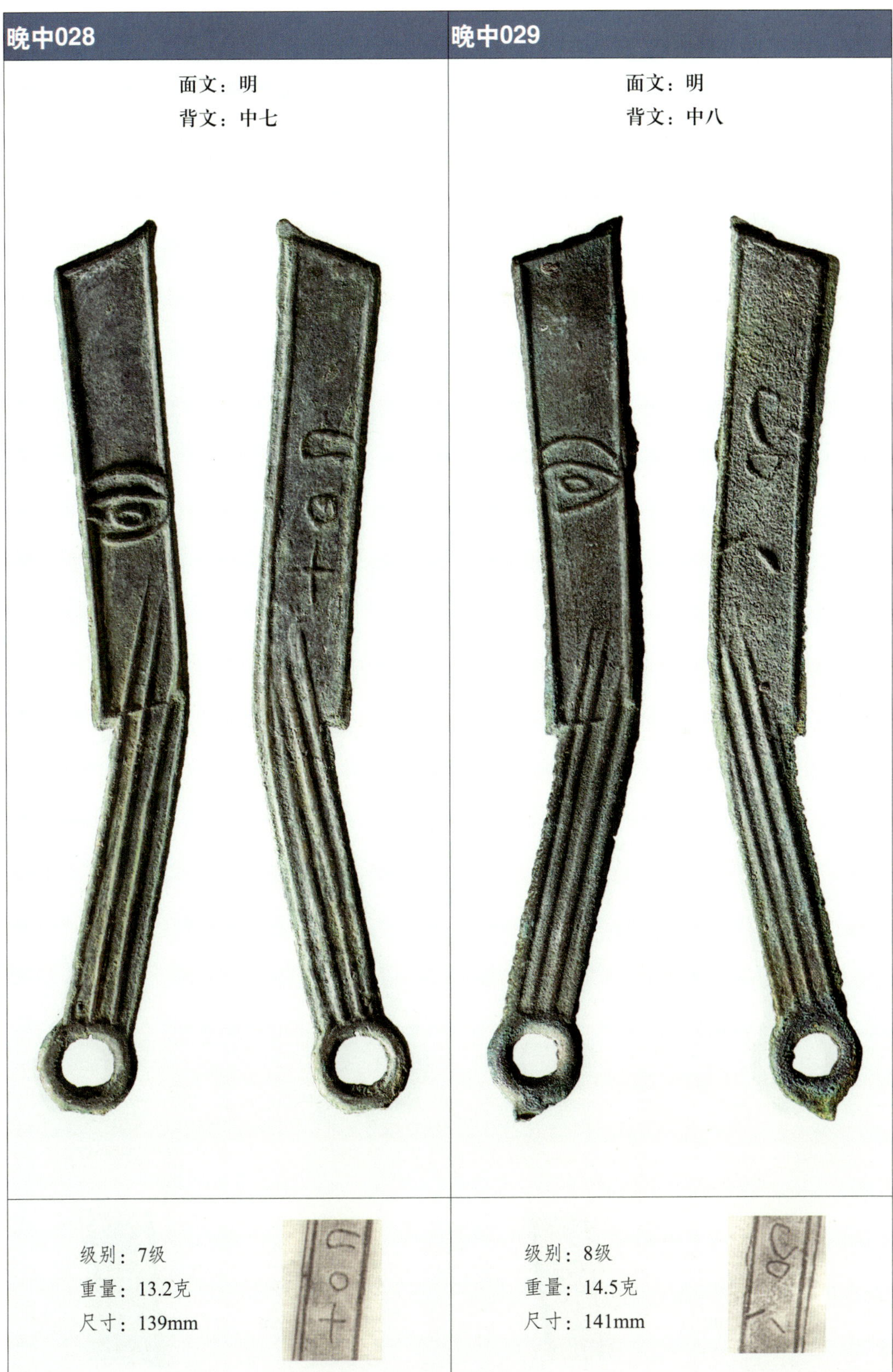

晚中028	晚中029
级别：7级 重量：13.2克 尺寸：139mm	级别：8级 重量：14.5克 尺寸：141mm

晚中030	晚中031
面文：明 背文：中九	面文：明 背文：中九

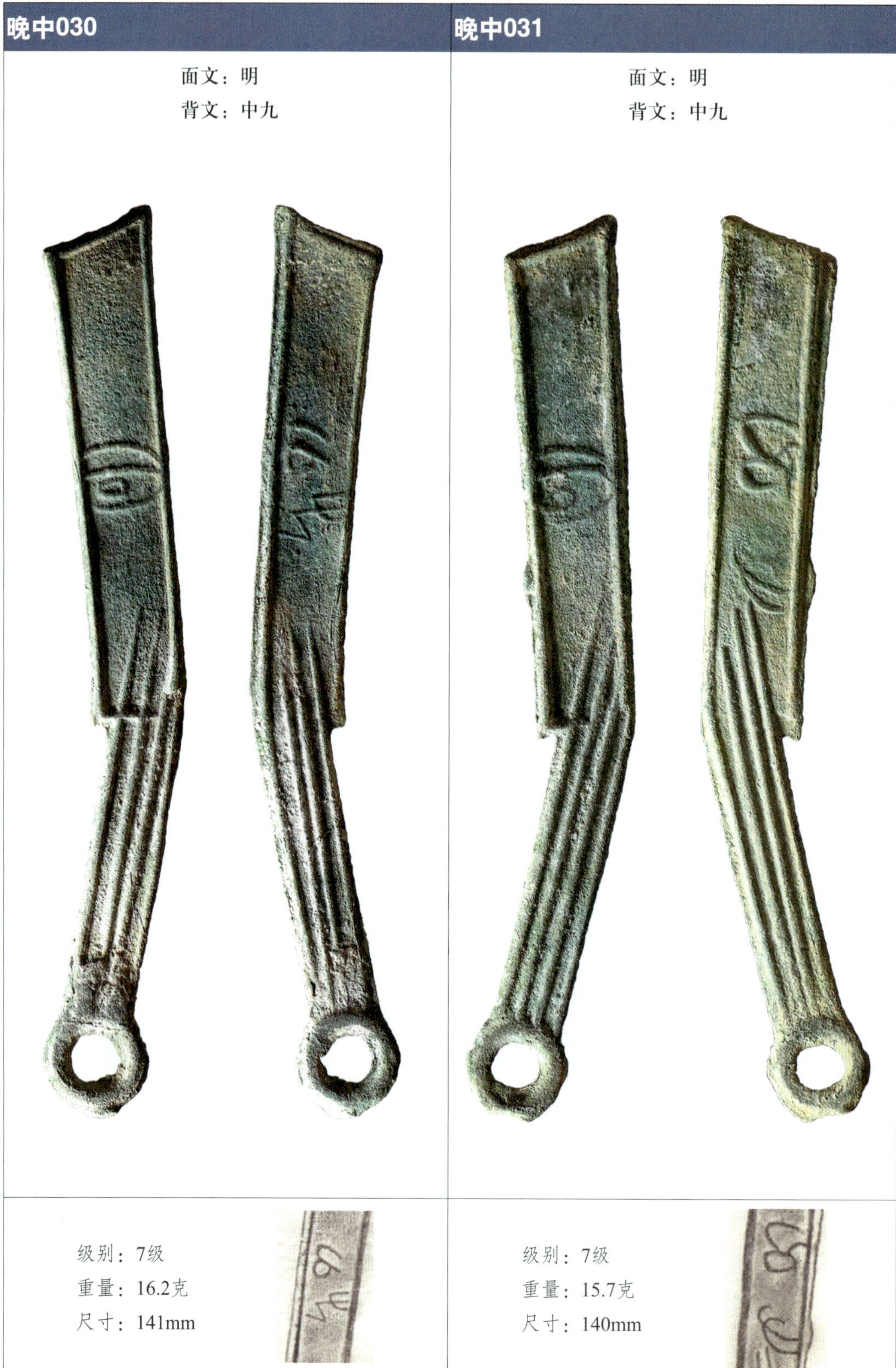

级别：7级 重量：16.2克 尺寸：141mm	级别：7级 重量：15.7克 尺寸：140mm

晚中032	晚中033
面文：明 背文：中十	面文：明 背文：中·

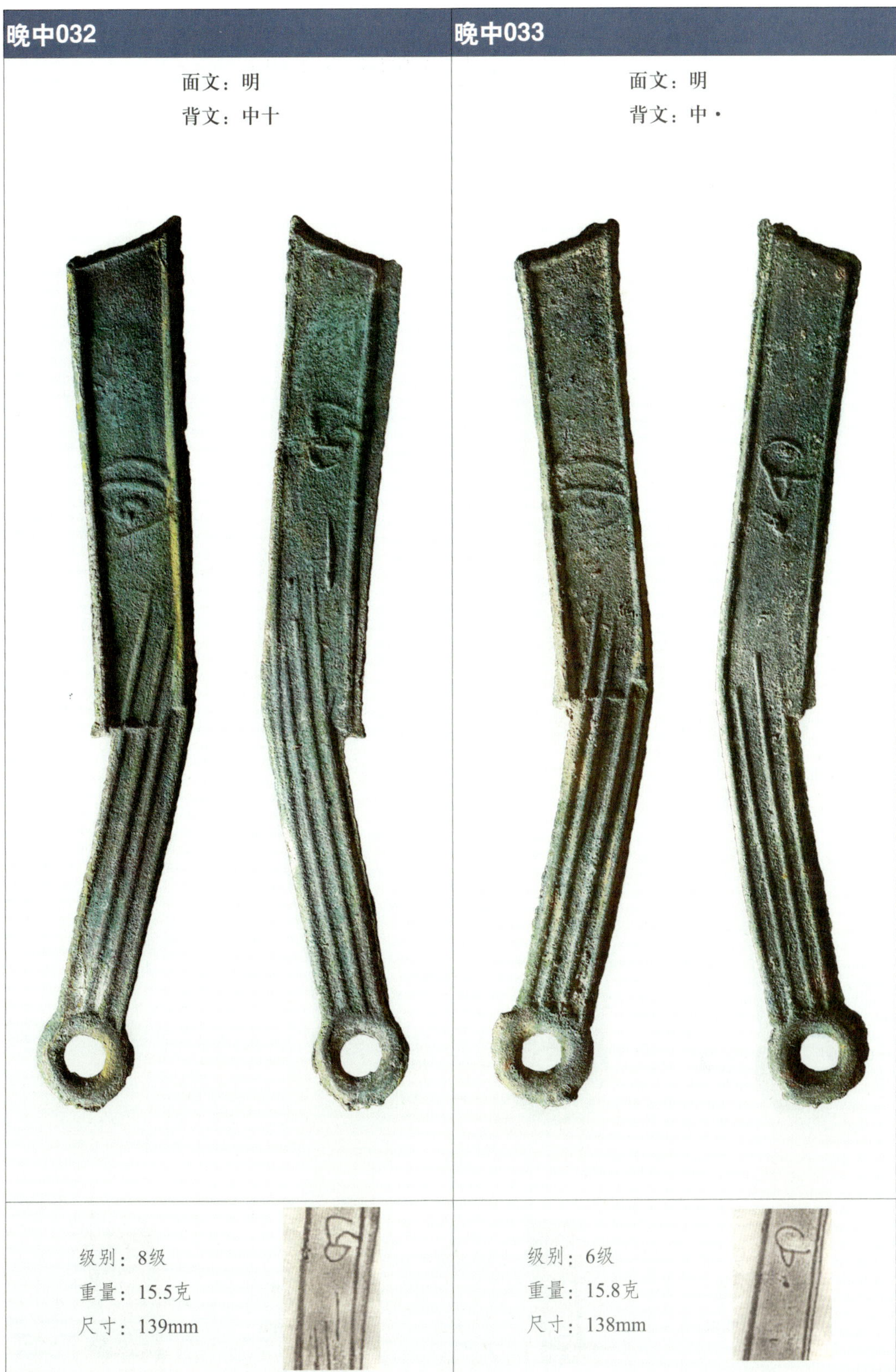

晚中032	晚中033
级别：8级 重量：15.5克 尺寸：139mm	级别：6级 重量：15.8克 尺寸：138mm

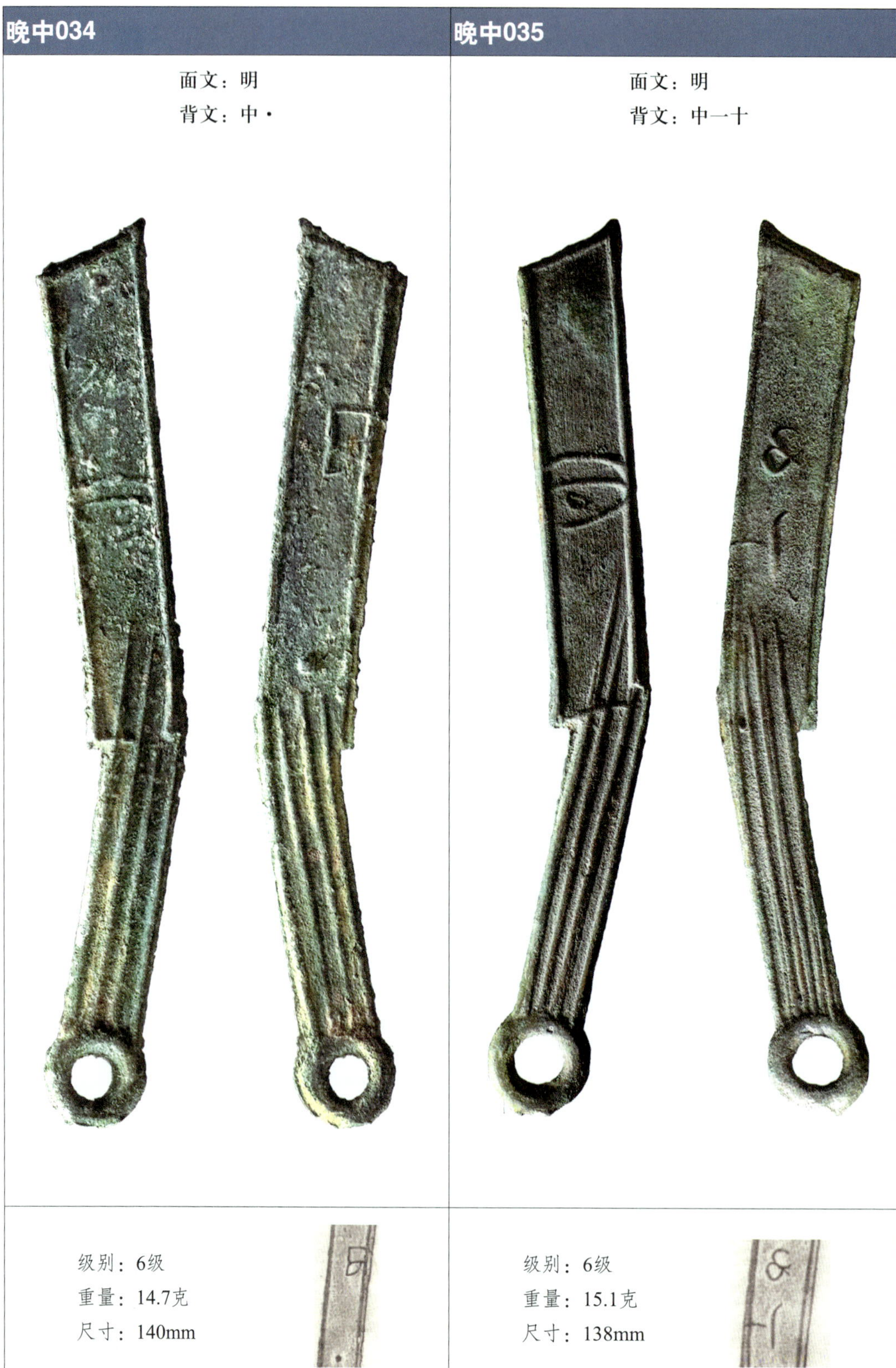

晚中034	晚中035
面文：明 背文：中·	面文：明 背文：中一十
级别：6级 重量：14.7克 尺寸：140mm	级别：6级 重量：15.1克 尺寸：138mm

晚中036	晚中037
面文：明 背文：中一十	面文：明 背文：中一十

晚中036	晚中037
级别：6级 重量：17.7克 尺寸：140mm	级别：6级 重量：15.6克 尺寸：137mm

晚中038	晚中039
面文：明 背文：中十一	面文：明 背文：中十一

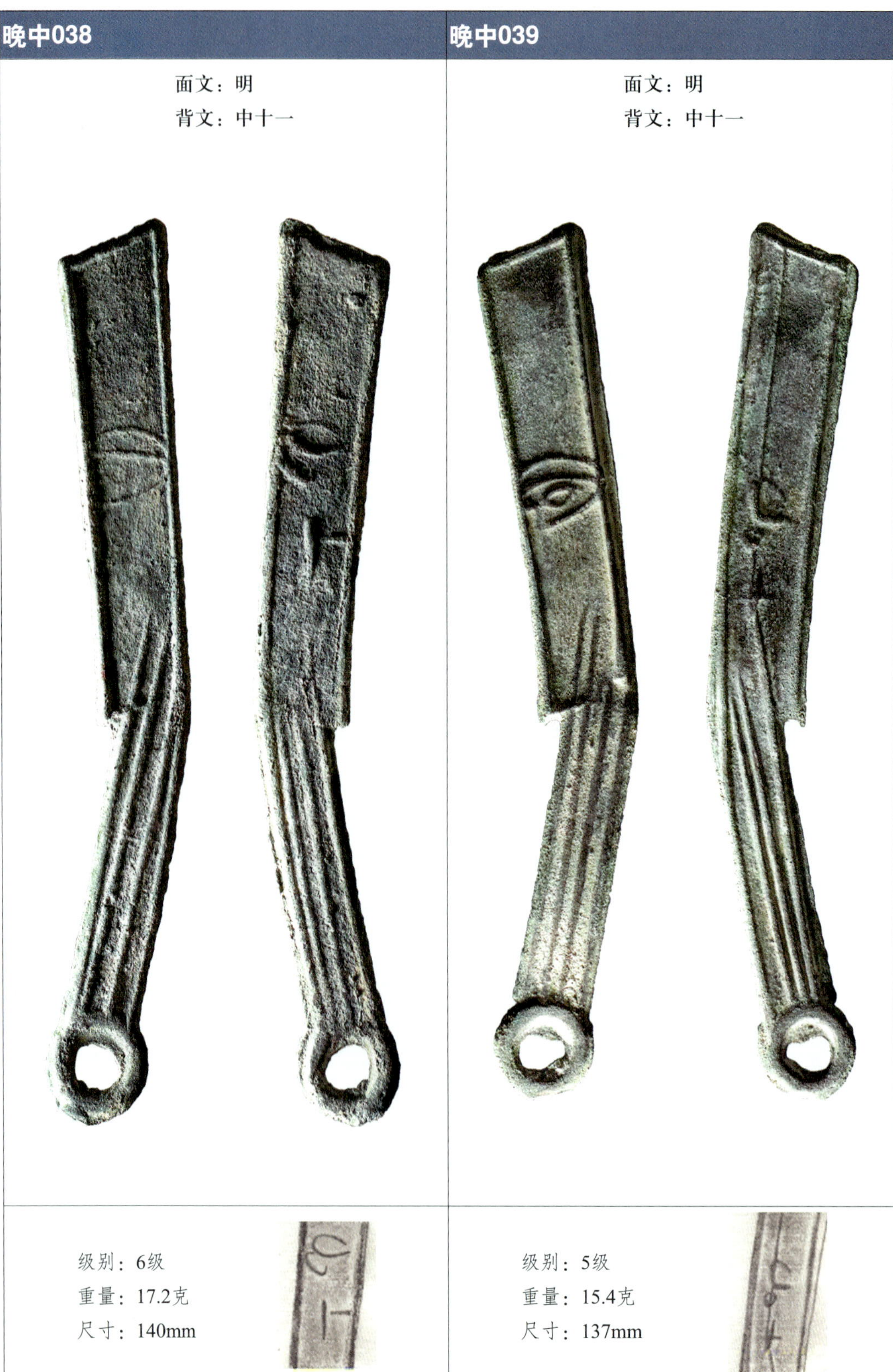

晚中038	晚中039
级别：6级 重量：17.2克 尺寸：140mm	级别：5级 重量：15.4克 尺寸：137mm

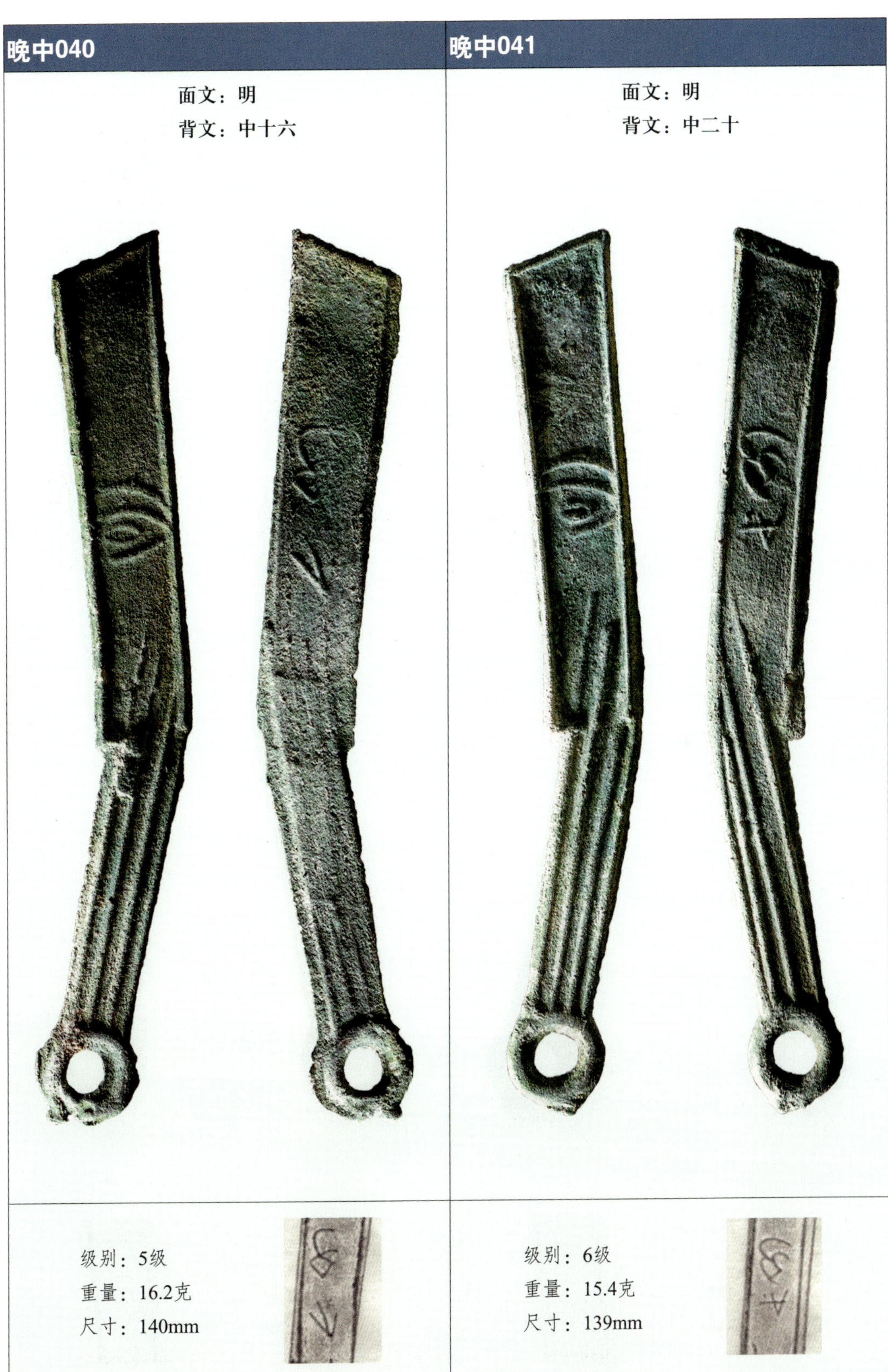

晚中040

面文：明
背文：中十六

级别：5级
重量：16.2克
尺寸：140mm

晚中041

面文：明
背文：中二十

级别：6级
重量：15.4克
尺寸：139mm

晚中042	晚中043
面文：明 背文：中二十	面文：明 背文：中二十
级别：6级 重量：16.8克 尺寸：140mm	级别：6级 重量：16.4克 尺寸：140mm

晚中044	晚中045
面文：明 背文：中二十	面文：明 背文：中二十

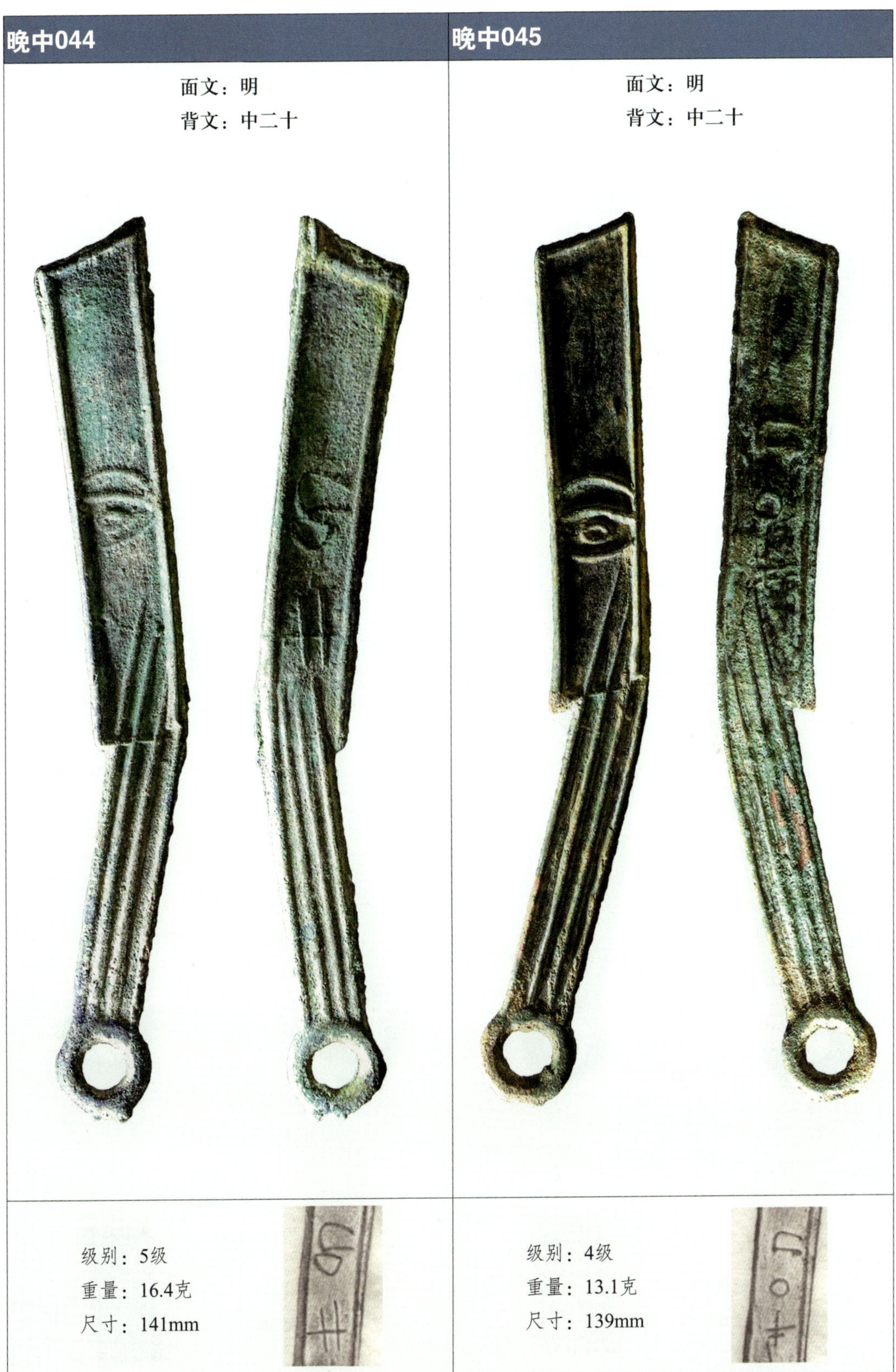

晚中044	晚中045
级别：5级 重量：16.4克 尺寸：141mm	级别：4级 重量：13.1克 尺寸：139mm

晚中046

面文：明
背文：中三十

晚中047

面文：明
背文：中六十

晚中046
级别：6级
重量：16.2克
尺寸：137mm

晚中047
级别：5级
重量：15.9克
尺寸：135mm

晚中048	晚中049
面文：明 背文：中百	面文：明 背文：中百
级别：6级 重量：16.5克 尺寸：137mm	级别：8级 重量：14.7克 尺寸：139mm

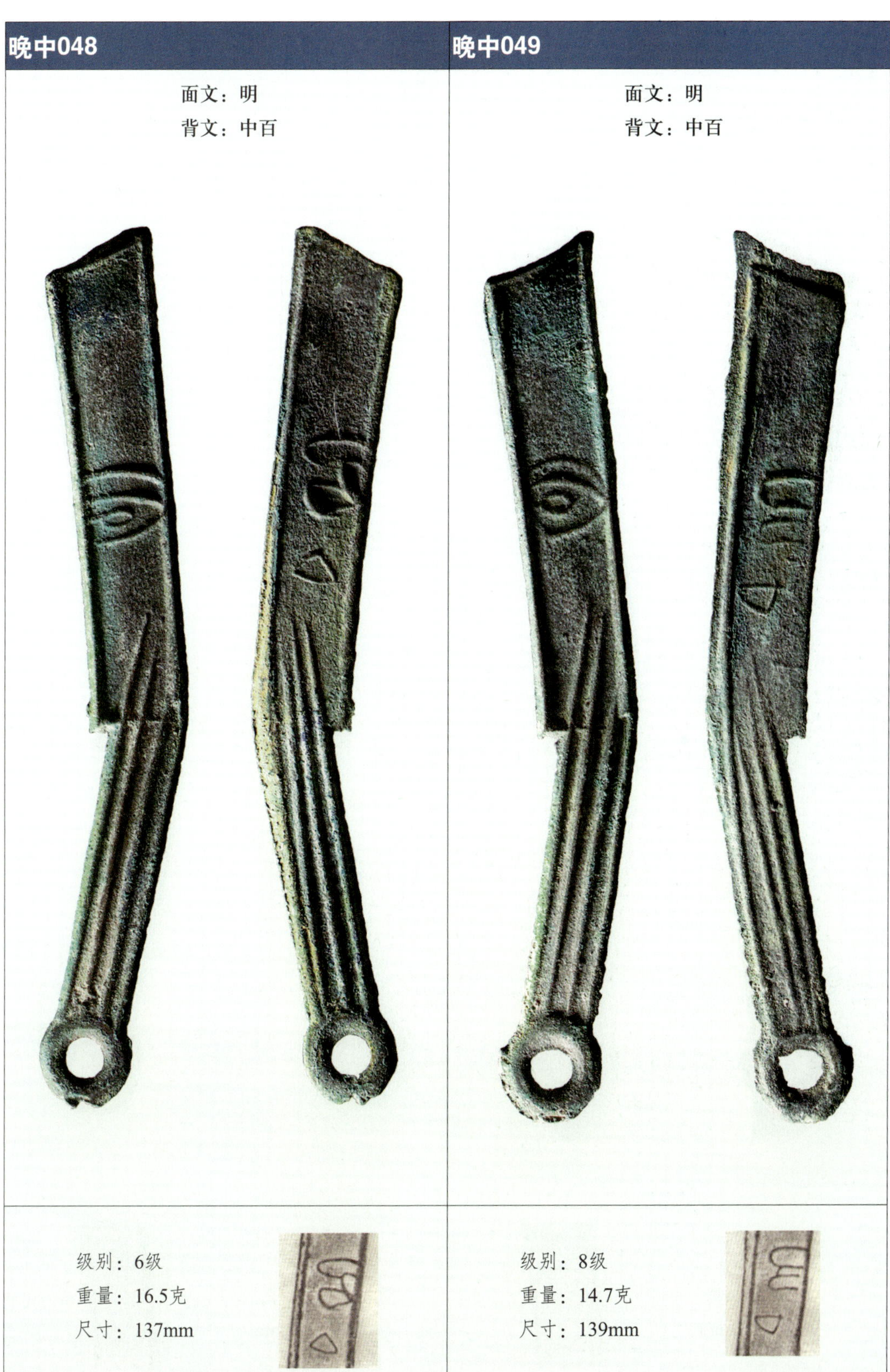

晚中050	晚中051
面文：明 背文：中千	面文：明 背文：中二千
级别：8级 重量：15.4克 尺寸：142mm	级别：6级 重量：15.9克 尺寸：138mm

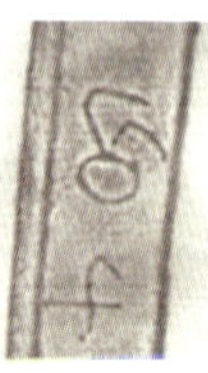

晚中052	晚中053
面文：明 背文：中三千	面文：明 背文：中万

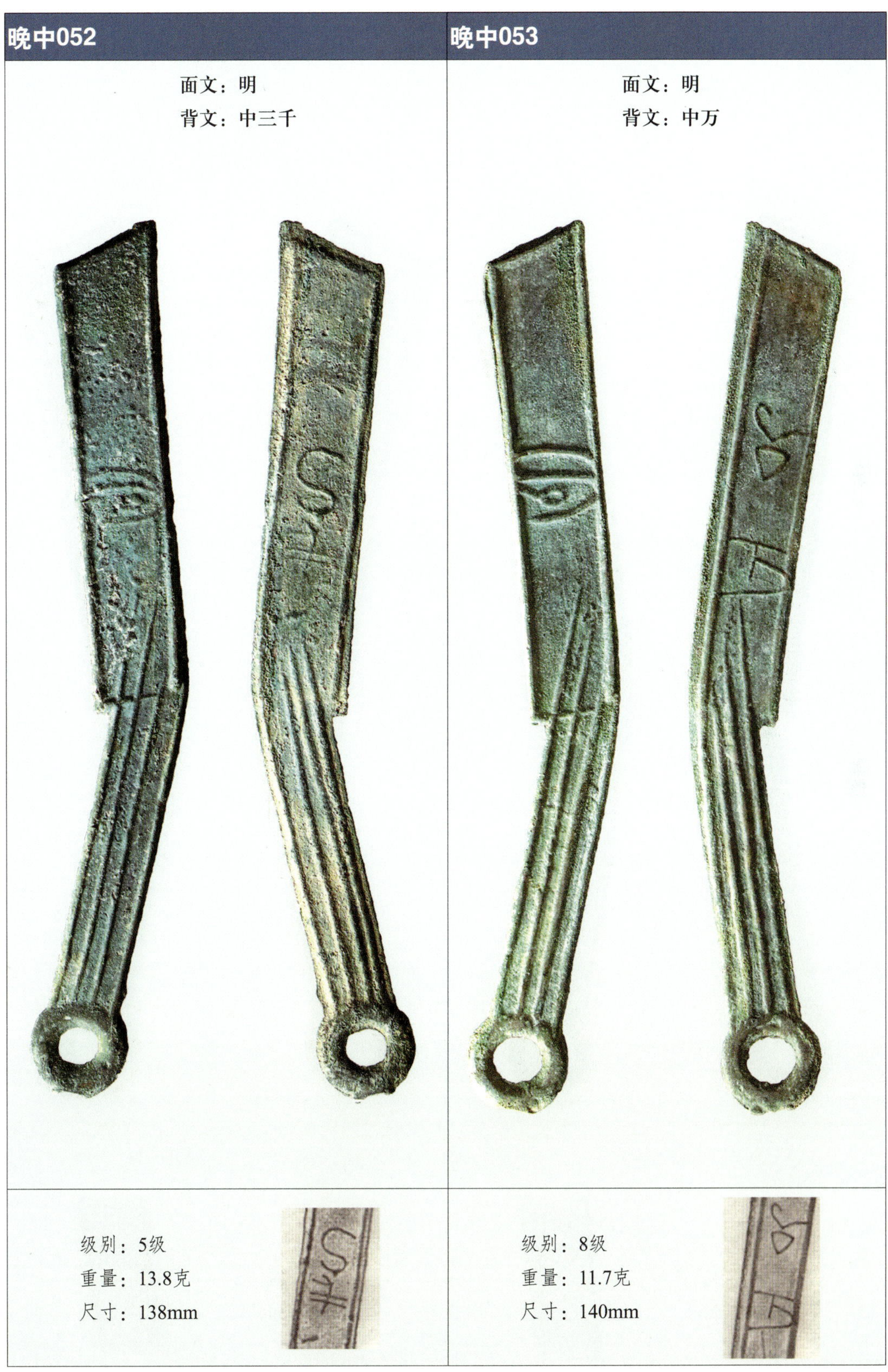

晚中052	晚中053
级别：5级 重量：13.8克 尺寸：138mm	级别：8级 重量：11.7克 尺寸：140mm

晚中054	晚中055
面文：明 背文：中万	面文：明 背文：中□

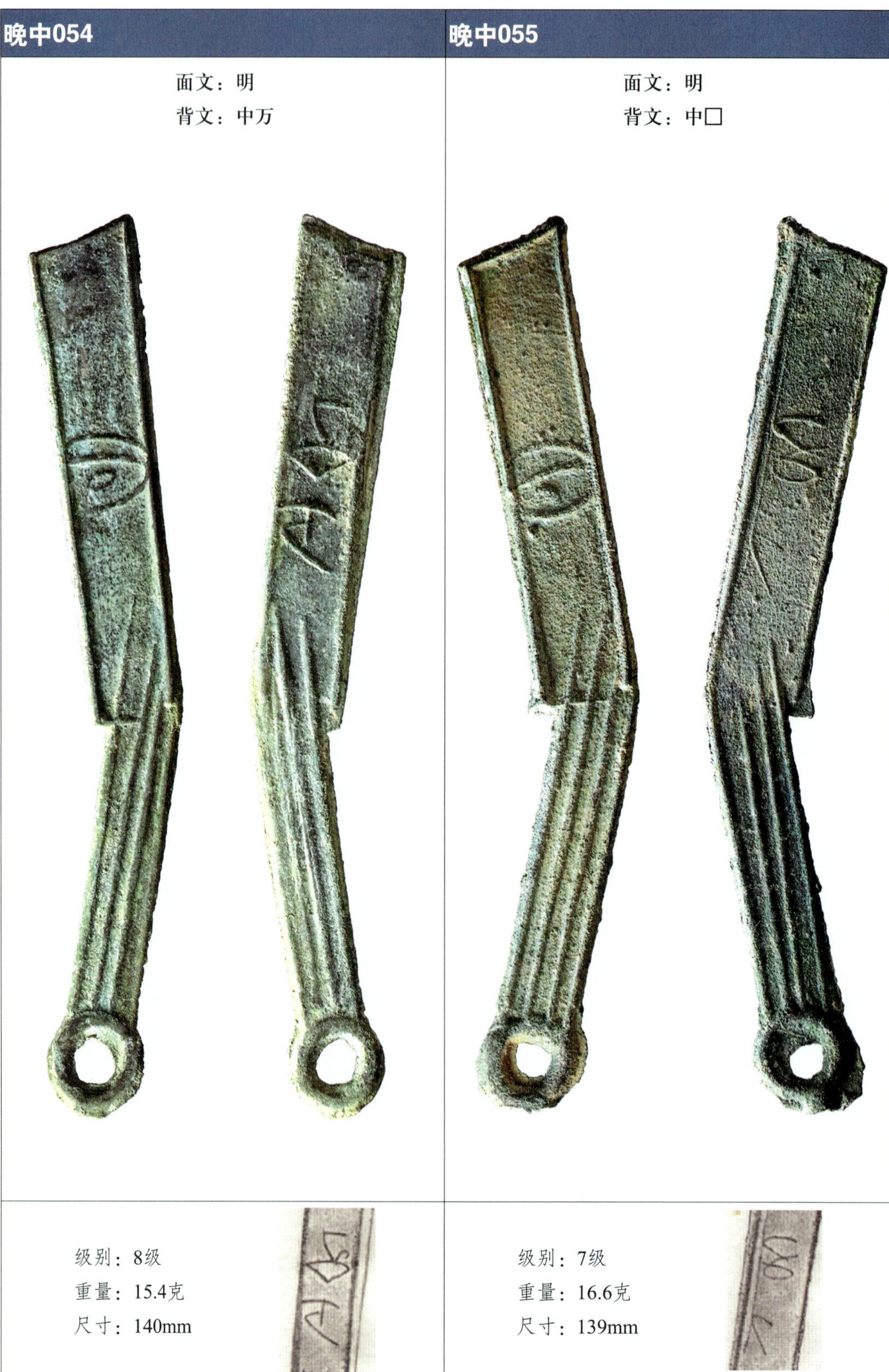

级别：8级 重量：15.4克 尺寸：140mm	级别：7级 重量：16.6克 尺寸：139mm

晚中056	晚中057
面文：明 背文：中丁	面文：明 背文：中□
级别：5级 重量：17克 尺寸：142mm	级别：6级 重量：15.3克 尺寸：138mm

晚中058	晚中059
面文：明 背文：中☐	面文：明 背文：中☐

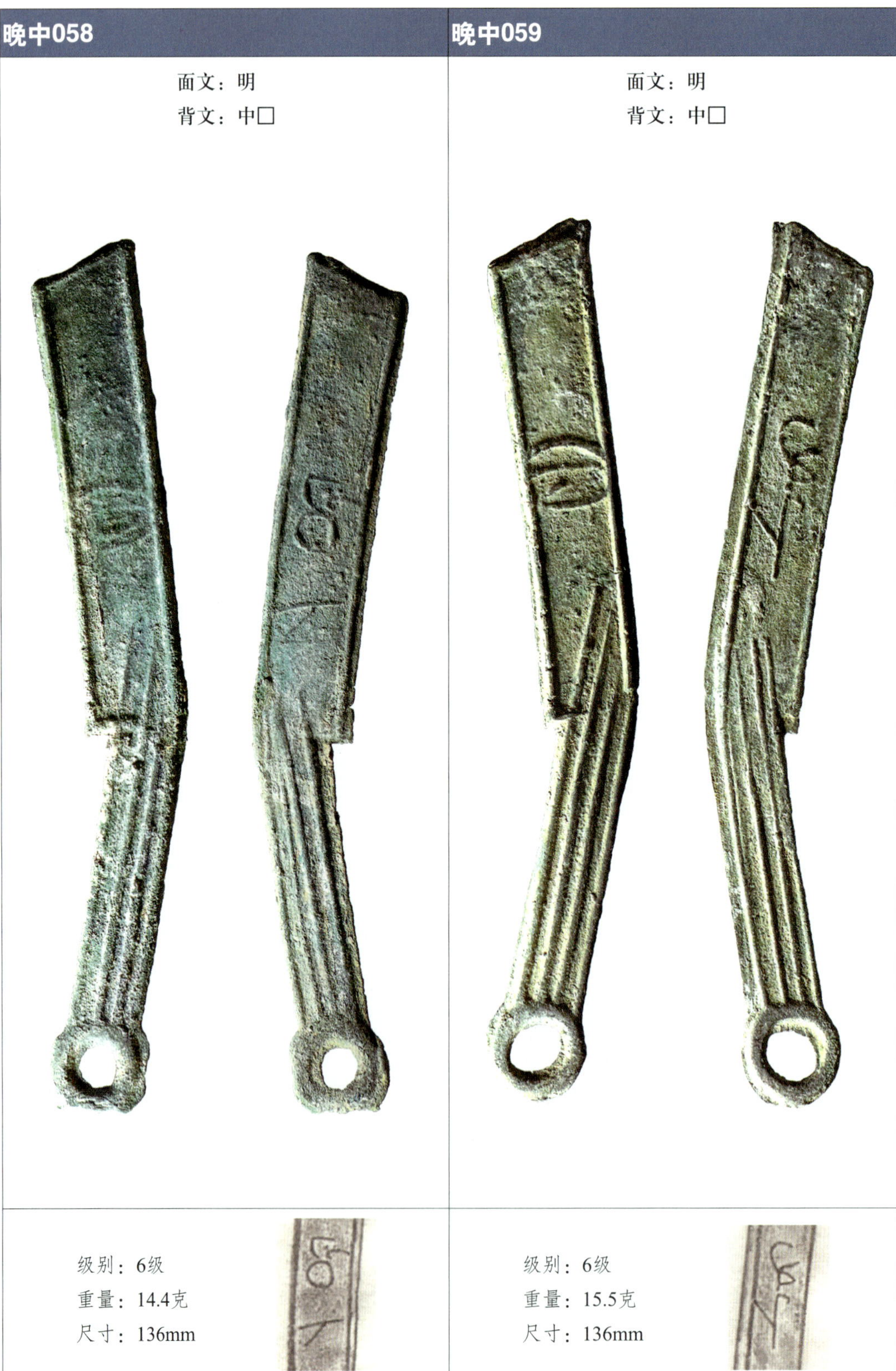

晚中058	晚中059
级别：6级 重量：14.4克 尺寸：136mm	级别：6级 重量：15.5克 尺寸：136mm

晚中060	晚中061
面文：明 背文：中□	面文：明 背文：中刀

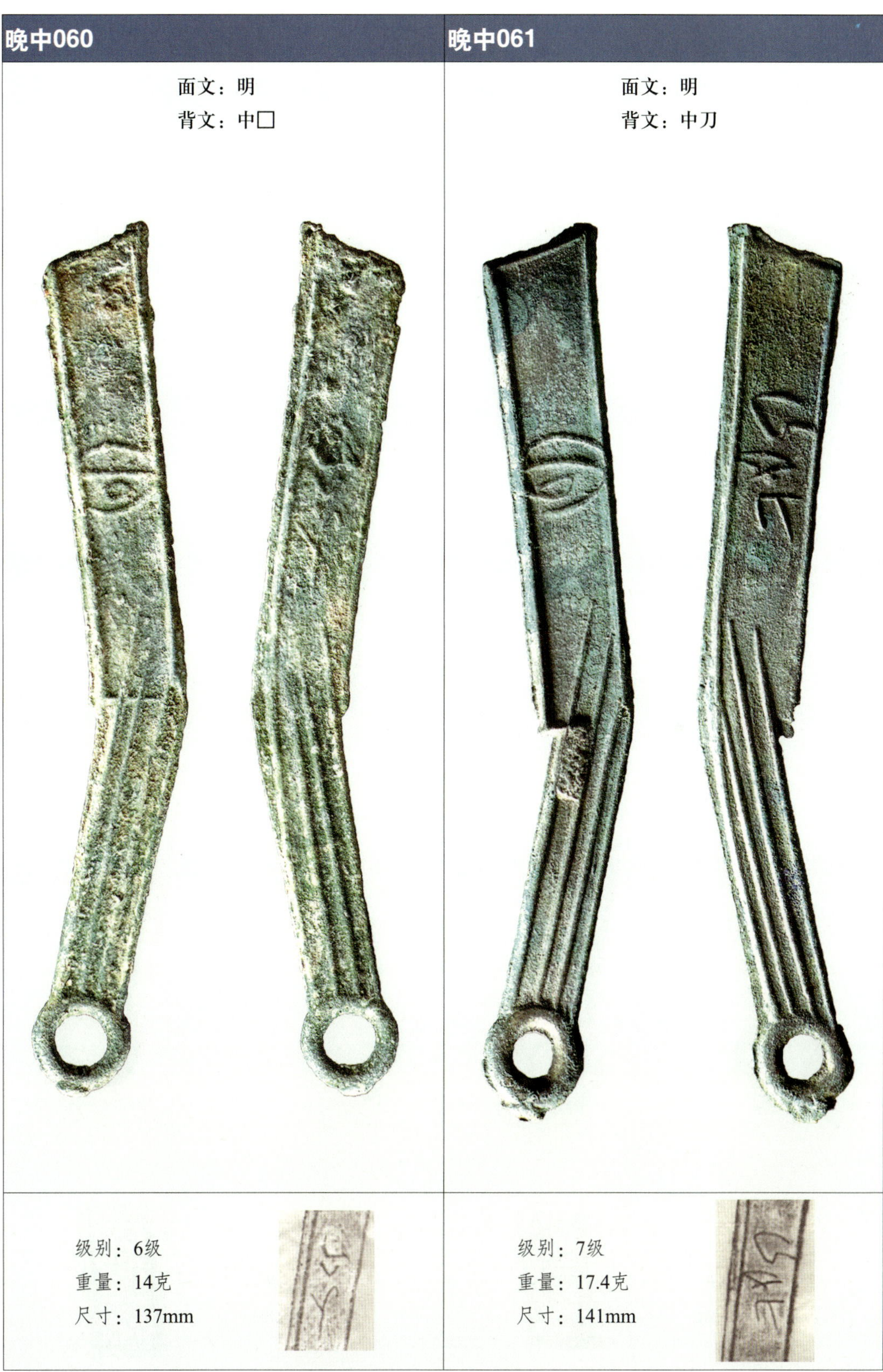

晚中060	晚中061
级别：6级 重量：14克 尺寸：137mm	级别：7级 重量：17.4克 尺寸：141mm

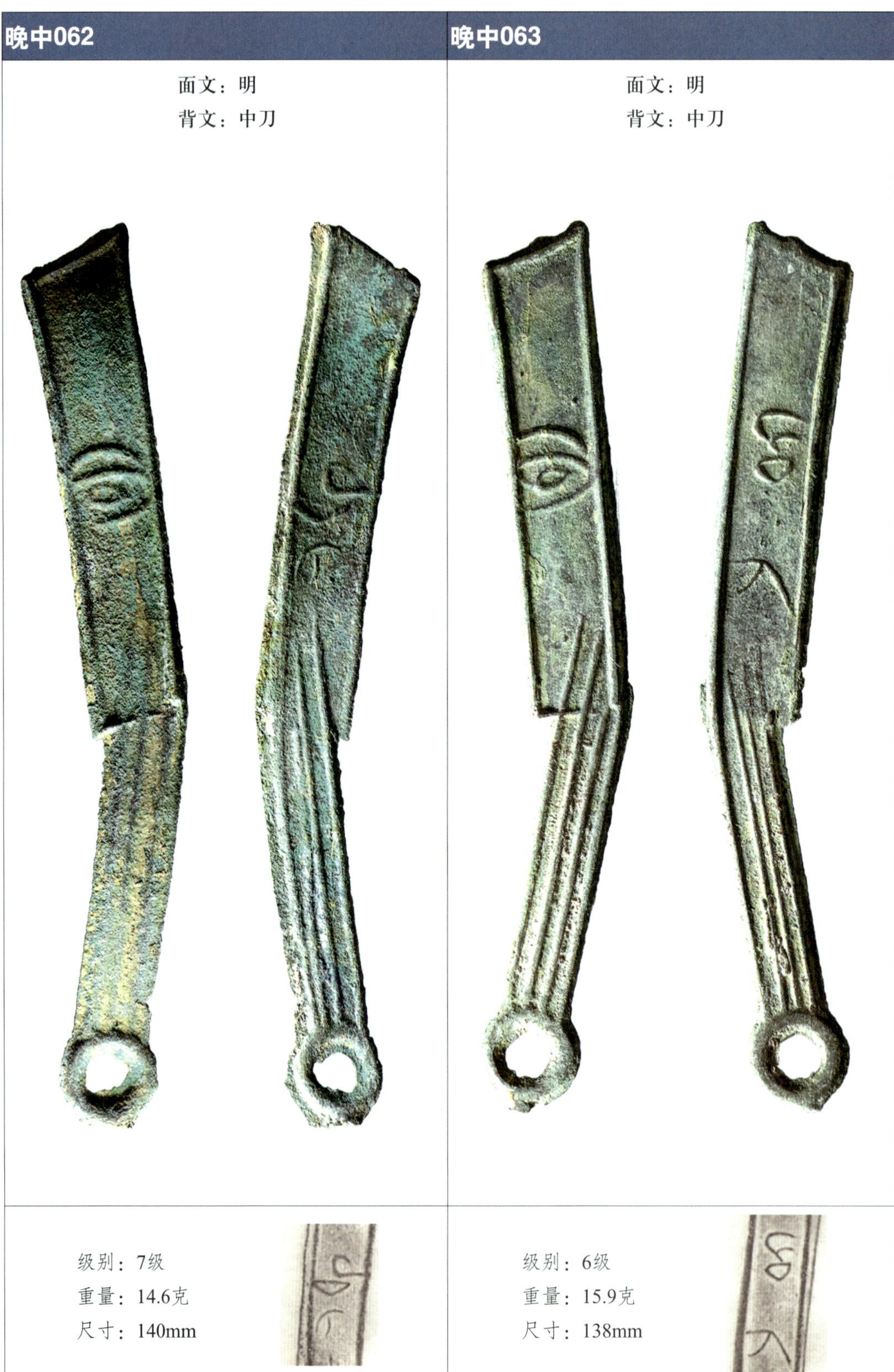

晚中062	晚中063
面文：明 背文：中刀	面文：明 背文：中刀
级别：7级 重量：14.6克 尺寸：140mm	级别：6级 重量：15.9克 尺寸：138mm

晚中064	晚中065
面文：明 背文：中□	面文：明 背文：中□
级别：4级 重量：16.2克 尺寸：137mm	级别：6级 重量：16.8克 尺寸：143mm

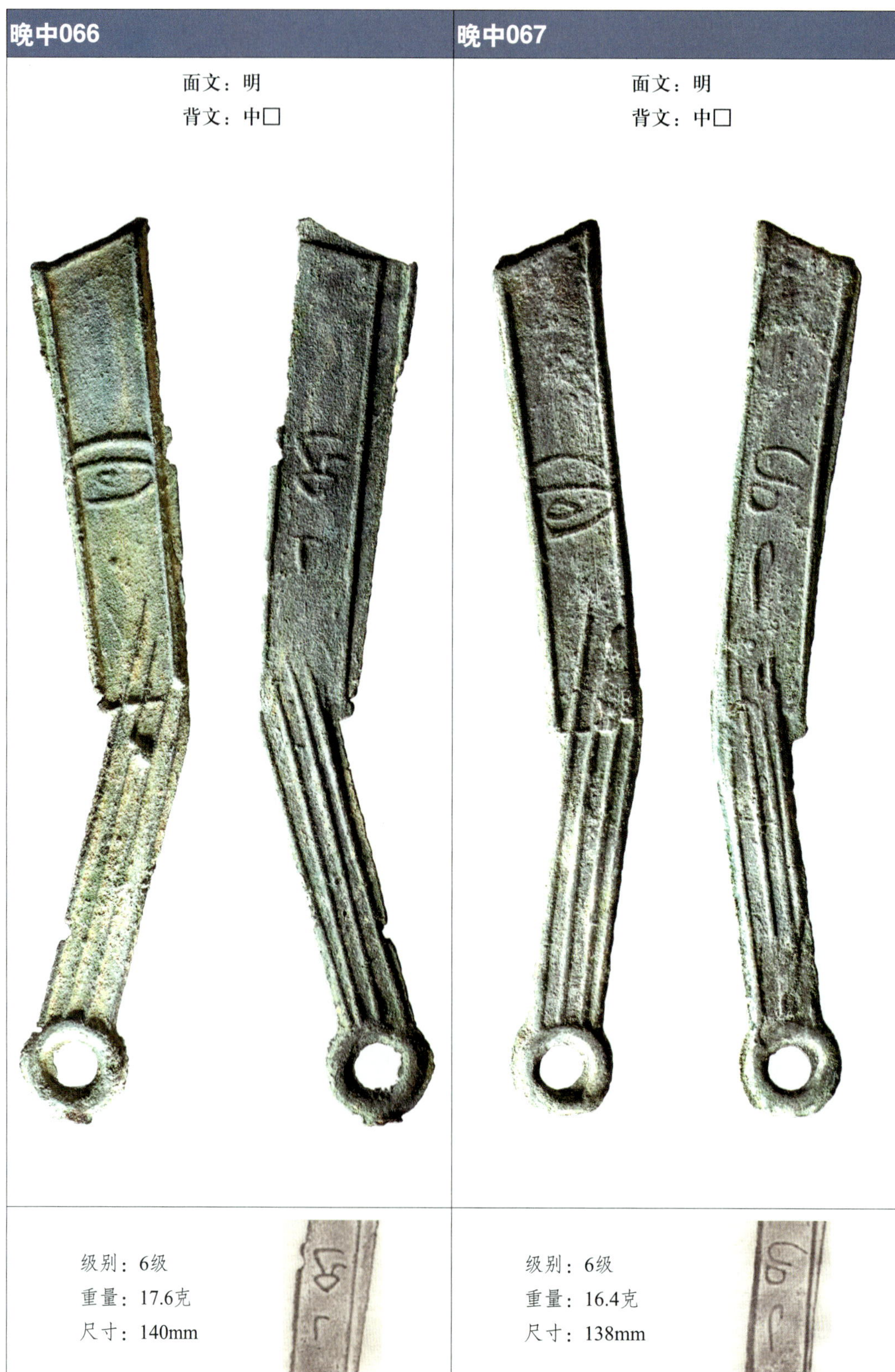

晚中066	晚中067
面文：明 背文：中□	面文：明 背文：中□
级别：6级 重量：17.6克 尺寸：140mm	级别：6级 重量：16.4克 尺寸：138mm

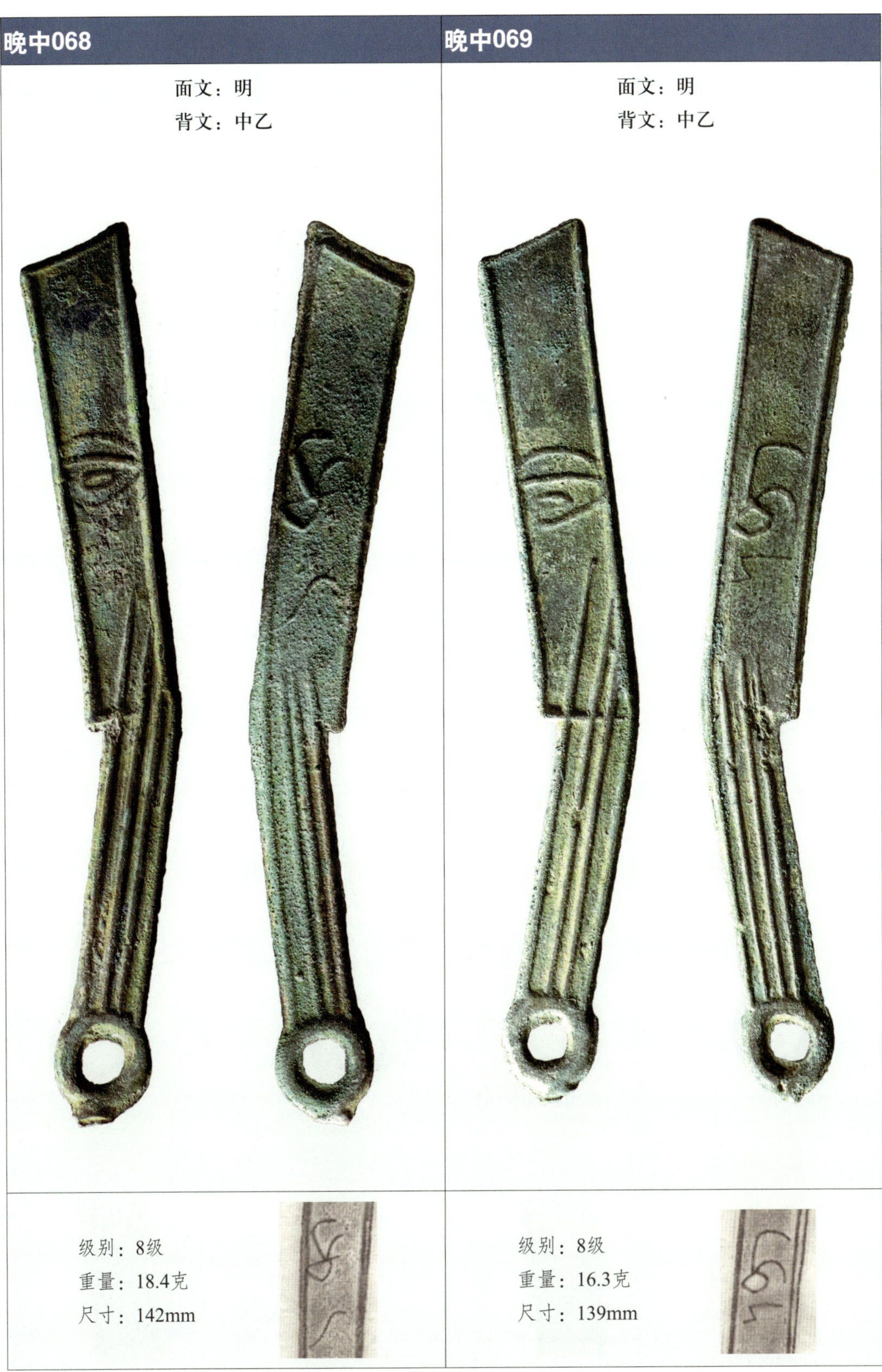

晚中068

面文：明
背文：中乙

级别：8级
重量：18.4克
尺寸：142mm

晚中069

面文：明
背文：中乙

级别：8级
重量：16.3克
尺寸：139mm

晚中070	晚中071
面文：明 背文：中乙	面文：明 背文：中乙
级别：5级 重量：17.4克 尺寸：136mm	级别：7级 重量：16.8克 尺寸：137mm

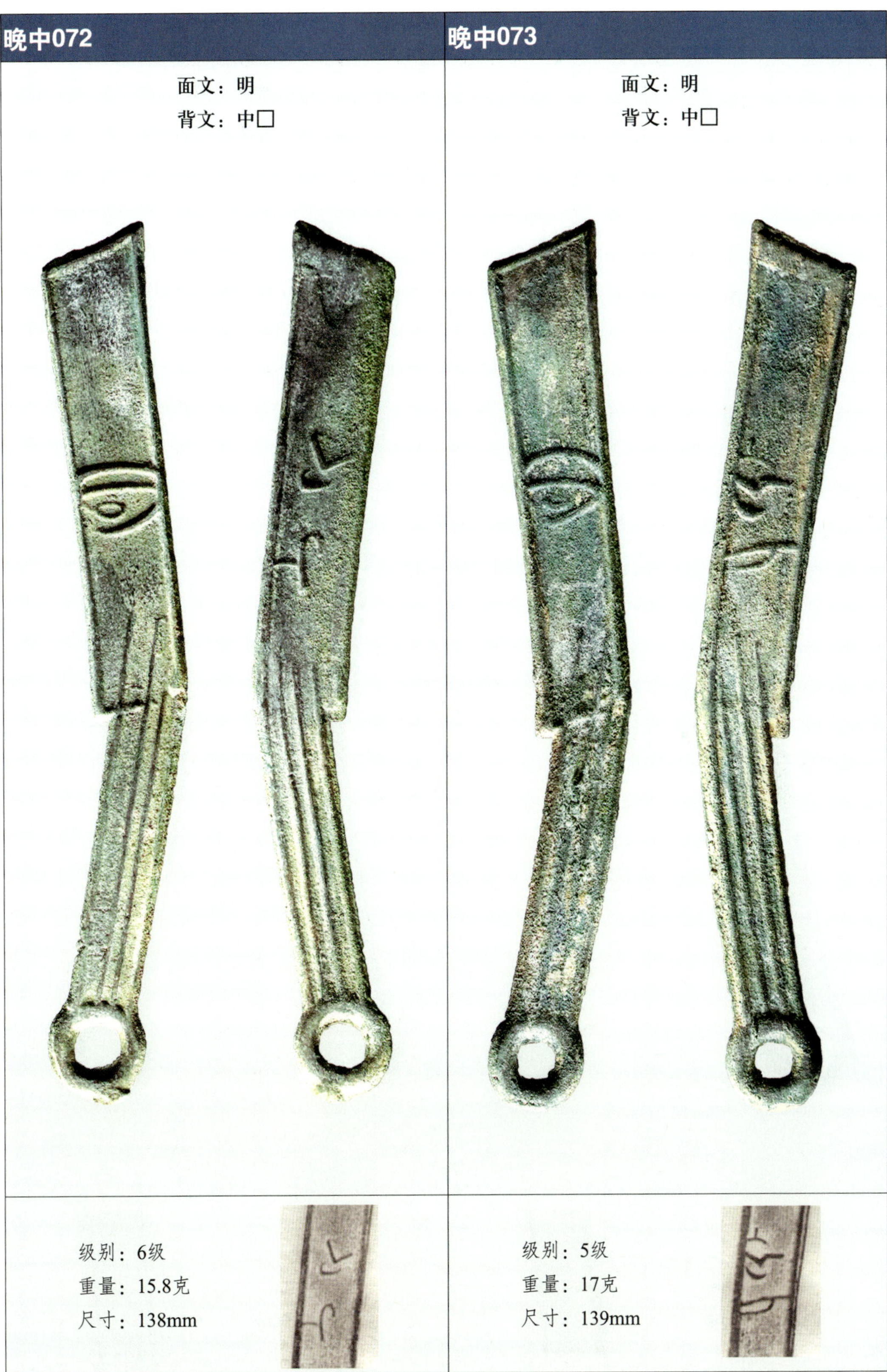

晚中072

面文：明

背文：中□

级别：6级

重量：15.8克

尺寸：138mm

晚中073

面文：明

背文：中□

级别：5级

重量：17克

尺寸：139mm

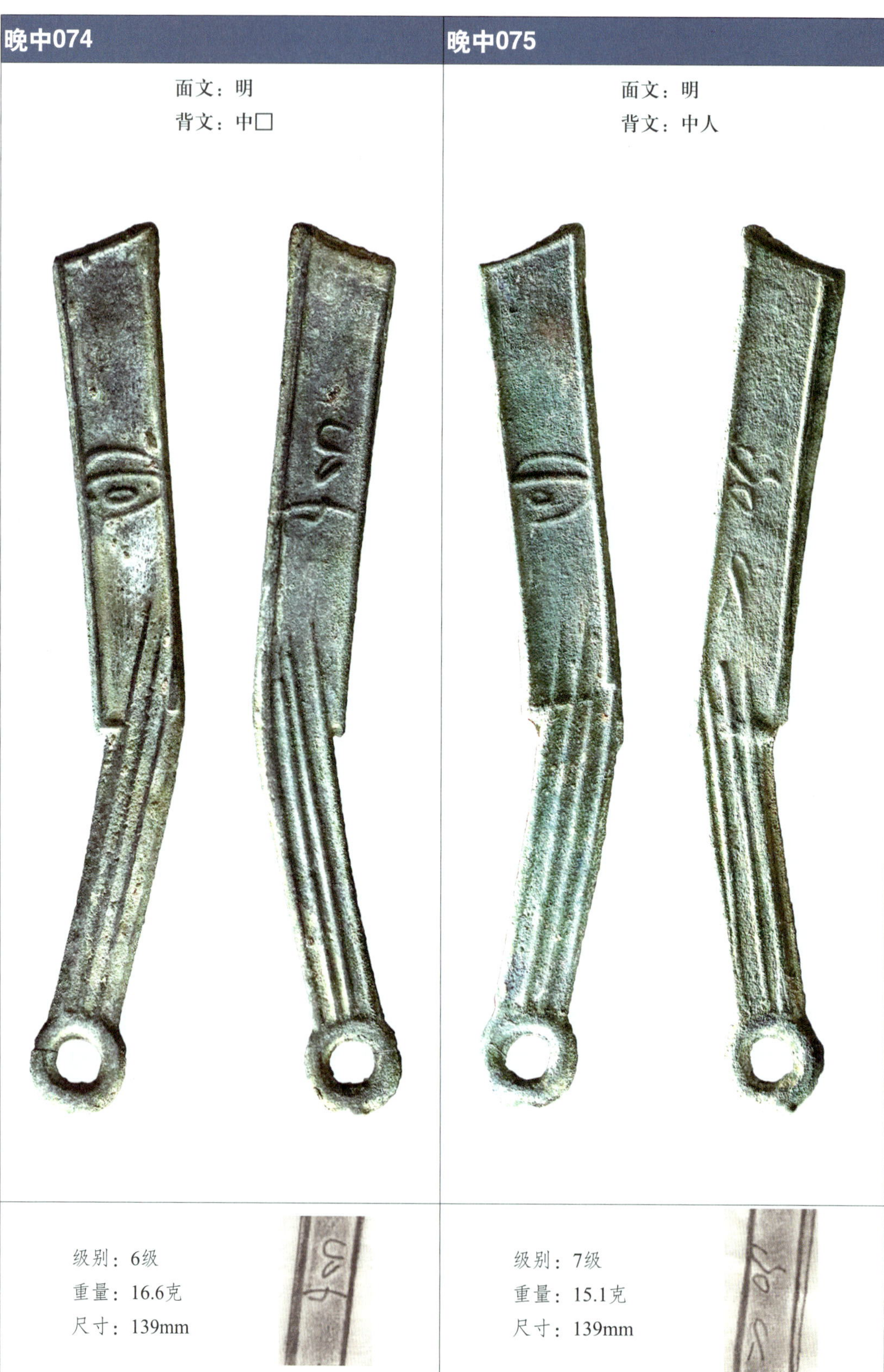

晚中074	晚中075
面文：明 背文：中□	面文：明 背文：中人
级别：6级 重量：16.6克 尺寸：139mm	级别：7级 重量：15.1克 尺寸：139mm

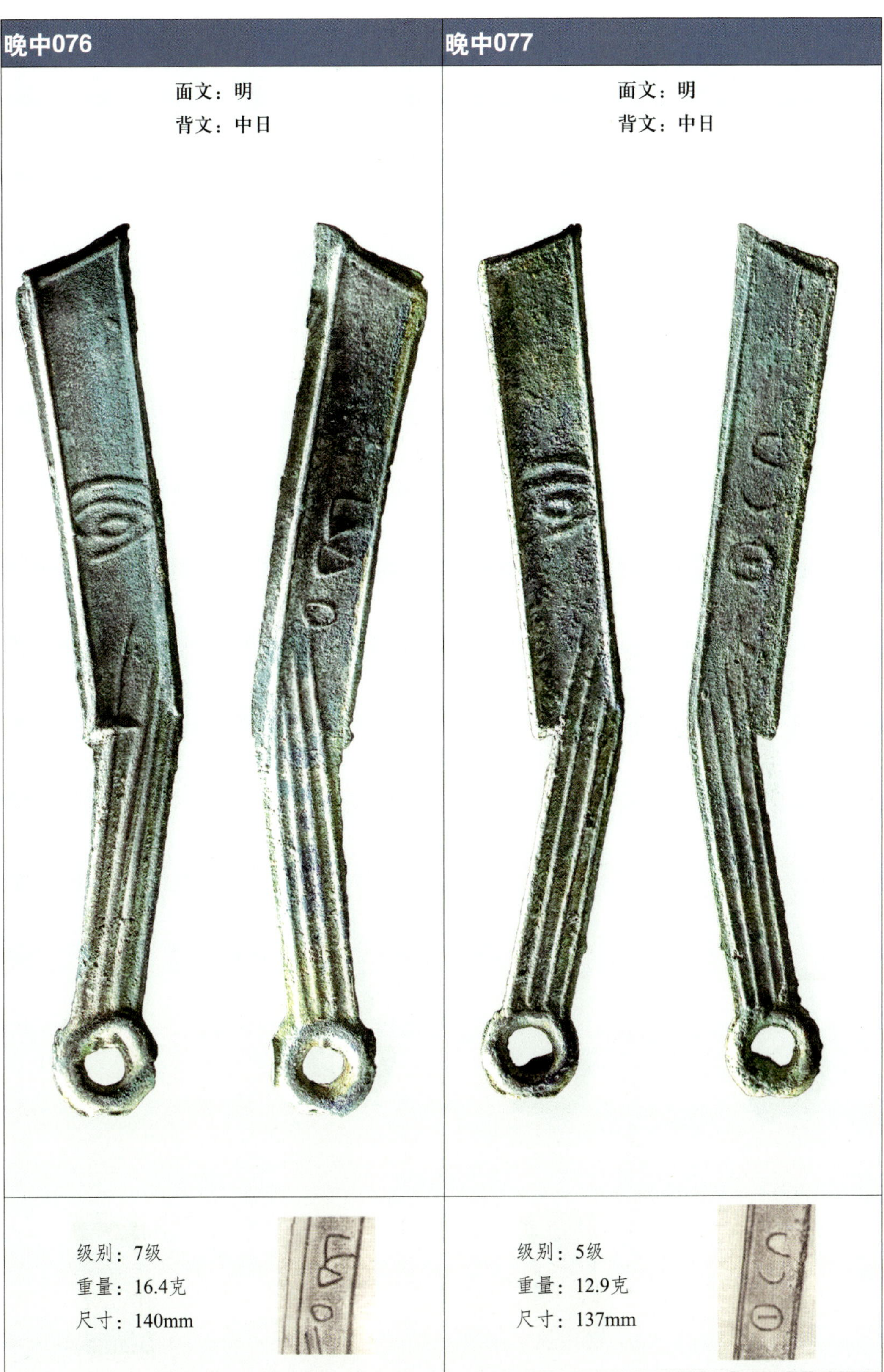

晚中076	晚中077
面文：明 背文：中日	面文：明 背文：中日
级别：7级 重量：16.4克 尺寸：140mm	级别：5级 重量：12.9克 尺寸：137mm

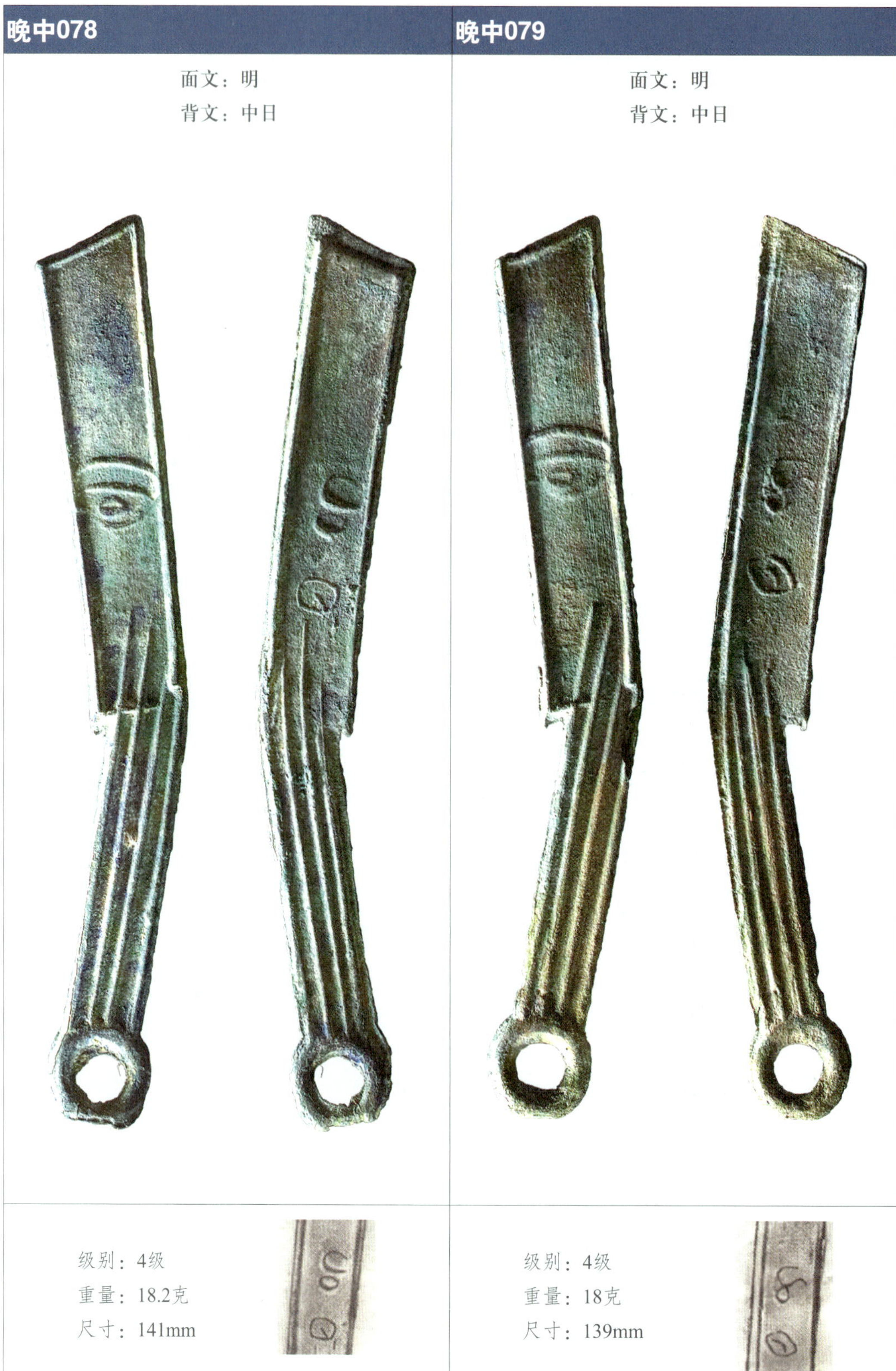

晚中078	晚中079
面文：明 背文：中日	面文：明 背文：中日
级别：4级 重量：18.2克 尺寸：141mm	级别：4级 重量：18克 尺寸：139mm

晚中080	晚中081
面文：明 背文：中□	面文：明 背文：中工

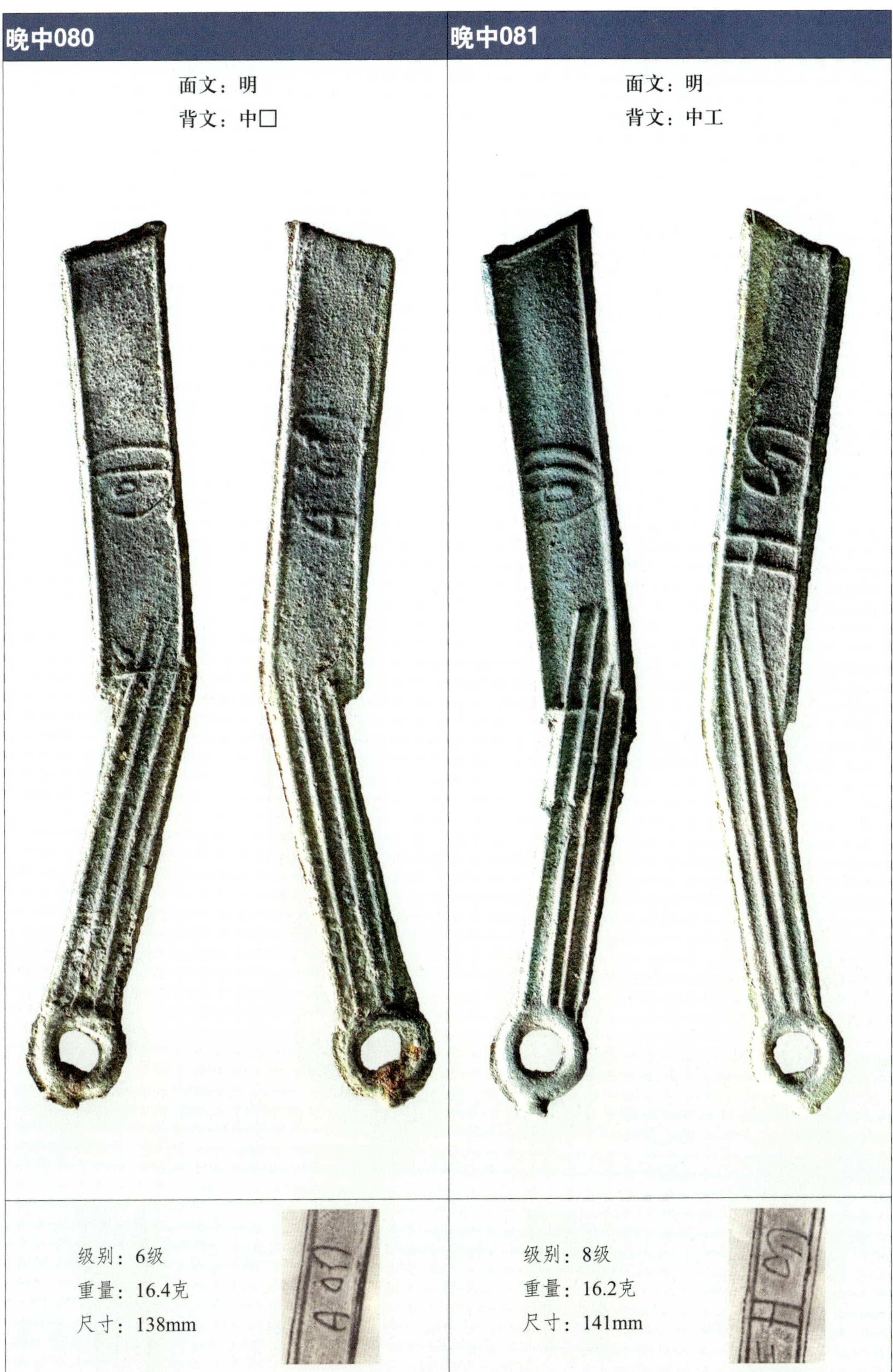

晚中080	晚中081
级别：6级 重量：16.4克 尺寸：138mm	级别：8级 重量：16.2克 尺寸：141mm

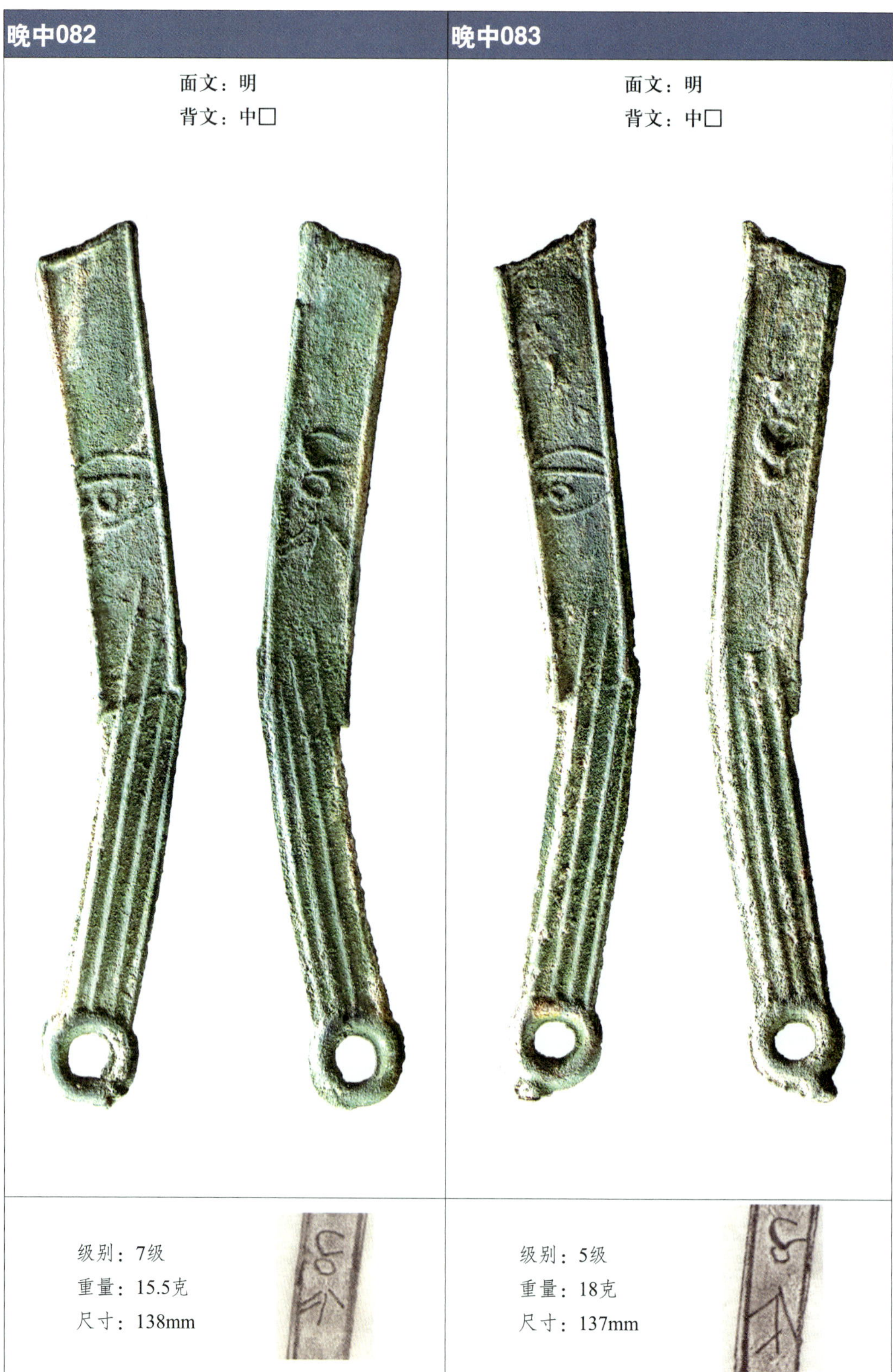

晚中082	晚中083
面文：明 背文：中□	面文：明 背文：中□
级别：7级 重量：15.5克 尺寸：138mm	级别：5级 重量：18克 尺寸：137mm

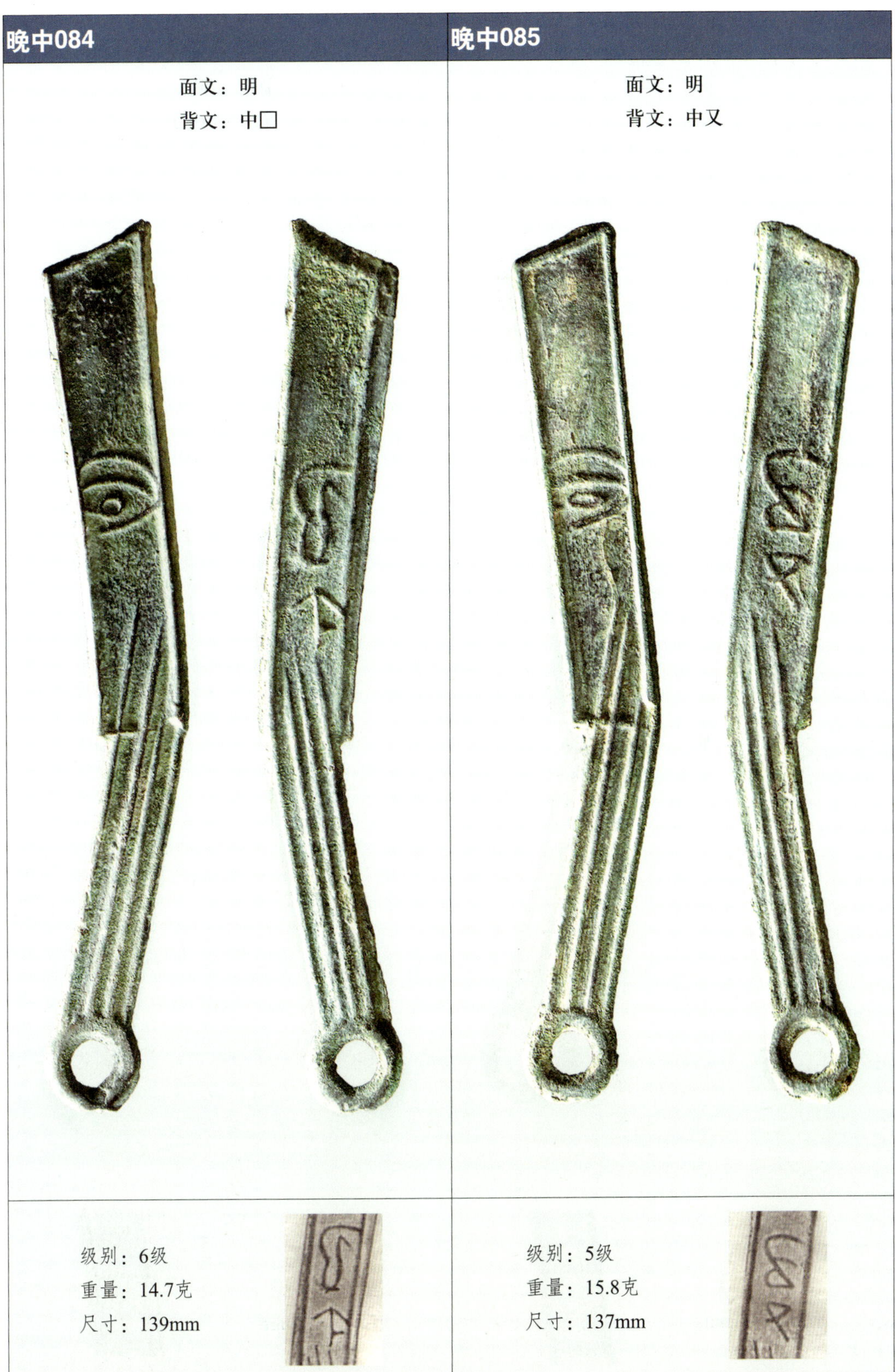

晚中084	晚中085
面文：明 背文：中□	面文：明 背文：中又
级别：6级 重量：14.7克 尺寸：139mm	级别：5级 重量：15.8克 尺寸：137mm

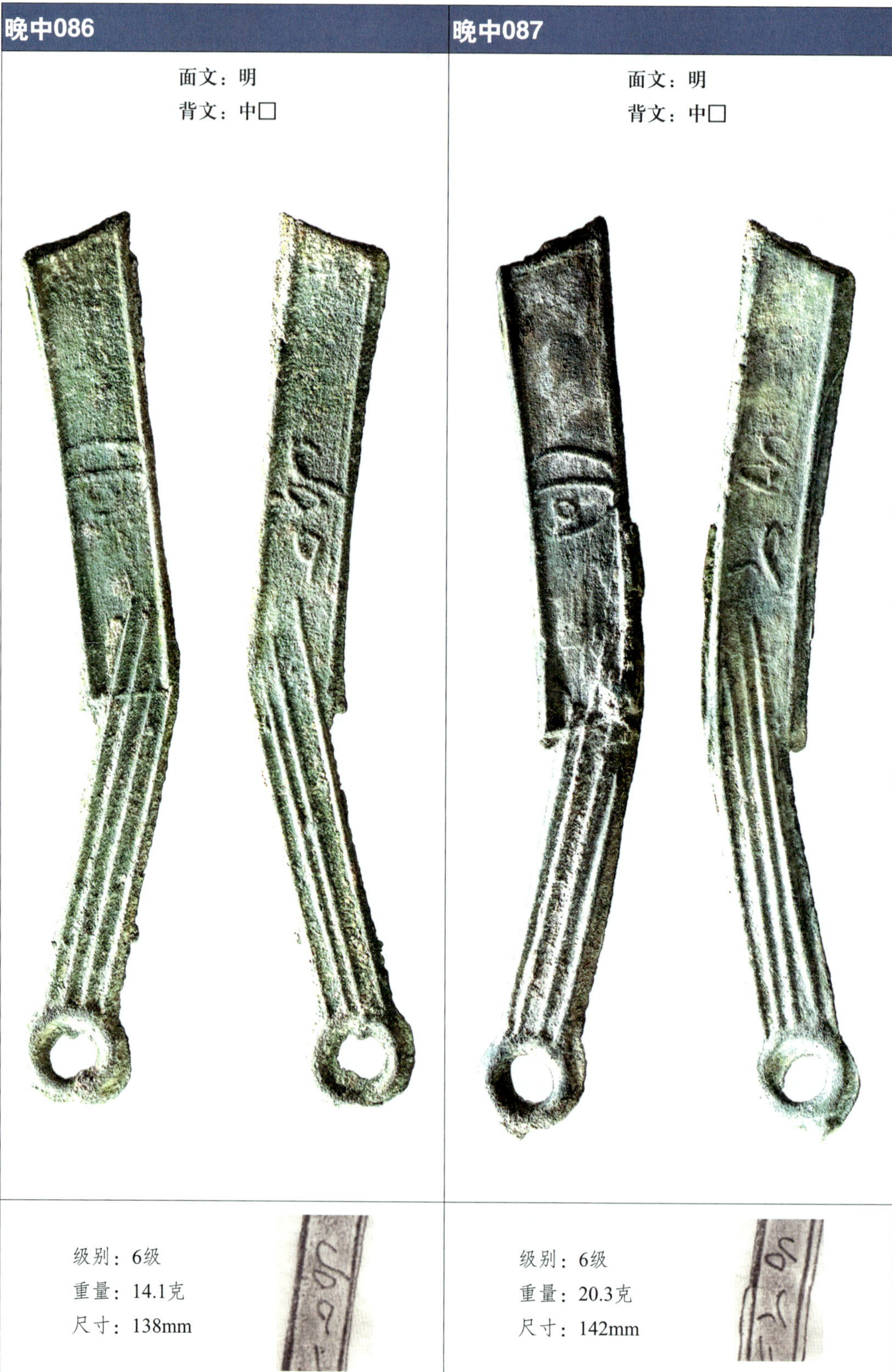

晚中086

面文：明

背文：中□

级别：6级

重量：14.1克

尺寸：138mm

晚中087

面文：明

背文：中□

级别：6级

重量：20.3克

尺寸：142mm

晚中088	晚中089
面文：明 背文：中□	面文：明 背文：中□

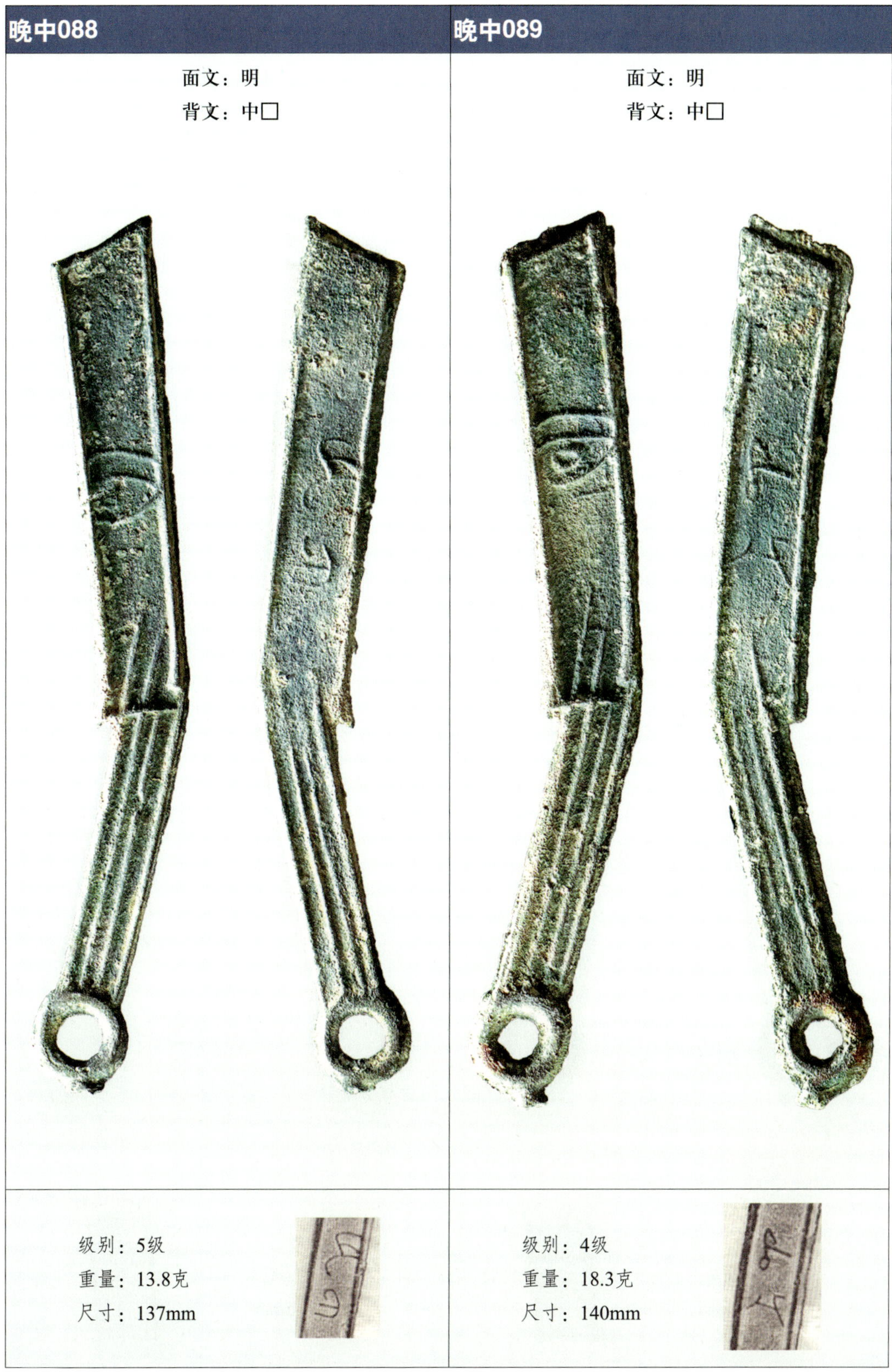

晚中088	晚中089
级别：5级 重量：13.8克 尺寸：137mm	级别：4级 重量：18.3克 尺寸：140mm

晚中090	晚中091
面文：明 背文：中下	面文：明 背文：中下

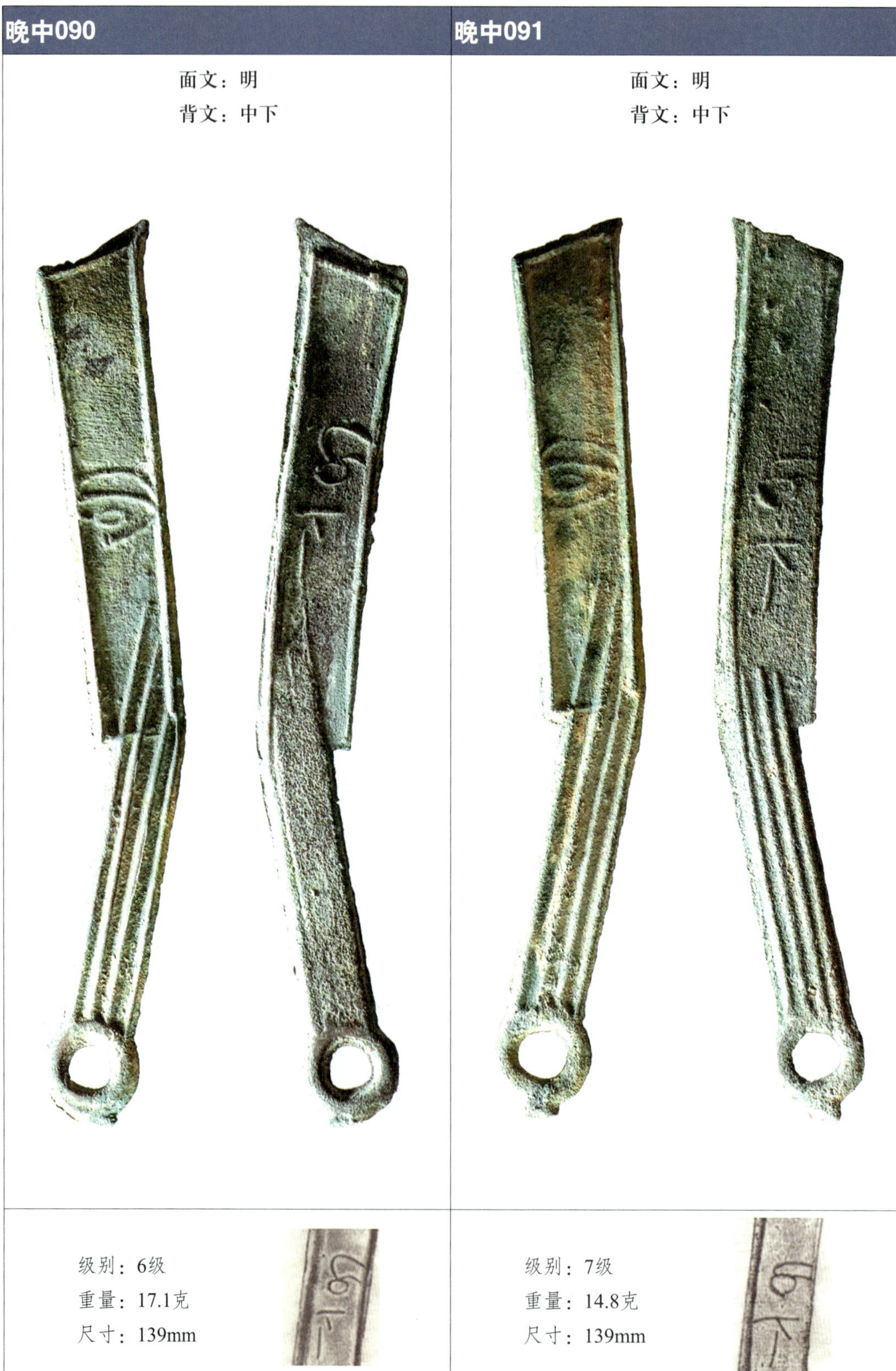

级别：6级 重量：17.1克 尺寸：139mm	级别：7级 重量：14.8克 尺寸：139mm

晚中092	晚中093
面文：明 背文：中下	面文：明 背文：中下

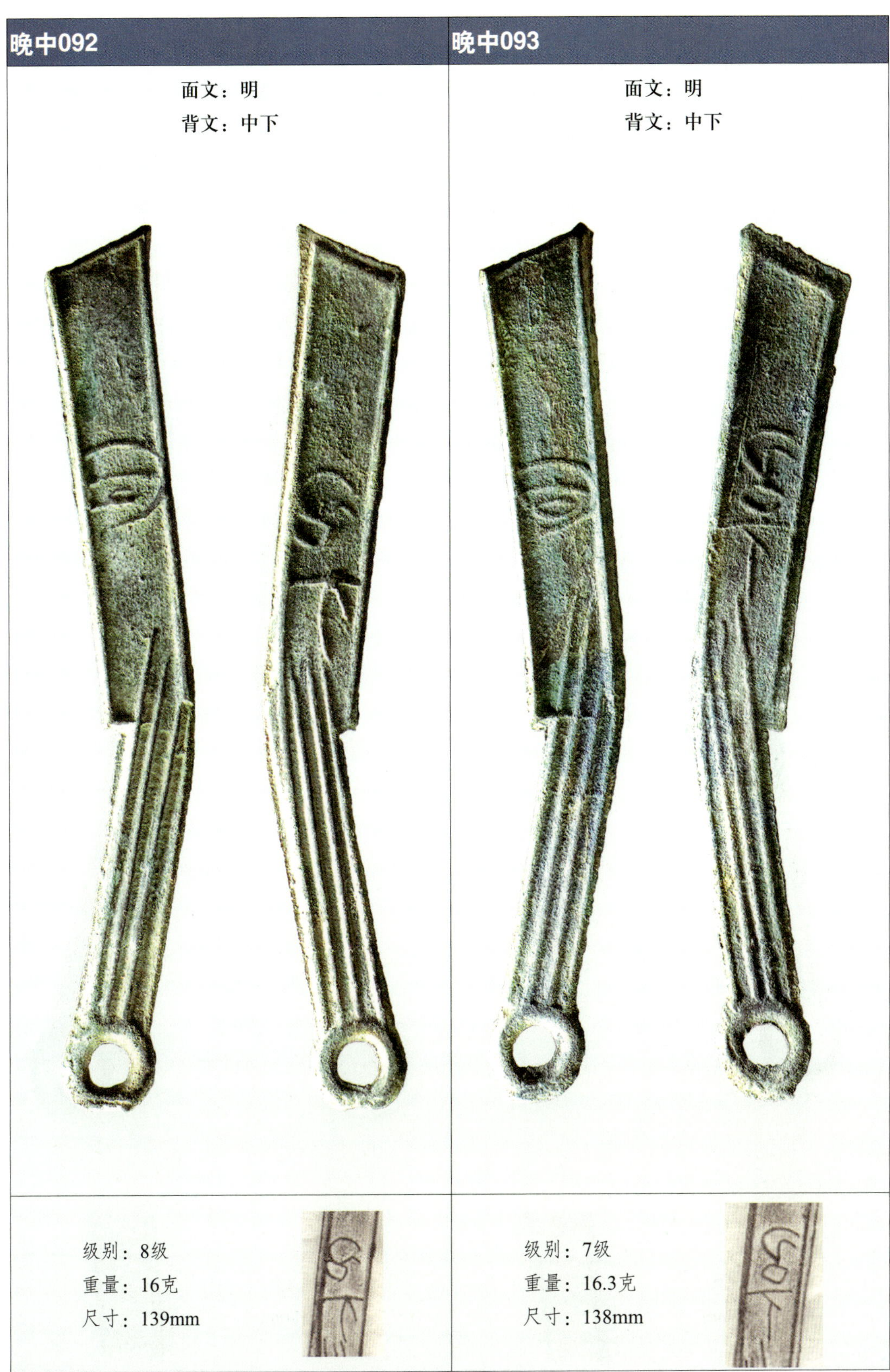

晚中092	晚中093
级别：8级 重量：16克 尺寸：139mm	级别：7级 重量：16.3克 尺寸：138mm

晚中094	晚中095
面文：明 背文：中水	面文：明 背文：中水

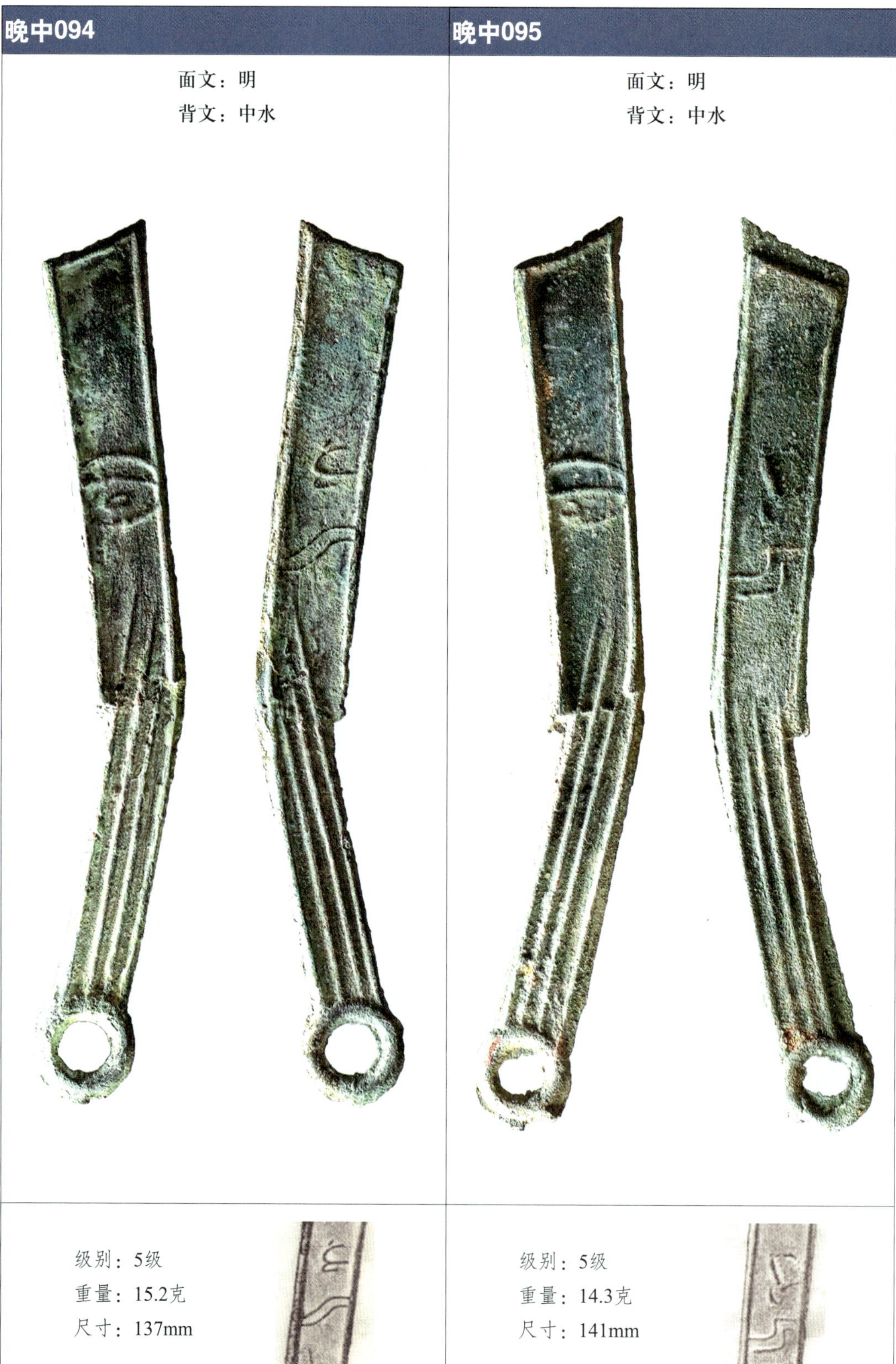

级别：5级 重量：15.2克 尺寸：137mm	级别：5级 重量：14.3克 尺寸：141mm

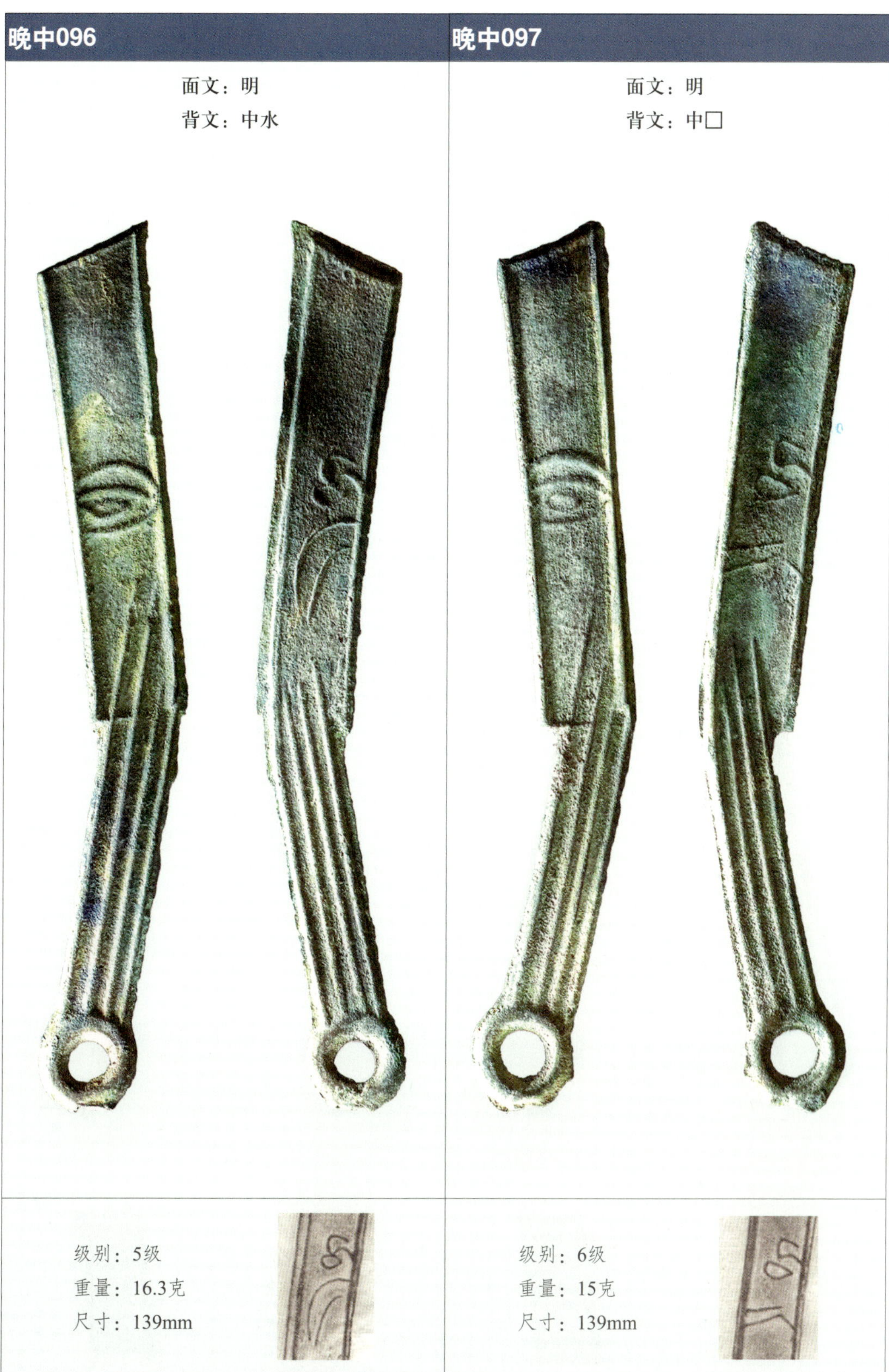

晚中096

面文：明
背文：中水

级别：5级
重量：16.3克
尺寸：139mm

晚中097

面文：明
背文：中□

级别：6级
重量：15克
尺寸：139mm

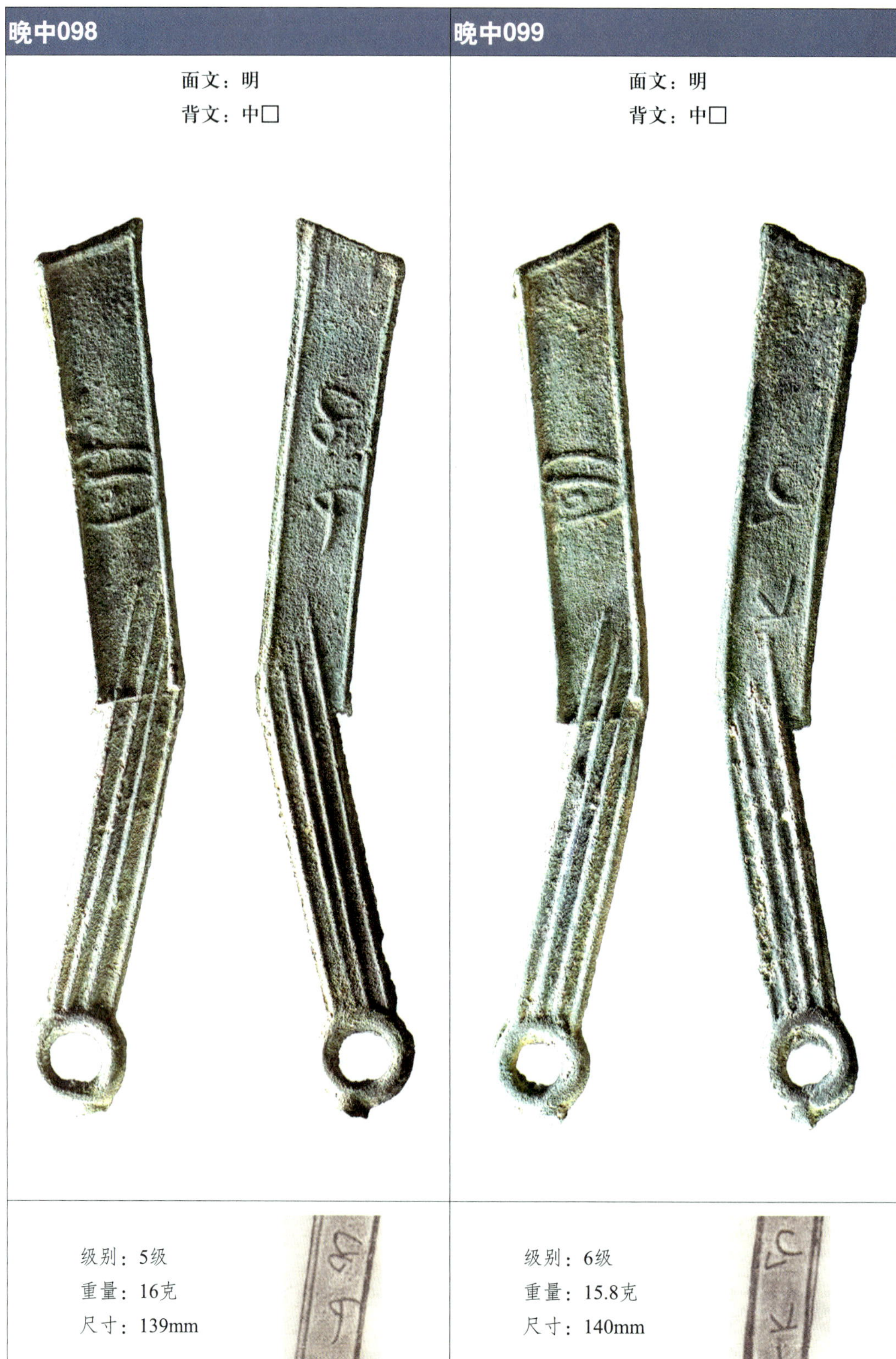

晚中098

面文：明

背文：中□

级别：5级

重量：16克

尺寸：139mm

晚中099

面文：明

背文：中□

级别：6级

重量：15.8克

尺寸：140mm

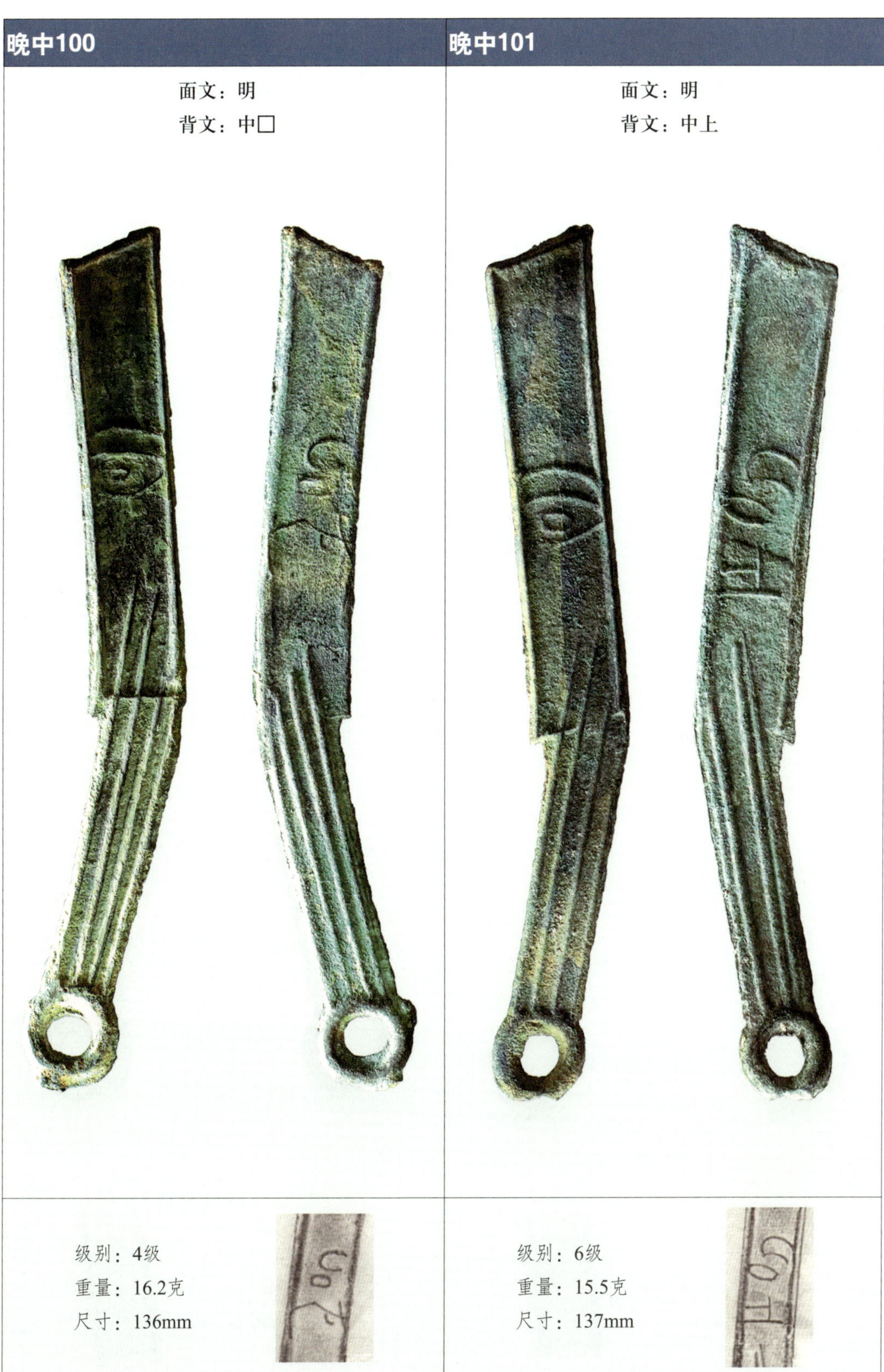

晚中100	晚中101
面文：明 背文：中□	面文：明 背文：中上
级别：4级 重量：16.2克 尺寸：136mm	级别：6级 重量：15.5克 尺寸：137mm

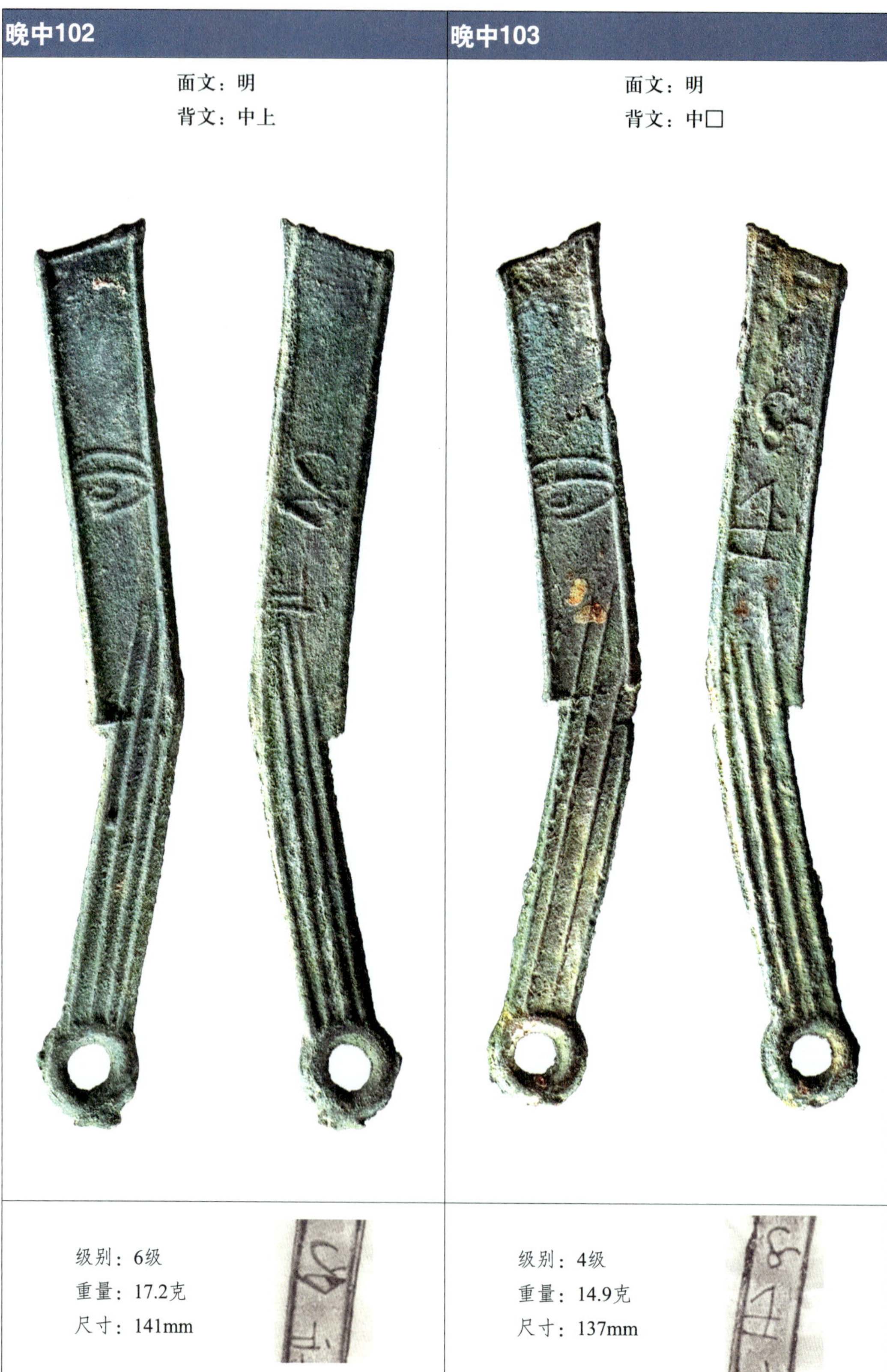

晚中102

面文：明

背文：中上

级别：6级

重量：17.2克

尺寸：141mm

晚中103

面文：明

背文：中□

级别：4级

重量：14.9克

尺寸：137mm

晚中104	晚中105
面文：明 背文：中☐	面文：明 背文：中中
级别：5级 重量：14.5克 尺寸：141mm	级别：5级 重量：14.6克 尺寸：137mm

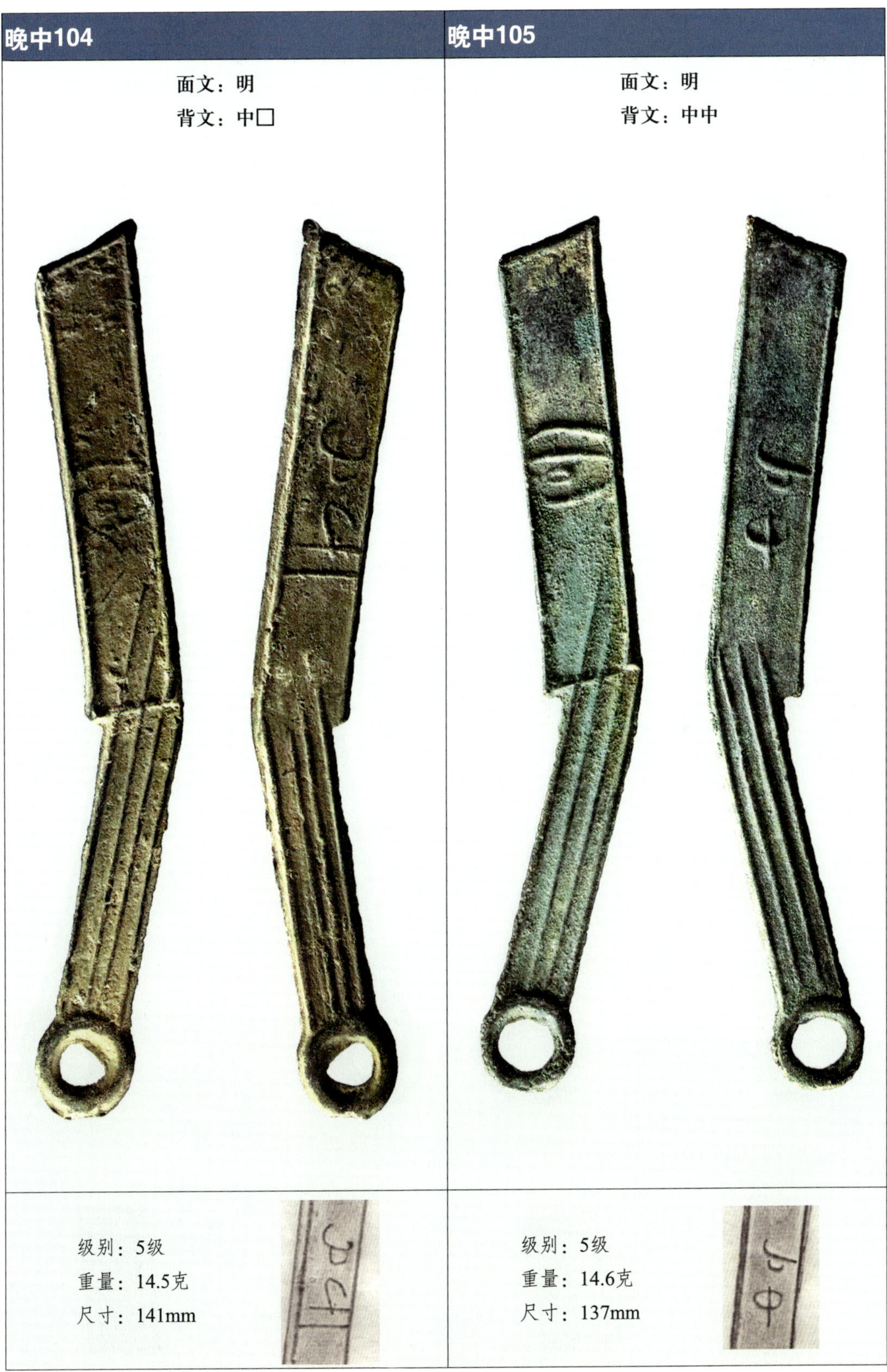

晚中106	晚中107
面文：明 背文：中中	面文：明 背文：中中
级别：5级 重量：15.5克 尺寸：139mm	级别：3级 重量：15.4克 尺寸：139mm

晚中108	晚中109
面文：明 背文：中中	面文：明 背文：中中

晚中108	晚中109
级别：4级 重量：16.2克 尺寸：142mm	级别：4级 重量：15.6克 尺寸：138mm

晚中110

面文：明
背文：中行

级别：7级
重量：18.8克
尺寸：135mm

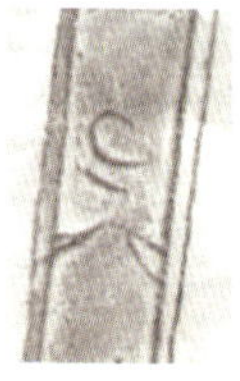

晚中111

面文：明
背文：中行

级别：7级
重量：14.7克
尺寸：140mm

晚中112	晚中113
面文：明 背文：中午	面文：明 背文：中壬

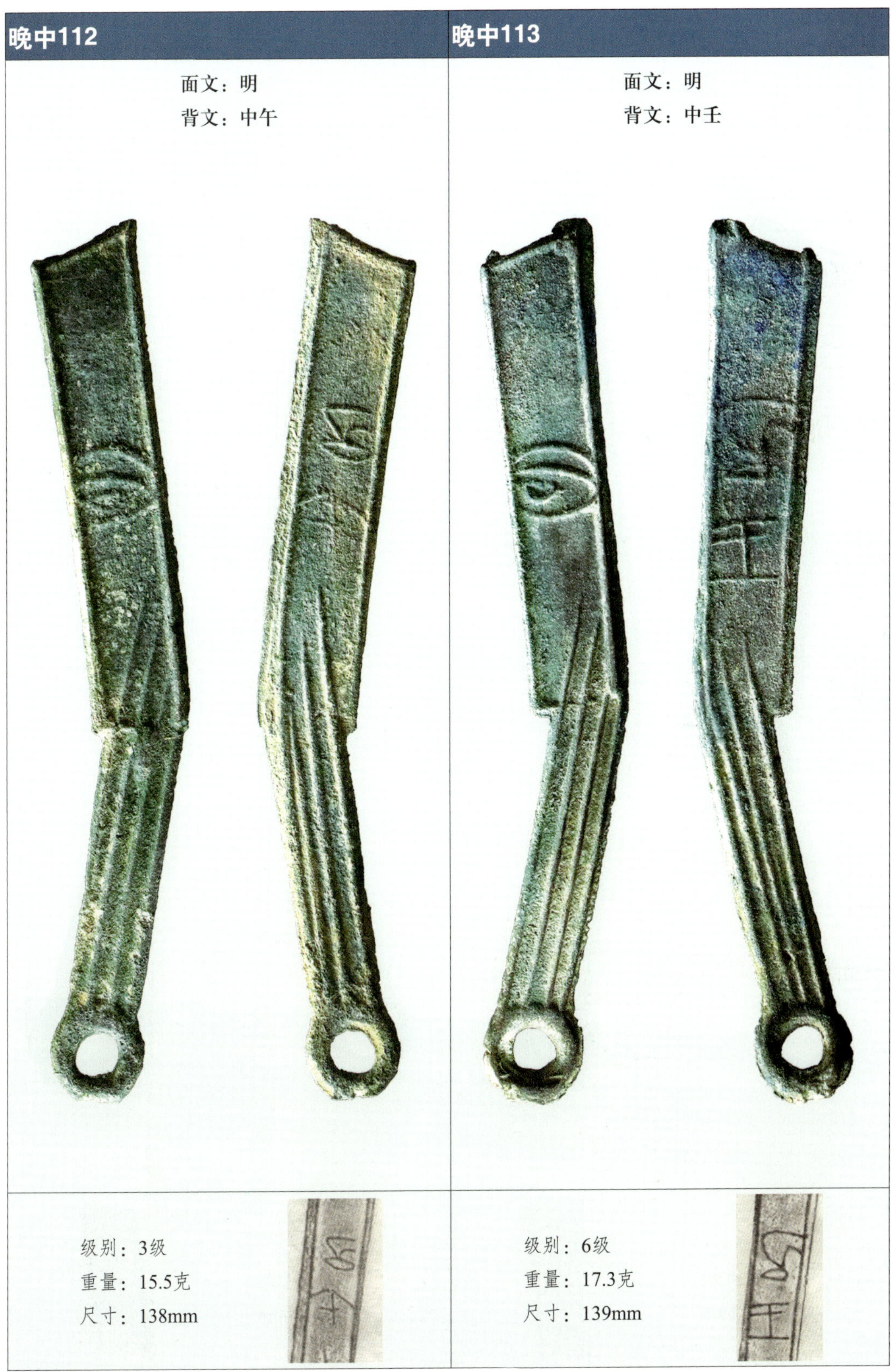

晚中112	晚中113
级别：3级 重量：15.5克 尺寸：138mm	级别：6级 重量：17.3克 尺寸：139mm

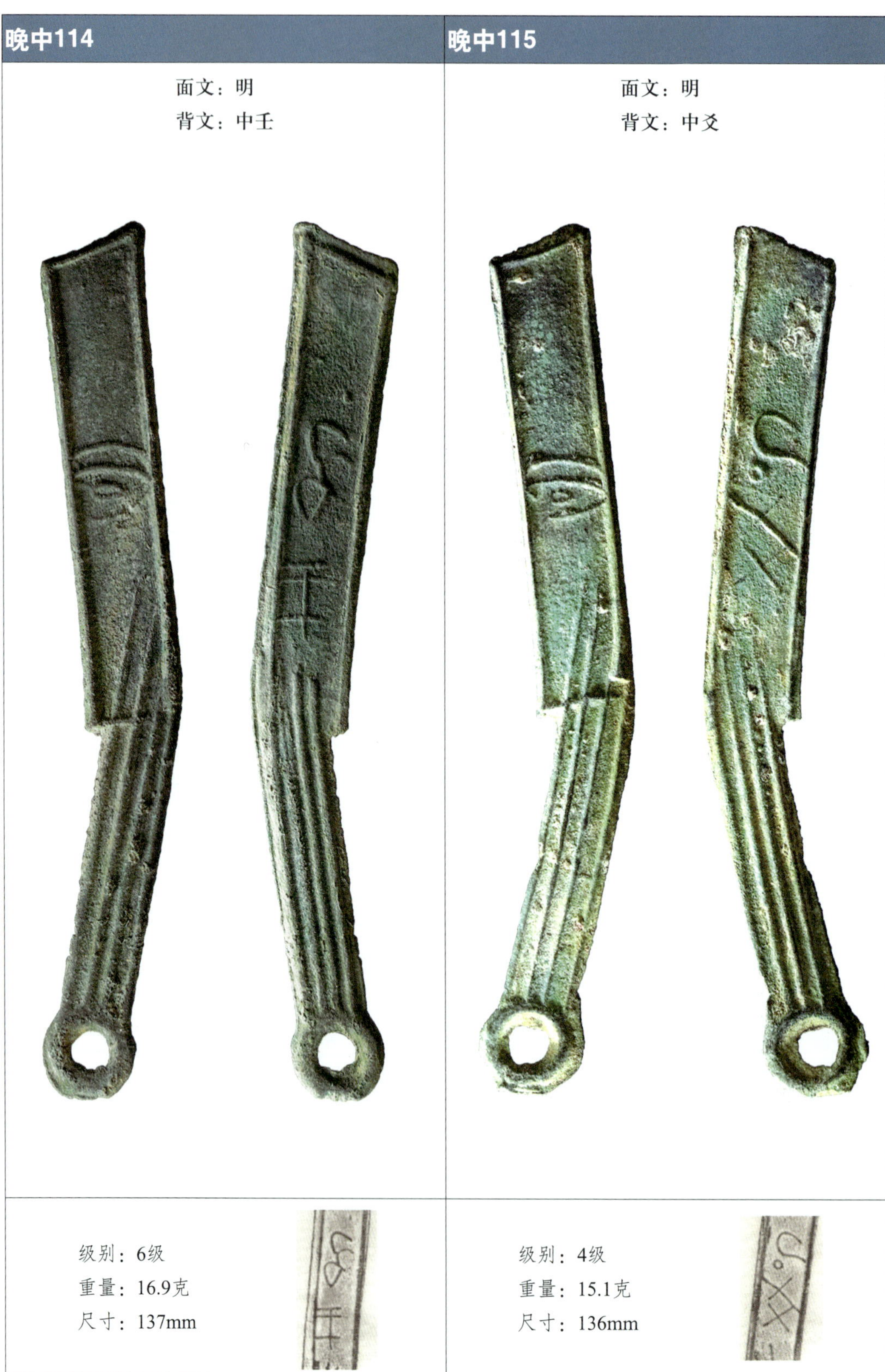

晚中114

面文：明
背文：中壬

级别：6级
重量：16.9克
尺寸：137mm

晚中115

面文：明
背文：中爻

级别：4级
重量：15.1克
尺寸：136mm

晚中116	晚中117
面文：明 背文：中左	面文：明 背文：中左

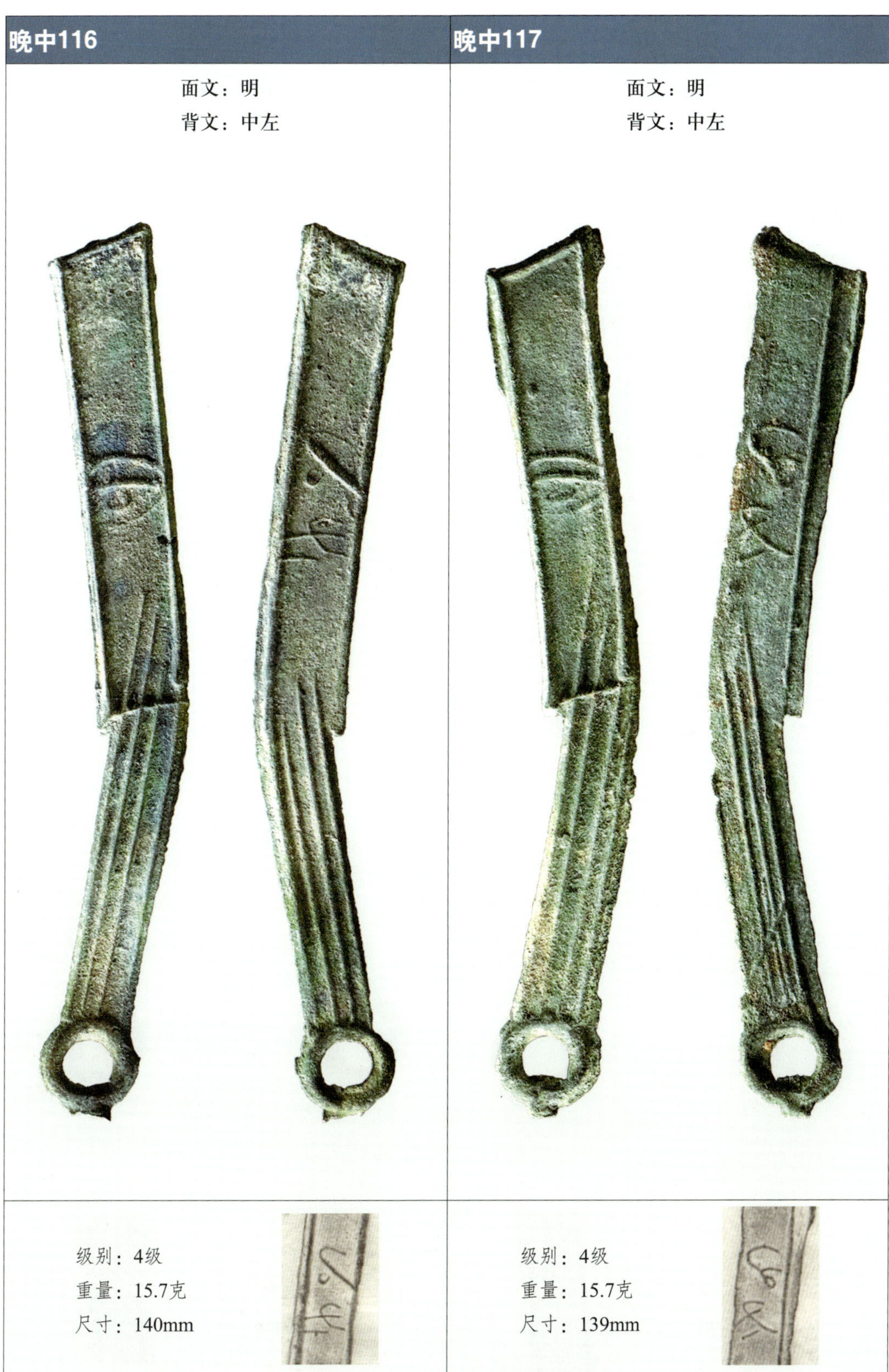

晚中116	晚中117
级别：4级 重量：15.7克 尺寸：140mm	级别：4级 重量：15.7克 尺寸：139mm

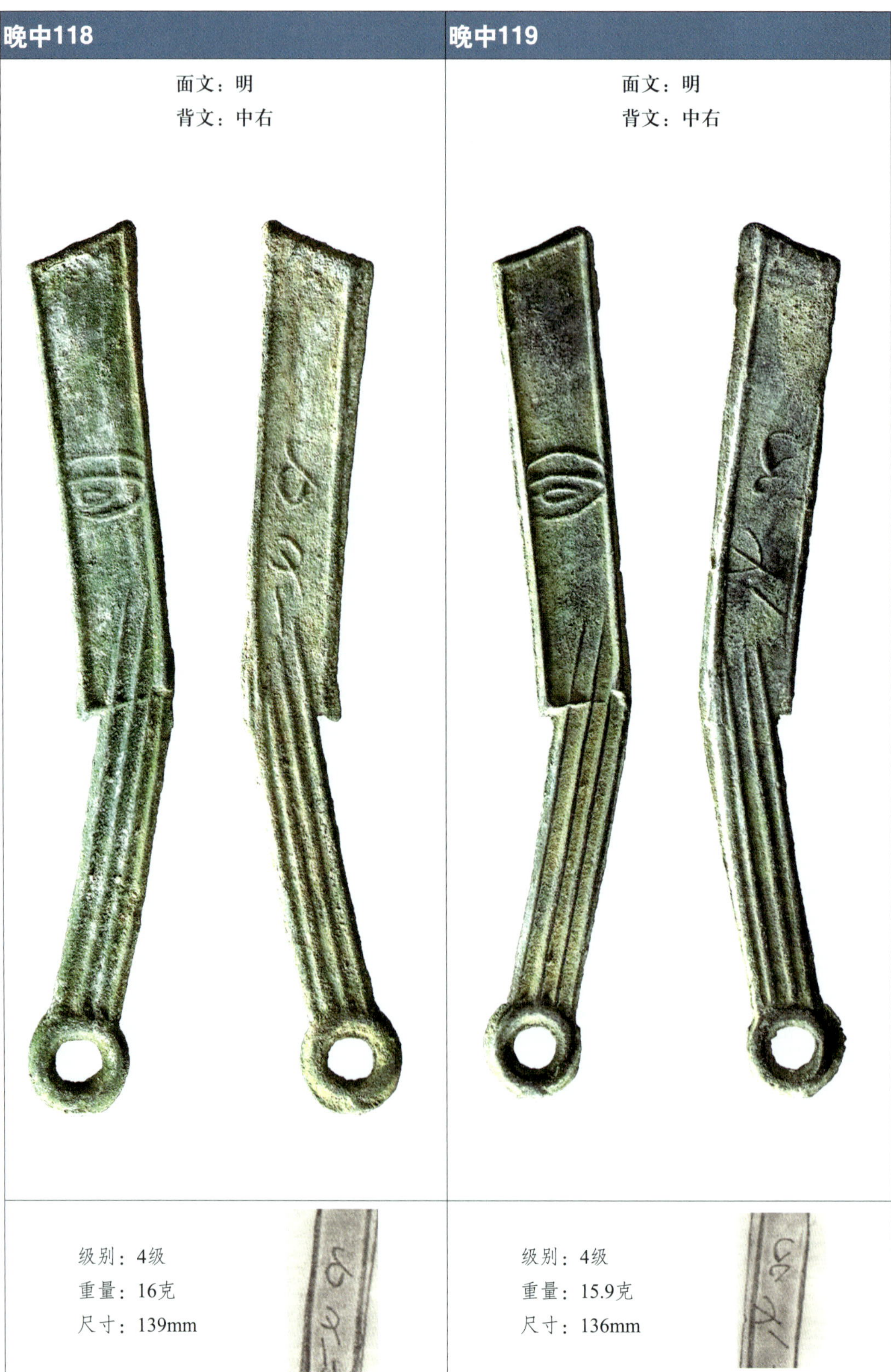

晚中118	晚中119
面文：明 背文：中右	面文：明 背文：中右
级别：4级 重量：16克 尺寸：139mm	级别：4级 重量：15.9克 尺寸：136mm

晚中120	晚中121
面文：明 背文：中右	面文：明 背文：中右

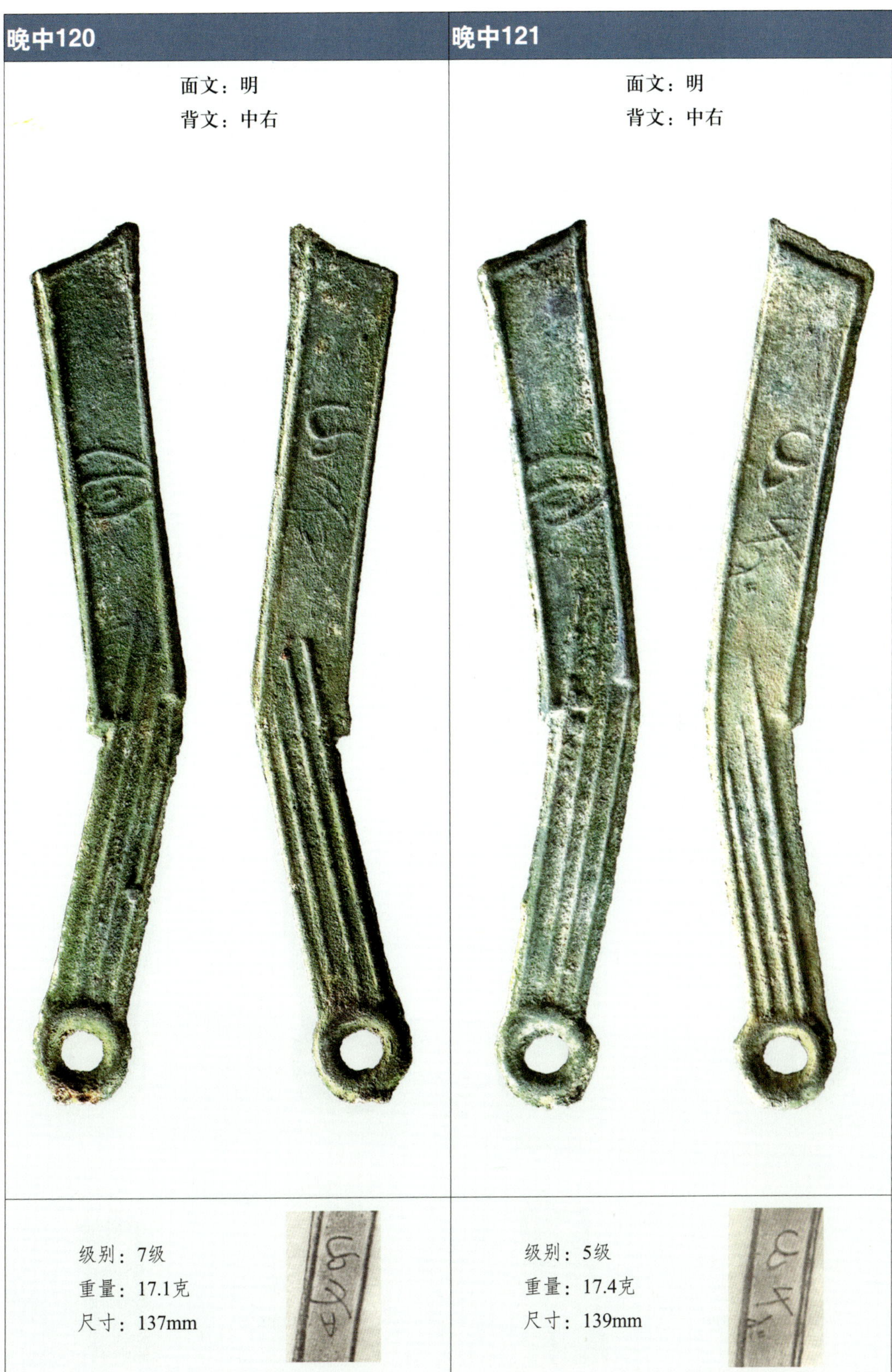

级别：7级 重量：17.1克 尺寸：137mm	级别：5级 重量：17.4克 尺寸：139mm

晚中122	晚中123
面文：明 背文：中右	面文：明 背文：中文

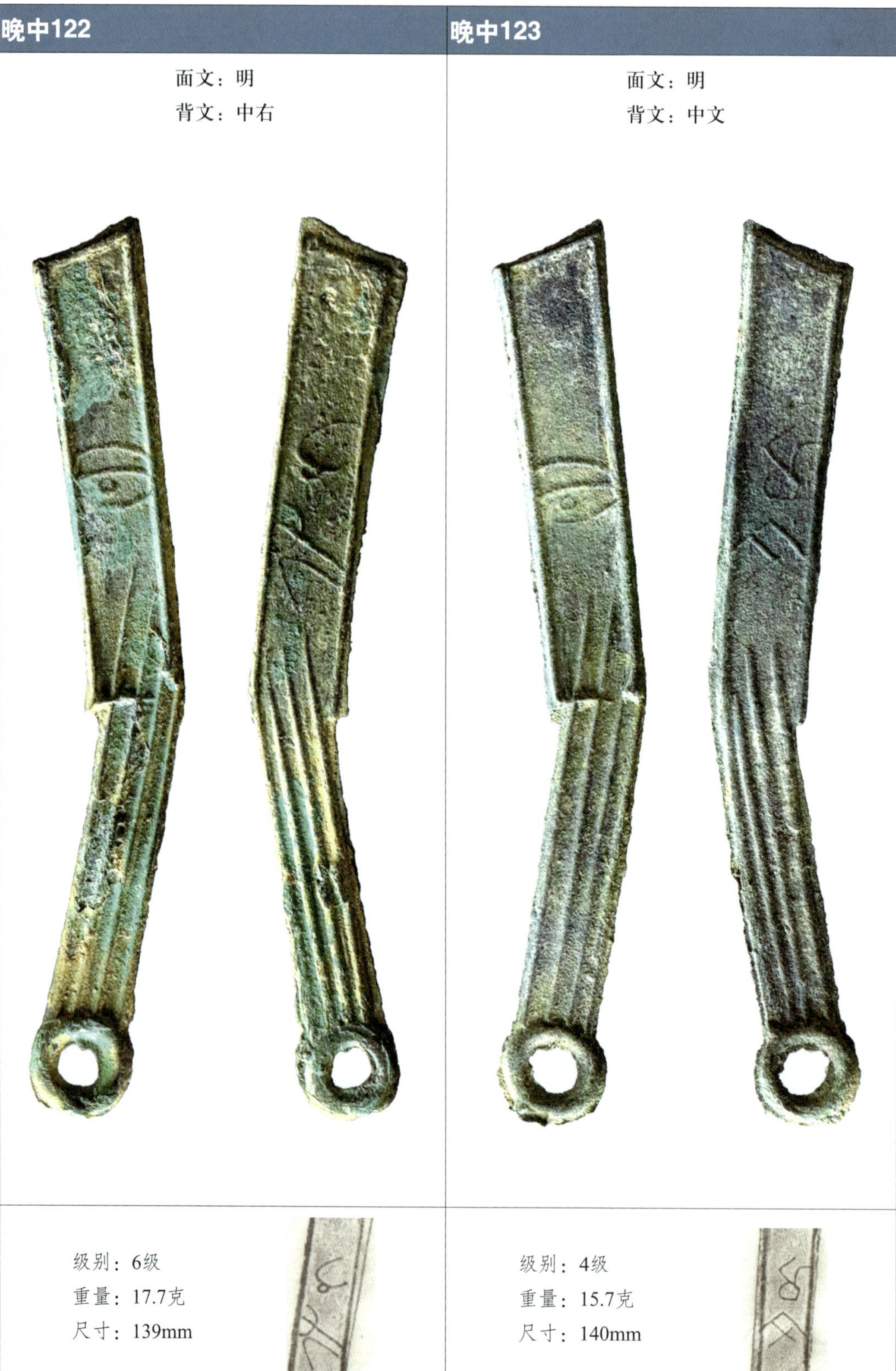

级别：6级 重量：17.7克 尺寸：139mm	级别：4级 重量：15.7克 尺寸：140mm

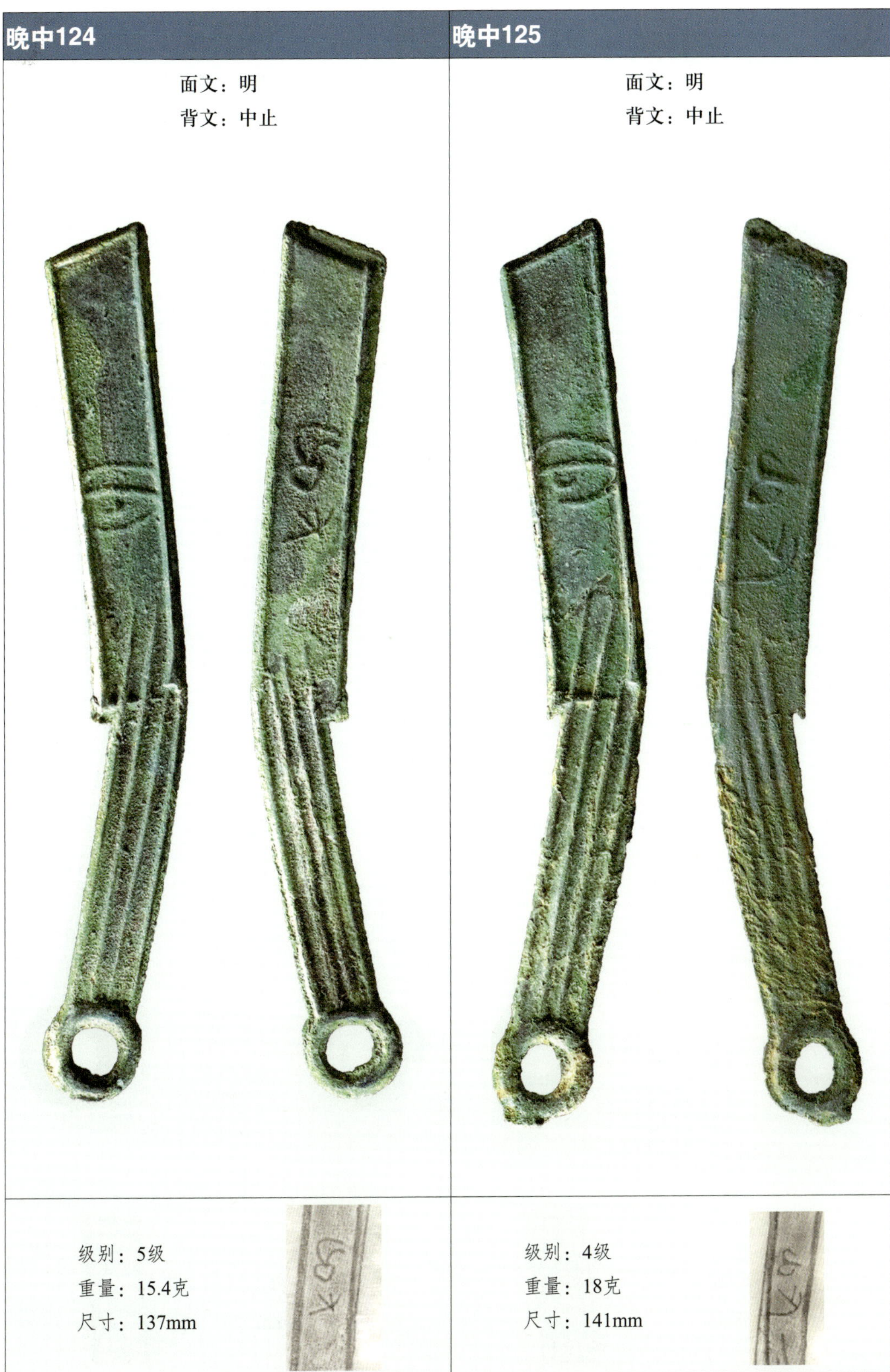

晚中124	晚中125
面文：明 背文：中止	面文：明 背文：中止
级别：5级 重量：15.4克 尺寸：137mm	级别：4级 重量：18克 尺寸：141mm

晚中126	晚中127
面文：明 背文：中后	面文：明 背文：中后

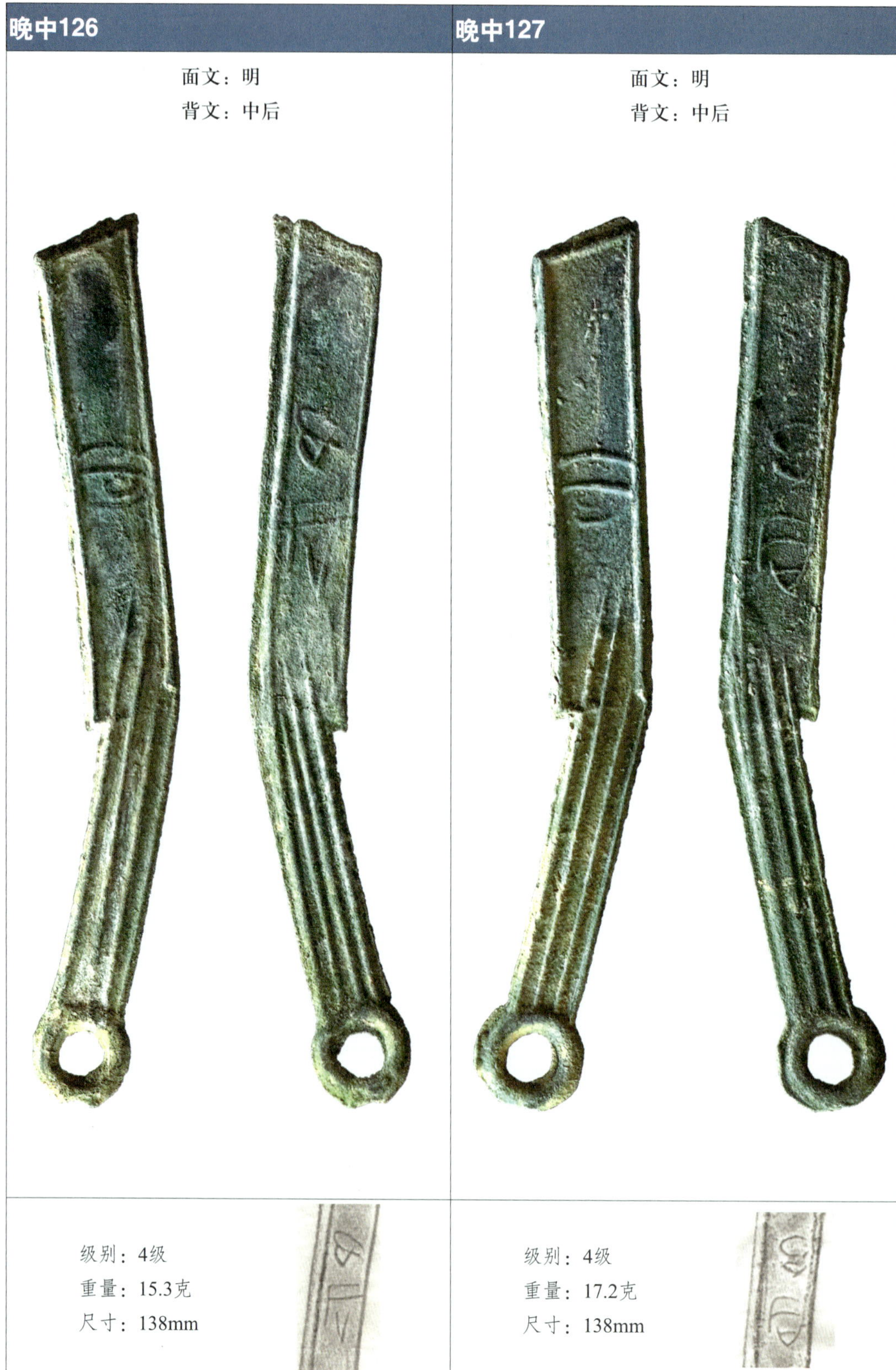

级别：4级 重量：15.3克 尺寸：138mm	级别：4级 重量：17.2克 尺寸：138mm

晚中128	晚中129
面文：明 背文：中后	面文：明 背文：中后

晚中128	晚中129
级别：4级 重量：16.6克 尺寸：140mm	级别：4级 重量：15.6克 尺寸：140mm

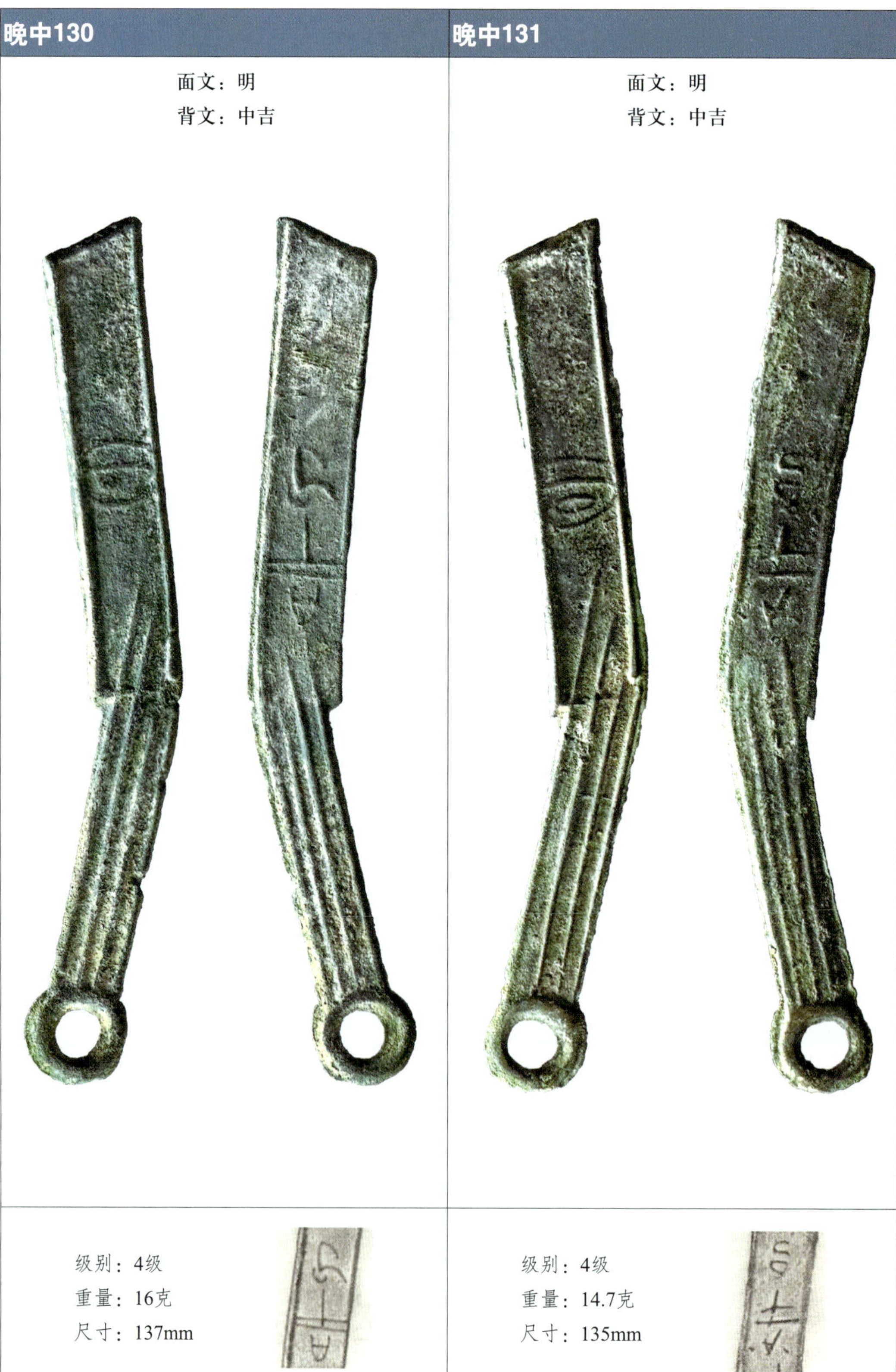

晚中130	晚中131
面文：明 背文：中吉	面文：明 背文：中吉
级别：4级 重量：16克 尺寸：137mm	级别：4级 重量：14.7克 尺寸：135mm

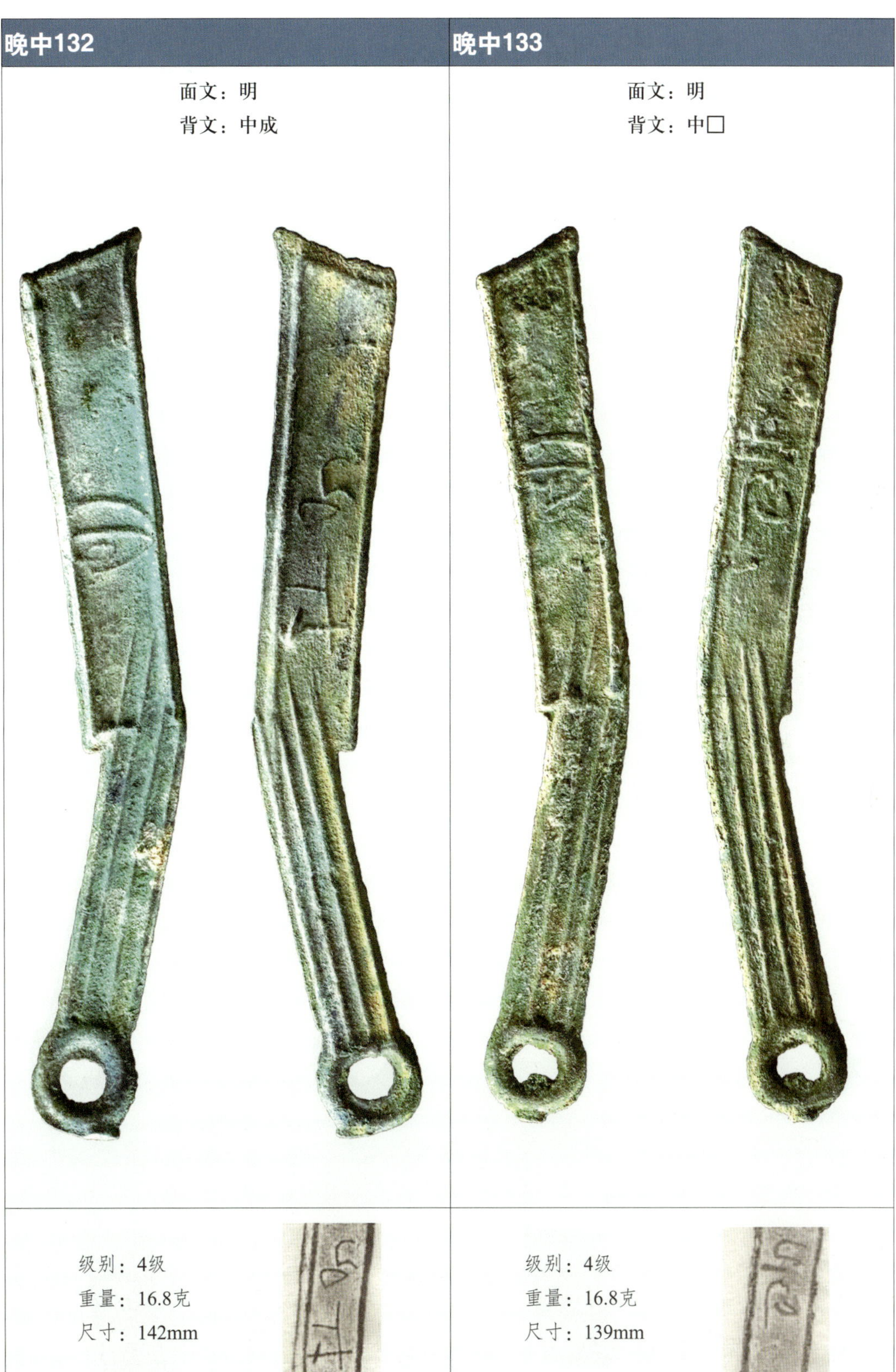

晚中132

面文：明

背文：中成

级别：4级

重量：16.8克

尺寸：142mm

晚中133

面文：明

背文：中□

级别：4级

重量：16.8克

尺寸：139mm

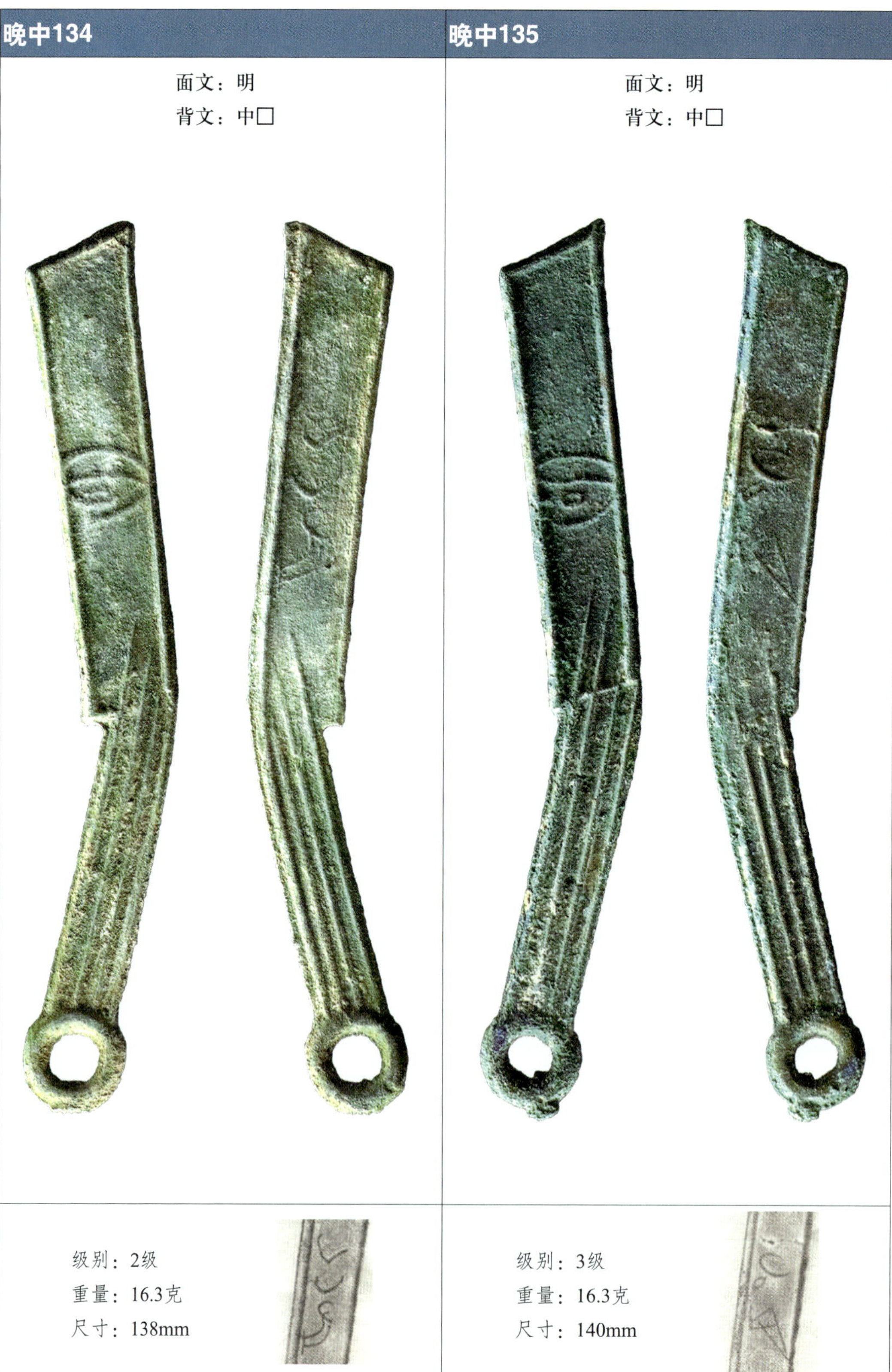

晚中134	晚中135
面文：明 背文：中□	面文：明 背文：中□
级别：2级 重量：16.3克 尺寸：138mm	级别：3级 重量：16.3克 尺寸：140mm

晚中136

面文：明

背文：中邑

级别：6级

重量：15.6克

尺寸：140mm

晚中137

面文：明

背文：中邑

级别：7级

重量：15.7克

尺寸：140mm

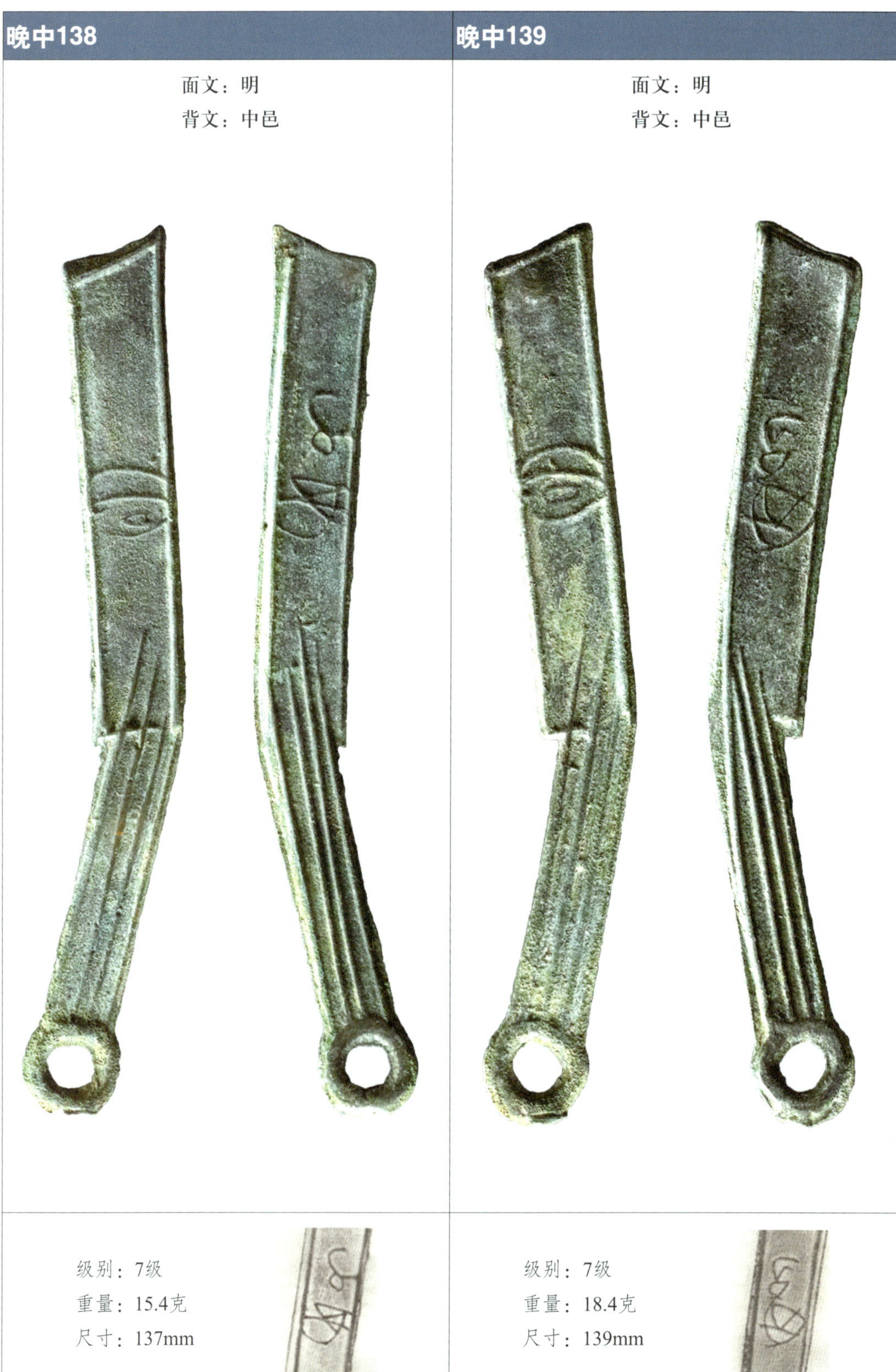

晚中138	晚中139
面文：明 背文：中邑	面文：明 背文：中邑
级别：7级 重量：15.4克 尺寸：137mm	级别：7级 重量：18.4克 尺寸：139mm

晚中140	晚中141
面文：明 背文：中邑	面文：明 背文：中昌
级别：5级 重量：15.7克 尺寸：139mm	级别：6级 重量：14.4克 尺寸：140mm

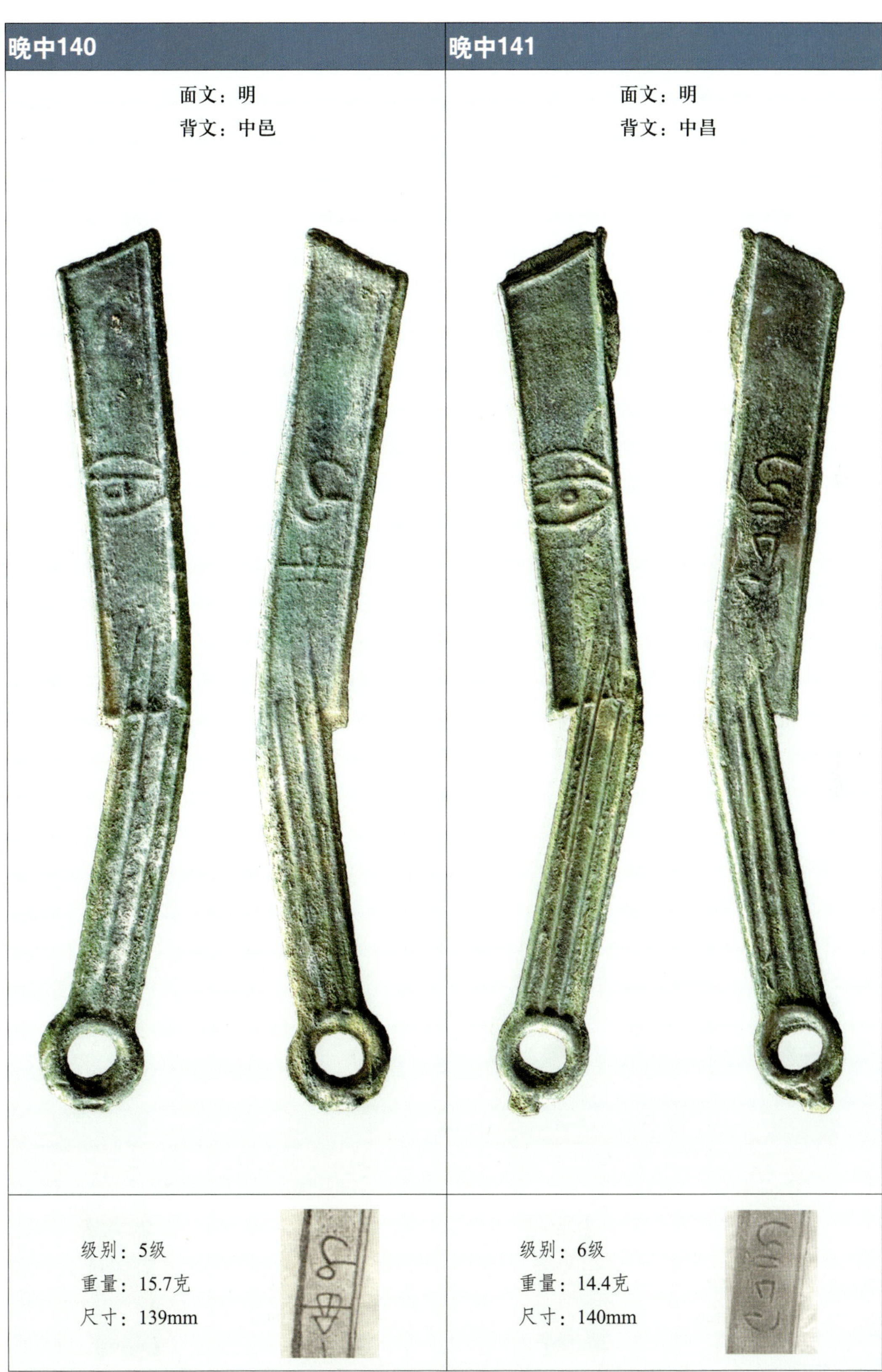

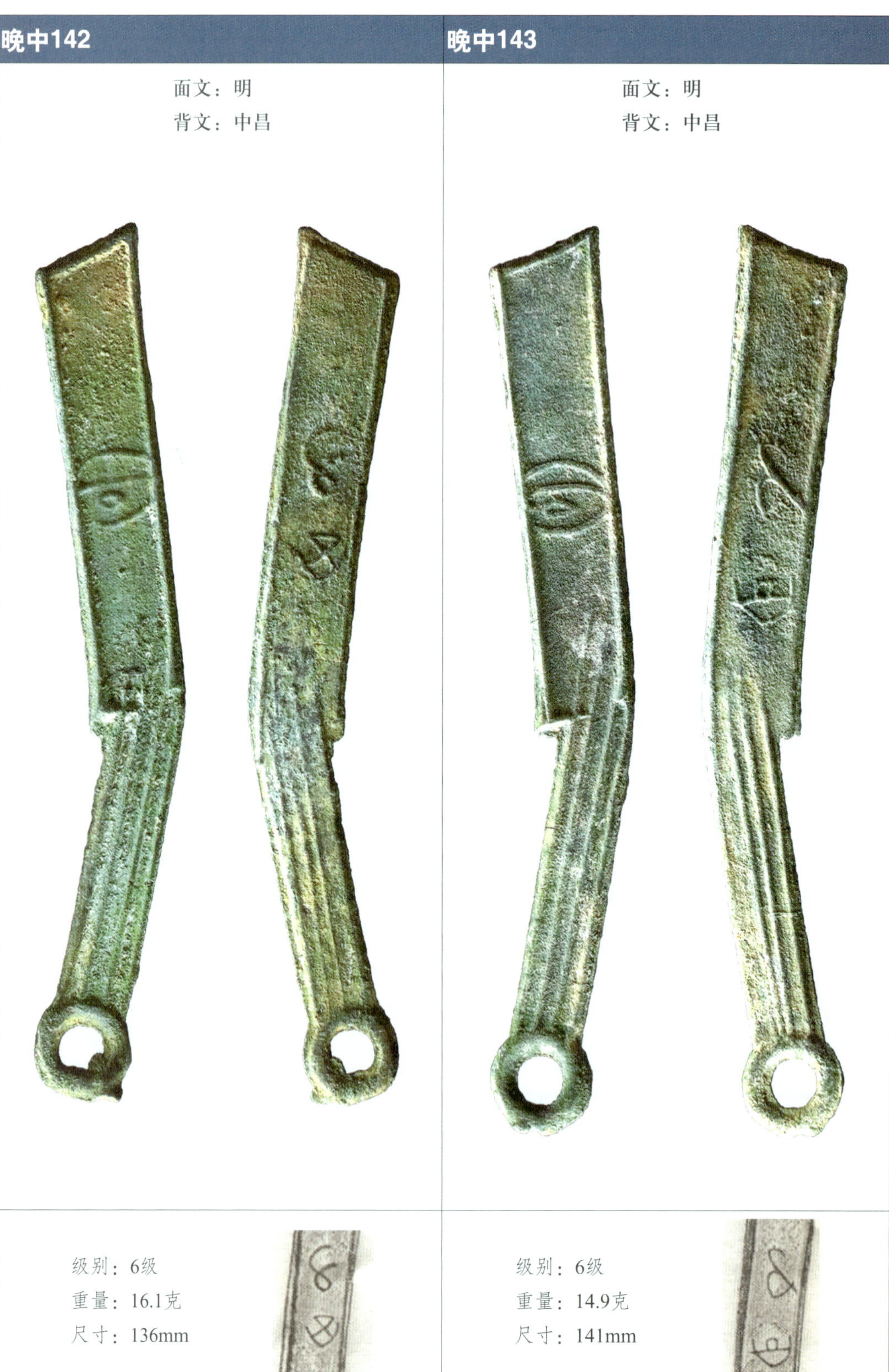

晚中142

面文：明
背文：中昌

级别：6级
重量：16.1克
尺寸：136mm

晚中143

面文：明
背文：中昌

级别：6级
重量：14.9克
尺寸：141mm

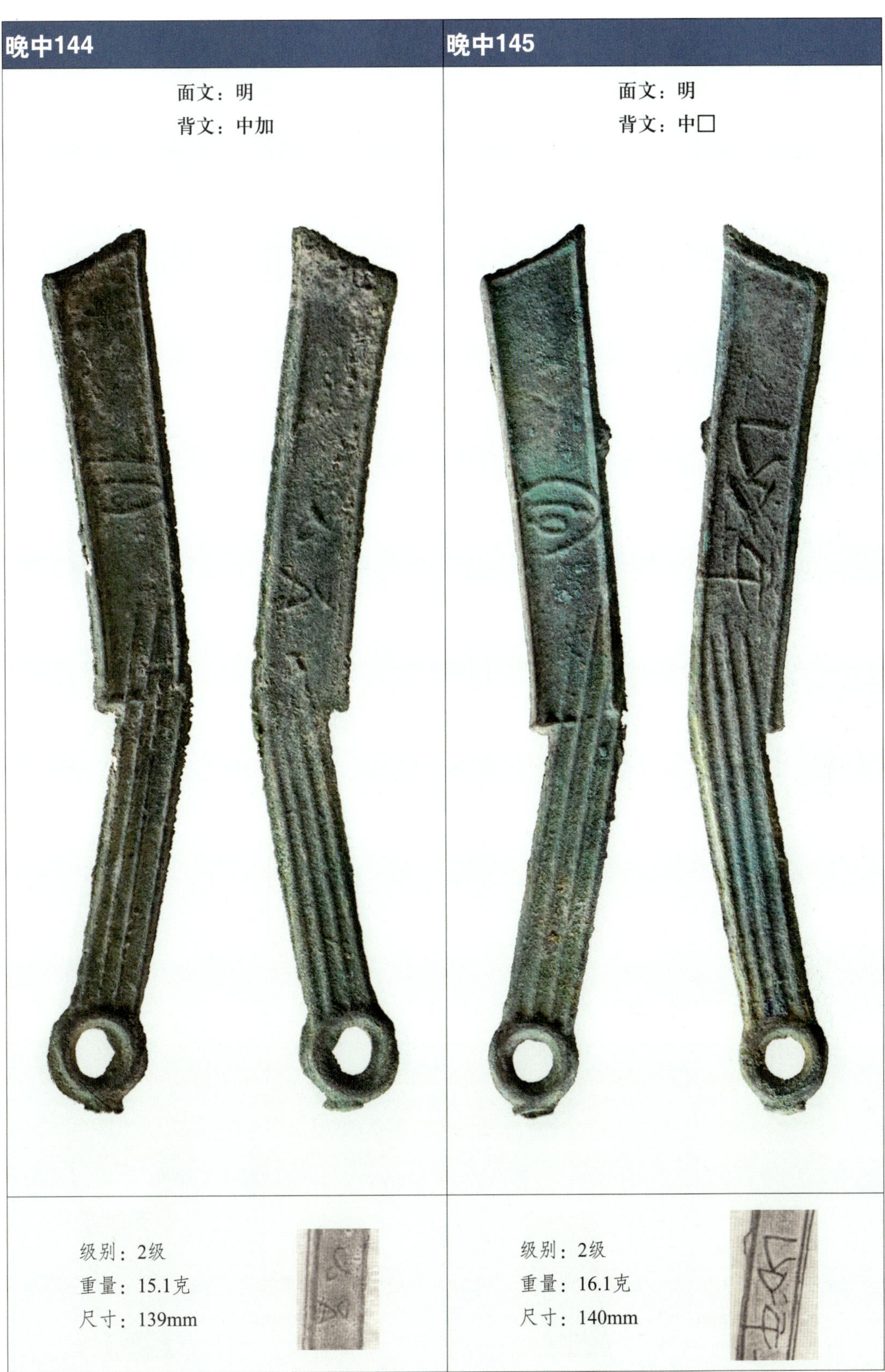

晚中144	晚中145
面文：明 背文：中加	面文：明 背文：中□
级别：2级 重量：15.1克 尺寸：139mm	级别：2级 重量：16.1克 尺寸：140mm

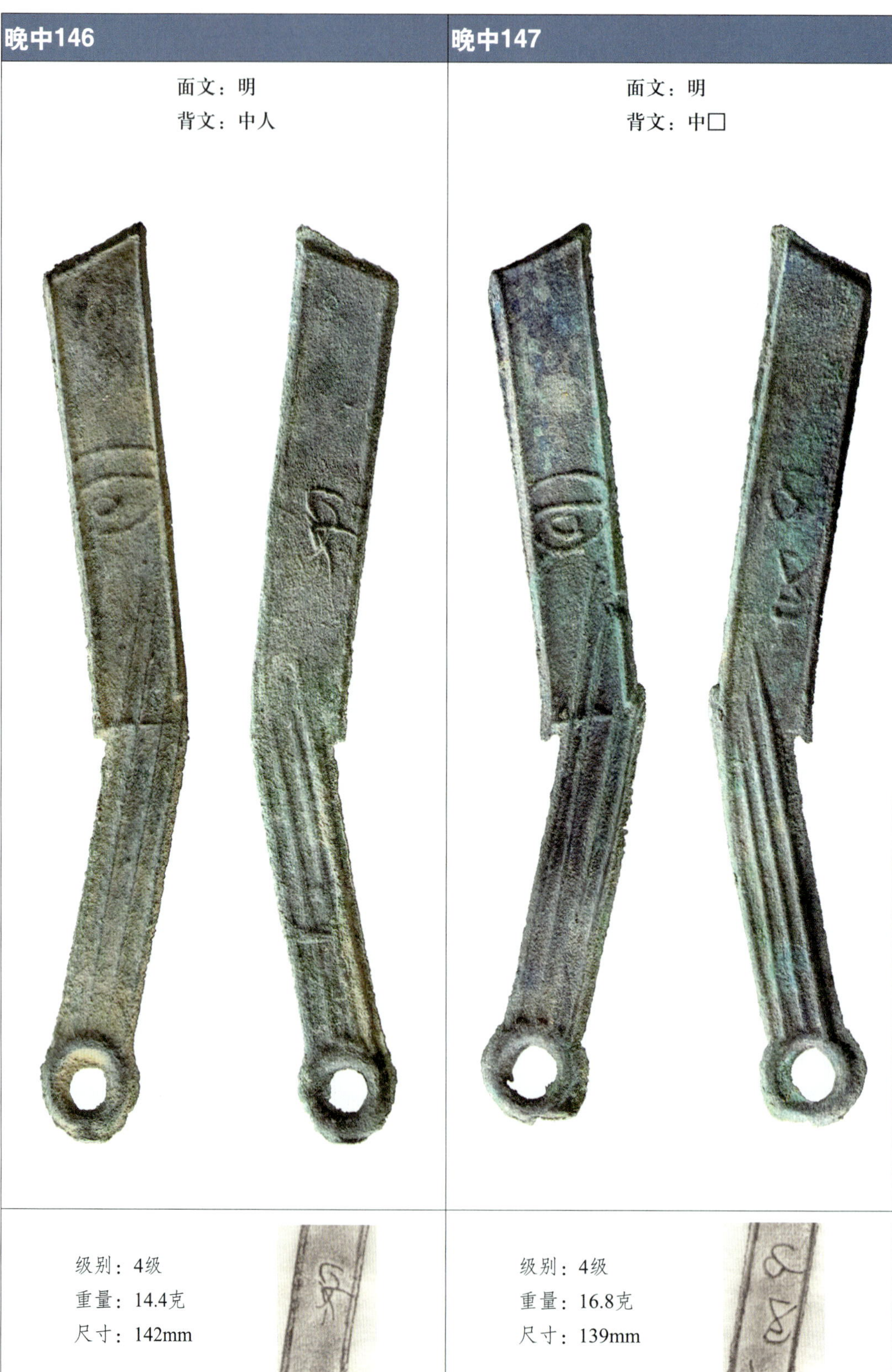

晚中146	晚中147
面文：明 背文：中人	面文：明 背文：中□
级别：4级 重量：14.4克 尺寸：142mm	级别：4级 重量：16.8克 尺寸：139mm

晚中148	晚中149
面文：明 背文：中□	面文：明 背文：中□
级别：2级 重量：16.1克 尺寸：143mm	级别：3级 重量：16.5克 尺寸：140mm

晚中150	晚中151
面文：明 背文：中☐	面文：明 背文：中☐
级别：4级 重量：17.1克 尺寸：141mm	级别：4级 重量：17克 尺寸：138mm

晚中152	晚中153
面文：明 背文：中□	面文：明 背文：中行

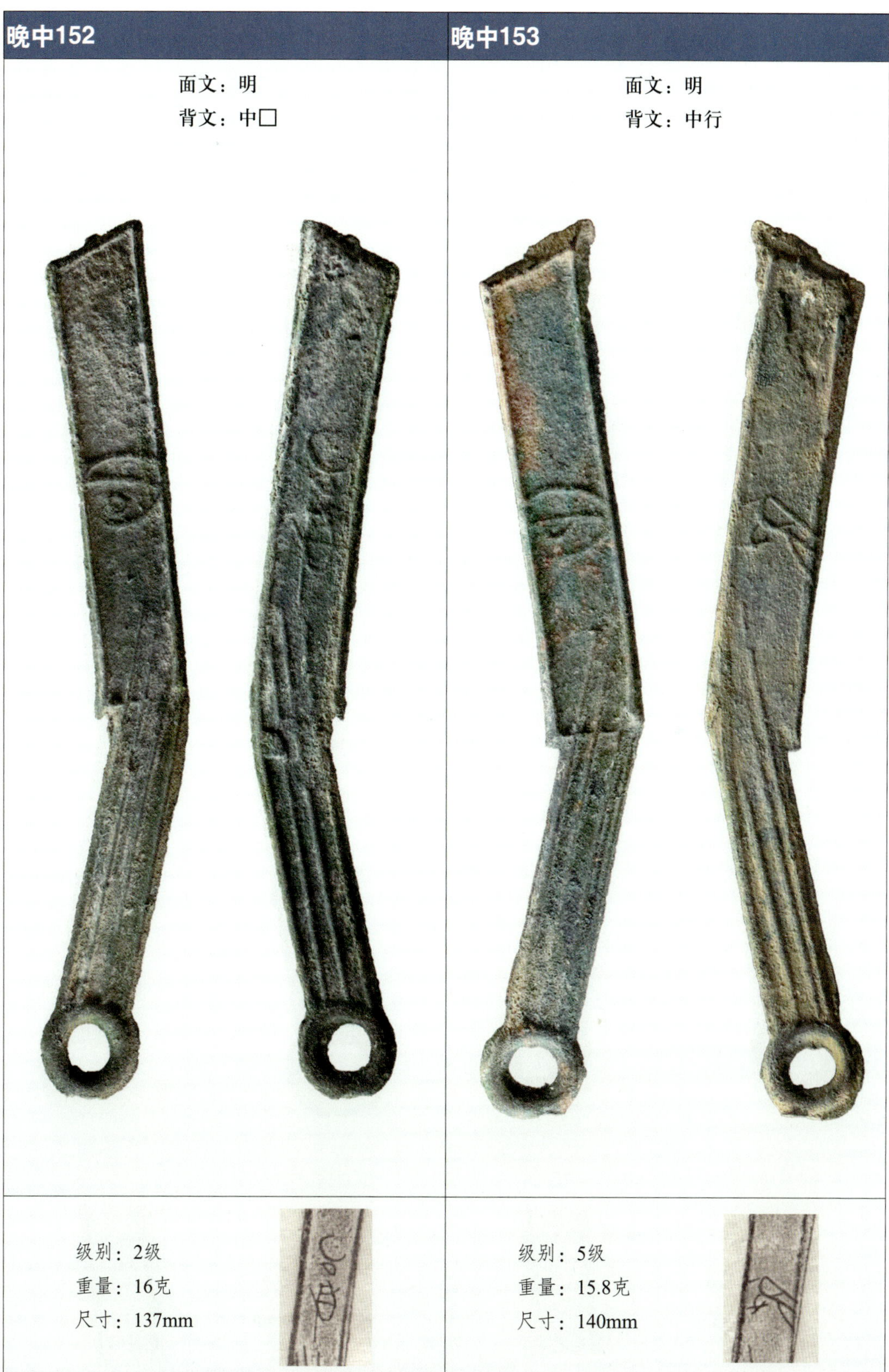

晚中152	晚中153
级别：2级 重量：16克 尺寸：137mm	级别：5级 重量：15.8克 尺寸：140mm

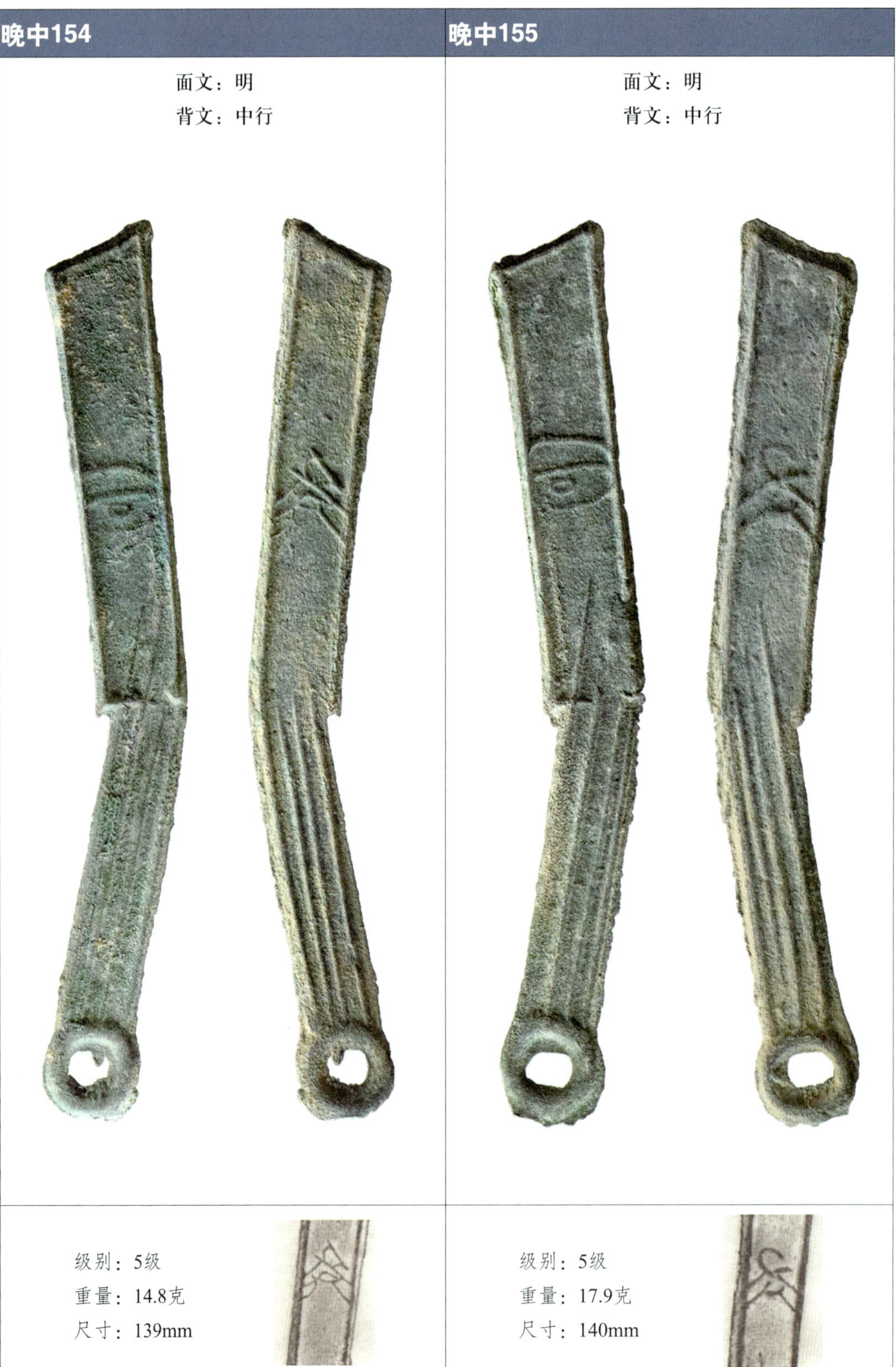

晚中154

面文：明
背文：中行

级别：5级
重量：14.8克
尺寸：139mm

晚中155

面文：明
背文：中行

级别：5级
重量：17.9克
尺寸：140mm

晚中156	晚中157
面文：明 背文：十中	面文：明 背文：□中

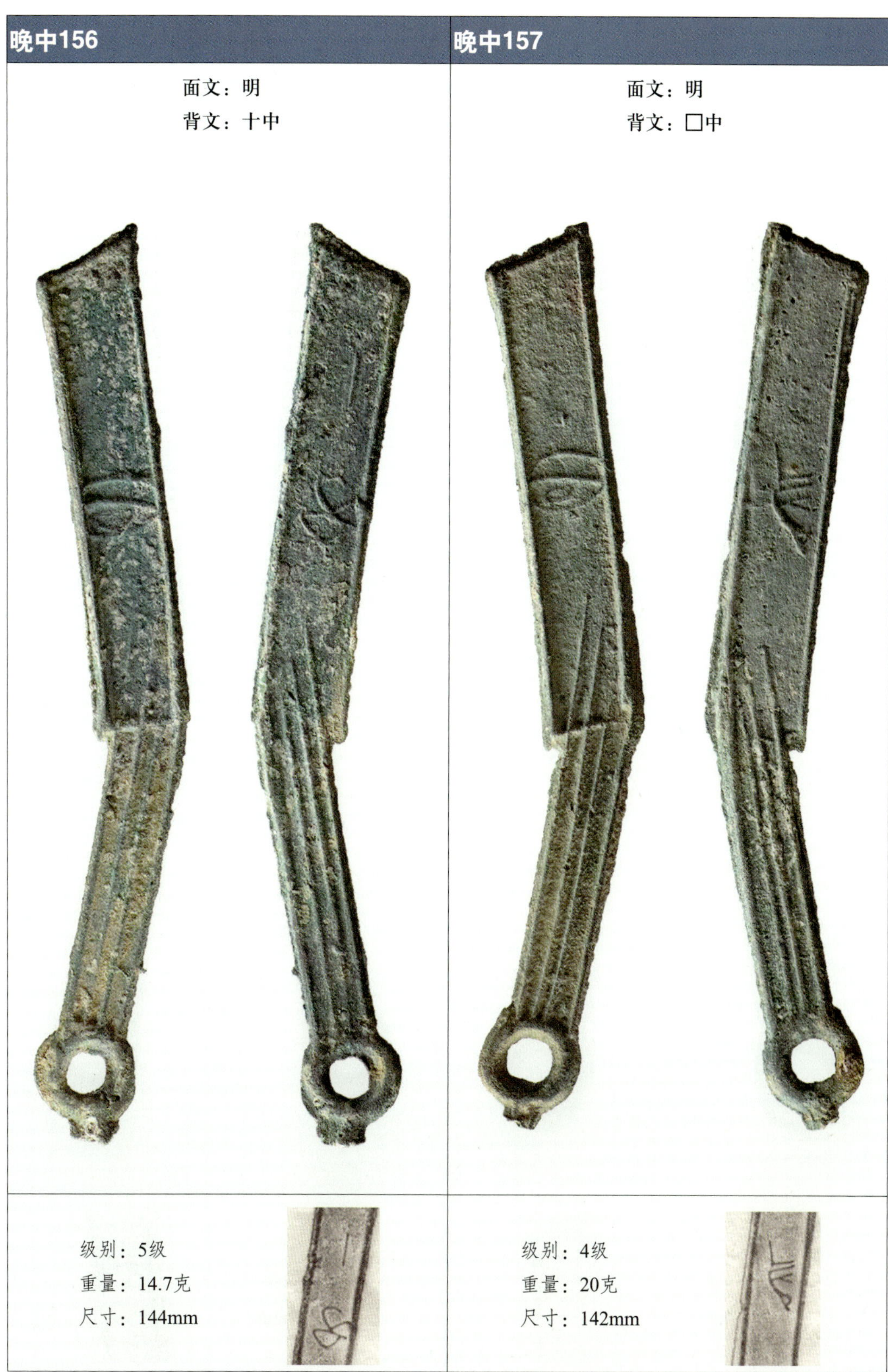

晚中156	晚中157
级别：5级 重量：14.7克 尺寸：144mm	级别：4级 重量：20克 尺寸：142mm

晚中158

面文：明

背文：□中

级别：4级

重量：17.3克

尺寸：142mm

晚中159

面文：明

背文：中一八

级别：5级

重量：15.4克

尺寸：138mm

晚中160	晚中161
面文：明 背文：中四一	面文：明 背文：中四二
级别：5级 重量：15.9克 尺寸：137mm	级别：5级 重量：14.5克 尺寸：138mm

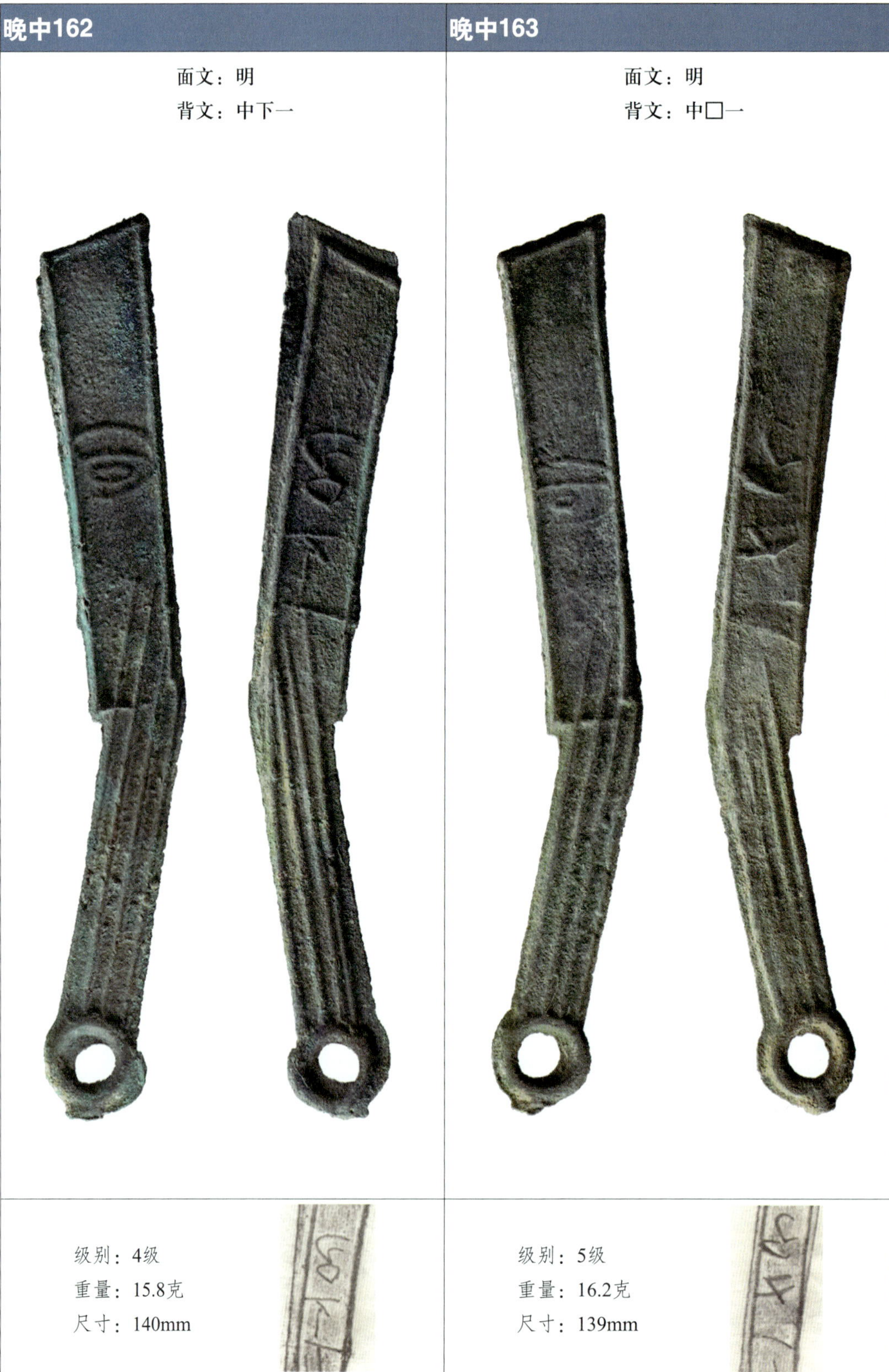

晚中162

面文：明
背文：中下一

级别：4级
重量：15.8克
尺寸：140mm

晚中163

面文：明
背文：中□一

级别：5级
重量：16.2克
尺寸：139mm

晚中164	晚中165
面文：明 背文：中止一	面文：明 背文：中□丶

晚中164	晚中165
级别：4级 重量：16.4克 尺寸：140mm	级别：4级 重量：16.6克 尺寸：140mm

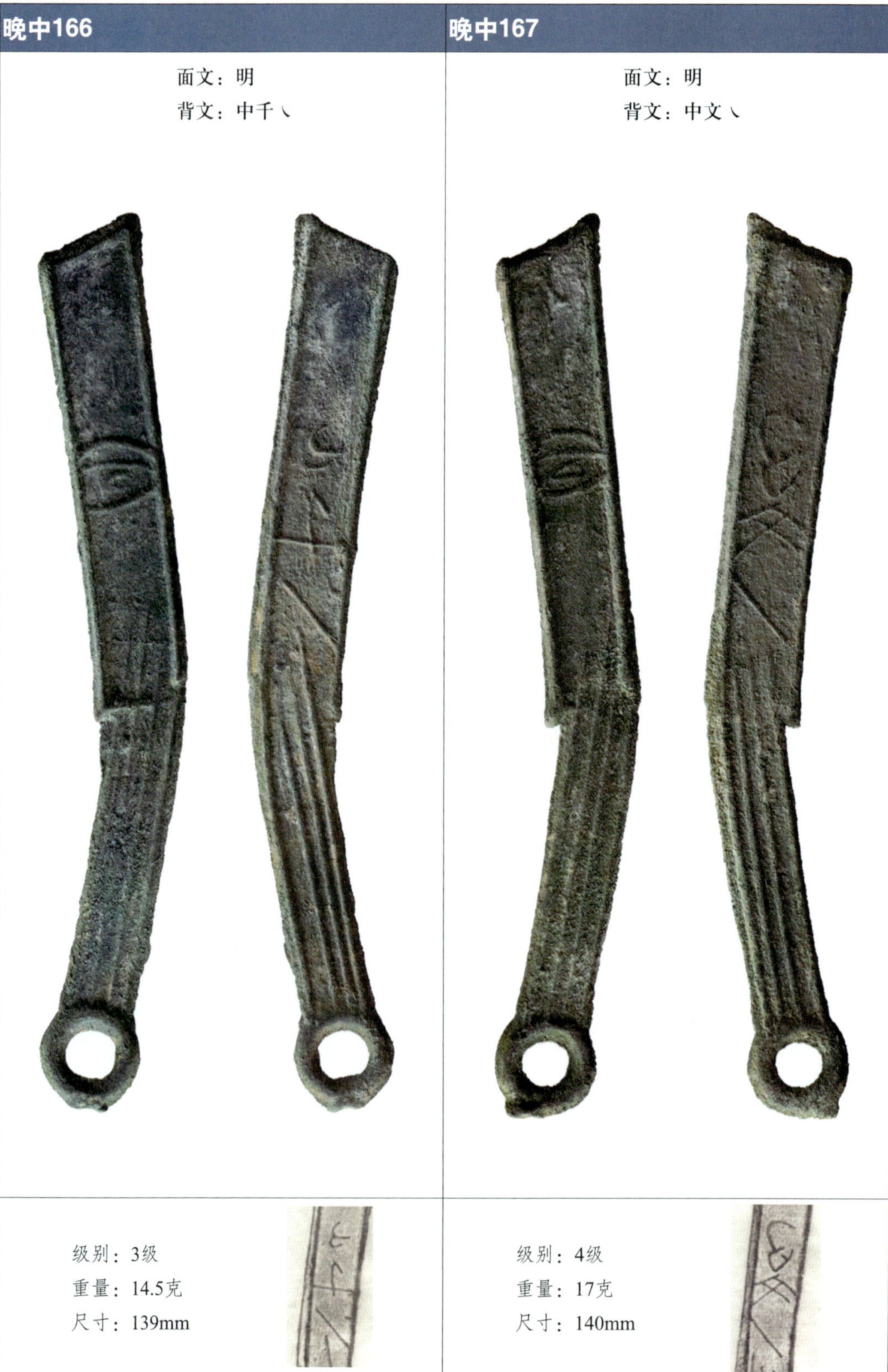

晚中166	晚中167
面文：明 背文：中千丶	面文：明 背文：中文丶
级别：3级 重量：14.5克 尺寸：139mm	级别：4级 重量：17克 尺寸：140mm

晚中168

面文：明

背文：中下乀

级别：4级

重量：15.8克

尺寸：141mm

晚中169

面文：明

背文：中吉乀

级别：3级

重量：16.9克

尺寸：139mm

晚中170	晚中171
面文：明 背文：中后丶	面文：明 背文：中五十

级别：3级 重量：17.3克 尺寸：139mm	级别：5级 重量：18.5克 尺寸：140mm

晚中172	晚中173
面文：明 背文：中六十	面文：明 背文：中土三
级别：5级 重量：15.8克 尺寸：139mm	级别：4级 重量：15.5克 尺寸：138mm

晚中174	晚中175
面文：明 背文：中九二十	面文：明 背文：中百十

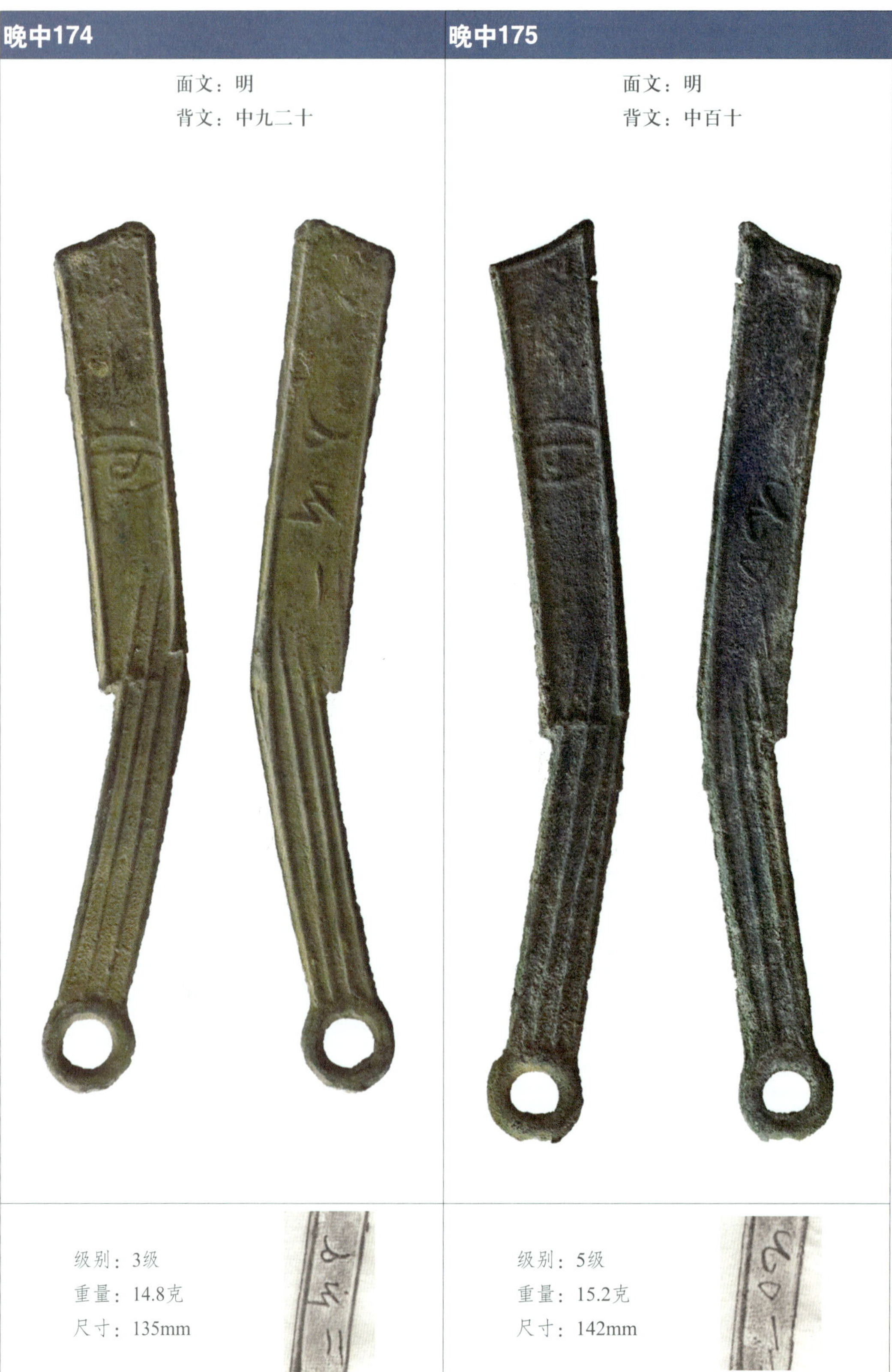

晚中174	晚中175
级别：3级 重量：14.8克 尺寸：135mm	级别：5级 重量：15.2克 尺寸：142mm

晚中176	晚中177
面文：明 背文：中□十	面文：明 背文：中工十

级别：5级 重量：17.2克 尺寸：137mm	级别：5级 重量：15.1克 尺寸：137mm

晚中178	晚中179
面文：明 背文：中行十	面文：明 背文：中左十

级别：5级 重量：16.1克 尺寸：137mm	级别：5级 重量：15.9克 尺寸：137mm

晚中180	晚中181
面文：明 背文：中□十	面文：明 背文：中止十
级别：4级 重量：17.2克 尺寸：136mm	级别：5级 重量：16.9克 尺寸：135mm

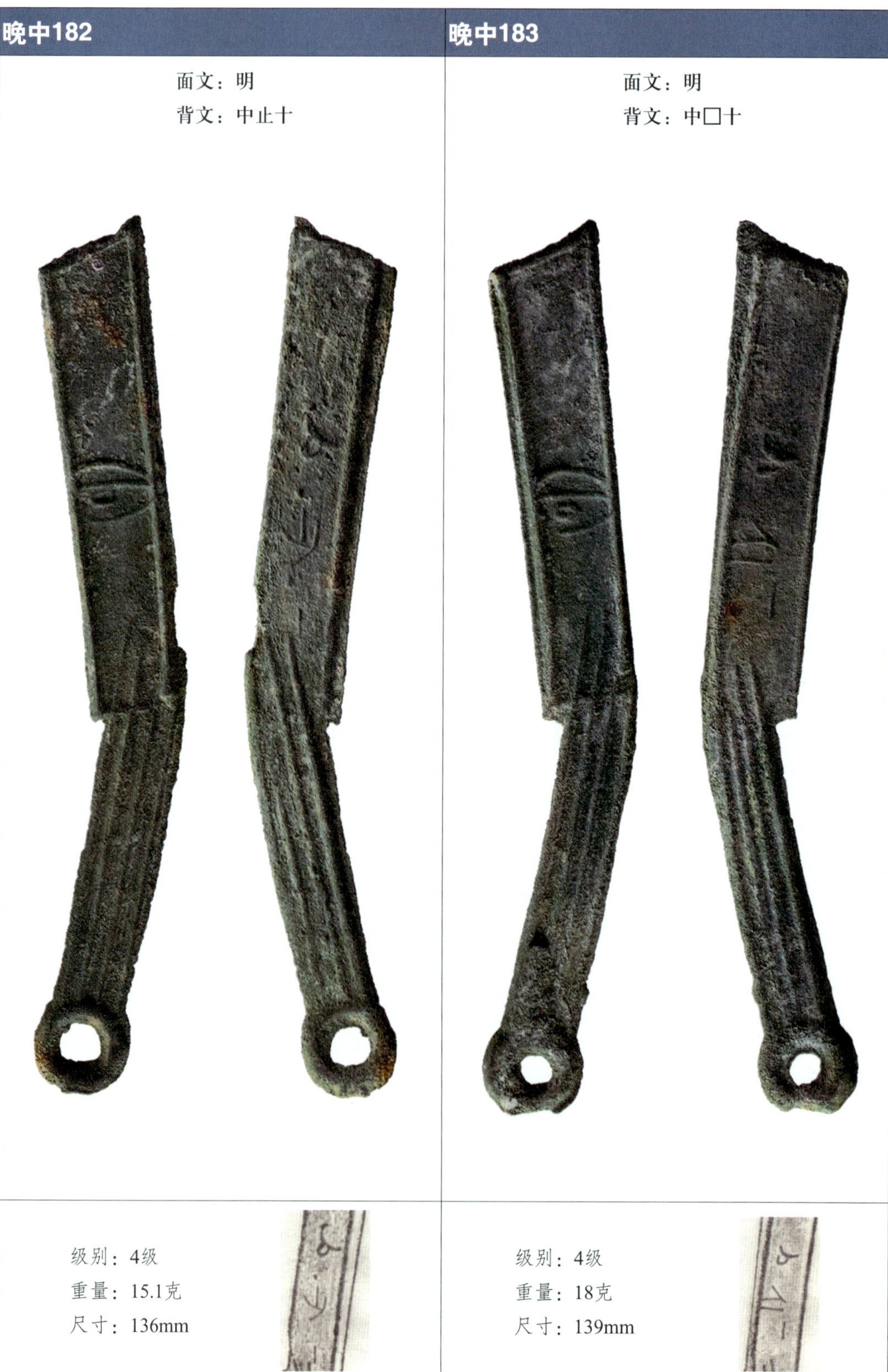

晚中182	晚中183
面文：明 背文：中止十	面文：明 背文：中□十
级别：4级 重量：15.1克 尺寸：136mm	级别：4级 重量：18克 尺寸：139mm

晚中184	晚中185
面文：明 背文：中□十	面文：明 背文：中六十
级别：3级 重量：14.5克 尺寸：138mm	级别：5级 重量：16.4克 尺寸：142mm

晚中186	晚中187　6级
面文：明 背文：中一百	面文：明 背文：中一万
级别：6级 重量：16.2克 尺寸：143mm	级别：6级 重量：16.3克 尺寸：138mm

晚中188	晚中189
面文：明 背文：中十万	面文：明 背文：中万一
级别：6级 重量：16.6克 尺寸：142mm	级别：5级 重量：17.7克 尺寸：141mm

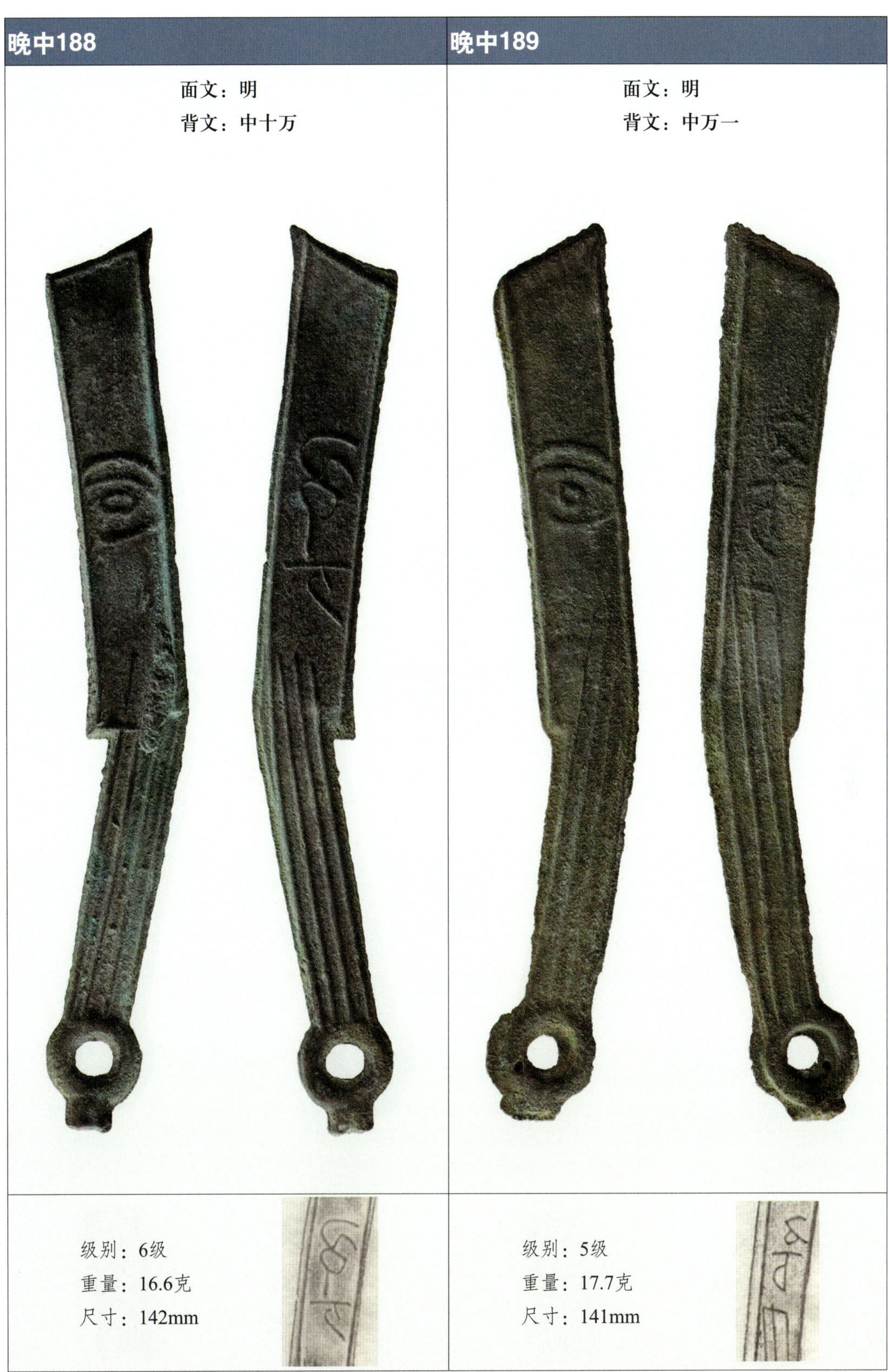

晚中190	晚中191
面文：明 背文：中万八	面文：明 背文：中上丿
级别：3级 重量：13.7克 尺寸：138mm	级别：4级 重量：16.6克 尺寸：140mm

晚中192	晚中193
面文：明 背文：中邑丶	面文：明 背文：中邑丶

晚中192	晚中193
级别：6级 重量：15.9克 尺寸：137mm	级别：6级 重量：16克 尺寸：136mm

晚中194	晚中195
面文：明 背文：中邑一	面文：明 背文：中邑一

级别：6级 重量：15.6克 尺寸：140mm	级别：5级 重量：15克 尺寸：140mm

晚中196	晚中197
面文：明 背文：中邑二	面文：明 背文：中邑二

晚中196	晚中197
级别：5级 重量：17.5克 尺寸：137mm	级别：5级 重量：14.1克 尺寸：138mm

晚中198	晚中199
面文：明 背文：中邑三	面文：明 背文：中邑六
级别：5级 重量：14.2克 尺寸：139mm	级别：5级 重量：15.8克 尺寸：140mm

晚中200	晚中201
面文：明 背文：中邑六	面文：明 背文：中邑十
级别：4级 重量：15.8克 尺寸：138mm	级别：6级 重量：14.2克 尺寸：141mm

晚中202	晚中203
面文：明 背文：中邑十	面文：明 背文：中邑十

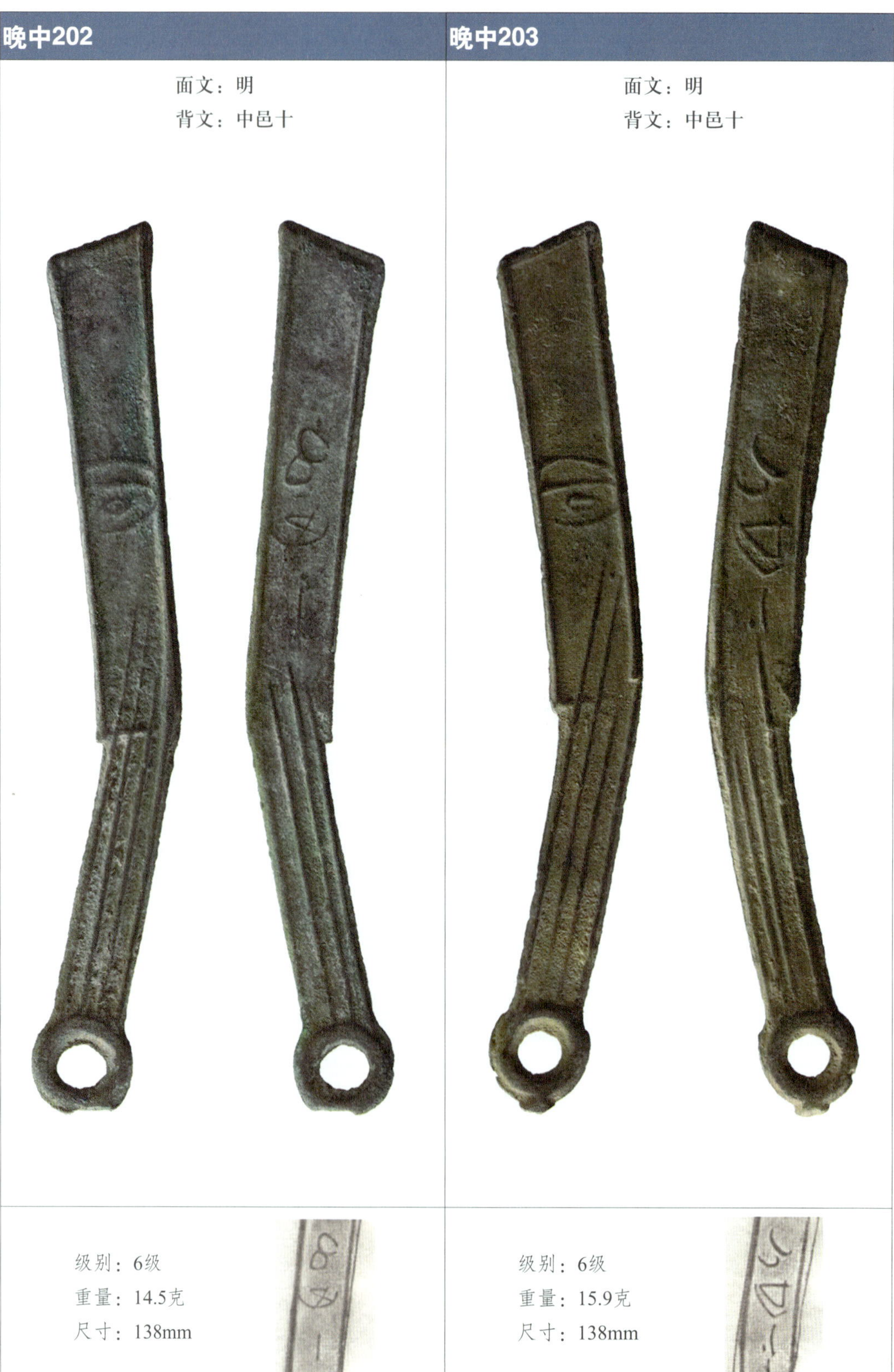

晚中202	晚中203
级别：6级 重量：14.5克 尺寸：138mm	级别：6级 重量：15.9克 尺寸：138mm

晚中204	晚中205
面文：明 背文：中邑十	面文：明 背文：中邑中

晚中204	晚中205
级别：6级 重量：17.7克 尺寸：137mm	级别：5级 重量：14克 尺寸：137mm

晚中206	晚中207
面文：明 背文：中邑□	面文：明 背文：中邑□
级别：5级 重量：16.9克 尺寸：138mm	级别：5级 重量：15.1克 尺寸：140mm

晚中208	晚中209
面文：明 背文：中邑刀	面文：明 背文：中邑古
级别：4级 重量：15.5克 尺寸：140mm	级别：3级 重量：14.8克 尺寸：140mm

晚中210	晚中211
面文：明 背文：中□六	面文：明 背文：中一□

级别：3级 重量：15.5克 尺寸：137mm	级别：4级 重量：16.4克 尺寸：137mm

晚中212

面文：明

背文：中二千□

级别：5级

重量：13.9克

尺寸：141mm

晚中213

面文：明

背文：中□二

级别：3级

重量：16克

尺寸：138mm

晚中214

面文：明

背文：中六□

级别：3级

重量：15.3克

尺寸：141mm

晚中215

面文：明

背文：中百□

级别：4级

重量：15.7克

尺寸：145mm

晚中216	晚中217
面文：明 背文：中工乙	面文：明 背文：中□□
级别：4级 重量：14.8克 尺寸：138mm	级别：3级 重量：18.6克 尺寸：141mm

晚中218

面文：明

背文：中口丶

级别：4级

重量：17.5克

尺寸：140mm

晚中219

面文：明

背文：中邑文

级别：3级

重量：14.9克

尺寸：141mm

晚中220	晚中221
面文：明 背文：中邑六	面文：明 背文：中左万

级别：3级 重量：17.3克 尺寸：137mm	级别：5级 重量：14.8克 尺寸：142mm

晚中222

面文：明

背文：中左行

级别：5级

重量：16.2.克

尺寸：137mm

晚中223

面文：明

背文：中左邑

级别：5级

重量：14.9克

尺寸：138mm

晚中224	晚中225
面文：明 背文：中左刀	面文：明 背文：中左□
级别：5级 重量：17.7克 尺寸：141mm	级别：5级 重量：15.9克 尺寸：143mm

晚中226	晚中227
面文：明 背文：十中邑	面文：明 背文：丶中邑
级别：6级 重量：16克 尺寸：142mm	级别：6级 重量：15.5克 尺寸：137mm

晚中228

面文：明
背文：十中㇏

级别：6级
重量：16.6克
尺寸：140mm

晚中229

面文：明
背文：十中一

级别：5级
重量：15.9克
尺寸：140mm

晚中230

面文：明
背文：十中后

级别：4级
重量：14.6克
尺寸：140mm

晚中231

面文：明
背文：十中邑

级别：5级
重量：18.3克
尺寸：138mm

晚中232	晚中233
面文：明 背文：十中邑十	面文：明 背文：丶中八

级别：5级 重量：14.3克 尺寸：141mm	级别：6级 重量：12.7克 尺寸：140mm

晚中234	晚中235
面文：明 背文：中一八十	面文：明 背文：中百十一
级别：4级 重量：15.3克 尺寸：136mm	级别：3级 重量：16.1克 尺寸：138mm

晚中236	晚中237
面文：明 背文：十中邑一	面文：明 背文：十中邑三

晚中236	晚中237
级别：2级 重量：14.6克 尺寸：139mm	级别：3级 重量：15.9克 尺寸：141mm

第三节　晚期燕明刀晚左系列

晚期燕明刀左字系列，从刀面铭文明字的写法看，分小字版和大字版，从面文明字的结构看，可分为扁目明和圆目明，同时在刀面铭文明字的上方或下方出现炉记标识。有个别版式刀身较宽，脊背略厚。从刀背铭文的书写方式看，开始出现增笔、减笔、异书、反书、合文等现象。刀背铭文的内容，主要以记物、记数、地支、吉语和一些待解的特殊符号构成。

晚左001

面文：明
背文：左

级别：6级
重量：13.8克
尺寸：141mm

晚左002	晚左003
面文：明 背文：左	面文：明 背文：左

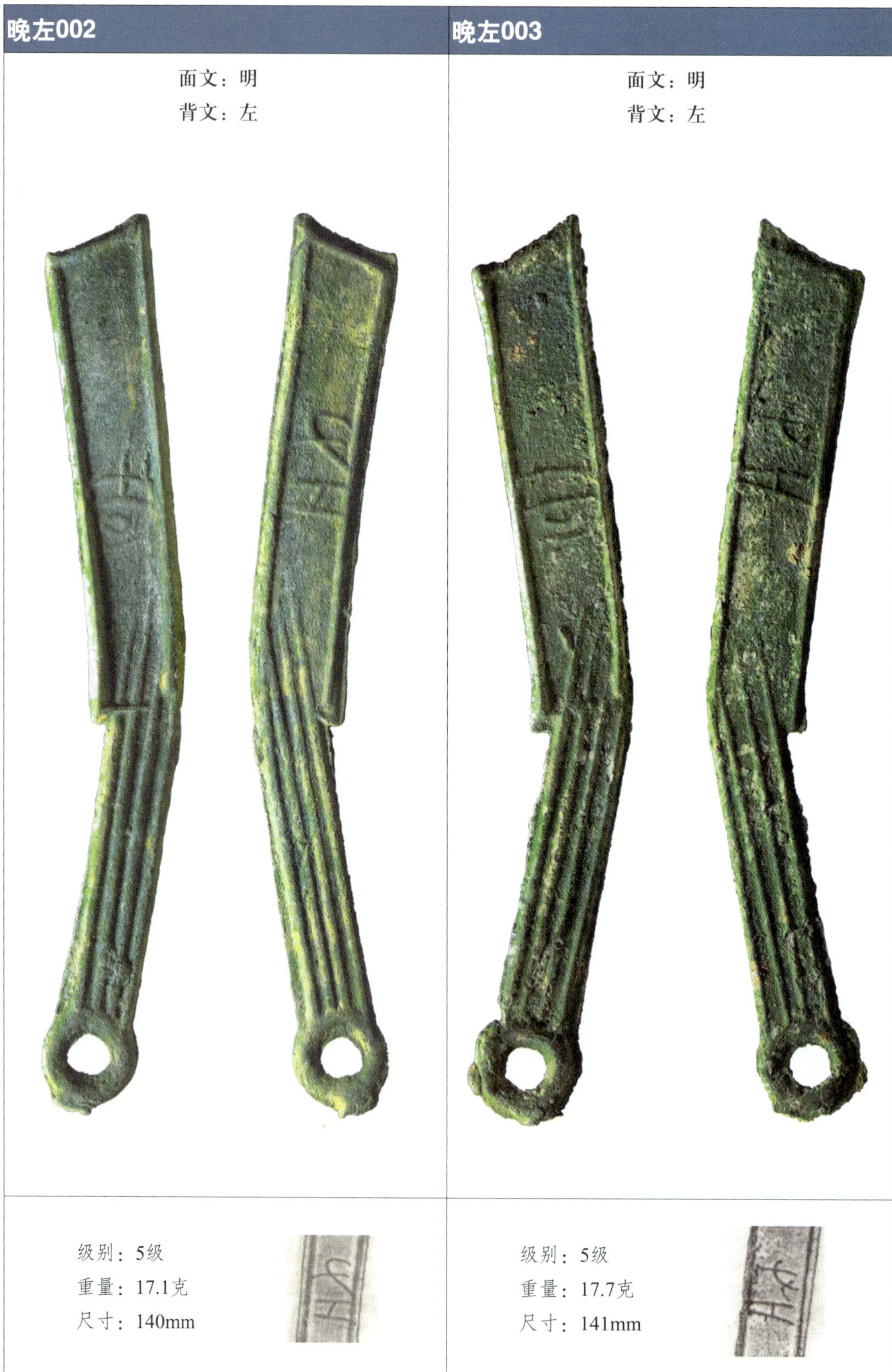

晚左002	晚左003
级别：5级 重量：17.1克 尺寸：140mm	级别：5级 重量：17.7克 尺寸：141mm

晚左004	晚左005
面文：明 背文：左	面文：明 背文：左
级别：5级 重量：18.5克 尺寸：144mm	级别：4级 重量：17.8克 尺寸：140mm

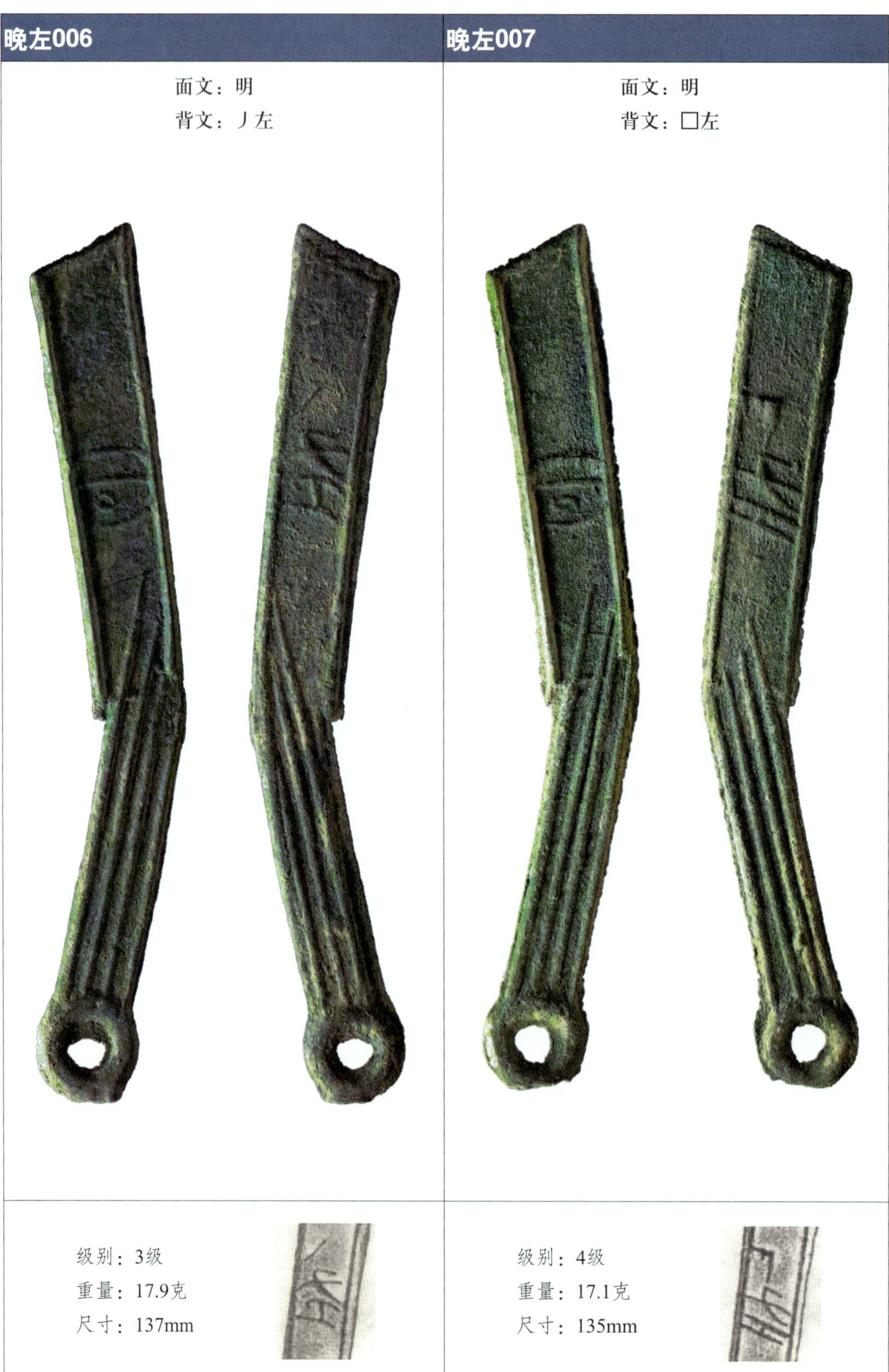

晚左006

面文：明

背文：丿左

级别：3级

重量：17.9克

尺寸：137mm

晚左007

面文：明

背文：□左

级别：4级

重量：17.1克

尺寸：135mm

晚左008	晚左009
面文：明 背文：十左	面文：明 背文：十左

晚左008	晚左009
级别：5级 重量：17.3克 尺寸：137mm	级别：4级 重量：13.6克 尺寸：137mm

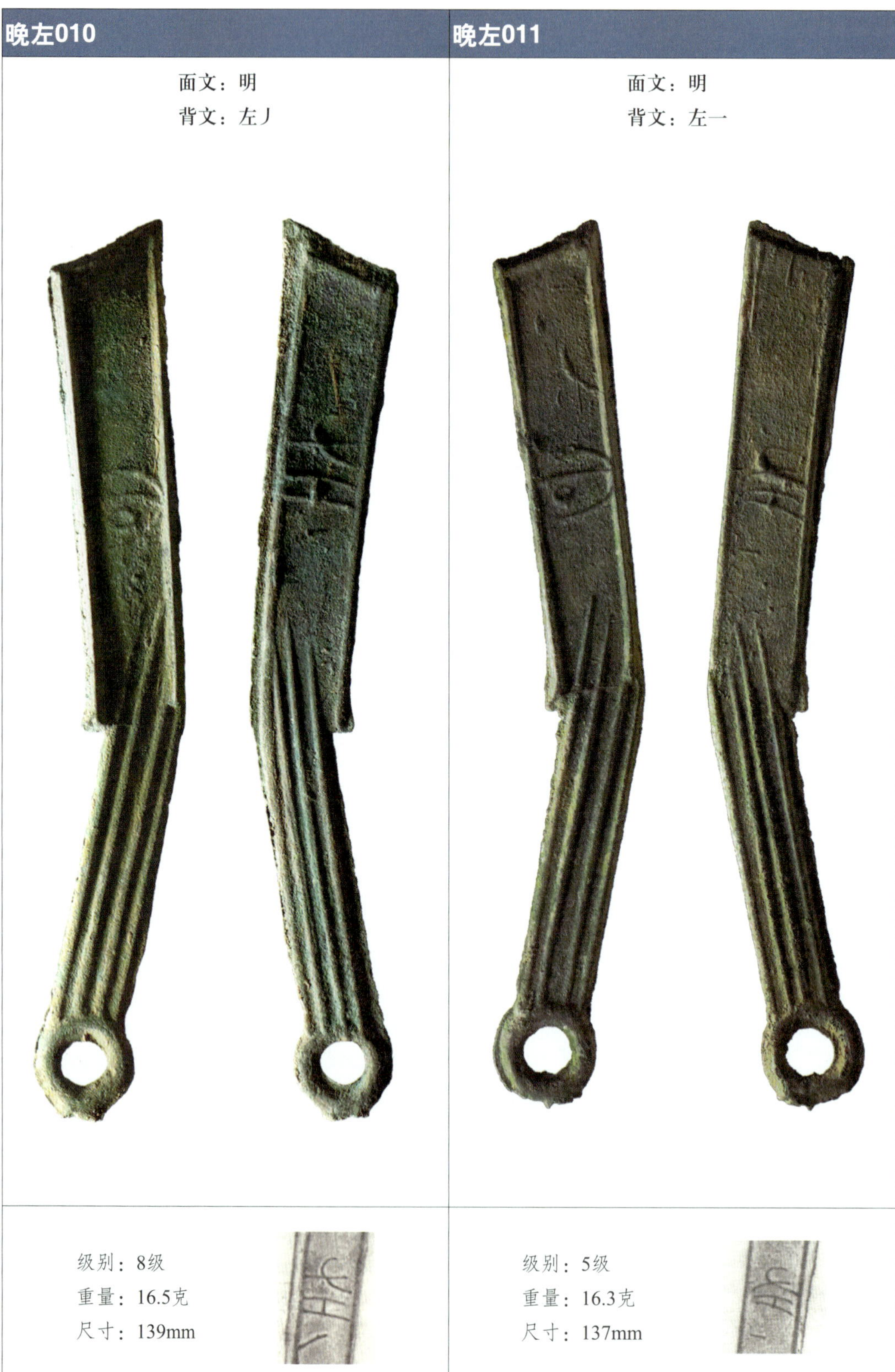

晚左010

面文：明

背文：左丿

级别：8级

重量：16.5克

尺寸：139mm

晚左011

面文：明

背文：左一

级别：5级

重量：16.3克

尺寸：137mm

晚左012	晚左013
面文：明 背文：左一	面文：明 背文：左三

晚左012	晚左013
级别：8级 重量：15克 尺寸：140mm	级别：8级 重量：17.1克 尺寸：141mm

晚左014	晚左015
面文：明 背文：左四	面文：明 背文：左五
级别：8级 重量：15.1克 尺寸：141mm	级别：8级 重量：16.1克 尺寸：137mm

晚左016	晚左017
面文：明 背文：左六	面文：明 背文：左六
级别：8级 重量：17克 尺寸：143mm	级别：7级 重量：14克 尺寸：140mm

晚左018	晚左019
面文：明 背文：左十	面文：明 背文：左一十
级别：8级 重量：15.7克 尺寸：140mm	级别：6级 重量：14.8克 尺寸：139mm

晚左020	晚左021
面文：明 背文：左十一	面文：明 背文：左二十

晚左020	晚左021
级别：5级 重量：16.3克 尺寸：142mm	级别：6级 重量：17.4克 尺寸：141mm

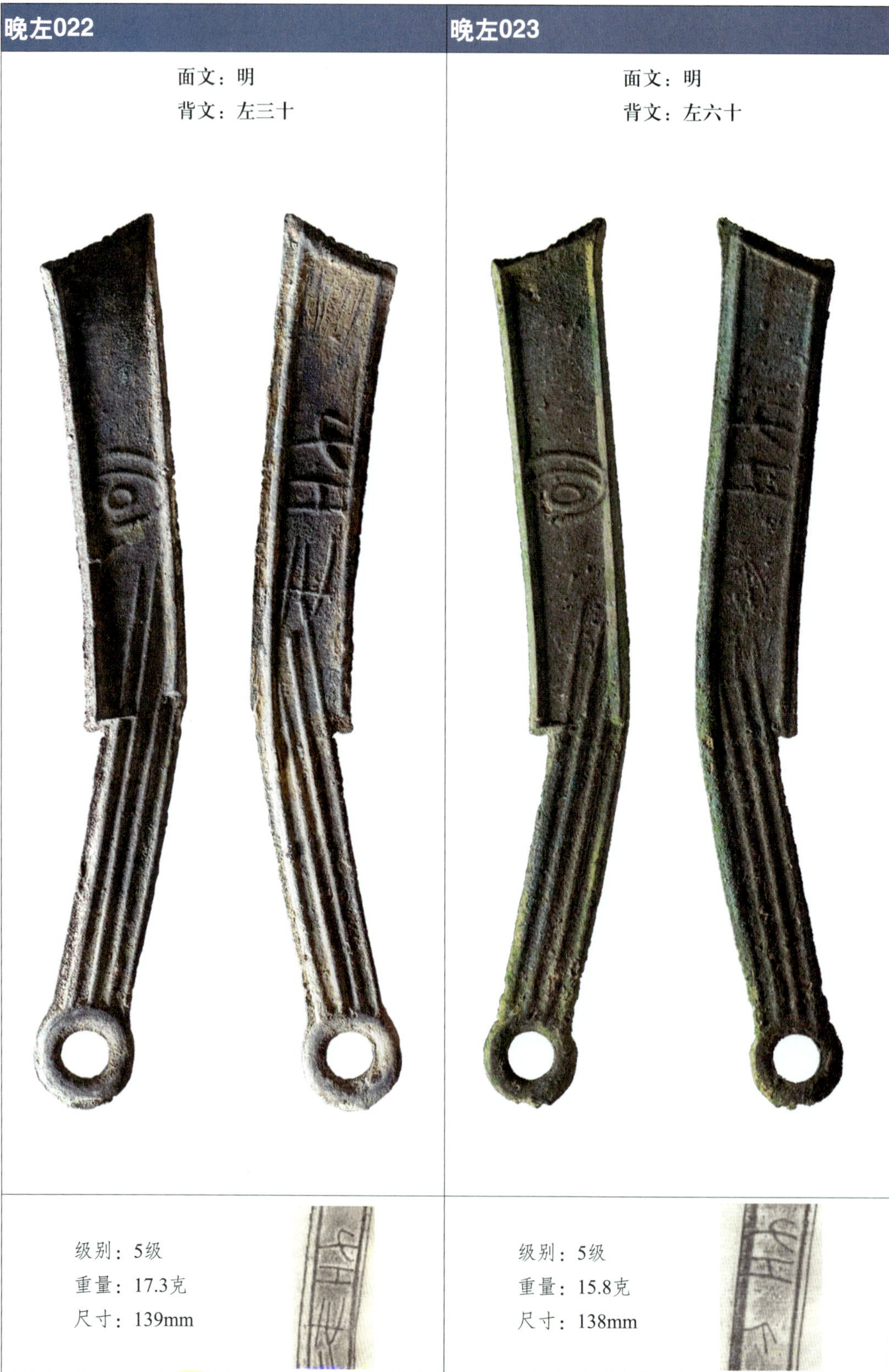

晚左022	晚左023
面文：明 背文：左三十	面文：明 背文：左六十
级别：5级 重量：17.3克 尺寸：139mm	级别：5级 重量：15.8克 尺寸：138mm

晚左024

面文：明
背文：左百

级别：6级
重量：16.9克
尺寸：140mm

晚左025

面文：明
背文：左百

级别：8级
重量：17.8克
尺寸：140mm

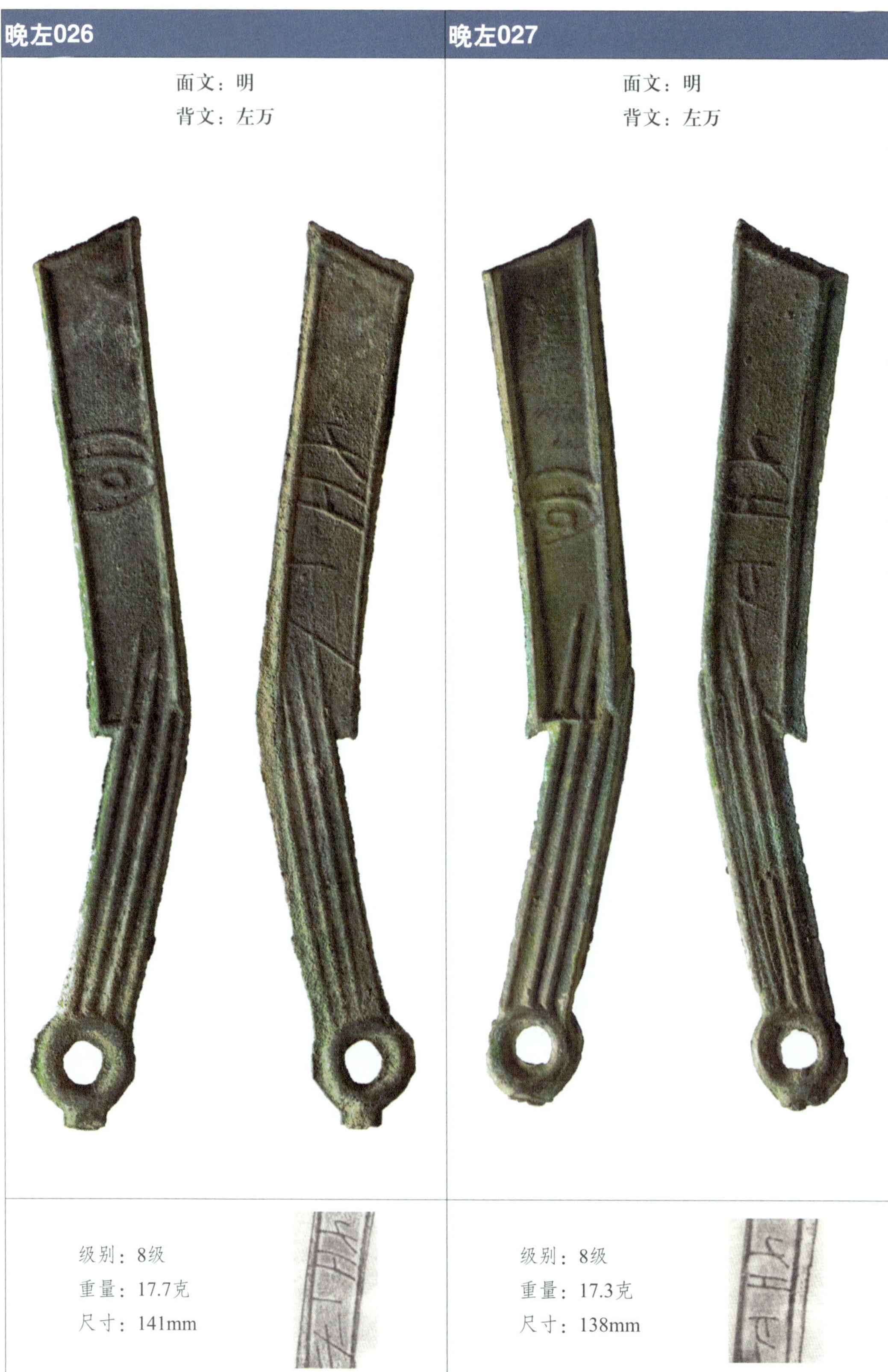

晚左026

面文：明
背文：左万

级别：8级
重量：17.7克
尺寸：141mm

晚左027

面文：明
背文：左万

级别：8级
重量：17.3克
尺寸：138mm

<table>
<tr><th>晚左028</th><th>晚左029</th></tr>
<tr><td>面文：明
背文：左乙</td><td>面文：明
背文：左中</td></tr>
<tr><td colspan="2"></td></tr>
<tr><td>级别：7级
重量：15.9克
尺寸：137mm</td><td>级别：7级
重量：17.2克
尺寸：143mm</td></tr>
</table>

晚左030	晚左031
面文：明 背文：左中	面文：明 背文：左中

级别：6级 重量：18.5克 尺寸：142mm	级别：6级 重量：15.8克 尺寸：141mm

晚左032	晚左033
面文：明 背文：左邑	面文：明 背文：左邑

晚左032	晚左033
级别：7级 重量：15.7克 尺寸：141mm	级别：7级 重量：17.2克 尺寸：141mm

晚左034	晚左035
面文：明 背文：左邑	面文：明 背文：左□

级别：6级 重量：15.3克 尺寸：142mm	级别：5级 重量：17.5克 尺寸：141mm

晚左036	晚左037
面文：明 背文：左□	面文：明 背文：左人
级别：6级 重量：15克 尺寸：139mm	级别：6级 重量：17.8克 尺寸：139mm

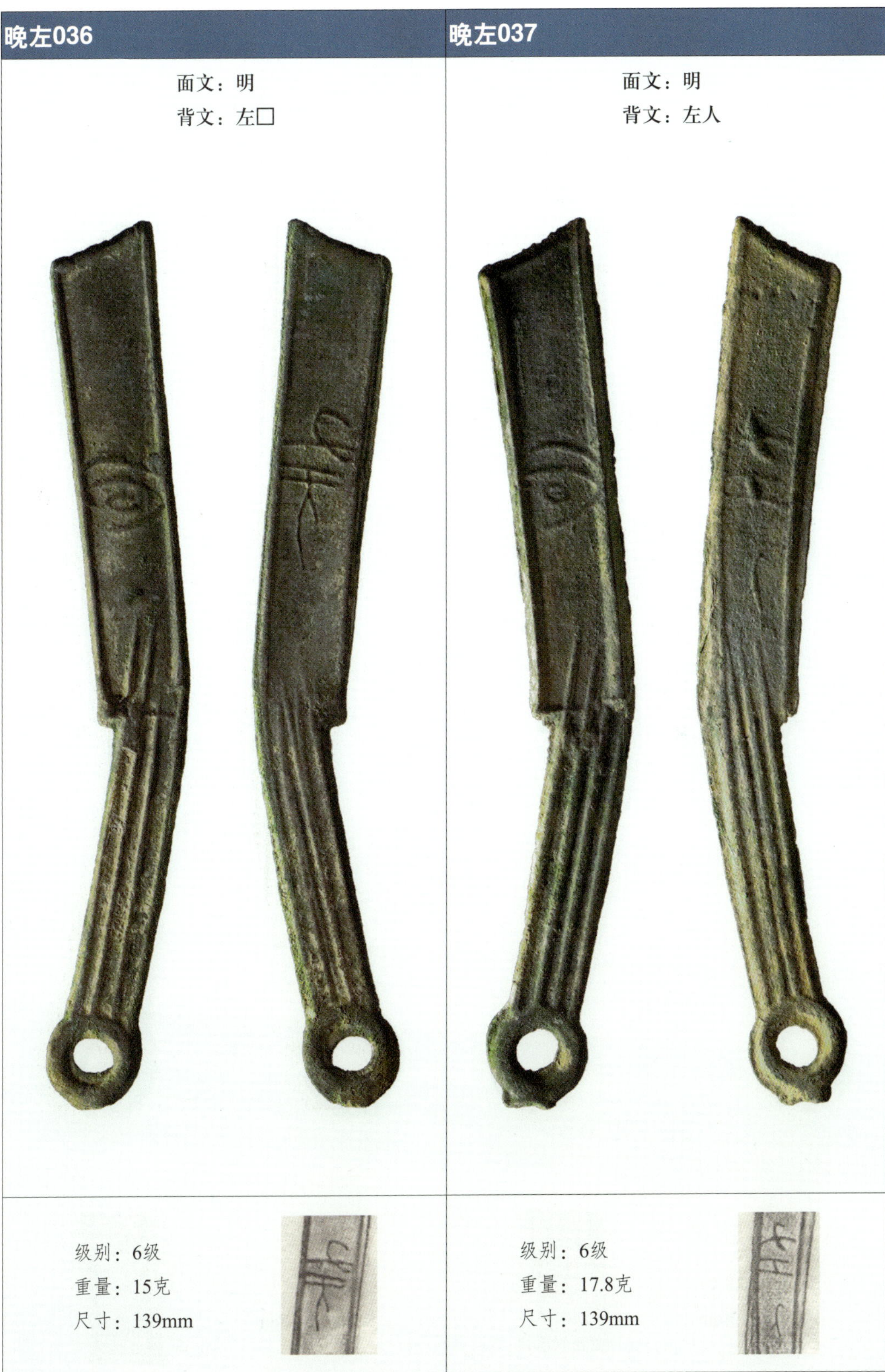

晚左038	晚左039
面文：明 背文：左□	面文：明 背文：左下

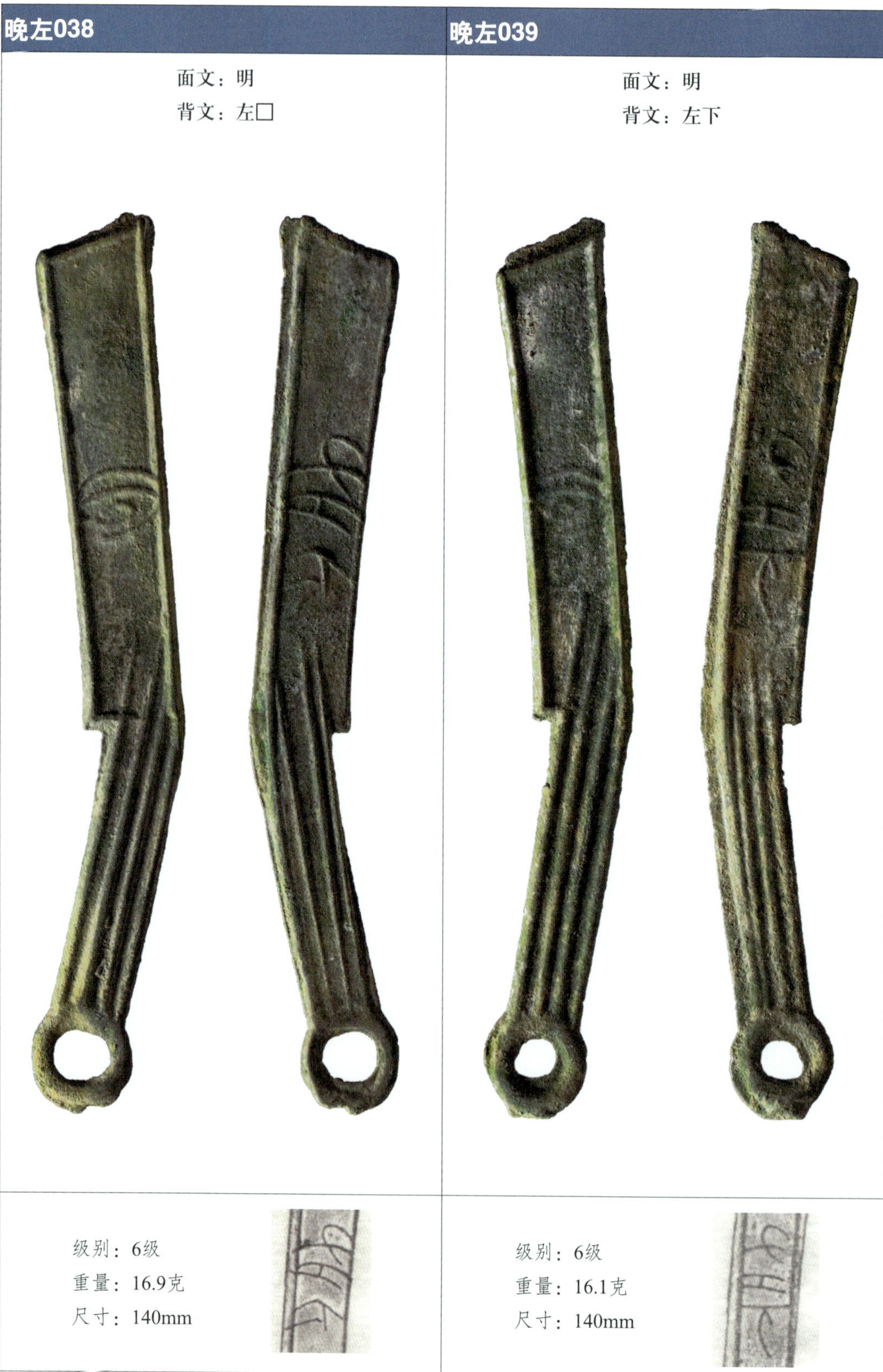

级别：6级 重量：16.9克 尺寸：140mm	级别：6级 重量：16.1克 尺寸：140mm

晚左040	晚左041
面文：明 背文：左下	面文：明 背文：左行

晚左040	晚左041
级别：6级 重量：15.8克 尺寸：141mm	级别：7级 重量：17.5克 尺寸：140mm

晚左042	晚左043
面文：明 背文：左壬	面文：明 背文：左丰
级别：5级 重量：16.8克 尺寸：140mm	级别：5级 重量：16.7克 尺寸：140mm

晚左044	晚左045
面文：明 背文：左子	面文：明 背文：左□

晚左044	晚左045
级别：3级 重量：14.8克 尺寸：138mm	级别：5级 重量：15.7克 尺寸：141mm

晚左046	晚左047
面文：明 背文：左又	面文：明 背文：左□

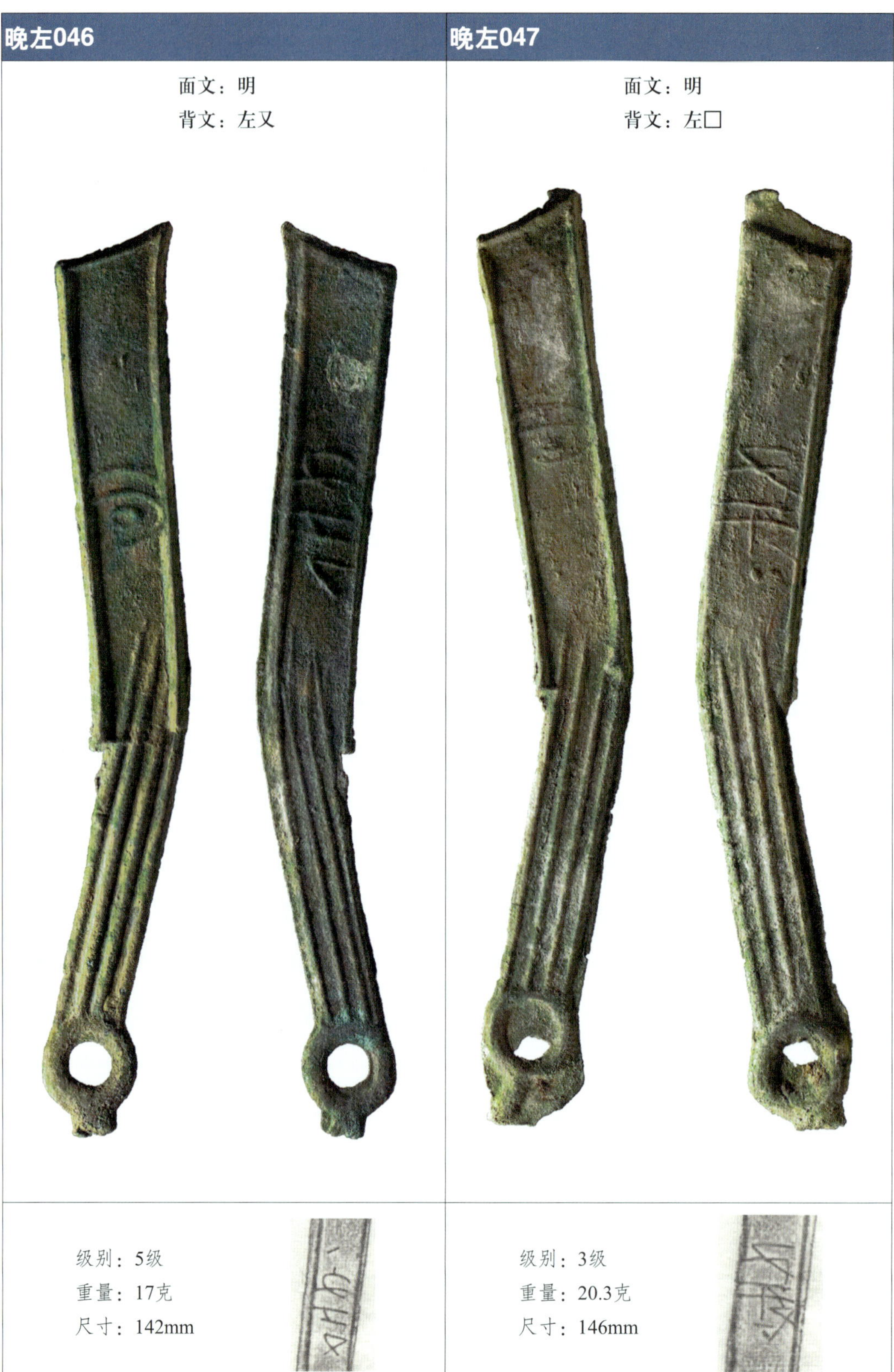

晚左046	晚左047
级别：5级 重量：17克 尺寸：142mm	级别：3级 重量：20.3克 尺寸：146mm

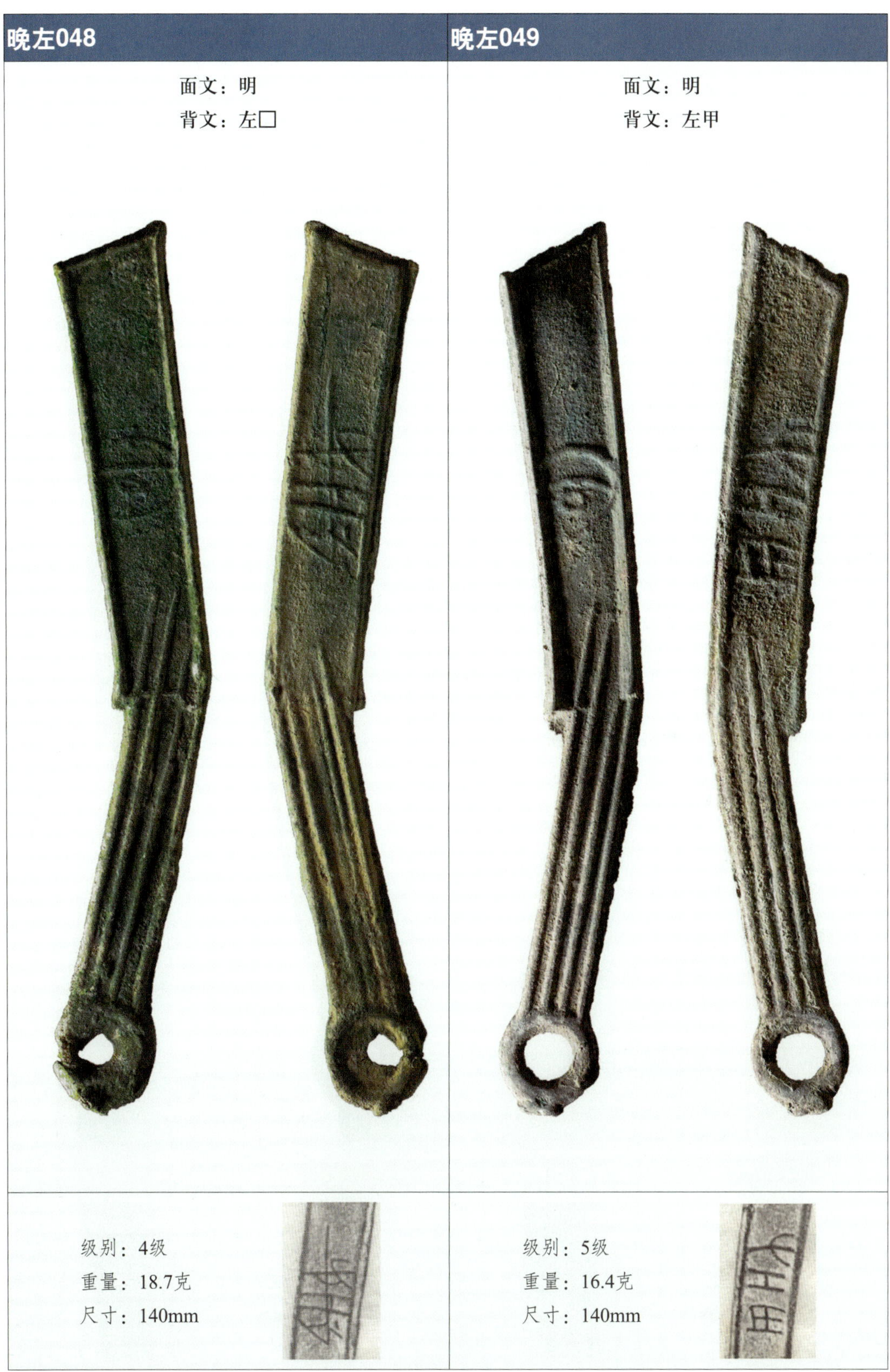

晚左048	晚左049
面文：明 背文：左□	面文：明 背文：左甲
级别：4级 重量：18.7克 尺寸：140mm	级别：5级 重量：16.4克 尺寸：140mm

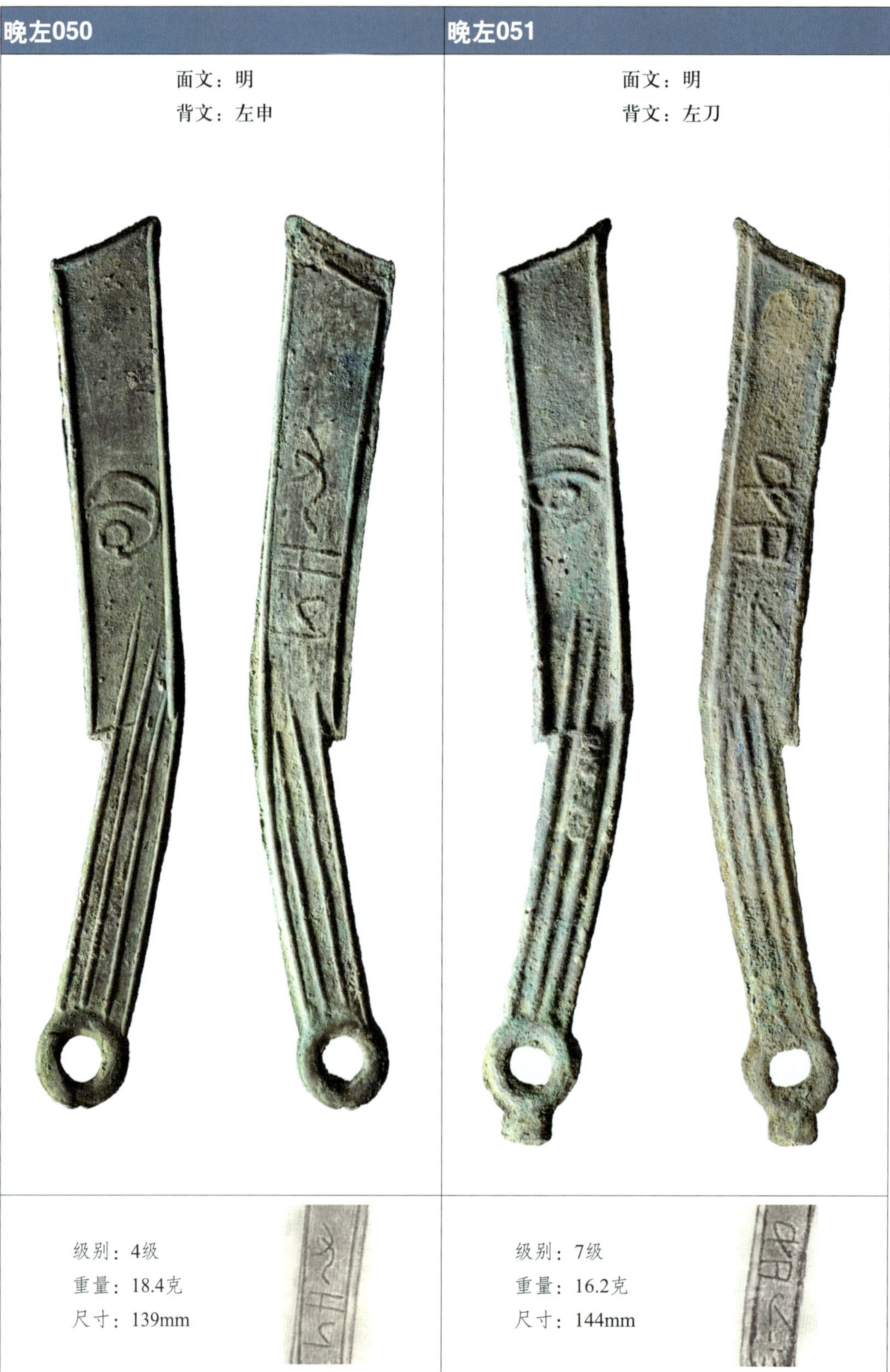

晚左050	晚左051
面文：明 背文：左申	面文：明 背文：左刀
级别：4级 重量：18.4克 尺寸：139mm	级别：7级 重量：16.2克 尺寸：144mm

晚左052	晚左053
面文：明 背文：左□	面文：明 背文：左六一

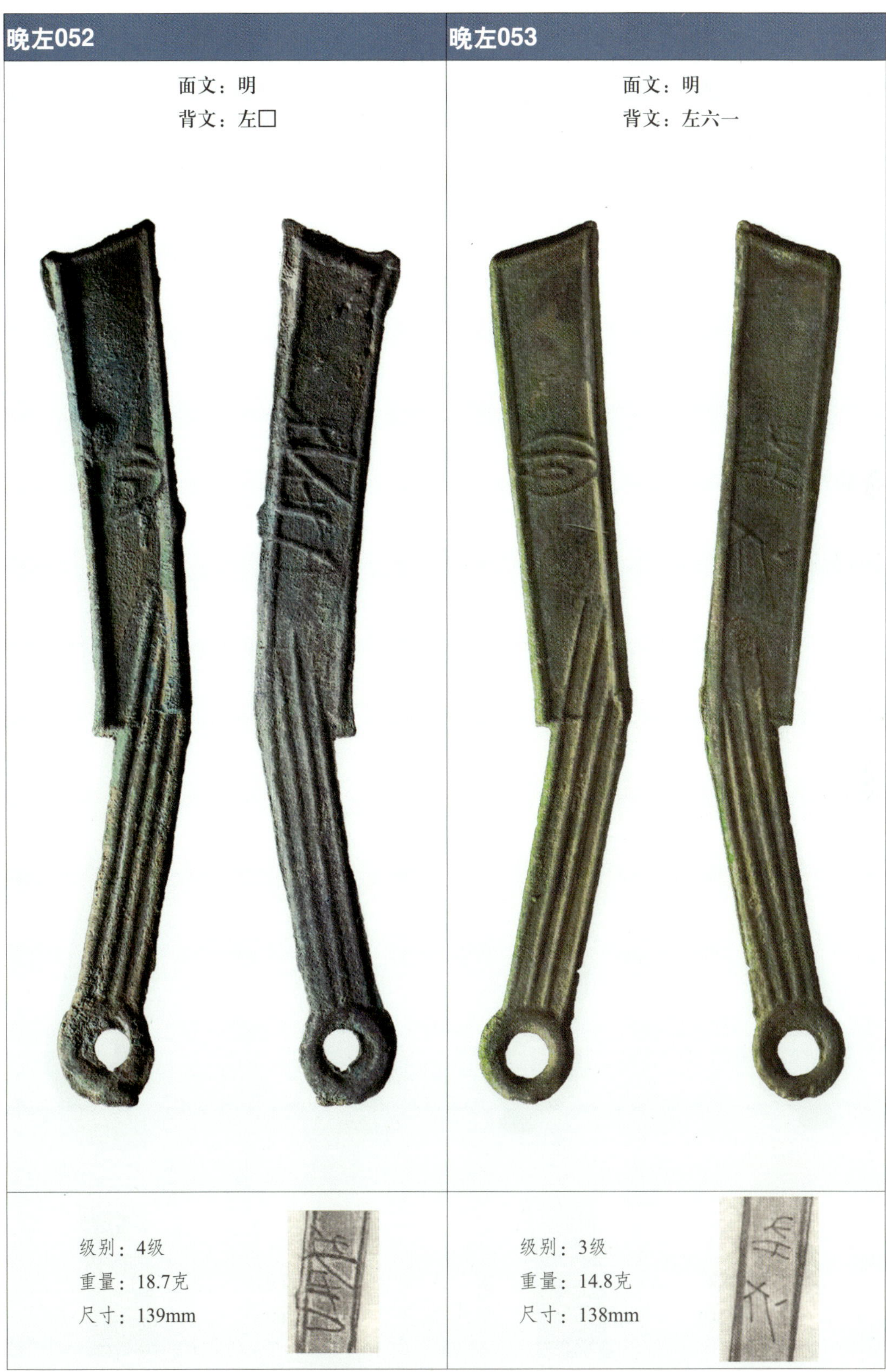

晚左052	晚左053
级别：4级 重量：18.7克 尺寸：139mm	级别：3级 重量：14.8克 尺寸：138mm

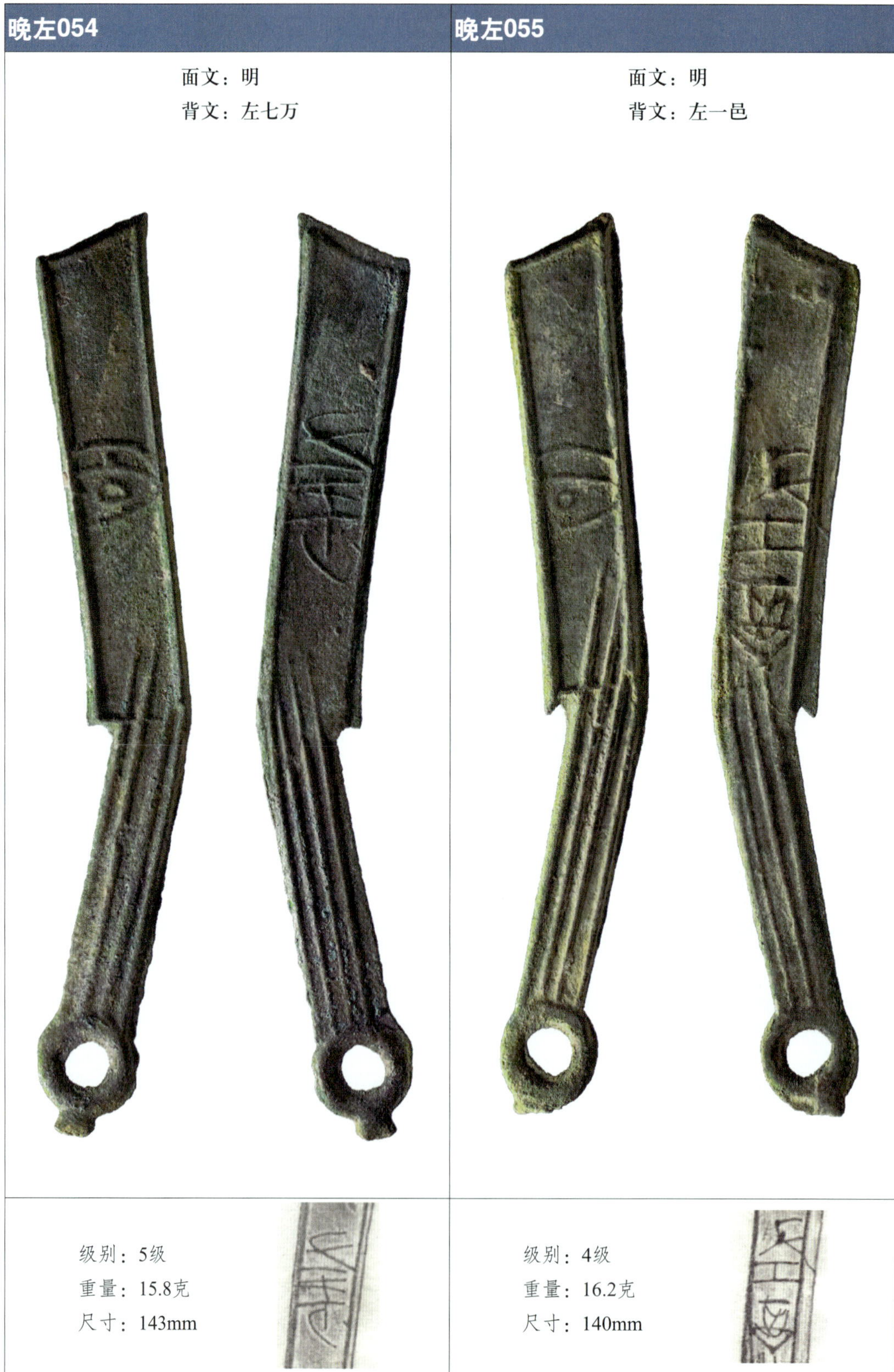

晚左054

面文：明

背文：左七万

级别：5级

重量：15.8克

尺寸：143mm

晚左055

面文：明

背文：左一邑

级别：4级

重量：16.2克

尺寸：140mm

晚左056	晚左057
面文：明 背文：左邑丶	面文：明 背文：左□一

晚左056	晚左057
级别：6级 重量：14.8克 尺寸：143mm	级别：3级 重量：18克 尺寸：139mm

晚左058

面文：明
背文：左工一

级别：4级
重量：16.8克
尺寸：139mm

晚左059

面文：明
背文：左中一

级别：7级
重量：14.9克
尺寸：140mm

晚左060	晚左061
面文：明 背文：左中一	面文：明 背文：左中二

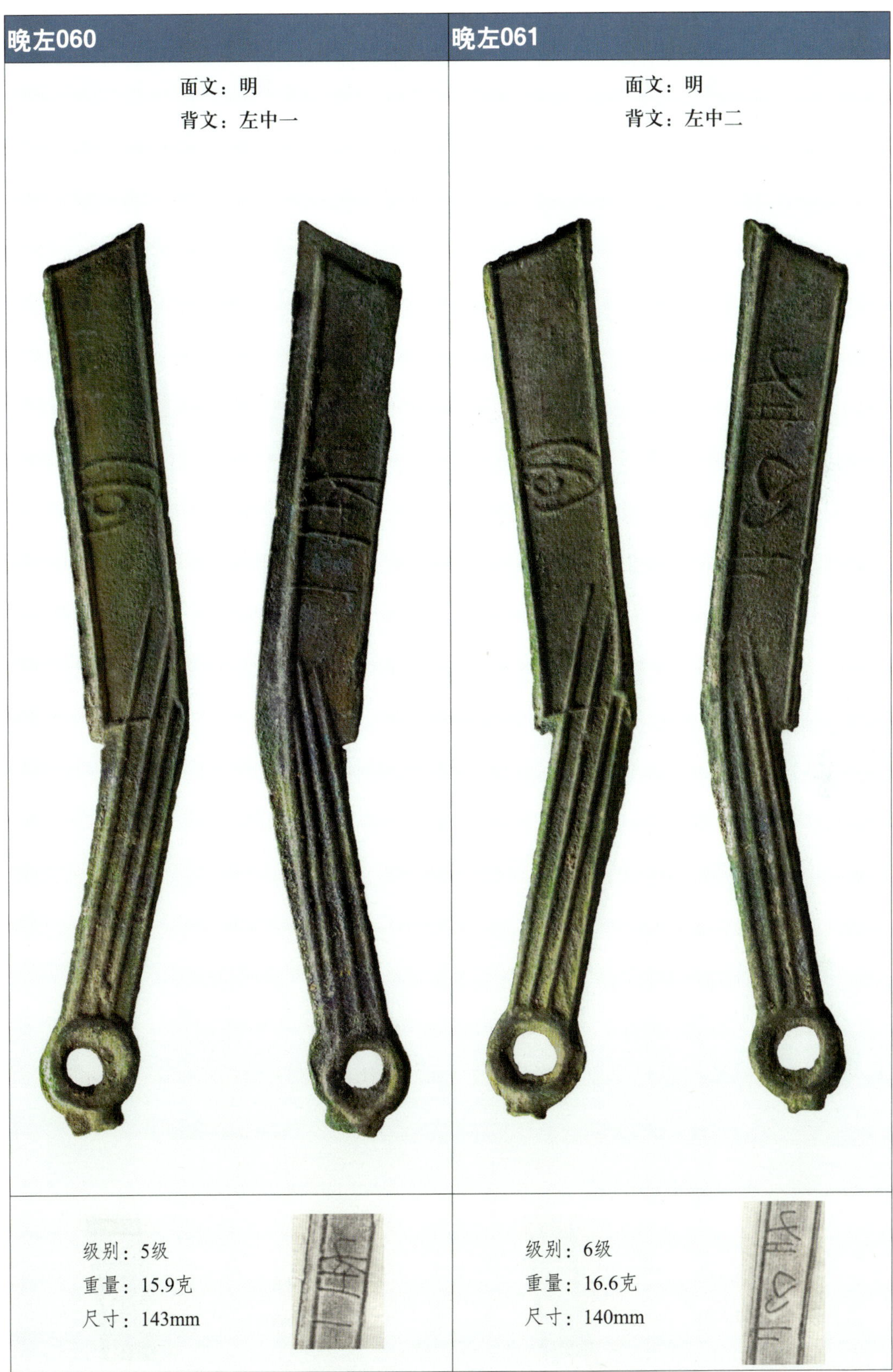

晚左060	晚左061
级别：5级 重量：15.9克 尺寸：143mm	级别：6级 重量：16.6克 尺寸：140mm

晚左062	晚左063
面文：明 背文：左中三	面文：明 背文：左中五
级别：6级 重量：16.9克 尺寸：139mm	级别：5级 重量：16.4克 尺寸：139mm

晚左064	晚左065
面文：明 背文：左中六	面文：明 背文：左中千

晚左064	晚左065
级别：5级 重量：15.5克 尺寸：142mm	级别：6级 重量：18.8克 尺寸：140mm

晚左066	晚左067
面文：明 背文：左中千	面文：明 背文：左中千
级别：6级 重量：16.7克 尺寸：139mm	级别：5级 重量：16.6克 尺寸：140mm

晚左068	晚左069
面文：明 背文：左中千	面文：明 背文：左中□

晚左068	晚左069
级别：6级 重量：19.6克 尺寸：142mm	级别：4级 重量：16.2克 尺寸：138mm

晚左070	晚左071
面文：明 背文：左中下	面文：明 背文：左中人

级别：5级 重量：18.1克 尺寸：143mm	级别：5级 重量：13.6克 尺寸：139mm

晚左072	晚左073
面文：明 背文：左中邑	面文：明 背文：左中申
级别：5级 重量：17.4克 尺寸：139mm	级别：4级 重量：17克 尺寸：138mm

晚左074	晚左075
面文：明 背文：左中申	面文：明 背文：左中乙
级别：4级 重量：16.6克 尺寸：140mm	级别：6级 重量：14.6克 尺寸：140mm

晚左076	晚左077
面文：明 背文：左中乙	面文：明 背文：左□一
级别：6级 重量：16.9克 尺寸：140mm	级别：6级 重量：15.2克 尺寸：139mm

晚左078	晚左079
面文：明 背文：左☐二	面文：明 背文：左☐三
级别：6级 重量：14.7克 尺寸：141mm	级别：6级 重量：15.6克 尺寸：141mm

晚左080	晚左081
面文：明 背文：左□工	面文：明 背文：左行六十
级别：6级 重量：16.8克 尺寸：142mm	级别：3级 重量：17.3克 尺寸：142mm

晚左082	晚左083
面文：明 背文：左一☐	面文：明 背文：左人丿

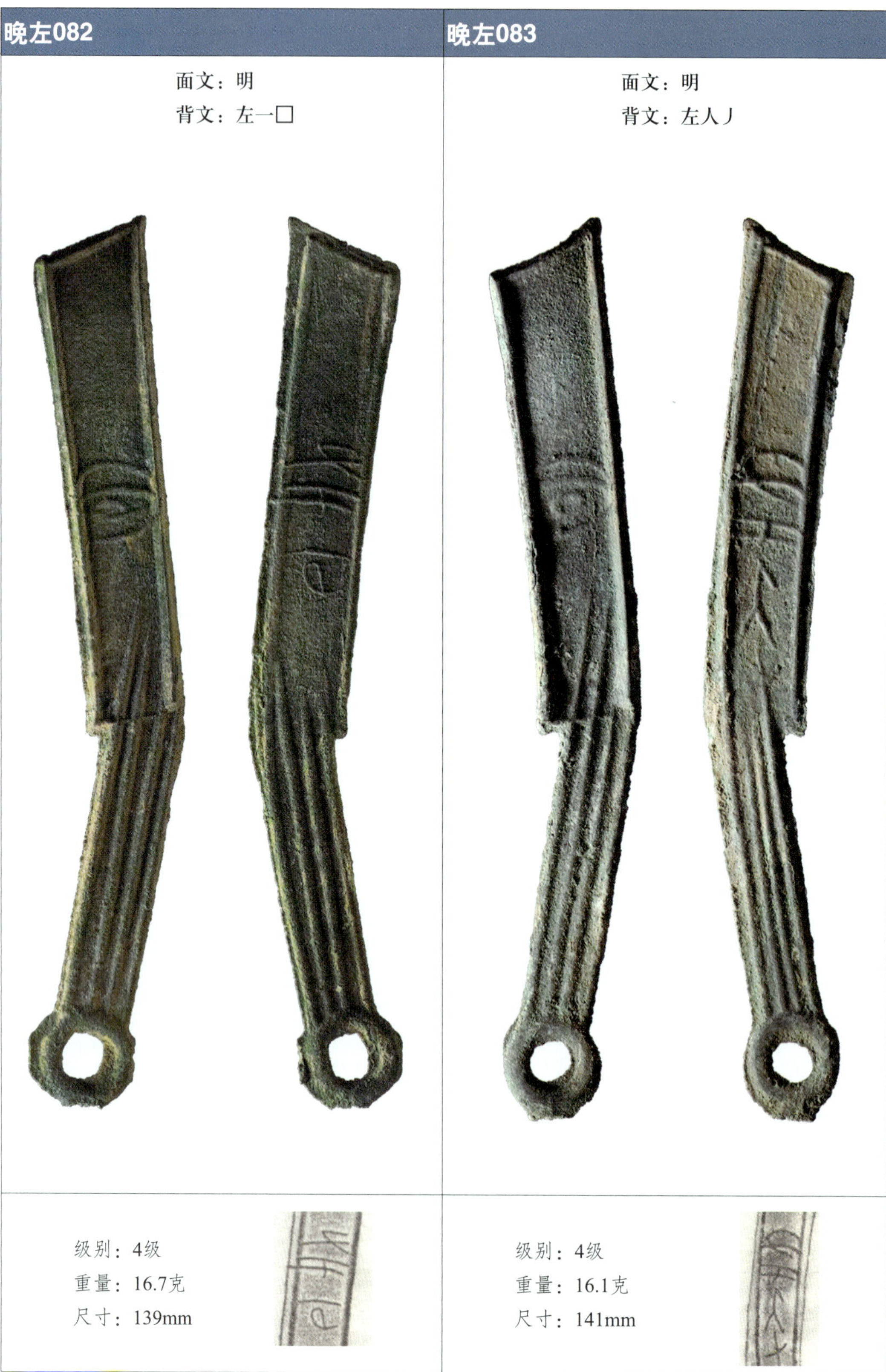

晚左082	晚左083
级别：4级 重量：16.7克 尺寸：139mm	级别：4级 重量：16.1克 尺寸：141mm

晚左084	晚左085
面文：明 背文：左干一	面文：明 背文：左一乀

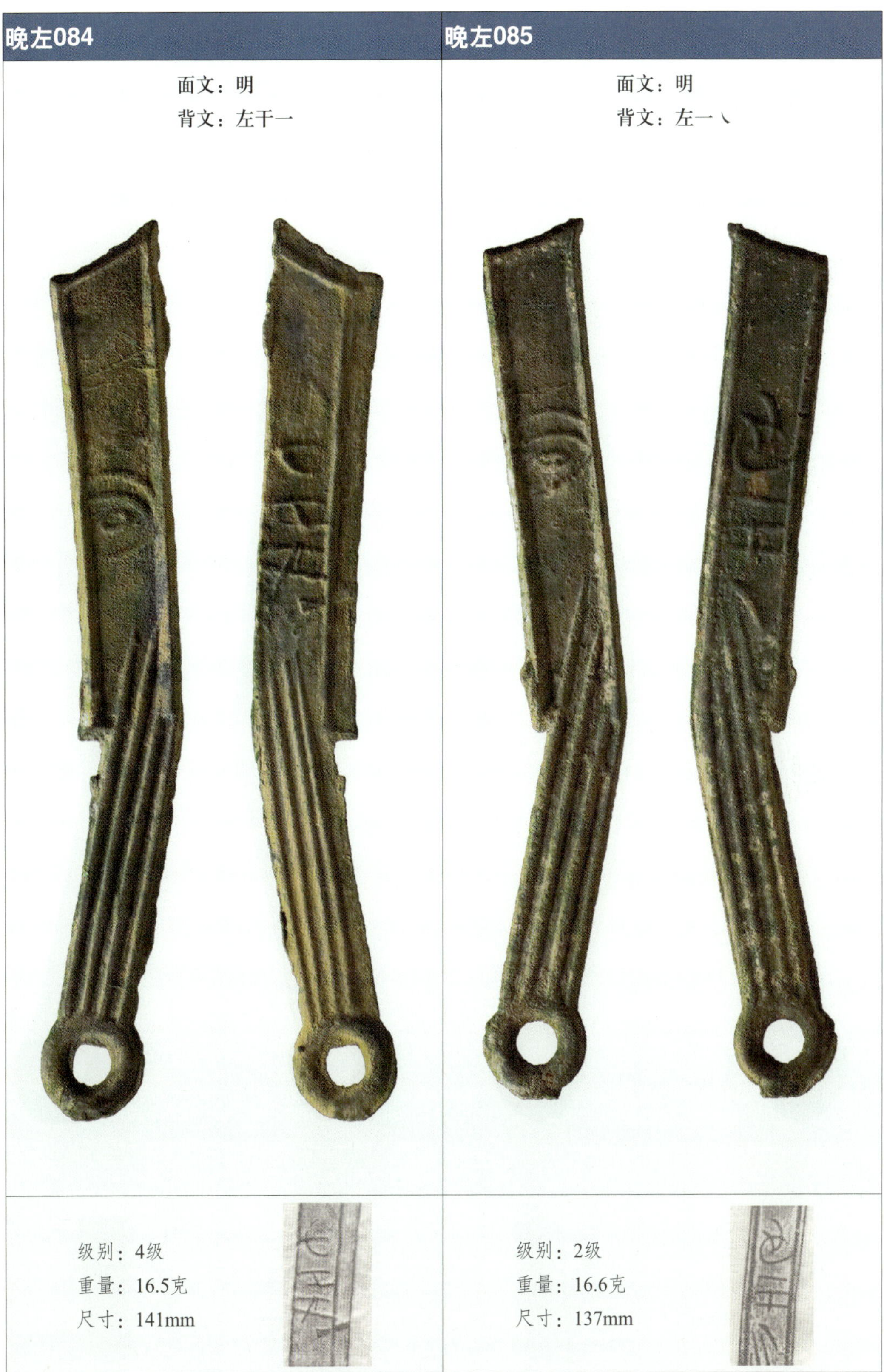

晚左084	晚左085
级别：4级 重量：16.5克 尺寸：141mm	级别：2级 重量：16.6克 尺寸：137mm

晚左086

面文：明

背文：一左中邑

级别：2级

重量：15.4克

尺寸：141mm

晚左087

面文：明

背文：左中一□

级别：2级

重量：17.8克

尺寸：141mm

第四节　晚期燕明刀晚右系列

晚期燕明刀右字系列，从刀面铭文明字的写法看，有小字版和大字版的区别；从面文明字的结构看，可分为扁目明和圆目明，同时在刀面铭文明字的上方或下方出现炉记标识。明字出现异书、反书和增笔现象。从刀背铭文的书写方式看，铭文出现反书、减笔、增笔和合文等现象。刀背铭文的内容主要以记数为主，兼有记物、方位、天干、地支和一些待解的特殊符号组成的词组构成。

晚右001

面文：明
背文：右

级别：7级
重量：14.3克
尺寸：138mm

晚右002	晚右003
面文：明 背文：右	面文：明 背文：右

级别：5级 重量：16.1克 尺寸：139mm	级别：6级 重量：15.3克 尺寸：138mm

晚右004	晚右005
面文：明 背文：右	面文：明 背文：右

晚右004	晚右005
级别：6级 重量：17.9克 尺寸：140mm	级别：5级 重量：14.5克 尺寸：139mm

晚右006	晚右007
面文：明 背文：右	面文：明 背文：右
级别：4级 重量：14.1克 尺寸：139mm	级别：5级 重量：16.5克 尺寸：138mm

晚右008

面文：明

背文：一右

级别：6级

重量：16.9克

尺寸：142mm

晚右009

面文：明

背文：十右

级别：6级

重量：16.1克

尺寸：139mm

晚右010	晚右011
面文：明 背文：十右	面文：明 背文：十右
级别：6级 重量：15.8克 尺寸：137mm	级别：7级 重量：17.1克 尺寸：139mm

晚右012	晚右013
面文：明 背文：右一	面文：明 背文：右一

级别：8级 重量：16.3克 尺寸：137mm	级别：7级 重量：17.2克 尺寸：138mm

晚右014	晚右015
面文：明 背文：右一	面文：明 背文：右二

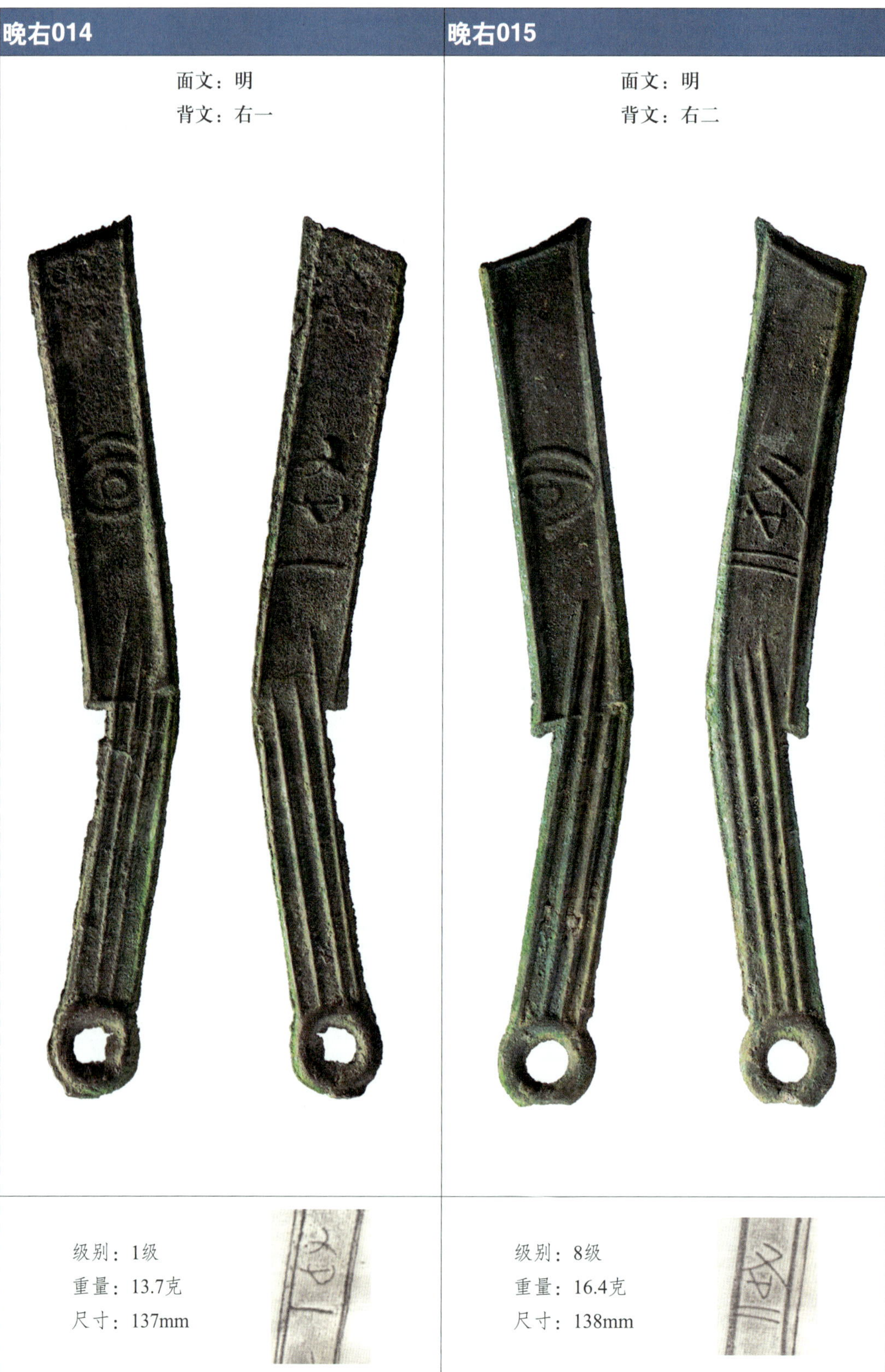

级别：1级 重量：13.7克 尺寸：137mm	级别：8级 重量：16.4克 尺寸：138mm

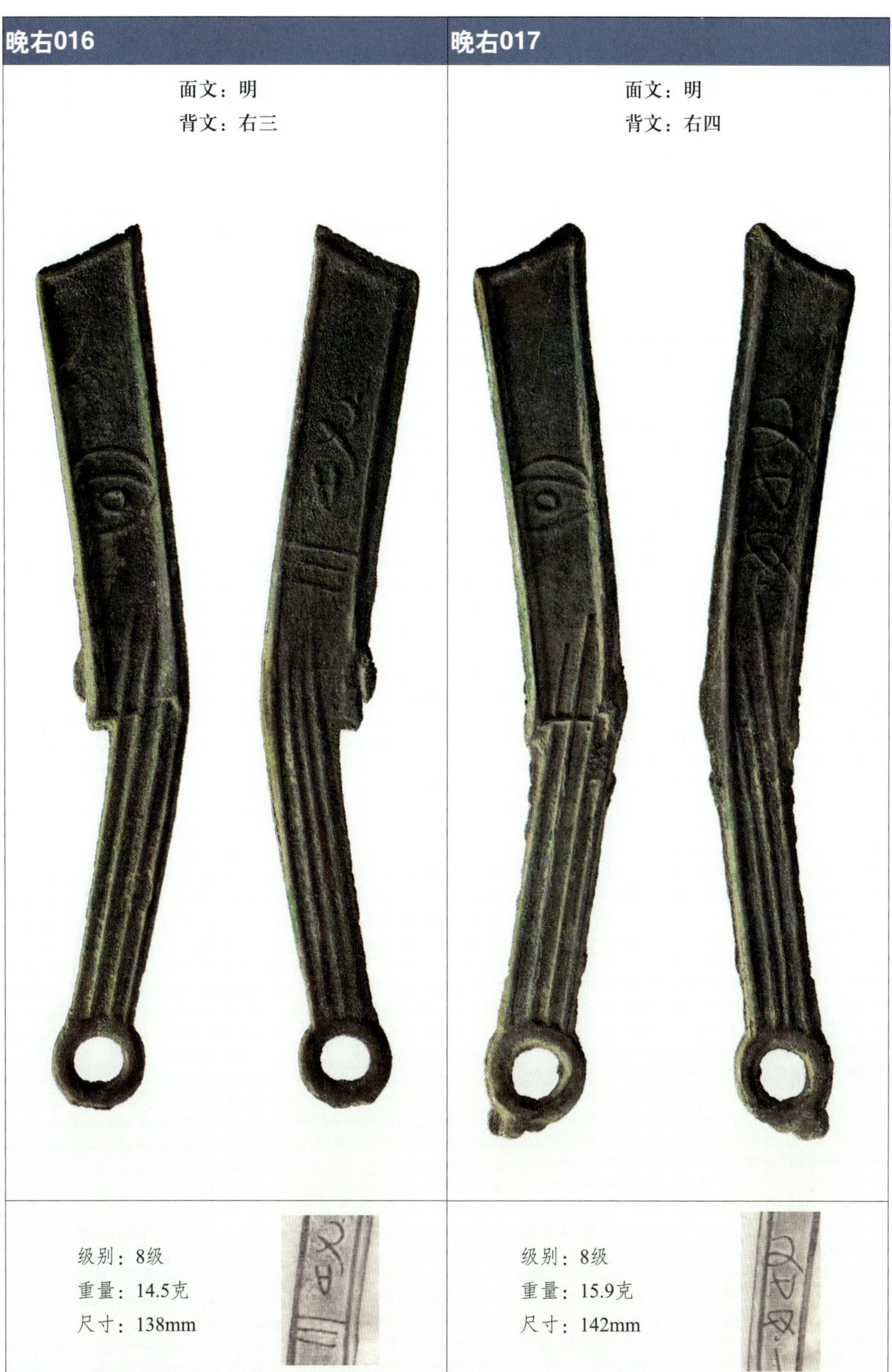

晚右016

面文：明
背文：右三

级别：8级
重量：14.5克
尺寸：138mm

晚右017

面文：明
背文：右四

级别：8级
重量：15.9克
尺寸：142mm

晚右018	晚右019
面文：明 背文：右六	面文：明 背文：右六

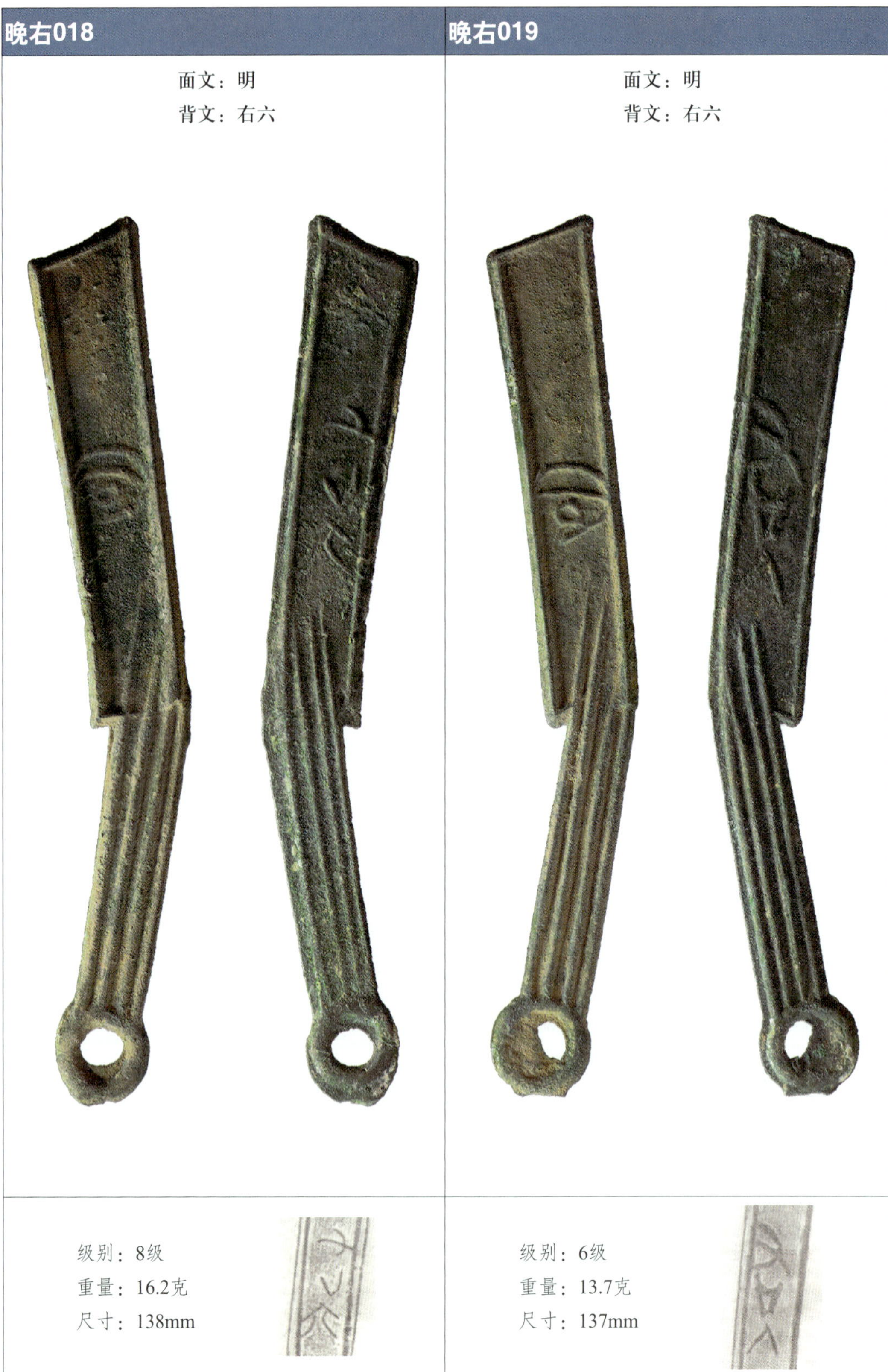

级别：8级 重量：16.2克 尺寸：138mm	级别：6级 重量：13.7克 尺寸：137mm

晚右020

面文：明
背文：右八

级别：5级
重量：17.6克
尺寸：141mm

晚右021

面文：明
背文：右十

级别：8级
重量：16.1克
尺寸：138mm

晚右022	晚右023
面文：明 背文：右十	面文：明 背文：右十
级别：7级 重量：15.6克 尺寸：140mm	级别：7级 重量：16.4克 尺寸：139mm

晚右024

面文：明
背文：右十

级别：7级
重量：17.1克
尺寸：140mm

晚右025

面文：明
背文：右一十

级别：6级
重量：14.5克
尺寸：136mm

晚右026	晚右027
面文：明 背文：右十一	面文：明 背文：右十一

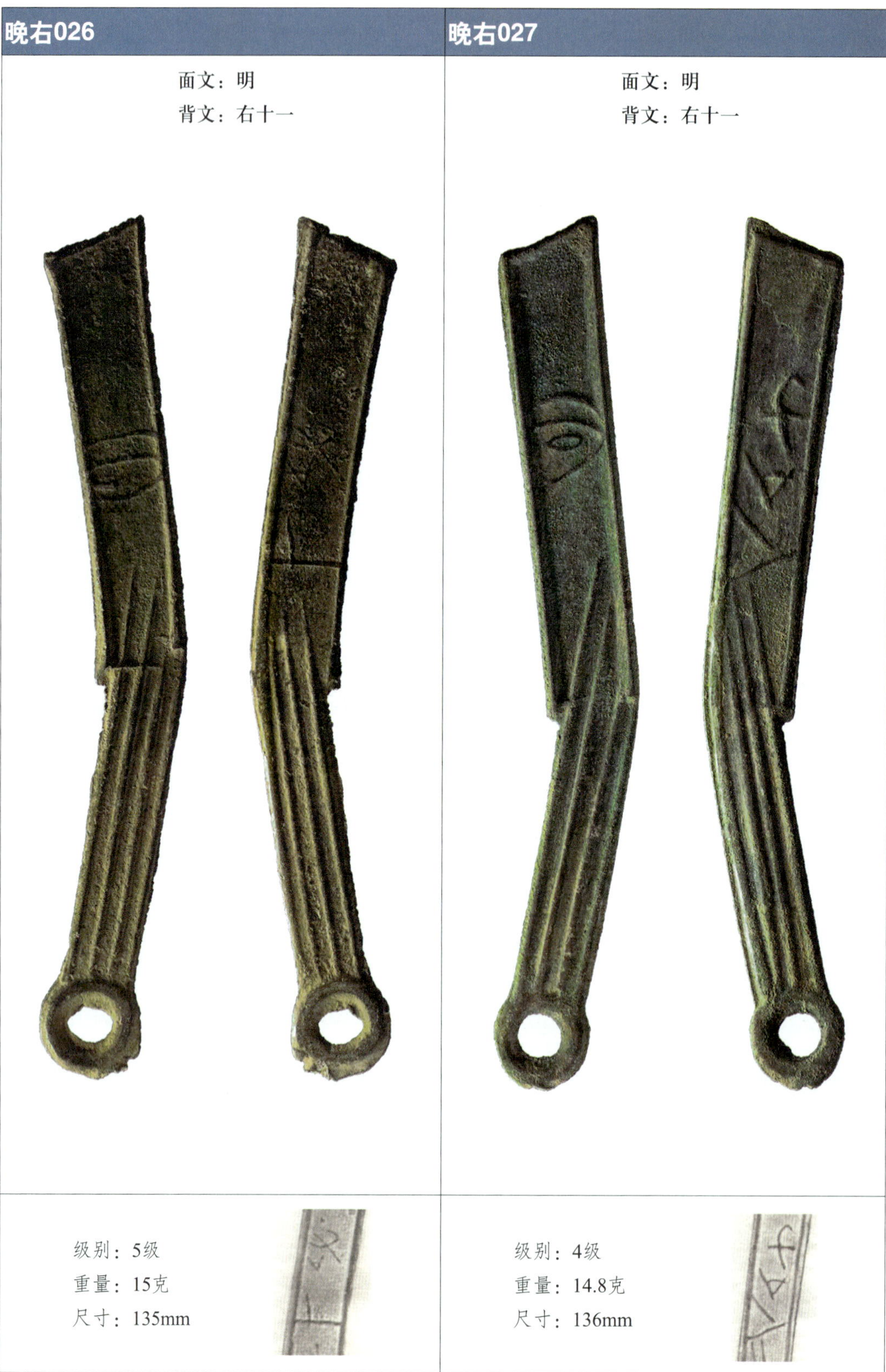

晚右026	晚右027
级别：5级 重量：15克 尺寸：135mm	级别：4级 重量：14.8克 尺寸：136mm

晚右028	晚右029
面文：明 背文：右二十	面文：明 背文：右二十
级别：5级 重量：16.5克 尺寸：140mm	级别：5级 重量：17.6克 尺寸：140mm

晚右030	晚右031
面文：明 背文：右二十	面文：明 背文：右百
级别：5级 重量：18.7克 尺寸：140mm	级别：7级 重量：16.3克 尺寸：140mm

晚右032	晚右033
面文：明 背文：右干	面文：明 背文：右□

晚右032	晚右033
级别：8级 重量：15.8克 尺寸：136mm	级别：6级 重量：15.3克 尺寸：140mm

晚右034

面文：明
背文：右□

级别：4级
重量：15.9克
尺寸：139mm

晚右035

面文：明
背文：右□

级别：4级
重量：16.1克
尺寸：136mm

晚右036	晚右037
面文：明 背文：右中	面文：明 背文：右中

晚右036	晚右037
级别：4级 重量：16.8克 尺寸：140mm	级别：4级 重量：18.3克 尺寸：139mm

晚右038

面文：明
背文：右中

级别：3级
重量：16.9克
尺寸：140mm

晚右039

面文：明
背文：右中

级别：8级
重量：16.8克
尺寸：140mm

晚右040	晚右041
面文：明 背文：右中	面文：明 背文：右中

晚右040	晚右041
级别：8级 重量：15克 尺寸：139mm	级别：2级 重量：17.3克 尺寸：140mm

晚右042	晚右043
面文：明 背文：右乙	面文：明 背文：右水

级别：4级 重量：15.5克 尺寸：139mm	级别：5级 重量：17.1克 尺寸：139mm

晚右044

面文：明

背文：右水

级别：4级

重量：16.6克

尺寸：140mm

晚右045

面文：明

背文：右水

级别：5级

重量：17克

尺寸：143mm

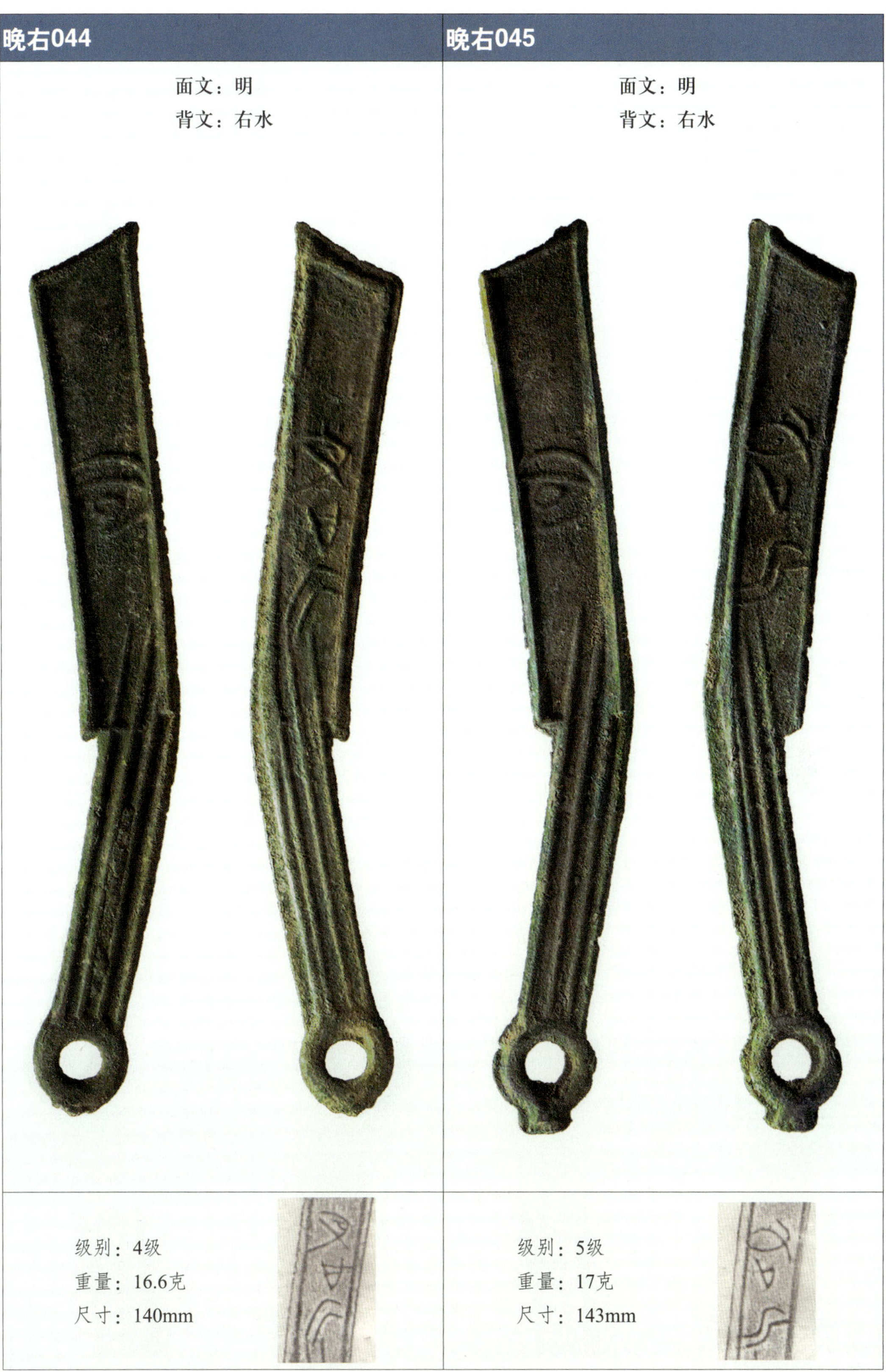

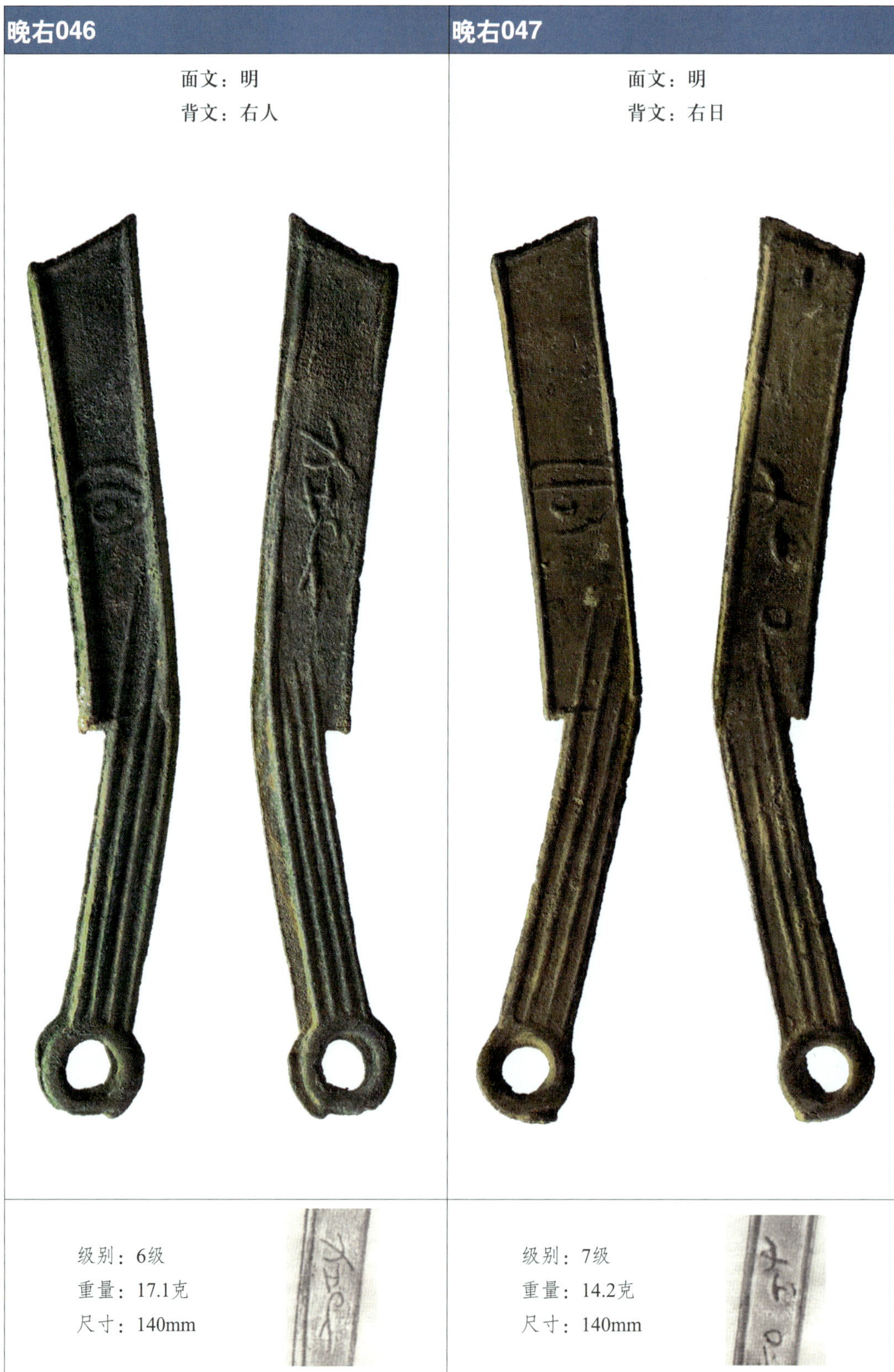

晚右046

面文：明
背文：右人

级别：6级
重量：17.1克
尺寸：140mm

晚右047

面文：明
背文：右日

级别：7级
重量：14.2克
尺寸：140mm

晚右048	晚右049
面文：明 背文：右刀	面文：明 背文：右□
级别：7级 重量：18.3克 尺寸：140mm	级别：7级 重量：14.4克 尺寸：139mm

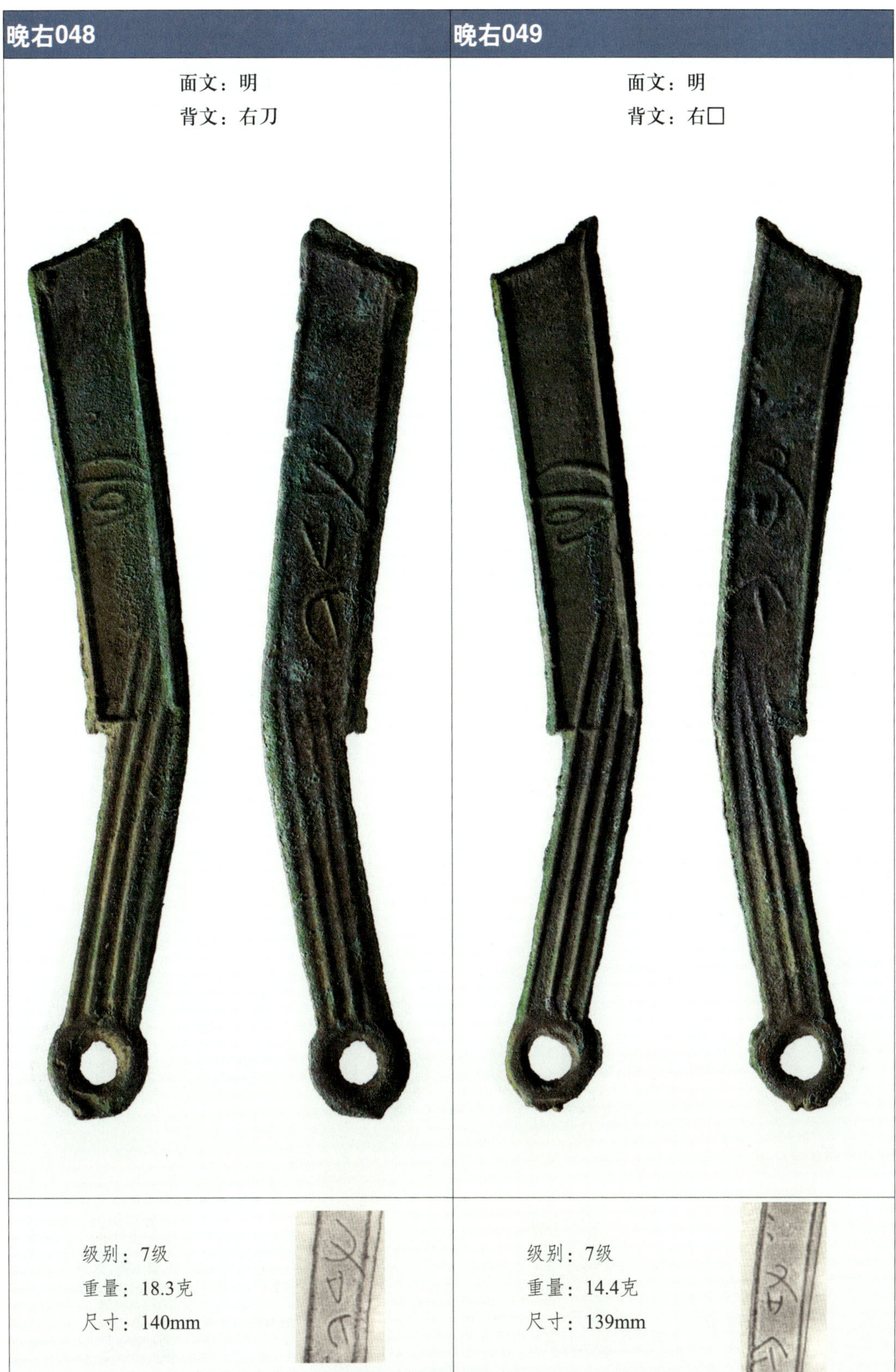

晚右050	晚右051
面文：明 背文：右□	面文：明 背文：右□

晚右050	晚右051
级别：7级 重量：15.3克 尺寸：139mm	级别：7级 重量：16.8克 尺寸：140mm

晚右052	晚右053
面文：明 背文：右□	面文：明 背文：右□

晚右052	晚右053
级别：6级 重量：16.2克 尺寸：140mm	级别：2级 重量：16.7克 尺寸：142mm

晚右054	晚右055
面文：明 背文：右七四	面文：明 背文：右十四
级别：5级 重量：17.9克 尺寸：140 mm	级别：5级 重量：16.5克 尺寸：141mm

晚右056	晚右057
面文：明 背文：右一千	面文：明 背文：丿右二
级别：5级 重量：14.8克 尺寸：139mm	级别：6级 重量：16.7克 尺寸：139mm

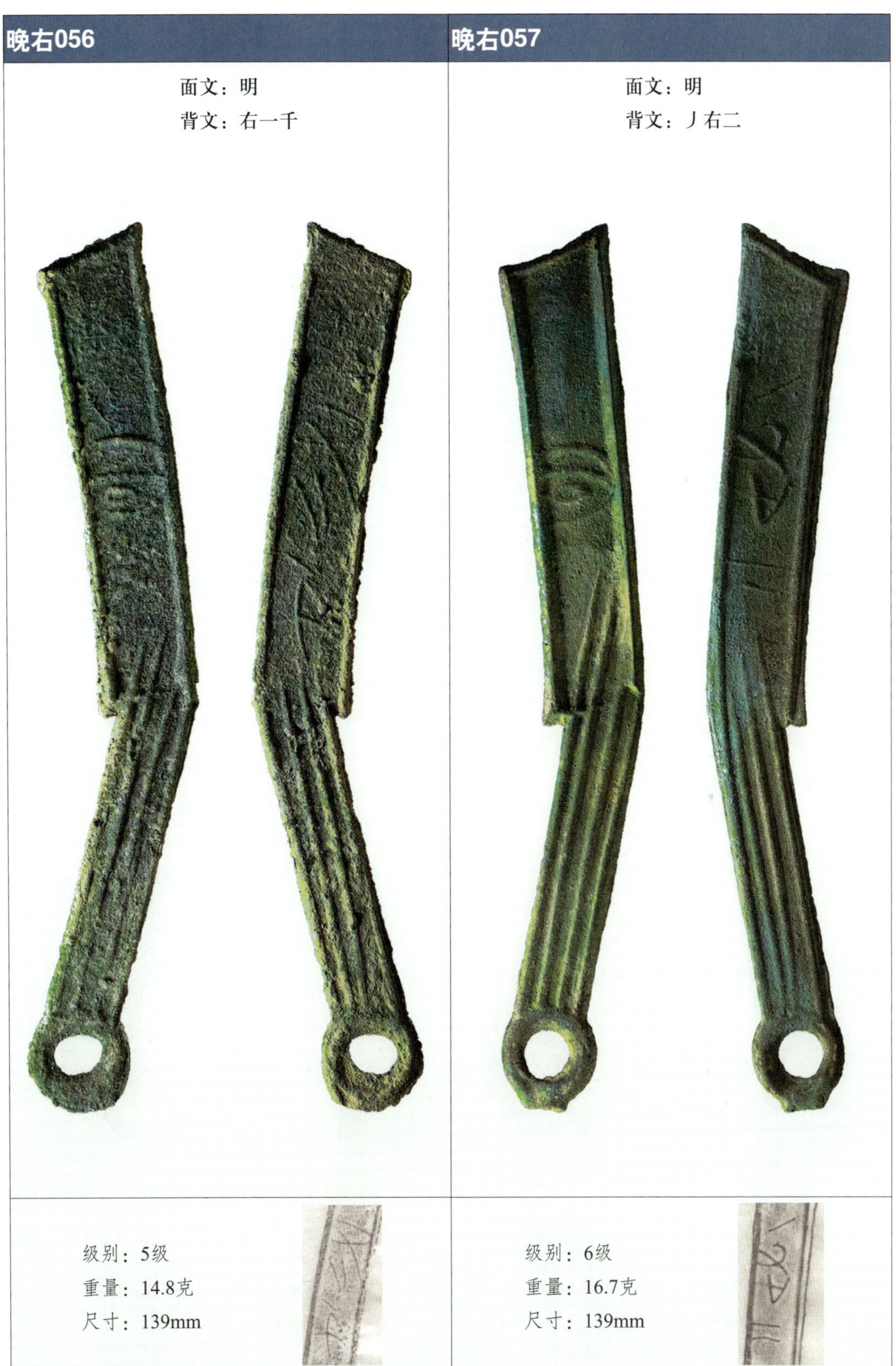

晚右058

面文：明

背文：丿右□

晚右059

面文：明

背文：十右千

晚右058

级别：4级

重量：16.8克

尺寸：140mm

晚右059

级别：5级

重量：18.1克

尺寸：144mm

晚右060	晚右061
面文：明 背文：一右万	面文：明 背文：右中一
级别：5级 重量：14.8克 尺寸：139mm	级别：5级 重量：15.4克 尺寸：139mm

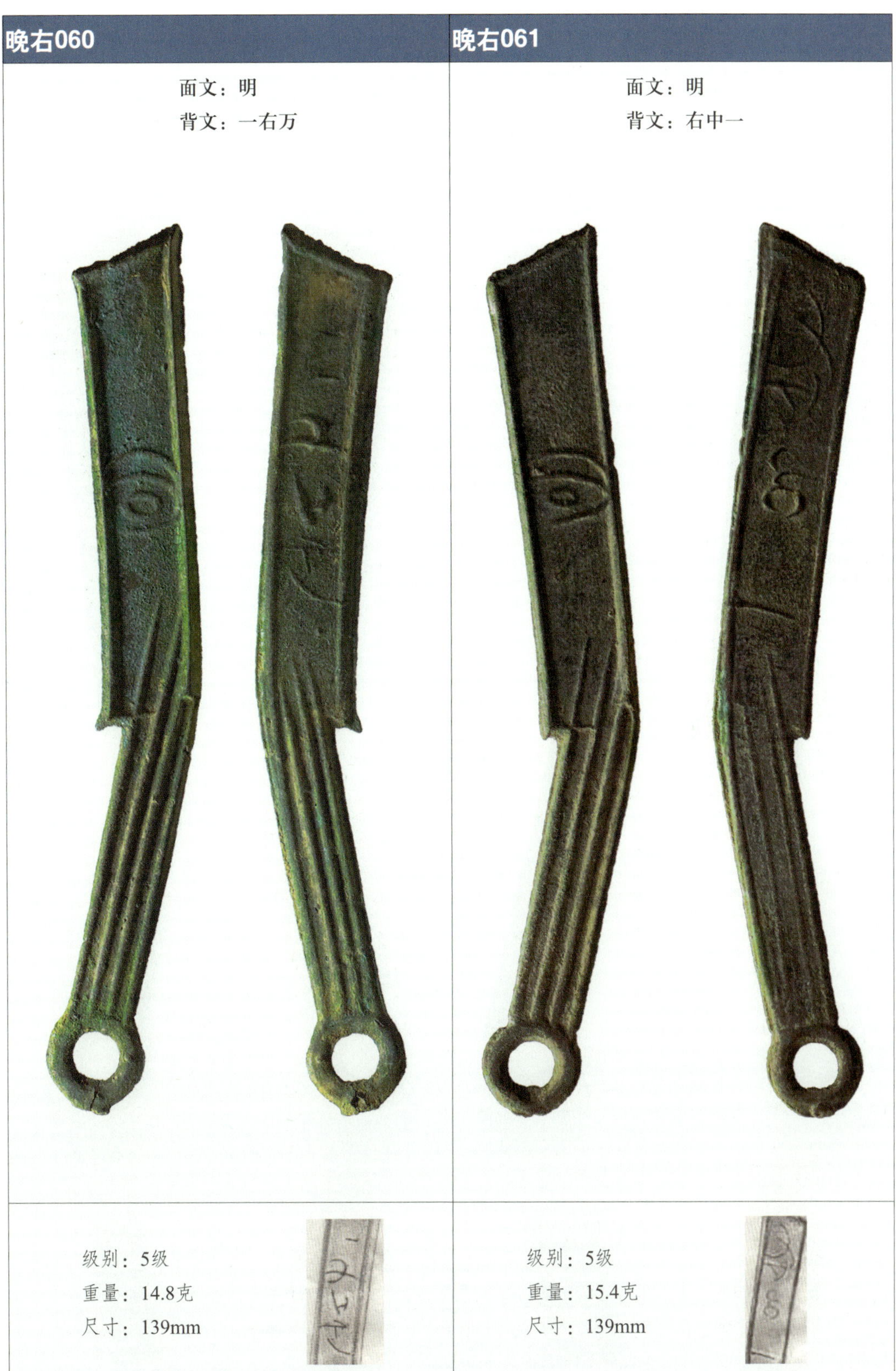

晚右062	晚右063
面文：明 背文：右中二	面文：明 背文：右中三
级别：4级 重量：13.3克 尺寸：137mm	级别：4级 重量：15.8克 尺寸：138mm

晚右064	晚右065
面文：明 背文：右中三	面文：明 背文：右中三

晚右064	晚右065
级别：5级 重量：15.9克 尺寸：141mm	级别：4级 重量：14.6克 尺寸：139mm

晚右066

面文：明
背文：右中六

级别：4级
重量：15.8克
尺寸：139mm

晚右067

面文：明
背文：右中九

级别：4级
重量：17.3克
尺寸：138mm

晚右068

面文：明

背文：右中九

级别：4级

重量：13.6克

尺寸：139mm

晚右069

面文：明

背文：右中千

级别：5级

重量：16.2克

尺寸：139mm

晚右070	晚右071
面文：明 背文：右中万	面文：明 背文：右中万

晚右070	晚右071
级别：5级 重量：18.3克 尺寸：140mm	级别：4级 重量：15.8克 尺寸：140mm

晚右072	晚右073
面文：明 背文：右中六十	面文：明 背文：右中□
级别：4级 重量：16.1克 尺寸：141mm	级别：4级 重量：14.9克 尺寸：141mm

晚右074	晚右075
面文：明 背文：右中邑	面文：明 背文：右中□

晚右074	晚右075
级别：5级 重量：16.1克 尺寸：138mm	级别：4级 重量：15.7克 尺寸：137mm

晚右076

面文：明

背文：右中行

级别：4级

重量：17.5克

尺寸：143mm

晚右077

面文：明

背文：右中中

级别：3级

重量：19.3克

尺寸：142mm

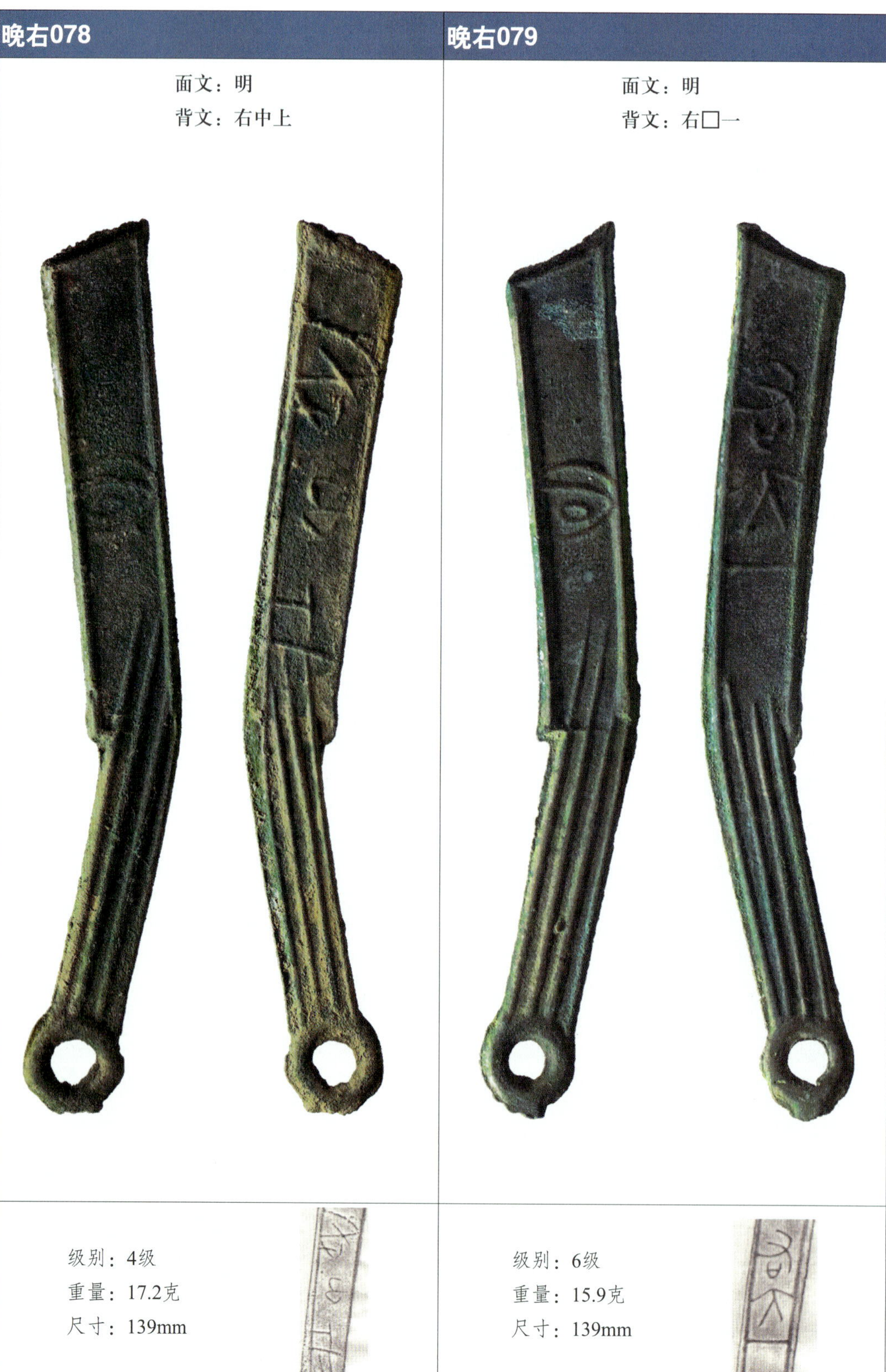

晚右078	晚右079
面文：明 背文：右中上	面文：明 背文：右□一
级别：4级 重量：17.2克 尺寸：139mm	级别：6级 重量：15.9克 尺寸：139mm

晚右080	晚右081
面文：明 背文：右□二	面文：明 背文：右□二

级别：6级 重量：15.5克 尺寸：139mm	级别：6级 重量：15克 尺寸：130mm

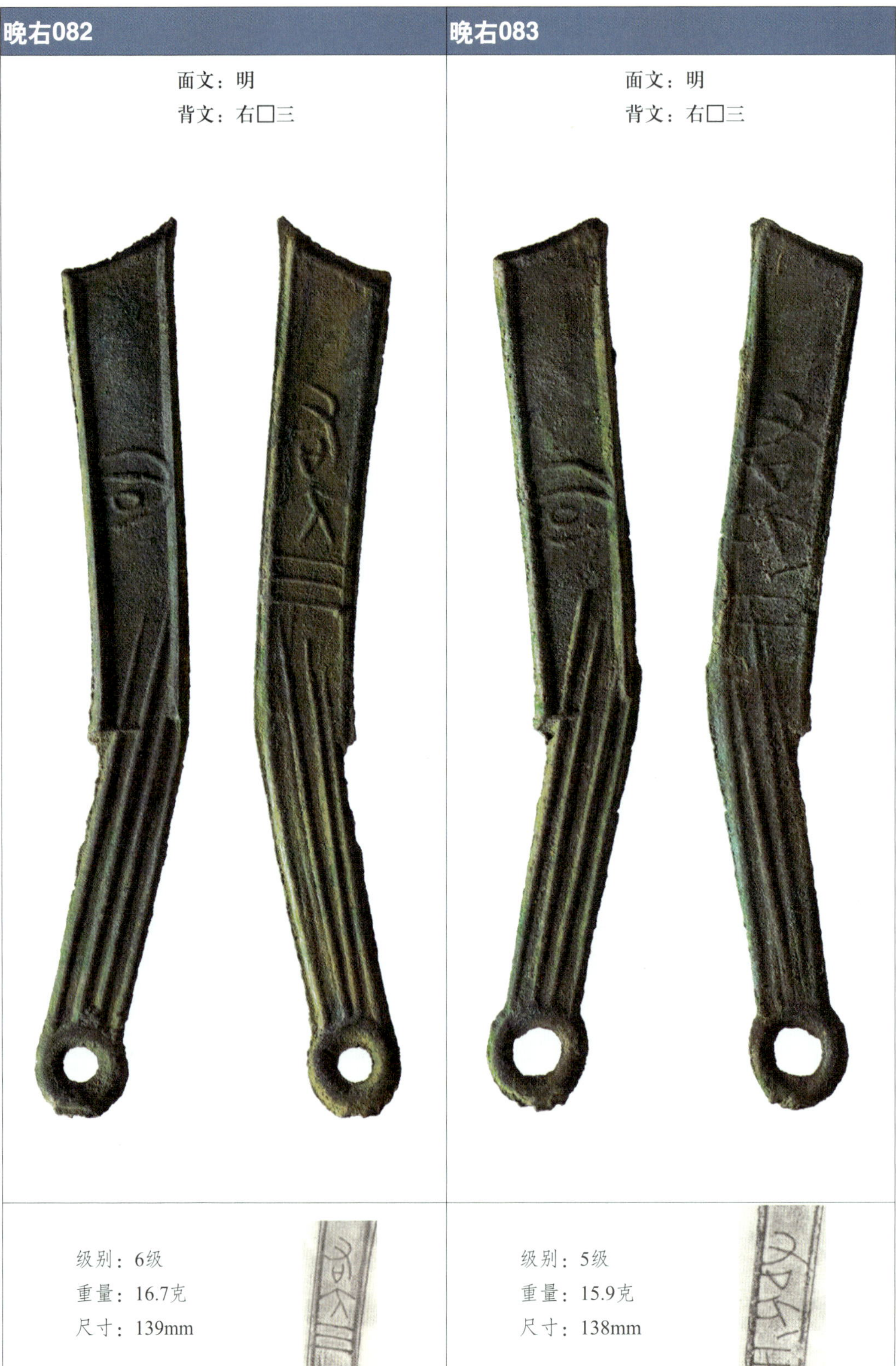

晚右082

面文：明

背文：右□三

级别：6级

重量：16.7克

尺寸：139mm

晚右083

面文：明

背文：右□三

级别：5级

重量：15.9克

尺寸：138mm

晚右084	晚右085
面文：明 背文：右□万	面文：明 背文：右□工
级别：3级 重量：16.6克 尺寸：141mm	级别：7级 重量：16.4克 尺寸：139mm

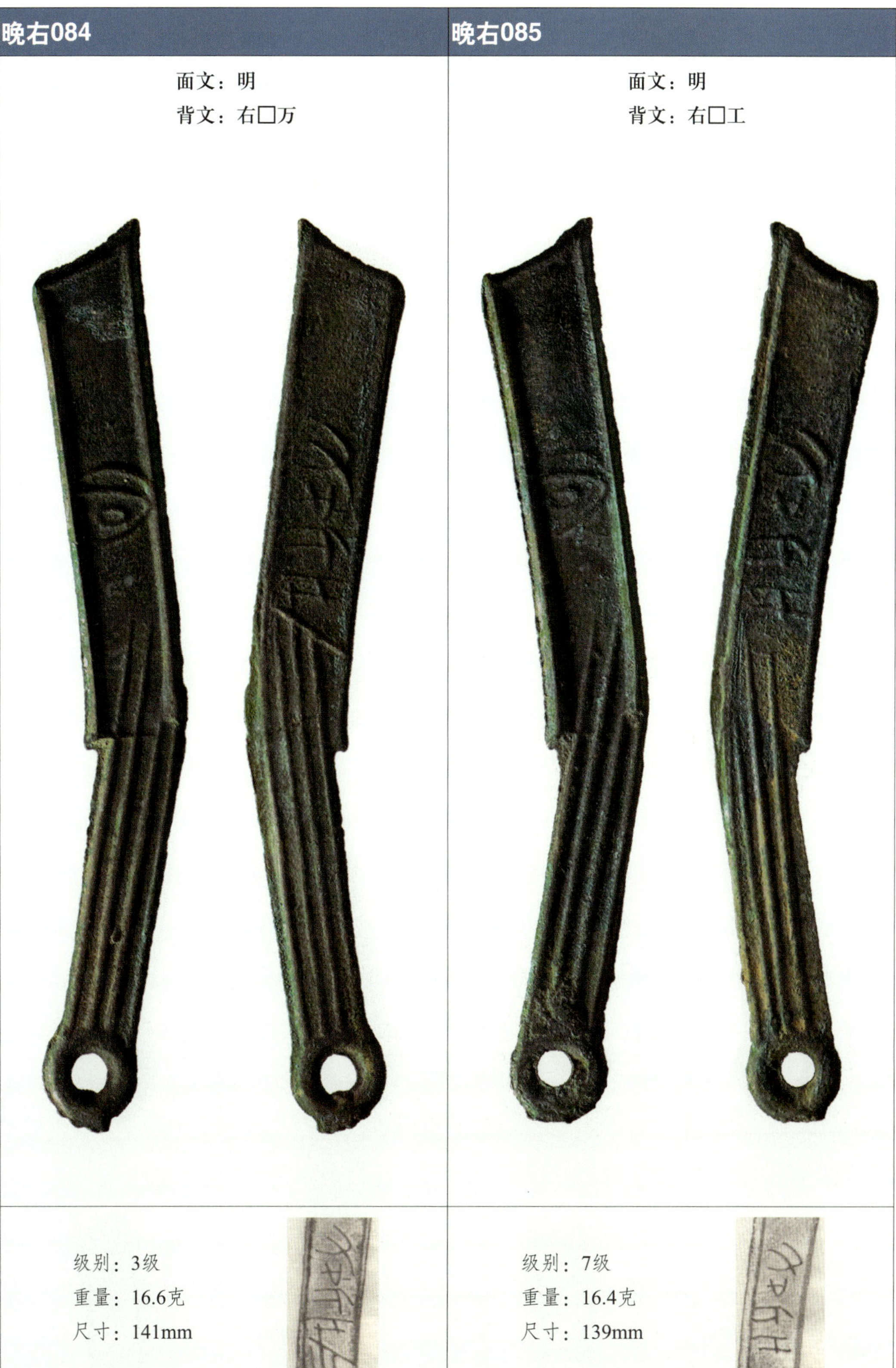

晚右086	晚右087
面文：明 背文：右□二	面文：明 背文：右工七

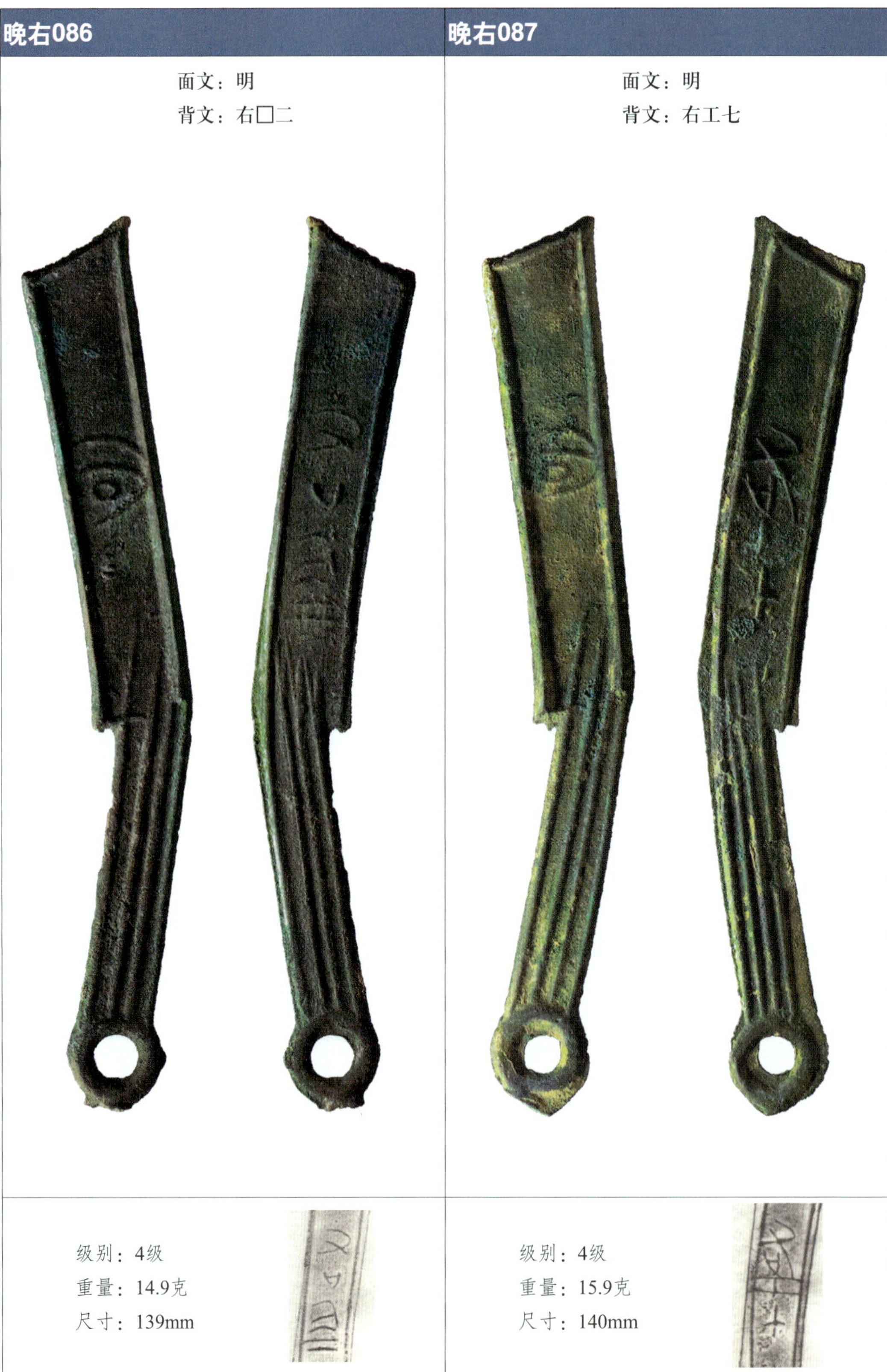

级别：4级 重量：14.9克 尺寸：139mm	级别：4级 重量：15.9克 尺寸：140mm

晚右088	晚右089
面文：明 背文：右工中	面文：明 背文：右右中

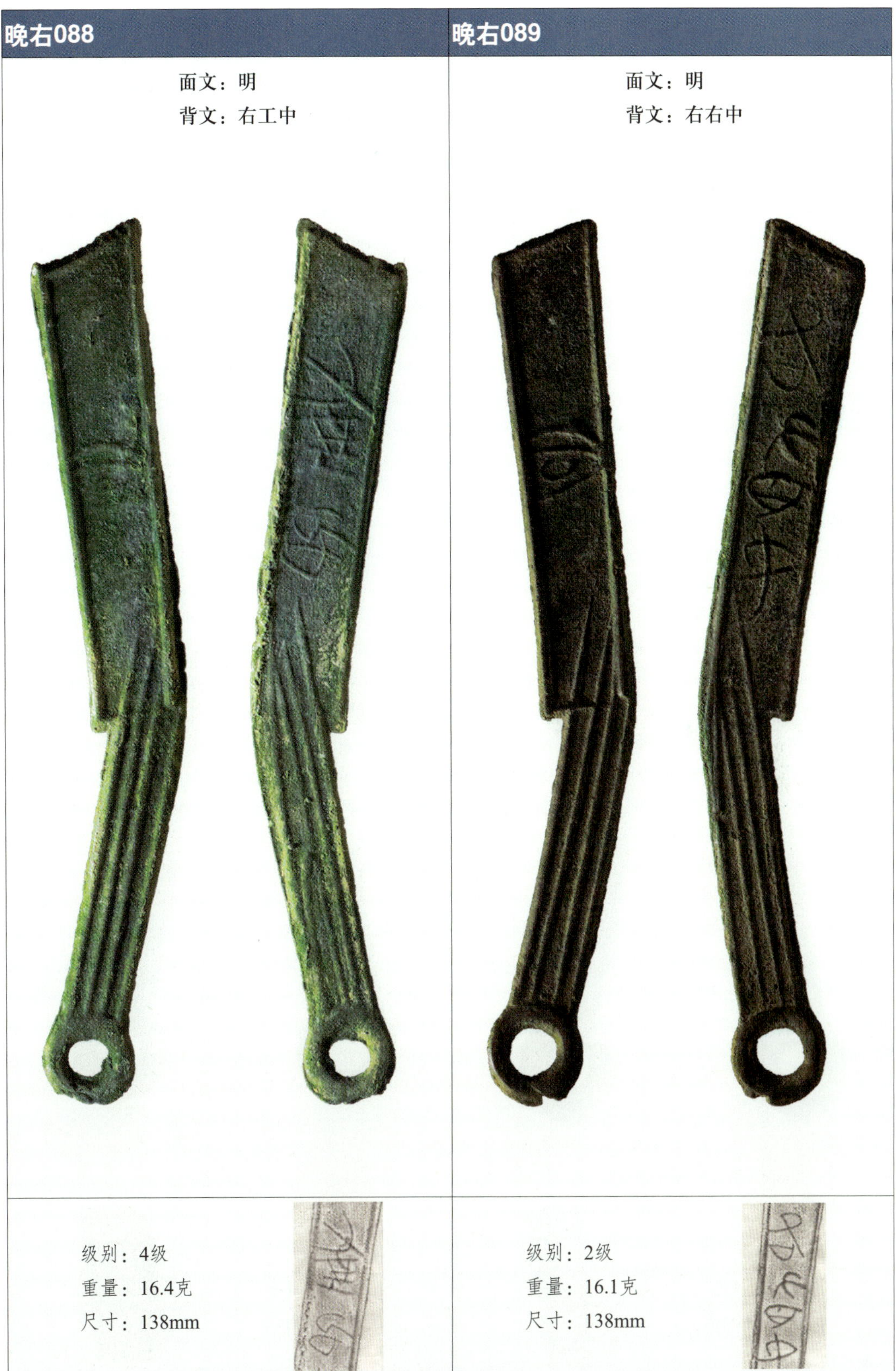

级别：4级 重量：16.4克 尺寸：138mm	级别：2级 重量：16.1克 尺寸：138mm

晚右090	晚右091
面文：明 背文：右午百	面文：明 背文：右十□一

晚右090	晚右091
级别：4级 重量：15.1克 尺寸：141mm	级别：3级 重量：16.1克 尺寸：138mm

晚右092	晚右093
面文：明 背文：右□□二	面文：明 背文：一右中三

晚右092	晚右093
级别：2级 重量：15.8克 尺寸：138mm	级别：2级 重量：15.9克 尺寸：140mm

第五节　晚期燕明刀外炉系列

晚期燕明刀外炉系列，从刀面铭文明字的写法看，分小字版和大字版，从面文明字的结构看，可分为扁目明和圆目明，同时在刀面铭文明字的上方或下方出现炉记标识。面文有增笔和减笔现象。从刀背铭文的书写方式看，出现减笔、增笔、异书、反书等现象，有的版式刀背铭文下方出现封线条纹。

面文：明
背文：炉

级别：5级
重量：17.1克
尺寸：140mm

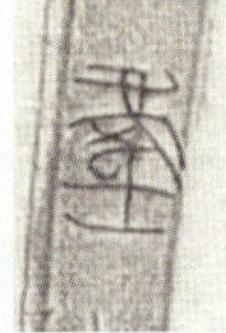

外炉002	外炉003
面文：明 背文：炉	面文：明 背文：炉
级别：5级 重量：15克 尺寸：140mm	级别：5级 重量：14.9克 尺寸：138mm

外炉004	外炉005
面文：明 背文：炉	面文：明 背文：炉
级别：5级 重量：15.7克 尺寸：139mm	级别：5级 重量：14克 尺寸：141mm

外炉006	外炉007
面文：明 背文：炉乙	面文：明 背文：外炉

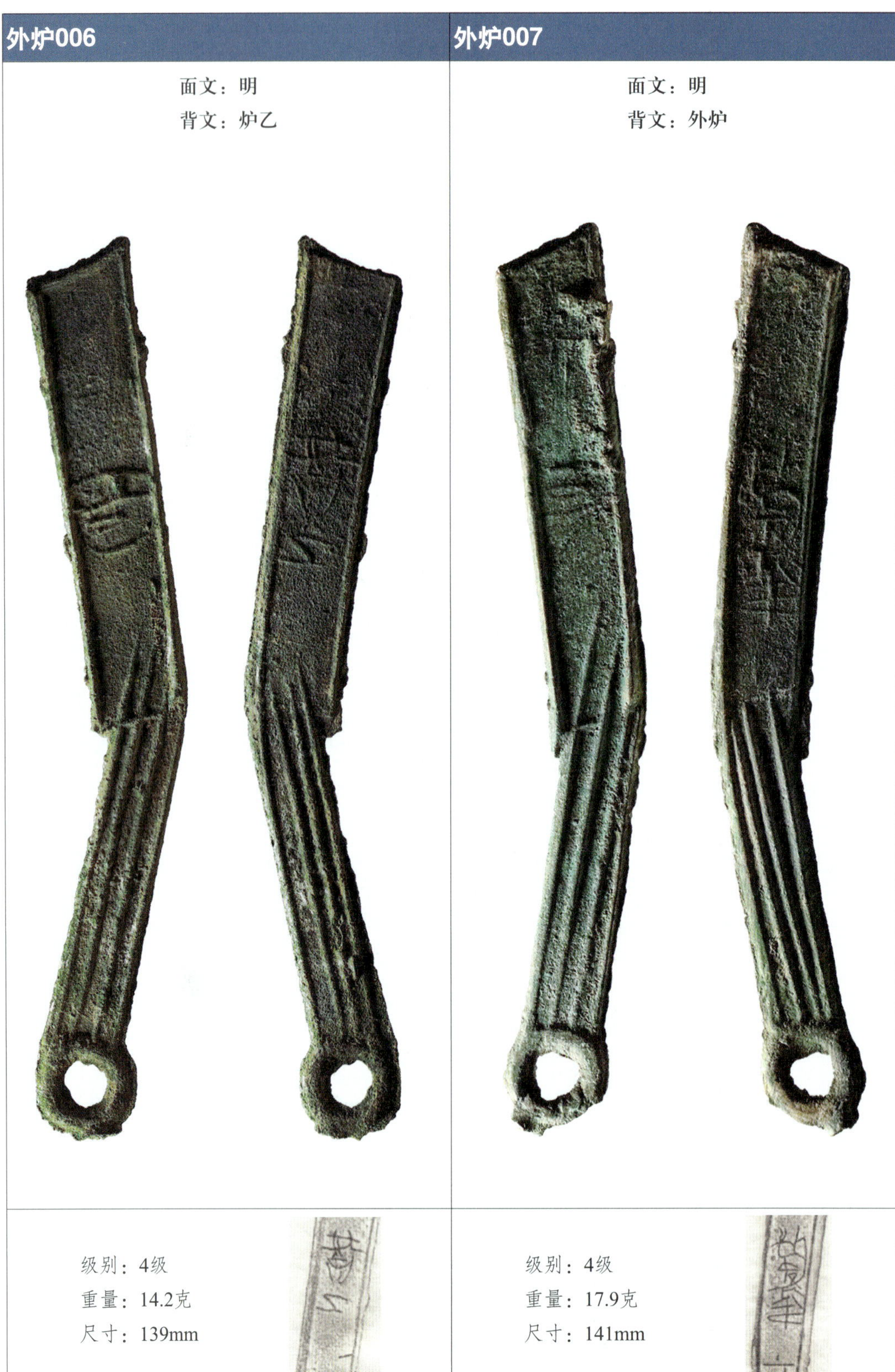

级别：4级 重量：14.2克 尺寸：139mm	级别：4级 重量：17.9克 尺寸：141mm

外炉008	外炉009
面文：明 背文：外炉	面文：明 背文：外炉
级别：6级 重量：16.8克 尺寸：142mm	级别：5级 重量：15.3克 尺寸：139mm

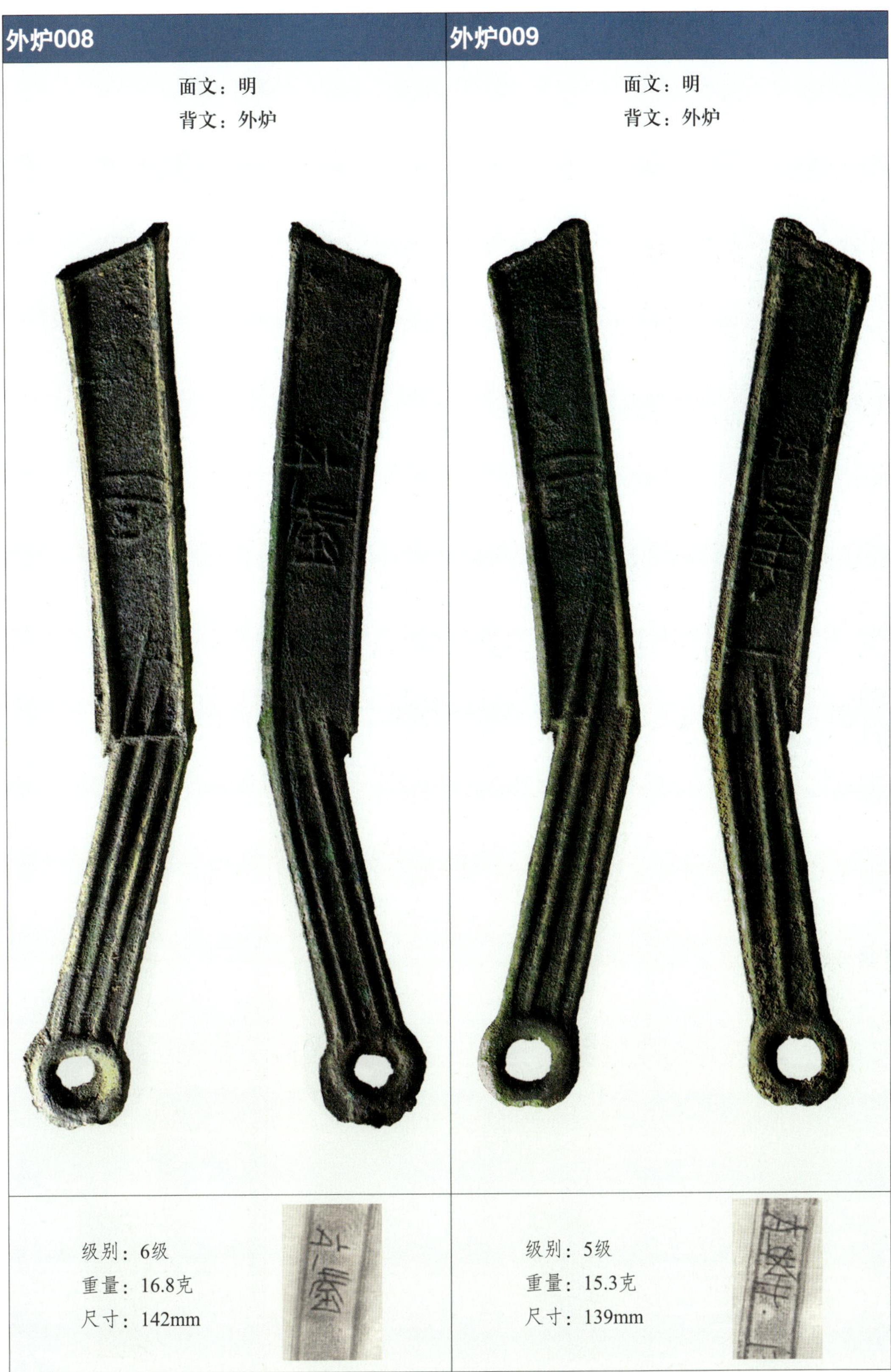

外炉010	外炉011
面文：明 背文：外炉	面文：明 背文：外炉

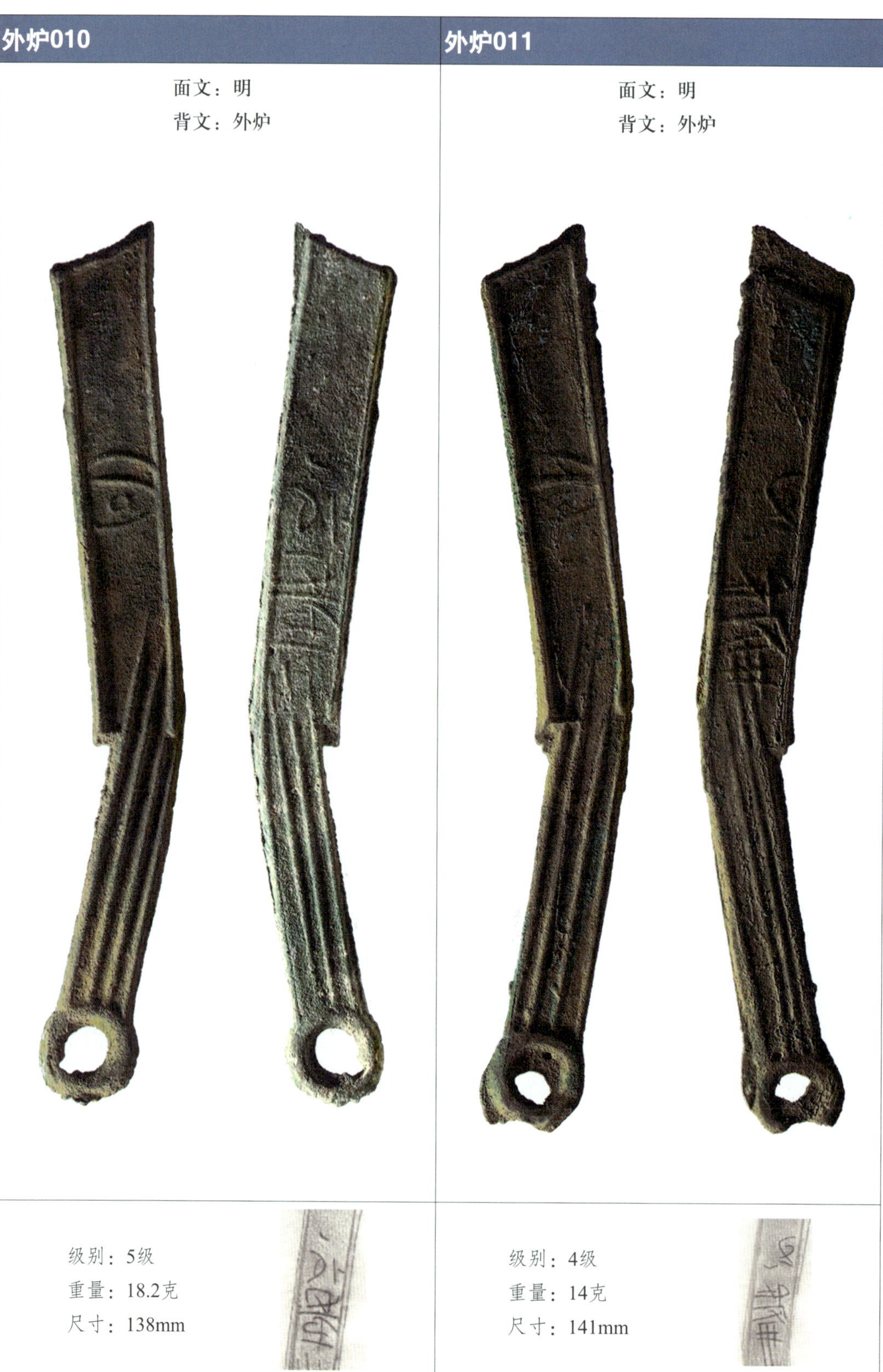

外炉010	外炉011
级别：5级 重量：18.2克 尺寸：138mm	级别：4级 重量：14克 尺寸：141mm

外炉012	外炉013
面文：明 背文：外炉	面文：明 背文：外炉
级别：4级 重量：13克 尺寸：140mm	级别：5级 重量：16.6克 尺寸：141mm

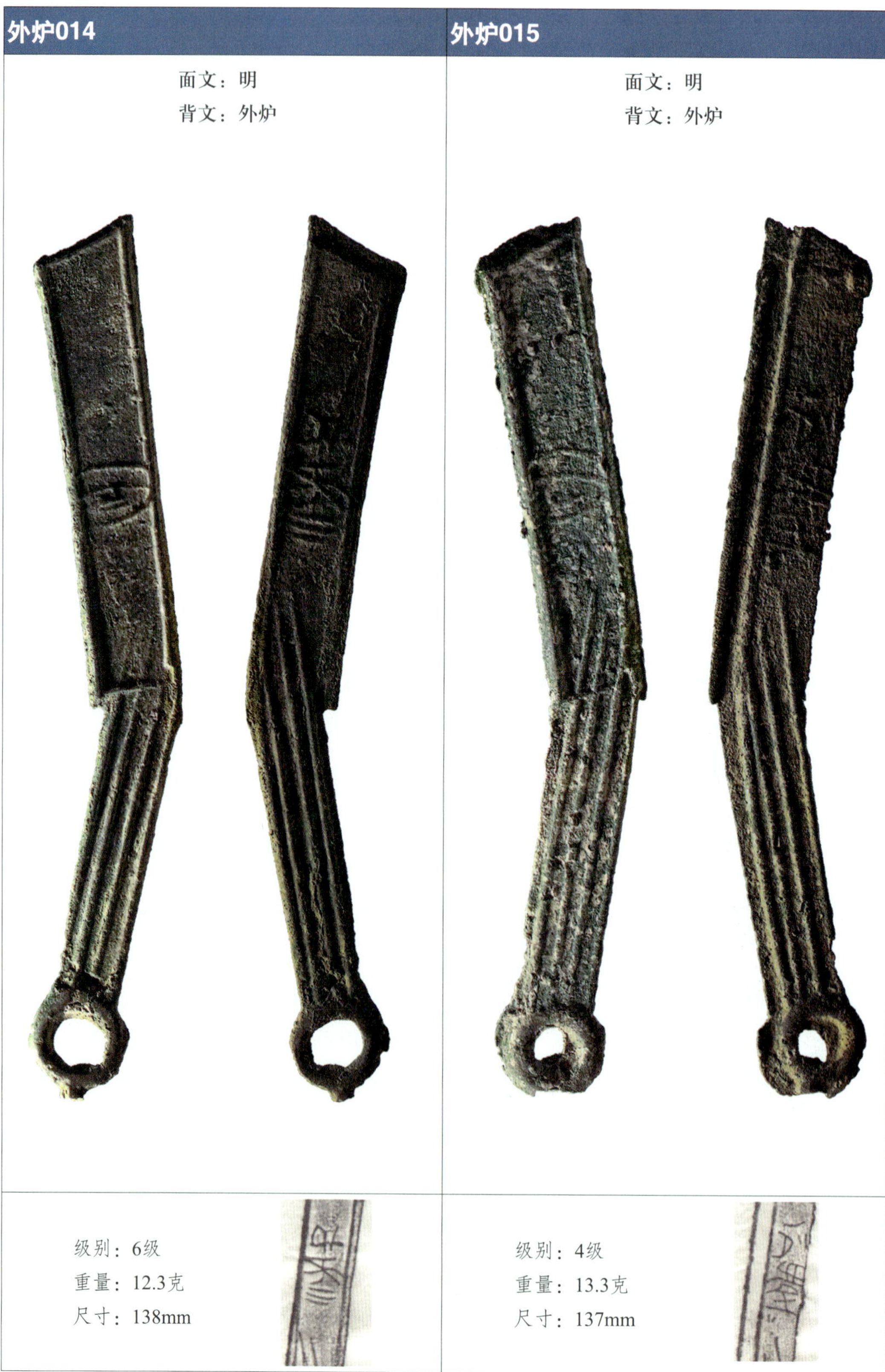

外炉014

面文：明
背文：外炉

级别：6级
重量：12.3克
尺寸：138mm

外炉015

面文：明
背文：外炉

级别：4级
重量：13.3克
尺寸：137mm

外炉016	外炉017
面文：明 背文：外炉	面文：明 背文：外炉

外炉016	外炉017
级别：4级 重量：15.3克 尺寸：140mm	级别：4级 重量：17.9克 尺寸：141mm

外炉018	外炉019
面文：明 背文：外炉	面文：明 背文：外炉

外炉018	外炉019
级别：4级 重量：16.6克 尺寸：138mm	级别：4级 重量：14.2克 尺寸：140mm

外炉020	外炉021
面文：明 背文：外炉	面文：明 背文：外炉

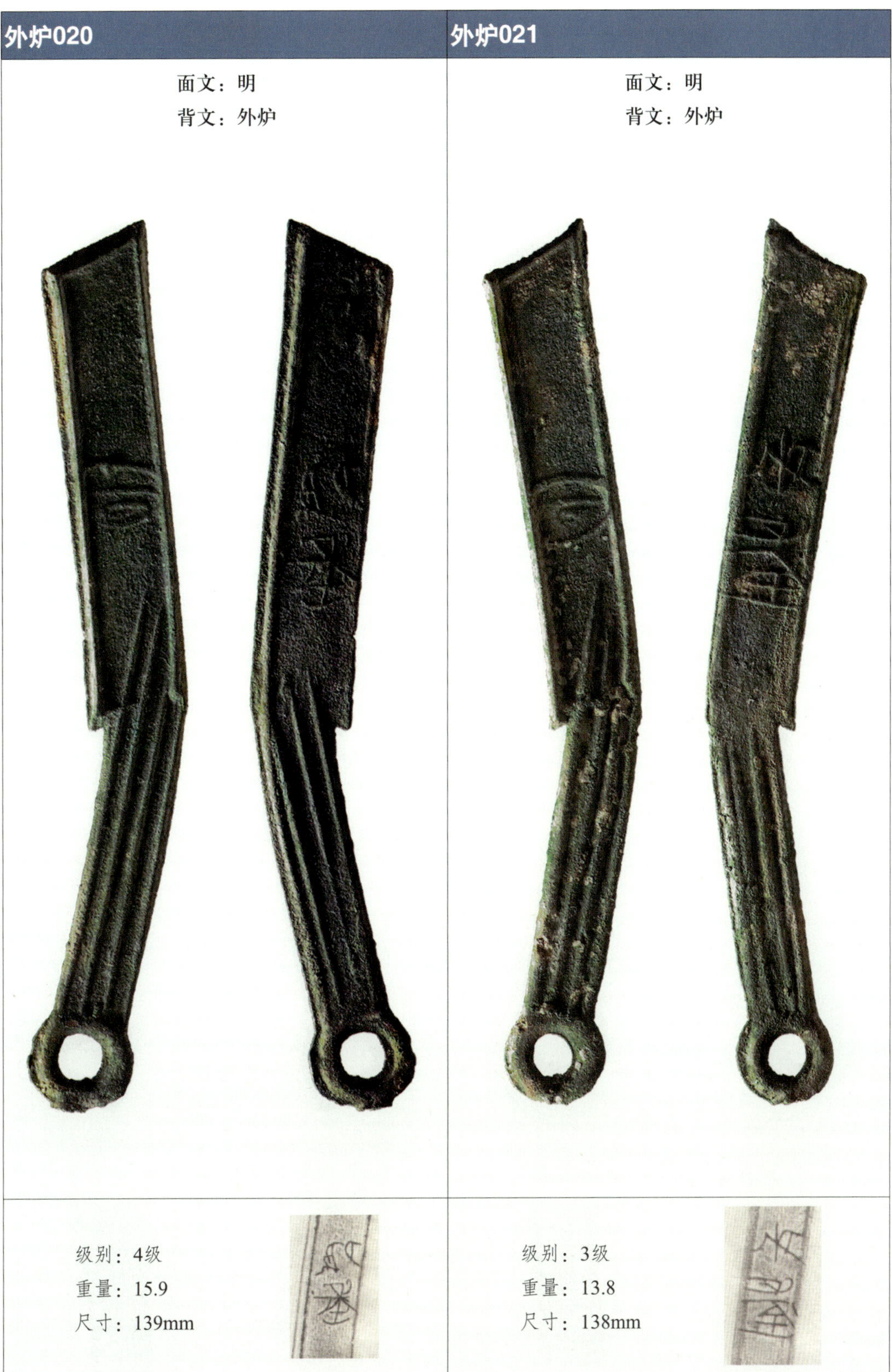

外炉020	外炉021
级别：4级 重量：15.9 尺寸：139mm	级别：3级 重量：13.8 尺寸：138mm

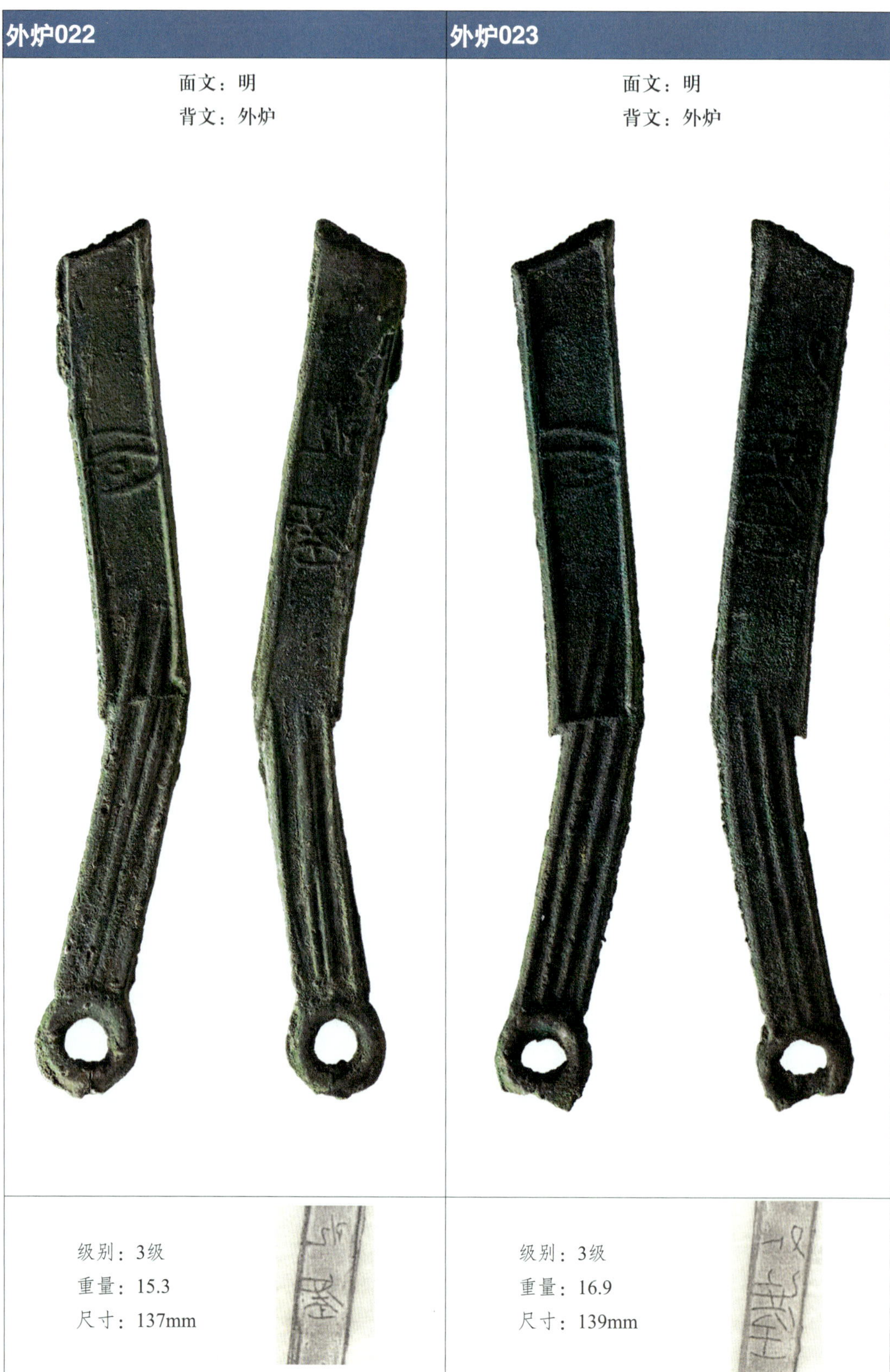

外炉022	外炉023
面文：明 背文：外炉	面文：明 背文：外炉
级别：3级 重量：15.3 尺寸：137mm	级别：3级 重量：16.9 尺寸：139mm

外炉024	外炉025
面文：明 背文：外炉	面文：明 背文：外炉

外炉024	外炉025
级别：5级 重量：15.1 尺寸：139mm	级别：5级 重量：16.1 尺寸：140mm

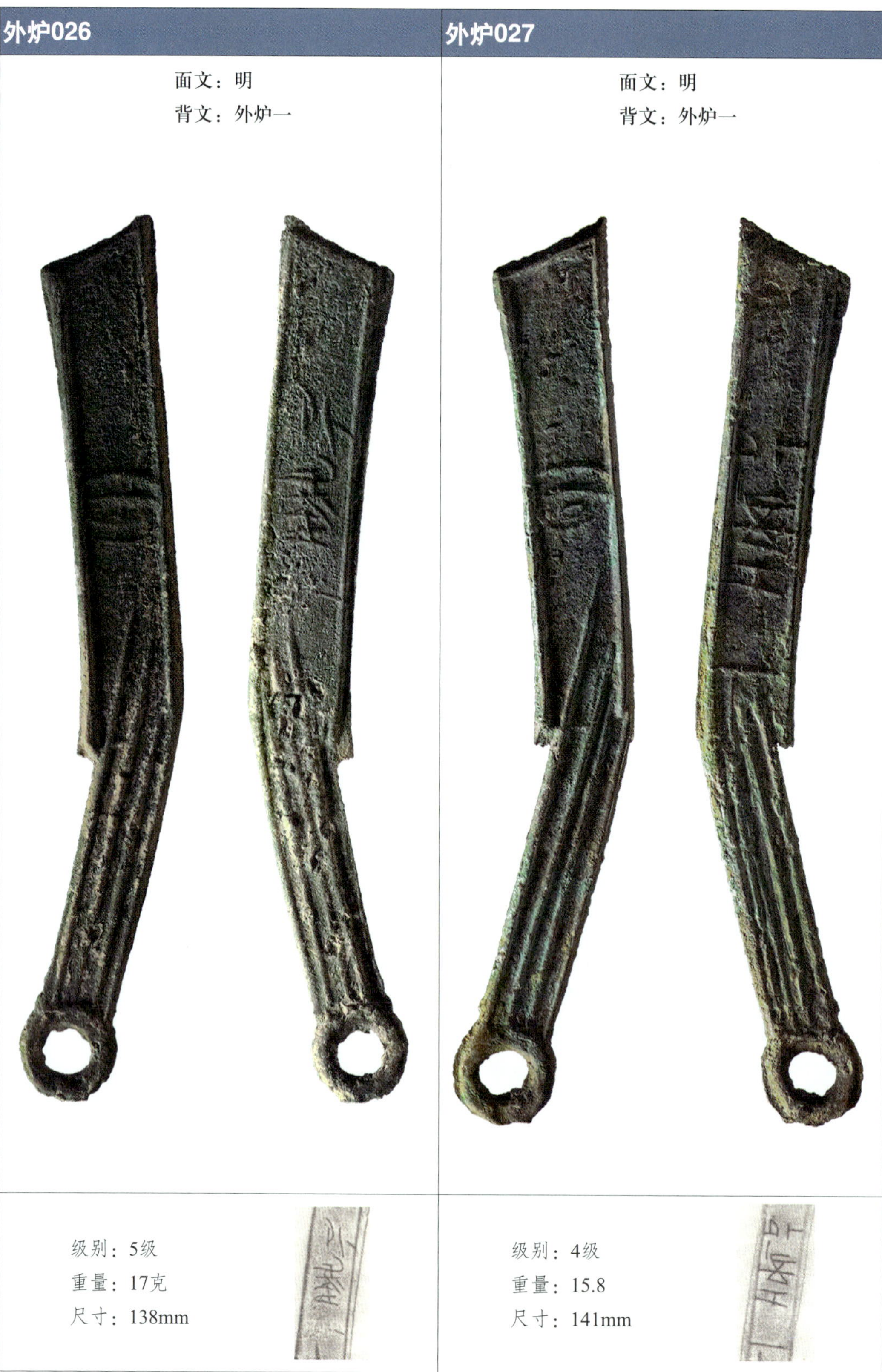

外炉026

面文：明

背文：外炉一

级别：5级

重量：17克

尺寸：138mm

外炉027

面文：明

背文：外炉一

级别：4级

重量：15.8

尺寸：141mm

外炉028	外炉029
面文：明 背文：外炉十	面文：明 背文：外炉·

外炉028	外炉029
级别：4级 重量：15.7 尺寸：139mm	级别：5级 重量：16 尺寸：137mm

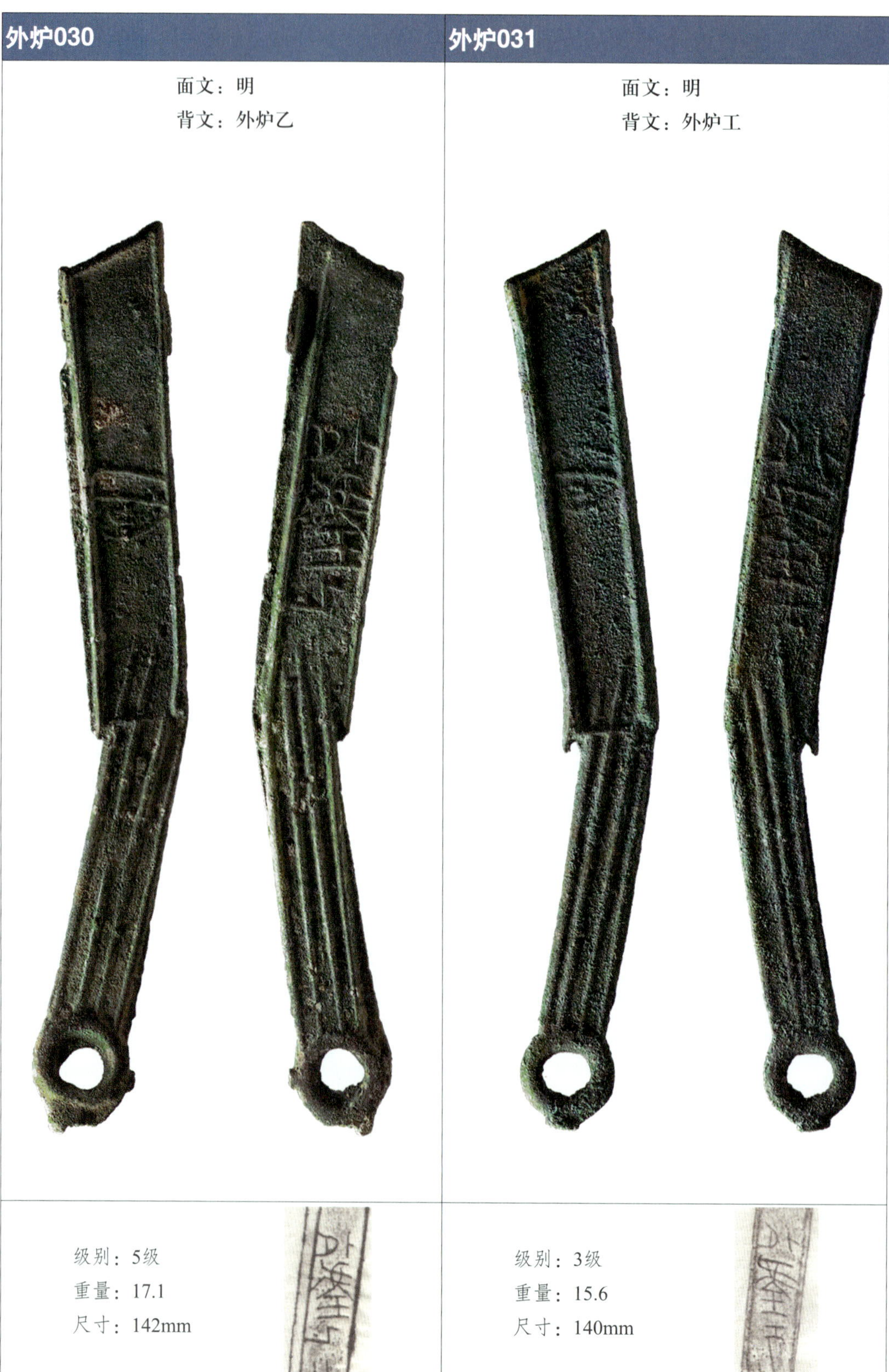

外炉030

面文：明
背文：外炉乙

级别：5级
重量：17.1
尺寸：142mm

外炉031

面文：明
背文：外炉工

级别：3级
重量：15.6
尺寸：140mm

第六节　晚期燕明刀个字系列

晚期燕明刀个字系列，从刀面铭文明字的写法看，明字呈圆目形，有小字版和大字版的区别。从刀背铭文的书写方式看，背文出现减笔、增笔现象。刀背铭文的内容主要以表方位为主。

晚[illegible]001

面文：明

背文：[illegible]左

级别：5级

重量：19.1克

尺寸：140mm

晚亍002

面文：明
背文：亍右

级别：5级
重量：15.8克
尺寸：140mm

晚亍003

面文：明
背文：个右

级别：4级
重量：14克
尺寸：140mm

晚亍004

面文：明
背文：亍右

级别：4级
重量：16.1克
尺寸：135mm

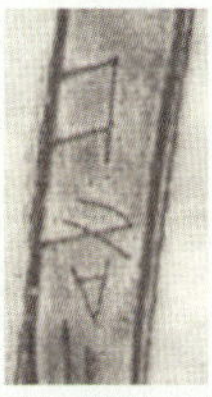

晚亍005

面文：明
背文：午右

级别：2级
重量：16.8克
尺寸：141mm

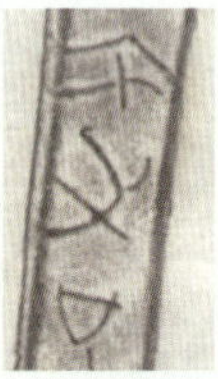

晚□006	晚□007
面文：明 背文：□左十	面文：明 背文：□左乙
级别：3级 重量：16.2克 尺寸：137mm	级别：5级 重量：15.7克 尺寸：141mm

晚□008

面文：明

背文：一□左乙

级别：2级

重量：15.2克

尺寸：141mm

第七节　晚期燕明刀㑒字系列

晚期燕明刀㑒字系列，从面文明字的写法观察此系列版式比较规整，面文明字变化较小。从刀背铭文内容看主要以记数为主，兼有记物，同时背文㑒字发现有减笔现象。

晚㑒001

面文：明
背文：戟

级别：1级
重量：13.4克
尺寸：141mm

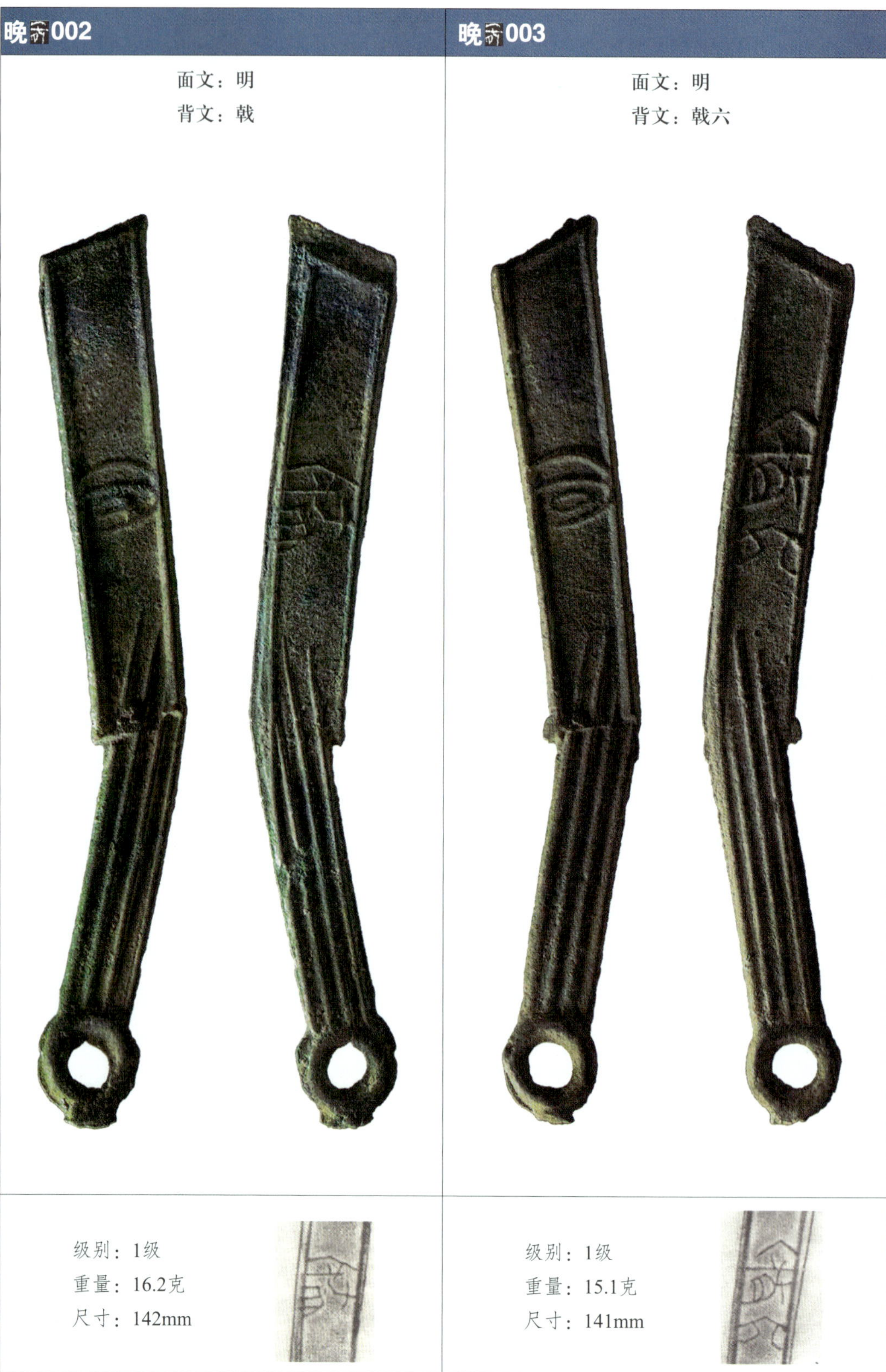

晚002

面文：明
背文：戟

级别：1级
重量：16.2克
尺寸：142mm

晚003

面文：明
背文：戟六

级别：1级
重量：15.1克
尺寸：141mm

晚004

面文：明
背文：戟七

级别：1级
重量：15.7克
尺寸：140mm

晚005

面文：明
背文：戟三十

级别：1级
重量：15克
尺寸：140mm

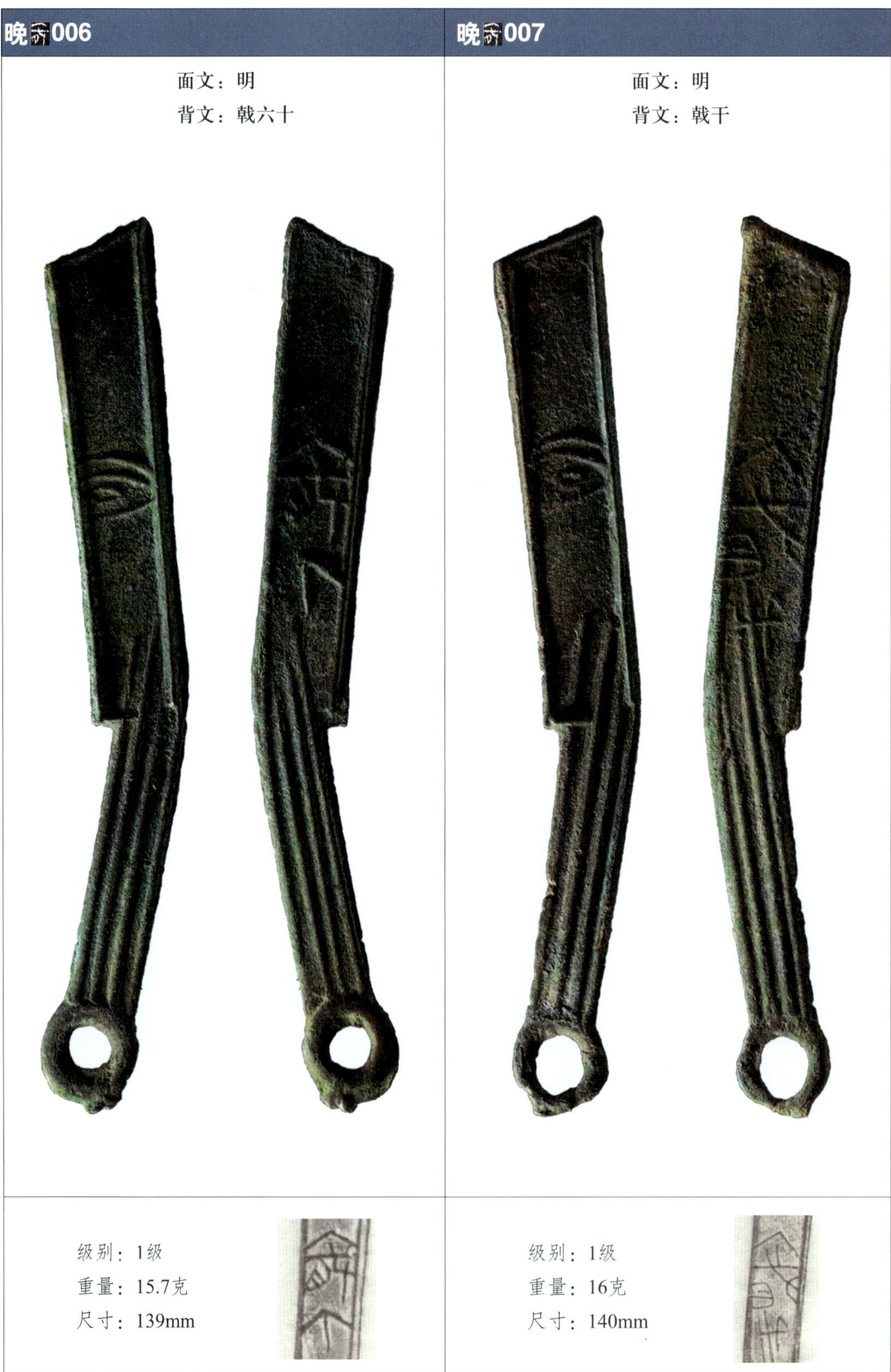

晚006

面文：明

背文：戟六十

级别：1级

重量：15.7克

尺寸：139mm

晚007

面文：明

背文：戟干

级别：1级

重量：16克

尺寸：140mm

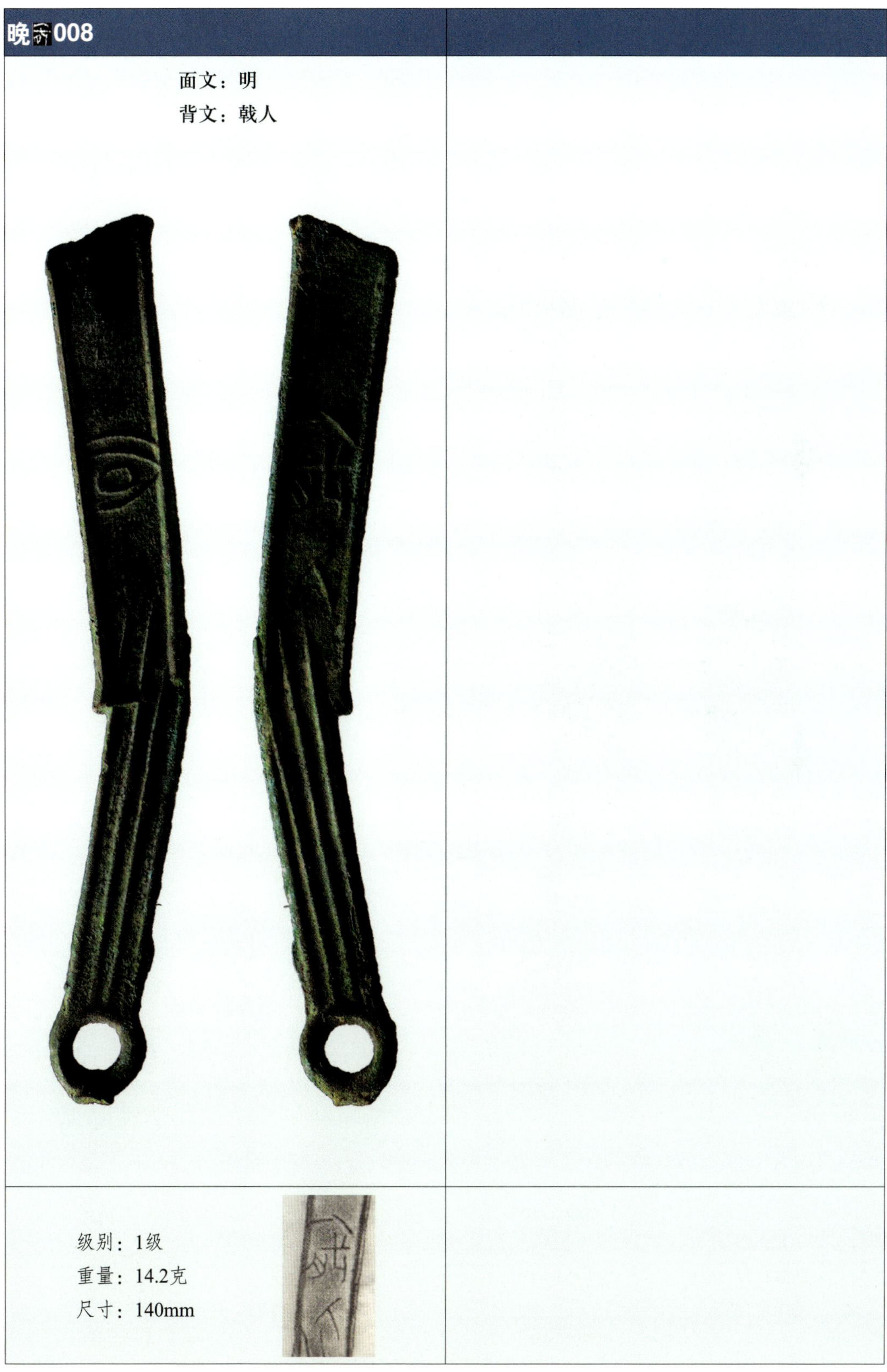

晚[illegible]008

面文：明
背文：戟人

级别：1级
重量：14.2克
尺寸：140mm

第八节　晚期燕明刀行字系列

晚期燕明刀行字系列，从刀面铭文看，明字分小字版和大字版；从明字的结构看，分扁目明和圆目明，同时刀面铭文明字的上方或下方出现炉记标识，而且面文明字存在增笔现象。从刀背铭文的书写方式看，有减笔、增笔、异书、合文等情况。刀背铭文的内容主要以记数为主，兼有一些待解的特殊符号。

晚行001

面文：明
背文：行

级别：6级
重量：15.3克
尺寸：138mm

晚行002	晚行003
面文：明 背文：行	面文：明 背文：行

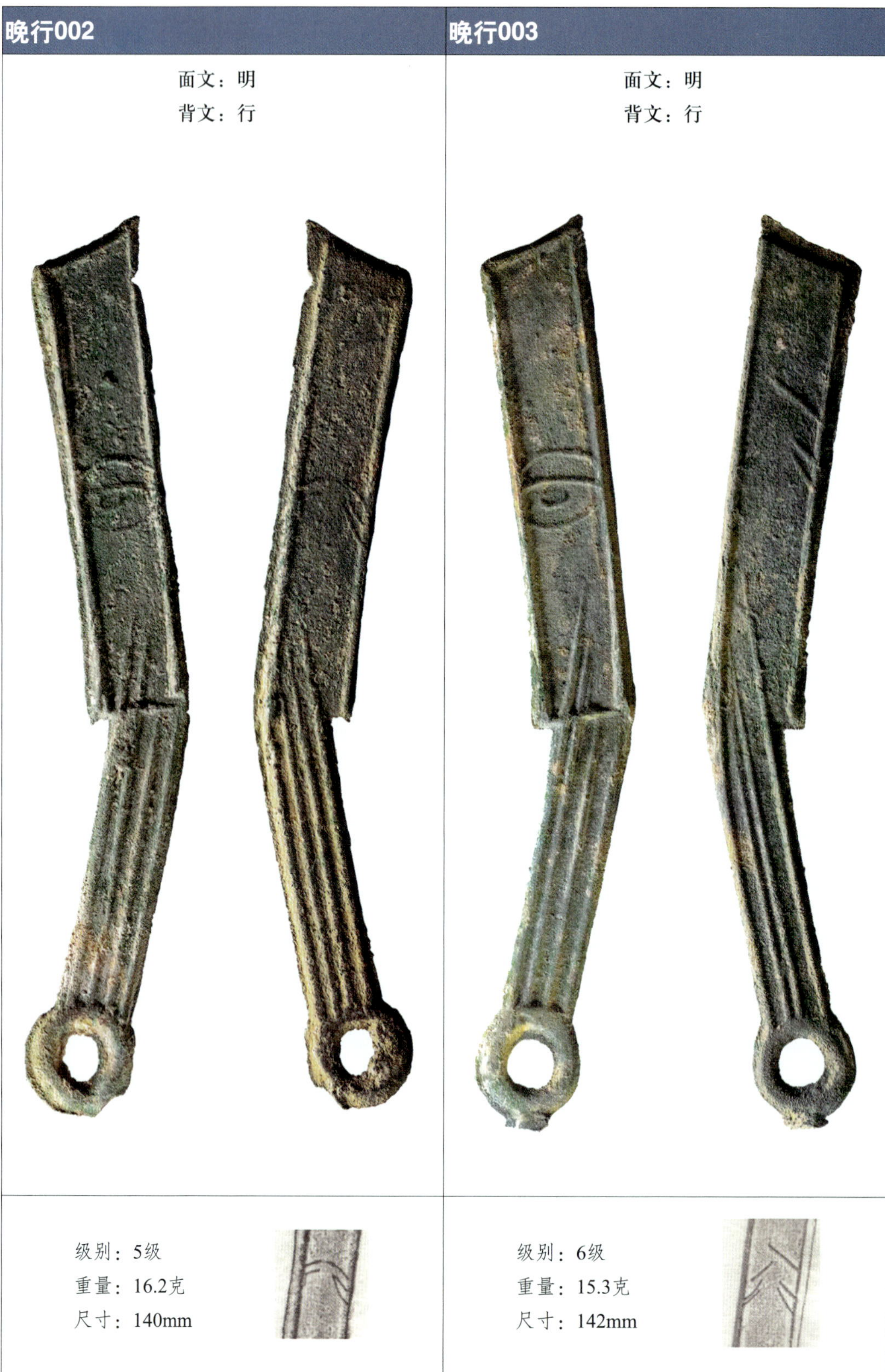

晚行002	晚行003
级别：5级 重量：16.2克 尺寸：140mm	级别：6级 重量：15.3克 尺寸：142mm

晚行004	晚行005
面文：明 背文：行	面文：明 背文：行
级别：5级 重量：15.9克 尺寸：142mm	级别：5级 重量：14.2克 尺寸：142mm

晚行006	晚行007
面文：明 背文：行	面文：明 背文：行
级别：6级 重量：16.9克 尺寸：139mm	级别：5级 重量：18.3克 尺寸：142mm

晚行008	晚行009
面文：明 背文：行	面文：明 背文：行
级别：5级 重量：17.5克 尺寸：142mm	级别：6级 重量：14.4克 尺寸：139mm

晚行010	晚行011
面文：明 背文：行	面文：明 背文：行
级别：5级 重量：17.2克 尺寸：137mm	级别：6级 重量：18.5克 尺寸：139mm

晚行012	晚行013
面文：明 背文：行	面文：明 背文：丿行

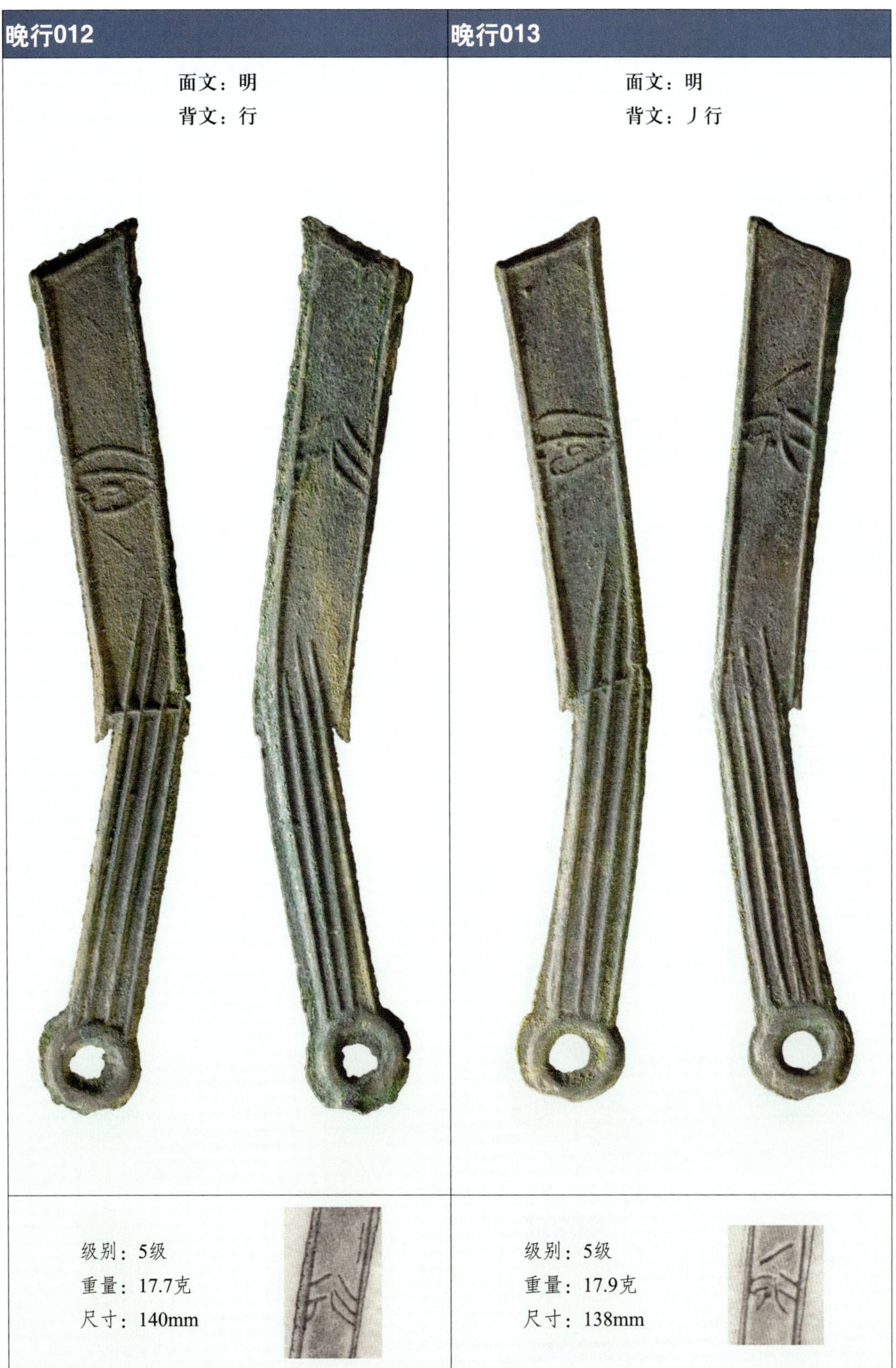

晚行012	晚行013
级别：5级 重量：17.7克 尺寸：140mm	级别：5级 重量：17.9克 尺寸：138mm

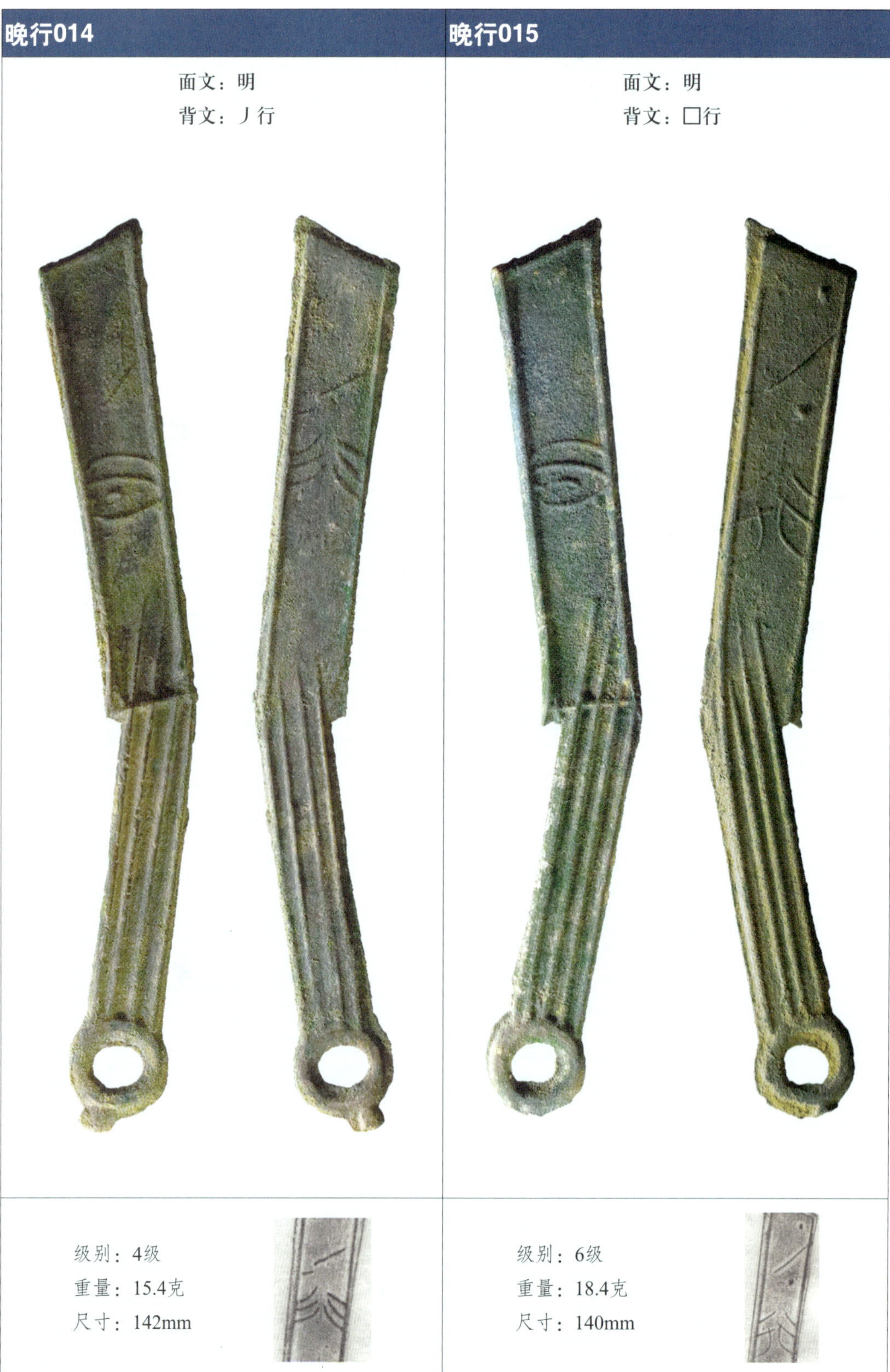

晚行014

面文：明
背文：丿行

级别：4级
重量：15.4克
尺寸：142mm

晚行015

面文：明
背文：□行

级别：6级
重量：18.4克
尺寸：140mm

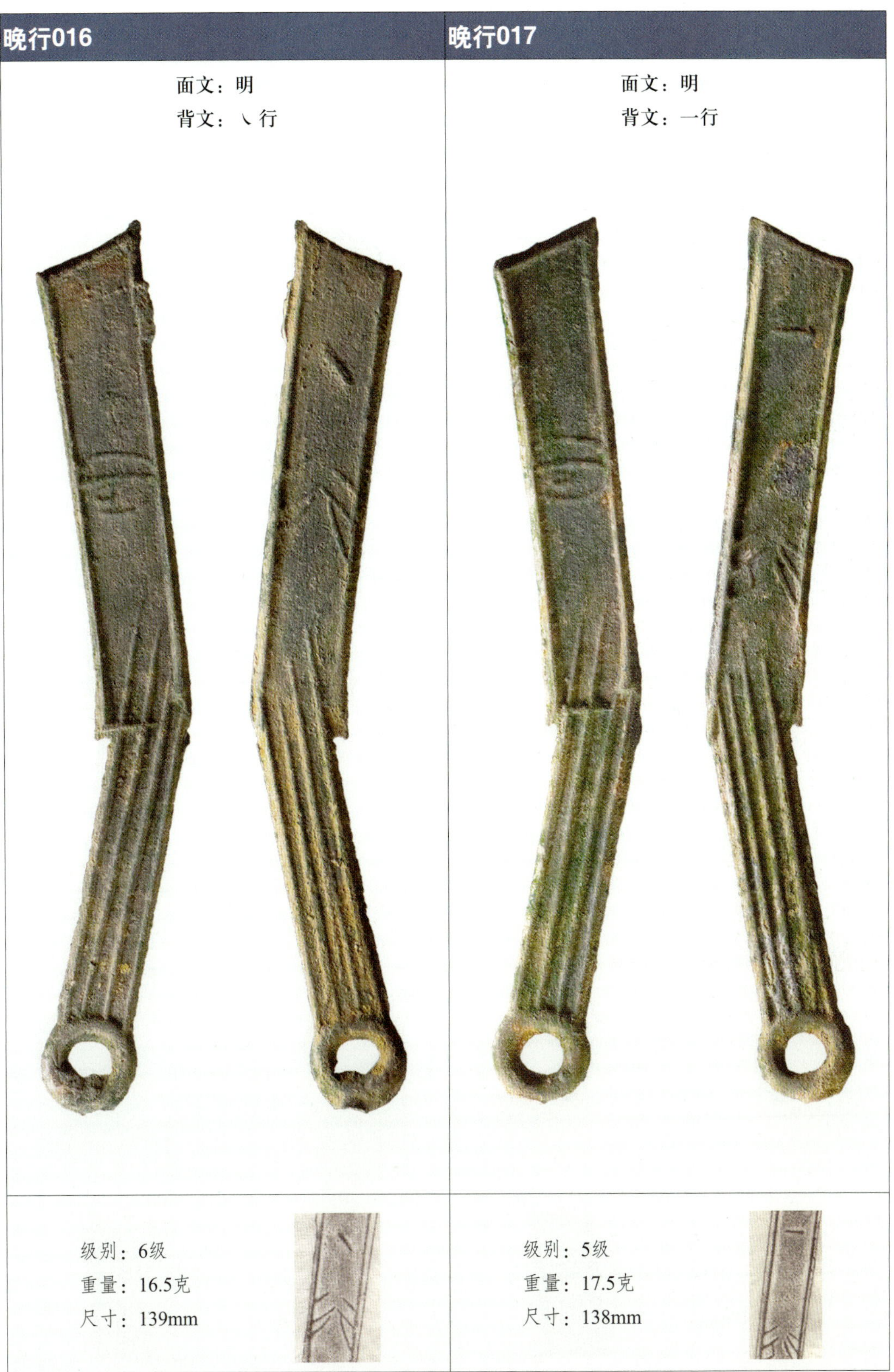

晚行016	晚行017
面文：明 背文：丶行	面文：明 背文：一行
级别：6级 重量：16.5克 尺寸：139mm	级别：5级 重量：17.5克 尺寸：138mm

晚行018	晚行019
面文：明 背文：一行	面文：明 背文：八行

晚行018	晚行019
级别：4级 重量：17克 尺寸：138mm	级别：5级 重量：17.8克 尺寸：137mm

晚行020	晚行021
面文：明 背文：十行	面文：明 背文：十行
级别：6级 重量：16.4克 尺寸：140mm	级别：5级 重量：15.4克 尺寸：141mm

晚行022

面文：明

背文：十行

级别：5级

重量：16.3克

尺寸：139mm

晚行023

面文：明

背文：十行

级别：5级

重量：15.7克

尺寸：137mm

晚行024	晚行025
面文：明 背文：☐行	面文：明 背文：行丿
级别：4级 重量：16.2克 尺寸：137mm	级别：5级 重量：16.6克 尺寸：142mm

晚行026

面文：明

背文：行·

级别：6级

重量：17.1克

尺寸：139mm

晚行027

面文：明

背文：行·

级别：6级

重量：16.7克

尺寸：140mm

晚行028	晚行029
面文：明 背文：行十	面文：明 背文：行工
级别：5级 重量：19.3克 尺寸：141mm	级别：4级 重量：14.5克 尺寸：139mm

晚行030	晚行031
面文：明 背文：行中	面文：明 背文：行中

晚行030	晚行031
级别：5级 重量：14.4克 尺寸：139mm	级别：5级 重量：18.1克 尺寸：138mm

晚行032	晚行033
面文：明 背文：行中	面文：明 背文：行中
级别：5级 重量：14克 尺寸：138mm	级别：5级 重量：15.7克 尺寸：139mm

晚行034	晚行035
面文：明 背文：行中	面文：明 背文：行中
级别：5级 重量：16.7克 尺寸：138mm	级别：5级 重量：18.4克 尺寸：138mm

晚行036	晚行037
面文：明 背文：行中	面文：明 背文：行中
级别：5级 重量：16.4克 尺寸：138mm	级别：5级 重量：16.8克 尺寸：141mm

晚行038

面文：明
背文：行中

晚行039

面文：明
背文：行行

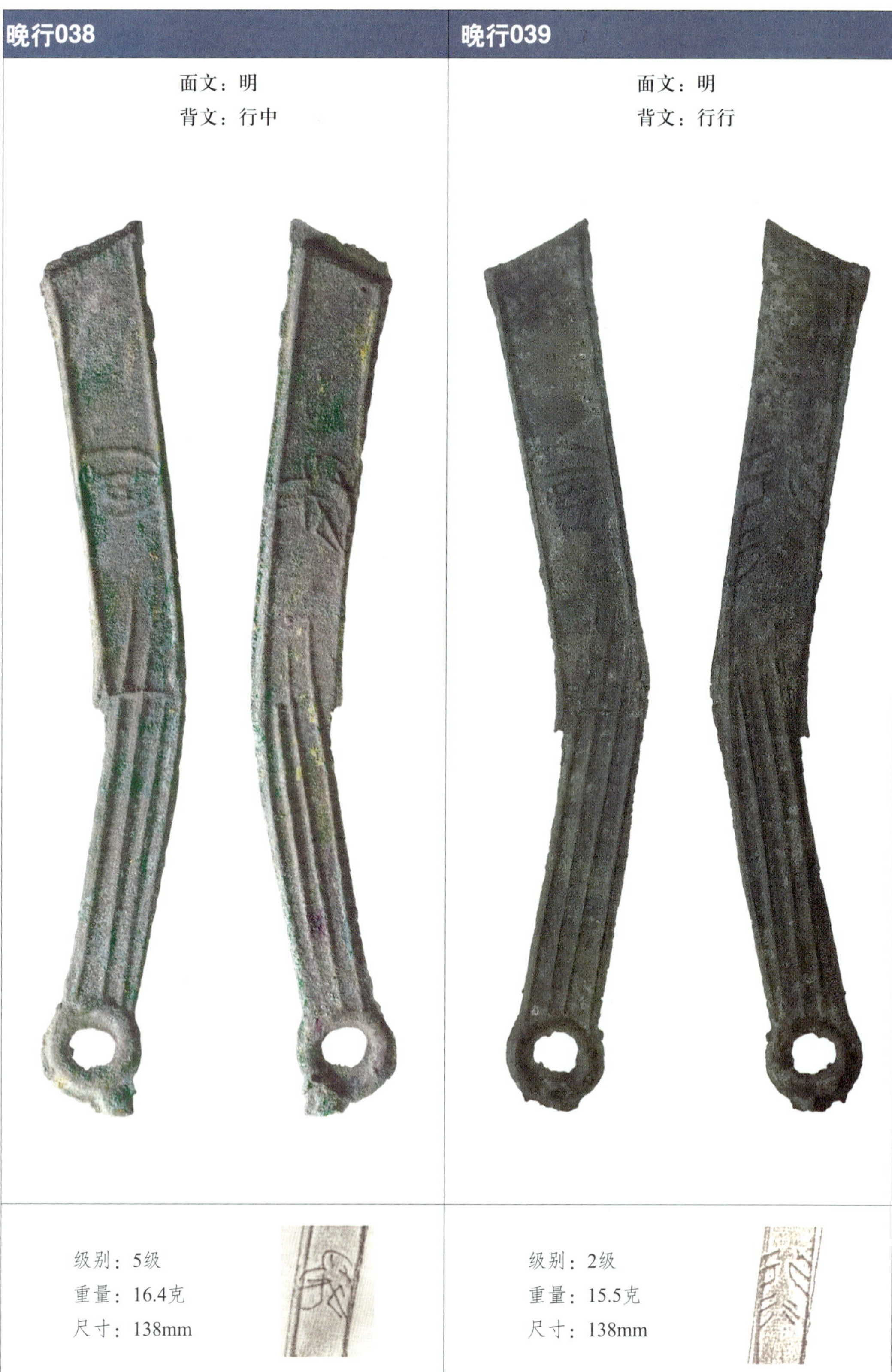

晚行038
级别：5级
重量：16.4克
尺寸：138mm

晚行039
级别：2级
重量：15.5克
尺寸：138mm

晚行040	晚行041
面文：明 背文：行□	面文：明 背文：一十行
级别：4级 重量：16.4克 尺寸：139mm	级别：4级 重量：15.7克 尺寸：140mm

晚行042	晚行043
面文：明 背文：十行·	面文：明 背文：十行·

晚行042	晚行043
级别：4级 重量：16.6克 尺寸：140mm	级别：5级 重量：15.3克 尺寸：140mm

晚行044	晚行045
面文：明 背文：十中行	面文：明 背文：行万一

晚行044	晚行045
级别：3级 重量：17.2克 尺寸：139mm	级别：3级 重量：18.8克 尺寸：139mm

晚行046

面文：明
背文：十行十四

级别：3级
重量：14.1克
尺寸：139mm

第七章　铅质燕明刀系列

铅质燕明刀系列分为中期和晚期两个系列。

第一节 中期燕明刀铅质系列

中期燕明刀铅质系列由于发现的实物数量较少，从已知的一枚中期铅质燕明刀形制来看，它刀脊背较宽，属于中期燕明刀右字系列厚脊型。刀面铭文明字呈上下结构，圆目形状。刀背铭文的内容是记数性质，为“右㇏”。

中铅001

面文：明
背文：右㇏

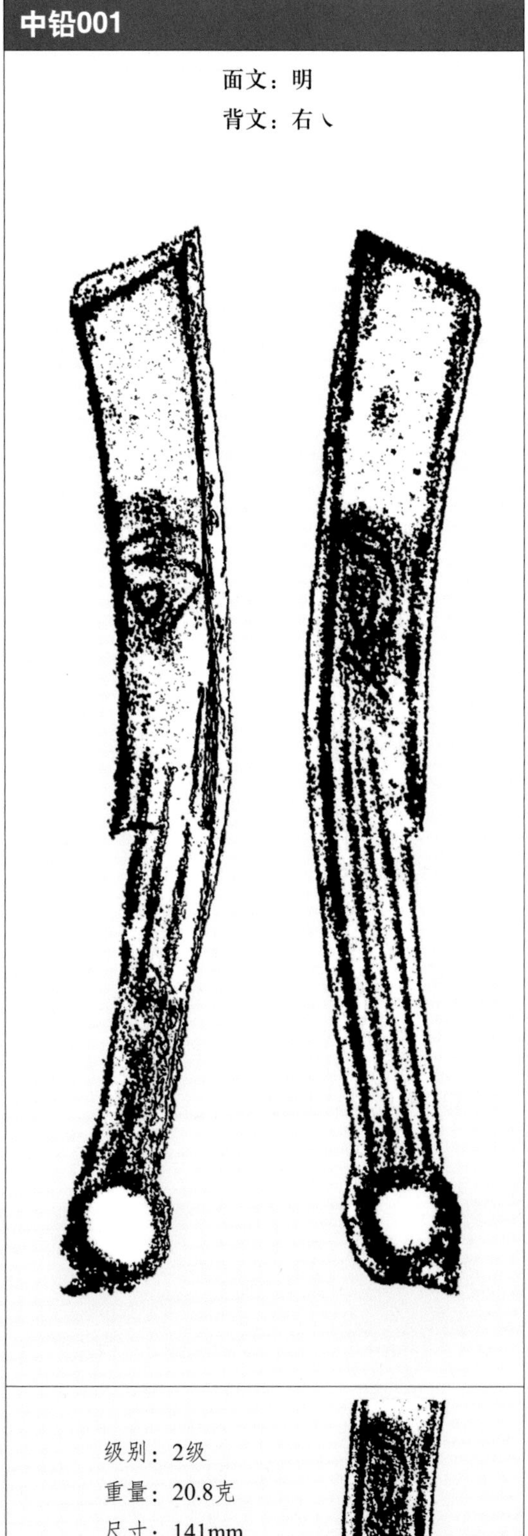

级别：2级
重量：20.8克
尺寸：141mm

第二节　晚期燕明刀铅质系列

晚期燕明刀铅质系列，从刀面铭文看，明字的写法呈圆目形，有小字版和大字版的区别。从刀背铭文的书写方式看，存在反书现象。从刀背铭文的内容看，铭文以记方位为主，兼有其它待考含义的背文。

晚铅001

面文：明
背文：左

级别：2级
重量：17.6克
尺寸：132mm

晚铅002	晚铅003
面文：明 背文：左	面文：明 背文：左
级别：3级 重量：18克 尺寸：134mm	级别：3级 重量：18.7克 尺寸：136mm

晚铅004

面文：明
背文：右

晚铅005

面文：明
背文：右

晚铅004
级别：3级
重量：20.7克
尺寸：134mm

晚铅005
级别：3级
重量：16.6克
尺寸：136mm

晚铅006

面文：明
背文：右

级别：2级
重量：20.7克
尺寸：138mm

后　记

我收藏古钱币缘于幼时的几次偶遇。大约在我五岁的夏天，我到乡下姨姥姥家做客小住，她领我到一个远房亲戚家去串门。大概是因为我感觉比较生疏的缘故，便吵着要回家。亲戚们为了吸引我的注意力，便找出一些小玩意让我玩，这其中就包括一大串铜钱。我当时很好奇，虽然不是头次见到此物，但一次见到这么多大小不一的方孔钱币还是令我很兴奋，便安静下来，饶有兴趣地把玩起来。回来时我特意让姨姥姥去跟人家说情，要求借用这串铜钱让我玩几天，亲戚们碍于情面，满足了我的要求。后来得知，这串铜钱原来是从废品收购站买来的，留给他们家儿子盖房用的，为此还差点耽误人家上梁的吉时。这种印象深刻的记忆使我至今难以忘怀。

慢慢地我对古钱币开始感兴趣，也开始了我的收藏计划。先是在自家的箱子柜子里搜寻，接着便发展到街坊邻居家，只要是我认识的熟人，便央求人家帮忙。当然了，在那个年代这是不需要花费很多钱财的，因为那时差不多每家每户都有这种东西。我所要做的就是找人家说出我的需求，拿点什么东西作为交换，多数情况下是人家的善意馈赠。有次到同学家闲逛，看见他们家的小脚老奶奶正在刷鞋，鞋面上缝着个铜钱，我拿过来一看，原来是我没有的品种。为此我硬着头皮跟老人家套近乎，要求用我相同大小的铜钱作交换，老奶奶嫌麻烦没有同意。在我多次登门说好话的打搅下，老奶奶终于把这枚铜钱换给了我。后来听说旧货市场地摊上可以买到这东西，我便又成了那里的常客。渐渐地接触的人多了，我认识了不少古币收藏方面的朋友，大家互通有无，彼此关照交流。

有了网络以后，这就更拓展了我收藏钱币的视野；同时因为工作的关系使我有机会去外省参加交流会，拜访专家学者，听他们讲述有关钱币方面的专业知识，这给我的古币收藏带来了质的提高。我开始系统地、有计划地进行收藏，并根据自己的经济实力有目标地购进一些珍稀钱币。今日有所成就，实在是众多朋友相助的结果。今略作数言，期待和泉友们共同提高。

各位朋友，如果您有本书未列品或版式，欢迎来电交流，让我们共同为中国钱币界做一些有益事情。

王真手机：13953535980　　邮箱：1726449432@qq.com